東亞民俗學稀見文獻彙編
第二輯

民俗學

第四卷第一～六號

第六冊

民俗學

第四卷 第一號

昭和七年一月

民俗學會

民俗學會會則

第一條　本會を民俗學會と名づく

第二條　本會は民俗學に關する知識の普及並に研究者の交詢を目的とす

第三條　本會の目的を達成する爲めに左の事業を行ふ

イ　毎月一回雜誌「民俗學」を發行す

ロ　毎月一回例會として民俗學談話會を開催す

但春秋二回を大會とす

ハ　隨時講演會を開催することあるべし

第四條　本會の會員は本會の趣旨目的を贊成し會費（半年分參圓壹年分六圓）を前納するものとす

第五條　本會會員は例會並に大會に出席することを得るものとす講演會に就いても亦同じ

第六條　本會の會務を遂行する爲めに會員中より委員若干名を互選す

第七條　委員中より幹事一名、常務委員三名を互選し、幹事は事務を執行し、常務委員は編輯庶務會計の事務を分擔す

第八條　本會の事務所を東京市神田區北甲賀町四番地に置く

附　則

第一條　大會の決議によりて本會則を變更することを得

委　員

石田幹之助　宇野圓空　折口信夫

金田一京助　小泉鐵　小山榮三

松村武雄　松本信廣（以上在京委員）

秋葉隆　移川子之藏　西田直二郎

（以上地方委員）

前號目次

昭和七年一月十日發行

民俗學

第四卷

第一號

目次

呼寄せ塚

峯の雪

折口信夫

柳田先生の研究によつて、ほゞ結論に達した題目であるが、旣にそれ以前から長く我々の國の考古學、並びに民俗學を將來した元になつてゐる、好事家達の興味の一中心になつて來た峯の雪のことを、も一度蒸し返して見ようと思ふ。農男、駒形、或は雪の雛、其他色んな、農人の生活に關係あるものが象徵となつて、山の高い側面に現れることを信じて居たのは、極めて面白い丈に、解決がつけ惡いことのやうであつた。我々は旣に、おほよそ忘れてしまつて居るけれど、實の所、月の面に現れる人影、或は獸、植物等と想像せられてゐる形も、之と一續きの事實で、更に複雜な方法を以てせなければ、解決の出來ないものだと考へて居る。その方面は、先達諸家の功力を仰がなければ、眞の解決には達しまいと思ふ。だが、峯の雪影については、大體我々の持合せて居る材料で解決がつき相に思うて居る。口幅廣い言ひ分と思はれては恥しいが、我々の進んでゐる學問にも、やはり最も信ぜられてる一つの方法として、比較研究がある。だが、之は時としては、單に外形が似て居るといふことに過ぎないものが事實多かつた。殊に、精神現象を解釋するのに、かうした方法に偏倚することは、うつかりすると、飛んでもない間違を收獲することがあり相にも思ひ、事實、澤山あつたことを見て居る。比較研究は、結局、或研究過程に對する傍からの刺戟になることが非常に多い。それと同時に、容易に達し惡い結論に、一擧に飛躍させる方法にもなつて來て居る。比較研究の大切なことは、我々、人以上に考へては居るけれども、之を、最後の決定を作るものと見るのは何うかと思ふ。曰はゞ、論理の上に於ける比論の誤りが、最も此の方法に導かれて來て居るやうに思ふ。惡い言葉で言へば、譬喩であるといふことを忘却して、それが決論だといふ風に信じる妄信を惹き起すことになり易いのではなからうか。乍併、之に就ては、之位の行數で論じ盡すことも出來ないし、又、或種の先人、同人に對して甚だ禮を缺くことになるから、何時かの、長い議論の問題として殘して置きたい。私が只今迄扱つて來て居る古典の中で、一等、民俗學的な方法を用ゐなければ、徹底した解釋の得られないと思はれる程、大きに過ぎる民間傳承を包含してゐる書物が伊勢物語であるといふことは、人々にとつて疑はるべきことであり、又、怪しまれもしよう。だが、既に、ほゞ三分の一位の程度には、かうした方面から解釋しなければ、完全には訣らないといつた自信を持つことが出來るやうになつて來た。

我が國のことわざとか、或は其の本質に歩み寄つた古代の風俗歌といつたものには、民間の傳承の固定した知識が、歴摧せられて這入つて居り、それが、時々の、人の記憶の錯誤や、單語や韻律の好みからして、段々形が變つて行き、其上に更に、形式上の變化に辻褄を合せる形式上の合理化が、內容迄を變へて居る事實が極めて多い。此事は、日本文學の上の、大きな問題であるとおもふ。所が、我々の持つて居る、先づ一番古いと見てゐゝ歌物語に、かうした事實がまざ〳〵とあるといふことは、此の後の、國文學に對する民俗學的方法がすべき仕事の多いことを見せて居るのである。だから、私の話が、國文學の興味に捉はれて居るのだと思はれ度くない。所謂「東下り」の所で、最も人の口の端にかゝり易い歌、

ふじの山をみれば五月のつごもりに雪いとしろうふれり

ときしらぬ山は、ふじの嶺。いつとてか　かのこまだらに雪のふるらん

此の詞章に就て、幾つでも疑問を持つことが出來るが、其中、最も近代の物にあらはれたことを擧げて、話を續けて行きたい。季吟の拾穗抄に、此の歌の對照になるとでも思つたのか、家持集の「しら山のみねならばこそ、しら雪の　かのこまだらに、ふりてみゆらめ」といふ歌が擧げてある。事實、所謂家持集には載つて居るが、萬葉集にも見えないもので、歌の形から見ても、作者を決定しない方が本當らしいものである。若し此の儘解釋すると、富士の嶺が時を知らないといふ不安な感じに對して、越の白山ならばさういふこともあらうが、駿河、甲斐あたりではをかしいと言つた風に、此の歌を土豪として出來たものと見える。さすれば、家持の作でない迄も、割合古く富士の嶺の歌が、傳誦せられて居つたのではないかといふ假定を持つてもよい氣がする。それは、平安朝の家集の持つ一般性質として、作者由來不明の歌を、何かの引かゝりから、或人の歌と決定してしまつたことが、事實、多いのである。さう解釋すれば、富士の嶺と、白山との歌は、まるで、

かけあひの作の様な形をとつて居る。尚、此の點以外に、これは、少々問題を含んで居るのだと思ふ。此の詞章について、變轉の過程を心に置き乍らも、或點迄、原の形を存するものとして見ていゝのは、五月の峯の雪、それに、かのこまだらが關連して居ることである。恐らく、さつきの晦と言つたことは、既に夏の最《も》中なる感じを持つて來て居ること、宛も、「みなづきのもちにけぬればその夜ふりけり」といつた、傳習的の誇張が働きかけても居るであらうが、それよりも、更に深い心の根據としては、此の、さつきに關する記憶が働いて居るからだと思ふ。さつきは、大體、その五日を中心として、藥獵として、鹿を獵ることが行はれて居る。此の藥として、何れの部分を考へて居つたか、仲々の疑問はあるが、私の、ほゞ決論を欲して居る假定では、腦、卽ち、なつきを對象として居つたとものとすることである。つまり、此の、なつきの包合して居る、なつといふ言葉が、鎭魂(たまふり)の採物としての、なづの木、並びに夏の禊祓と深い關係に、同音異義を超越する古代日本の言語信仰によつて、繋がつて居るものと見てゐるのである。だから、夏の儀禮として、此の藥獵が最も重大なものであつたのであらう。さてそれに次いで、問題は、何の爲にしかを言はないで、かのこを言つたのか、更に、かのこまだらを問題としたかといふ點である。かのこといふ言葉は、纐纈《くゝり》染の一種であらうが、誰しも直に連想する様に、鹿の毛皮の斑を模したからの名といふ考は、大體本當であらう。だが、その鹿を、殊更にかのこと何故言つたか。こなる言葉、並びにそれと意義を同じくする方言が、愛寵の氣分を現はす爲に語尾に附く例は、殆ど日本全國、並びに民族的關係の密接な島々の方言の上にも見られ、又、單に我國特有の語法でもなかつた。が、更に考へると、此の、語尾のこは、語尾に附いた儘で、幼少、或は兒童を意味することも多いのである。だから、かのこは、單に鹿といふことでなく、或は、子鹿といふことではあるまいか。此の點の疑問は、何方に片附いても、此の研究に差支へはないのであるが、私の立場からしては、解決をつけておかねばならない。が、それに拘泥してゐる間がないから、之も更に問題として通りたい。

我々の國の、しゝ踊、或はしゝ舞には、外來の獅子(未熟な考へながら、豹迄も含んで居るやうである。)、並びに鹿、其他に、可成多く猪に關する藝能を含んで居るやうである。此のしゝ卽ち鹿であるといふ考は、柳田先生以上に出ることは出來ないのであるが、此の鹿舞の中に、多く雄鹿《しし》・雌鹿を考へる他に、子鹿を持つて居ることが多い。そして之が、雌雄交尾の効果と呪術との關係を示すものでなかつた。只、鹿役の一として重じられて居る。丁度五月は、鹿のなづきに關聯した角伐りの時期でもあり、同時に、鹿の冬毛が全く新しく變り整ふ時と考へられて居た。一體、鹿といふ動物は、農村の春の儀禮に關係が最も深い。つまり、山の使として現はれるものと信ぜられて居た。そして、其の首を地に垂れて徘徊し、膝を折つて伏す有樣が、如何にも、土地の靈物の、幸福を誓ふ形をして見える。其の爲、鹿に關する舞踊が行はれて來たものと見てゐる。所が、我々の考へ方では、農村の初春に對して、今一度、事を始める春に似た氣のする時期は、五月の田植の頃である。で、外國風を習合しない以前の信仰にも、既に、此頃山入りをして、鹿を降伏させ、捕へて來て、藥食ひしたことがあつたに違ひない。然も、その時期に於ける鹿の皮衣は、初春に於ける峯の斑雪《はだれ》の、最も正確な形に現はれて居る。山に獵り、村に耕して居た農人は、鹿を以て占ふ方法を幾種類か持つて居た。それは單に、所謂かた灼の方法に限らなかつた。かうした鹿に關した信仰が、鹿の毛皮の變化をば、或象徵と見る風を導き易いことは考へられよう。だから新しく田の行事を始める時に出現し、或はその形式に合致させる爲に、山から捕へて來る鹿の模樣が、その時期には既に無い、山の雪の代用にもなり、又、山の靈の意志を示すものと考へたことも思はれる。之でもまだかのこの意義は半分解かれて居ない。

それならば、單に峯の雪を象徵することが、かのこまだらに關した凡ての意義かといふと、今一つ先がある樣である。それは、言葉で言へば同一《ひとつ》である所の、雪の山に關する信仰である。宮廷或は貴族の間で行はれた雪の山、或は雪山と稱するものは、何うして出來たか。稱する慣例は何うして出來たか。之がかのこまだらの解釋でもあり、同時に、農村に於けるもつと重大な信仰を包んで居るやうである。便宜上、旣に引いた、家持の歌と稱するものを利用して見度い。全體、此の歌には、實は詞書を落して居るやうなので、それの無い此の歌から、本當の意義が引出せるか何うか訣らない。けれども、若し、富士の嶺の、雪との關係を淺く見ると、白山なることが非常に生きて來る譯である。白山の信仰は、古代にも既に、又中世にも屢々變化を重ね、合理化を積んで來て居る爲に、原の意義を突き止めることは困難であるが、尠くとも、白山信仰の、或る古い過程には、雪の山と同じ感覺を含んで居つたに違ひない。我々は、常に日本の文學者の不正確な物言ひによつて、欺かれて來て居る。地理錯誤・時代錯誤は、數へ切れない程ある。其の中にも、山の雪に關するものに至つては、富士山は先づよいとして、富士信仰の類型と認められる山の文學には、例へば、古き倭舞の歌の「しもといふかつらぎ山にふる雪のまなくときなくおもほゆるかな」といつた種類の、自然界に對する經驗を無視したものが、極めて多い。つまり、或地方に於ける最も尊い山嶽の上に、雪の山の、或は白山の面影を、移して見た丈に過ぎないのである。之には、一つは、民謠の傳播が、その行く先々に於ける妥當性を得ることに努める所から出るのである。儀禮の行はれる時に、必ず山の雪を要したところから、時じく雪、或は時ならぬ雪を利用する必要があつたのである。つまり、雪の白山を中心として、祭が行はれなければならなかつたことになる。古代以來の祭儀を傳へて居る所では、多く冬を、其の冬の中に其の時期を選んで居る爲に、雪に關する信仰が、極めて自然に、不都合なく感ぜられて來て居るが、冬以外に恒例の祭のある所では、何うしても臨時の雪を要したわけである。其の爲に作られる雪の峯があつた。宮廷に於ては、雪の山の信仰が、恐らく後れて入込んだものと見えて、それを始めた人に就ては、男女一人づゝを擧げて居る。此の宮廷、並びに、恐らく宮廷に影響したと思はれる系統の雪の山は、祈年祭に近附けて行つたものらしい。卽ち、或農事始めの儀禮の爲の雪の山であつたのである。思ふに、かうした宮廷系統の雪の山の慣例丈では、此の話は完全な結局に達しないと思はれる。私は以前に、雪の信仰・花の信仰を說いたこともあるが、それに考へ落したことを、此の場合附け添へると、古代の詞章及びその類型である短歌の類に、如月の斑雪或は春の泡雪を言ふものゝ可成殘つて居るのは、やはり雪の山に關聯し、又五月臨時の田祭に絡んだかのこまだらに連絡するものと見て居る。こんな風に考へて來て見ると、今の所、所謂比較研究といふこと丈では、決して到り着いた考へ方とは言へない。例へば、私如きが、比較の材料とも言へない程の斷片的な數種の類例（例へば、其の隔りの餘り遠い）を擧げて見た所で、畢竟、文を成す上の技巧に過ぎなくなることを恐れて居る。だから個人として、先づ我が民族の中に於ての事實を固めて、後々確かな比較研究の土臺になる樣にしたいと思うてゐる。さういふ用意が、譬へ民俗學系統の學問の傳播說・獨自發生說、何れが榮える世に於ても、最も誤らない基礎を用意して置くことになるのだと信じて居る。之は單に、私自身の辯護でもなく、又、他に對する論難でもないのであつて、つまり、科學的態度だと稱するものから閑却され易い方法を、も一度顧たいといふ丈のことである。

農業暦

中山太郎

一

「魏志」の倭人傳を讀むと、その脚註に「魏略」を引用して『其俗不知正歳四節、但記春耕秋收爲年紀』と載せてある。勿論、我國の太古には暦術が無かつたのであるから、恐らく此の記事は當事の實際であらうと考へる。一年を三百六十五日となし、それを十二ケ月に割り、三年毎に閏月を置くと云ふやうなことは、逈に時代の降つた後世に支那から輸入されたものであるから、古くは全く正歳四節を知らず、花咲て春を感じ葉落て秋を覺る有様であつたに違ひない。諸冊二尊が蛭子を儲け、三年にして脚尚立たずとあるが、果して此の頃に三年と云ふが如き暦數が有つたか否か、蓋し疑ひ無きを得ぬのである。

全體、我國で太古から新嘗祭を十月（古く此月を何と稱したかは判然せぬ、神無月とか時雨月とか云ふたのは後世である）に行ふてゐるのは、此の月を以て後代の正月と云ふほどの意味に考へてゐたのではあるまいか。國語のとし（年）が一年に一度しか稔れぬ稻の古名であることを知れば、新穀の熟した月が正月であつたとも考へられる。我國に暦道を傳へた支那にあつても、太古に於いては春王正月は必ずしも立春正月では無かつたのである。大儒朱子の博問を以てしても、春王正月の句を千古不決の疑問なりとし、遂に『天は子に開け、地は丑に闢け、人は寅に生る。故に斗柄此三辰に建するの月は、皆以て歳首とすべし。而して三代迭に之を用ふ。夏は寅を以て人生となし、商は丑を以て地正となし、周は子を以て天正となす』と云ひ、全く一定してゐなかつたのである（以上。新城博士の著「迷信」の附錄）。從つて上代に溯るほど――語を換へて言へば、暦術の知識が發達せぬ時代にあつては、我國と同じやうに正歳四節を知らなかつたのである。冬至を以て立春となし、これのある月を正月としたのは、支那でも春秋前後からのことである。併しながら暦術の起原が農業にあることを知れば、我國の太古に於いても既に農耕期（但し幼稚なものではあつたが）に入つてゐたのであるから、暦術とか暦道とか言へぬまでも、暦に關する幾分かの知識を有してゐたことが推察される。これが即ち春耕秋收を記して年紀となすの一事である。

二

國語のこよみ（暦）が日讀《カヨミ》の轉訛であつて、それが月讀《ツキヨミ》に對する語であることは疑ひない。然るに我國には月讀尊とて、暦術と農業とに關係ある神が坐すにもかゝはらず、日讀神の在ることを傳へぬのは如何なる理由であるか。管見によれば、これには二つの考へ方が許されるのでは無いかと思ふ。第一の月讀神のみが傳へられたのは、月の盈虚を見て暦の初步？を知つてゐたところへ、支那から太陰暦が舶載され、それが永く暦術の基調となつてゐた爲めで、第二の日讀神の傳へられぬのは、それが日知《ヒジ》り（後世これに聖の字を絣當した）として政治上の權力者の資格となり、信仰から離れて實在の人として仰ぐやうになつた爲めであらう。日知りが日置《ヘキ》となつた過程は、よく此の事を證明してゐる。

暦術の發達が農業に負ふところが多いのは改めて言ふまでも無いが、我國でも月讀尊が農業の祖である保食神を殺したある神話は、此の事の交渉を暗示してゐるのではあるまいか。併し此の一事は私の學問の力では解決されぬ問題であるから、詳しいことは斯學の先覺の研究に俟つとするが、強ひて言へば「山城風土記」逸文に『月讀命受二天照大神勅一、降二于豐葦原中國一、到二于保食神許一、時有二一湯津桂樹一、月讀命乃倚二其樹一立之、其樹所レ有今號二桂里一』とあるのは、多少とも兩者の交渉を考へさせる手掛りになると思ふ。勿論、月中に桂樹ありとの思想は、支那から傳來したものであるが、その起原は印度にあるやに考へる。時珍の「本草綱目」に『吳剛伐二月桂一之說（中山曰。此の故事は「酉陽雜俎」にある）、起二于隋唐小說一、月桂落レ子之說、起二于武后之時一、相傳有二梵僧一、自二天竺鷲嶺一飛來、故八月常有二桂子一、降二于臺州一、十餘日乃止、宋仁宗天聖丁卯八月十五夜、月明天淨、杭州靈隱寺月桂子降、其繁如レ雨』とあるやうに、何か桂の實が八月に熟し落ることが、一種の農業暦となつてゐた俗信のあつた爲めに、斯うした物語となり、更にそれが月の桂となり、月讀尊と桂の里とが結びついて、遂に地名傳說とまで發達したのでは無いかとも考へられる。

併しながら此の物語は、更に異つた視角からも觀る必要がある。それは月讀尊が暦術の外に農業にも交渉を有してゐたことである。「顯宗紀」三年春二月の條に『阿閉臣事代銜レ命、出使二于任那一、於レ是月神著レ人謂之曰、我祖高皇産靈尊、有下預二鎔造天地一之功上、宜以二民地一奉、我月神、若依レ請獻、我當二福慶一、事代由レ是還レ京具奏、奉以二歌荒樔田一壹岐縣主先祖押見宿禰、侍レ祠』とあるのは、注意すべき記事と思ふ。而して此の月讀社は「神名帳」にある、山城國葛野郡の葛野坐月讀神社であつて、それが同じ式内の壹岐國の月讀神社の分祀であることは、壹岐縣主の先祖押見宿禰が神主となつた點からも明白である。全體、我國の月讀神社は式内のものだけでも、以上の外に猶山城に一社、伊勢に二社、丹波に一社を數ふることが出來るが、その何れもが悉く壹岐の月讀社と交渉を有してゐる點は、此の神を研覈する者の關心すべきことである。「舊事紀」の天孫本紀に『天月讀命、伊伎縣主等祖』と載せ、更に此の壹岐縣主の子孫が各地に散居して卜部の事を掌つてゐたが、此の卜部の職務のうちに月讀——即ち暦術のことも含まれてゐたと見るべきである。それでなければ月讀神と卜部との關係が意味を爲さぬこととなる。

月讀神に奉つた歌荒樔田は、現時の京都市外の嵐山の古名であつて、荒樔田はアラスキ田（新鋤田）で開墾の意である。そして此の地を特に月讀神に獻じたのは、此の神が古く農業に關係を有してゐた爲めである。猶この一事は同地方に鎭座せる賀茂松尾兩社と月讀社、及び卜部氏との關係を言ふと明確になるのであるが、今は此の程度にとゞめて置いて主題である農業暦に就いて筆をすゝめる。

三

暦術と農業との關係に就いて、新城新藏博士は『今日の文明の源は、東に於ては支那印度、西に於てはカルデヤ埃及に萌したる農業文明に發してゐるのであるが、四五千年の昔に、是等の地方に於て秩序ある農業が成功したのは、偶々是等の地方に土着したる民族が、相應に正しい暦を作ることを知り、季節に應じて適當の作業をなすことを誤らなかつた爲めに外ならぬのである。從つて常に暦を正しうして季節を誤らぬやうにすることは、一方ならず苦心し努力したもので、これを以て政治の最大要務として居つたことは、何れの國に於ても同樣である』と言はれたのは(同上)、寔に至言として聽くべきものである。

然るに我國の太古にあつては、此の必要なる暦が無かつたのである。それでは古く農業に從事した者が、如何なる方法を以て暦に代へて來たかと云ふに、天象、動物、植物等の運行や去來や開落を見て、極めて不充分ながらも春耕秋收の目安にしたやうである。以下これに就いて各地に存した慣行を擧げることゝする。猶一言附記することは暦術が複雜であるやうに農業暦にも複雜なものがあり、天象の運行と動物の去來とを結びつけたものや、動物と植物とを一つにしたものなどもある。それでこゝには分類も大概にして、意の重いものを探る程度にとゞめて置いた。

四

天象の運行を農業暦としたものに就いては、先づスバル星を擧げることが出來る。尤もこれに就いては夙に新村出博士の研究が發表されてゐるが(旅と傳說三ノ一二)、こゝには博士の研究と、私の知り得たものを併せ記すとする。信州の俚謠に『スバルまん時粉八合』とあり(俚謠集覽)、スバル星が天心に來た頃に蕎麥を播くと、實一升で粉八合とれるほど豐作だと云ふてゐる。播州加西郡下里村地方では『スマル九つカラスキ三つ』と云ひ、更に『スマルのいりまき』とて、此の星が出ると麥を播き、『カラスキ斜方の佛送り』と稱し、此の星が斜になると眞夜中であるとして、盆の佛達を墓へ送るさうである(旅と傳說四ノ一)。カラスキ(カラスキは唐鋤で農具の名であることに注意せよ)星とは私の生れた下野の南部で云ふ三テウ星と同じである。琉球八重山群嶋でもスバル星を農業暦としたことが古謠に見えてゐる。必要な點だけを抄錄する。

スパル星と云ふ星は
天のあるじの御前から

嶋を統べよと云はれたら
國を治めよと云はれたら
畏りましたと申上げた爲めに
はいとお答へした爲めに
嶋の眞上を通ります
天の眞中を通ります
農作をする時には
スパル星を目當にしよう（八重山古謠第二集）

磐城國石城郡草野村邊では、三テウ星が空の眞中に來る頃に蕎麥を播くと、豐作だと云ふてゐるが（高木誠一氏談）、こゝでも信州でも蕎麥に限られてゐるのは注意すべきことである。私の生れた下野足利郡地方では三テウ星と農作との關係に就いては何事も聞かぬが、秋收の折に籾を乾すときには、農家は各戸とも三テウ星が中天に輝いてゐるうちに起きて用意する習慣となつてゐた。それに如何なる譯か同地方には、此の星を詠むだ俗謠が二三ある。極めて埒も無いものばかりであるが、或は機業地とて夜業を深更まで遣る關係から、工女が此の星に親みを有ち口吟むだのが殘つてゐるのかも知れぬ。それから友人頴田嶋一二郎氏の歌集「仙魚集」を讀むと、その南鮮異聞集のうちに『牡牛星座《トウルス》の赤星みつゝ種蒔の、吉凶知ると人らいふなり』とあるから、南朝鮮にもスバル星と農業との關係を云ふ俗信があつたことが判然する。

殘雪の形を見て農業暦とした習俗は各地に行はれてゐた。甲斐國では富士山の雪が四五月頃になると、牛の形、又は鳥の形に殘るが、これを農牛、農鳥と稱し、農民はこれを見て稼穡の時を定める。駿河國の方では農馬と云ふてゐる（甲斐國志卷三五）。瀧澤馬琴の「羇旅漫錄」にある農男の話もこれと同じで、たゞ遠望する土地の相違で形が異るだけのことであらう。甲州巨摩郡の鳳凰山は柳澤村の西南一里にあるが、此の山の雪も春三月頃に牛の形に消え殘るが、麓の農民はこれを見て耕作を始める（同上卷三〇）。同國にはまだ此の外にもこれと同じやうな農業暦が存してゐるが、樹海國にあつては當然發明さるべき方法であつた。

信州諏訪の舊事を記した「諏方舊跡志」に左の如き農業曆が載せてある。

落《オ》し尻晴れ守矢へ雲を卷きあげて、百舌きち鳴かば鎌を磨くべし

落尻は天龍川に落ち行く諏方湖の尻を云ふ、其方が晴れて守矢の山へ雲が昇りて百舌鳥が鳴くならば、鎌を磨き草(稻?)刈に行くべし(風俗歌)。

これは私が前に述べた天象と動物との二つを合せて、一つの農業曆とした例である。そして此の俚歌は隣國の上州吾妻郡へ行くと『赤城晴れ吾妻に雲を卷きあげて』と上の句が異つたゞけで行はれてゐる。

越後國北蒲原郡神山村邊では、國境に聳えてゐる飯豐山頂の雪が、五月頃になると恰もお駕籠の形のやうに消え殘る。すると村の人々は『そら田植神がお出になつた』と野仕事を急ぎ始め、そして五月下旬になるとお駕籠の戸が開いたやうに雪の形が變ると、又村人は『それお駕籠の戸が開いた』と一齊に田植に取かゝる。同地方では此のお駕籠が出ても、田植神が戸を開けぬうちに挿秧すると、稻が稔らぬと傳へてゐる(日本少年一八ノ六)。如何にも古俗が偲ばれて面白い話である。而してこれに似た話は各地にある。信州の白馬岳も古くは代馬と書き、雪が馬の形に殘る頃を見計つて田《タ》ノ代《シロ》を搔いたので、此の名を負ふやうになつたのである(松本と安曇)。陸中國岩手郡本宮町地方では、吾田々良山に僧侶に肖た殘雪が現はれると、これを粟播入道と稱し粟を播く(相生集卷一七)。更に陸中と羽後との國境にある駒ケ嶽にも、四五月頃の雪解けになると、山の八合目ほどの所に、一頭の白馬の形が現はれる。爽かな青い山の色の中に、鬣《タテガミ》を振り四足を空にあげて踊つてゐるやうに浮いてゐる。此の山の續きに雛鷲山と云ふのがあるが、こゝでは殘雪の頃にそれが恰も鳥が兩翼を張つたやうに見える。農家では駒の形や鳥の姿を眺めて、種蒔に早いとか今年は後れるとか云ふてゐる(鄉土研究一ノ九)。陸奧の津輕地方では、岩木山の中腹の殘雪が春の土用十五日前ごろになると、先づ兎の形に見え、十日を經ると牛に變じ、更に十日を過ぎると馬となる。此の馬に鍬が附いて見えるときは田搔の始まるときである。又山麓に接して爺と鍬を負ふ老婆との雪形が現はれると田打時とて農事が忙しくなる。又槌を擔ぐ爺と鎌を持つ婆とが見えれば、豆を播く時節だと云

ふてゐる（以上。津輕口碑集）。而して關西から四國九州へかけての類例は、私の寡聞なる耳福に接してゐぬが、恐らく各地に存することゝ思ふ。

—中山—

五

動物を農業暦の對象とした習俗も各地に存してゐた。「夫木集」卷七に『落かはるふた毛の鹿の曇り星、やゝ現はるゝ夏は來にけり』とあるのは、直ちに農業暦と云ふことは出來ぬかも知れぬが、鹿の毛の拔け變るのを見て夏を覺つた古代民族の生活が窺はれる。「古今集」誹諧歌に『いくばくの田を作ればかほとゝぎす、しでの田長を朝な〳〵呼ぶ』とあるのは、時鳥を勸農鳥と稱してゐたことから推して、農業暦であることが明白に知れる。時鳥に就いては歌學者の間に古くから異說が多いが、こゝには態と觸れぬことゝして運槃を急ぐ。此の鳥を冥土鳥と云ふのは、農事に交涉ある仕出《シデ》の田長を死出《シデ》と讀み歪めた僞經十王經の作者のさかしらである。鳲鳩は和名をかんこ鳥ともかつぽ鳥とも云ふてゐるが、これが鳴くと麥刈の時節だと農村では傳へてゐる（滑稽雜談卷八）。甲州では此の鳥を豆植鳥と稱してゐて、鳴く頃に豆を植る。又東國では豆播鳥と云ふてゐる（物類稱呼）。これで想ひ出すのは「古今著聞集」に二條中納言定高が班鳩（かつこう鳥と同じ）を藤原家隆に贈るとて『いかるかよ豆うましとは誰もさそ、ひしりこきとは何と鳴くらむ』とある記事である。これに由ればかつこ鳥を豆まき鳥と云ふたことは、かなり大昔からのことであると同時に、その名が宮廷歌人にまで知られてゐたことが判然する。

武州多摩郡上仙川村邊には、京阪地方に見馴れぬ鳥がゐる。鳴く聲がぽん〳〵と聞えるので、土地の者はぽん〳〵鳥と云ふてゐる。此の鳥は渡り鳥であつて、三月の末から四月の始めに來るが、農民は此の鳥の來るのを合圖として播種するので、一に種蒔鳥とも稱してゐる（四神地名錄）。

享和三年三月に菅江眞澄が、ふるさと遠き姿して羽後の大瀧湯に遊んだ折の記事の一節に左の如きものがある。

いにし十三日は八十八夜なりしか、八十八夜の鍼長《ハリタチ》と、わがくにうど（中山曰。眞澄の故國三河の意）はもはらいひて、このころは縫ひ針のたけに苗代の萠へづれど、此國はしからず、梢に筒鳥の鳴くを聞て、小田に種蒔く子らがいふ、「とつとの口に種をまけ、かんこの口に豆をまけ」と、こはおかしき諺なりけり、子規の聲を聞て、早苗とり殖るより四手の田長を名のり、早來鳥《ヘヤコトリ》の來鳴くころほひには、まめふに豆を蒔き、とつとの時を囀るをしるべに、みとしの種を蒔くは、やまと、もろこしも、なへてひとしかるべきものか、こゝにいふととは都通度利、つゝとりのから名をいひて布穀となん、しかいふ名のありけるも、うべならんかし

汝れも來てみとしろ小田の苗代を、四方にまきしくつゝ鳥の聲（菅江眞澄全集第二秀酒企乃溫濤）。

これに由るとかつこ鳥とつゝ鳥とは別のやうであるが私には判然せぬ。同じ奥州の陸中東磐井郡では郭公をかつかう鳥と云ひ、これが鳴くと播種するとある（同郡誌）。或は同じ鳥の異稱か博雅の高示を俟つとする。

紀州西牟婁郡二川村大字兵生邊では、秋に「そばまきとんぼ」と云ふ蜻蛉が、丁度、鍬の柄の高さに飛ぶ頃を待つて蕎麥を蒔くさうである（郷土研究一ノ六）。私の故郷である野州足利邊でも、中秋頃に赤い蜻蛉が群れ飛ぶ頃に菜種を蒔くので、これを菜蒔き蜻蛉と云ふてゐるのと全く同じである。斯うした事からも農業が自然と深い交渉を有し、併せて曆術と親しい關係を有してゐることが知られるのである。

六

農業暦に植物の開花落葉を用ゐた例は、各地に渉く夥しきまで殘つてゐる。京都では山茱萸を方言で苗代萸《ナハシログミ》と云ふてゐるが、「大和本草」に由ると、此の實の熟する頃に農家で苗代をつくるので、斯く稱すとある（以上。滑稽雜談巻四）。但馬國出石郡高橋村大字藥王寺の郷社兵主神社の境内に老櫻がある。每年舊曆十月上旬から花を開き十一月上旬でやむ。土民稱して迎神櫻と云ふてゐるが、これは花の咲く頃に出雲へ神々が集まるので迎へるのだと傳へてゐる（校補但馬考地理第三）。これは直ちに農業暦とは言へぬかも知れぬが、開花によつて神送りの行事が農家にあつたことゝ思はれるので敢て載せるとした。美作國勝田郡古吉野村大字河原の諏訪神社の飛地境内に銀杏の大木がある。農民は春は此の木の萠芽を見て播種

し、秋は葉の黄ばむを窺ひて稲を刈り、麥を播くことにしてゐるが、土地では神木として崇拜してゐる（美作國神社資料）。
出雲國飯石郡では藩政期（中山曰。江戸季世と思ふ）に、農業曆に就き左の如き心得書を發して農家の參考に供へてゐる。

一、種を蒔苗植候樣成事、時節有事也、曆を以節を考候得共、こよみは中國を的にして拵候物なれば、其國其所にて違可有之事、何ぞ是に習あるや、是は何の習なき事なり、其國其郷其村にて、種蒔等の事時節の進退による事なり、其所能々考合べき事なり、爾し定る所の習も有るなり、

一、節分より八十四五日の頃實蒔、中田は百五日位の時よし、

一、五月中少過れば苗強からず不柔、至て宜時なり、ケ樣成事は所の草木に心を付、時節の進退を計る事肝要なり、藤の芽出て八分位開、苗代拵に成候時抔、其村々の目印にいたし置き知るべし、

一、苗植時も竹の子大形延び、或は栗の花盛に植付る事宜抔と、其所々寄て考知る也（中略）、

　蔴まきと雀かくれの榎かな
　　苗代水干櫻ちる頃

又曰、其所の苗木を見て、時節の進退等を計る事、尤面白き事なり、然れども其年々には雨過又は日照等の譯に寄、又草木の芽出し相違有を考知る事なり云々（以上。飯石郡誌所引の「地方問答記」に據る）。

筍の伸びたるとき又は栗の花の盛りに苗代に種を播けとか、蔴を蒔くには榎の若葉に雀が隱れる頃にせよとか云ふことは、農民の多年の間の經驗に由るものであつて、實に貴い曆術なのである。曆の普及されなかつた時代の篤農者の心懸けには、涙ぐましいほどの眞劍さがある。それから藝州沼田郡吉山村正善寺境内の苗代櫻は、此の花の咲くのを見て苗代を作るので此の名を負ひ（藝藩通志卷四八）、日向國宮崎郡廣瀨村字田嶋の節分櫻が、節分の頃に咲くので此の稱のあるのも（日向都案内）、共に農業曆として立派なものである。

今度は筆路を轉じて關東から東北へかけての類例を擧げる。信州諏訪の俚歌に『いざや子等早稲《ヘセ》も晩稲《オクテ》も種浸せ、文手《フムデ》の柳あれ綠りせり』と云ふのがある（諏訪舊跡志）。湖畔の文手村の柳が綠りしたので、稲種を浸し苗代の仕度にかゝれと

云ふほどの歌意である。同國下高井郡瑞穂村大字神戸字銀杏ノ木と云ふ所に神代銀杏とて、高さ八十尺、周り六十五尺の大木がある。字の地名も此の木に由るほどであるから、その老樹であることが知られるが、此の木は一に雪倒れ銀杏とも云はれてゐる。土地の人々は此の木が秋季に一兩日で落葉すれば降雪が一時に來たり、これに反して徐々に落葉すれば降雪も徐々なりとてそれぞれ農仕度をする（信濃及信濃人號八）。更に同國下伊那郡三穗村大字立石の村社貴船神社の境内に巨杉があり、別に二百間餘を隔てた場所にも巨杉がある。里人は前者を男杉、後者を女杉と云ふてゐる。春秋ともに此の二本の杉の影が朝夕相接すると彼岸だと稱してゐるが誤らぬ（伊那名勝志）。これには別段に農業暦には明記してないが、恐らく土地の者はこれによつて農事なり養蠶なりの用意をしたことゝ思ふ。甲州八代郡八千藏村の熊野神社の西南三町餘の所に、倭尊が東征された折に鉾を立てた跡とて榎の古木がある。今に鉾の木と稱してゐる。農民は此の木の葉の開舒の時を候ひて、種植の遲速及び旱澇を卜ふが、平年には葉茂り旱年には衰ふと云ふてゐる（甲斐國志卷五九）。木葉の開落を以て農業暦より一歩進めて穀物の豐凶を卜する習俗は、これ以外にも各地にあるが、此の事は一種の年占に屬するものゆゑ今は省略に從ひ、猶主題の農業暦に就いて書きつゞける。駿河國志太郡徳山村字堀の内の地藏堂に千年櫻とて、樹齢約六百年の老木がある。此の櫻滿開後三十日にして茶の摘み時だと稱してゐる（同郡誌）。同地方は銘茶の產地ゆゑ自然と農業暦が、斯うした方面に利用されるやうになつたのであらう。上州群馬郡古巻村附近では、地源寺の枝垂櫻が咲き初めると、里芋を植ゑるときだと云ふてゐる（形野惣太郎氏報告）。常陸國鹿嶋郡中野村地方では、柿の若葉に籾が五粒乘るほどになると、種播きしてよいと農家で傳へてゐる（金子五郎氏報告）。これなどは如何にも大昔から行はれて來た習俗であることが偲ばれる。

國華である櫻を農業暦の目安とした例は前に掲げたが、何故か此の事は東北から奥羽へかけて殊に多く存してゐる。左に一括して列擧する。

磐城國西白河郡關平村大字關和久の苗代櫻（白河風土記卷七）。

岩代國河沼郡塔山村八幡宮の種蒔櫻（會津溫故拾要抄卷三）。

同國同郡川西村大字宇内の惠隆寺の種子蒔櫻(同卷四)。

同國大沼郡新鶴村大字米田伊佐須美神社の種蒔櫻(大沼郡誌)。

陸中國江刺郡藤里村字智福の苗代櫻(江刺郡誌)。

同國同郡愛宕村大字田谷の種播櫻(同上)。

以上は何等の說明を加へずとも、判然するほどの單純のものであるが、たゞ注意すべきことは是等の樹木が概して社寺にある點である。而してこれは我國の神木崇拜に交渉を有してゐることは言ふまでもない。奥州南部領の雫石町附近では、山櫸《ブナ》の芽の崩え出す頃に麻の種を蒔くと云ふが(民俗學三ノ一〇)、斯うして土地によつて擇まれる木の異るのは、土地の氣候に由ることで、弘く類例を集めて比較研究したら、有益なる結果を見ることゝ思ふが、これは私の微力では出來ぬことゆゑ、敢て後賢に俟つとする。

それから此の機會に附記したいことは、純粹なる農業曆ではないが、多少ともこれに關聯を有つ農業俗信である。例へば駿州吉原町地方では、生薑は田植歌を聞かぬと芽を出さぬと云ひ、東京附近では、里芋《サトイモ》は五月の幟杭を見ぬと芽を揃へぬと云ふ類である(以上。吉居雜話)。私の鄕里である足利邊の農村では、大根は十月十日夜《トウカンヤ》の餅を搗く音を聞かぬうちは熟さぬなどゝ云ふてゐるが、是等は要するに農作物の熟する季節を年中行事にかけたもので、こゝにも古い時代の農民が曆術に深甚の注意を拂つたことが知られるのである。

七

現在は曆の普及に狎れて、頗る有難味が減却されてゐる。つい四五十年前までは(太陽曆に改正されたのは明治五年であつたと記憶する)、曆と云つても名ばかりのもので、薩摩曆とか三嶋曆とか云ふ誠に覺束ないものばかりであつた。殊に南部領に行はれたと云ふ盲曆《メクラコヨミ》(明治の中頃まで行はれてゐたと聽いてゐる)に至つては、既にその名が示してゐるやうに全く一種の判じ物に過ぎなかつたのである。然るに斯うした不完全なものでも毎戶に行き渡ることはなく、少しく誇張して言へば村では名主とか組頭とか云ふ、頭だつた三四の者より外は持つてゐなかつたのである。「撈海一得」巻上に長崎より江戸將軍へ献ずる清暦は、紙かず三十枚ばかりで賈人の制るものには別だとあるが、又以て當時我國の暦道が幼稚であつたことが窺はれるのである。

大昔の人達が、如何に忠實に暦の記載を守つたかと云ふ例は、「宇治拾遺物語」の『假字暦あつらへたる事』の一條を讀んだゞけでも知られる。然も斯うした思想は始めて信用すべき暦を得て、これを尊重した名殘りと見るべきである。農業暦が永く人心を支配したのも又故ありと云ふべきである。（完）

龜（長野縣小縣郡本原村）

昔私達の住んでゐる附近に大きな淵があつて其處には大きな龜の主が住んでゐた。さて其の附近の金持の娘に澄江といふ人があり、きはめて晴やかな人でありましたが急に變つてしまつて何時も顔色も靑く何か心配事が有る樣で夕方時は何時も外に出ては天を仰いで何か物思ひに耽つて居た。それと氣附いた父母の驚は非常なもので直ちに醫者に見せましたがもとよりその原因はわかりませんでした。其處で父母はます〱不思議に思つて澄江の附近の室へひそかに非常につよい男をしのばせておきました。すると夜になつて澄江の室で何か物音がして若い美しいらしい男の聲「澄江殿、澄江殿」と小さな聲で云つた。「はい靜かにしなさい」それから二人はこそ〱數分何事か小聲で語りあつて男はその室を出ました。其の時隣室に待ちぶせしてゐた男は突然かの男に斬りつけました。すると「キヤッ」悲鳴をあげて不思議にも男の姿は消えてしまひました。其處で翌朝になつて見ると血のしたゝれが其の淵までつゞいてゐました。其處で件の男は體をしばりつけて一端を陸の人に持つて居て貰ひ短刀を持して淵へ飛び込んで行きました。すると間もなく皿の樣な大きな目をして大口を開き爪をつのらして彼にとびかゝらうとしました所の大龜がありました。其處で短刀をしかと握り其の龜の大目目がけて斬つけました。それがうまく成功して龜の弱る處へつけこんで頭へやたらに斬りつけましたのでさすがの龜も遂に殺されてしまひました。其處で繩をぐい〱引張つたので彼は引き上げられて川には紅の水が流れてゐました。そしてその大龜は引き上げられて埋められましたが其の後は村でいくら龜を飼つても育たぬのださうです。之は本原村にあつた事です。

鯉（長野縣小縣郡澱城村）

澱城村の某社の池の鯉は皆眼が片方つぶれて居るさうです。老人の話に依ると之は昔この村に眼病流行し之にかゝる者夥しく殆ど全村に亙らんとした。その爲に村の人々は其の社に願をかけ日參した所効あつて一時は非常にはびこつた眼病も殆んど治つてしまつた。之はこの社の神樣が大變に哀に思ひ村民の願を聞き入れ其の社にある池の鯉の目を一つ宛村民に與へさせたのださうです。（小泉清見）

へいさらばさら考（二）

――作　用――

岡本良知

ペドラ・ベゾアールに就ては餘程古くから知られてゐた。

ガブリエル・フェラン（Gabriel Ferrand）氏の「Relation des Voyages」(p. 240—242)に據れば、ギリシャのアリストートルがこの結石の性質と治療効果とを記載した。そのいふところでは、この結石に各種の色があるが、黄色と灰色のもの最も良く、ペルシャのコラサンより來り、また印度及び東方にも産する。この石は觸れて軟かく温暖さがあり蒸發性がある。動植物性毒、有毒な咬傷刺傷に對する解毒藥たり、十二粒の量を粉末または溶液にて取れば、死病をも救ひ發汗せしめて毒を驅逐する、頸輪指輪の嵌石と、なしてをき、毒を飲んだ人の口に入れる、蠍、蛇、有毒鳥、蜂等の刺傷にその嵌石を用ゐれば殊に顯著な効があり、すでに傷が腐敗してゐても粉末をふりかければ回復する。蠍の螫にこの石を觸れるとその害力を除き、蝮蛇に溶液を注ぐとこれを窒息死せしめる。

可なり詳しい記述である。これを以て、アリストテレス以前のギリシャでも既にこの石の治療効果が知られてゐたことは推測に難くない。併し、東方印度まで遠征したマケドニヤのアレクサンドル大王の師であつたアリストテレス程詳しかつたとは思はれない。他面では、この記載によつて、ペルシャ地方に於ては遙かに遠い太古の時代にこの結石が知られてゐたと想像し得、このアリストテレスの在つた前二世紀頃には西方（恐らくは東方へも）へ紹介移出せられてゐた。

フェラン氏は次に、十一世紀以前に於けるアラビヤ諸學者の説を擧げた。それに據れば、「バザァルは黄色に軟かい香ない、抗毒に用ゐられる石である。予は兜菊の毒に抗して不思議に効驗あるを見た。この石は黄色ばんだ白色にして軟かく、Yémen 産明礬の碎片の如く光澤がある。予がこの石に兜菊に抗する効あるを見たのは、他の藥劑でもまた合成解毒劑でも嘗てないことであつた。』(Bazes)。『バザル石は蠍の毒に對する有用物である。蠍の姿を彫り込んだ指輪に、月光がこの姿に落つるとき、その對毒抗力が秘藏せられる。』(Ahmad Ibn Yūsuf)。『バザル石が太陽に暴されてその水分を滲み出し失ふ。その甘味ある水分は激しい熱病の發作及び便秘に効がある。』(Otārid Ibn Muhammad AlHāsib)。『動物質種卽ち鹿の心臟內に發見せられるものは他の凡ての種類に優る。若しこの石を水を以て研ぐやうに摩擦し、その半デネックの價を毎日健康人に與ふるならば、致死的な毒をも中和し、毒の作用より庇護す。その使用は毫も不便ならず、一般解毒劑を以て成し得る如くに不快の增大する影響を怖れるに及ばない。この石は激しい氣質の人にも肺病患者にも害せぬ。それはその元來の特性に屬する。』(Ibn Djant)。とあり、他にも『バザノル石は甚だ生鮮である。情事による心臟の虚弱者の場合に一ミスケ（四・六四グラム）の六分一量を施せば、この石は不思議に心臟を强壯にする。』といふ說をも擧げた。

これらの說を以て見れば、上古及び中世には最も貴重せられ最も廣汎な治療的用途を有してゐたやうだ。殆んど傳說に近いやうな各〻の記載は各様の効能を說いてゐるが、要するに凡ての動物植物の毒を解する最良劑と見做され、或は强壯劑と思はれてゐた。これを求め得る階級の人々は常住指輪等に嵌めて携帶してゐたと推測出來る。時代が降るに從つて貴重しする思想が少なくなつたのであらうか。

十六世紀のヨーロッパ人が始めて海上より東印度に現れるやうになつて、盛に彼等の著書に減せられた。ドアルテ・バルボーサの「Livro」(p. 309)に先づ見える。有毒の人に、薔薇水にこの（石の）粉末を溶し藤管にて吸ひ込ましむれば凡ての毒を殺すなり。籐管にて吸ふは、蓋し齒に直接に觸るれば、それを挫くの故なり、回教徒及び大諸侯間に非常に尊重せらる。オルムスにも亦ありて、その次にてはマケルによりて賣買せらる。この石を生ずる獸は野生羊なり。』この文は印度デリー敍說の一節である。Pagem といふ一獸より云々は旣述の如く誤りであるが、次に引くバロス以下當代の諸家の書に屢々見えるところより考へれば、回教徒自らの間に然る誤まつた說が行はれて、それを傳へたのであらう。バルボーザの說明も稍々誇張的なところがあり、齒に觸れてこれを毀つといふことは、全くその記述が聞き傳へに過ぎないことを表してゐる。

ジョアン・デ・バロスの「Terceira Decada」(Liv. 3. Cap. 7.)に『(マルディーワ諸島の)椰子の内側の皮はペドラ・ベゾアルよりも遥かに毒に對し有効なり(中畧)。この石に關しては我が(國の)通商の書に、その抗毒の性あるを詳細に語れり。』と述べた。

一五五四年のマヌエル・ペレストレーロ(Manuel Perestrelo)の紀行に『(甚だ衰弱してありたれば)若しこのとき直にペドラ・バザールを以て急に應ずるなくんば、皆前進する能はずして、魔に魅せられたる如き苦痛と疲勞の故に心歪み困疲を極めたるべし。』(Historia Tragico-Maritima, I, p. 118. Dalgado, Glossario, I. p. 107 所引)といふ文と、一五六五年のメストレ・アフォンソの紀行に、『このとき予の携行したるペドラ・ベゾアルの一小石予の生命を救ひたるなり、蓋し、予は毎日その小量を水に溶かして飲みたりき。』(Itineranio de Mestre Affonso, in Annaes Maritmas. p. 29. Dalgado, ob. cit. p. 180.)との文は東印度に在つて自ら服用しその効能の顯著であつた所以を述べたものである。この石が醫藥として役立つたといふよりも、その効力を信ずる安心によつて療されたのであらう。これは一五七八年のクリストワン・ダ・コスタの『ピェドラ・ベザール』に就ては、凡ての毒に抗する最も全般的にして且つ有効なる藥なりとのことを世に確言せらる』(Tratado, p. 153.)との文を自らに過信して述べたに過ぎない。然し當代を通じて何人も信じたところであるから、後代の記述はいよいよ出でていよいよ効力を吹聽した。十七世紀に入つてフレイ・ガスパール・デ・サン・ベルナルディーノも、『蓋し、凡て予等の東洋諸地方より得る抗毒藥の中にて、實驗によりてこれよりも正しき立證者を擧げ得べきは他にあらず。まことにこの人の効たる人命に關する總ての諸病に對する最强にして無害なる解毒劑なり(前引)といひ、一六一一年出版のドン・セバスチァン・デ・コワルヴィアスの『エスパニャ語資典』中にも『バザール。印度の或る野生山羊の臟腑中に生ずる石。凡ての毒及び發疹窒扶斯、その他の窒扶斯、毒性病に効あり。』と書き、この石の効ある病の範圍に言及した。

食あたりまた腸カタルの如き病氣にも有効であるとして、自らの實驗記を述べたものがある。平戸の英國商館長リチャード・コックスの日記のうち一六一七年八月二十八日の項に、『予等は濱づたいに今津に赴きたり、このとき予は甚だ不快を覺えたり、蓋しキャプテン・アダムスも前夜同じき様なりし如し。予の考へにては良からぬものを飲みまたは食したるなり、とせば予はロザ・ソラスを少し飲みたりき。今これを吐出せしめたれば甚だ快くなりぬ。後夜になりてベサス・ストンを少し取りたり。こは、百虫予が心臓中に巣窟したるかと思はれし如く、殆んど夜中苦痛を與へたりしも、後安靜なるを得たり。』とある。コックス自身が醫藥としての効があつたと思つたに違ひないが、現代の讀者より見れば明かにその文中に有害無効であつたことが看取せられる。

これらの諸説に據れば、この結石は單に毒を解くといふのみではなく、他の種々の病氣にも有効であると見做されてゐたやうだ。併し、普通の病氣に對する効力を否定した人もないではなかつた、例へば、一六二四年にボヘミヤの女王がこの結石を求めんことをトーマス・ロー（Thomas Roe）に依頼したとき、ローは、『トーマス・スミス卿常に豐富に供給せり。併し、この石はかの痛風を療さざるべし。』(The Embassy of sir Thomas Roe to India. p. 157. 所引)といつた如きである。更に一歩を進めて、解毒劑としての効力にさへ疑を抱いた眞の科學者もあつた。十六世紀の有名なフランス外科醫アンブロアース・パレーは、或る死刑囚が毒を飮むことになり、後その毒をこのベソアルる以て解かんとしたが効なくして死んだ、それ故にシャルル九世は憤慨してこの結石を火中に投ぜしめたといふ事實を記して無効を證した。(Ambroise Paré, Oeuvres, p. 786. Journal Asiatique, 1905. Les noms Arabes dans Sarapion 所引)

以上は十五・六世紀の諸書に散見する斷片的なこの石に關する記載ではあるが、當代を通じて最も詳細な説明をなし且つ多くの影響を與へたものは十六世記在印度の博物學者ガルシャ・ダ・オルタである。以下にその記載を掲出して檢討しやう。（未完）

九頭龍（長野縣上田市）

昔諏訪様が女にばけて或る人の妻となつて居たそしてお産をする時その男の人にするすると留つて行きました。それから九つの頭を持つた蛇は大變人だすけをして戸隠に祭られたそうです。今もその名を九頭龍と云つてまつられてゐるそうです。それは虫歯に非常によくきく神様だそうです。（小泉清見）

—岡本—

寄合咄

宗教研究に就て

反宗教運動の擡頭と關聯して、近ごろ社會的宗教の形態といふことが問題にされる。そして私は近代の個人的な宗教と對立すべき集團的な宗教を、史上の國家の宗教的活動や機能にもとめる。同時にまたそれは原始的な部族や氏族の宗教に於て、一そう純粹な形に於て見いだされる。それはたしかに集團の公的な宗教生活を典型的にあらはして、社會學派の宗教學說を基礎づけるに足るものがある。しかし問題は當然近代國家の下にある地方的宗教がどの程度までこの種の機能をはたしてゐるかといふ點に及ぶ。この點で民俗學的採集は、私的な呪法の効果や、個人的動機をもつた儀禮に關するものが多いやうであるが、村なり鄉なりを單位とした集團的行事は、そんなに獲にくいものであらうか。少くとも統合的に一集團が主體となつて行はれる意味が、地方的に殘存した儀禮により多くと見出されないであらうか。キリスト教の勢力のドミナントな西洋の社會ではこんな樣式の發見は實際に困難であらうけれども、日本民俗學は必ずしもこんな傾向に追隨する必要はない。部族や氏族の公的な宗教が、村落や鄉黨を全體としての祓や豐作儀禮となり、集合的な吊葬や始祖の祭として、國家組織のあとに殘る史的な變化は、小著『宗教學』でも一寸認めておいたが、それを裏がきするやうな民俗學的事實が、私にはもつと多量に欲しい。もちろんそれが佛教行事に吸收されたり、念佛修行となつてゐるやうな多くの場合には、その集團的機能は單純な事實よりは、むしろ一つの說明として見出すほかないであらう。しかしこんな着眼點からはなほ重要な意義ある事實も殘つてゐるであらうし、それらの採集と集團的な解釋とは、今日までの學的欠陷を想起して、特に切望される方向である。(宇野)

『あかんべ』に就きて

自分の鄉里熊本で、小兒を嚇すとき、若くは人を嘲弄するとき、兩手の指で下瞼をまくつて赤目をなし、同時にぺろりと舌を出す風習がある。これを『あかべえろ』若くは『あかちやかべえろ』といふ。

かうした風習は、なにも熊本に限つたことではなく、我が國の到るところで行はれてゐるらしい。『あかめ』、『あかべ』、『あかんべ』、『あかんべい』、『めあかう』、『めかかう』、『めあかう』、『めかこ』、『べかこ』、『べかかう』、『べつかつかう』等の呼名によつて知られてゐるのが、さうである。

ところで、この滑稽な風習の內容や意義を調べて見ると、『大日本國語辭典』には、

あかめ　下まぶたを指にて引きのべ、赤き目裏を見せて、小兒を嚇す戲れ。轉じて、人を卑しめ又は人の請ひを否み却くる意を示す。

とあり、『言泉』には、

あかべ　『あかめ（赤目）の轉』――たはむれに下まぶちを指にて引き延べ、その赤きところを見せて、小兒を嚇すこと。又人を卑しめ、又は人の請を否みしりぞくる意味を示すためにも行ふ。

とあり、『言海』には、

あかめ　下瞼ヲ指ニテ引キヒロゲ栗クシテ、小兒ヲ威ス戲。轉ジテ事ヲ否ミ郤クル意ヲモ示ス。

とある。いづれも申し合せたやうに、同じことを云つてゐる。これで見ると、『あかんべ』は、目だけの問題で、舌はこの戲れに參加する權利を持たぬらしい。更に遡つて、『嬉遊笑覧』卷之六下を見ると、

『めかかうは、目眩《メカカ》うにや。今いふべかかうなり。共義は指にて目皮の下をひきて、赤き處をいだすわざなれば、目赤うの訛りともいふべけれど非なり。後世は、物を請ふを否と云に、目の皮を指にて引て、べカともベイともいふ。されどこれも近時よりのことにもあらず。』

とある。『目赤』說を拒んで、『目眩』說を出してゐるところは、面白いが、所作はやはり赤目をするだけとしてゐて、舌を出すとは云つてゐない。この戲れについて記したものの本には、この他に、著者不詳の『續飛鳥川』、尾崎雅嘉の『蘿月庵國書漫抄』、荻生徂徠の『南留別志』、本居宣長の『玉かつま』、石上宣續の『卯花園漫錄』、高田與清の『松屋筆記』などがあるが、別に大した創見もなく、多くは『大鏡』を引いて、お茶をにごしてゐる。そこで問題の『大鏡』の五ノ卷を繙くと、

『たかんなの皮を男のをよびごとに入れて、めかかうしてちごをおどせば、かほあかめてゆゆしうおぢたる……』

と見えてゐる。少し念入りではあるが、舌を出したとは見えぬ。

赤目をすることの本原的な意味が、單なる子供嚇くや嘲弄ではなかつたことは、大凡推定がつくが、自分は今それを問題としてゐるのではない。舌の參加の有無が知りたいのである。

上に擧げた諸書から見ると、赤目と共に舌を出すことから成り立つてゐる熊本の『あかんべえろ』は、所謂『あかんべ』『めかかう』などに比べてより入念な仕草といふことになる。『あかんべえろ』が、單に『あかんべ』の轉化とするならば、舌を出す事は、『あかんべ』發達史の上では、一の後代的添加としなくてはなるまいが、問題はさう簡單でない。熊本の方言では、『舌』のことを『べえろ』といふ。『べえろした』といふのは、熊本では、『赤目をした』ことではなくて、『舌を出した』ことを意味する。さうすると『あかんべえろ』は、『あかんべ』(赤目)、『めかかう』(目赤若くは目眩)の轉化と考へられ得ると共に、『赤い舌』とも解釋せられ得る餘地があり、更にまた『赤目』を意味する『あかんべ』と、『舌』を意味する『べえろ』との二つの語辭が一しよに結びついたものであると考へて考へられぬこともない。

諸地方に行はれる『あかんべ』『めかかう』は、赤目をするだけであるのか、それとも舌も之に參加してゐるのか。廣くこの風習を調べたことのない自分には、その邊のことがよくわからぬが、かうした民俗に博く通じてゐる人士の敎を乞ひたいものである。

『ぐわごじ』、『がごじ』、『がごぜ』、『けごぜ』、『がごうし』、『せせがかう』などの名によつて知らせてゐる小兒威嚇法は、顏をしかめたり、面を怒らせたり、手を組んで顏に當てたりする仕草のやうに、ものの本に記してあるが、これなどにも、にの參加はなかつたであらうか。併せて敎示を乞ひたいものである。(**松村**)

文化發展の解釋に就いて

文化とは一つの複合態であつて其の各要素が相互に依存關係に立

つてゐるところの有機的統一をなしてゐる。即ちタイラーの定義を採用すると文化とは社會の成員として人類が獲得した知識、信仰、藝術、道德、法律、慣習、及び他の能力習性を含む複合總體なのである。それで一つの文化要素の完全な考察は總ての他の文化形相の研究を埒外に置くわけにはゆかない。

換言すれば文化の各部分は非常に密接に結合してゐるので他の總てのものを排除して一つのものに集中すると云ふことが甚だしく困難なのである。それで他の文化現象との相互關係を注意せずして抽象した只一つの文化要素の機構發達を決定すると云ふことは文化科學に於ては許されないであらう。

殊に文化の外見上無關係に見へる部分にも甚だしき相互依存があるのであつてこのことは分化の程度の低い未開若くは古代文化に於ても同じである。

例へば我々が宗教團體を注意する場合には其の信條に觀察を集中するばかりではなくして其の集團が社會に於て占める位置にも向けなければならないし又未開民族の社會組織の性質を正確に見ようとするならば、常に原始的生活活動の他の總ての形相を示してゐる資料も併せて取扱はなければならないのである。文化の發展に於ては常に其の發生の解釋として文化獨立起源說と文化傳播說の對立がある。が然しこれも文化要素の差違に力點を置くか類似に力點を置くかに依つて分れる場合が多い。云ふまでもなく文化現象はその存在自體に依つて認知しうるはづであるがその本質的なものは關係に於て認知されるものである。

その一つは因果關係の問題である。同樣の現象は同樣の原因を持つに違ひないと推測するのはこれに屬する。この場合には多くの人は——文化資料の甚だしき錯綜性の間から抽出した決定素を分離することは容易なことではないのであるが——先驗的に總ての民族が皆な同一の進化階程を一度通過すると信じてゐる。

この先驗的進化論が無條件に支持された時代は民族學が飛躍的進歩を遂げた時代であつて同時に素朴的な唯物論が最盛期に到してゐる時であつた。此の見解に從へば人類の發達は全く進化過程であつて未開から文明に向上するものである。此の考察は單純な分類系列であつて實證なくして全く主觀的な價値判斷から構成したものを持つて事實的な起源系列、進化系列を作爲しようとしたものであつた。此の際に於て各進化階程の系列は實在に對應し此の系列の部分は其の時間的空間的接觸を有し、其の間に於ける原因的關係が可能であるかを檢證しようとしない。それで此の構成せられた進化圖式は今や實證を缺いてゐることが證明され、其は純粹な理念《イデオロギー》構成に過ぎないことが明白にされることゝなつた。これに對して新しい意味に於てバスティアンの影響が現はれてきた。それは彼に依つて樹立さられたところの思惟要素の學說である。

彼は人類精神の最奧の性質は總ての人種に於て又世界到るところ其の誘引性必要性に於て本質的に平等であるとするのである。更に本質的に此の素質が動くので樣式方法も同樣であり、必要は各種の器具の發見、社會制度の形式、宗教觀、敬神形式の發成を決定する。そして或制約——本質的なものではない、——が所謂民族思想を持ち來すのである。これは即ち氣候的、地理的及び其の他の外的關係の民族に由つて變る差異性を意味する。

此の思惟要素の學說は進化論系列に於ける或欠陷の充す可能性を與へるものである。

一九世紀前半の民族學は非常に此の先驗論に依つて迷誤に導かれたのである。それは年代關係を直ちに因果關係と看做したからである。然しながら民族學は此の缺陷に依つて幸にも亡びず、批判的な自己完成によつて自己の缺陷を匡正し自己の力に依つて改革した。

此の改良は具體的な資料を取扱ひ言語及び物質文化の領域に於て主觀的な點から脫し米國及獨逸の二國から起つた。先づ最初に人類地理學の完成者のラッツェルであつて、バスティヤンの思想要素に對し直接に論爭を開いたのである。バスティヤンは generatio aequivoca と比較し、最も差異ある民族學的構成である世界の遠隔地の不依存性を人類精神の「自發的」から來るとするのである。

此に對してラッツェルは歷史的個別研究に依つて何が實際的に起源的場所であるかを心理學的成立に依つて研究し注意した。彼は到る所同じ進化過程のあることを否定し、多くの形態に於て多樣性の歷史的經過の存在を推定し一個所に發生したものが其處から世界の到る所に多種の移動を起して分布したものであつて、これに依つて事實的歷史的後繼が各地、遠隔地に分散して見出される。同じ形態は同じ精神基礎から獨立に成立することに依つて說明されないとするのである。卽ち彼は移動學說の祖述者である。

此の學派から出た民族學者のシュルッとヴォイレはラッツテルの原理から出てたが後にバスティヤンの進化學派に關係することゝなつた。

此に反してレオ・フロベニウスは移動學說を更に文化圈學說にまで發展せしめた。

彼はかゝる繼受關係は各個形態、各個武器、道具を含むのみならず全文化、物質部分のみならず社會的、神話的宗教的要素をも挿入して――有機的關係の綜合である文化圈に一此の移動を適用した。そして全く他の方面で精密な方法に基づき組織的にグレーブナーとアンケルマンがこの主題を實證したのである。例へばロウィはこの點に關して次の如く例示してゐる。

鐵を熔解する際にマダガスカルの原住民は近住のアフリカ大陸のネグロの鞴と全く異なつた形式の 鞴鞴《ピストンベロー》 を使用してゐる。史的構成に於てタイラーは此のピストンベローが又スマトラにあることを發見してマレー半島の他の部分及びアジャ大陸の接續地に起つてゐることを指摘してゐるのである。而して人類學的に言語學的にマダガスカルのマラガシ族はマレー種族に屬する。從つてピストンベローはマレー發明に違ひないのであつてマレー人に依つて移動の際他の地域に運ばれたものである。斯くタイラーは一特徵の分布の知識と人種學知識との結合に成功した。

文化の史的構成に於ける分布現象の問題は重要である。若し一特徵が各地に起つてゐるならば夫は或一般に働く社會法則の所產であるに違ひない。若し夫れが制限された數にのみ見出されるならば夫は特種な條件の下に働らいてゐる、かゝる媒介に依つて發達したものであつて夫は特徵が埋つてゐる文化の分析に依つて決定されるものである。

一般に文化は明かな相續關係にあるものであつて接觸、借用によつてのみ彼等文化の一部となるものである。然し其の成立關係を論ずる場合には同時に年代關係も考慮されなければならない。

例へば我々が鐵工業の歷史を辿るとマレーベローは比較的後世のものであることを知る。何んとなれば古代の金屬中心から離れたアジャの一地方で發達した特殊な形態であるからである。

そして我々はマラガシのベローは比較的近代の輸入物であることを知る。何んとなればマタガスカルはマレー文化の最遠の繼受地であるからである。

事實として文化相似は異なる系統民族間に多數見出されるのであつて其の解釋には同じ原因に基づくか、又は借用の結果かの何れかの說をとつてゐる。現在に於て有力な學派は英國に於ても大陸に於ても總ての文化並行は單一中心からの傳播であるとするのである。この傳播學說の最大の力は傳達が文化發達に於て大なる役割を演じたと云ふ多數の證示のあることである。ボア教授はカナティアン神話の Raven cycle は英領コロンビヤの北部に創生しそこから南方に傳つたと指示してゐる。

從つて傳播が眞の原因であると高唱される。然しそれのみであらうか?。住民が人種的に關係なく又知られうる限りに於て接觸しなかつた廣く離れた地域に同じ特徵が出現するとしたなら、それに對しては何んと答へうるであらうか。かゝる偶然の出來事に於ては嘗て接解があつたと傳播論者は補助的な假設に依賴するに違ひない。然し同じ特徵が獨立して發達するに云ふことは科學上考へ得られないであらうか。傳播論者の信條の缺點は其の極端な辨別の缺除にある。

生命を維持すると云ふことが總ての生物の基本的要求である場合その必要として起る最も單純な工夫、概念生活方法が獨立的に相似し得ないであらうか。例へばユカタンのマヤの記號に於ける〇數字の存在が——ギリシャ人ローマ人は知らなかつた——印度に複合してゐることが直に傳播說によつて說明して妥當であらうか。文化の研究に於て獨立發生の可能性を絕對に排斥することは科學的に正しいであらうか。我々は今まで文化現象の相似性にばかり着目したが逆に文化現象の差違性に着目して傳播說を再檢證する必要がないであらうか。「一般的なもの」に對する「特殊的なもの」共通的なものに對する「固有的なもの」の研究が新しく注意されなければならないのではないだらうか。(小山榮三)

アイヌ語に關する一新說

アイヌ語學に金田一先生を有する事は、我學界の誇である。此方面に對して全く知識のない自分が、アイヌ語學に關する一新研究を紹介するのは、甚だ僭越の至りであるが、該著が世に出てから未だ日本に紹介されたことを聞かぬので如何に歐人がアイヌを見つゝあるかの一資料として簡單な紹介を試みようと思ふ。

オロフ・ジャードマン Olof Gjerdman,「アイヌ語と他の諸語との單語類似」Word-parallels between Ainu and other languages と題する論文は一九二六年 Le Monde Oriental, Vol. XX Fasc. 1-3, publ. par K. V. Zetterstéen, Uppsala, に發表された。

先づアイヌの人種問題についての諸說を略述し、アイヌ說とポリネジア族とが共にコーカサス系統人種型に屬し、太初に於て東部アジア及びその島嶼のどこかに共住し、親緣關係を持ってゐたらしいと述べ、ついでデゥ・シャランセイのアイヌ語とマレイ語比較(Gouhierdel Charencey, Races et Langues du Japon [in Association française pour l'avancement des sciences, Compte rendu de la 30me Session, Ajaccio 1901, seconde partie, pp. 749 ff.])について批評し、その數少くかつ比較妥當ならざることを論じ、自ら七〇語以上のアイヌ語とアラヨ・ポリネジア語との類似語彙を檢出し、その子音の對應表を示し、ついで代名詞、數詞、造語分子に於ける若干の類似を擧げ、かゝる相似は、日本語とマラヨポリネジア語との間に認められず、アイヌ語と南洋語とが昔或地點で接觸したことを證據だてるならんと云ひ、その接觸地點をたしかめるため臺灣生蕃語との比較をなし、インドネジア語特有の内添詞《インフィクス》がアイヌ語に存せず前添詞《プレフィクス》もごく古形のものが僅かに共通に止まることを述べ、アイヌ語と南洋語との接觸は、極めて古代に遡り、マラヨ・ポリネジア語分裂の以前にあるべしと論じ、兩語共通語中にモン・クメル語とも一致するものあるを認め、アイヌ語が南洋語の影響を受けたのはごく太初に於て印度支那かまたはその附近の地點に於てなりしならんかと臆測してゐる。

極めて大膽な考說なるも、著者は、マラヨ・ポリネジア共他の東洋語に比較的通曉した人らしく、その研究は、眞面目な勞作である。しかし著者が、アイヌ語と南方語と相似を見るに急であつて、日本語と南方語の類似を見過したるは、缺點であり、氏の結論は、此點に於て補正せらるべきである。吾人は日本に南方よりモン・クメル及びマラヨ・ポリネジアの人種の波が幾度か侵入し來ったことを認めるにつぶさならぬ者であるが、アイヌがかゝる波の一つであつたことを認めるには、なほ躊躇せざるを得ざるを得ない。なんとなれば日本語が既に南方要素を多量に含む以上アイヌ語がこれよりかゝる分子を借用したことを充分に認め得るからである。ジャードマン氏が注意してをるアイヌ語のカムイが日本語、モン・クメル語と類似せる事實は、拙著中にも指摘せる所で、恐らくアイヌ語の方が日本語より借用したのではなからうか。

要するにジャードマン氏の研究は、極東日本の史前の問題を一層複雑にしたるものであり、吾人は、日本の若き學徒が、之等の諸問題に一層の關心を持つことを期待してやまない。（松本信廣）

鼠（長野縣埴科郡南條村）

昔小縣郡から南佐久郡にかけて廣大な池があつた。まだ其頃は半過の岩鼻と鹽尻の岩鼻とは連絡してをつた。そしてそれが池の自然の堤となつて居た。其の時分の事です。其の岩鼻に一匹の大鼠が澤山の子鼠孫鼠等と棲んで居りました。鼠等はその附近の田畑土藏など散々に荒して村の人々を苦しめて居りました。或時一匹の大猫が突然岩鼻の或る村に現れた。村の人々は大喜び、早速大鼠を退治しに鼠の巣へ其の猫を連れて行きますと、折しも大鼠一家擧つて御馳走の眞最中、ソラソラとばかりに村の人々が猫を放してやると大鼠はこれは强敵三十六計逃ろにしかずと家族をひきつれて逃げて來たのが此の岩鼻の堤です。もう行かれなくなつたのです。窮鼠かへつて猫を嚙むの譬へを忘れたと見え、大鼠は逃げたい一心から堤を嚙み破りました。するとその池の水は非常な勢を以つて流れ出ました。勿論大鼠も其の家族も大猫も共に押し流がされました。然し猫だけはやつと陸に上つたが間もなく死んだといふ事です。今の岩鼻は大鼠が嚙み切つた所。鼠の澤山居た所が鼠宿。大猫が這ひ上つた所が唐猫、その唐猫神社は其の時勇敢なる大猫を祀つたお宮。（小泉清見）

資料・報告

壹岐の民家

山口麻太郎

壹岐は八方里あまりの小さな島で周圍は立派な漁場ばかりだ。けれ共純漁業者は極めて少く大部分が農業者である。此の大部分の農家は全島にばらばらに散在して、四五の半、漁半農部落を除いては一も密集部落を成して居ない。それで農家は皆潤澤な宅地を有しそれを一定の型に經營して居る。多くは南東に向ひ東北西の三方は山や崖を以て圍まれ、そこに三四尺から七八尺も地を引き下げて宅地を營んで居る。後の山をセドの山と云ひ左右を西のデー、東のデー或はヘーシなど呼んで居る。海から吹き上げて來る冬の西北の寒風をこれで防ぐのである。そこに生えて居る木は多く松でその間に椎、まてがし等の雜木がぎっしり密生して居るのである。夏は南風がかなり强いのでやはり防風と綠蔭とをかねて杉、珊瑚樹それに棕梠や果樹なども交へて前面に植ゑ並べる。南東方は一段低くなって大概石を以て宅地だけを積み上げ、其の上に杉又は槇の生垣をこしらへる。毎宅地は前面に一枚の廣くて地味の良い畑を持つて居る。此の畑をマエハタ又はナブタケと呼ぶ。稀に前面に恰好の畑が取れないで、デナブタケと云つて少しはなれた箇處に與へられて居る例もある。ナブタケはおそらく菜畑であらう。壹岐は古來特殊の地割制度が發達して來たところであるが、此の前畑とセドの山とは割の內には入れても割替をせずに必ず其の家に付けられて來たらしい。壹岐の地割制度に就ては故內田銀藏博士、奧田彧學士に詳細な御研究がある。

建物は母家を中心に物置、牛舍、便所、隱居の五棟を以て構成されるのが普通である。母家は東座敷が良いとされて居るが宅地の都合で西座敷もよくある。物置はモヌヲキ又はホンマヤと呼ばれ母家の座敷と反對のつまの方に並べてか前面に横向にか建てられる。以前は麥藁葺が多かったか現今では瓦葺が主でそれも多く母家と作りつゞけにされて居る。由來物置は農具や穀物の倉庫と仕事場とを兼ねるので便宜上自然さうなるのであらう。牛舍は物置の前か奥か又は一段低地に建てられ、便所は物置と牛舎との中間あたりにひっこめて建てられる。隱居はツボネとも呼ばれ座敷の前か母家の前の土間をへだてた處か、時によつてはずつとはなれて建てられる事もある。これ等の他に特殊の例として土藏倉の附屬した家がある。これは裝飾の意味も多分にあるので母家の前面あたり上手寄りの遠方からもよく見えるところを選ぶ樣である。屋根の材料は麥藁で比較的高い寄せ棟である。葺替は二三年目にする。物置、牛舎、隱居は全部を一時に替へるが母家の樣に大きな屋根は片面片妻宛二年に分けて葺替へるのが普通である。端には新カラばかりで葺くが中央部は段々に古カラの層と新カラの層とを交互に葺く。棟は藁、小麥カラ等比較的强いものを豐富にかぶせて上もカワラと呼ぶ小竹の簀で覆ひそれをヒシャギ竹といふ吳竹を開いてひしやいだもので締めつける。然し新に建てるものは大抵瓦葺にするのでムギカラ屋根は次第に減るばかりである。それでも農家ではスガラと云つて屋根の葺藁のアガリを牛のシカセモン(寝藁)としそれを堆肥に作るので牛舎壹棟位は是非麥藁葺にしておかねばならない。家の作りはすべて三方を壁にして前面だけしかないが古い形である。物置は前面も一方寄りに三尺の出入口を設けそこに板戸一枚を立ててあるだけである。牛舎はドへーと云つて三方を厚さ二尺位にこね土を積上げ乾いてから其の上に桁や梁をのせ杈を立てる。中央に短かい杭を打ちそれに牛をつなぎ其横手又は後方にシタキと云つて牛のあとを堆積して肥料を作る様にしてある。又其の反對側の一方には三尺位のしきりをして、カラシノフネ、ボスラ、ハシカ、コガラなどの飼料を貯藏する様にしてある。冬は防寒の爲めに前面には藁で壁を作り三尺位の入口をつけ、そこにはアミダリと云つて藁

寫眞說明

一、瓦の庇をつけた此の母家の作りを「キッカケヅクリ」と云ひ舊士族の家は大ていこれでした。明治末頃まではこれが一般に流行しました。
一、家の中には「タカハタ」がたててあります。
一、前に廣く麥が穂を揃へて居るのが「ナブタケ」です。
一、私達が立って居る前に繩を張つてあるのは野菜畑で折柄「タネ芋」をフセてありました。繩はその鳥おどしです。
一、左端が牛舎、中間が物置、右に少し出て居るのは普通こゝにインキョがあるのですが此の家は未だインキョの必要がなくて下は倉庫に二階は客座敷になって居るやうです。
一、うしろが「セドヌ山」です。
一、「キド」は倉庫の手前を通って右方の縣道につづいて居ます。

で編んだ菰をつる。晝は上に巻き上げ夜間だけ下におろす樣にしてある。便所は今は大抵瓦葺で內部も餘程よくなつたが、二十年も前まではかなりひどいのが多かつた。地に桶か甕かを埋め其の上に板を二枚渡し屋根も堀建小屋の麥藁葺、前には小さい竹で編んだアミダリをつるしたばかり、中には古りた箍に藁シビが入れてつるしてあつた。小便壺だけを母家の軒下に埋めてあるのもよく見うけた。風呂は最近まで各戶にはなく十戶か二十戶位かに一箇位の桶風呂があつて其れも滅多には沸かさず、夏の屋根替の折だけは自宅に持たぬ者は他所から借りてでも必ず沸かした。風呂がタツと隨分遠方にも案內を云ひ又遠方からも貰ひに來た。今では五右工門風呂が普及して大概の家が持つて居る。湯殿と農具置場と便所とをツルべて建てるものもあるがそれは稀で大抵は野天に其のまゝ据えられて居る。

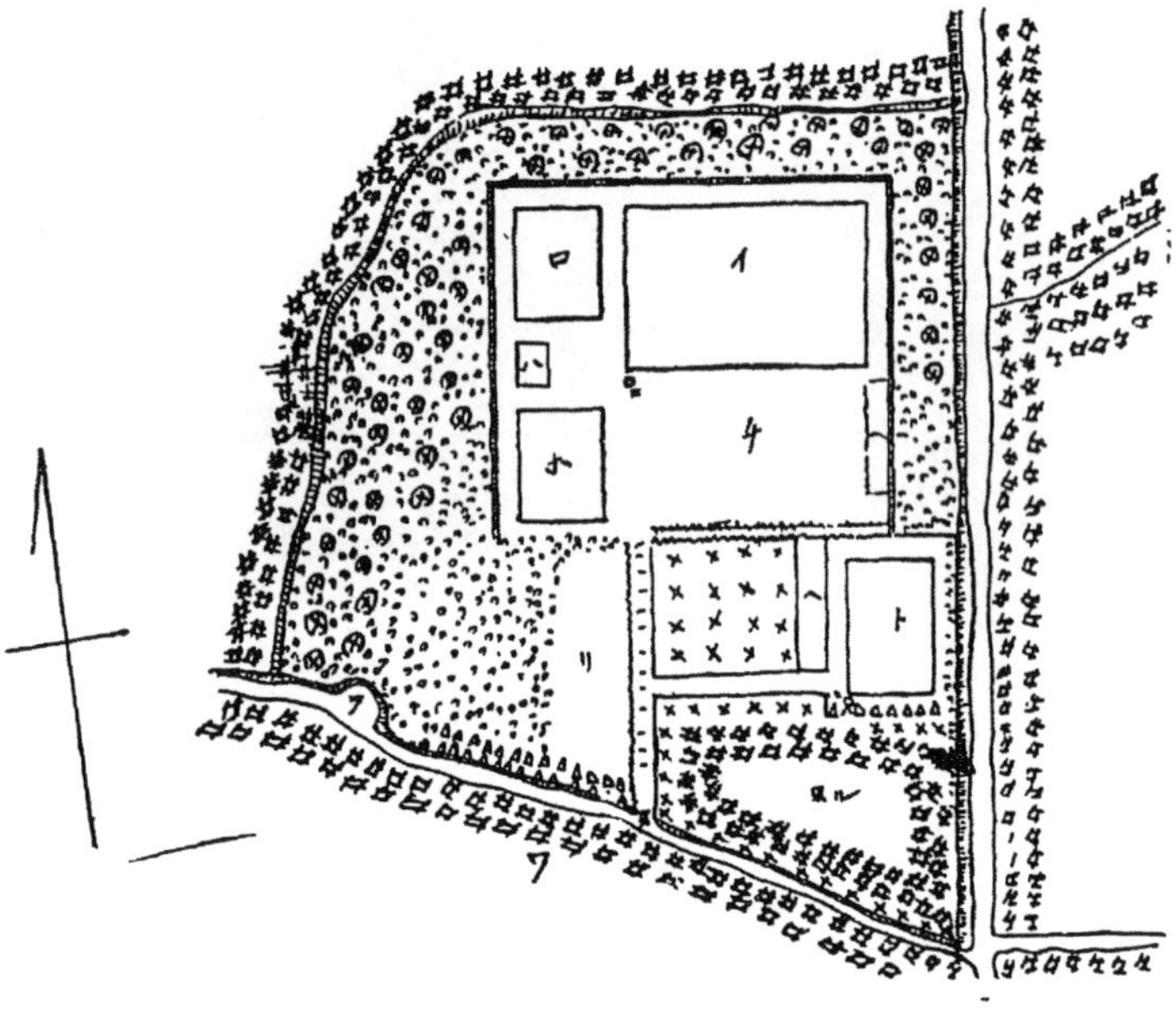

壹岐の農家

生垣 石垣 竹 杉木 松木 雜木 畑 道 果樹

イ 母家
ロ 物置
ハ 便所
ニ 小便壺
ホ 牛舍
ヘ 花壇
ト 隱居
チ ホカ
リ 夏の涼み場
ヌ キドグチ
ル 野菜畑
ヲ ハヅケ
ワ ナブタケ

に此の島の農家では隱居制度が非常發達して居て惣領息子が二十才にもなると嫁をトッテくれ兵隊も了へて一人前になると親は待ちかねて居た樣に隱居に別居する。親の殘した隱居に其のままはいる者もあるが出來るなら自分で自分の好みに建てている。然うする事を親の義務と考へ世間態も立派だと思つて居る。財產は全部本家に讓り、自分も本家の仕事を加勢して年に米何俵麥幾俵とあてがひぶちで滿足する者もあるが、未だ年も若く外に子供の多い者は一割だけを本家に讓つて自分の永代買は全部隱居に持つてはいつて別經濟に農業を營む者もある。そんなのは惣領息子以外の子供は全部隱居に連れてはいり自分で扶養するのである。そしてそこに其のまま二男なり三男なりを仕付けて一家を立てさせる者もあるそんなのにはよく本家との間に財產爭の醜態を演ずる事がある。其の隱居が後妻でもあると本家とのいがみ合は一層である。そんな具合で長命の親達だつたら隱居が二軒も出來る事になる。其の場合には中間のを中隱居といふ。表

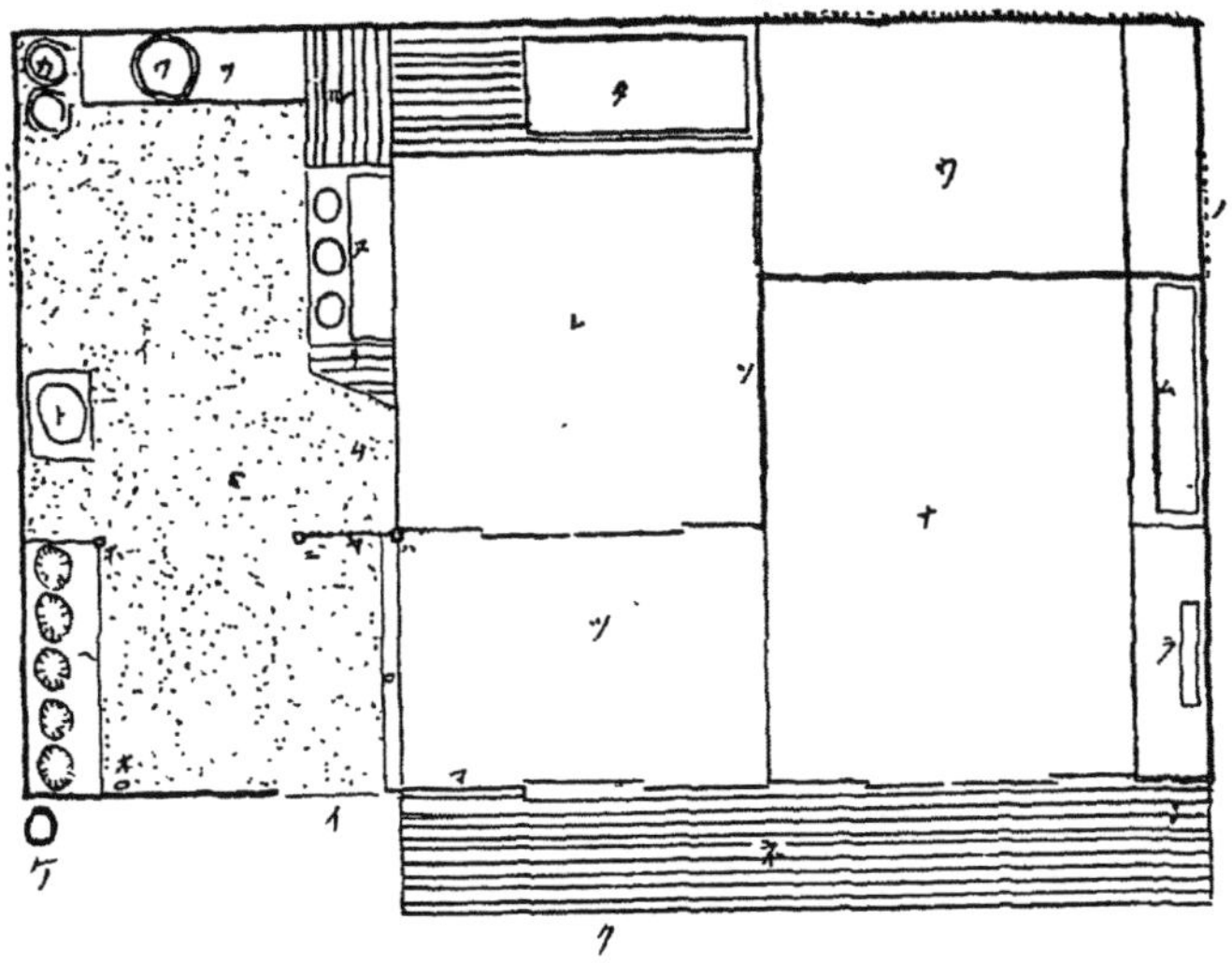

イ 戸口
ロ ヘンブリ
ハ 大黑柱
ニ 小大黑
ホ チトシノ柱
ヘ 俵ツミ
ト 庭クド、荒神棚
チ タキモンチキ所
リ キジリ
ヌ クド
ル タヌモト
ヲ ハシリ
ワ ハンド（水甕）
カ ミソ桶
ヨ 今ココチアケルモノアリ
タ 戸棚一方ニ（佛壇）
レ 横座
ソ ヘリカベ（板）
ツ ヨリツキ（ナカヌクチ）
ネ エン
ナ 座敷
ラ 上床（天照皇大神）
ム 下床（簞笥等）
ウ ナンド
ヰ 今ハココチアケルモノアリ
ノ 同
オ ヌカワノスミ
ク 此ノ間線チツケズ格子窓（サマ）トスルモノ古シ
ヤ ヒヂスェー
マ 戸袋
ケ 小便壺

だつた交際や義務はすべて本家がなし、隱居は自分の子供達に對する交際だけを主にする。財産を分けない隱居はすべてを本家任せか、隱居はして居ても實際の采配は隱居の親父が振るといつた具合である。

母家の造りは寄りつき 横座、座敷、裏屋（なんど）の四間に土間のついたのが普通で、士族の家は昔から中の間があつて、それに玄關がついて居た。奥行は以前は二間半バリと云つて二間半に三尺のゲヤをとつたのが多かつたが、今は三間バリと云つて三間に三尺のゲヤが普通となつた。下手二間は土間でそこに三尺の入口があいて居る。そこを這入るとヘンブリと云つてウエより一段低く巾一尺か一尺五寸位の板を張つて腰をかける樣になつて居る。其の反對側には二尺巾に高さも二尺位の張上げをつけて其の上に俵を積む樣にしてある。ここに三斗二升俵にして二十俵か廿五俵が積める。此の隅をヌカワヌスミと云ひ藁を打つ臺石が埋めてある。が新式の家ではもう埃がするのでここを仕事場にはしない様に改めて居る。ヘンブリの端は大黑柱になつて居る。大黑柱から土間に三尺ばかりのところに小大黑柱があり、此の二本の柱の間にはヒヲスェ

ーと云つてこま目の格子戸をはめこみ、上のらんまには彫刻ものをはめる。ヒヲスェーの次は薪置場とクドとである。クドは土で築いて（たまには石クドもある）三ツばかり上手に向けて設けられ、横座に座つて居て焚ける。クドと裏の壁との間三尺のところが板張になつて居てここをタヌモトと云ふ。タヌモトから裏の壁にそうて一間ばかり竹の簀で棚をかき中央にハンド甕を据えハシリを作つてある。ハシリの先の隅に味噌桶と醬油桶とが積重ねてある。クドの後方壁の際に大クドを一つ設け其の上方に唐破風のツマを見る様な荒神棚がある。町方では此のクドが極めて裝飾的になり定紋の入つた扉をはめ上には飾燕籠をのせなどしてある。農家では此のクドを正月の餅搗に使用するところがある。今日では荒神棚と味噌棚との間に三尺の出入口をあける事が流行して居る。荒神棟の前には幸木《スエツギ》が吊つてある。これは正月にくさぐさの食料品を飾りつるすのであるが、平素も何彼とここに吊る様である。ヘンブリを上るとヨリツキの四疊半（二間半バリは三疊）閾を置いて奥は横座である。來客はヨリツキに上り主人は横座に居て中に閾を置いて對談する。町家では此のヨリツキが店になつて居て横座との閾に中の閾がある。ヨリツキなり中の間なりの土間側にはメーラ戸を普通立てる。農家では座敷とヨリツキの境にメーラを立てる家がある。横座の上手には一間の板壁がありこれをヘリカベと云ひここにそうて主人夫婦や子供が寢る。此のヘリカベは今日ではあまり附けない様である。後方三尺のサゲに一間位の戸棚を置く。此の戸棚の上部右方に佛壇をとり其の下は金庫の様になつて居る。他は皿鉢を入れたり飲食物をしまつたりする。戸棚とヘリカベとの間に三尺の入口があつて裏屋に通ずる。裏屋は今は四疊半か六疊の當り前の室をとつてよく寢所にして居るが、以前の作り方は甚だ異樣であつた。今は裏をあけて光線を取るが以前のは全部を壁で塗りきり、たまにツマの方に三尺あけた家がある位であつた。二間半バリの家では一間に二間の三方壁にぬりきられた眞つ暗な一室となるのである。これを何に使用したのであるか、何故に彼樣な作り方をせねばならなかつたのであるか未だに私は不思議に思つて居る。「ナンドヌ隅のゴツ」と暗いせまい所の譬に云はれ「ナンドのナラシの褌かけ」など云ふ言葉の記憶もある。産室ではなかつたらうかとも思つて居る。しかし私達の知つてからは皆ヘリカベの側（ここをヘリノモトと云ふ）でお産はして居た。それでも間引など盛んに行はれて居た時代の産室はこんなところを要したのではあるまいか。私達の知つてからはここに俵を積んであつた事も知つて居る。家具や夜具の類を取り込んであつた事も記憶して居る。酒や焼酎もこさへてあつた。味噌や醬油の麴もここにねかしてあつた樣である。何にしても極めてグロテスクな室であつた。從つて今日ではもう見るにも見られなくなつてしまつた。

座敷は六疊か八疊かでカミドコにはザシキの神様と云つて天照皇大神を祀つてある。其の上に聖上陛下の額をかかげる事がかなり行渡つて居る。無論古い習俗ではあるまいが私の家などでも私の物心づいた時は既にかかつて居た。葬式の時は神を憚つて床の間に一枚紙を貼るが、平素は朝夕燈明を點じ線香を焚いて禮拜し、婚禮、祭禮、正月其の他すべての祝事酒宴をここの神前で神と共にことほぐ事になつて居る。下床には櫃や簞笥などを置いて居たが今日では袋戸棚や違棚など設ける家が段々出來て來た。又下床には佛事供養に靈棚を飾る家もある。疊は平素はあげて、夏など大抵の間は板のままにして拭き光らして置く。疊はタタミガサネといふ木の枠の上に積み重ねていたまぬ様にしておく。表は全部緣側をつけるが、以前は座敷だけで、ヨリツキの方は壁で包み格子の腰高窓にしてあつた。內側はちよつとした物置場になつて居た。今でも漁士部落では全然緣の無い家而も腰高の格子窓になつたのが澤山ある。

戸は浦部町方はすべて横戸、農家は堅戸ばかり、そして町家では其の一番下の戸が作り付けになつて居て外側にはねると足が下りてバンコとなる。此の上に商品を並べる。しかしそれも今は大分すたれた。戸口の戸がまた町家では上に押し上げる様になつて居て、更にそれに小さなくぐり戸がついて居る。農家のは普通の引戸である。隱居は二タ間作りもあり四間作りもあるが大體に於て母家を小さくしたまでである。此の外にカマトコ又はホカクドなど呼ぶ簡單な炊事場が屋外にある。一方に飯なども食はれる様にして平素は大概ここで飲食はすますと云ふ風にして居る家もある。

家の前面には皆十五坪なり二十坪なりの土間を持つて居る。ホカ、ソトなど呼び作物のシノー場や干場である。庭園や泉水は普通の農家はめつたに持たない。それでもクヮダンと云つて草花や二三の庭木はすべての家が植ゑ愛でて居る。井戸は今日では各戸に設けて居るがまだ大部分は共有井戸である。多いところは二十戸もが頻々遠方から集つて來て汲んで居る。

各屋敷にはジノカミサーといふのがあつて、多くセドノヤマに祀られて居る。或村では稻荷様だといふが一部ではジノカミは地の神だと云つて居る。町方では大抵各戸に井戸があつてそこに稻荷様が祀られ、別段地の神といふものはないといふ。士族屋敷では皆若宮様を構內に持つて居る。

農家の屋敷には必ずハヅケといふものがつく。これは晝間牛を曳立してつなぐところで牛舎の前が屋敷の外側か何れにしても冬暖で夏涼しいそしてあまり母家に近くないところといふ條件が必要である。設備は何もない只二坪か三坪位の平坦な土地に短かい杭を一本打つてあるだけである。

—山口—

宅地は街道に添ふて居てもホカから街道に出るには數間乃至十數間の細い道が必ず餘戸について居る。これをキドといふ。皆木戸の文字を當てて居るがやはり他地方のカイトと同系の語ではあるまいか。其の街道に接するところをキドグチとかキドサキなど呼び、ここにカドマブリと云つて梅か桃かで◇形に作つたお守を正月にお宮で書いてもらつて來て立てる。表面には「何々神社守護」と書き裏面には「守」と一字書いてあるのが普通の様である。

屋敷の下手、多くキドに副ふて一つの水溜がある。方言でアンダメと云ふ。宅地の土が流出するのをここで止め、且ついつも水を溜めて足を洗つたり農具を洗つたりするのである。

尚「民俗學」第三卷第五號拙稿「壹岐の俗信」―家屋、屋敷に關するもの―參照されたい。（昭和六年十月二十日）

—雜賀—

紀州日置川の山稼ぎとヒヨウの話

雜賀貞次郎

こゝに『山稼ぎ』といふのは山林の伐採、搬出の一部（キウマ曳等）、苗木の植込み及び下刈等の勞働に從事するものをいひ、ヒヨウといふのは木材の搬出、主として川下げに從事するものを指す。共に紀南の方言――言葉である。紀南の日置川流域に於けるそれらの勞働者のことを記して、その生活記錄の僅かな斷片資料に供したい。

日置川は紀州の南――西牟婁郡の中部を流れる河川で紀州と大和の國境にある果無山脈に源を發し日置町で海に入るが延長二十餘里あり支川に前ノ川その他あり流域に近野、富里、三川、川添、三舞、日置の一町五村あるが日置町を除くの外は何れも山村で平地は殆んどなく耕地は少しばかり大部分は山ばかりである。從うて林業を生命とする外はないのだが其の林業は主として富里、三川、川添　三ヶ村で行はれ日置町の川口まで木材を流下する。二十年ばかり前、富里村大字下川を中心として伐採、製板盛んだつたころは勞働者多く集まり賑うた。しかし何れにしても大した河川では無い。紀南には大和の北山川、十津川を合する熊野川あり流域廣く河流も大きく木材の流下も多く其の川口の新宮町は木材を生命とし人口三萬に近い。又それに次いで日高川、古座川あり日置川は第四位にあるに過ぎぬ。

だから紀南のそれらを語るには熊野川又は日高川に就いて採訪するが順序であり且つ有名な『鴨綠江ぶし』の俗唄は熊野川の筏流しが鴨綠江に出稼ぎして唄ひ出したもので實は『熊野ぶし』だといふ說もあり今も年々出稼ぎする者多く、日高川の山稼ぎ人夫は樺太の伐木に團體出稼ぎするもの年々百數十名に上つてゐる。從うて熊野川や日高川の木材勞働者の習慣や行事は安東縣方面にも樺太にも移つてゐるものもあるだらう。旁た熊野、日高兩川の採訪は興味あらうと思ふてゐるが、同じ紀南に住みながらも私にはまだその機會は惠まれぬ。それで手近の日置川を先きにした譯だが、これとても日置川沿ひの村々を歩いて見聞したのでなく、同川沿ひの村々に生れ住んだ知人――林業家だつた商人、元村長たり山持だつた人、木材商の番頭を勤めた人、山稼ぎやヒヨウを働いた人などから折にふれて聞き得た談片と、二三の偶目を綜合したものに過ぎない。以下言葉を中心に話を進めて行く。

ヤマカセギとヒヨウ　ヤマカセギ（山稼ぎ）といふ言葉は紀南では木材伐採、植込み、下草刈、枝打ち等植林、伐木及び木材の谷出し等の勞働に從事するものをいふ。山稼ぎといへば此の外に松煙焚(松を焚いて松煙を製造する者、紀南では日高郡下山路村にその業者が多い)、炭燒(主として白炭の製造、紀南では西牟婁郡を中心として多し)、椎茸の栽培、茴香、五倍子、櫨、椿等の果實の採取等山林中で働く業は多いが、松煙焚、炭燒は其の名を以て呼ばれ其の他は副業的のものなれば特に稱呼は無い。卽ち山稼ぎといへば木材勞働者をいふのだ。ヒヨウは木材搬出、同川下しの勞働に從う人々を指すのである。

ヤマヌシとセウヌシ　山稼ぎ及びヒヨウの人々は山林の所有者、地主をヤマヌシ（山主）といひ、その上木を買ふて伐採するものをセウヌシ（商主）といひ、その木材を扱ふ商店をトイヤ（問屋）といふ。セウヌシは事業主であるから關係は深い。ヤマヌシは時としてセウヌシと兼ぬる場合もあり、セウヌシ別にある場合もヤマヌシとして敬意を拂はる、トイヤは川口にある木材商でヒヨウが木材を屆ける所であり概ねセウヌシと兼ぬ、然らざるもセウヌシの委託を受けて流下材を扱ふのである。

シロキとマルタ　日置川では杉檜をマルタ（丸太）といひ、杉檜以外のもので材木となるものをクロキ（黑木）といふ。但しこれは伐採後に用ひらるゝ稱呼で立木の際にも唱へられるけれどもそれは一般的でない。杉檜は枝張は僅かであり截除も容易であり皮を除いたまゝで伐り倒せば卽ち丸太といへるからマルタといふのであらう、これに反し杉檜以外の假令ば樅、栂、松等は伐り倒した後も尙ほ枝等を除くが手數でありそれを除いて初めて材となるので同じ丸太ながら材木と唱へられ、クロキとも言はれるのであらうか。

山稼ぎの種別と作業　山林伐採の時、マルタの時はマルタキリ（丸太切り）といひ、材木の時は立木を倒すをサキヤマ（先き山）といひサキヤマの倒した木の枝等を離して材木とするものをソマゾ（杣ゾ）といふ。ツマゾのゾは杣男又は杣方とでもいふ位の意味で杣の方言である。さて立木の伐倒しはマルタキリでもサキヤマでも一つの區域を引受けると、この一區域をヒトカワ（一ト川）といふ、一つの川下げ作業といふ意味でヒヨウも同じく一つの區域の流下材をヒトカワといふのから見ると元はヒヨウの言葉だつたのを山稼ぎの人々も用ゆることになつたのだらう。さてヒトカワの區域は一團の人數（普通三十人内外を一團とする。中にカシキとて一團の炊事に當るものあり、老人又は病弱の者を充つ、このカシキの工賃は一團の者が等分に負擔する、即ち總數三十人の時は二十九人にて働き賃金は三十分して一分をカシキの所得とす）のうちカシキ一名を除きたる外の數に區域を分ちこの區域を一番二番と順次に唱ふ。假りに三十人の一團ならばカシキ一人を除き二十九に區域を分ち一番より順次二十九番まで唱ふ。この區域定まれば抽籤にて各受持のケ所を定め、各自當籤した箇所で作業する。この伐採區域は立木數、面積、地形等を斟酌し、努めて勞力の均等を期し、勞銀の均等に不平なからしむるを期するが、しかし伐採場所の難易、立木の多寡大小により、假へば五番は平均賃の一割增、七番と二十番は五分減といふが如く區域により賃金の增減をすることあり、これらは抽籤前に協定し、抽籤を行うた後は一切の苦情を許さぬ。立木を伐り倒すことをモトギリといふ、伐り倒した木は少し乾くまで拾數日そのまゝ置き、そして後ちに谷へ落す、この落すことをナカギリといふ。ソマゾはナカギリ前に作業するのであるが、ソマゾは區域を分けて働くやうな習慣は無いらしい。

シユラとキウマ　シユラは修羅と書くのだともいふが、尙ほ考へねばならぬ、シユラをヤマダシ（山出し）ともいふ。ナカギリによつて谷の底――川の縁に近い山凹の所へ集まつて來た伐採木を一種の棧道によつて辷らせ、川縁に一時積み置くか、又は水の淀みへ浮べて放流の準備をするかの作業である。圖のイは上部より落され來つて堆積した丸太、材木であり、ロはシユラで丸太を傾斜地に勾配のまま並べたもの、ハはシユラによつて落された木を整頓して

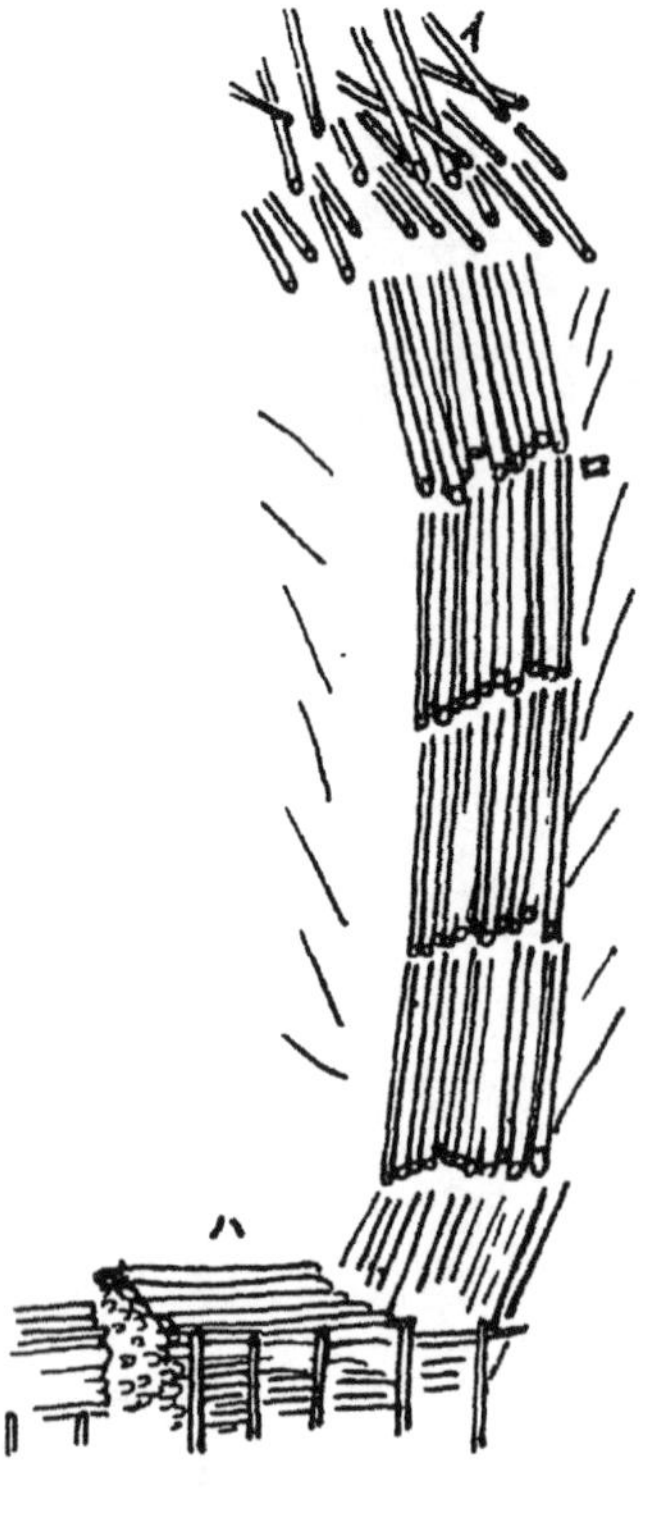

積んだものである。このシユラは數十間に及ぶもあり、上部に集まつた丸太、材木を鳶竿で引き出しシユラの上を辷り落すのは一見容易のやうであるが、時としては上部に數百本の木が集まり、それが鳶竿の使用方によりて一時に數十本づゝも瀧の如く辷り落つることもあれば、木がシユラの中途に懸りて動かぬこともあり、又間斷なく辷り來る木を辷り來る動木を利用して、下部に整頓して積むのも作業の一つであり、木の辷らぬときは水をそゝぎて滑らかにするなど危險も多く熟練を要するものである。又非常な急傾斜の地でシユラを作るも鳶竿人夫の要なく自然に辷り落ちる所をソロバンといふ。更に伐採木を谷へ落すにシユラを作らず、三間幅位に立木を伐りひろげ傾斜を利用して頂上から落すこともあるが、其の伐りひろげたところをサデといふ、而して山崩れ等にて頂上より谷底まで樹木のなくなれる急傾斜地をもサデといふ，サデの語、いづれが原かまだ知らない。此のシユラとソロバン、サデは共にヒヨウの仕事である。次ぎに勾配が緩であり河川に隔てた所から搬出するをタニダシ（谷出し）といふ、これにはキウマ（木馬）とソリ（橇）とあり、キウマは先づキウマ道を作らねばならぬ。キウマ道は幅三尺五寸乃至四尺位まで、太さ三四寸の丸太を一尺内外の間隔にして横に並べた木製の軌道で時として十數丁にも及ぶ、緩勾配に設けるのである。それからキウマは樫の木の厚さ二寸餘のもので框を組み荷車の臺の如くしたもので、まづ圖の如きものである。これに二三百貫匁の丸太を乘せ綱にて括り、キウマの下部に塗つた油の滑りとキウマ道の勾配を利用し、キウマの把手を持つて梶をとりつゝ辷らせ運搬するのであるが、危險なものであり熟練者でなくば行へない、このキウマは山稼ぎの部に屬する。

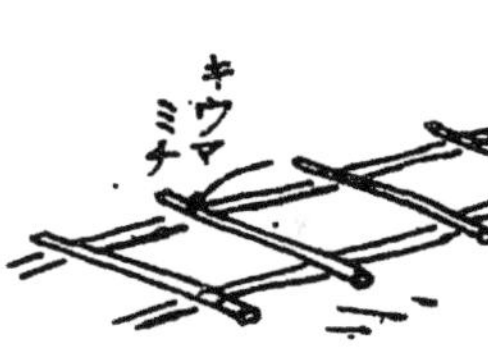

植込みと下刈り　伐採すれば直ぐ跡地には植込みをする。紀南では苗木は概ね田邊に近い下芳養村の大坊、團栗で作つたものを用ゆ。植込めば年一回位づゝ下草刈卽ちシダ其他の雜草木の繁茂するを刈り、苗木生長の障害を除き兼て肥料とする，それらの作業は山稼ぎの仕事ではあるが、平生農業に親しむものゝ——卽ち農と山稼ぎを兼業とする者が多く使役される。

ヒヨウの組織　次ぎはヒヨウだ。ヒヨウは日雇の義だとの說もあるが、若しそれなれば苗木植込み等の日雇人は悉くヒヨウと言はねばならぬ譯だが、獨り木材川下げ人夫のみをヒヨウといふのは、何か外に仔細があるかも知れぬから、誰れか博識の考を俟つとして置くがよからう（紀州田邊では建築等に雇はれ大工左官等の手傳ひするものをヒヨウといふが之れは別だ)。さてヒョウは一つの山の伐採木の川下げを請負ふか引受けるかすると之れを山稼ぎと同じくヒトカワといふ。その組織は概ね左の種別による。

セウヌシ（商主）　前に說明あり

ショウヤ又はオホショウヤ（庄屋、大庄屋）　ヒョウの頭、セウヌシより川下げについて委任を受け一團を統率する者

ヨコ又はコショウヤ（ヨコ、小庄屋）　記帳方、會計を擔任することあり、庄屋の下において事務を補佐する者、セウヌシの番頭等にて會計を監督することあり、しかし普通はヒョウ中の先輩にて川下げ作業の指揮を兼ぬ

ヒョウ　川下げ作業に從ふ者

カシキ（炊き）　一團の炊事に當る者

カシキノデシ（炊きの弟子）　カシキの下にありて辨當等を配る者

ヤトヒヒョウ（雇ヒョウ）　臨時雇にして未熟の者

このうちセウヌシ、ショウヤ、ヨコは地位最も高く川下げの途中宿屋に泊る所はハタゴ（普通の泊り）にて食事に膳を据えらる、ヒョウ以下は木賃泊りなれば膳なくワッパ（まげ物の飯入）に飯を盛り貰ひ食ふを例とす。又、腰皮卽ち背後の帶から尻の部分へ下げた敷皮で隨處に腰を下すことの出來るものはショウヤでなくば付けられぬ、この敷皮は野猪の皮で拵へたのを用ゐる。ヒョウの賃錢は普通三等に區別せられて居り、熟練の者殊に出水等の際流失を防ぐ作業など、水の上での働きが敏捷である特別技能者は最高の賃錢を得、かゝる者はヨコとなり或は指揮役となり普通時は殆んど働かぬ。次ぎは普通のヒョウ、最低はヒョウ中の後輩、カシキ、カシキノデシ、ヤトヒヒョウ等である。

カリガワ　カリガワは狩川とも書くがこの漢字は當れりや否やは知らぬ、木材を川水により流下することをいふのだ。日置川は筏に組んで下すこと稀れで殆んど悉く一本づゝバラ〳〵に分けて流す、これをバラナガシ又はクダナガシといふ、クダナガシは管流と書く、漢字が當つてゐるかどうか分らぬ。バラナガシのカリガワは、第一に他のカリガワとの混同を避けねばならぬ、第二に川原に寄つて殘るのを突き流さねばならぬ、第三に流れの細い所では一本の木が横になつてかゝり、爲めに數百本の木が滯ることなどである、それを通ずるやうにせねばならぬ、第四に不時の出水に會すれば流失を防がねばならぬ、何にしても筏の如く結束してゐないから、其の管理は相當煩雜であり無事に流下せしむることは可なり困難だ。カリガワは三部に分る。先づミチツクリ（道作り）、サキともいふ。矢來をしたり障害物を除いたり、木材の流下を便にしつゝ下りゆく役だ。次ぎはナカといふ、木材の流下に伴ふて下り木材が岩や淵にかゝるを突き流しつゝ行く役だ。次ぎはアト又はハラヒといふ。途中に一本も殘らぬやうに流しゆく作業であ

る。いづれも十人位づゝあり川舟に乘り指揮者の命に從ふて働く。日置川には川添村の市鹿野、玉傳、久木、安居等にアバあり。アバは流下材を太い綱を張つて其の中に止めることで、又その止める所をアバといひ、止める役をアバカタといふ。アバのある所で流下材を纒め、其處に一團が宿泊するのが例である。

服裝と生活ぶり 山稼ぎは以前は淺黄の股引、盲縞の木綿の巾。それに木綿の足袋に草鞋がけ、上には筒袖の半纒といふ服裝、モンペの股引なども用ひたが今はメリヤスのシャツ、股引である。村里に家を借つて山へ運ぶこともあるが山中に小屋掛けする場合も少くない。小屋は屋根を杉皮で葺き柴を刈つて壁の代りに周圍に立てる、柱は伐木の小丸太を其まゝ使ふ、その堀立小屋に板を敷くだけである。一人に毛布一枚位を持つてゐて、着のみ着のまゝで眠るのだ、風呂などは稀れにしか浴らず附近の谷川の流れで身を拭ふだけだ。食料は米と味噌を事業主から送つてくる、この代價は賃金から差し引く、事業主が米と味噌を送ることをシコミ（仕込み）といふ。山稼ぎは集團生活をする間はカシキが炊事に當るが、食料は飯の外は味噌若くは味噌汁だけで、その外には時として山で得らるゝ木の芽等に過ぎぬ。味噌は唯一の副食物であつて一度として缺かさぬ（勞働のため鹽分を多分に要するからであらう）。 ヒョウの服裝も山稼と大して變らぬ、以前は法被などセウヌシやショウヤから渡つたこともあつたが今は無い。アバでの宿は泊木賃でワッパで飯を食ふことは前にも書いたが、所によつては普通の家を借つて共同宿泊し、カシキの手で食事を調へることもある。

山祭り 山稼ぎは毎年舊十一月七日に山祭りをする、一團として作業してゐる時は小屋の附近に榊を二本立て注連を張り、神酒とボタ餅を供へ、その處の部落全部へボタ餅を配り、一同さゝやかな酒宴を開く。ボタ餅を貰ふた部落の人々はその返禮として芋、大根其他副食物となるべきものを山稼ぎ團に贈るのが例である。又以前は一つの作業が始まる折、セウヌシ、ヤマヌシ等の出費で山祭りをせねば作業中に怪我するものありとて山稼ぎが山に入らなかつたものだが、今はその事殆んど絶えた。

聞いた話はまづ以上位であるが、終りに附け加へねばならぬのは、この山稼ぎとヒョウは概ね日置川沿岸の村の人達であるといふことだ。耕地の極めて少い山村では林業が生命であり、木材界の景氣の如何は直ちに伐採、流下の賑否となり、彼等の生活に重大な影響を與へる。家へ歸つても自宅の耕地だけでは生活は立たないのだ、他から賃金を得なければならぬ人達の煩惱は甚しい。つてを求めて樺太に鴨綠江に出懸けるもの〻あるのもその爲めだ。しかしそれも僅かな數で今は村で生活し得ぬ人口は都市へ移るの餘儀ない始末になつてゐる。（完）

附記。 此の篇は早川孝太郎氏から『ヒョウの生活を圍つて』（社會經濟史學一卷二號）を送られて紀南のヒョウのことを尋ねられたお答へのやうな心持ちで書いたものである。早川氏の發表を參照されたい。

—雜賀—

我が家の年中行事（幕末）

藪重孝

古い家と云ふものは、今の若い我々にとつては實にうるさい氣がする、私の家は、サア現住の攝津の高槻に住んでから何年位になるか、四百年もたなるか、その邊ははつきりとしないが、兎に角ロクでもないもの――少くとも若い者にとつては――がゴタ〳〵と殘つてゐるものだ、先日もお親爺が、エーモノ見せてやるからと前置して余に見せたものは、先祖の臍緒と初毛とで、古いものは――と云つても物が物だから――寶永正德から享保頃のものだ。近々二百二三十年以後のものだが、臍の緒の是位のものは珍らしいに違ない。勿論地方の風習にも據つて、本人が沒すると、棺の内に納めて保存しない所もある（大和の如き）から一概にも云へぬが。

私の家は代々神主で、江戸時代は當高槻の野見神社、小島神社、八幡島の三社大宮司を務めて居た事は曉鐘成の雲錦隨筆にも見えて、地方での所謂舊家と云ふ不文階級の一つである。前記小島神社は明治になつて野見神社に合祀された。それは同敷地に工兵第四大隊が出來たからであつた。私の祖父の時から野見神社のみに勤仕して居たが、父は先年終に惜しまれ乍ら神職を辭任した。話が餘談に流れたが、江戸時代の神職の家と言つても、緣組を佛教の家とする爲か、神佛混淆の爲か、佛教的色彩の濃厚に浸入してゐるものだ。それが維新の神佛分離、排佛毀釋を經ても、そして私の爺には特に維新の際は教導職の小教正とか何とかに任ぜられ、例の三條の教憲なるものを振翳して盛んに神道を說教し、御神體改メと言ふ重大なる役目をして、少くとも佛臭があればどし〳〵改めた程でも、自家の年中行事の内には佛分子を拔くことは終に出來なかつた證據に、神道の家に於て新暦八月十五日には相變らず盂蘭盆をして、聖靈を祭つてゐる。勿論我家のそれはスコブル變態的なもの、坊主も見えず、線香の臭も、鉦の音もなき盆ではあるが。その理由は祖先崇拜と言ふ我が國民性の上から、從來行つてゐたタママツリを如何に神武創業の昔に返へすとは言ひ乍ら、これを中止することはさう恐ろしくも亦濟まなくも思つた爲であらう。

私の家は神社の境内とは別にあつて、可成り大きなものであつた――今もさうだが――から、神社の祭禮になると、隨分いろ〳〵の人が泊つたものだ。そして年中行事も比較的嚴重に行つて來たし、家の神棚と神社の方と兩方あつて實に忙しかつたらしい。その上高槻は三万六千石永井家の城下であるから、所謂御家中が相當ある。だから藩祖直清公の御祭にはこれ亦忙しいものだつたらしい。此樣なわけで後示の年中行事は可成り繁雜なものになつてゐる。だから、讀者は東北や信州の純農村の年中行事を見る氣で讀めば失望するであらう。要は、畿內で城下町の舊い神官の家の江戶末期の年中行事と言ふつもりで見て載きたい。私が本稿を草する動機は、私の幼時から臺所の次の間に年中吊してある帳面を見て興味を持つたからである。この帳面は

> 安政四年改
> 年中諸事控
> 巳正月吉日

と表紙はなつてゐて、曾祖母の筆蹟らしく、私の祖母も母も常にこれを見て行つて來たのである。現に今も大體としてこれを守つてゐる。私は唯今は、自分の補筆をすることなく、正直に之を皆樣に御披露することにしたい。唯終りに文中解し難い事に對し註を加へて置く。

（文中の濁點は私が打つた）

巳正月

○元日御宮樣御備へ物

御膳御供盛　八ツ

かます　八枚

御酒　四對

內神樣(1)

朝　おぞうに

夕方ハ御膳トかつをなます ニ而備ヘル事

御宮樣御百燈夕方ニ上ゲル事

朝五ツ時例年御代參(2)御座候事

今日御大門(3)に而勤ル事

○二　日

殿樣江年頭御禮ニ上ル事

內神樣朝晩御膳おなます付ニ而備ヘル事

御宮樣夕方おきどふろ《置燈籠》一對ヅヽ上ゲニ參ル事

十六(4)ヘ年玉貳匁遣ス事

三　日

內神樣朝晩御膳御なます付備ヘル事

夕方御宮樣御とう明之事

○四　日

內神樣江三ケ日之備へ物さげ福わかし致シ候事

御鏡開之事

內神樣御鏡皆々下ゲル事

御年棚御星餅十二餅ハ十四日迄備へ置事

門口前だれ取ル事

かど松竹七日迄置事

寶來山蛭子大黑天懸物仕舞事

歲德神樣寶船懸物廿一日迄置候事

○六　日

神樣年越御宮樣置どうろう壹對ヅヽ御とう明之事

內神樣麥飯をなます付ニ而備ヘル事

夕方ゟ七草ゑほう方向で祭ル事

○七　日

七草おかい內神樣備ヘル事

御宮樣內と若松ニ致シ候事

內之御〆繩皆々取ル事

御年棚御棚闕(5)入口〆縄十四日迄置事
辨天樣夕方御とう明之事
○十四日
御宮樣御とんど之事
内神樣麥飯をなます付備へル事
餝三寶二ッ仕舞事
〆縄御年棚御棚間取ル事
御年棚星餅十二餅下ゲ十五日朝をかいニ
而いたゞく事
夕方御宮樣御とう明之事
夕方ニ明朝あづき貮合したゞき(6)
する事
殿樣方若宮樣へ餅一重上がル事
○十五日
内神樣あづきがい備へル事
夕方御百燈上ゲル事
○十七日
餅花仕舞事
れはん(7)ニつかひ候事
○廿　日
内神樣御膳御なます付備へル事
同御とう明も今晩ニ而正月用諸事仕舞之
事
○廿一日
夕方御とう明之事

歳德神樣寶船懸物仕舞事
廿四五日頃ニ而例年白ざけいれる事
糀一枚餅米壹升しやうちゆう壹升五合也
餅米よへ〳〵むし糀トしやうちゆうまぶ
す事
今日御宮樣若松仕舞ニ行事

二　月

○三日伊勢講ハ當家方ハ客分ニ而懸錢な
し(8)
○初　午
いなり樣へ殿樣方御初穗料銀壹匁上ルこ
と
いなり樣へ御備へあづき飯からしあへ
あげ三ッ(9)鹽鯛やき物御酒備へル事
天王樣(10)福神樣若宮樣御膳からしあへあ
げ二ッ御酒備ル事御やき物なし
のぼり立て一日御宮ニ而勤ル事
内神樣御膳とからしあへニ而皆々備へル
事
いなり樣懸物祭ル御膳御酒からしあへあ
げ三ッ鹽鯛やき物付ニ而備へル事
○十五日
れはん餅花トまめ色々いる《か》事
廿日迄ニ白酒ひく事

米五升粉引事内貮升分大坂(11)同三升御宮用
廿六七日頃天氣見合大坂へ白酒一とくり
よめなひちぎりよめなひちぎりよもぎ白
とはんぶん合堺重(12)三ッめニ入遣ス事

三　月

○朔日ニ米三升粉半分ニよもぎ半分白のは
しにてひしの餅致置二日ニはやし(13)御客
樣内神樣へ備へル事きなこ添て上ゲル事
○三　日
夕方御とう明之事
三日朝菱餅そのまゝにて赤飯かたわきへ
内之神樣へ備ル事

四　月

○廿八日頃ニ米五升粉引事
○晦日頃ニ芦葉代貮百文すげ代五十文右ニ
而調置事
四月中ニ高槻村あるき(14)庄米四軒分麥四
升分錢ニ而遣ス事

五　月

○朔日比ニ天氣見合大坂へ粽三連遣ス　粉
貮貮升分ニ而致ス事
○三日ニ米三升粉ニ而粽七れん半(15)まく事

○四日に備ヘル事
天王様へ　牛連
若宮様へ　同断
辨天様へ山王様 大将軍様　同断ッ、
八幡様へ春日様 諏訪様　同断ッ、
外之神様又は内神様皆々貳本ヅヽ備ヘル
事
○五　日
夕方御とう明之事
○朔日三嶋氏しぶ谷氏(16)へ御禮添御膳上ゲ
ル事
同　大坂藪氏へ御洗米上ゲル事
○節句朝内神様御膳ハ備江申さす粽はかり
に御坐《?》ル事
六　月
五六月頃ニ殿様江戸御發駕御座候ハヾ翌
日ゟ五日之間ニ神主上下ニ而御歎ニ上ル
事
水無月内神様祭ル御備へ東向ニつくへ置
あし打(16)一ぜんニ御酒一對又あしうち一
ぜんニかはら（け脱カ）三ッならべ一ッ
ニ小麥餅三ッよそう一ッニ御酒一ッニま
くわ一切なすび一切右之御備へニ而御月
様祭ル夫ニ而名越祓致し候事

御棚御備へ神折敷一枚へまくは一なすび
一切小麥飯二ッ右之通皆々へ備ル事
七　月
○七日御宮様弁内井戸がへ之事
御備(17)へハ西瓜二切御洗米御酒トかはら
けニ而あしうちへ備ヘル事
○十三日四ッ時分ゟ聖靈様祭ル西瓜ト御茶
湯備江ル事
○十四日
朝　おはぎなすびしたしもの後ニ而御茶
湯備ル事
光松寺(18)棚經五歩上ル
四ッ時分何成共見合備ル
晝　素めんからし醬油こま《?》こ《ゆう》
御茶湯なし
八ッ時分ニ何成共備ル
夕方　御膳
汁　ふいも
向　あらめあげ
後　御茶湯
○十五日
朝　御膳
汁　なすび
向　そばみそあへ

晝　御茶湯
御膳
あさ瓜もみうり
後御茶湯
七ッ時　白かい
汁　午房さヽがきさヽぎ入
向　なんきん白どふふ《豆腐》小いも
又後ニ而
いし／＼(19)さヽぎにぼし《煮干?》
御茶湯備へ
是ニ而おくル(19)事

……………………

あさぎ(20)拾把三十文ニ而調事
(21)御靈神春季祭
○元朝　御雑煮
夕御饌　鰹　鱠
○二日　三日
且　鰹　鱠
同秋季祭
○七月十三日九ッ時分ゟ
御膳　汁　なすび
鯖　作身
晝　西瓜
○十四日

44

朝　牡丹餅
茄子したし
晝御膳　素麪
鰹だし
夕御膳　燒物
汁小いも
猪口荒め
あげ添
平見合

○十五日
朝御膳　汁見合
したし
晝御膳　汁見合
平見合
夕御膳　汁午房さゝがき
さゝぎ
平南瓜
白とうふ
小いも
燒物見合

○十三日　御造酒　御三方
菓子　御三方
○十四日供薩摩芋　同
○十五日供團子　同

王政御復古ニ付
明治元辰自七月右之通靈祭致候事
右ニ付向後光松寺へ左之通(22)
時米　一斗
御墓掃除　五升
〆壹斗五升　十二月廿二日此通持遣ス
金一朱　七月證
右者辰冬取極候事（以上七月迄終）

註

1 内神樣とは神社に對して我家の神棚の事である

2 藩主永井公の代參

3 大門は大紋の當字で武家式服である。

4 土六は察するに神社の小使であらう。

5 前記内神樣の祀つてある部屋のこと。

6 したゞきとは明日要用の物を豫め前日に煮て置くこと。

7 二月十五日涅槃に用ふる餅花の事を方言ォシヤカサマノハナクソと云ふ。

8 伊勢講とは伊勢大神宮へ町内の代參を立てる費用を積立てる講卽ち組合であるが、然し大抵は町内の親睦をはかる爲の醵金組合で時には金融機關でもあり得る。私の家は醵金せずに招かれることになつてゐた。現今は皆一樣に懸錢をしてゐる。

9 本文に濁點が無いから「明三ッ」と誤讀せぬにと註を付けることにしたが、濁點を打つことにしたから油揚三ッだとはすぐわかる。

10 天王樣は産土神野見神社の事、若宮樣とは藩祖永井直淸公の神社である。

11 大坂今橋住の兩替屋天王寺淸右衞門事藪氏である。これは拙家の五六代前の分家で、例の有名な天五と云はれた天王寺屋五兵衞の番頭で、後に暖簾をわけてもらつて天淸と稱した。常に元の産土神にお供へをすることにしてゐた。

12 重箱の一種である。

13 方言ハヤスとは庖丁で細かく切ること。

14 方言アルキとは村に種々の用件を觸廻る役で、現今當地方ではアルキと稱するものは無いが、和歌山の田舍には未だ存してゐる。これ等の者は村から年に一二回盆正月と云ふ風に米や金で御仕着せをもらつて生活してゐる。

15 粽は當方では五本又ハ三本括りのもの二ッを一連と數へる。七連半では五本括りの場合は七十五本となる。

16 三嶋澁谷《みつしましぶや》兩氏は當藩の家老職である。

17 井戸の神に對する御供物である。

18 拙家の菩提寺。

19 聖靈を送ること。當家は町の東約十五町位の川に流す。流す物は、靈に供へた眞瓜・桃・さゝげ・酸漿・等の青物類で、聖靈はこれに乘つて黃泉國へ御歸りになると信ずる。十五日夕方に送る。

20 麻幹(あさがら)又ハをがらとも云ふ。麻の幹の皮を剝いだもの。聖靈祭の箸等に用ふ。

21 點線以下の筆蹟は本文と異り、祖父のそれである。聖靈會が佛臭紛々たるものであるから、王政復古・神佛分離の爲め、以下の通りに改めたのである。然し乍ら七月十五日（十三日から）(改曆以後八月十五日)にタママツリすることそのことが、聖靈會とは云はなくとも、やはり佛臭の殘存してゐる事は本文初めにも云つた通りである。神道特に私の家では、佛徒の佛壇に當るものを御靈神（ゴレジン）樣と云つてゐる。

22 現今では菩提寺に對するつけとゞけは盆正月二度、各米一俵づゝである。

（本篇と十二月號の「我が家の年中行事」篇とが前後致しました。これは全く編輯者の不注意に基くものでありまして、恐縮してをります。筆者及び讀者各位の宥恕をお願ひ出來れば幸に存じます。

大蛇　（長野縣上田市）

上田市の百間堀と云ふ所に古堀があつた。そこで盲人が魚をつつて居ると大蛇があらはれた。そこで盲人は怒しいから遂にころしてしまつた。その頭が太郎山のコクゾウ山に、尾が大星神社にあるそうだ。

お猫山　（長野縣北佐久郡北御牧村）

北佐久郡北御牧村大字羽毛山區西方にあたり人家より離れる事十五町の山の中にして眺望絕佳の地にこんもりとした古い松の森があります。今より五六十年前に此處にお稻荷神社の石の祠が有り其處へは一年中每日〳〵參詣する人二十人程あり。その中の一人に此の社の別當として朝夕二回づゝ參詣してゐる渡邊龜吉と云ふ者があつた。或る時に行つて見ると、大なる一匹の黑猫が現はれた。その猫はいつも參詣者を送迎した。龜吉なる者猫が老衰せるによりその猫を自分の家につれ歸りて非常に可愛ひがつて居た。ところが參詣者がだん〳〵なくなつて來た。それより此のお稻荷樣をお猫山と云ふ樣になり近鄕まで知られる樣になり今では八十八夜に角力や福引などしてお祭をしてゐる。不思議な事にはそのお猫山の土を持つて來てまいて置くと鼠が出なくなると云はれてゐる。

龍　（長野縣小縣郡神川村）

神川村で千曲川の中にたいこ岩といふのがある。昔そこには龍が住んでゐた。その龍は婚禮等の儀式の時入用の器具を賴むと次の日には全部そろへてくれました。又終へた時は前の所へおくと次の日は何もありません。ところが或人が器具をかりて一つのおわんをごまかしました。それ以來そこからは椀のかけら一つも出てきませんでした。今は大龜が住んでゐると言はれてゐます。（小泉淸見）

呼寄せ塚

三體の月を拜む風習

私の郷里である德島縣の北境、脇町の附近には、昔から、二十六夜の月と言つて、陰暦の七月二十六日の夜月見をします。其の月は普通の滿月とは異つて三體の月であります。

此の事は他の地方にも、ある事かも知れませんが私の知つてゐる人に尋ねた所では、誰も滿月以外にないさうですから書いて見ました。或は今迄に發表されてゐるかも知れません。

脇町は吉野川の中流で阿讃山脈の南にありますので此の月を見る頃は其の月を東より少し北の山の上に見ます、之を拜むのは阿讃山脈の南邊の洪積臺地の先端か或は吉野川沿岸平野の高所からです、先づ見る時刻は夜の二時頃ですが昔は此の時分まで起きて酒を飲みながら待つたそうです、私は少さい時から(他の小供もですが)親達に頼んで寢たものです、然し此の時分は日本の氣候の關係から大抵曇り勝でよくは見えないのです、月が東の山から出始めますと、月見の人達は一齊に手を拍つて拜します、其の時丸い月が一體山の際から出て二、三尺上り次で左右から小さい月が各一體づゝ出るのですが、之がはつきりと分る時は前に言つた樣に少ないのです、此の三體の月を拜む此の地では他の樣に滿月とては拜しませぬ、又その時にすゝきを、どうこうしたりおはぎを食べる事もありません、たゞ一年中一回の三體の月見に昔は一家こぞつて酒食を伴へて適當の所に昔から良い場所は定まつてゐる一村の者が集つて見たものだそうです、今は單にだんごを作るのみです。

話しに聞いた事ですが六月の二十六夜にも此の現象があると言ふ事を田の水引の男が夜、河の渡し場で拜んだと言つてゐました。

以上前後の整はない事を書きましたが御參考になりますれば整理して下さい。(南要)

絹星のこと

廣島縣の大部分、岡山、山口、愛媛の各縣に相當廣い地域に擴つてゐる星の和名に絹星と言ふのがある、或時は絹屋星、絹屋の絹星とも呼ばれてゐるが、此星が斯ふ言ふ名で呼ばれるについては次の樣な說話が傳へられてゐる。

昔、とある絹屋に美しい娘がゐた、臨終の折に「妾が死んだなら、天に昇つて星になる、その星は絹を透して見て吳れ九つに見えるから」と言ひ遺した、それから後、この星だけは絹を透かしてみれば九つに見える。

「天に昇るげな絹屋の娘、星になります絹星に」
「高い天の星は《ホシヤ》絹屋の娘、絹で拜めば九つに」
「わたしや九つ絹屋の娘、星になるから見ておくれ」

などと言ふ俚謠がある。

此地方では此星を金星だと限定はしてゐるけれども光度の大きな星なら皆絹布、もみ切れなどで透かしてみれば光線廻折の理により⁝⁝⁝のやうに見える。

絹を透して見る此星辰說話の趣好はたしかに支那の年中行事か何かに影響されてゐるであろうとは野尻抱影先生からの私信にも明記してあつたし僕もそう思ふ。尙先生は廿六夜の彌陀三尊來迎の信仰や十五夜の明月に――例へば「御水尾院當時年中行事」にある、「茄子に萩のはしにて穴をあけ、穴のうちを三遍はしをとほされて……清涼殿のひさしにかまへたる御座にて月を御覽あり、彼の茄子の穴より御覽じて御願あり」などと言ふ行事を聯想してみたと記されてあつた。

僕は此說話を呼寄せ塚に持ちよつて布を透かして星を見て收獲其他を卜する習俗の有無を知り度いと思ふ、同時に星を對象とする民俗的な研究の余りに乏しいのを淋しく思ふ、從來星の民俗的な詮索と言へばスバル星か七夕の二星に限られてゐたかの樣だ、多くの動植物の方言や民俗が検討されてゐる樣に、もつと詮索すべき星の和名や說話が、吾國には乏しいとは云へ、其處等にころがつてゐるのではないだろうか。（磯貝勇）

奈多の七不思議

福岡縣糟屋郡和白村字奈多で云はれてゐる七不思議と云ふのも土地の人にきいて見ても、各人そのうちの一つ二つに相異があるやうであるが、數人の話をまとめて見ると次のやうである。

一、雀の歩むこと。
二、人の足かたで其の人が誰だとわかる。
三、火事がない。
四、濱の砂がキュッキュッとなく。
五、青枝が燃える。
六、盜人がはいらぬ。
七、お產が輕い。

今其の一つ一つを簡單に書いて見る事にする。

一、雀の歩むこと

どこの雀も變りはない筈だが、奈多の雀が地上をとぶのを見ると、ピョン／＼と雀のとぶやうではなく、人間の步く格好であるさうだが、私はまだ見たことがない。

附記、或る老人の話では奈多の雀は色が白い。白雀がゐるのが不思議の一つと云つてゐた。これも未だ見る機會がない。

二、人の足かたで其の人が誰だとわかる

奈多は海の中道の一部になつてゐるので一面に砂地で、外海に面した砂の美しさは、白砂青松といひたいが、砂は黃色味を帶びた砂であるから、あてはまらぬ。小石一つまじらない美しさである。その砂の上を漁師などが朝通ると、足かたがついてゐる。

「此れは長衞門の足かただな。」「小さいから宗平さんかな。」と、割合ひに人のすくない土地であるために、判るので、一つに加へられたらしい。

三、火事がない

里人の崇拜する三郎天神のおかげで火事がないと云はれてゐる。三郎天神は火災除け、盜難除、緣結び、お產の神と、何でも御利益があるらしい。然し先年、相當に大火があつたのでたゞして見ると、古老の曰く、「天神樣は火災除の神樣ではあるが、境内の松ツグリ（松毬）一つでもとつて來るとお腹立ちになつて火事を起すので、其の時も、屹度火もとの人間が何かとつて來て燃したのでせうとの話。

四、濱の砂がキュッキュッとなく。

鄕土地理の研究家金尾宗平氏の研究があるときいてゐるが未見、兎に角奈多の濱の一部分の砂が大へん細くて人が步むと、キュッキュッと鳴くやうな音をたてる由で、此れは確實らしい。

五、青枝が燃える

どこの樹木の青枝も燃やせば燃えぬこともないが、特に奈多の青枝（主として松らしい）はいぶらずに燃えると云ふ話である。

六、盜人がはいらぬ

これも三郎天神の御利益で、今も雨戸をせかぬ家が多い。もし盜人がはいつて、品物や金を盜んで出て來ても、道に障害が出來て、うろ／＼してゐる間に夜があけて、つかまる。これは三郎天神のしわざで、これが爲に盜人がよりつかぬと。

七、お産がかるい

これに就ては、三郎天神のハヤマの神事について、くわしくのべればならぬが、此處では簡單に誌して又の機會にゆづる。

毎年舊十一月十九日に三郎天神で神樂が行はれ、其の最後に鯛釣エビスと云ふのがあつて、其れが終るとハヤマの神事にうつる。區内が二つにわかれて東方、西方となつてゐるが、各から三名づつの若者が出る。若者は濱の水で體を潔めて、新しい褌一つになつて時を待つ。俎板の上に鮮鯛（ハヤメノイオと云ふ）をのせ神主の合圖で其れを料理して、鰭《ヒレ》を社殿の柱に挿すのであるが、早く挿した方が勝と云ふことになつてゐる。其の鯛の頭は土地の有力者、大野様と云ふのに差上げて、殘りは鹽にして各戸にわけてやる。その鹽づけの肉を産婦がいたゞくとお産がかるくて濟むと云はれ、遠方から貰ひに來ると云ふ話である。

以上簡單に七不思議の説明をして見たが、その中、三つは三郎天神に關したことでわかるやうに、土地のものの三郎天神を崇拜することは大へんなもので、神のおきらひになることは絶對にしない。其の一つは三で書いたやうに境内のものを持つてかへらない。又、雞は三郎天神のお使ひであると信じられて、昔は絶對に食べなかつた。今でも漁師は口にしない。もし雞を食べたものが船に乘つてゐると、沖で船がひつくりかへると傳へてゐる。（**梅林新市**）

「村の記錄」訂正

第三卷五・六號に記した拙稿「村の記錄」その後判明の資料を增補かた〴〵訂正したいと思ひます。

それは常夜燈に就いてゞありますが私は當時常夜燈は必ず一對を爲してゐるものであつて――勿論德川時代に於いてゞあります――現在一箇よりないものは他の一箇が崩壞してしまつたのであらうと考へてゐました。それで表に於いても一對も一箇も共に一箇として掲げてゐたのであります。だがそれが私の非常に大きな誤解であることが判然しました。それは大阪市及び附近農村の常夜燈調査中屢々一箇の常夜燈が社前の中央にあるのを實見したのでした。一對のものは御承知の如く參道の左右兩側に對立してあるのですが一箇のものは社前、參道の中央にあるのです。時代も文政頃までは降下する樣です。ですから必ずしも一箇よりないものは他の一箇が崩壞したものであるとは――例へ現在では位置が變化してゐても――斷じられないのであります。下里村では一箇よりないものが社前や參道の中央になかつたので見逃すといふ樣な不注意千萬なことをしてしまつて申譯けありませんがその證據はあります。卽ち中西村日吉神社の文化二年、文化四年の常夜燈は全く同一のものですが唯奉獻者と年代が違ふのみであります。これは文化二年に氏子日參講中で一箇の常夜燈を建立した。ところが當地出身の西宮の町人、播磨屋平八が二年後れた四年に一對にする爲に同じものを奉納して一對としたことが確實です。文化二年に一對建立したが一方が崩れたので｜二年程の間に崩れる樣なことはないでせうが｜四年に播磨屋平八が崩壞した一方を建立したとは考へられません。何故ならこうした例があまりにも多いからであります。殘念なことは合祀等の爲に殆どの神社が常夜燈、鳥居、手洗石等の位置を變化させてゐることです。

各常夜燈の獨立、一對の表を左に記します。

但し獨立は現在一箇よりないものでありまして確實に一箇のものであつたといふ斷定あるものではありません。

三口	弘化三	二
野條	文政二	一
同	文政十□	一
王子	不明	二
同	元祿十三	一
同	天保十四	二
戸田井	安永九	一
同	天保十三	一
琵琶甲	寬政七	一
同	文政十	一
中西	文化四、文化二	二
同	寬政十一	一
段下	文化元	二
飯盛野	文政十二	一
下中西	明和七	一
大	不明	二
兩月	天保十四	二

(一は獨立、二は一對のもの)

坂本	延寶六	不明
西笠原	享保三	一
同	寬政戊午	二
同	文政八	一
東笠原	安政七	二
倉谷	天明四	一
同	安永九	二
同	天保三	二
同	寶永元	二
三口	天保十五	二

これを年代にて示せば、

年代＼種別	獨立	一對	不明
延寶			一
天和			
貞享			
元祿	一		
寶永		一	
正德			
享保	一		
元文			
寬保			
延享			
寬延			
寶曆			
明和	一		
安永	一	一	
天明	一		
寬政	二	一	
享和			
文化		二	
文政	五		
天保	一	四	
弘化		一	
嘉永			
安政		一	
萬延			
文久			
元治			
慶應			
不明		二	
合計	一三	一三	一

やはり古い程一箇のものが多い樣です。文政に一箇のもの五個もあるのは多少奇異に思はれます。これは或は合祀の際などに一對のものが崩れたのがあるかも知れません。天保以後現在までは一箇のものは絶えてありません。皆一對であります。經濟的信仰的な變遷に據ることは改めて申し述べるまでもありません。各地にも例が多いことゝ存じます。御報告下さる樣切にお願ひしておきます。

新しく判明した資料は左の如くでありますが前稿の綜合觀察を強ふこそすれ動搖せしめてゐないと思ひます。これによつて前稿の各表を御訂正を下さらば幸甚であります。

三日大歳神社
常夜燈　型式　A　一對
御神燈
弘化三丙午年六月吉日建之
氏子中
手洗石
盥水
天明三癸卯年　臘月吉祥日

三口部落墓地の下に道路案内標がある。

型式　D
文化二丑年　　右はつけ
青蓮童女　　道
六月十五日　　左やま

とある。青蓮童女追善の爲めのものであらう。

同じ道筋に地藏尊立像がある。
享保六年八月吉日　南海坊

白加古川至北條縣道を少し入つた處に坂本にあつたのと同人の建立になつたものがある。

型式は異るもので(H)としたい。

右　加古川
左　□□□
願主　信州　清心、坂本　一心
安永十丑年正月

三口、法華山參詣道、稻岡造酒場附近に頭部は缺失して不明のものがある。

右　きよみず、
左　ひめぢ
天保四巳年正月建
四國
西國　百八十
奉納　女父　當村行
坂東　(以下埋もれて不明)

女父とあるは秩父であらう。

尾崎の坂の下、下里川の橋を越えた處に、
型式
南無勢至大菩薩塔
文化十二亥年三月吉日
がある。

中西日吉神社に、
型式　D
寛政十一年辛亥九月
とあるのみの常夜燈がある。

尙、常夜燈の型式分類は決して萬全なものではありません、近く大阪市内の常夜燈調査の報告をしたいと思つてゐますのでその節に述べる豫定をして居ります。(栗山一夫)

原始人の世界觀（グレーブナー）（一）

杉浦健一

哲學的思索が進んだ跡を歴史的にその最初まで遡つて行くと、その觀想が次第に量的に變化してゐると云ふのに止まらず、原始狀態に於ては本質的に異つた評價態度で觀想したことを知る。この評價態度は人間の全觀想の基礎となるものであるから、この變化によつて人類の世界觀は根本的に變化する。哲學的思索が哲學からではなく、宗教から起つたことは、印度哲學を見れば明かである。更に斯かる宗教的な上代哲學は原始人のアニミズム的世界觀に關係してゐる。アニミズム的世界觀と云ふのは死、夢等の經驗から起つたもので自然現象や自然的活動性を持つものに靈魂のやうなものがあると考へることを云ふ。タイラーによると、これが原始人の世界觀を支配し、後の世界觀の根柢となるものであると云ふ。從つてこれによつて、原始文化生活を一まとめにして、高等文化に發達したものから、區別することが出來る。バスチアンを初めとする民族學者の大部分は當時學界の指導原理となつてゐた進化論に基いて、進化の段階に並べて說明した。この見解よりすれば、アニミズム的世界觀を持つ原始人の神觀念は多靈崇拜であるべきである。然るに原始人の間に、高等文化人に見られるやうな一神觀の存在することが實證された。その他色々の文化狀態及び文化財に於ても原始人の文化は一樣なものではなく多種多樣であり、更にそれが色々に變化するものであることが明かにされた。從つて進化論一本槍で說明することは困難となつた。ここに於てラアッツエルを始めとする文化史的研究が認められて來た。これによると原始人の社會狀態、物質及び精神生活は封鎖的文化形態をなして成立し、これが播傳移動し合ふことによつて、今日のやうな複雜な文化狀態にまで變化したのであると云ふ。卽ち原始人の文化生活を明かにする場合も、地域（文化圈）と時（文化階層）とを考慮し、その間の接觸關係を考へて、文化史的に硏究すべきであると云ふ。グレーブナーは文化圈として、タスマニヤ文化圈、ブメラン文化圈、西パプア文化圈、東パプア文化圈、メラネシヤ文化圈、ポリネシヤ文化圈の六つをあげてゐる。更にシユミットはグレーブナーやアンカーマンの文化圈說にもとづいて、さらにこれを精密ならしめ、近代文化を除いた文化階層を原始文化階層、初期文化及び後期文化階層の三つの層に分ち、これと三つ又は四つの文化圈とを入りまぜて非常にこみいつた圖式によつて、夫々の社會制度や經濟生活及び宗敎の特色と系統を明かにしてゐる。シユミットの說明の如きいさゝか圖式化され過ぎた觀がないでもないが、これを無視して原始文化を論ずることは出來ないと思ふ。斯かる研究法によつて原始文化を最も簡潔に論述したグレーブナーの「原始人の世界觀」を紹介するのも亦この意味に外ならない。

原始人の呪術的世界觀（原始文化階層）

人類の世界觀に關する根本問題は、現代人の原初形態卽ち最古の人類の世界觀から考へなければならない。人類の原初狀態に就ては、長い間非科學的、概觀的な見當付けに滿足しなければならなかつた。然るに十九世紀の半頃からワイツ、バスチァン、ラアツェル等が出て、民族學が長大足の躍進をなし、現在生存して科學的の觀察の行きとどいた未開民族の文化狀態と原初人類のそれとを關係付けて說明するやうになつてから、原始人類の文化狀態が明かになつて來た。その一例として吾人は驚くべき古い原始文化（原始文化とは母權制文化・父權制文化に對する第一期文化を指すのである。從つてその文化年代は地方によつて異る）の殘存狀態を半世紀前まで生存してゐたタスマニヤ人の文化の中に見ることが出來る。然しこれは人類文化の原初形態そのままを保持して來たものではない。何人でも人類は原初から今日まで、同じ樣な社會狀態、文化、世界觀を持つて生活して來たものだと斷言は出來ない。人類共通の根柢から見れば、今日の文化狀態は余り大きな發達をしてゐないと云ふ主張が許されるにしても、或種のものに於て特殊の發達をしてゐることは否定出來ない。それが所謂進化でなくとも或種の變化を認める以上、現存野蠻人の狀態をもつて直ちに人類の原初狀態を測ることは許されない。

　タスマニヤ文化中、工藝文化は非常に單純であるからよく分つてゐる。然しこれが亡びた民族の精神文化の狀態を明かにする充分な資料とはならない。特にこの地方に就ては民族學的素養のある人の報告としてはリングロートの著書以外にないため、吾人はタスマニヤ人の精神狀態及び世界觀に關して非常に不完全な知識を持つに過ぎない。扨僅少の報告を殘して死滅した、最古の思考樣式を持つタスマニヤ文化は全く知る由がないかと云ふと、幸にもこれが今日まで存在して、よく調査された文化群の中最も古いものと一致することが發見された。更に全般を通じて一群の文化狀態、世界觀及び思考樣態は特定の民族のみを支配するのみでなく他の民族に於ても重要な役割をなしてゐると云ふ事實が明かにされた。これによつて吾人はタスマニヤ人の研究に於ても、他の原始文化を持つ民族と比較研究が出來ることを立證すると同時に、廣く人類文化全般から見てこれが最古の文化であることも證明された譯である。

（一）　オーストラリヤ文化

　南半球の大陸に於て文化階層の順序から云へばタスマニヤ文化に匹敵する最古の文化群は濠洲の特色をなす「原始オーストラリヤ文化」より成つてゐる。文化年代から見て大體原始オーストラリヤ文化に相當するものは、アフリカのネグリト文化である。その中比較的純粹に後の文化と接觸することの尠かつたものは南部アフリカのカラハリ地方に居るブッシマン族の文化である「ブッシマン文化」と近似するものはアフリカの奧地に居る色々のピグメー族の文化である。然しピグメー族は—特にアジヤ、ピグメー族に至ると甚だしいが—後代文化を持つ民族の中に混入してゐる。從つて言語などもピグメー族の言語を使はないものがある。斯くの如くして、吾人が原始民族として、ここにあげたタスマニヤ人、オーストラリヤ人及びブッシマン人等の文化狀態及び世界觀は、唯だ最古の文化狀態を豫測する手段として用ひるのである。當面の問題とする原始人の世界觀に於ても、これと全く同樣である。

　生活狀態—上述した樣な最古の文化狀態に於ては人類の生活が自然と非常に密接な交渉を持つてゐる。オーストラリヤ人の經濟生活を見ると婦人は野生の食物を採集し、男子は狩獵によつて生計を立てゝゐる。その食料品も甚だ野蠻なもので食物となるものは何んでも厭はず、毛虫さへ食べると云ふ有樣である。彼等は放浪生活をしてはゐるが、然しその放浪は部族共有の土地の内に限られてゐる。從つて全く秩序がない譯ではなく、一つの集團をつくり外に對しては確定してゐる地理的境界を連帶して守り、内にあつては素朴ながら律法をつくつて平和を保つて生活する幼稚ながら一小國家の觀を呈してゐる。この國家の中には家族があり、家族は原則として、ちやんと結婚によつて出來た吾人の言ふ意味の小家族である。經濟上の必要にせまられて共同の仕事をするため大なり小なり一處になつて生活するものはあつても、大體一夫一婦である。

思考樣式―オーストラリヤ人の思考方法に就ては長い間彼等が最も低い文化形相を代表するものと考へられたために、多くの人々の注意を引いてゐた。ヴントの普遍的説明に次いで、フイヤカントは未開人の思考樣式の特色を強い觀念聯合に認め、この思考法を文化人の論理的な思考法と對立させて考へた。レビブリユールはフイヤカントと同じ見界を更に一層強めてこれを凡ての未開人の特色であると主張してゐる。

呪術―レビブリユールは斯かる未開人の思考法を神祕的と呼んでゐる。然し彼しの謂所神祕的集合表象が最も重大であるか否かの問題はここではふれずに認めるとしても、若し彼れがこれをもつて未開人の思考法一般に通ずる典型的特色と考へるなら、それは正當な見當付けでないと思はれる。尠くともオーストラリヤ人に於ける限りでは、レビブリユールの言ふ如く自然的なものを超自然的、神祕的なものと考へるのではなく、寧ろ却つて超自然的なものをも自然的に考へるのである。これに就ては既にしばしば報告されてゐる彼等の病氣に對する處置を見れば明かとなる。彼等は吾人の所謂病氣の性質とか病源とかは考へず、死亡は一般に呪術の結果と考へる。ここに於て呪術とはどんなものであるかと云ふ問題が起る―こゝでは特に病氣をほしの呪術に就て言ふと―彼等は病人の體内に何か固いものが入りこむことより、病氣が起ると考へる。斯くの如く病源を物質的なものに見る以上、治療はその物質を取り出すことである。卽ち病源を自然的に考へるから、その治療に骨とか石とかを吸出すと言ふ自然的方法が用ひられる。要するに病源をなす骨や石の一片をとり出すことによつて、平癒すると云ふ極めて自然な考へ方である。この樣な素朴な考へ方はタスマニヤ人にも見られる。彼等は病人が出來ると、病源となる骨や石を血液と共に流れ出しめて、治さうと考へて病人を傷ける。

更にタスマニヤ人はスカリヒチールング（切開手術の一種）と云はれる一種の割禮を、小供から成年になると考へられる。入團式の習慣として行ふ。この習慣はオーストラリヤ土人の間にも、その他の未開人の間にも廣く行なはれてゐる。これは成人に比して小供の弱いことを一種の病氣と考へ、小供はこの物質的な病源を肉體から去ることによつて成人になると考へる。

舊オーストラリヤ文化の特色をなす齒を拔いて間隙をつくることも、男子となる儀式として前と同樣の目的に役立つものである。この反對にオーストラリヤの呪術の中には鼻に鋲を打つやうな、肉體に物を押しこむ呪術も見られるから、斯くの如く外部から、とぢこめてしまふ作用をする呪術に對して、肉體を傷け開き、或は吸ひ出す意圖を持つものを、凡て抽出呪術と云ふ名で一括して置くがよからう。要するに上述のやうな呪法は確かに粗雜な感覺に基く物質的自然的思考法である。

・凡て斯くの如き思考法に基いて呪術を行ふ場合は經驗によつて原因と結果との間に非常に鞏固な觀念聯合がなされる。この場合聯想作用が強いから、聯合し得ないものでも、實際の經を超越して、原因となるものから、結果と考へるものが生じたと感ずるのである。レビブリュールの所説によると觀念聯合は、その個々の成素を必然的に個々人の意識の中に持つて居るのではなく、それは最初から周圍のものと固い結合をしてゐる集合表象に關係するものである。從つてそれは唯だ分析によつて始めて個々の成素に分つことが出來るものであると云ふ。

觀念聯合を集合表象と考へるにしても、個々の成素の聯合と考へるにしても、廣義に考へればこれは兩方の全範圍に擴がつてゐる概念である。斯くの如き意味よりすれば、觀念聯合と云ふ精神現象は、凡ての呪術觀念の標準となるものである。屢々特殊の呪術の如く云はれてゐる意志呪術も、その中に類比及び接觸による觀念聯合が重要な役を演じてゐるから、類比呪術、接觸呪術を含んだ最も廣義の呪術と通ずることになる。これは後の文化財に於て見られるものであるが、人間の像に對して取つた處置が、その原體に影響すると云ふ、未開人の觀念信仰はオーストラリヤ人にもよくあらはれてゐる。オーストラリヤ人は敵對者の寫しとして利用する對象を、火で燒くか、水で腐らせるかして、相手を病氣にしたり殺したりしやうとする。これ等の方法は一樣ではないが、然し呪術を行ふ土人が相手の代用となるものを選んで持つてゐる點は一致してゐる。彼等の觀念信仰によれば代用物を相手と考へるのであつて、兩者の間の觀念聯合が完全に行なはれてゐる。今日の吾々でも前後の、わきまへなく激怒した時は本能的に机や椅子を打つたり蹴つたりする。然し吾々の場合は純粹な感情表出行爲であるのに對して、オーストラリヤ人のそれは生命のない代用物と實際の相手とを全く一致させる程、強い感情で相手を表象するのである。從つて敵に害を與へやうとする場合は、そこに相手が居なくても象徵的な呪法修法によつて實現が出來ると考へる。南部及び中央オーストラリヤ土人は相手を呪ふ時、自分の欲する死方で死ぬやうにと呪咀しながら、先の尖つた骨又は棒を遠くへだたつてゐる相手の方へ突き出す。これは強い感情表出行爲によつて相手が實際そこに居ると考へて行つてゐるのであるから、實質に於ては直接の殺人行爲である。この場合骨又は棒等の呪具が持つてゐる人に力を與へると云ふ觀念も亦未開人の精神的性質の粗雜なことを示すものである。

表現の一致によつて起る狹義の聯想による呪術は、接觸の原則に從つて起る類比呪術にまで擴大して行く、卽ち南方オーストラリヤ人は相手を害するためにその像やその他の代表物を用ひる代りに、相手の殘した毛髮、爪、着物の一片、食事の時に殘したもの等を用ひ、進んでは相手の附けた足跡まで呪術に利用する。以上に述べた聯想呪術（模倣呪術）及び類比呪術で目的が果す代りに、意志呪術も特に効果の多いものと考へてゐる。斯くして遂には相手の名前を呼んで呪法を行ふことにまで擴張されて行く。彼等は名前はその人の一部分であると考へるから、名前によつて行つた呪法が、その特有者に害を與へるのである。意志呪術と同じ考へ方が狩獵呪術の基礎となつてゐる。オーストラリヤ人は狩に出かける時、地上に自分の欲する獵獸の繪を描いて、それに矢を射あてた時はよい狩獵が保證されたと考へる。更に進んでは狩獵又は獵獸の身振り狂言を行ふことによつて、よい狩獵が保證されると考へる。動物を追つて、つかます場合燃えてゐる石炭をその足跡の上にまくと効果があると信ずる如き、凡て血に飢えた激しい狩獵慾が聯想を鞏固な生き生きしたものにするからである。然し單に意志呪術のみならず他の形式の呪術に於てもこれと全く同樣な思考方法で行なはれるのを見る。西南オーストラリヤ地方では雨乞をする時、何時も雨雲の出る方に向つて雨々と呼ぶ。デエリー族に於ては雲を石又は水に溶かした石膏であらはし、これに血を注いで雨乞をする、更に中央オーストラリヤに於ける植物、動物の繁殖を祈る豐作の儀禮に於ては―これは後の耕作文化に屬するものだから省述することにするが―動物の生活を模倣した處作事が行なはれる。然かもこれは祖先であるトーテムの生活をあらはすものとして行なはれる。各部族は各々一個の動植物のトーテムを持つてゐる。このトーテム動植物に關係ある自然現象と結びつけて神聖なものをつくり、これを大切に保存してゐる。トーテム儀禮は中央オーストラリヤのみならず西南オーストラリヤにも行なはれてゐる。

動物の一部分卽ち毛髮、骨、脂肪等の如き生命及び健康の本質を接觸によつて讓り授けることが出來ると云ふ考へは非常に廣く行なはれてゐる。タスマニヤに於ては人間の骨は護符とされ、特に病氣よけに使用される。オーストラリヤに於ては、人間の毛髮が飾帶その他の飾身具にされてゐる。毛髮の繩は呪具中でも特に効果あるものとされてゐる。動物又は人間の凡ての機官中心臟の脂肪が、一番價値あるものとされてゐる。クルナイ族の呪具中カンガルの脂肪が最も强力なものと信ぜられてゐる。家族の死を意志呪術によつて復讐しやうとするには、死者の脂肪を骨製の呪具にすりこんで活氣づける。これは明らかに死んだ者の物であつても、生きてゐる者の物であつても人間の生活力は脂肪、特に心臟の脂肪によつて、活氣付けられるものであると云ふ考へから起る。ヴァケルブラ族が小兒に早く言葉をおぼえるために、蜥蜴の舌を食はせるのも、明かに同樣の觀念聯合に基くものである。又全オーストラリヤに廣がつてゐる人肉食用の風習もこれと同樣な考へに基くものである。これは肉を食ふことによつて、その人の性能卽ち若い力とか、悧巧とかを獲得すると云ふ信仰である。それ故に特に小供を食ふ場合が多い。然し老人を食ふ場合も多くある。

神話―上述した事例に於て示した通り暗示によつて、鞏固な觀念聯合をするのは、非常に激しい慾求尠くとも强い希望に條件付けられるからである。然しそれら凡てが呪術的觀念を豫想してゐるのではない。從つてヴントの云ふ樣に强い意慾の目的と實際とを結合する所に神話的思考方法を生ずと云ふ說は余り意味が廣くなりすぎて神話を限定することが出來なくなる。彼れの所謂神話的思考法には觀念聯合が最も重要な役目をしてゐることは確かであるが、これを神話發生の直接原因とすることは出來ない。神話發生の根源として最も重要なものは、未開人の一大特色である。條件付きの因果說明である。條件付き因果說明とは現象を說明する場合、因果の系列を充分に遡らず或る限界までに止めて置くことである。彼等は物を說明する場合、條件付きの狀態で滿足して、その先きがどうして起つたか、決して追及しない。勿論彼等は因果說明の要求を持つてゐるのであるが、吾々の意味の「歷史的」に考へないのである。彼等を一般に支配する因果觀念は以前には異つてゐたものが、變化して今日の狀態を生じたと云ふ考へ方である。例へば人間は動物から產れたとか、反對に動物は人間から生じたとか、更に又人間動物共に他の或るものから生じたと云ふやうな、轉化觀念が最も屢々報告されてゐる。彼等は大體唯だ斯樣な轉化的説明を與へれば、それで滿足するのである。説明的な歷史の物語りに於てすら、人間又は自然物の生活に就て彼等が日常よく經驗する出來事から考へ付いた、聯想に基いてゐる。オーストラリヤ人にとつて重要なものは陸上の動物である。從つて彼等はその外觀及び生活狀態に關する多くの物語りを持つてゐる。大鷹や黑カカド鳥の羽に赤い所のあるのは、それが火から生れたからだと語り、鯨の噴水孔は槍傷から出來たものだと云ふ。太初大蛙が世界中の水を飲んでしまつたので、人間がそれを笑はせて世界を救つたなどと云ふ説話などは隨分大げさなものである。又未開人にとつて大層重要な火の獲得に關する説話は多くの場合、ただ或る人が私慾のために火を隱くして置いたのを、智略と力で奪ひ取る物語となつてゐる。今の蛙の話にあるやうに他人を誘ひ、その注意を引くために一種の怪物の話しを、つくることは甚だ多い。天界に關する神話も同樣に經驗から類推して、つくられる。從つてこれらは論理的考究の結果としてではなく、唯單に或る現象の聯想によつて起る。彼等は星全體を他の世界に住んでゐる人々と觀じ或は又松明又は焚火と見る。全體としてでなく個々の星々をも亦人間と考へてゐる物語りもある。特に面白いのはオリオン星座に就て物語られてゐる古傳承である。卽ち南部オーストラリヤに於ては、これ等の星團を七人の少女の群と考へてゐる。神話中最も重要なものの一つである、洪水神話も詳細に語られてゐる。これは今僅かしか存在しない舊オーストラリヤ文化に屬する神話である。舊オーストラリヤ文化に屬するものと云つても他の舊オーストラリヤ文化の殘存物と同樣それが原初の形そのまゝではない。洪水神話が大火災神話に先つて存在することも特に注意すべきである。原初形態に於ける神話は素朴な觀念聯合によつて起る天空神話、就中黎明の神話が多い。その神話によると人間は星の樣な生活を重れるものであると語つてゐる。詳言すれば星は先づ東雲の空を去つて晝空に滿ちて來る光りの高潮の中に全く沈んでしまひ、夕方になつて初めてその一部をあらはし、次第にその姿をはつきりあらはして來る。人間もこの樣な生活を、つづけてゐると物語つてゐる。又洪水の場合に舟に乘つて人間が助かつたと云ふ神話がこの舊オーストラリヤ神話に關係があるか、どうかは分らないが然しノアの箱舟の神話と同樣な思考結合の樣式が窺はれる。卽ち舊オーストラリヤ神話によると月の舟は夜空から晝空まで確實に存在する唯一のものと考へられてゐる。晝空の光の洪水の主宰者は太陽である。これより考へるとオーストラリヤに於て洪水を起すものは明かに太陽の姿をとつてゐる。フウエゴー島の原始文化層の神話に於ては洪水を起すものと、太陽は全く一致してゐる。原始文化に於ては太陽及び月は何かの理由で昇天した祖先として人格的に考へられてゐる。オーストラリヤ神話では太陽は夜になると地の穴の中に沒して、夜中南から廻つて日出の場所に歸へると物語られてゐる。イウアライ族では太陽は戀を卻けられた月を追ひかけ、星をさそつて月を止めやうとしてゐると語られてゐる。これ等は因果の聯合に脚色の尠い純粹な神話である。これと並んでオーストラリヤでは非常にめづらしいけれども、太陽をボールにして東の方の人々から西の方の人々へ投げてゐるのだと云ふ樣な原始的な理解を示してゐるものもある。

觀念形體の特色と呪術—東南オーストラリヤ人は天空を地上に置

かれた鐘のやうなものと考へるが普通である。然しこれが天空を高く扛げると云ふ觀念と結合して色々に變化してゐる。天空を鐘のやうに考へることが、舊オーストラリヤ文化に屬するか否かは疑問である。その上斯く如き觀想を肯定することは必しも眞面目な考へではなくて、吾々が今日他の世界には異つた人或は死者が住んでゐて、それと交通することも左程困難でないなどと云ふ觀念と同樣、想像上のものである。世界の終りと云ふ觀念は舊オーストラリヤ文化には余りない。その外のオーストラリヤ人の特色をなす觀念は、全體を綜合する或は組織化するなどと云ふことをせず、唯だ多數の個々の關係を生き生きとはつきり意識することである。換言すれば個々の對象の性質、作用及び他との關係をのみ實體に於ける客體として、はつきり意識すると云ひ得る。彼等は觀念の聯合をなすことが、驚く程容易であることも彼等にとつては人、動物、植物、無生物等と云ふ自然物の主要な範疇を余く混合してゐることに基く。これを要するに、人間の思考の二つの最も重要な範疇である因果の範疇と實體の範疇の中未開人にあつては、前者の方が後者に較べて、比較にならない程強く働くと云ふことが出來る。卽ち因果系列の觀念は類推によつて得られたものであつても、オーストラリヤ人にとつて最も確實な認識に屬する以上、彼等の觀念の特色と云つてよい。多くの場合彼等は斯かる觀念に基いて、呪術が行なはれたとか、呪術によつて殺されたとか、その反對に確實な對抗呪術によつて、呪術を遁れ得たとか考へるのである。吾人が原始的と呼ぶ斯かる觀念信仰はオーストラリヤのみの特色でなく、先に割禮の呪術、骨の呪術の例を述べたタスマニヤ文化にもある。

神―今迄の所說の結果によれば、未開人は主として個々の關係に關する認識を彼等一般にに共通する人間の知覺中樞の中にとり入れることによつて、一致した觀念を得るものであると云へる。然しこの結論は未開人といへども或る意味で世界全體又は全世界に亙る領域の一大部分を綜合する至上者を知ると云ふ事實によつて否定される。タスマニヤ人にあつては、地上を支配する力を善と惡の二種の本質から二元に分けてゐる。第一の善神は親切な力で晝を支配し、第二の惡神は不親切な力で夜を支配する。二者の中、夜い神の起源は未開人の心情を考へれば容易に了解が出來る。卽ち恐ろしい現象や異常に强い恐怖を起す源となるものは、知らない所で行ふ敵對者の呪術である。この恐怖から、タスマニヤ人並にオーストラリヤ人は明確ではなくとも、これを起す主宰者の姿を想像する。この恐ろしい姿は次第に水力に居るもの、懸崕絕壁に居るもの、或は氣味惡い森林中に居るもの等と部分的に局限され、それがあちら、こちらで蛇の如く實際氣味惡く感ずるものと結合してその姿であらはされるやうになる。斯かる靈鬼を生ずる原因となる恐怖の感情は一定した性質を持つて働くものではないが、違つた動機から起る恐怖の情さへ類似して居れば、同一の本質に導かれて遂に歐洲人の惡魔と同じやうな一定した靈鬼をつくつてしまふ。ビクトリヤ地方のブレウイン、西部オーストラリヤのニユー、ノルキヤに於けるシェンガの如きがそれである。未開人が何よりも氣味惡く感ずるものは夜卽ち闇である。彼等は松明なしには闇の中を步き得ない。禍ひは闇から出て來ると考へるから、惡い力を意味する夜の神の觀念が發生する。夜に關する恐怖の感情から夜の支配者である月が惡神とされることも自然である。然しこの場合彼等が月と夜の神とを聯合したとか、惡神自體を月と考へるのであると解釋してはならない。尠くともオーストラリヤ文化に於ては既に述べたやうに、月は最初の人間であつたとか、最も重要な夜の星であつた等と云ふ、他のものとの觀念聯合の方が強くあらはれてゐる。タスマニヤ人が夜の神に就て、色色の姿を持つてゐるのは多種多樣な感情から起ることを明かにするものである。ここに於てさへ觀念聯合は非常に明かにあらはれてあるが、日常經驗する物に關する、はつきりした輪廓が欠けてゐる。扨第二の力をあらはす親切な晝神の方は夜神に對立するもので、氣味惡い闇の恐怖に反對する明るい感情から起つたものである。彼等に於ては愉快とか有用とかの概念が常に不快とか災害とかの概念と對立して考へられてゐる。

二元的なタスマニヤ人の神觀念より一層抱括的なものは、凡ての父なる存在卽ちオーストラリヤの最大の創世神である。就中西南オーストラリヤ卽ちタスマニヤを除いた最古のオーストラリヤ文化の故鄕に於て、よく知られる神觀念でムンガンヌガウア、ブンジルス、バイアメ、ヌルンデエルヌその他の名前で呼ばれてゐる。至上神と並んで大抵は第二に力強く、それに從屬する神がある。それは屢々至上神の子として、同時に人間の祖先として考へられる。クルナイ族では至上神は女神を持たずその子神も亦母神なしで生れたものであると云ふ。これ等は至上者を創造主、第一原因卽ちブメラング(投武器)のやうな重要な器具を完成した、人間に最も大切なもの又は天上の首長として、限りなき力を持つ呪師等と考へることから起る。至上者の話は青年が大人の仲間に入る入團式に於て老人から物語られる。この儀式は近接する多くの部族で行なはれてゐる。使者に呼ばれて彼等一同式場に集り式の終るまで神の平和に支持される。これが聯合會議の最も未開な形態である。更に重要なことは至上者は總べての物の創造者であるばかりでなく、その部族の慣習の保護者である。それ故嘗つて人間が善い慣習を忘れてしまつた時、至上者が罰として大洪水又は大火災をおこしたと傳へてゐる。クルナイ族では今日も尚ほ南極光があらはれると、これ等の災害が起りはせぬかと恐れる。中央オーストラリヤのワラアムンガ族の火祭は疑ひもなく青年に斯かる事變又は恐れを感銘させるために行なはれる。扨至上者の本質を考へる場合第一に注意すべきことは、この神の存在の意味は未開人の強い因果關係追求の窮極であり、これによつて決定的な滿足を得ることである。プロイスが斯かる至上者の本質は第一原理のやうな全く抽象的な觀念であるか、どうかと云ふ疑問を起したのも尤もである。これは要するに人間が自然を征服するために使用する儀式や呪術を支持するものと云ふ意味の第一原因と考へるが適當である。この限りに於て至上者は今日も尚ほ人間の上に存在してゐる。更に進んで彼等が第一原因を如何に考へるかと云ふに、この觀念は具體的な太陽の出現と結び付けられてゐる。卽ち太陽は每朝總ての物を再びはつきり見えるやうにする。從つて太陽は萬物を每朝新らしく創造する原因である。西北オーストラリヤでは太陽がブメラングとして自身の中から月を投げ出す、從つて月は當然太陽に歸ると考へる。ビクトリヤ地方では太陽は月を第三者の干渉なしでつくり出したと云ふ。神の發生に於ても、觀念聯合が重要な役目をしてゐる。彼等は至上者の創造力のみならず、倫理的力をも受けてゐる。從つて神は物質上の保證を、するのみならず實に社會生活をも保證するものである。

律法ー未開人の日常生活は自然力に抵抗する力が弱いために非常に變化し易い境遇にある。

從つて經濟生活も色々の姿をとつて、あらゆるものとの關係の中にあらはれる。斯かる未分化の狀態が未開人の社會生活である。從つて經濟生活と倫理生活との未分混一さへ、あるのは當然である。彼等の社會生活は一大綜合體となつて、あらゆる個人的生活の內容を融合してゐる。それ故集團內の個人的共同は弱いけれども綜合體として社會生活は強固である。然し經濟的生存競爭をする間には、互に見様見眞似で個人的生活の必要を滿すことを知つて來る。そこでこれに對して社會生活の律法を最も印象深い敎育方法で敎へ込ませる必要を生じる。靑年又は小供か大人になる靑年式もこの目的で行なはれるのである。こそは單に呪術的行爲によつて肉體的の目的を達するのみでなく不眠、斷食によつて總べての印象を最もよく受け入れられる精神狀態に置いて、人間世界の最高の知識就中規定された部族の慣習を敎へ込むと云ふ精神的目的を持つ。特にこれは老人に對する畏敬と服從を一生涯忘れないやうに暗示することに役立つものである。

技藝―民族の觀想樣式は必然にその技藝に反映する確かにタスマニヤ人は藝術に余り興味を持たなかつたやうである。その唯一の藝術は文身である。これによつて彼等に踊りから起る韻律的感情が存在したことを示すに過ぎない。これに反してオーストラリヤ大陸では簡單な飾裝の外に彼等の世界觀の重要な二方面に適合する造形美術の二面があらはれてゐる。第一は東南及び西北オーストラリヤに多く見られるもので、日常生活に必須なもの特に動物、人間、武器、道具等を繪具で岩及び洞窟に描いた平面的な繪である。この描寫は粗野ではあるが動物などになると、なか／＼立派にその容貌、姿勢を描いてゐる。然し同一畫面に種々雜多な繪を何の統一もなくごつちやに描いてゐる。第二は至上神を巨人のやうな姿で描くことである。これは非常に粗雜なもので、ただ手足らしいものが、ついてゐるだけである。多くの場合至上神は單に大木の幹或は髮束によつて暗示される。斯かる至上神の像は何よりも靑年式に於て具體的なものを示す必要から用ひられる。更にこの小型な像は踊りの時背に負つて踊る。西北地方では藁人形を頭に載せて踊る。

（二）　ブッシマン族

今日も南部アフリカ特にカラハリ地方の荒地を放浪するブッシマン族は、既に述べたやうにオーストラリヤ大陸の土人に類似した文化を持つてゐる。彼等の文化はたしかに同族の西部の黑人の文化より進んでゐる。特に毒矢を持つた弓を武器とする點などは他の黑人より進んでゐる。ナイル河、上流に於て見る、止めの付いた楯のやうにオーストラリヤ人の武器に似たものは南部アフリカにないことでブッシマン族を區分することが出來る。然しブッシマン族は社會的及び經濟的にはオーストラリヤ人と酷似した出發點に立つてゐる。兩地方共に干涸した時節は、吸揚ポンプを使ふと云ふやうな細かい所まで一致してゐる。住居も兩者同じやうな蜂の巢狀の小屋である。特によく似てゐるのはオーストラリヤに於ては、最高の財產として使者に證據として與へる木の使者棒がある。最近の報告によるとブッシマン族でも同樣なものが發見されたと云ふ。その他ブッシマン族の精神文化は近づき難いために殘念ながら非常に間違つて傳へられてゐる。然し幸にもブッシマン語の物語りを飜釋したブレークとロイドの共著がある。この書に述べてある神話及び日常生活に關する物語りから彼等の思考法を知ることが出來る。彼等の物語りは長い言葉使ひで一言一言くど／＼述べてあり、特に重要な所はよくおぼへこむやうに、何度も何度も繰り返へしてゐる。

思考法—彼等の觀想內容は前述のオーストラリヤ人のそれと密接な關係を示してゐる。因果關係に使用する特色ある觀念聯合樣式はブッシマン族の間にも見出される。小供が沙漠狼のやうに小膽にならないやうにとて、その心臟を食べさせない。斯くの如き掟は特に狩獵に多い。人が獵に出掛ける時は羚羊の如き輕快な動物の肉を食はない。それは動物の敏速な性質が猛獸に移らないやうにするためである。更に進んだ觀念聯合の形式は狩獵の際、月を見ることを禁ずる所にその考へ方がはつきり見られる。ブッシマン族が月と不獵とを聯合する理由は(I)既にオーストラリヤ人に見た如く月を惡神と見ること(II)月が漸次虧けて行くやうに、猛獸が獵獸を食ひ盡してしまふこと(III)籔の上を照す月光を流れ出す蜜を見て、手負ひの獸がその蜜を飮んで元氣を回復するとか、或は月は毒矢の效果をなくする力があると考へること(IV)月が遠くへ行くと同じ樣に獵獸が獵人をおびき出して、遠い沙漠の中へつれ出すと考へること等による。ここで重要なのは月の出てゐることが不獵を生じたのではないことである。月光の明るいことは彼等にも確かに心持がよいにちがひない。それ故斯かる聯想のなされるのは本質として月の嫌ふべき性質を意識することによるのであらう。

呪術—ブッシマン族に於てもオーストラリヤ人と同樣、呪術の效果を確信してゐる。彼等は色々の動物の一部を護符として身體につけて、それによつて動物の特性を讓り受けたり災害を避けたりする。吾人は最近に至つてオーストラリヤ人の行ふ意志呪術の形式がブッシマン族でも行なはれてゐることを知つた。ブッシマン族には「連發短銃」と呼ばれる小形の弓矢が非常に廣く分布してゐる。以前はこれを幾分は實際の暗殺道具に使用すると考へられてゐたが、近頃はそれが全く用をなさないものと一致した。斯くてこれは正しくオーストラリヤの呪骨のやうな呪具と見られるに至つた。この小型の矢を呪咀しながら相手の居る方へ射ると、呪術的方法で相手を病氣にしたり殺したり出來ると考へる。最後に彼等の呪術行爲中最も特色あるものは少女の青年式に行ふ「大羚羊牡牛」踊りである。

神話—ブッシマン族の天體事象に關する見解はオーストラリヤ人のそれと全く類似する。太陽に就てはその昔小供等から大空に投げ飛ばされたと云ふ物語りがある。前述した通りブッシマン族は、思考法一般の特色に於てオーストラリヤ人と似てゐると共に、世界觀の神話的要點が見出されない所も亦似てゐる。彼等の神クガンは南部オーストラリヤ人の至上神程崇高なものではない。クガンの職能はよく分つてゐない。人間界と動物界との混合が非常に進んでゐる結果、クガン自身が動物と見られる程である。然しクガンは創造主であり大呪師である。從つて彼れ自身思ふままに變化することが出來る。卽ち細分されることも出來れば直ちにもとのものとなることも出來る。クガンは一人の子供があつたが—それは後に星になつたのであるが—狒々に打殺された。その目でクガンと狒々がボール遊びをした。父のクガンがその目を隱して水の中に入れると三日して再び元氣な子供となつたと云ふ。このボール遊びに就てはオーストラリヤに於て述べた太陽と月を持つてボール遊びをしたと云ふ神話並にブメラングによつて月を天空に投げ上げたと云ふ西北オーストラリヤの至上神の神話を思ひ出す。最後に特に甚だしく變形されてゐる洪水神話の特色を述べると、その洪水の期間が丁度月がよく見えない三日間にあたることである。他方又宗敎儀禮の方から見てブッシマン族は日と月とを崇拝すると云ふ事實が報告をされてゐるから、クガンを太陽神とのみ考へて月を除外することは出來ない。ここに於ても亦オーストラリヤ人の神觀念に對して新らしい類似を見る。クガン神の性質に於ける倫理的要素に就て、ここでは述べないが、それを根本的に缺いてゐるのか、或は又後に段々發生して來るのであるかに就ては後の文化階層で述べることとする。

技藝—ブッシマン族の物質文化に就ては既に述べた通り弓がある(音樂用の胡弓も含む)。これはオーストラリヤ人のものよりも少し進んでゐる。藝術は大體同じやうなものである。然し今日の彼等が簡單な造形的描寫も知らないのは退化してしまつたからである。ブッシマン族の有名な洞窟の繪は根本に於てオーストラリヤ人のそれと同一の性質を持つてゐる。然かしブッシマン族の方が自然に忠實で生氣がある。時に確實な輪廓、動物の著色の色合の自然さ、後姿のやうなむづかしい姿勢を寫すこと等に特色が見える。就中ブッシマン族では稀れであるが、全體の光影を描寫したものがある。屢々代表作として示される有名なブッシマン族の一群がカッフェル人と爭つて駝鳥獵り及び牛盜棒をする圖がそれである。是は場面の大きな綜合的現象群をはつきり見取る能力のあることを示すものである。

タスマニア人及びオーストラリア人の拾集經濟と狩獵經濟(クノー)(一)

平野常治

(一)原始道具成立——(二)タスマニア人とオーストラリア人との人種的相異——(三)道具製作技術の相異——(四)タスマニア人の遊群組織——(五)タスマニア人及びオーストラリヤ人の遊群境域及び狩獵境域——(六)宿營營地に於ける生活——(七)タスマニア人の魚類食料の拋棄——(八)タスマニア人の野獸食料と野獸調理——(九)オーストラリア人の狩獵及び魚獵——(十)分業——(十一)オーストラリヤ人の群に於ける食物調理——(十二)食物の禁忌——(十三)飫餓と食人俗——(十四)友誼的聯合と群同盟——(十五)原始的商業

一 原始道具の成立

現存野蠻民族の內で經濟發展の最低の階程に今猶ほ立つて居るものは一つもないが、然し吾々は此の階程をば、現存最低級民族の下に於て行はるゝ食料獲得の方法をその始源に遡ることによつて、可成り正確に復原することが出來る。それに依れば原始人の食料獲得の爲めの勞働行爲は第一に全く、天然自然の產物の探求、捕獲若しくは取得にあつた。彼等自身は本來の意味に於ては「生產」を爲さず、自然のみが先づ生產をなし、而て彼等の全勞働行爲は自然の產物を取得して自分の肉體へ運ぶことであつた。蒐集物を食ふ爲めに本來の意味に於て調理することすら、火の利用が發見せられる迄は、なかつたのである。此等の人類は捕獲した自然物を生のまゝ食つた。只蒐集した堅果や果實の皮殼を、食ふ前に齒や手で除き、又彼等の捕獲した小動物を多分豫め引き裂き切り分けたのみである。

それ故に原人は天然の資料に對して自ら單なる自然力として對立した、蓋し彼等は、自然から與へられた賜物を取得し、それを自分の生活維持に役立つ樣な方法で利用する爲めに、彼等の身體に屬する力、卽ち足や腕や手や齒を動かしたに過ぎないのであるから。從つて此等の人類も亦その生活樣式に於て猶全然自然に依存してゐた。その生存が全く自然の自發的な惠みに依存して居たから、彼等は自然が生活維持に必要なる前提條件を與へてくれる場所にのみ生活することが出來た、卽ち動植物に富める溫暖にし豐饒なる森林又は河流地方にのみで、險阻な山岳や廣い不毛な草原や北極帶には生存出來なかつた。

人類が猶その食物の單なる蒐集によつて生活して居る所の此の最早期の原始的經濟樣式は、民族學に於ては通常拾集經濟（Sammelwirtschaft）と稱せられる、然しそれは玆に述べた樣な純粹なる形では最早世界に存在せず、それは最も遲れた民族に於てすら、旣に低級幼稚なる一定形式の狩獵と混合してゐるのである。

卽ち此等の人類は次第に、自分自身の身體的器官に人工的器官卽ち勞働道具を附加へ、此を手段として自分の目的に從つて欲望する對象に作用せしめることによつて、身體的器官の効果を强め或は增大することを學んだのである。斯くして彼等はより遠く打擊し得る爲めに棍棒を以て彼等の腕を延長し、又拳に角のある銳い石を持つことによつて拳の打擊力を强めた、これ卽ち二つの最も原始的なる道具である、而してそれ等の使用と共に、現今近代的生産行程に於て應用されて居る如き夫の復雜なる機械的技術に至るまでの偉大なる上昇が始つたのである。

此等の人類が森林の中で探し出した棒や棍棒が上端の厚く太い棒ならば、簡單な打棒となり、而して更にその小さい短い種類のものは所謂投棒となつた。地方此に反して長い先端の尖つた棒は掘棒（植物の根や球根を掘り出す爲めの）や或は突槍又は投槍となつた。楯が亦棒から、卽ち敵の打擊を防ぐ爲めに顏や胸の前に保たれる受け棒から出來上る。それは始めはそれを高く保持する手を護る爲めに厚い毛皮や靭皮や綱の柄を以て執られたが、後には幅を廣くして木の柄を以て執られた。

尙重要なことが拳に握られる簡單なる切石或は打石の形成に於て示される。石の下邊を他の石と打合せることによつて出來た破片から尖つた銳い角のある（所謂人工を加へられた）手楔が出來、而てそれを木の柄に結び付けることによつて石斧、石鉈、及び石槌が出來た。同時に擊ち碎かれた銳い角のある石から幼稚な石製皮剝、石刀、石鋸が出來、而て細長い石の尖端は穿孔の爲めの石錐となつた。

此等の道具は吾々には甚だ幼稚に見へるであらうが、斯くして此等の原人は野生動物を殺す爲めの、又より良き食料を私用する爲めの重要なる勞働手段を得たのである。彼等は最早狩獵動物を手を以て引捉へ又は打倒する爲めにそれに近く忍び寄る必要はなかつた。團結せる狩獵仲間（最早初の時代に於ても旣に人は他の人々と共に小集團或は群を構成して共同生活をして居た、舊人類史が發展の最初に置いた所の「原始的孤立人」なるものは一の幻影に過ぎない）は旣に少し離れた所から野獸にその擲射物を投げることが出來た。而て此等の擲射器が大抵の場合には動物を立所に殺さなかつたとしても、猶それは動物の疾走を止め、逃走を妨げ得たのである。

尙人類は、槍や棍棒を所有するに至つて後は、以前よりも遙に大膽に、一層大きな又一層戰鬪力ある動物を捕へたり殺したりすることが出來た。而て獲物の利用も亦新しき道具に依つて大に容易になつた。人類が從來はその強い齒を用ひてしなければならなかつた多くの仕事、例へば堅果や海濱で拾つた貝などこぢあけたり、髓骨を嚙み割つたりすることは、槌や斧の一擊を以て一層容易に成し遂げられた。加之彼等は殺した動物の毛皮を石製皮剝を以て剝ぎ取り、石刀を以て室かく切り、そして石錐を用ひて動物の腱や樹皮と綴ぢ合はすことが出來た。

二　タスマニア人とオーストラリア人との人種的相異

タスマニア人やオーストラリア人が始めて發見された時には、此の幼稚な狩獵を伴へる拾集經濟の階程に立つて居た、而もタスマニア人の食料穫得の方法はオーストラリア人のそれよりも一層低級の發展階程を示して居る。タスマニア人とは、一六四二年オランダの航海者アーベル・ジャンソン・タスマン（Abel Janszon Tasman）によつて發見せられ、彼の名をとつて命名されたオーストラリア大陸の東南方に在る大きな島の住民であつて、屢々オーストラリア人と同人種で同文化の民族と稱せられたが、然し實は兩者は異つた人種であるのみならず、オースラリヤ土人の群組織、道具製作技術、狩獵作業並に食物調理法は斷然高級の階程に立つて居るのである。

東印度の總督アントン・ヴァン・デイーメン（Anton van Diemen）の名をとつて屢々ヴァン・デイーメンスランドと呼ばれた此の島が、廣さ約二百二十キロメートルのバス海峽によつて本土から切離されて居るに過ぎないと云ふ單なる理由で、タスマニア人がオーストラリア人種に屬して居ると屢々推定せられる。然しタスマニアがニゥボーランド（New Holland）（オーストラリア）から離れることが少いと云ふことは、決してその住民の系統と文化が同じであることを示すものではない。その顏面構造や毛髮狀態から云へば（オーストラリア人は滑狀、剛狀毛を有し、タスマニア人は直正、羊狀毛を有する）タスマニア人は遙にメラネシア人に、若しくは曾て太平洋及び印度洋の廣き部分に亘つて擴がつて居た所の黑人《ネグロ》系の矮小人種、卽ち所謂ネグリト――その殘存者を今日猶吾々はスマトラ及びセレベス、セイロン及びアンダマン諸島並びにフイリッピン群島の大きい諸島やマラッカ半島の奧地に於て發見する――に屬して居る。人類學者が此の急速に死滅しつゝあつたタスマニア人（最后のタスマニア人は一八七六年に死んだ）に着眼するに至つたよりも五六十年以前に、既にポール・トピナール（Paul Topinard）、アルマン・ド・クアートルフアヂュ（A nand de Quatrefages）、トマス・ハックスレー（Thomas Huxiey）の如き一團の有名なる佛英の研究者は、自分の研究に基いてタスアニア人をメラネシア人種或は類黑《ネグロイド》人種に算入して居る、その系統に就いては彼等は異れる結論に到達して居るけれども。卽ちトピナールは彼等を舊類黑《ネグロイド》人種の子孫が嘗て多分ポリネシア人と混血したものと見、トマス・ハックスレーは彼等を以前に遠く南方へ進んだネグリート種族の子孫と認め而てド・クワートルフアヂュは彼等は確にパプア人と結合せる地方ネグリートの人種的標本であると認めた。

タスマニア人は決してオーストラリア人種に屬して居ない。彼等の言語が亦そのことを示して居る。成る程、吾々はタスマニア人の言語、正しく云へば方言の中に南オーストラリア語の或る特徵を見出す、特にオーストラリア語の多いR及びLを初音とする言葉を見出す、が然し他方に於てはかゝる相似性に對して大きな相違がある。例へば南オーストラリア語の名詞は強い、多分爆氣音的とも云ふべき子音、特に二重子音を以て終つて居るが、之に反してタスマニア語の言葉は總て母音を以て、通常はaを以て終り、只タスマニアの西南部、ゴルドン河及びダヴェイ河流域地方に於て、時々語尾のa、e或はiの後に弱いrの音が附いて來るのみである。

加之、斯の如き相似性は單にタスマニア語とオーストラリア語との間に存在するのみならず、吾々の判斷し得る範圍に於ては、實に尙高き程度に於て、タスマニア語と西メラネシア語との間にも亦存するのである。タスマニア生れのエドワード・エム・カール（Edward M. Curr）はその言語の比較研究によりて確に次の如き結果に到達した。『かゝる事實に關しては、タスマニア人が嘗て自分達の島に持つて來た言葉はオーストラリアへ傳へられた言葉ではない、と云ふ結論に達し得るのみ』と。（その著『オーストラリア人種』第三卷、五九九頁附錄A）

タスマニア語とオーストラリア語との相異は、例へばスペイン語と高ドイツ語との相異よりも常に大きい。從つてタスマニア人が嘗て南オーストラリアから移住したものに違ひないとすれば、それは數千年以前のことでなければならない。

三　道具製作技術の相異

、タスマニア人とオーストラリア人の道具製作技術、特に武器製作技術、並びに食物調理法の比較が同じ結果に到達する。オーストラリア本土部族の原始文化にとりて典型的なる武器たるブウメラン（Bumerang）（所謂飛去來棒　Kehrwiederkeule）並びにウーメラ（Wumera）（槍投げの爲めに用ふる投げ板）の如きものはタスマニア人には無く、又柄のついた石斧もない。タスマニア人は發見された當時には猶嘗てヨーロッパの原人がなしたる如く、その切石を拳に握つて居た。始めてヨーロッパ人が彼等の領域に入り込んだ頃には、タスマニア人は亦獨木舟も楯も魚網も釣道具も知らなかつた。彼等は一般に魚類を食はなかつたが、海濱や河岸にある貝類や甲殼類を蒐集した。尙彼等は捕獲した哺乳動物を燒いたり炙つたりする爲めに、多くのオーストラリア部族に於て用ひらるゝ燒石で覆はれた地坑を用ひなかつた。

此等の事實は亦、タスマニア人が嘗て南オーストラリアから彼等の島に渡來したのだとしても、その移住はオーストラリア人が凡て此等の進歩を遂げなかつた時代のことで、測るべからざる遠い昔に行はれたのに違ひないと云ふことを示して居る。何となればタスマニア人も亦嘗ては此等の食料獲得や食料加工に甚だ價値ある成果を有して居たが、然るに彼等の新なる全く惠れざる住居地に於て輕卒にも之を放棄し全く忘れてしまつた、と云ふ如きことはあらゆる民族學的經驗に矛盾するからである。

勿論タスマニアの住民と雖も槍（突槍及び投槍）や打棒と投棒は持つて居た、然し彼等の槍はオーストラリア人のそれよりも遙に粗末に作られて、而て彩色されて居なかつた。タスマニア人の突槍は、長い削られた木槍で、石や貝殼の穗先を附けず、只先端を（多くの場合には後端をも）尖らして火で堅くしたものに過ぎなかつた。斯樣な長さ三メートル乃至四メートル半の突槍の外に、タスマニア人は亦、單に手で以て投げる簡單な小さな投槍や、太い頭を少し圓めた長さ約五十乃至八十センチメートルの棒や、それからヨーロッパのブル・シェリアン期の打石（手楔）に似たる、主として一方だけを擊碎して作られた（人工を加へた）小て削剝された打石及び投石を持つて居た。それに加へて、道具として用ひられた自然のまゝの燧石《フリント》や貝殼の皮剝を算へ上げると、それでタスマニア人の武器及び道具の全財產を盡したことになる。

チェー・イー・カルダー（J. E. Calder）の記述並びに王立タスマニア學會（Royal Society of Tasmania）の硏究（一八七三年六月の討論によれば、打石や手楔を短い棒に結び付けて、オーストラリア人が持つて居る様な石手斧や石斧を製作する技術までには、タスマニア人は猶達して居なかつた。ヨーロッパの博物館にあるタスマニア人の手斧と稱せらるゝ若干のものは、大部分オーストラリアから傳來したものか、或はオーストラリア物の單なる模造品である。

オーストラリア人の槍及び棒は全く著しい技術の進步を示して居る。タスマニア人の簡單な木槍の代りに、通常は木と竹と蘆との多くの部分から結合されて、それ故に濕潤な氣候に於ても伸びない所の槍がある。加之それは重心が前の方へ移動せる結果として、投擲の場合に命中率が大きい。尙簡單な火で堅くせられた木の穗先の代りに、石（石英又は燧石）或は貝殼の穗先があり、而て又屢々槍の穗先は傷口から滑り出ることを妨げる様に多くの逆鉤を持つて居る。亦此等の種類の輕い槍、卽ち投槍は大抵は手で以て投げられないで、簡單なる投げ棒から卵形の投げ板に至る各種の投げ木で以て投げられる。斯くして腕の投擲力は大に高められる、卽ち投げ木を以て投げられた槍は屢々六十乃至七十メートルの距離に於ても猶、手で以て投げられた簡單な投槍が三十メートルの距離に於けるよりも、一層強い反撥力を持つて居る。

更にオーストラリア人の打棒及び投棒は單に先端の硬化せる棒のみではなく、眞直な棍棒や曲つた棍棒、頭のついた棒、鉤や嘴の付いた棒、それから石の穗先を付けた槌矛（Morgenstern）狀の棒など、種々の形のものがある。その外にオーストラリア人は、タスマニア人には全く缺く所の一つの道具、卽ち曲つたブウメラン（飛去來棒）を持つて居る。

加之、既に述べたる如く、オーストラリア人はタスアニア人の如くに、尖つた石を手で握るだけには止まらない。彼等はそれを、一部は既に可成りに技巧的な柄に結び付けることを知つて居る、卽ち例へば柄の先の方を深く割り、偏平に削つた石を割目に押込み、前に削剝して細くした柄の前端を石に捲き付け、堅く縛つて、それから全體に主としてトリオディアの樹脂や血液や粘土から造つた接合劑を塗布するのである。斯くして擊碎きれたる石から、刄の形に從つて尖端の平な斧や槌狀の斧、鉈、或火戰鬪甲斧が出來上る。

總て此等は、オーストラリア人をして狩獵に從事することを大に容易ならしめた。且つ彼等は此の技術的進步によつて、タスマニア人がその擊碎されたる打石を以てしては製作し得なかつた所のあらゆる種類の木製器具、例へば木皿、液體を貯藏する爲めの木槽、各種の木楯、木槌等、を製作することを得たのである。オーストラリア人は以前には勿論弓矢を持たなかつた。それは漸く最近百年以內に、カーペンタリア灣からキングヨーク半島に至る東方の群の間に弘がつたもので、多分トーレス海峽の諸島のメラネシア部族の弓矢を模造したものである。

四　タスマニア人の遊群組織

一九〇三年イギリス人がタスマニアへ流刑者の移住を始めた時、土人の總數は、沿岸の小諸島をも含めて、六千乃至七千と算定された。その算定は當時最も人口稠密であつた東南部の人に狀態から、出發したものであつたから、從つて餘り大き過ぎる數になつたのである。後に至つてイギリスの研究者及び役人が土人の人口を全部で約三千乃至四千人と算定して居る。その外土人の衛生監督官を勤めて居て土人の狀態によく精通して居たジョセフ・ミリガン博士(Dr. Joseph Milligan)(同時にタスマニア語に最も通じた一人であつた)は、二千人と云ふ數字で充分たと主張した。吾々は三千人が正しいと認めると、そうすると一八〇〇年頃には面積約二十二平方キロメートルに就き一人の土人と云ふ割合であつたことになる。

タスマニア人は何等の群組織をも持たなかつた。彼等は小さな、稀には三十人乃至五十人以上を包含する所の放浪群或は隊に分たれ、それは酋長なしに自治をやつて居た。その指揮は、群の大きさに從つて、四人、五人、或は六人の老人が行つた。近隣の群との戰鬪が起るや、既に以前に戰鬪力を認められた者が、直ちに指揮者となつた。

此等の群は一年の大部分を絶えず放浪し廻つた。時にはこちらに、時にはあちらに、彼等は宿舍を定めた。溫暖な季節には彼等は一つの宿營地に二三日以上止まることはなかつた。只降雨期に於てのみ彼等は好んで洞窟や安全な峽谷を、出來得べくんば其處で新しき季節の始るのを待つ爲めに、探し求めた。雨や寒氣を防ぎ得る樣な天幕や堅固に密閉した小舍を、彼等は持たなかつた。彼等は亦一年の大部分の間を眞裸體で居た。ジョン・ウェスト(John West)(タスマニア史、第二卷、八三頁)は適切にも云ふ、『夏季には彼等は全身裸體で居た、冬季には乾燥せるカンガルーの毛皮で肩及び上半身を保護した。女子も同樣であつたが、只屢々前垂をも纏ふて居た。』

タスマニア人の群のかゝる放浪をば、一定の方向も目的もなしに、無計畫的に彼方此方へ彷徊するものと思つてはならない。他の場所へ前進する前には必ず老人達が、晩には何處へ宿舍を定むべきかを決定したのであつた。

常に群の全員が一隊となつて一緒に放浪したのではない。群は寧ろ屢々二つ又は三つの部分に分れて夫々同じ目的を求めて異れる道へ進み、而して二三日後に或る一定の場所で再び會合したのである。斯樣に小さな放浪隊に分れた目的は狩獵の機會をよりよく利用する爲めであつた。卽ち成年の男子は進行中に於て同時に狩獵を行ふ義務があつた。彼等は何等かの狩獵に適する野獸、例へばカンガルー、オポッサム、ウォムバット等を見付けるや否や、直ちにそれの追跡を始めた。それ故に彼等は亦特に全群が一緒に放浪して居た時には、常に隊よりも少し離れて先に進んで行つたのである。女子は亦放浪中に同時に食物探求に役立つた。卽ち木の根や球根や漿果や菌類、並びに鳥や蟻の卵や昆虫や蛆虫(或る種の大きな木食虫は特別なる美味であつた)の蒐集に、而て海濱や河岸を放浪して通つた時には、貝類や甲殼類や蠑螈《イモリ》等の蒐集に。

此の種の放浪の結果として、女子は大抵小供と共に、原則として日沒よりも少し前に、猶何處かで狩をして居る男子よりも先に宿營地へ入るのであつた。斯樣な場合には、主として單に樹枝を以て覆はれた粗末な風避けから成立つ所の原始的な小舍を、女子が作つたのである。只一つの宿營地に數夜滯在する計畫の時にのみ、屢々地中に杙を數本差込んでそれを互に草の縄で結び付け、そして樹枝や樹皮や羊齒の葉等で覆ひ、以て稍堅固な小舍を建てたのである。それからその上で火を起した。

五　タスマニア人及びオーストラリア人の遊群境域及び狩獵境域

然し乍らタスマニア人の遊群の放浪は全島に及ぶものではなかつた。南部のストーム（Storm Bay）灣や現在の都市ホバートタウン（Hobart town）の近くに住居を有した遊群は、例へば北方バス海峽の方までは、假令行き度くとも、放浪して行くことは出來なかつた。各群は寧ろ、大抵約十五乃至二十五平五獨逸マイル位の一定の放浪及び狩獵の境域を持つて居た、それは彼等の所有權と認められ、近隣の遊群は彼等と戰鬪を開始することを欲せざる限り、此の境界を超えることは出來なかつたのである。實際此の狩獵境域は何等かの境界標によつて相互に區劃されて居たのではない、單に河流や沼澤や山脈や峽谷や森林等が境界標となつたのである。然しそれにも拘らず、その境界に衝突した群は、何處で自分の境域が終り隣群のそれが始まるかを正確に知つて居たのである。

かゝる遊群境域の限界が如何にして成立したかと云ふことは確かではない。既にヨーロッパ人の最初の渡來者が此の遊群境域の分割を見出した。それが互に屢々激しく鬪爭して居た諸々の遊群の自由なる協定から發生したと云ふことは問題になり得ない。嘗てタスマニアが未だ人口稀薄なりし大昔の頃に於ては、當時存せし小さな遊群が何等妨げられることなしにその放浪の道を島全體に亙りて進めたであらう。然るに土人の人口が增加するに至つてから后は、各個の遊群は、彼等がよき食料の資源を見付けて、而し夫れ故に再々探求する所の一定の地域をば、自分達の特別の境域として要求した。而し彼等の要求は山野を跋涉せる他の遊群との長き鬪爭の内に主張されたのであつた。オーストラリア土人の組織も亦、タスマニア土人のそれに類似して作られて居る。本土に於ても各遊群は夫れ自ら完全に自律的なる集團を構成し、それは大抵その老ひたる男子の成員、卽ち「長老」によつて指導されるのみである。只概してタスマニアに於けるよりも、オーストラリア人の群は少し大きく、反對に遊群境域は小さいのである。血緣關係にある多くの遊群から成立する大きな群聯合（Hordenverbände）——それをオーストラリアの民族學者は通例「部族聯合」（associated tribes）と呼んで居る——でも、亦一地方の小さな遊群でも、共に本來の意味に於ける酋長なるものを持たないのであつて、多くの遊群に於ては二三の經驗深き男子達が或る程度の尊敬を獲得して、而て他の遊群との戰鬪に際しては長き下相談をすることなく直ちに指揮を引受けるのである。乍併彼等は亦指揮をするに當つて常に戰鬪に從事せる外の人達の同意を得る義務があり、而て亦彼等の指揮權によつて分捕品のより多き分前を要求することは大抵ないのである。

多くの旅行報告に於ては、オーストラリア土人の酋長に就いて、此と反對のことが述べられて居る。乍併斯の如き報告は大抵、當該旅行者が遊群生活に精通して居なかつた爲めに、指導に當つたり、軍隊を指揮したりして居る人々を見て、簡單に酋長にしてしまつたのだ、と云ふことで說明が附く。遊群の內部に於ける指揮者の勢力は、彼等の個人的能力並びに彼等自身に獲得した尊敬に依存するものであるから、個々の遊群に於ける所謂 "Chiefs" "Headmen" "Leaders" (酋長、首領、指揮者) と云ふものの地位は勿論相異れるものである。そこで例へばエルハルト・アイルマン（Erhard Eylmann）は、トーテミズム（トーテム動物の神化）が、從つて亦トーテム首領の勢力が比較的に大なる中部オーストラリアの土人に就いて次の如く云ふ。（「南オーストラリア植民地の土人」、一七二頁）

『あらゆる大きな群、或は群の集合は獨立なるも同樣であつて、その全內部生活の制定は老人達の手に在るのである。此等の人々が性的享樂や食物等に就いて特權を得る爲めに彼等の地位を利用したと云ふことを、讀者は私が土人達の顯著な利己心に就いて述べた所によつて理解するであらう。…………

老人達の會議に於て、吾々が一種の酋長或は首領と稱し得る所の一人の男が第一の地位を占める。彼の活動は祭祀と公の秩序の維持とに限られる。彼は會議に於ては議長を務め、亦外部に對しては團體を代表する。然し彼の絕對權は此れ以上には出でない。私の知る限りに於て、秘密會議の他の有力なる成員の同意なしに、改革を行つたり、犯罪者を死刑に處したり、他人の所有物を勝手に處分したりする權限は役にはないのである。…………

一般的に次の如く云ひ得る、若者達は彼を或る程度の尊敬を以て遇し、彼の決定したことを進んで實行する、而て彼の老人仲間は喜んで彼の意見を求め、困難な生活狀態に於ては彼の助力を要求するのであると。彼は彼の高き地位の表章を只少許の地域に於て、又只一定の事柄に於てのみ保つを常とする』

此に反して宣教師ヂョージ・タプリン (George Taplin) の報告に從へば、ナリンイエリ (Narrinyeri) (マーレイ河口) の部族に於ける群の指揮者は、やはり老人達の會議に從屬して居るとは云へ、既に法律的に重大なる權限を獲得して居る。彼は云ふ、(『ナリンイエリ族』 "The Narrinyari" アデライド、一八七四年第四章ノ一)。

『ナリンイエリ族の各群は、その首領を有し、其の稱號はルプレ (Rupulle) (卽ち領主)である。彼は戰爭の時には指揮者であり、彼の身體は戰鬪の間は戰士によつて注意深く保護される。ルプレは他の群とのあらゆる爭議の場合には彼の群の談判者であり代表者である、而てあらゆる困難な紛糾した事件の場合に彼の意見が求められる。家長達は彼の權威を支持し、人は彼が常に遊群境域內に止まることを期待する。ルプレは狩獵の獲物が家父達の間に分配する權利を有するが、然し彼は現今はその權利を殆ど必要としない。酋長の地位は世襲的ではなく、酋長は選擧せられるのである。』

タプリンの報告は、その表現法が既に示す如く、可成り粉飾されて居るが、然の他方から、ナリンイエリ族に於ては嘗て群の指揮者が特別に有力なる地位を持つて居たことが證明せられるのである。

タプリンのナリンイエリ族に於けると同樣に、バルドウィン・スペンサー (Baldwin Spencer) 及びエフ・ジェー・ヂイレン (F. J. Gillen) が中央オーストラリアのフィンケル河流域のアルンタ (Arunta) 族に就いて報告して居る。此の二人の報告者の言に從へば、群に於ては——或は彼等の用語に從つて地方的集團 (Lokalgruppe) に於ては、その上酋長の地位が父から息子に傳へられる、然しアラトゥンヤ (Alatunja) と稱せらるゝアルンタ族の酋長は本來の意味に於ける命令權と持つて居ない。そこで兩著者はその報告に附加へて云ふ、(『中央オーストラリアの土着部族』 "The Native Tribes of Central Australia" 一〇頁)

『アラトゥンヤの行使する權威は可成り漠然たる性質のものである。彼はその集團に所屬せる成員の上に何等確定的の權力を持たない。…………彼は亦會議 (卽ち長老の會議ークノー) に於て常に、人々がその判定に服從すべき最も重き議員ではない、然し乍ら彼が老人であつて他人よりも秀でて居る場合には、大きな勢力を持つて居る』

此に反してサミュエル・ゲーソン（Samuel Gason）はその「ディエリイ族に於ける風俗習慣」"The Manners and Customs of the Dieyerie Tribe" なる特殊研究論文に於て、ディエリイ（Dieyerie 或は Dieri）卽ちアイア湖（Lake Eyre）とバアクウ河（Barcoo-River）との間に住める部族の群は實に所謂酋長を有するが、然し命令權は全く群の長老會議に在るのであると報告して居る。

アルベール・ル・スウエフ（Albert Le Souëf）はアール・ブロー・スミス（R. Brough Smyth）の『ヴィクトリアの土人』"Aborigines of Victoria" に關する著書に與へた寄書に於て、（第二卷、附錄、C、二九五頁）尙一層南オーストラリアの部族に於ては本來の意味の酋長の存在に就いて何物も知らないと主張して居る。彼は云ふ、

「酋長制に就いては既に甚だ多くのことが云はれ、又書かれてある。然し此の種のものは何物も全く存在しない。成る程二三の人々――通常最も大膽で最も强い、而て亦甚だ屢々最も亂暴な人々――が彼等の群に於て或る程度の優越力を得て居るのを見出すであらう、然し乍らアメリカインディアンの酋長の有する如き承認されたる權威を彼等は持たないのである」

有名なる探險旅行家エドワード・ジョン・アイアー（Edward John Eyre）も同樣に、『中部オーストラリア探險旅行記』"Journals of Expeditions of Discovery in Central Australia"（第二卷、三一五頁以下）に於て、マーレー河下流以西の土人群に於ては、何等かの統治形式も、本來の意味に於ける司令官も酋長も問題にはなり得ないと云ふ結論に達して居る。只老人達が或る程度の權威を有し、團體の重要事件に就いては、彼等の會合に於て問題となれる事柄を討論した後に之を決定するのみである。

私が此所に之等の種々の報告を――それは非常に長くなつたが――引用した理由は、新しい民族學の諸著書に於て屢々オーストラリア土人の命令權ある『首領』や酋長に就いて述べられて居るからである。之等の報告を、當該觀察者が酋長に就いて何を說明し得るかと云ふ點に就いて吟味するのみならず、亦彼等が酋長（Chief）とか首領（Headmann）とか政府（Government）とか等と云ふ如き名稱の下に何を意味して居るのかと云ふ點に就いても吟味するならば、二三の進步せるオーストラリア人の群はその發見せられた時に既に一定の指揮者を持つて居た――その指揮者は他の群との戰鬪の際には司令官の任務を務め、又平和の時に於ては會議の際に牛耳を執る――と云ふ點に於てタスマニア人よりも實際進んで居たと云ふこと、並びに乍併重大問題が起るや否や、群の老人達が會合して如何に爲すべきかを決定し、此の場合に亦彼等は自分達の思ふまゝに自由に處理することは出來ず、古き因習に拘束されて居たのであると云ふことが明白となるのである。

六　宿營地に於ける生活

タスマニア人の群の如く、オーストラリア人の群も亦彼等の遊群境域内を絕えず放浪し廻つて居る。大抵彼等は一つの宿營地に只二三日、往々にして只一夜止まるに過ぎない。溫暖なる季節には若者や少女達は屢々露天で寢る。彼等は手で以て土を掘り出して槽形の凹みを作り、その中に這入る。寒い夜の風を防ぐ必要を認める時には、葉の多い大きな枝を、その枝の端が保護用の傘となる樣に、頭のある方の凹みの邊にぐるりと置き、或は砂の中へ差込んで、之を防ぐのである。此に反して老人達は自分の爲めに風避け傘を建てるか、或は樹枝や樹皮や蘆や葦や草等から簡單な小舍を建てる。

特有の降雨期の間はオーストラリア人はその宿營地を變へることは稀である。その時には彼等は大抵大きな頑丈な小舍を建て、その中で雨を防ぐ爲めに通常、屋根の用をなす所の樹枝を積み重ねたものの上にカヤプトやユーカリの樹皮の大きな一片か、或は莖や草を一緒に結び合せた小さな束を置くのである。尙雨が下から小舍に浸入しない樣に、小舍の周圍に沿ふて高さ二十乃至三十センチメートルの土壘を廻らすのである。

遊群は常に一團となつて放浪するのではない。オーストラリア人に於ても亦、遊群は屢々二つか三つの小隊に分れ、夫々自分の道を進み、二三四日後に再び豫め定めて置いた何處かの場所で會合するのである。かゝる風習が多くの誤謬を惹起する。かゝる放浪者の分割された遊群に度々遭遇した旅行者は、全く無造作に、當該地方に於ては遊群は只十五人か二十人、或は高々二十五人位から成立して居ると云ふ結論に達して居る、然るに亦、春の祭や成年式の時、或は共同的な大規模の追獵の時に、屢々多くの近隣の群や血緣關係の群が一つの大きな宿營地に一緒に集つて居るのを見た他の旅行者は、數百人の人々を包含する所の遊群に就いて報告することが出來るであらう。此の種の全く異つた報告が同じ地方や同じ部族に關してなされることは稀ではない。加之、多くの觀察者は全く勝手な用語を用ふる。彼等は或は小さな放浪隊に對しても、又は全群に對しても、更に亦三四五個の遊群より成立する群結合に對しても、區別なしに部族（Tribes）と云ふ言葉を用ひるか、又は高々大部族と小部族とを區別するに過ぎなかつたり、或は亦地域集團（Localgroups）とか、部分部族（Split-tribes）とか、全體部族（Whole-tribes）とか部族聯合（Associated tribes）とか云つたりする。

最初の移住の時には遊群は平均四十乃至六十人の人を包含するに過ぎなかつた、特に惠まれたる河畔や海岸の地方に於ては往々にして百人位を包容して居た。古い報告には、二百人、三百人、或は四百人までも包容して居たに違ひないと云ふ『部族』(Tribes) に就いて述べられて居るが、然しそれは決して一個の群に關するのではなくして、群連盟（Hordenvereinigungen）或は群聯合（Hordenverbände）に關するものである。後に至つて、放牧地借用者の武器や流行病や意地惡き警官隊の迫害が大に土人の人口を減少せしめて以來は、勿論全群は屢々僅かに十五乃至三十人から成立することすらあつたのである。

彼等が放浪中に、老人や女子や子供達が、宿舍と定められた場所へ到着すると、——若き男子達は大抵後から來る——女子達は第一に乾燥した薪を集めてそして火を起した、然しそれは大抵彼女等が携へて來た摩擦木を動かしてするのではない、蓋し摩擦發火器を用ひて火を起すことは本當に六ヶ敷しいことであるから、彼女等は通常放浪して行く時に新しい宿營地まで微に燃えて居る一片の木や樹皮や靭皮を携へて行つて、夫を以て速に焚火を立てるのである。それから彼女等は最も近い貯水池へ水を汲みに行き、そして彼女等が放浪中に集めた野菜や蜥蜴や昆虫や卵等の調理を始めるのである。

それから後に男子達も亦途中で殺した狩獵の獲物を持つて宿舍に來ると、彼等は同時に、——彼等は屢々途中で既に一部分を食つてしまつただらうが——彼等が獲た野獸の調理を始める、然しそれを彼等は女子達の火で炙つたり燒いたりしない。蓋し肉類は別に調理せられ、大抵は開け放された火に於てではなく地元の中で燒かれるのであるから、彼等は大抵自ら別の燒き場所を建てるのである。

—平野—

紙上問答

問（七八）ガンドーと云ふ方言　ガンドー或はガンドと云ふ語が方言として現存してゐて、强盜又は盜人の意味に使用せられ居る分布狀態を知りたし。爲に使用地の報告ありたし。筆者に今知れてゐる所は、東では秋田縣仙北郡・山本郡・平鹿郡（秋田方言三二一頁）、新潟縣刈羽郡（國語教育第十六卷第一號六二頁）。西では九州の壹岐島（壹岐島方言集三六頁）、肥前の長崎（九州方言講座六四頁）、肥後の八代（民族と歷史第五卷第五號三六五頁）である。又ガンドーと云ふ語が强盜や盜人を斥すのでなく他の物を云ふ地方あらば承りたし。一例を擧げれば攝津の高槻では魚類のドンコの方言になりをる。（藪重孝）

問（七九）醬油並びに味噌について傳說方言、慣習を御敎示下さい。（小幡彌太郎）

問（八〇）⊗の穴について他地方の所在（例）俗信、發祥、原因等を御をしへ下さい。道路標一字一石塔供養塔庚申塚等に彫りあるもの。（辰井隆）

問（八一）藁・茅（藁製・茅製）の自身が持つ信仰的、神事的傳承を承りたし。（宋錫夏）

答（五四）夜口笛吹くを忌む、龍や蛇が笛音を好むといふ事、和漢の書にみえた例を爰に二つ擧る。南宋の洪邁の夷堅丁志一三に、梁統制が大別山下の大蛇を誅するに、一人をして山に上り、笛を吹しめ、蛇其音を慕ふて出るを、直に射殺したとみゆ。長承二年大神基政撰、龍鳴抄上には「龍の鳴て海に入しに、又聲を聞ばやと戀佗し程に、竹を打伐て吹たり、聲似たり、初めは穴五をえりたりき、後に七つになす、是故に笛を龍鳴と云、又龍吟ともかく、同じ心也」とある。（十月廿三日早朝、南方熊楠）

答（五四）夜口笛を吹くのを忌む事は「盜人が這入る」兆として、私の知る處では、朝鮮全體到る處で云はれてゐる。私の少年時代に、鄕里（慶尙南道蔚山）で家のうちで口笛を吹いて、よく叱られたものである。（口笛を吹く時間は、夜・晝を問はず忌むのであるが、殊に夜間はより以上忌むのである。口笛を吹くと、盜人（强、竊盜）が夜來ると思つてゐる。）その時分には例の東學の亂（東學運動といふ人もゐる）の時、その信號として口笛を使つたから、そんなことをいふので、あらうと、何のゆかりでか、私はそんなに解釋してゐたことを、記憶してゐる。因にいふが、朝鮮民衆は當時義兵（東學軍）も、日本軍も、支那軍も、あまり香ばしからぬ代物として取扱ひ、普通の盜人と大した相違がないと思つてゐた。

口笛を吹くと（主として晝間）蛇が出ると、いはれる事もあるが、普遍的ではない（蔚山地方）。その代り柳笛（朝鮮語で badalpiri:）（萠芽期の柳・ポプラ木の細枝を折つて、指で木皮をまわすと、木皮と木質が離れる。その木質を片方から、ひつこ抜いて棄て、木皮を約五寸位切つて、一方には吹く口を作り、胴に二三個乃至四五個の穴をあけるのである）を吹くと蛇群が、集まるといつてゐる。これは啼聲を發することが出來ると信ぜられてゐる、大將蛇の「ヌングリ」の聲に似てゐるからであると思つてゐる。以上磯貝勇氏の廣島縣下の傳承と似てゐるので、御報告まで。（京城にて宋錫夏）

答（六四）猫股　索引に見えぬ文献が見付かつたから報告する。

寛延二年版新著聞集に「猫人のためにかたる」と題して、「江戸増上寺の脇寺の徳水院に、久しく飼れし赤猫あり。ある時、梁の上にて、鼠をおひまはしけるに、何としたるにや取はづし、梁の下へおち、南無三寶と大ごゑして云しかば、人々聞つけ、扨は猫またぞや。粗相なる化やうやと云ければ、それより、いづくへ迯さりしか。ふつに見えざりし。元祿年中の事なり。」とあり。猫股そのもの、説明にはならぬが、參考にはなる。(昭和六・一〇・二五藪重孝)

答(七三) 猿が尻はまつかいな　自問に自答する。嬉遊笑覽巻之九(隨筆大成本下巻三七〇頁)に『小兒のすなる昔々の咄はげに古きものと聞ゆ猿の尻は眞赤なといふこと昔より彼を赤きものに喩ふ……中略……また(丹前能)(元祿十四年)紀州日高河の故事を物語する處になんぼうおそろしき物語にて候猿が尻はまつかいなと語りぬとあり是等みな幼稚の者のむかし〳〵を物がたる趣なり猿は赤いといはん爲にいふ又猿と蟹の古き話もあればなり赤いとはまつかくといふ言の訛りたるなりまつかくは眞如此なりそれを丹心丹誠の丹の意にまつかいといへるは僞なきことなるを後にその言葉をざれて猿の尻などいふことを添て遂に眞ならぬやうのことゝなりて今はまつかなうそといふ是は疑ふべくもなく明白なるをまつかといふなれど實はうつりて意の表裏したるなるべし』とある。流石は喜多村氏、百二年前既にこれを考へたのだ。今時分になつてこんな句を見付けて騒いでゐるのは、不勉强を曝したといふもの、おはづかしい次第だが少々附け加へる。喜多村氏の文で考へて見ると、點を加へて置いた「今はまつかなうそ云々」である。私の記憶をたどるとなる程〳〵昔話の終りに「うそやーッた」と云ふ言葉を加へたことがある。それは聽者が話者の手振り顔付き上手の話振りにすつかりと魅せられて、興味の絶頂にある時、「うそやーッた」の一語ですつかりと落されてしまふ事は、猶は「……と思ふたら夢やッた」と同じく、「なーんぢや、あほくさやの」とすつかり擔がれたことを後悔する。話者はそのマンマと擔いだことに無上の興味を抱くのである。この「うそやーッた」と同じく「猿の尻は眞赤いな」を使用したのが源らしく、それが何時の間にか「これでおしまひ」になつたのだと思はれる。處が喜多村氏は「眞赤いな」は先如此の轉化だと云つてゐる。さうするとやはり「もうこれでおしまひ」と同じで、甚だ面白い解釋であるが皆様どうでせう。又喜多村氏は、その「まつか」は正眞正明(丹心丹誠)の意が何時の間にかその逆になつたと言つてゐるが、そこの説明か少し不備でないか。何程赤き清き心とか、あかし(證明)を立てるとか言へば明白の意であり、眞赤な噓の時はその反對になるが、この「眞赤」だけなら全然とかすつかりとかの意の修飾語であるから、「明白なうそ」卽ち噓だと云ふことは誰が見ても明々白々だとなる。これが使用上の都合から、終に「眞赤」と云へば次には「噓」が來るに定つてしまつたと云ふことは有得ることである。然し「先如此」が「まつかく」となり「まつかいな」とか「まつか」とかになり、次に猿の尻笑ひ等の緣から「猿の尻眞赤いな」になつたとは少し苦しい説明の樣である。諸氏の御教示を仰ぐ。第二の問題は、昔話の終りに何が故に「それは噓だ」との意味の言葉が必要であつたかと云ふことである。これに就いては私には何等の考へも持合せをらぬが、これが前掲東北のドッチバレの尊《トー》祓《ハラ》へと關係はありはせぬか。これは共同で考へなければならぬ問題かも知れぬ。さう考へてくると、南方先生の「我が身ぢやないが」にも思ひ合される問題かも知れぬ。これは人を擔ぐ快味の樣な不眞面目なものでなく、何か宗敎的の意味があつたのではないか。(藪重孝)

學界消息

○南島談話會第三回例會　が十一月廿八日（土）午後六時から明治神宮參道の東京尙志會館で開催された。當日は「海に關する雜話」の豫定であつたが、出題者柳田先生が御旅行中であつた爲、之を次回に廻し話題を「南島に於ける挨拶」に關する方言と習俗に變更された。最初に比嘉春潮氏が立つて、首里・那覇のと對比されつゝ同氏の鄕里首里郊外の西原村に於ける日常の挨拶——朝・晝・晩・別離・初對面等々——及び正月・出產・結婚・不幸（病・死・災厄等々）の場合の挨拶を各々敬語と對稱・卑稱などに就いて話された後に、島袋源七氏は國頭郡今歸仁村のを、仲原善忠氏は島尻郡久米島のを補說され、次いで岩倉市郞氏から、喜界島に於ける同類の挨拶に關して述べる所があつた。之が濟んでから雜談に移り、比嘉春潮氏から、西原村に於ける火事の時の咒文「ホーハイ」に關する興味ある報告があり、島袋源七氏からは、最近發掘の日本の古墳と琉球の墓の類似點の發見に就いての話などがあつて、十時半閉會した。當日は朝からの霖雨のため、割合出席者の少なかつたのは惜しかつたが、晚秋の雨の音を聞きつゝ思ひを鄕里にはせるにはふさはしいしんみりした集ひであつた。來會者十九名。南島側、伊波普猷、比嘉春潮、仲原善忠、上里朝秀、島袋盛敏、仲宗根政善、比嘉盛芳、島袋源七、知念松一、岸本、金城朝永、岩倉市郞氏の十二名。その外に有賀喜左衞門、岩淵悅太郞、小原一夫、鈴木脩一、岡村千秋、澤野武馬、大藤時彥氏の七名。次回は一月下旬開催の豫定である。新らたに出席希望の方は市外淀橋柏木一四二比嘉春潮氏方南島談話會事務所宛に申込まれたし。來會を歡迎する。尙、當日は『南島談話』第二號が來會者に配布された。（金城朝永報）

○國學院大學上代文化硏究會講演會　は十一月十三日同大學講堂に於て開催され、折口信夫、西村眞次、鳥居龍藏の三氏の講演があつた。

　折口信夫氏の講題『玉と劍』は玉と劍とによつて、人間の身體に外からよつてくるたまと、それを身體に密着せしむる技術とを說かんとした。

　其大要は、普通玉は石でつくられた丸いものと考へられてゐるが、昔の人は靈魂と玉を一物の兩面であつて、靈魂が形をとれば玉になると考へて居た。

　たまとたましいとは後には混同されたが、たまは外から人の身體に依てくる外來魂、たましいは人の身體に在る內在魂である。このたまは又色々の名で呼ばれて居た。海幸、山幸のさち、天皇の威靈であるいつなど其一例である。昔の人はたまは海からよつて來て、海邊にある石や貝によるものと考へて居た。そしてたまの容器である石や貝も一緒にたまと考へられて、たまとよばれるやうになつた。かうしてたまは具象化されて、物の形をとつていつた。

　玉は取扱ひに便利だつたので、咒術の道具として都合よかつた。咒術は家々の威力をあらはすものであつた。したがつて玉は大事にされた。

　昔の人は天皇にたまをあげた。天子にたまを獻るのに、はつきりそれを形にしてみせてくれて、都合のよいのは玉であつた。

　天子には年々たまを密着せしめるたまふりが必要であつた。このふりに使ふ道具には色々あつた。劍もさういふ道具の一種である。神樂歌の八種の採物も其道具であつた。石上の七技刀もさうである。たままきの劍はたまでかざつた劍ではなく、たまをまれく劍であると、いふのであつた。

○方言研究會例會 は十二月十一日、東大山上會議所に於て開催され、新村出氏の『地儀の方言について』岩倉市郎氏の『鬼界嶋方言について』といふ講演があつた。

○日本地理學會 は十二月十六日、東大地理學教室に於て開かれ、柳田國男氏の講演があつた。

○佐々木喜善氏 は奥羽地方の民間傳承を研究調査を目的とする民間傳承學會を起して、其の機關雜誌として『民間傳承』を刊行を企劃して居る。其創刊號の豫定要目及同會の會則を揭ぐれば、次の如くである。

「民間傳承」創刊號要目(豫定)

鄉土の言語と傳説　金田一京助
猿の玩具に就て　三原良吉
正月の行事と山の影響　田中喜多美
水押人形芝居に就て　村田幸之助
南部の昔譚　鈴木重男
題未定　小井川潤次郎
東平王塚の研究　藤原相之助
秋田の昔話　武藤鐵城
昔話と信仰　菊池一雄
昔話を聴きて　松田龜太郎
昔話の傳承者として　太田雄治
題未定　早川孝太郎
昔話斷種　野崎君子
昔話の追懷　佐々木艷子
昔話の感想　中村協平
民譚の比較(一)　佐々木喜善
日本民譚辭典(一)

其他論文報告を揭載いたします。

民間傳承學會々則

一、本會は「民間傳承學會」と稱し、主として奥羽地方の民間傳承及び他地方一般の資料の蒐集、研究、調査を旨とし、會員相互の共同機關たるを期します。

二、本會は右の趣旨に贊同し、會費半年分一圓八十錢(一ケ月三十錢の割合)或は三ケ月分九十錢を納入される方を會員とし、毎月機關雜誌「民間傳承」を無料配布をします。

三、本會の趣意に御贊同され、會の基本金一ケ年金五圓以上を寄附して下さる方を讃助員として、雜誌「民間傳承」を刊行する限り送呈致します。

四、本會は斯學の先輩知名の士を顧問、名譽會員に推戴して、其指導を請ふことに致します。

五、本會事務所は當分、仙臺市成田町一一六番地、佐々木方に置きます。

六、會員諸氏の御寄稿其他の通信は右佐々木方に御願ひ致します。

右代表者、仙臺市成田町一一六
佐々木喜善

○鄉土 一ノ四

地梨と精靈　柳田國男
お頭　小山眞夫
落穗拾ひ　小池直太郎
三ッ頭獅子　押森厚
爐と火をめぐつて　胡桃澤勘內
ホッカ補遺　武田豐
繭價手錄資料　小口珍夫
村附合ひの今昔　笠原義夫
選擧　椿太郎
長野縣の產業組合　須田夏彥
農家の構造(諏訪郡)　小池安右衞門
村の居構(下伊那郡)　小澤万里
農家の間取(東筑摩郡)　丸山壽榮
小縣郡豐里村の七夕と盆　箱山貴太郎
東筑摩郡片丘村の秋の行事　小口伊乙
佐久の十日夜　小栗擦治
諏訪のおからこ餅　小口高親

東筑摩郡島立村の子供の祭床　尾　幸雄
東筑摩郡の天神講　清澤芳郎
北安曇郡小谷地方の方言　馬場治三郎
下高井郡瑞穂村の方言　大月松二
下高井郡三穂村の俚諺　小林武雄
更埴地方の言ひ慣はし　村松光喜
更埴地方の言ひ慣はし　松村六郎
くだ狐の話　奥原國雄
くだの話　野中太氣彦
雨乞　長田尚夫
抜け參り　橋浦泰雄
御朱印道中の話　仲藤增藏
蘇南傳説(一)　松澤松三郎
須坂の傳説　久富徹
枝垂櫻、枝垂栗、なんぢやもんぢやの報告　藤野崇、奥原國雄、長田尚夫
松代の文献(三)　伊藤英一郎
回想録(四)　矢ケ崎榮次郎

なほ同誌では「石」の特輯號發刊を計劃して、其の採集項目を(一)石出現のこと、石誕生談、生石傳説、化石談、石成長談等(二)石占に關するもの(三)形の跡を印せる石(四)神秘をなす石其他(五)石神(六)石に關する習俗(七)石に關係ある説話(七)石に依る刑罰(八)石に關する地名(十)石にて造れる器具及石を用て爲す遊戯の十に分け、各項目の下に從來の石に關する資料、問題を整理して掲げてゐる。(東京府北多摩郡砧村喜多見三三三ノ四池上方郷土發行所)

○郷土研究　五ノ六

朝鮮温突考　孫晋泰
秘し居た年齢を自分で露出した話　南方熊楠
長命の婦　長尾豐
小野篁の配流と其歌に就て　小野秋風
採集帖より　板澤武雄
西三河の山の講　矢頭和一
近江野洲郡の民俗　小牧實繁
信州北安曇郡十一月の行事　郷土調査委員
馬だし　倉本晶
亥の子の行事　梅林新市
船玉さまの話　雜賀貞次郎
地の神様　山本靖民
管と云ふ姓の家　山岡一創
名古屋地方の氣象俗信　小谷方明
嫁入唄　高橋文太郎
肥後天草島の民譚　濱田隆一
十勝アイヌの話　吉田巖
橋場の話　宮本勢助
阿波の神踊歌　後藤峰子
上州利根郡水上村の傳説と手毬唄　安成三郎
陸中岩泉町の手毬唄　中村協平
能登鹿島地方の謎　諏訪藤馬

○方言　一ノ四

國語諸方言のアクセント概觀　服部四郎
方言研究と言語の正・訛　金田一京助
江戸文學難語考　頴原退藏
南島方言行脚　宮良當壯
名古屋地方の方言「ナモ」の研究　黒田鑛一
長崎なまり　永見德太郎
琉球語　能田太郎
蟷螂の琉球語　伊波普猷
刊行方言書目解題　東條操
南佐久郡方言集　信濃教育會南佐久郡會
廣島安藝郡倉橋島方言集　西林源次郎
伊豆駿河地方に於ける「蹴る」の活用について　大森榮

○方言と土俗

幼な言葉の報告　諸家
乳　餅
チッチ　モヂ　岩手、九戸、久茲

{ツィッツイコ　モッーコ　同下閉伊。岩泉
{オッペーコ
〃　ボッ　同盛岡市
ツツ　ボボ　山形北村山、東郷
〃　〃　同東村山、長崎
〃　んまんま　福島東白川棚倉
おっぱえ　〃　同、相馬、中村
おっぱい　もち　栃木、宇都宮
オッパイ　アンモ(下町)　東京市
オッパイ(パイ)　アンモ　同　赤坂
パイチャン
おっぱい　おもち　東京、南多摩元八王子
おっぱい　あんも　同　八王子市
オッパイ　アンモ　神奈川、鎌倉
チチ　カンコ　同津久井、內郷
{ウンマ　別段ナシ　山梨、東山梨岡部
{ウマウマ
{オッパイ
〃　アッポ　岐阜高山
ツップ　モッモッ　富山中新川、滑川
オッパイ　アンモー　豐橋市
オツッパ　〃　愛知、東春井、小牧
ウマウマ　ポチ　愛知、起町
オッパイ　アモ　大阪、三島、高槻

イッパイ　アモ　和歌山、那賀、田中
アンマ　バッポ　兵庫、赤穗、坂越
オチチ　バブ　岡山、淺口、里庄、
チヂ　バッポ　同　苫田、香々美南
〃　アンモー　山口、柳井
オツパイ！　アンモー　島根、津和野
オチチ　オンチ　德島、美馬
〃　ばつぽ　愛媛、周桑、德田
オッパイ　アンモ　福岡築上、東吉富
ンマンマ　{ポチ　長崎、對馬皆勝
{ポチポチ
〃　bottʃi　熊本、阿蘇、長陽
チチ　ポチ　宮崎、東諸縣、本庄
んまんま　ぽち　同　南那珂、福島

右の外、飯、煮た魚、生な魚、飲む水、流れる水、飲む湯、はいる湯の諸例をかゝぐ

文献に現れた幼な言葉　橘　正一編
幼な言葉の起原　橘　正一
宇都宮の俚諺　新里　信三
昔話の形式　磯貝　勇

始語　廣島縣下
(A)ムカシ、アッタゲナ
(B)ムカシ、アルトコロニノー
(C)ムカシ、ムカシニノー。
(D)マエノムカシニノー。

結語
A、モーシ　ムカシ　サルノシリハ　ギリグリギンガリ　廣島市全體
B、モーシ　ムカシ　ケッチリコ　廣島縣山縣郡八重町、中野村、吉坂村、都谷村、安佐郡三入村
C、モーシ　ベッタリ　同縣仁保町
D、トントン　ムカシトイヤ　同縣佐伯郡大竹町
E、マックリ　カップリコ　同縣甲奴郡、双三郡
F、トーカッチリ　同縣高田郡船佐、可愛、刈田の諸村
　ナンノ　ムカシモ　トチピッチリ　山縣郡大朝町小枝
G、ムカシコップリ　ドジョーノ(目)　同縣比婆郡八幡、同郡比和村、同郡小島原
H、ソレガ　マッコヴ　ヒトムカシ　同縣深安郡中津原村

阿波地方年中行事　金澤　治

○寄稿のお願ひ

○種目略記　民俗學に關係のある題目を取扱つたものなら何んでもよいのです。長さも御自由です。

(1)論文。民俗學に關する比較研究的なもの、理論的なもの、方法論的なもの。

(2)民間傳承に關聯した、又は未開民族の傳說、呪文、歌曲、方言、謎諺、年中行事、生活樣式、慣習法、民間藝術、造形物等の記錄。

(3)民俗採集旅行記、挿話。

(4)民俗に關する質問。

(5)各地方の民俗研究に關係ある集會及び出版物の記事又は豫告。

○規略

(1)原稿には必ず住所氏名を明記して下さい。

(2)原稿掲載に關することは一切編輯者にお任かせ下さい。

(3)締切は毎月二十日です。

編輯後記

新年お目出度う存じます。

昨年は途中から本誌の編輯を引き受けましたのとふなれのため色々御不滿の點や手違かあつたことゝ存じます。今年は確かりして民俗學發展のために努力したいと思つてをります。偏へに皆樣の御援助をお願申し上げます。先づ上項の種目に從つた玉稿をお寄せ下さることを切望致します。

久々で折口先生、中山先生の御原稿を頂くことが出來ましたのをお喜び下さい。湯淺氏の「エスキモー社會の季節的變動」は筆者の都合で今月號には載せられませんでしたので代りに「グレーブナー」と「クノー」の論文紹介を載せました。杉浦君は東京帝大宗教學科出身で宗教民族學を專攻の方、平野君は東京商科大學出身で經濟史を研究してをられます。岡本君の「ヘイサラバサラ考」は昨年春の民俗學大會に白鳥博士が講演された「ジャダ呪法」と同じ對象を取扱つたものです。白鳥先生のその玉稿は本誌に頂く約束になつてをりますことを一寸申添へます。

雜誌の大きさを菊判にして貰ひたいと會員からの投書が度々御座いますので松本の民俗學大會の折、及び各委員、書院、印刷所の御意見を伺ひましたところ大多數の方が菊判說に贊成なすつてをられることを知りました。それで本號から菊判にしました。紙面の大きさは小さくなりましたが組方が密になり頁數が增したので內容は以前よりも遙かに豐富になつてをります。

△原稿、寄贈及交換雜誌類の御送附、入會退會の御申込會費の御拂込、等は總て左記學會宛に御願ひしたし。

△會費の御拂込には振替口座を御利用ありたし。

△會員御轉居の節は新舊御住所を御通知相成たし。

△御照會は通信料御添付ありたし。

△領收證の御請求に對しても同樣の事。

昭和七年一月一日印刷
昭和七年一月十日發行
定價金六拾錢

編輯兼發行者　小山榮三　東京市神田區表猿樂町二番地
印刷者　中村修二　東京市神田區表猿樂町二番地
印刷所　株式會社開明堂支店　東京市神田區表猿樂町二番地

發行所　民俗學會　東京市神田區北甲賀町四番地　振替東京七二九九〇番　電話神田二七七五番

取扱所　岡書院　東京市神田區北甲賀町四番地　振替東京六七六一九番

昭和五年十二月五日第三種郵便物認可(毎月一回十日發行)

MINZOKUGAKU

OR

THE JAPANESE JOURNAL OF FOLKLORE & ETHNOLOGY

Vol. VI January 1932 No. 1

CONTENTS

PUBLISHED MONTHLY BY
MINZOKU-GAKKAI
4, Kita-Kôga-chô, Kanda, Tokyo, Japan.

民俗學

第四卷　第二號

昭和七年二月

民俗學會

民俗學會會則

第一條　本會を民俗學會と名づく

第二條　本會は民俗學に關する知識の普及並に研究者の交詢を目的とす

第三條　本會の目的を達成する爲めに左の事業を行ふ

イ　毎月一回雜誌「民俗學」を發行す

ロ　毎月一回例會として民俗學談話會を開催す

但春秋二回を大會とす

ハ　隨時講演會を開催することあるべし

第四條　本會の會員は本會の趣旨目的を賛成し會費（半年分參圓　壹年分六圓）を前納するものとす

第五條　本會會員は例會並に大會に出席することを得るものとす　講演會に就いても亦同じ

第六條　本會の會務を遂行する爲めに會員中より委員若干名を互選す

第七條　委員中より幹事一名、常務委員三名を互選し、幹事は事務を執行し、常務委員は編輯庶務會計の事務を分擔す

第八條　本會の事務所を東京市神田區北甲賀町四番地に置く

附則

第一條　大會の決議によりて本會則を變更することを得

委員

石田幹之助　宇野圓空　折口信夫
金田一京助　小泉鐵　小山榮三
松村武雄　松本信廣（以上在京委員）
秋葉隆　移川子之藏　西田直二郎
（以上地方委員）

前號目次

昭和七年二月十日發行

民俗學

第四卷

第二號

目次

咒歌から俚謠へ

饗庭斜丘

巫女の用ゐた神降しの咒文なるものが、古くから律語であつたことは明白である。然してそれが大昔に溯るほど短歌體のものであつて、此の反對に時代の下るにつれて、長い叙事體のものとなつたことも明白である。誰でも知つてゐることではあるが、「年中行事秘抄」の阿知女の歌や、「建久年中行事」にある三首の神降しの歌や、更に謠曲葵の上の『寄りましは今ぞ寄りくる長濱や、芦毛の駒に手綱ゆりかけ』とあるのや、各地の神樂歌に『千早振るこゝも高天ヶ原なれば、集りたまへ四方の神々』とあるなど、悉く短歌體となつてゐる。蓋しこれは神々の託宣なるものが、短歌によつてなされたことに原因するのであらう。然るに室町期になると此の神降しの咒文が長くなり、一種の謠ひ物のやうな形式となつて來た。應永年中の作と云ふ太奏廣隆寺の牛祭の祭文に見えたものや、一條兼良の作と傳ふ「鴉鷺合戰物語」に載つてゐるものは（此の種の系統に屬するものが稻妻双紙、浮世床、膝栗毛などに收めてあるが、周知のことゝ思ふので省略する）、非常に長文の上に、立派な叙事詩をなしてゐる。

斯うして短いものから長いものに遷つて往つたことは、即ち單純から複雜への推移であることは勿論だが、併し此の推移に種々なる理由の存することを閑却してはならぬ。

後白河院の御撰になる「梁塵秘抄」に『鈴はさや振る藤太巫女、目より上にぞ鈴は振る、ゆらりゆらりと振りあげて、目より下にて鈴振れば、懈怠なりとてゆゝし、神腹立ち給ふ』とある如く、巫女の務めが降した神を遊ばせると云ふことに重きを置くやうになつて來たのは、巫女をして以前にもまさる歌舞の達人たることを餘儀なくさせた。更に同抄に『金ノ御岳にある巫女の打つ鼓、打上げ打下し面白や、我等も參らばや、ていとんとうとも響き鳴れ、如何に打てばか此の音の、絶えせざるらん』とあるやうに、上手を盡し、遂には宴曲の作者をして『印南、班鳥、切目の山、惠みもしげき梛の葉、王子々々の馴子舞、巫女《キネ》が鼓も打鳴し、頼みをかくる木綿襷《ユウタスキ》』と記るさせるまでになり、巫女が酒席を斡旋するのも珍しからぬやうになつた。

斯うなれば神降しの文句が長くなり、やがてそれが俚謠に墮ちることも不思議は無い。加之、佛徒が工夫した諸種の和讃は、修驗者によつて祭文と改められ、これが門附の者に謠はれるやうになれば、巫女の咒歌まで取り入れるのは當然の成りゆきである。左に掲げた三首の俚謠は、斯うした途を歩んで來た咒歌の成れの果だと考へたい。

紀伊の國室の郡、備への鄉、音無川の水上に、立たせ給ふが僊極山、船玉十二社大明神、一の間天照皇太神宮、二の間が舎《ヤドリ》の正八幡、三の間春日の大明神、板子が住吉大明神、艪かいが背高こんがら童子、表の小椽が龍臟界、裏の小椽が胎藏界、表に打たる釘の數、西が三十三ヶ國、東が三十三ヶ國、六十六國の大小の、神祇奇妙順禮、さんげさんげ六根清淨、おしゆめに八代金剛童子、帶は薄澤明王、苫が薄雲大明神、雨の宮には風の宮、楫が浪切不動尊、碇が金山龍臟界、碇の綱が不動の縛の綱、羽車愛宕の八天狗、帆柱三寶大荒神、帆が法華經の八ノ卷、帆綱が綱引天滿宮、奇妙順禮さんげさんげ六根清淨、おしゆめに八代金剛童子、調口奉る、此船の由來を委敷尋ね奉るに、中にも祭る御神は、惠比須に大黑布袋に毘沙門辨財天、此船成就する時は、衰が三ツぼに丈長かもじ、雛形一對七ひねり、投宮山には一天地六南山北辰、五大力の大菩薩、沖にうづまく八穴龍王、にこつきじやころの辨財天。乘子の安全楫子の面々、惡魔降伏怨敵退散、當年當月當日夜、念ずる諸願は海量滿足敬白（小唄文庫本「浮れ草」所收）。

此の俚謠が小唄「紀伊の國」の元唄であると同時に、古く巫女の用ゐた神降しの文句であることは、容易に看取される。一々の歌詞に就いての解釋は煩雜に渉るので省略するが、誰でも此の文句を讀んで氣付くことは、歌詞が割合に古い（江戸期の初葉と思ふ）だけに、天妃信仰の影響を受けることが尠くして、我國の古俗である船靈信仰を述べてゐる點である。私が改めて言ふまでもなく、天妃信仰は支那から輸入されたもので（松屋筆記に詳記してある）、それが我國の船靈信仰に取つて代るやうになり、舟航の守護神として各地に祭られるまで流行した。福嶋縣の平潟に近い天妃山や、茨城縣平磯町の天妃神社などは有名なものである。然るに此の文句にはその影響を受けたと思ふ所がなく、却つて古俗である賽や𧮾を祭ることが詠じてあるのは、此の歌詞が紀州に行はれた信仰だけを取扱つた爲めであらう。それにしても紀伊の國の小唄の元唄が、神降しの文句であつたとは寡聞の私には意外であつた。

晴明神降し

謹上再拜々々敬つて申し奉る、上は梵天帝釋四大天王、閻魔法王五道の冥官、下界の地には伊勢は神明天照皇大神宮、雨の宮風の宮、月よみ日よみ天の岩戸は大日如來、淺熊岳にはふく一まん虚空藏、王城の鎭守には、稻荷祇園に加茂春日、貴舟は五社の大明神、鞍馬山には多聞天、高きお山は愛宕山大權現、男山正八幡大菩薩、松の尾平野梅の宮、伏見に一こん五香の宮、大和に葛城金峯山、塔の峯には大織冠、龍田は木花開耶姫、熊野は三つの御山なり、神功皇后、那智は千手觀音なり、津の國に至つては天王寺に聖德太子、住吉四社の大明神、四國の地には讃岐に金毘羅、同じく志度寺の觀世音、筑紫に彥山、出雲の國に大社杵築の明神、伯耆に大山、丹後に成相切戸の文珠、近江の國に聞えたる日吉山王二十一社、お多賀白髭比良のはつこ、湖水に現はれ給ひしは、竹生嶋の辨天なり、美濃國には南宮高山劍の權現、越中にくりから不動明王なり、伊豆に三嶋箱根は二社の大權現、本地は文珠師利菩薩、富士は淺間大菩薩、遠近の國には秋葉駒形濱名の明神、三河に入つては寶來寺、峯の藥師は十二神、尾張の國には一の宮二の宮、第三にあたつては八劍熱田の大明神、惣じて日本六十餘州三千七百餘社なり、天にあつては日月星辰二十八宿、大地の底におはします堅牢地神に至るまで、悉く勸請おろし奉る（松の落葉卷二）。

私の謂はゆる「鵯鷺合戰物語」系の神降しの文句であつて、且つ修驗者の慣用した祭文の影響を多分に受け容れたものだと考へてゐる。「松の落葉」には此の外に『替り榮閑神おろし』の一文が載せてあり、道念節の『謹上神おろし』の一章は未見のものであるが、その題名から推すと同じやうなものだと思はれる。然して斯うした文句が歌謠にして酒席に謠はれるやうになつたのは、古く講式や和讃から出發した祭文が俗化して、歌祭文、歌念佛、歌說經などを謠ふ者に取り入れられた爲めであつて、恰も地神經讀みに發した盲僧の荒神琵琶が、後には酒興を助ける意味から『くづれ』を謠ふやうになつたのと、同じ過程を辿つたのであらう。「色竹歌祭文揃」には、お染久松戀の祭文、お夏淸十郎時雨の祭文、お俊傳兵衞歌祭文と云ふやうなものが、二十三種まで收錄してあるとのことだが、是等は古い民間信仰から離れて、新しい興味本位の歌謠に移る姿である。こゝに載せた晴明神おろしも又その一つであつて、たゞ信仰の思想が興味の氣分より濃厚なところが、古いものであることを語つてゐるだけである。

石　搗　唄

ヨイ〳〵、エーサラサー、エーヤーサラサー、氏神樣をおろし居き、三寶大荒神は家に傳はる三柱の神と供へ置き、文珠菩薩をおろしおき、聖德太子をおろしおき、この土搗《ドツキ》と申するは、日本にても始まらぬ、唐天竺にても始まらぬ、我朝にても始まらぬ、天神七代地神五代の御代の時、えんの行者といふ人と、聖德太子といふ人と、天より都に天下り、都の屋敷をふみ廻り、九十九けきと踏み廻り、北は高持北下り、北下りの南向き、みの笠屋敷と極まりせ、表は三門口に極まらせ、西は泉水、東川、黃金銚子をもりそろへ、五十四通りに網を張り、五十通りに絢麻《ヨマ》を張り、とこの柱にあたりふし、中柱にあたり節、小節大黑天に供ふるつかふぶし、おとしの柱をそのふる、えんにやうふしと供へ置き、東山こーずかたけと思ひ立ち、さきに立ちたる山方しよー、九の目の斧《ヨキ》を持かたげ、一尺八寸の金をもち、村の若衆を引き連れて、口と道行はやいもの、こーずがたけとかけつくる、こーずがたけはこゝのこと、山方しよーになるければ、九の目の斧をおろしたり、こーずがたけ、峯に立つたる白黃楊の、東に向つた一の枝、山方しよーになりければ、九の目の斧を持ち上り、左手の方より三切り切る、右手の方から切り落し、山方しよーになりければ、一尺八寸の曲尺《カネ》をあて、六尺二分にたいどつて、末の口をば引落し、村の若い衆におん渡し、村の若い衆が受取つて、エーサラヤーサラで、都の屋敷に引きくだし、名のない大工に渡されぬ。大工五左衞門に御渡し、大工五左衞門が受取つて、一尺二分の小口引き、五尺立ちと削《ス》ぐりあげ、四方のつくを打ち揃へ、上にいるゝ竹の輪は、神の前で月の輪なり、下にいるゝ竹の輪は、神の前では、くゞりなり、下にいるゝ四つのつく、四天王の標示なり、十六人の打綱を、十六羅漢と表しけり、二本の杉をたてたるは、神の前で鳥居なり、二本の笹をたてたるは、神の前で標《ン》め竹なり、上に張つたる橫綱は、神の前で御標なり、赤いもめんをつけたのは、神の前で戸張なり、白いさらしをつけたのは、神の前で打緒なり、赤い折紙をつけたるは、大日天子と標示なり、青い折紙つけたるは、大月天子と標示なり、白い折紙つけたのは、悪魔をはらひ、不動神と標示たり（全長崎縣歌謡集西彼杵郡）。

此の唄は文部省の俚謡集にも戴録されてゐるので、彼之を對照して見たが猶文意の通ぜぬ所があるも今はそのまゝにして置く。さて斯うした地搗唄に神降しを謡ふのは獨り長崎縣ばかりでは無いが、他の柱立てなり斧始めなりに此の唄が謡はれずして、地搗にのみ謡はれるのは何か理由が無くては濟まぬ點である。それで私案を手短に云ふと、これは地搗が建築の土臺であり最初であるので、斯うして嚴粛な唱へことが必要とされてゐたのであらう。そして建築が終ると室祝ぎとか庭譽めなど云ふ儀式になつたことゝ思ふ。それから各地の田植歌にも神降しの文句があるも、これは周知のことゝて省略する（完）。

〇蟷螂（三巻十一號六三八頁）　イボムシなる和名は、形容が疣に似たに由た名でない。白井光太郎博士が、和漢對譯字書の始めと言れた新撰字鏡（醍醐天皇の昌泰年中、僧昌住編）虫部六十九に蚌は蛸之母也（此句の解は、二巻二號、九三及九六頁をみよ）と有て、和名をイヒボムシリとし、少し後れて、同じ天皇の延長中、源順朝臣が撰進した和名類聚抄、蟲名百十二には蟷螂の和名をイボムシリとす。狩谷掖齋の箋注によれば、文政中迄、相模でイボジリ又イボクヒ、陸奥でイボサシ又イボムシと言た。イボジリとイボムシもイボムシリなる古名が約せられたので、イボクヒ、イボサシ共に古名イボムシリや、支那後漢の鄭玄の禮記注に出た食肬てふ名と等しく、此蟲よく疣を食ひ除く故、付けられたと判る。乃ちイボムシは、此蟲の全形又は一部分が疣に似たちふ意味でなく、疣をむしり取て食つてしまふといふ意味である。食肬の肬は疣に同じく、晋代にも江東で此蟲を齕肬（イボカヂリ）と呼だ由。蟷螂を執えて疣を食せ療ずる事は今も予の住地で往々見受ける。和歌山市の老人はオガメトウロウと呼ぶ。オガメは確かに命令詞で、命令詞を物の名とせるは英語のフオワゲット・ミー・ナット（忘るな）乃ちイハムラサキ草、邦語のナノリソ（莫鳴菜）等其例少なからぬ。（十一月廿三日午前十時、南方熊楠）

へいさらばさら考（三）

岡本良知

『この國（ペルシヤ）の人はこれを用ふ。その用途は毒に對する藥となすが如く。オルムス及びコラソネの回教徒は重患なるとき三〇グラン（二十分一グラム）まで取る。斯くして、この石を憂欝症及び有毒病の凡てに用ふ。而して凡て富裕なる人々は年二度下劑を掛く。一度は三月、二度目は九月。下劑の後五日間毎朝この石の十グランを薔薇水を加へたる水に投じて飲む。これを以て彼等の青春は保持せらるゝといふ。或る人々予にいひて、男根を强壯にし、ヴェヌスの戯により强盛ならしめんとて毎月二度これを取るなりと。予は多くの憂欝性頑固症乃ち疥癬、癩病、痒疹、水泡疹の如きに効あるといひ得べし。蓋し、或る醫者の曰く、これらの病氣には、甚だ良ありと、これを以て予は他の病氣にもこれを用ゐたるに、甚だ良かりき。この理由によれば、四日間歇熱にも効あるべきかと考ふ。こは毒藥にあらず、またトリアガの如く毒を以て調成せられたるにもあらざれども、予は少量に取るを最も安全なりとす。オルイスに於ては予の言の如く甚だ少量に與ふるなり。大量に取らば甚だ惡しきといはる。予の友人たるオルムスの一商人は、回教徒の醫者のいふ如くは多量のペドラ・ベゾアルを與へられたるが故に死せるなり。蓋し理りといふべし。その故は、特有の性質によりて用ふるものは、少量に於てのみその作用を爲すなり。而して、或る信ずるに足るオルムスの人にして、彼の地へカピタンの代理となりて赴き、有力なる回教徒と交渉多かりし者、予に次のことをいひき。甚だ衰弱したりし回教徒等ありしが、彼等はその虛弱を治せんとてペドラ・ベザールを攝らんと欲せり、彼（オルムスの人）のこの回教徒等を見たるとき救はれ難しと思はるる程弱りてありしかば、彼は醫者に到底彼等は助かるまじの意を陳べたり、然るに一醫曰く、この石を攝りたる後の彼等を見られよ、見違へらるべしと。二この後彼かの回教徒等を見たるに非常に堅固になりてありたり。これによりて世人は斯の如き石を創り給へる神に感謝せりと。肉に觸れしめて外側に毒を豫防するとの説（Meteolo Semense のいひし）に就きては、當地（印度）にはその風習もなく、實際に行はるることもあらず。毒性の瘍に於ては、粉末となしてこれに貼りて用ゐらるること事實なり。彼等はこれに就きて多くの眞をいふ。その故は、凡ての有毒なる咬傷、瘍、黑死病《ペステ》膿瘍に、その口開けるとき、甚だ効用大なるを知る。且つまた黑死病《ペステ》を豫防し、治癒せしむといはる。當地には、天然痘と痲疹とは甚だ有毒にして人を殺すこととなれば、予等は一または二グランのペトラ・ベゾアルを薔薇水に投じたるを毎日習慣として與ふることゝす。蓋し、これを以てすれば、毒甚だ弱めらる。』（Colloquiso, II., pp. 233, 234）『（解毒劑のうち）より多く適用せられ且つ予の最も良き効ありと見たるはペドラ・ベゾアルの三グランなり、これに就きては後に說くべし。そは心藏の活力を奇蹟的に擴張す。予がこの石を與へたる多くの病者あり、彼等曰く、如何なる藥を取りたるかを知らなけれども、それ以來新なる活力來り、肉體に精靈の還り來たれる如しと。マラツカ司敎（このとき Fr. Jorge de Santa Luzia）にこのペドラ・ベゾアルとトリアガを與へたるに甚だ良効を見たり。（註者フィカリュ伯曰ふ。この司敎がゴアル到着早々コレラを激發し、オルタがペドラ・ベゾアル及びトリアガをこれに與へて療したのは事實らしい。ペドラ・ベゾアルにより、テリアが阿片に効力を歸するが正しい。兎に角司敎はこれがために病より救はれた。』（ob cit. I, pp. 266, 276）

オルタはこの結石の効力を最も重く見た一人である。有毒咬刺傷はもとより、皮膚病、細菌性傳染病、マラリヤ、貧血衰弱、心臟病の治療藥として認めたが、殆んど總ては彼の實驗に基くものではなくて、他人の說に依據した。唯一の黑死病者に自ら投藥した場合も、フィカリュ伯のいふ如く、この結石よりも他物に効を歸せしむべきであらう。然るに、このオルタと同時代に、臨床實驗的に効果の大なることを報じた一醫かエスパニアにあつて宣傳したものである。これはオルタに一層の輪を掛けた過信者であらう。その醫者に就て、フィカリュ伯の引用をここに掲げる。

『有名なエスパニヤの醫者ニコラウ・モナルデス（Nicolas Monardes）は興味ある記錄を作りて De lapide Bezaar et Scorzonera herba」と名づけた。そのうちにセラピオン及びラシス（Rasis）以下アモト・ルジタノ(Amato Lusitano)、アグリコラ（Agricola）、ムーザ（Musa）その他同代の人々に至るまでの古き醫學者によつてこの有名な解毒藥に與へられた讃辭が見られる。それらの諸家の說に、モナルデス自身が臨床實驗の觀察を付け加へた。先づ、小兒のときより失神と氣絕を患つたベハール（Bejar）公爵夫人の一子息のことを語つた。それは奇蹟的に彼によつてペトラ・ベゾアルで癒された。このために用ゐられた二つの石はジェーア人の仲介によつてリスボアより行つたことゝ、それは甚だ小さく、金で包まれて海棗の實よりも少し大きかつたことに留意せられず、これによつて如何に高く評價せられたかが知られる。同じく失神を患つてゐたマリヤ・カタニョ（Maria Cataño）といふ貴族の娘を治療するにも、モナルデスはリスボアより太急ぎに取り寄せたこの石を以て治効あらしめた。而して、その石の使ひ殘り（再び得難かつたから）で、後汚行によつて腐敗してゐた學士《リセンアド》ルイス・デ・リェンカ（licenciado Luiz de Cuenca）を救つた。このエスパニヤの醫者は、更に、皇帝カルロス五世が原因なくして起つた憂欝悲觀に、同じき目的のためこの石を擲つた事實を想起し、ベドラ・ベゾアルの優れた効力を記載した。』(ob. cit. II. p. 238)

この記事に對する反駁は醫學の立場よりは恐らく容易であらう。ここにはその事實であるか否かを暫く不問にして、廣範圍の治療に用ゐられた一例證とする。

「本草衍義」は、駱駝黃に就て、『醫家當番別考而用之』といひ、野猪黃に就て、『治小兒諸癇疾』と述べる。少くとも宋代には明かに藥品としての効力が認められた證である。「本草綱目」に至つては各種別に記して、鮓答・『散癇毒瘡』、手黃『驚癇寒熱』、狗寶『噎食及癰疽瘡瘍』、野猪黃、金瘡止レ血生レ肉、療二癲癇一。』といふ。最も効力あらせられたのは癲癇に對し、次は瘡瘍に對してとせられる。これは、ペルシヤに源を發する西方諸國人の第一に解毒に効ありとしたものとは甚だその見を異にする。元來藥ならぬものを有効と認めたものだから、その見るところによつて藥効の異なるのは當然であらう。次に、西方諸國人の擧げる諸病を治したといふ、極端に解せば萬病に適用したともいふことは、支那人も亦殆んど同轍を踏んだのであらう。「綱目」牛黃の項に、『熱盛狂痙、除レ邪逐レ鬼、療二小兒百病、諸癇熱口不レ開、大人狂顚一、又墮胎、久服輕レ身增レ年、令二人不忘一、主二中風失音、口噤、驚悸、天行時疾、健忘、虛乏一、安レ魂定レ魄、辟二邪魅一、卒中惡、小兒夜啼、益二肝膽一、定二精神一、除熱止二驚痢一、辟二惡氣一、除二百病一、淸レ心化レ熱、利レ痰凉レ驚、痘瘡紫色、發狂譫語者可レ用』と諸說を集成したが、これを以て見れば西方人以上に支那人はありとあらゆる病氣に効くと考へた。併し、また一方ではこの記方が支那式に幾分大袈裟に擴げ過ぎ、實際には或る限られた病に投藥せられたかも知れない。

明末清初の外國地誌には、悉く『療百病』(職方外記、坤餘外記、澳門紀略）と記して、支那の諸書とヨーロッパ人の記載とを折衷して三字に略言した。

支那に於ける治療上の用途は恐らく支那人の發明にかゝるものかと思はれる。支那書には、この外に明かに北方民族より傳へた別の用途があつた。

「輟耕錄」に載せるところは乃ち他の一用途である。『蒙古人之禱レ雨、取二淨水一盆一、浸二石子數枚一而已(中略)然後默持二密呪一、將二石子一淘漉玩弄如レ此良久輒有レ雨』と雨を祈る方法をも詳記した。「本草綱目」には『可二以祈一レ雨、西域有二密呪一、則霖雨立至、不レ知レ呪者、但以レ水浸、搬弄、亦能致レ雨』(海內諸國記に同文）といひ、『西域圖志』回部に『彼俗祈レ雨、以二札達石一浸二水中一、呪レ之、輒有驗、其人遂名爲達齋』と載せた。これらの書に西域と稱するものは、新疆及びトルキスタン方面を指すこと明かである。ペリオー氏の前引書に、『土耳古に於て yada、蒙古に於て djada と稱せられる石がある。魔術者がそれを以て雨を降らしめることは眞實である。(中略) この石に yada または yadatās と名づけ、それを用ゐて魔術者を yadaci といふカシュガルでは yada は馬のベゾアルであると考へられてゐる。クーチャールでは西方及び南方に於けるよりも蒙古の影響が遙かに著しい痕跡を殘してゐるが、この石の通俗な名として蒙古音の djada を保守してゐる。』云々とあるを對照すれば、雨を祈る土俗の源流が了解せられる。ここにはそれ以上に互つて、土俗を論議する必要がないが、大沙漠より成る蒙古新疆方面では如何に雨を希望せられるかは想像に難くなく、近頃白鳥庫吉博士の講演(傳聞であるが)に據ればアルタイ、天山の南北に盆地をなしてゐるそれらの地方では天候が激變すること多く、從つて雨が急激に降下することがあるから、この結石の降雨の神祕力が說明せられるといはれる。

この降雨力を信ずることは恐らく支那人間には行はれなかつたであらう。諸書に見えるのは凡て北方民族を記するに際して載せられたのである。

へいさらばさら考（岡本）

日本に於てはヨーロッパ及び支那に於ける如く早くよりその効力を認めたとは思はれない。この石の名が書に現れ來つた江戸時代に主として支那人の用途を模倣して次第に珍重するに至つたのであらう。蓋し、最も多くこれを記載する本草書類は主として支那書に據つた。貝原氏の「大和本草綱目」は先づ李時珍が「本草綱目」及び陶九成が「輟耕錄」を擧げてこれを敷衍し、終に『鮓答、功能長崎ニテ所レ稱左ニ記、○氣ツカレタモノ者ニ湯ニテ度々用○大熱ニ水ニテ用○食傷及傷寒ニハ湯ニテ用○蚘虫痛腹痛ニ用○痘瘡出カヌルニ用ユロゴモリタル者ニ其ニ湯ニテ用○クサビラ又毒魚ニヱイタルニ水ニ和シ用』といふ。これは益軒の實驗によるものではなく、支那及びヨーロッパの知識を吸收した長崎人の說であつた。益軒以後に於ける諸家は凡そ支那書にとりて「大和本草」に倣つたと思はれるがこのやうに具體的に記載しなかつた。これを以て見れば、西方人及び支那人の如くにこの結石を萬病に効ありとせられたが、諸外國人程これを重要視しなかつた。恐らくは治療に用ゐられたのはあまり普偏的ではなかつたであらう。江戸時代後期になつて、蘭學の渤興に伴ひヨーロッパ醫學の移入せられるに及んで、この結石に對するヨーロッパ人の見解が、前代に倍して紹介せられた。『紅毛人ノ持來ルハ、牛馬ノ玉トチガイ功モヨシ、之ヲ側リ火ニヤケバ乳香ノ香ヒアリ、是ハバザルト云ケモノヽイル處、乳香多シテ食用スト見ユ』（本草綱目譯義）といふは、當代ヨーロッパ船戰のバザル石の優越さを述べた。「和漢三才圖繪」は「按自《リ》二阿蘭陀一有《リ》二平佐羅婆佐留一（中略）主《ル》レ治二痘疹《ノ》危症《ヲ》一解《スト》二諸毒《ヲ》一』といひ「紅毛譯問答」は簡短に『主治解毒』と西方人の說を傳へ、「紅毛談」は『癰疔に用、但其時身を溫、汗をかきてよし、○腹冷痛に、○黃疸に、○胸づかいによし』等と記載した。

日本ではこの結石の別な用途で貴ばれた方が多かつたかも知れない。長壽、繁榮、安產等を齎す貴寶と考へられたのではないかと思ふ。例へば、既に引用した「輪池叢書」の文に『後彼一玉を得て、南綾の玉と號、珍藏せしが、兵火に遇といへども、終に燒亡せず、家益繁榮せり、代々至寶として傳來する事年久しく福家四郎左衛門資滿の代に至て、猶武運長久のため、彼玉を讃州香西萬德寺え奉納せし事、其家の馬玉の紀に詳なり』といふ如きはこれを有して、家運繁榮に赴いたと信じた傳說であらう。また、「大和本草」に、『產婦コレヲ手中ニ握レバ平產スト云』といふは安產の傳說の例であらうか。

鮓答を以て雨を祈るの土俗は日本にもあつた。

『武州雨降山《アフリサン》、雨降大明神ノ什寶ニ鮓答一枚アリ、大サ瓠子ノ如シ、天下旱魃スル時ハ鮓答ヲ山上ニ持チユキ、術法ヲ行ヘバ須叟ニ驗アリ、其ノ雨何里ト約シテ各々術ニ隨ヒテ約ノ如クニ雨降ル也、然シ鮓答ニ玼ノ付キタルハ驗ズ、蓋シ氣ノ凝リタル也』（廣大和本草）

『作州一ノ宮ノ末社ニハ雨祈ノ神社ト云フ有リ、此宮ノ神體ハ鮓答ナリト云ヘリ』（本草紀聞）

『或人云天竺には鮓答を神檀に置て雨を乞事諸書に見えたり我朝にもかくのごとくせる玉ありきはめて雨ふる鮓答は牛馬の腹中に產して病塊也至て不淨の物をいかなる理にて雨降るや予答ふ其理はなく按ずるに不淨をもつて天をけがしたゝりを得るの理か（中略）理外の理ならん。』（雲根志）。

『此物を以て雨を祈るの說、武健の書には扗撰可レ笑と見えたりといへども、出所なき妄語にもあらざるにや。』（輪池叢書）

この土俗は蒙古民族に源流するものであらうが、いかなる經路を以て日本に入つてかを詳かにしない。（未完）

貉（長野縣上高井郡）

上高井の或る有名のお寺で或時、其の寺の大和尙さんが或物（後、貉と分りました）のために喰ひ殺されました。その者は和尙樣の法衣を取つて自分が着て本當の大和尙の樣になつて、それにお供を四人連れて、上高井――上州間の村々の庄屋めぐりをしてゐました。めぐり〳〵つて鹽尻村秋和の庄屋さんの家に〇〇年師走二十五日にやつて來ました。そしてその和尙さんが云ふのに「犬猫等畜生は一切自分の附近に近づけないでくれ、又自分には芋汁だけくれてくれ、又自分の近邊に來て自分のたべるのを見たがつていけないから自分がする何事の時でも屛風を立てゝくれ、晚には風呂をたてゝくれ」と云ふたので家人は日頃信賴してゐた立派な和尙さんの言葉であるから絕對嚴重にして和尙さんの言の如く屛風を立てゝ風呂に入れた。和尙樣は後に隱れて一筆何か書いて翌朝早く其の家を去りました。和尙樣は次々と庄屋をめぐつて上州の或村の庄屋さんの家へ着きました。其の庄屋の家でも前の樣な事を家人に言ひつけました。然し其の家では和尙の言葉通り色々やりましたが、常の和尙に似ず色々面白い不可思議の事を云ふし擧動までが尋常一樣でないので怪しみの目を以て見てゐました。其處へ例の如く和尙さんが「入浴させてくれ」と言つて來たので家人は本當の和尙かと見定めるために、早速莚で　んだ輕いものを風呂場の盥の上にのせて置きました。和尙が湯に入つたので、家人はそつとのぞき見すると、莚で編んだものも折れていず、風呂の周圍をぐる〳〵まはりながら、尾で湯を攪拌しながらゐる樣、貉そのものでした。家人は驚いて相談して犬をつれこむことに決定しました。和尙は浴後立派な和尙の姿に變つて一室へ入つたのを見て家人は犬二匹をその室へ入れました。犬貉の格鬪の末貉は殺されました。そして不可思議な事には間もなく其の庄屋の家死絕したそうです。今尙秋和の庄屋（今宮崎要氏）に和尙（貉）の書いたといふのが掛字になつてあるそうです。因みに其の家では每年師走の二十五日掛字をかゝげ芋汁を上げて御祭を行ふといふ話です。（小泉淸見）

寄合咄

築城傳説の一つの型

築城傳説の一つの型に、或る動物が或る手段によつて示した通りに繩張りしたら、立派な城が出來上つたことを説く物語があるのは、みな人の知るところである。中山太郎氏が『土俗と傳説』第一卷第一號に『尾曳の城』と題して、上野國邑樂郡館林城が古くから尾曳の城と呼ばれたこと、その由來は、享祿元年に赤岩山城守が狐の子の命を救うたので、その親狐が報恩のため、築城の節、尾を曳いて、その通りに設計させたことから起つたこと、その狐を城の守護神として祭つたことを擧げられた如きは、その好適例である。

この型の説話は、他の國土にも存してゐる。『古今圖書集成』引くところの『山川紀異』に出てゐる支那の一傳説の如き、正しくこの型に屬する。晋の永嘉年中に、平陽府平山の麓に住んでゐた韓媼が、野原から拾つて歸つた一大卵から赤坊が生れ、媼は之に橛兒といふ名をつけて育て上げた。この兒が四歳になつたとき、劉淵が城を築かうとしてその設計に苦しみ、賞を懸けてこれを募ると、兒が媼に語つて、蛇になつて這ひ廻るから、その跡に灰をまくがいゝ。さうすれば自ら城の圖取りが出來るからと敎へた。その敎への通りにすると、果して立派な城が出來上つた。劉淵は奇怪兒を呼び出さうとしたが、早くも蛇となつて去つてしまつたといふのである。

中山氏は、磐城國白川郡の駒ケ城を築く際、地固めに城山の麓四方に生きた牛を埋めたといふ傳承、岩代國二本松の霧ケ城に生きた牛二頭を本丸に築き入れたといふ傳承、及び同國信夫郡の大鳥城の建築に當り、生きた鶴一羽を城の中央に埋めて守護神としたといふ傳承を擧げて『館林の尾曳の城は、狐が尾を曳いたのではなくて、赤岩照光が築城のをりに、狐を守護神として、前の牛や鶴のやうに、犧牲としたのではあるまいか』と解釋してゐられる。全く示唆に富む見解である。

が、それはそれとして、自分にも一二の解釋を述べて見ることを許してもらひたい。尾曳の城や劉淵の城の説話で、大切な點は、或る動物の動いて行つた跡が城の形圖になるといふことである。自分たちはこの一事を説明しなくてはならぬではあるまいか。築城の際に動物を犧牲として地固め城固めをやることは、實際に行はれた習俗であり、而してさうしたことを説く説話も確かに築城傳説の一つの型であるが、尾曳の城や劉淵の城の説話は、これと些か異つた型に屬するものではあるまいか。

城や都市を造るに當つて、邪靈の侵入を禦ぐために、神聖な動物を引つぱつてその周圍を一巡りさせることは、多くの民族の間で行はれる實修であつた。リディアの王メレスが、サルデスの衛城を造つたとき、同王家が代々崇拜してゐた聖獸の獅子を引き出して、そのまはりを一周させ、それによつて衛城が邪靈や外敵から侵されないやうにしたといふヘロドトスの史書の記述の如きは、その一實例である。

しかしこの實修は、城や都市が出來上つた後に執行せられるのであるから、尾曳の城や劉淵の城の傳說の說くところに、まだぴたりと來ない憾みがあるやうに思はれる。ところで一方には、また次のやうな呪術宗敎的な實修が、多くの民族の間に行はれてゐる。それは、住地としての村落なり市城なりを造らうとするとき、その外廓をどう決定していゝかを、神聖な動物の指示に仰ぐ習俗である。たとへば北印度の或る土族たちは、おのれ等の住地としようと欲するところに、一頭の山羊を追ひ立てゝ、山羊が體をふるはした地點地點を選んで境界の標を立てゝ行く。彼等の信仰によれば、山羊が體をふるはすのは、或る精靈若くは神がこれに憑つて、求めんとする住域の外輪を指示するのであるとされた。

尾曳の城や劉淵の城の傳說に於て、ある動物の動き廻つた跡を城の圖取りにしたといふモーチフも、かうしたところから來てゐるのではあるまいか。尤も自分は、さうした實修が我が國の民俗にあつたといふ證據を知らぬ。その點に關しては、中山氏のやうな博識な日本民俗通の敎示に俟たなくてはならぬ。とに角自分が今考へてゐるところは、築城の際動物を犧牲にしたといふ習俗だけでは、『尾曳の城』型の說話の謎は解け難いではなからうかといふことである。(松村武雄)

糠子米子の話

陸奥の三戸郡、舊南部領の八戸市から出てゐる奥南新報は、毎號その第一面に『村の話』といふ欄があつて、鄉土の土俗・傳說を揭げて吳れる。寄稿家の態度もいゝが、整理して揭げて吳れられる記者の方にも、毎度敬服してゐるもので、私はこの新聞が着いてゐる時には、何新聞を措いても先づこの新聞を開いて、すぐこの欄に目を通す事を樂みにしてゐる。舊臘十二月中に、この欄で陸奥のシンデレラ說話を二度見たやうに思ふ。その一つは偶々今どうした譯か見あたらないが、今一つの方は、十二月十日の記事で、米子と糠子と題した『村の話』である。糠子が先腹の娘で、米子が繼母の實子の名になつてゐる。或時、繼母が二人を栗拾ひにやるのに、やつぱり米子には好いこだしを持たせ、糠子には底の拔けたこだしを持たせ、そして米子に『お前は糠子のあとばかり迹れ』と訓へてやる。(尚米子には米の團子を、糠子には糠の團子を持たせる)。

山で栗の實の落ちて轉んで行くのを追つて二人が山の婆に逢ふ。婆は内へ入れて『これで虱を取つてくれ』と竹串を出す。姉妹はそれで取つてやつてゐると、婆は、『今に變な風が吹いてくると、山男が來るから、此を被つて居ろ』とその着物を脫いで二人に被せてやる。やがて變な風が吹いて來る。果して山男がやつて來て、『人臭い。誰か來たらう』と烏散臭がるのを、婆は、庇つて、『今雀だか烏だか來たつけ、多分それの臭だらう』と胡麻化して山男を出してやる。あとで婆は二人に飯を食はせて、虱を取つた褒美に輕い葛籠、重い葛籠を出して呉れて、まだ山男が來るからと逃がしてやる。但しこの時、舌切雀の話の樣に、米子の方は重い方を所望し、糠子の方は輕い方を望んでそれぞれその葛籠をもらつて歸る。而も、決して途中では明けるなと戒められて歸るのに、米の方は途で明けて見たくなつてとう／＼明けて見ると、中から樣々ないやなものが出る。糠子は明けずに内まで持つて歸る。

村の祭の日に、織母は、糠子には、留守居をさして、留守の間に、稗を千石搗いて、水を千擔《かつ》ぎだけ汲んで、絲を千をぼげだけ績んで置けと命じて、米子を美しく裝束さして連れて行く。あとへ、糠子の友達が祭に誘ひに來たが、仕事を手傳つてしてくれ、雀は稗をむいて助けて呉れる。そして婆に貰つた葛籠から立派な着物を出して、それを着て友達と一緒に祭りへ出掛ける。

祭見の最中に、米子が糠子を見かけて、母親へ『あれあれ糠子も來てゐる』と言へば、母親は、なに來る筈が無いとか別の人だらうと云つて見向きもしなかつた。

そして祭を見てから、糠子は、織母だちより一足早く家へ歸つて例のやうに働いて居る。

そのあと、糠子を嫁にほしいと媒人が來ると、母は米子の方をやりたいので

『糠子の髮はくそずわり、くそずわり、米子の髮は、ピンボラリン、ピンボラリン』

とうたに歌つたが、それでも媒人は糠子の方を貰つて行く。それを見て米子も嫁に行きたくつてたまらなくなる。それで母親が、隣りから臼を借りて來て、それに乘せて行つたが、蛙から落ちて米子は田の中の田螺になつた、と終るのである。(夏堀謹二郎氏報)(金田一京助)

信州坂部《さかんべ》の祭

今年の一月四日の夜は信州坂部のお宮で過した。同行の村上清文君と代る／＼神宮控へ室の炬燵には入つて、村の人の話を聞いたりした。坂部の諏訪神社で行はれる祭は、同じ天龍川筋の湯立と歌舞から成る祭の中でも、雪祭とも花祭とも、又取立てゝ神樂とも言はぬ處に、此處だけの持

つ特色があるやうに思ふ。宮渡りの行列が、鼻を衝くやうに急な石段を登つて來たのが、恰度午後の六時であつた。その祇園ばやしの音を聞いて居ると、朝新野を發つて地藏峠の難路を越えて來た疲勞も忘れて、次いで展開される次第に接することの期待で、自づと心が踊る。紅い女帶を襷に取つて、白鉢巻に腹のあたりに太皷を吊した青年が、音頭の大太皷と合せて十三人、笛の音につれて謠ひながら太皷を打つ。之が御輿に續く行列の本幹である。先頭が長刀それに鎗と、何れも粗末な青竹作りである。斯うした連中が宮の前の廣場に輪を作つて、折から燃え盛る松明に照された處は、何處かで見た盆の行事のやうである。宿入《しくいり》の囃しが終つて、唄が伊勢音頭に變ると、鳥毛《とりひげ》の鎗を取つて、二重廻しの男が一人頻りに立物を演つて居る、その鎗には、粗末な切草の幣が下つて居る。今演つて居るのは願人舞《ぐわんにんまひ》だと、傍の人が敎へてくれた。

ヤツトセノセー

といふ囃詞が、時々女の聲のやうに澄んで聞える。

願人舞が濟むと、御輿が拜殿から奥へ運び込まれて、今迄居た行列の連中は何處かへ散つてしまつた。それから祠官の行ふ祭式が約一時間を費して、後は拜殿に腰掛けのやうな臺を並べて一同の直會となる。之を大庭酒（おゝにはざけ）といふ、時計を見ると八時を五分過ぎて居る。

おゝにはざけが始つたに來ておくれい

と、拜殿から廣場の方へ頻りに喚びかけて居る。新しい白木の臺は、さしづめ會食のテーブルのやうなものだ、それに並べられた食器は、之は又おそろしく時代物である。自分に渡された飯椀は、三ケ所ばかりひどい欠けがあつて、湯を注ぐと底の割目からも水が垂れる、その椀を手にして、賁〆の椎茸を一つ摘んで、ふつと熊谷傳記の或一節を胸に浮べた。

× ×

坂部の熊谷氏の家傳を、足利の初期から連綿十二代に亘つて明和年間に整理編錄した人で、秉て鬪傳記の筆者でもある十二代目の直遐の事を思ひ出したのである。直遐が家運挽回の意圖が成らずして、江戸から故鄕へ還つて來た頃であつた。つくづく世運の變遷と、村人の昔を思はぬ事の多いのを憤つて、或年の祭に、直會の酒の始まつたのを承知で遲參した。果して宴は開かれて居て、祝人の一人が盃を口にした時であつた。豫て期した事であり、直にその不作法を咎め立てゝ、祭りの祝詞にも神々に續いては處の大旦那小旦那とさへある、その大旦那を差措くことの不埒を叫んだのである。直遐の意志では、この機會に村方一同に熊谷家の由緒を徹底せしめんと劃つたのである。之に對して他の連中は流石に聲は無かつたが、祝人は直に答へた。昔を言ひ立てゝの穿索なら、祝人には祭の入費は除かれて居る筈だが、近頃は村方一般が神祭りの入費にも兎角文句があつて、祝人も飲食する以上割付が當然だと言ひ立てゝ來た、俺はその自分の割前を飲んだ迄だと、之には遉がに直遐も返す辭がなかつたとある。その百數十年前の日の出來事を懐うたのである。當の熊谷直遐の、七代の後に當る傳一さんが、ニコ〳〵して目と鼻の間に座つて居る。自分は疾くから直遐の爲人を考へて、何となしにこの傳一さんの擧措に興味を抱いて居たのである。自分の直ぐ隣りには、これも永享以來の、鬪遠江守の一族であるシタデ屋敷の主人の鬪さんが、病眼を瞬たいて居る。一方越前以來の、熊谷家の守役である大角船田の血を引く人々とも膝を交へて、之が總て現實であるのも不思議である。其處に展けた光景が、悉くフォクロアそのもので、過去か現實か、そのけじめさへ定めがたい程である。

× ×

大庭酒の事が終つて、幾立かの舞と湯立があつて、最後に悪疫退散の津島の神への湯立が濟むと、次に面形《めんぎやう》迎へである。時計は十一時を指して居る。面形は村の下の宮に納つて居る、それを迎へて來て、面形卽ち一に言ふお客様の舞が開始される譯である。之には火見《ひみ》せといふて、少年が二人提灯を持つて先に立つ。學生帽を被つて拜殿の端に立つて居る少年がその役だといふ。以前は提灯でなく、松明を持つたものと言ふが、之は傳統を誇る村としては、目立つた變りやうである。然し松明が提灯になり、綾笠が學生帽に變るのは、村の人に取つては、傳統の崩壊でも變化でもなかつたらしい。稗飯が米に變つても、食料としての意義は同じであると一つだ。古風を失つたなどと言ふのは、寧ろ外部の者の、感傷的な氣持に過ぎなかつたかも知れぬ。そんな斯んなを考へる中に、面形迎へに立つた後の、ガッタカ舞が竈の前に始まつて居る。

假面に對する態度と取扱が一種別のものがある。信仰のの熾烈を言ふとしても、面その物のみを對象としたとは異つて居る。それを通して、或別の存在を認めて居る。早く言へば、假面だけではないお客様そのものが來るのである。社殿の内陣との間に幕を張つて、その中が所謂仕度部屋に當るが、面形を其處へ運び込んで、箱の儘置く。暫時涼ませるといふて、箱の蓋を斜にして置くのだ。さうして役の者が着けて出る。深夜に運んで來て薄暗い蠟燭の明りで着けるので、時には面の裏側に虫などが居て、舞つて居る間顔中を這ひ廻る事もあつたさうだ、陰慘な山狹の奥の村の祭らしい挿話である。さうして翌朝再び元の下の宮へ納めて了ふ、從つて舞の間しか何人も假面を見得る機會は無い譯である。豫め祭の前に彩色を施したり、裝飾を新にして、假面のみを獨立さしてその神格に儀禮を行ふのとは大いに異つたゆき方である。

假面の中では、みちあけ面・鬼神・てんこう鬼《き》・しようこう鬼《き》などは何れも鬼面である。それに獅子・翁・しらみふくひ・女臈・ひのを・みづのをがある。ひのを・みづのをの面だけは、別にして一段高い神殿の床に納めて置く。

× ×

鬼の舞から受ける感じは、花祭の鬼などと異つて氣分が一層深刻である。中でも道あけ面は、鉞を持つた所から、花祭の鬼と舞の手に共通點があるが、あとの鬼は全く別である。第一舞台の方位などは大して詮議立てをしないやうだ。竈の前で散々體を揉み足を踏みならして、それから竈を廻つて來て（そこの座をゴテンといふ）其處で榊の枝を持つた禰宜と問答が始まる。鬼の語る詞を總てモドキと謂うて居るが、このモドキを言ふ間も、怒りに怒る所作で、體中の憤怒を二本の脚に蒐めたかのやうである。果は力が餘つて床板を踏抜いたのもあつた。禰宜と取組んで床の端に突轉がしたりする。さうして最後に問答に敗れて持物を奪はれ、上衣《うはぎ》を着せられて扇と鈴を持つて舞ふのであるが、この舞ぶりにも餘憤が未だ治まり切らぬやうで型に因はれる點も尠い。それに何程荒れても、些の疲勞をも見せぬ舞人の頑健さに驚いた。むら氣で、非訓練的な感情が、巧まずに唯の人間の動作として享入れらる處に、舞の型としても考へさせられるものがあつた。之は一面には、稽古の無い事にも依るかと思ふ。稽古をする事は或固定的の型は把持してゆけるであらうが、一方同時に喪失する部分もある筈で、殊に鬼の舞などにはそれが著しくは無かつたかと思ふ。その刻限が來てふつと出て舞ふ。之では忘却も勿論多いであらうが、その反面には惰勢的に歪められぬ或純眞な傳統要素が遺されもする筈である。之は獨り鬼の舞のみではない。女臈面の前に出る裸舞のしらみふくひにしても、古風で下品な美しさとも言ふべきものを感じさせるが、矢張り同じだと思ふ。然しそれも一歩國境を踰えて、三河大谷のしらみふくひを見ると、全く世界が別になる。笛の音につれて、渺々として風を分けて進むやうなその動きに接すると、今迄摑んで居た目標を失なつたやうで、稚拙なのか洗練か、その間の判別すら與へ難い、認識の容易ならぬ事を思ふのみである。（昭和七、一、三一、早川）

龜（長野縣埴科郡戸倉村）

昔し或る漁夫が千曲川にて魚を釣つて居た。その時一匹の龜が前方を匍つて行くのを發見した。そこで漁夫はその龜の後からひそかについて行つた。すると龜は暫く行くと止つた。彼が近づいて見ると其のあたり一體の土地に濕みを感じた。そこで早速其處を掘つて見ると湯がわき出したので、漁夫は其處に旅館を建て、龜屋と名づけた。それが今日の戸倉溫泉の最初の開發者であると。（小泉清見）

資料・報告

米代川中流扇田町附近の土俗

今井晋
明石貞吉

ぼくら、今井君とぼくとが、この夏、休暇の末の、約半ケ月の短かい時間に、集め得たもの丶記述は、何ら深い觀察もなく、また、さほど嚴正でもあり得ないのです。が、東京からわざ〱羽後の國へまで、來て下すつた學友今井君の熱心に刺戟されて、わづかに求め得たもの丶、むかしの片鱗について、のべやうとおもふ。

ぼくの家は扇田町といふ、若干の農村の中心地である半農半商の、しだいに衰へてゆくまちなのです。ぼくの父は、今年七十五歳になります。そして若い頃は農村の方々へあるきましたので、この地方の、農村の事情に、かなりくわしいのです。すわつてゐて、誰の川は誰の田のしり水をかけてゐる、とか、田の土地の高低も、よく知つてゐます。ぼくの次に述べる記述には、父のこの助言のあることをのべなければなりません。それは、ぼくらが直接、その土地まで行つてみなかつたこともあり、又、その土地の人々から話してもらふことの出來なかつたことも、話の順序としてつけ加へなければ、なりませんから。

一、雨乞

土地の、農業の進歩、水道の完備すると丶もに、この雨乞の慣習が衰へ、一般的な、神への祈りへと代へられつ丶あります。

旱天つゞきで、農民が雨を欲するときに、自分らの見てゐる眼の前で、青田が赭く、ひび割れてゆくのを見て、彼等は、どんなことでもするのです。口論喧嘩は、しじゆう行はれます。それは、流水について、その田の各々の權利があつて、どちらの田へは先に水をかける可きかゞきまつてゐるからです。それを犯すと、喧嘩になるのです。町の少しはなれたところに、扇田領分の田へかゝる、大堤《ツツミ》といふ沼がありますが、ぼくの幼い頃、この堤の上で、農民が二派に分れて口論をしてゐるのを見ました。常は無口な農民が、非常に雄辯になるのです。その論議は、堤の水が少なくなつたので、番水《バンミヅ》といふて、時間を定め、いくつの時鐘がなるまでは、そちの方へ水をやる、その次はこちらで、いくつの鐘がなるまでは、水をかける、といふことを定めるためなのでした。地主として、ぼくの兄が立合つたのでしたが、一言も申しません。ただ、彼等の決定をきいてかへりました。

かうした番水がきまると、農民は、よるもひるも田の面へ出ます。その田の水口を守るのです。滞《セキ》へ石一つでも置いてゐては、喧嘩になるのです。喧嘩のとき、女が、ひばらを突かれたふりをして、セキに横はり、泣いて起たない、そのうちに、その田へやうやく水がかゝつたといふ話もありました。

やがて、ためられた沼水も少なくなりますと、雨乞が初まるのです。これには、いろいろなものがありますが、凡ては女らによつてされます。

イ、女の裸角力する雨乞ひ――

ぼくの聞いた女の人は、たいへんおしやべり好きで、いつも笑つてゐる老女です。これは男には見られないのです。見るといぢめられるさうです。先づ、彼等は龍を、牝牡《めすおす》二匹作るのですが、藁で全體をつくり、角は木の枝又は棒で作り、上あご、下あごには木の枝で齒をつけ、胴は太く尾は細く、紙をはつて青い鱗をかく。牝は牡より小型であるだけです。たいていは山上の沼の、又は川の、そこには龍神《ヌシ》がゐると信ぜられてゐるところへ二匹の龍を持つてゆき、(何日《ニチ》のうぢに、雨をふらせてたもれ)と云つて祈る。龍をこゝに置いてくる、さて、村端の庚神さまの前にて又祈り、酒を飲んで醉ひ、女角力をとる。土俵もなく、褌もなく、全裸體でするのが舊俗ですが、近頃は、女の前かけ(前だれ)で隠すのですが、それがはづれて、どつと笑ふさうです。

角力と云つても、相手が、ひるむまで、いぢめつけるのです。そして町へ歸るのですが、願ひの日までに雨ふらなければ、再び、先約（前に祈るときに、若しふらなければ、何日間、又角力をとりますと龍神さまへ約束してあるのです）の如く再度の祈願を始める、卽ち、その山へゆき、沼のきしから龍を下げてくる、もう夜になつてしまふので、これを女らがもち、ふり、騷ぎながら町へ練り歩くのです。先ぶれの女が『龍と雲』とか又『雲に雷《イナツマ》』などと、雨に緣故のあるものを叫び歩く、そして親方の家の庭（家の前のことをいふ）へ入つてきて、女角力をとり、（三年程まへにぼくの家の前でしたときは、裸にはならなかつた）そして、荒びる（方言）のです。そして又この龍を、大へんふつて、荒びさせるのです。龍はそののち、もとの山の沼へもつてゆかれる。これで、再び、一定の約束の期間だけ（大低は七日）夜は庚神さまで女角力が行はれる。ひるは家で働らいてゐるのです。

米代川中流扇田町附近の土俗（今井・明石）

龍を沼へ納めるには、そこには社があるらしいのです、その前に、女《メ》を前に男《ヲ》を後にして、橫向きに置く。雨ふつて願がかなふとこれを神官に、御祈禱してもらつて米代川へ流すのです。女らがみなこれをおくるのです。この山から下へもつてきて流すことを、龍をさげにゆくと云つてゐます。

康神さまは、農民に信ぜらてゐるので、他の村では、どんな神社か知りません。又昔は、女が神社にねとまりして、滿願の日まで家へ歸らずに、荒び、騷いで、こもつてゐたさうです。龍が町へ來るときも、山へゆくときも、太鼓、今ではブリキ罐、などを鳴らして、白い紙の旗及びむしろ旗を立てゝゆくのです。この外、やぎはしといふ處ではお寺の龍頭を借り、藁にて胴體を作り、それにゴボウの葉をつけて鱗として女らがもちあるき、騷ぐさうです。

この習俗は米代川上流、鹿角でもあるらしく、末廣では、龍を川原の石の上にならべておくやうです。又、扇田から二三里のところで、よく水がれのする中野といふところでは、立岩（牛岩《ベゴイワ》、橫岩《ヨコイワ》と三つ、その附近に大石があり、立岩の前には畑があつたさうですが、今、ぼくら行つてみたとき、よくわからなく、川（才川）の中にあるのが、それかとも云つてゐました）の前の畑で角力をやつたものだと云つてゐました。その石を女がまたぐと、その女は死ぬのださうです。又、本宮《モトミヤ》といふところにはトヨ瀧といふ、細長い瀧があり、常には女が近づいてはならぬところださうですが、そこへ行つて女が尻をついて滑るさうです。瀧をヌル（滑ることをいふ）と云つてゐます。

曲田慶吉といふ秋田縣南秋田郡北浦町、鹿山小學校の校長さんは、もと末廣と、鹿角郡毛馬内町との中間、有名な錦木の先生でしたので、このことを、お手紙あげまして、問ひましたら、

――上略――　雨乞ひの時、女相撲があつたことは、事實であつたが、此の女相撲が岩手縣の南部仙臺附近から頼まれて來る場合と、あまり日でりがつゞくと、巡回して來る場合と二通りあつた樣ですが、近來は、全くない――下略――

とあります。

が私と中學同級の、末廣で生れました駒峯政東君が、その地方の女角力を話してくれ、それが、扇田附近と大差ないところからみますと、やはり、近年も、村の女がやつてゐたこともあるようです。又、毛馬内のひとも「小坂の方でもあつたようですし、大へんに女が騒いで山へ行くやうです」と云つてゐますから、村の女によつてやられたものらしいのですが、一般の信仰に女が相撲とれば雨がふると云はれてゐますから、曲田先生の云はれるやうなこともあつただらうと思はれますが、先生の云はれるやうに、南部、仙臺からやつてくる女相撲の部落があつたとしたら、また、大へん面白い。が、ぼくの方でも、女相撲が來ますと、雨がふると云つてゐる程度で、旱魃のときに、目ざしてくるのかどうかは確實にこゝに報告し得ないのであります。

ロ、馬骨を沼に投ずる雨乞ひ

この地方の語り草に、田尻の人が、御獄《ミタケ》山の沼に、馬の生首《ナマクビ》（白骨でないとのことゝ思はれます）を入れたところが三ケ月も荒れたといふ。この昔話しとほとんどおなじことを雨乞ひにやつてゐるのですが、生首ではなく、馬の白くなつてる頭骨を、眼のところに繩をつけて、沼へ入れるのです。すると沼の龍神が怒つて雨をふらせると云ふのです。長雨がつゞくと、農家の女らは、（どこの村の人たちが、どごどやらの沼さ馬の骨を入れたど）と云ふてゐるのをきゝます。この信仰は生きてゐます。大葛村在の部落では、龍ケ森（うば神が祀られてゐる）の瀧つぼの前に、サンキョウと云ふて、薪木三本を、一つところ結び　三足に開かせて、その上に馬の頭の骨をのせるのださうです。又こゝではカラの葬式を出して、

瀧つぼの前でまわつてあるいたさうです。これは雨ごひでもありますが、この地方の鑛山で、直りが出るやうにと云つて、空葬式を出したものださうです。そして投じた、馬頭骨があげられないうちは雨がはれ上らないので、骨をあげにゆきますが、畏しいので、大ぜい結んだ綱を引きあげるや、いなや、一散に山をかけ下るさうです。

二、蟲追《ボ》ひ・蟲まつり

むしぼひは、まづ若者らが、神社から、（又は若者の集會所から）出發する。彼等は酒をのみ、充分に醉ふて、太鼓を打ち、その村の領分の境界をゆくのです。行くゆく、ゴヘイ（白紙を切つたものたけのもの）を、所どころへ木の棒を立てゝ、それに結びつけ、信仰ある山（多くは田代山）の木の葉と草をそれに添える。旗が立てゝゆかれるが、それは、ところ神へ、各人が納めたものです。男たちが田の道を、かうして進んでゆく、太鼓は、田の蟲は丘サ、畑の蟲は山サ、といふ調子でうたれます。これは、田植をすぎて、はんげの頃に行はれます。

三、田植のとき

今は別に變つたこともありませんが、ぼくの父の若い頃は、女も男も醉ふて田植ゑをしてゐたものださうです。そして親方からは、手つだえ、と云つて、その息子等が、田へ出かけたもので、すると、百姓は、めでたいと云つて、女らは泥を投げかけ酒を貰はせたさうです。それがたまらないので、初めから酒肴を、若者《ワカゼ》にもたせてやつたものださうです。行人でも、よく泥を投げかけられたさうで、「白石ばなし」は、このために、泥かけられた悪い武士が、農夫を切つたことから初まつた話だと云つてゐます。むかしは大名さまでも、田植のときは、馬から下ろされ、酒をのまされてから通さしてもらつたさうで、でないと袴に泥をかけられたといふことです。それには、編笠カブリが田のそばを通ると雨がふると云ふ信仰から、武士（ダンナ）が通ると泥をかけたので、白石ばなしの武士を、シガ、段七と云つてゐます。かうして田植が、一村の人々の手つだひで終りますと、さなぶり、があります。これは、村の男は男どし、女は女どし、宿と云つて一軒の家に各々集まり、酒を飲み、騒ぐのです。そしてゐるうちに、女も男も、各々その宿からむかうの宿へ出かけてゆき混合して、醉ふて騒ぎ、たのしくその日を暮すのです。

四、ぼんぼり

ぼんぼりの形は、木の棒に藁が穂を下に向けて結ばれ、それを藁の中途から折り返して穂を上へ向けてやり、又再び結びつけるもの、一見、藁製の箒みたいなものであり、ぼんぼりあんどんのやうに上に向けて開くものです。しかしただ木の枝に藁をつけたもの、やまた、棒に、藁を結んだきりのものもあるのです。

さて、これを、そらし田と云つて、休ませてある田の中央に立てますと、他人がここに立ち入ることが出來ません。山や、立木によつて、見えないやうにさへぎられてゐるところには、二本三本と立てます。つまり、これは、一區劃に一本あると、そこを、とめやまと稱し、立ち入ることは出來ません。多くは草刈地の自分の權利を明かにするために立てられて、鐵道線路の堤《ドテ》のわきなどに立てられてゐます。

五、田代山

この山は、この扇田町の地方民には、農家では、きつと信仰をもつてゐます。それは俗稱が白髯神社でありますが、丸田神社とも云つてゐます。大年神、御年神、若年神、の三柱を祀り、山上には田と稱するヤジ（濕地）があつて、そこを田と見てゐるのですが、そこに生ずる植物に、いねと稱するものがあつて、そのいねといふ水中の植物の狀態でもつて、その年の作《サク》うらなひをするのですが、稻、大根、粟、そば、馬の値段までもわかるそうです。勿論、だから、雨の多少もわかるのださうです。土用すぎ、はげの頃から參拜するのですが、奥の院は、なほ彼方の山であり、人がゆけば大へん荒れたり惡い事が起るさうですから誰もゆきません。ここに山びとがゐたのを見て、驚ろき走りかへつた人があり、又、あると云へつたへられてゐます。その山びとは四肢が、大木のやうにくろく、強いさうです。

又この田（作を見る田）は八幡平《ハチマンテエ》にもあり、又秋田領と津輕領との境に、有名な十和田と同じ名のトワダといふ山上の湖があり、これは田代山から、秋田から見て彼方側にあたるそうですが、そこにも水中の植物にもちと云つて、何やら附着するものがつくさうで、そのもちのつき方で作を見てゐるのです。

山びとについては、八幡平の、どこかよく聞けなかつたが、山びとのゐるところがありそこへ、作を見にゆくとき、葉

米代川中流扇田町附近の土俗（今井・明石）

たばこの荷を負つてゆき、年々拜するところに納めて祈念し、頭をあげるとその葉たばこの束が無くなつてゐるさうです。これは、正直で信仰の深い、中野村、野呂直吉氏の實父の、經驗談として、笹館村の若宮氏から承はつた話です。

深山へ、まんだの皮を探りに行く男がゐるのですが、市場へもつてきて、それが、船の錨綱や、つるべ井戸の繩にされて、強く永くもつさうですが、その人たちがもつてゐた信仰に、やはり葉たばこをその山の山びとにあげなければ、とがめられるさうで、いくらたづねても、まんだの木のみあたらない時は小舎にねてゐると、朝、その小舎の前にまんだの皮の束が、背負ひきれぬほど積んであるさうで、それで葉たばこをもつてゆくさうです。かうした山びとは山の神としてその山に力をもつてゐるようです。しかし、これもむかし話しで、今のまんだを探りにゆく人々は、さうは思つてゐません。

六、モ ス す る

鹿角郡三ツ谷澤は名の如く上中下の三つの神殿のあるところですが、ここでは秋の舊九月末、收穫のあつてのちに、モスする習俗があるのです。村の者は男は男で、女は女で、宿をとつて集まり、米を豫め集め、酒を作つたものださうで、（これは、このモスのみではなく、雨乞のときでも盆踊のときも一般にしたものださうです）一週間も酒をのみつゞけ、よるひる遊んでゐると、これは若宮氏のお話ですが、ぼくの父は、南部では、さなぶりをモスすると云ふのだと考へてゐます。能代方面でもさなぶりと云つてゐると祖母が云つてゐます。

上川沿村字澤口それにつゞく山舘村では、舊正月二十日に、男は、なだのもぢ、女は、おぼげ（針さし箱）もぢ、と云つて、男女皆分れて宿をとり、飲食する、醉ふては男女混ずるのはさなぶりとひとしい。これは、二井田村でも、十二所村でも聞くことが出來ました。

七、野 火 の 藁

冬の雪も、あまり降らなくなつて彼岸になる。町の子供等が『野火の藁コけでたんひ（下さい）』と言つて家々を訪ね歩く。そうした翌朝、町端の田の雪の上に、その藁を積んでもやすのです。子供たちのあたる火と、佛さまのあたる（これには子供があたられないと考へてゐる）のと二つある。

わたくしの叔父は。隣村の二井田村の生れですが、そこでは

〽おうぢな、おばな、燈明《アガン》もよいし、ちようちん（提灯）もよいし。はやぐ、茶コ飲むに、來《ヤ》とうらェ、來とうらェ。

と、よんださうです。

（追記、）房州鴨川にある越年《オツトシ》のこと。節分にこれは、やはり村の子供らがするのですが、まづ、年の暮も近づくと（舊暦で）、夕暮れから子供たちが集まり、一人の子供が、假面をかぶり、一本の竹笹を兩手で持ち、それを左右の肩へ、交互に、ふりかつぐ動作をつゞけながらゆく。他の子供らは、その後につゞき、うたを唱つてゆく。そして漁をする家々の前で、ドン〳〵の薪をくれ、と云つて、魚籠をもらひ集める。くれなければ『漁しないぞ（魚がとれないこと）』と云つてしまふ。かうしたあとに、越年の夜がくる。子供らは、海岸に集まり、薪や籠を積み重ね、他の子供らのよりも高くしようとする。酒を龍宮さまにたむけるために海へ注ぐ。一人の子供が、御幣を口にくわえて、海中にとびこみ、海面にわづかに表れてゐる嶼《シマ》（そこを龍宮《ジュウゴ》さまと云つてゐる。）にまでゆき、水をくゞつて、御幣を水底に差してかへつてくる。その子供が、岸に上ると同時に、籠に火が點ぜられるのです。他の子供らとその火の高さを競ふのです。

この嶼から遠い方では、御幣は、海底の砂にさしてくるさうです。やはりそこをじゆうごさま、と云つてゐるのです。

（房州鴨川生れ平永清平さんから話）

八、かまくら

大葛村、そこは、もと金山で榮えたところで、今も金鑛が出ます。ここの長者荒谷氏のうちは、庄屋のやうな家で（もともと、一族をつれて、逃げて來た落武者のあとゝ云はれてゐる）あつたが、正月が終つて、二月某日裏の澤《サワ》に、家々の門に立て古りた門松を積んで火をつけ、もやし、小兒や女どもが集まり、荒谷氏では飴と赤飯をもてなしたさうで、これをかまくら、と云つてゐたときかされました。

又、十二所といふ村（村落の集合で十二所町となつてゐるが、そのうちの一つ十二所）で、かまくらやけがあつたと、老母から聞かされたと、本間善之助といふ、四十八歳の人から聞きました。蓋し、これは、菅江眞澄の大瀧溫泉の條に十

二所のかまくらやけのことがあるが、それであつたらうと思はれる。即ち、雪でエスキモ人の住家のやうなかまくらを作り（これは、わたくしも少年の頃作つてその中で子供どうし集つて遊んだものです）かまくらやけの日に、十二所では、俵に紅葉をつめてをき、火を點じてふりまわして火花をちらすことであるらしいのです（詳しくは秋田叢書別集、菅江眞澄集第二によること）又、風俗問狀答の正月十四日、道祖神祭の事、又十五日、歳の神のこととあつて、この鎌倉のことを詳かに書いてあります。（秋田叢書第六卷による）それには、他の色々の信仰があるようです。

九、ぼつぼの餅

農家で正月には、その年の作の出來、不出來に關する信仰にむすびついて、作うらなひや、その他のことをやるのです。笹館といふところに、今は行ふ人も少くなつてはゐるが、ポッポの餅といふことがある。正月に別に十二（潤月あれば十三）の餅を作り、正月の七日、十一日、廿日に、家の男子一人に藁製のぼつぼから（澁澤氏・アチック、ミューゼアムに在り）一本づゝを作り、朝、早く戸外へ出て、そのぼつぼからの乳《チ》に餅を欠いてつけ、その餘分を、ちぎつて高く投げ上げて「ポー、ポー」と云つて烏をよぶ。家にけがれのある時は烏が近づかないと信ぜられてゐる。ぼつぼからを、木の枝にかけ若木の枝を折つてかへり、爐にくべてあたると若く成るとされてゐる。これは大抵家のかぐぢ(裏庭)でされる。

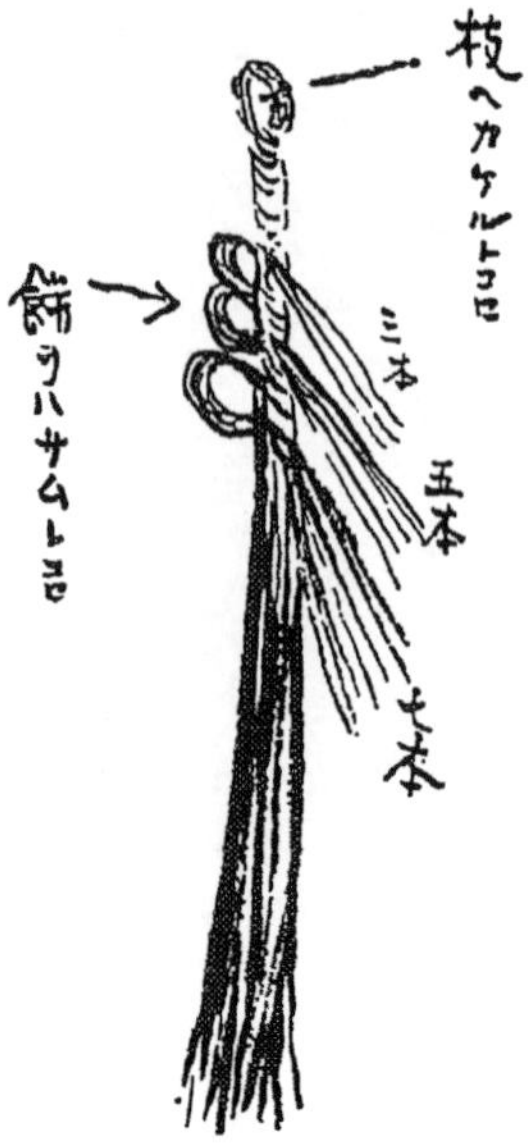

このぼつぼからには、松葉とゆづり葉と、こんぶをはさみ、乳《チ》が三つ（三ツは小、一ツは大であつて十にあたり合計十二となる）あり、或は五ツ、七ツのもあり、藁のふさは上から、三本、五本、七本とまとめられて三ケ所についてゐる。

十、ばぬし

ばぬしといふものが町端に住んでゐた。能代では長助と云ひ、扇田では木兵衛と云つた。これは乞食頭でもあり木賃宿の主人でもあり、役人をたのむ前にたのむ巡査でもあつたので、ごろつきの強請をうけたときには、すぐに木兵衛に知らせに行つた。さうしたものに對して木兵衛は、權力があり、言ひ分が通つてゐた。そして十手を差してゐたと云ふ。

死人あれば火葬の指揮者でもあつたので死人あれば、木兵衛へ人を知らせにやつた。

元旦の朝、五尺ばかりの棒をつき、木兵衛が訪ねて來て、左手をのべ、掌は上に向けておよびは掌にぴつたりおさめて、「勸進」と云つて物乞にきた。その女房は別に、又「いつせん」と云つて物を乞ふために家々を訪ねた。たゞでは歸さず、必ず物をくれてやつた。そして扇田の、その昔の長者、三八郎といふ家では、木兵衛の訪ねないうちは、爐に向つて、子供らに帶ときめェをさせなかつた。帶ときめェ、といふは、帶代はだかといふことで着物の前を開《ハタ》けて火に向ふことですが、冬の雪國ではかうする慣習があるのです。

小兒らに帶ときめェを許しないのは、田に鴨がおちる（下る）から、いけないといふ信仰です。

このことについて、能代でも扇田でも、死人があれば長助、木兵衛が來るが又あんまの頭がおつかひも無しに、やつて來たものださうです。いづれも玄關につゞくオエといふ間に膳を立派にすゑられて馳走をうけるのですが、よく禮儀が正しく、歸りには必ず箸を折つて袖《タモテ》に入れ、外で捨てゝ行つたものださうです。かつ、あんまの頭は三尺ばかりの羽織の禁には、うば糸と云ふ、絹糸をたばねて房として縫ひつけた、赤く染めた房（山伏の襟の房に似てゐたさうです）をつけたものを着てゐたさうです。そのうば糸は一寸ほどの房だつたといひます。この房のある羽織を着たものは、位の上なあんまだつたさうです。そして膳が出され馳走されるやうな時に着てくるのです。

ラクと云つた皮はぎのゐつたも、人の家で馳走になれば箸を折つたさうです。

商人などは、人のきらふラク、木兵衛の家へ行くこともあつたが、その時には、立派な馳走をうけたさうで、ラクの紋はワツパ（木を曲げて製つたべんとう箱です）の紋だつたと云つてゐます。

木兵衛は毎月一日、十五日、廿八日には各家々を訪ねまわり、その家は町端の川端にあつて、乞食の宿は別に小屋を作つてゐた。（これは、祖母と父とから聞いた話し）

十一、小正月の若水汲み

米代川中流扇田町附近の土俗（今井・明石）

27

米代川中流扇田町附近の土俗（今井・明石）

現在この行事は禪宗の家々で行ふやうですが、佛教的な意味は勿論なく、禪宗の家々に昔の事がとゞめられてゐるので、お盆のしきたり埋葬のしきたりなども「禪宗の家は固い」と云はれてゐます。

大晦日の夜、つるがけます（ますの内に棒が一本對角線にはめこんだもの）に白米を入れ、概《とがき》をかけて、その上に餅三つを、わせ、なか、おくて、として置く。これを庭はだ（農家の土間のことを庭と云つてゐます、又家の前の仕事をするところも庭といひますが。草木を植ゑたところはつぼと云ひます）に置く。その上に臼をふせてかぶせる。その臼の上に新しい水手桶に、栖杓《ヒシャク》をそへ、その中にも餅を入れおく。

元日の朝、主人が手桶をもつて若水を汲みに出る。途中で人と話してはいけない。家族のものへも話しかけない。餅は手桶の中又び井戸に入れる。この若水を、ひあげに分ち元旦の水盃ごとをする。井戸の餅は、むし齒の藥と稱して、井戸からあげて乾しておく。ますの米・餅は、掛物に飾る。

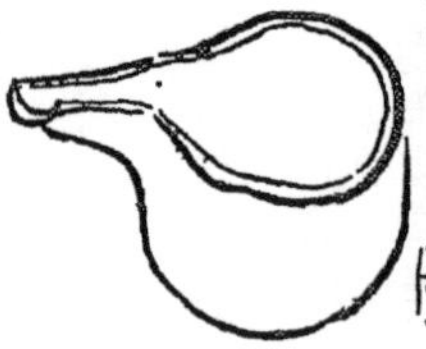

ひあげノ圖

年ごしの日、爐をならしてからは、はだかる（帶ときめにすること）ことが出來ない。これは田に鴨が下りるからと云つて愼しむので、火へ足を向けて出すこともしない。大葛村では火箸を隱してしまふ。十六日には、なまの柴切れをひばしに用ふる。

十二、せ つ ぶ ん

節分の豆まきのあとに、月のかづたけの豆（十二又は十三）を爐の灰にならべて、その火にやける《コゲル》のをみて、月を占ふ。即ち、こげないのは晴天、旱、であり黑こげは雨天、雨である。と。池内村では、舊正月二十三夜さま、と二十六夜さま、おぼんの三夜さま、六夜さま、と云つて、その時には、月の出ようで作を占ひ、作神さまと云つてゐる。講をつくり果物、餅、おみきをおそなへする。占ひ方は村の老人がたがつたへるものらしい。

十三、ゑびしるのとうごらう

額の左に傾けて假面（手製のもの）をつけ杖に鳴子を結び、正月の門つけをするゑびしるのとうごらう、といふものがあつた。笹館村へ、ぼくらが訪ねたとき、神職は、この村の根本九一といふ人のぢいも明治十五六年頃まではやつてゐたと話された。めでたいことを、言ふもので、主に、農家のことをいひたてるさうです。

『春の初めのゑびしるのとうごらうや、どちの方からまいた。あぎの方からまいた。何人ばかりまいた。千人ばかりまいた。千人といふひとは、おほきな人だ。とうごらうや。』などゝ云つてくるさうです。

十四、墓地のこと

新しく死んだ佛のあるときには左圖の如く墓石《セキド》にこもをかぶせ、三本の棒で支え、その上に古い鉢をかけ、枝で作つた弓を、矢をそへて飾る。又、七如來をたてる。それは圖の如き木板に、空風火水地南無七如來と、墨書し、わきに左は四十九院寶塔、左には爲○○○○信士（信女）と戒名がかゝれる。どこでも見られることと思ふが書き加へておく。

この地方では禪宗でこれを開くまもつてゐるようです。死者の五十日間は、家族がおまいりし、燈籠、（木で作つたもので

29

米代川中流扇田町附近の土俗（今井・明石）

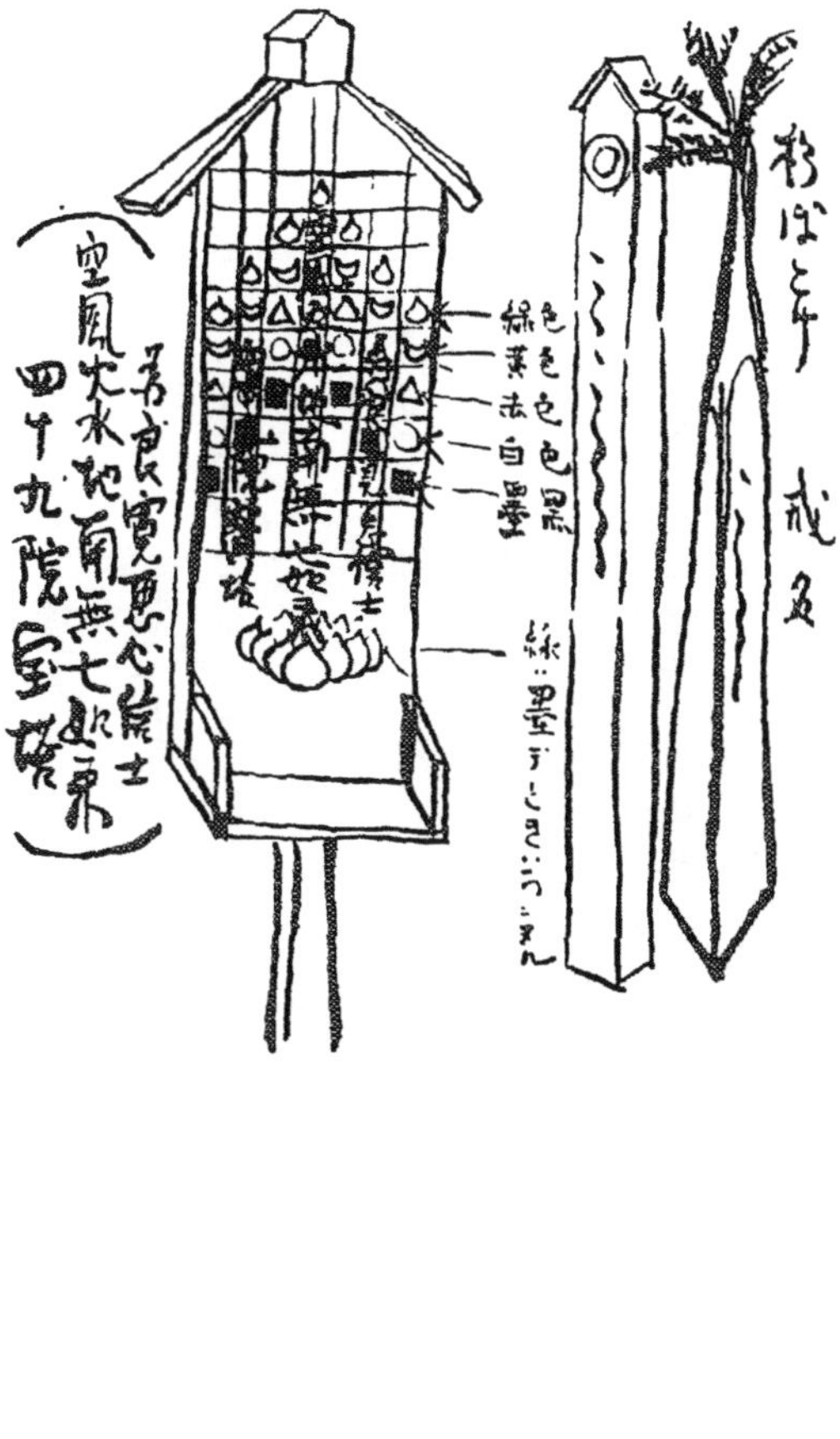

米代川中流扇田町附近の土俗（今井・明石）

七如來と等しい形でたゞそれが箱になり、前面に紙をはつたふたがあり、側面に三ケ月か、酒を好きな人には盃を、又ひようたんの形等の切りぬきからあかりがみえるようにやはり紙をはつてある）に燈を入れ、墓石の前に薬火をたく。又茶を墓にかけて、たむける、又は、その代りに水をかける。五十年目には、杉ぼとけといふのを建てる。これは、實さいは固く五十年目ときまつてるかどうかはわからないが、經二寸程、高さ一丈以上の杉の木の三分の二ほどは四角に削つて僧にたのみ、供養してもらつてそれに戒名を書いてもらふ。又、全く四角いのもあるが、これは別に名があるかも知らないが、わからない。

十五、山田村

これは、大館町から三里程へだたる村で、川口村から約一里の山間地にある。地方の人は昔しこゝに土人がゐたと云つてゐますが、土人といふことがどんな意味かわかりません。そこから鏃根石が出るさうです。

村は農村で一般に富有です、三月十五日の祭に、小丘の上の八幡社の境内へ出かけ、未婚者も既婚者も、女は女同志一團となり、男は男どうしで境内に集まり、向ふの、男は女の、女は男の、ことについて、云ひ合つて批評し合ふ。そして未婚者が結婚すべき人をそこできめて、家へかへり、家内の者に相談して決定するさうです。それで、春に、二百戸からしかないこの村で七八軒も結婚式があげられ、振舞が一週間もつゞき太鼓の音が毎夜つゞくさうです。一般に早婚であり他町村から嫁を入れず又女を他町村へ嫁に出さないやうにするさうです。

ここの八幡社の祭りは、村で各家の前に、高サ三四尺巾一尺五六寸に二尺ほどの机狀のものを置き、酒を置き、八幡様の御供の人々に酒を強える。

御輿は、その前方に笹竹を二本たてその先と先に注連をはり（鳥居の型の如くし）それをもつて歩き、その次に御輿がつゞき、御供の人は、竹に御幣をつけて、村をくねり歩く。旗は、白と赤の布に八幡大神と書いてある。

風俗がよくないので近頃青年團がとりしまつてゐると噂され、よばひが多かつたさうで、又、三月十五日に見初めてをいた女と、いつか逢つた時に（お前は己の家へ來い）と云つて嫁にしてしまふさうです。

婚禮の夜に、若い者が、その家の前に集まり酒を請ふ、（まて）と云つたり、又酒をやるまいとすると、すぐに石打、砂

撒きをする。（以上扇田町の石工、小林運吉氏四十四才）

これは村から出る路の、あらゆる出口にあつた。いまは、とりはらはれて、代りの石地像が立つてゐたり、石が立つてゐたりします。が、大館町から少し行くと、長木村といふ村には、近頃まであつたといふから、今も作ることを知つてゐる人もあると思ふ。

十六、村はづれの土人さま

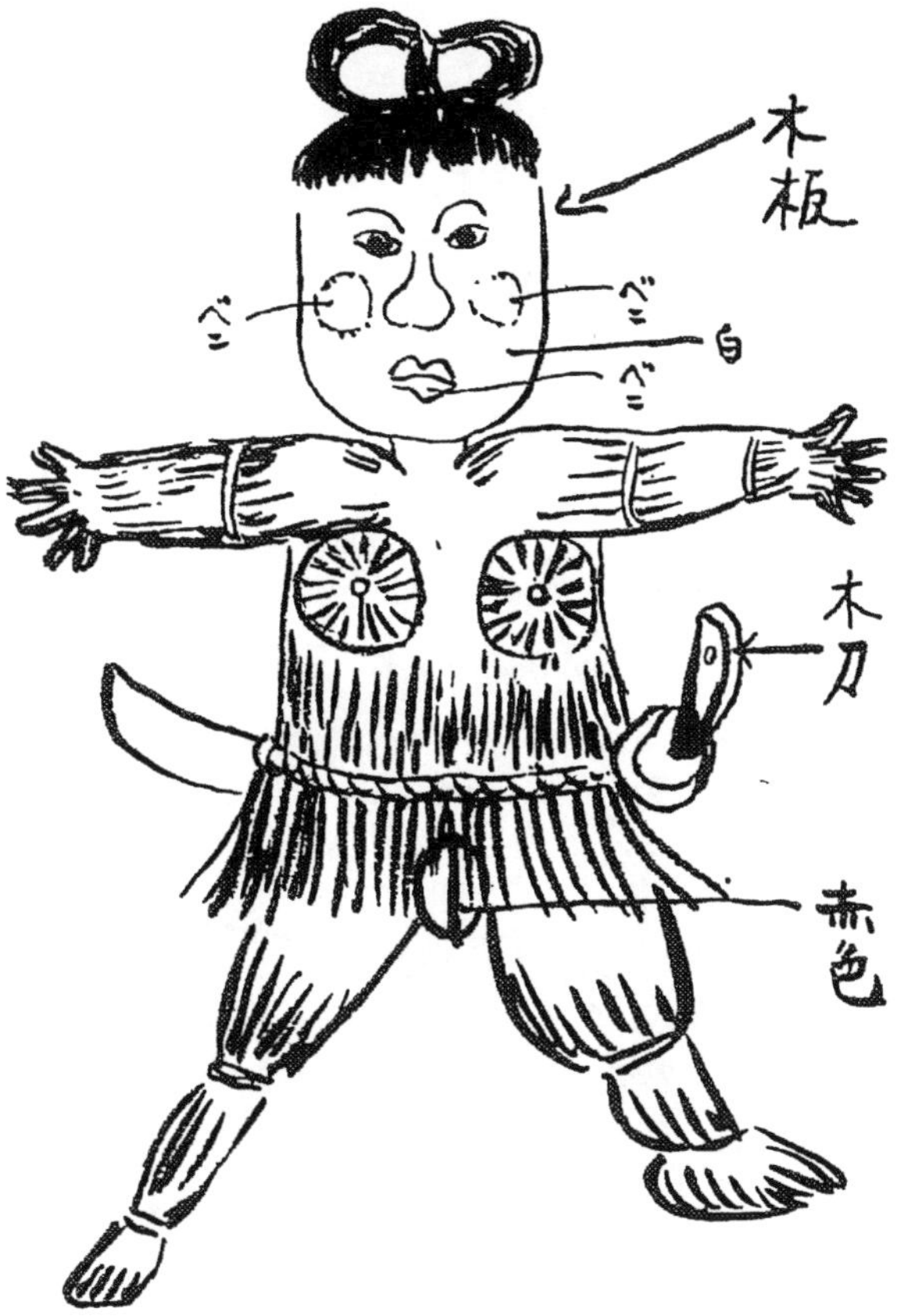

男女二人を作り、頭部と劍とたけが木の板で作るやうです。

藁製であり、手が開いてあること乳房、女陰が大きい。或は胴に、杉の葉をつけ足を前へなげ出してゐるさうです。

現在、長木村では全部木でつくり、藁の注連を腰にまかせ、木刀をさして立たせてある。

山田村では藁の身體に木板の頭、男は向卷きに卷いて、足は前へなげ出しの形であると（四五年前見たところ）。

祀り方は、春の初めに、吉日をえらび、この偶像を村中を持ちあるく。これは男たちがするので、酒に醉つて騷ぐさうです。惡病流行のときには女や小兒らが、この土人さまの前で百萬遍をするのです。

杉の葉を胴につける話は小林氏はしませんでしたが、二井田村で、老婆の話しでは、杉の葉を着せたと云つてゐました。

昔し、釋迦内村の山田では、見上げるほど大きな土人さまがあつたさうですが巡査が破つたさうで、二十年前にはその大つきな頭が寺のわきに放りぱなしであつたと云つてゐました。から、現在は作らないのかも知れません。

能代方面では、昔、仁王様に作つてゐたようです。顔も手足も眞赤だつたさうです（祖母の話）。

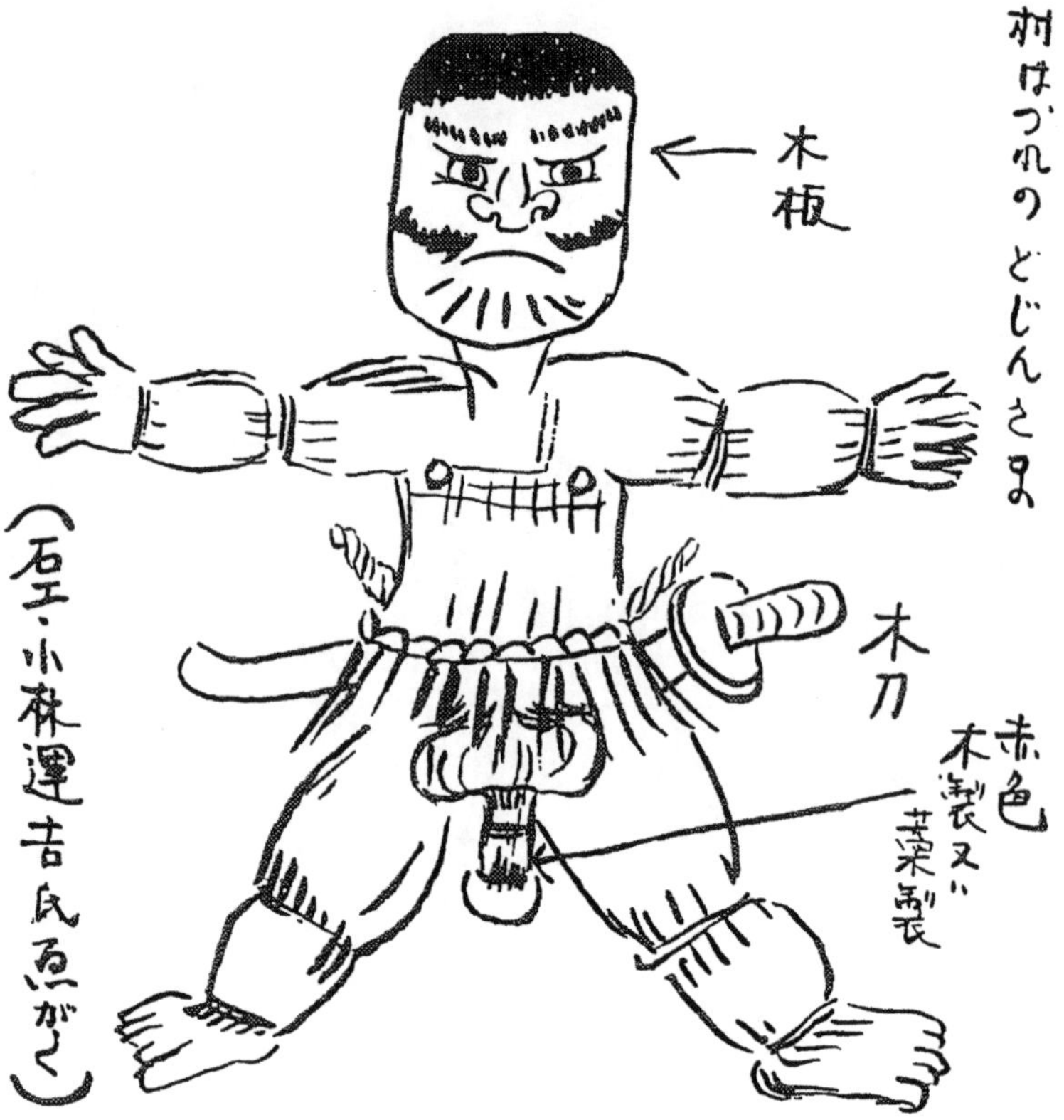

十七、片山の古四王さま

大館町から人家つゞきで片山といふ村へ行く、神主も定つてゐないほどの神社ではあるが祭典のときには遠くから人が集つて、非常にさかる神社です。そこには、胡瓜から蛇が出てくるところのゑ馬式の額を納めてあるのです。又八月十六日の祭典の日行つてみましたら、胡瓜が澤山あげられてあるのです。神官に問ひますと、スサノオノ命が嶋流しになつたとき半分の胡瓜が流れて來た。その胡瓜の舟にのつて歸つて來たと云ふのです。これは一般に八坂神社についた傳説かも知れませんが、私は深く氣にも止めなかつたのです。が大館町の人からきいた話に、この社の下を流れてゐる長木川の上流（東方にあたる）から胡瓜が流れて來て、その中にゐた蛇を、ここに祀つたものだと言つて、上納の額のゑを説明してくれました。（胡瓜だけの額もあるようです）このさかり（祭禮《マツリ》のこと、村人は御社禮《ゴシャレイ》とも云ひます）には草刈ずまふが立ちます。そして、老人の話では、この草かりずもうに、强い若者が出てくるさうです。その見知らぬ若者には誰も勝てない。それは社の裏の大木の洞から出てくる神さまだらうと云ひます。」その大木にはシメがまわされてゐます。

十八、油あげにされるおそうぜんさま

大館町上町平常院におそうぜんさまといふ荒神さまがあつた。祭日には油上ゲの鐵鍋で、油の中で尊像を煮るとつたへられてゐる、一般には尊像はみてはならぬとつたへられてゐる。むかし、神代に、この神が妻を娶つたが、氣が荒くて、劍をその女のまわりにつきさし立てゝ、人を近づけなかつたと。念ずれば、その人の襟下を歩くさうです。

十九、きのみやさま

扇田町に、きのみやさまが道ばたにある。高い石の塔の上にゐられる。

火事の豫言をするといふうはさが、時々立つ。そして火事の前には、きのみやさまが白馬にのつて町を走つてゆくと言はれてゐる。

これはあたごさまで、酒を禁ずる。又精進料理でお祭りをする。

二十、大《で》師《し》講《こ》

この地方で、でしこは、きつと、でしこ吹雪《フキ》と云つて、荒れるものと考へる。母は、それが、神さまのかへる足あとだと云つてきかせてくれた。臺所の戸棚の上に、佛前の蠟燭立てが飾られ、燈明《アカシ》がともされる。おみきがそなへらる。そして、初めのでしこの日は四日、小豆がゆ、次は十四日、赤飯、三番目の廿四日にはあん餅が供へられる。箸は、よしの大へんに長いものを一對づゝそへてある。母や祖母の話しでは、

でしこさまは、初め子供が多かつた上に貧乏だつた。それで、しかた無く、小豆粥をたべさせた。澤山の子供なので長い箸で、あづかつた（箸をとつて食はせてくれること）、だん〱子供が大きくなつて働らいたので、赤飯の御馳走をした。子供が、益々大きくなり、大人になつたので、金持となり毎日餅ばかり食つたと。

でしこさまは女か男か、さつぱりわかりません。この日は、でしこさまの訪れる日なので、でしこぶきが吹き、それが神さまの足の音だと言ふことです。

この箸を、春まで取つてをき、苗代の中央にさすと蟲よけになると云つてゐる百姓もあつた。

長崎縣五島の奇習と傳說

一一〇

田島健

まへがき

——名産・鰯——と、西鶴が諸國土産に書いた程、鰯と結び付けては古くから知られてゐる五島であるが、その癖、土地の名としてだけ取り出して來ると、佐渡や大島や壹岐・對馬程には一般化してない五島である。さうかと思ふと、萬葉集でも讀む人には、「みゝらくの島」として古くから知られてゐる五島である。遣唐使の船が、長い長い航海を續けた後で、この島にたどりついて初めて大和言葉を聞いて耳を樂しましめたと言ふのである。今も三井樂(最近まで三々樂)・唐船浦《トウセンナ》・頓泊《トントマリ》等の地名が殘つてゐる。

是程に大昔から日本《ヤマト》の國の一部であり、大和民族が住んでゐた場所ではあるが、何分にも地勢的に非常に不便な處にある。長崎の西五十餘浬、長崎から汽船に乘つてこゝの首府福江までは六時間もかゝる、臺灣を除いたら此處より西には日本はない。見わたす限り唯、漂渺たる東支那海である。

斯うした處だけに、文化的には相當おくれてゐる。明治も半頃になつて漸く汽船が通ひはじめ、中學校や女學校も出來、最近では島の中の交通機關に自動車が使はれるやうにもなつたにはなつたが、それでもまだ、古い時代からの風俗、習慣、傳說は、昔のまゝで島の何處、此處に殘つてゐる。以下述べるのはその一部である。地域的には、若松島・中通島《ナカドウリ》・奈良尾島・久賀島《ヒサカ》・福江島と、東北から西南に五つ列んだ列島の——五島の名はこゝから出た。この外に、人の住んでゐる、小さい島が幾つかある。椛島・嵯峨島・黄島・赤島等である——中の、福江島だけに殆ど限られてゐる。而も、その福江島の中でさへ、全部には渉つてゐない。福江島九ケ町村の中僅かに、福江・本山・崎山の三ケ町村だけに過ぎない。他の村々、他の島々に就いては、他日を期する積りである。唯、聯絡のあるもので見ひ出したものは、今、一緒に述べる。

1 長手おとや

――今夜ァ長手ンおとやチタ。アガタ見ぎャ行コじャン。

――おお、さうタイ。今日ヘ二十三日じャもンのネ

と言うやうな會話を、本山・福江邊りの野良歸りの青年が取りかはしてゐる。霜月二十三日である。米も俵につめてしまつた。甘藷《いも》も「いもがま」（床下を深く掘つてこしらへてある）に納ひ終へた。當分、農家はひまになる。霜月の二十三日が、さればとて、どうして特に決められたのかは知らないが、此の日を此處では特に「おとや」と言ふ。此處とは崎山村長手鄉である。此處以外には、五島の中でも行はれない。

未婚の青年男女に限る。村でも一番の大きな家を借りて、男側から酒を、女側から料理を持ち寄つて、一晩中「さかもり」をやる。

――長手おとやは二十三日

酒は粟の酒、肴は粟の餅――

と言ふ唄があるが、事實、酒と言つても料理と言つても極めて簡素なもので、料理は大概は此頃は駄菓子である。それでも、彼等及び彼女等には、一年に唯の一度の、公然と許された社交的歡樂日であつて、やすチックで頭髮を光らせた彼氏と、やすオシロイでメーキアップした彼女氏とが、人目を忍ぶ仲となる契機が作られる日なのである。他村の青年達が――今夜は長手のおとやだ相だ。諸君、見に行かうではないか――と、誘ひ合せて出かけるのは、自分達も俥手を求めて、その宴會のメンバーに加はり、あはよくば、集つた右レデイ達の中から戀のパートナーを獲得しやうと言ふのである。

2 とまり宿

之は近年、次第に少くなりつゝある、だがまだ〳〵各所に存在する。

夫婦で割に大きな家を持つてゐるとか、老人夫婦切りしかゐないとか言ふ家が特に撰ばれて、そこに結婚してもいゝ年

齢に達した男女が、各々莚一枚とドテラに枕を持つて出かけて行く。人數に制限はない。野良の仕事を終へ、沖の仕事から歸つて來て、晩飯がすみ、風呂にでも入ると、銘々のとまり宿へと出かけて行く。誰が誰の女で、誰が誰の男と言ふ決りはない。多數の男が多數の女と同室に、枕を並べ、足を交へて夢てゐる中に、何時かAはA′と出來、BはB′と投合する。本人達が、この人とならば、家を持つてもいゝといふ決心がつくと、相宿の者や、若者頭と言ふやうな人望のある人達が、双方の親にはかつて結婚させる。他の男も、他の女も、それに異議を申立てることは出來ない。

だが、斯うして結ばれると、時に、親の氣に入らない嫁をもらつたり、親の氣に入らない家に嫁いだりすることが、まゝある。又、花柳病傳播の機會を多く造る。そんな理由から、警察、役場、學校等で、出來るだけ少くしようと教化してゐる。だが絕滅までには、尙、相當の年月を要するだらうと思はれる。

3 鯨の信心

正しくはゴンドウ鯨・俗に五島鯨も、鰯と等しく古くから知られてゐる特產だが、此の鯨を取るのに、上り鯨は取らないと言ふ習慣がある。上り鯨とは、北から南に泳いでゐる時を言ふ。それは、この鯨が西の高野に參拜する途中だからといふのである。玉の浦村大寶といふ鄕に、俗に西の高野と言はれてゐる名刹《サツ》がある、正しい名は西寶寺だつたと憶えてゐる。本體は、淺草の觀音樣と同じ一寸八分の金の觀世音菩薩だ相だが、如何なる理由からか西の高野と呼ばれてゐる。五島鯨が、此の名刹に參拜するために、北の方から、はる〴〵游いで來るのだと言ふ。捕へに行くと、西の高野に參つて來るまで助けて置いて吳れと、さめ〴〵泣くと、土地の漁士は語り傳へてゐるが、捕鯨會社が出來てからは、そんな迷信は無視されたらうと思はれる。

4 七草とおんのめ

正月七日に七草粥をたべることは何もこゝだけではない。だが、その粥に入れる七草を、六日の晩に用意するのに、大變、變つた儀式がある。六日の夜の子の刻を廻ると、沐浴齋戒して、紋服をつけたその家の主人が、この邊で橫座と稱する爐《ゐろり》の端《はた》の正座（主人の座）に坐つて、新しい俎に七草を並べ、新しい庖丁を、兩手に持つて、

——唐《トゥ》の鳥と
日本の鳥と
渡らぬさきの
七草八草 ——

といふ呪文のやうな文句を唱へながら、カンカタ、カンカタと拍子をとつて、たゝくのである。文句の意味がどういふ譯か知らないが、毎年正月七日には之が行はれる。

「おんのめ」は、その部落の氏神の社前で行はれる。松がとれると、使つて置いた門松は殘らず神社に持つて行く。その上、更に、孟宗竹の大きいのを、二三日前に伐り出して、それを、適當の長さに切つて置く。六日の子の刻を過ぎると直ぐに、この門松の廢物に火をつける。竹はその火の中に、時々投げ込む。すると、生のことだから、大きな音を立てゝ、ボーンと破裂する。その度毎に、

——おーんのめー
けたろがづべー

と、はやすのである。之も意味はわからない。斯うして燃すことを、おんのめをたくと言ふ。

家々からは、この火を一つづつもらひに來る。この火で、その朝の、カマドの火をたきつける。

又、家々からは、神棚に供へた鏡餅を一個づつ持つて行く。それを、おんのめの火で燒く。唯、焦がしたゞけでいゝのである。それを持ち返つて、七草粥の中に入れて食ふ。

5 尻打ち、蹴まり

正月十五日に、宮中の女官達が、粥の木を持つてゐて、不意に、他人の背後から尻を打つと言ふ習慣が、枕草紙のはじめの方に出てゐたと思ふ。この實に古い習慣が、五島に殘つてゐる。誰でもかまはぬ。油斷を見すましては毆りつけるのである。場所が尻であるだけにナンセンス味が多い。たゝかれるのは、どうしても若い女が多い。時に、この邊でミソコ

シと言つてゐる小さなざるをお尻にあてて、使ひになど走つてゐる若い女を見かけることがあるが、これも、福江の町などでは、もう余り見かけなくなつた。

崎山村に行くと、之が甚だ變つてゐる。老若男女、貴賤貧富の別はない。男と言ふ男を見つけ次第に、女がたゝくのである。それも、唯一つたゝいて逃げるといふ單純なものではない、大勢で取りかこんで、平手で、ピシヤピシヤたゝいた揚句に、ワツショイ〱と胴上げするのである。而も男は、この日だけは、絕對に抵抗出來ないのだから悲慘である。惡意や憎しみがある譯でなく、幾分、エロ的な興奮を交へながら、何處にかくれてゐやうとも、相手が若くて奇麗であればある程、是非共さがし出して來て揉みに揉む。苦しい待遇だが、苦しめられれば苦しめられる程、その人の人氣高さを表現するので、いぢめられながらも得意を感じて自ら慰める。

「蹴まり」も正月十五日に行はれる。本山村の小尾田。福江町の大津が一番盛んである。まりは、稻の藁をなうて拵らへる、直徑一尺五寸から二尺位のもの。之を、村の廣場で、全部落の青年が二手に別れて、蹴合ひする。而も、褌一つの全裸である。筋骨たくましい若者達が、文字通りに肉彈相うつ狀景は、見る者をして思はず快哉を叫ばしめる。唯、往々にして、血の雨の降る大喧嘩を惹起することがある。之は甚だ困つたことだが、喧嘩は絕對にその場限りと極つてゐる。後まで持ち越すことは絕對に許されないし、又、ありもしない。

6　ハッヂタッ

五島の言葉は一般に促音が多い。「何《ナン》ばすッとか、どけいッとか」（何をするのか、どこへいくのか）の類である。ハッヂタッも亦、之で、正しくは、初朔日《はつついたち》であらう。舊曆二月一日のことである。この日、何處でも團子《ダゴ》を作る。原料は米の粉で、之も昔は、自分の家でハタいたものであるが――ハタクとは臼でついて、篩《フルイ》にかけること――今は略して食料品店から買ふ。それを三色の團子《ダゴ》にする。白・黑・黃の三種で、白のそのまゝ、黑はアンコ、黃は豆の粉をまぶす。黃團子《キダゴ》、黑團子《ダゴ》、白團子《ダゴ》と言ふ。之を一紐にして白箸にさす。そして、家中の、ありとあらゆる隅角《よすみ》に立てゝ置く、家の神々にまつるらしい。

午後にもなると、學校などに行つてゐた子供達が歸つて來る。そして、三人、四人と手をつなぎ合つて、
――鬪子《タコ》さそ、こさそ
と唱ひながら、何處の家でも構はないで取つて歩くのである。無くなると後から、代りを立てて置いて呉れる。子供達には樂しい一日である。

7 凧とバラモン

舊暦三月には凧合戰がある。之は長崎市にも行はれることで、永見徳太郎氏も書かれてゐた。菱形の凧に二本の糸でネンキ（根つけ?）をつけて、それにビイドロ（硝子の粉を飯粒、又は餅を煮たものでこねてある）をひいた糸を何百尺とつける。そうしてそれを他の凧と掛け合はすのである。糸が切れた方が負けになる。郊外の廣場や畑の中に、重詰め辨當を持つて行つて、酒を飲み、料理を食ひながら、或は戰ひ、或は見物する。三月四日と五日が當日で、その前後にも、やるにはやるが辨當まで持ち出さない。

長崎にもない凧は、バラモンである。大きさは、普通のもので疊三枚位、それ以上のものも、以下のものもあるが、以下のものは極く少い。蟬のやうな恰好と言つたら、稍々近く表現してゐるかも知れない。牙をむき出した眞紅な顏の鬼が、鎧冑に身をかためた繪が書いてある。冑の角の代りには、弓形のうなりをつけてある。二丈から三丈もの長い藁繩の尾を引いた何十と云ふこのバラモンが、鬼岳火山脈の圓い土饅頭のやうな山々を背景にして、春の日永を、身動きもしないで唸り暮らしてゐる風景は此處以外では見られないだらう變つた景色である。之には別段、決つた日はない。天氣さえよければ幾日でも、唯、ワーンワーンと唸らせて置く。人がついてゐなくても落ちる氣遣ひもないので、家の柱や庭の椿の木に結えて置く。魔拂ひの意味があるとも言ふが、それは果してどうだか?

8 平家崎と六《ム》方《カタ》

福江町の北隣の粂浦村に通ずる縣道を二十町許り行つた右側に、二合目位まで地殼の岩肌を露出した、さゝやかな山がある。その岩肌の西北隅に、赤松のこんもり生えた一角があつて、此處を土地の人は平家崎と言つてゐる。平家崎のすぐ

長崎縣五島の奇習と傳說（田島）

下は此の邊りでは珍しい眞白の廣い砂濱だが、此の砂濱を六方の濱と言つて、濱の背後の山とが接續する裾の一線に、たつた六戸切りの六方の部落が存在する。六方の部落は、土地の古老の話に依れば、もう何百年も昔から、今の通りに六戸切りであつた相だ。之に就いての傳說がある。

——征夷將軍頼朝公が平家を西海に追ひ落して、鎌倉に幕府を開いたばかりの頃でありました。何處からともなくこの山裾に落ちて來た一族は、確かに平家の落人と思はれました。彼等は此處ならばと思つたのでせう、邊りを切り開いて田畑を作り、海邊に出ては魚介を捕へて、余生を靜かに送らうとしてゐました。だが鎌倉では平家追討の手をゆるめません。諸國には守護、地頭などが新たに置かれ、關係者は一人殘らず捕へよとの嚴しい院宣さへ出されました。其處も亦、彼等に安全な場所ではなかつたのです。或日、前から其處にゐた漁夫の一人が訴人しました。落人達は時を移さず捕へられました。そして、その場で斬られました。その時、彼等の中の一人は、部落の人の無慈悲を恨んで、今後永遠に、この部落を今より繁榮はさせないであらうと言ひました。その時の部落の家數が六軒で、それ以來一戸も殖えない相です——

私達が子供の時分、土地の老人に聞いた處は右の通りだつた。平家崎はその落人のゐた處で、その松林の中に、碑面の文字もわからぬ程の古い墓石が四、五基あるのは、斬られた人達の墓だと言ふ。

之に似た話が椛島にもある。椛島は福江の東北八浬余の海上にある周圍三里余の小さな島だ。

9　弘法大師と大豆

椛島には大豆が出來ない。土地が大豆に適しないから出來ないのか、出來ないから初めから作らないのか、その因果關係はわからないが、土地の人達は、弘法大師のお恨みで大豆が一切出來ないのだと言つてゐる。

之も大昔のことだつた。一人の旅僧がやつて來て、向ふの島まで渡してくれと、村の百姓の一人に頼んだ。百姓は大豆を取り入れてゐた。「何言つてやがんだい、この忙しいのに——」と、劍もほろろにことはつた。旅僧はニヤリと笑ひながら、

「おゝ——大變な挨拶だね、

來年から、此處の土地には大豆が出來ないだらうよ」
と、嫌味な言葉を殘して立ち去つた。此の旅僧弘法大師であつたので、翌年からは言葉通りに大豆は一粒も實らなかつたと言ふ。

弘法大師も隨分、罪なことをしたものだ。

こゝには、もう一つ面白いものがある。それは「弘法樣のガンギ」と言はれるものだ。ガンギとは石段の方言だが――椛島の東海岸、芦の浦と呼ばれる小灣曲の裏山は海から直ぐに突出した、海拔百尺位の鷹之巣山である。海に臨んだ部分は絶壁も絶壁、實に物凄い絶壁である。この絶壁面に、「弘法樣のガンギ」があるのである。遙か上の方の一角に、石の地藏の岩屋があつて、その岩屋の正面から、數十尺の水面の、もつと下まで、幅一尺位の石段が、見事に刻みつけられてあるのである。昔、弘法大師が修業してゐた時、あたりを淸めるための海水を汲みに、上下するべく作つたものだと言ふ。舟から眼鏡を用ゐれば、石の地藏を見ることが出來る。

10 いはひましよ

椛島に就いて、今一つ思ひ出したから序に述べる。それは「ゐのこのいはひましよ」である。椛島と言つても、その中の伊福貴《イフキ》と言ふ部落だけにある習慣である。

舊の十月の初の亥《ゐ》の日を「ゐのこ」と稱して祝ふのは、五島一圓の習はしである。福江の町では、おこはをこしらへて、それを一升桝に盛り、柳の枝でこしらへた、一尺二寸の白箸を載せて神棚にまつる。神棚からおろしたおこはは、その箸を使つて、家の主人から家内一同に分配する。之を「ゐのこの餅」と言ふ。

――ゐのこの餅を食つたから、幾つになつた

と、自分の年を數えて子供達は喜ぶ。

伊福貴の「いはひましよ」は、この晩に行はれる。村の唄自慢の靑年達が、四人か五人かで一組を作る。一組の人達は、手頃な石を二つ持つ、漬物のおもしに使ふ位の石である。そこで彼等は目指した家の門口に行く。そして「いはひましよ

！」と怒鳴り乍ら、石を地面に、ドンと置く。音を聞き付けた內の人は、「あゝ有り難う！」と答へる。すると彼等は唄ひ出す。

——祝ひ目出たの若松さまよ
　枝もさかゆる葉も茂る
　　エートン・エートン

このエートン・エートンの處で、一つの石を下にして、一つの石で、トン・トンと打つ。

——此處のかゝさんは何時來て見ても
　茜だすきで金はかる
　　エートン・エートン

こんな唄を幾つか唄つて、幾らかの祝儀か御馳走を貰つて、次から次へと夜の更けるまで祝つて歩く。

11　ヤンシヤンドン・綱引

福江の大津にある八幡神社では五月五日に「やぶさめ」が行はれる。之を土地ではヤンシヤンドンと言ふ。水干・立烏帽子の若武者が、馬場の片側に立て並べた幾本かの扇形の的を疾驅する馬の上から次々と射て行く。隨分、古風な神事である。

之が終ると綱引である。直徑二寸もある大綱を大津鄕の青年が總出で引き合ふ。その盛なこと、前の蹴まりと匹敵する。

この綱引は、崎山村の白濱神社の祭にも行はれる。

12　もゝて祭

舊十一月の十五日だつたと記憶してゐる。村のあらゆる老若が、そしてあらゆる男女が、自分の持つてゐる中の一番の晴着を着て、その他のいゝ着物は持つてゐるだけ肩にかけて神詣りをするのが、このもゝて祭である。處は崎山村の崎山鄕。その他の處にはない。

而も彼等が社前で禮拜する時の恰好が變つてゐる。先づ着物の兩袖口をそれ〲の手で持つて、裃を着たやうな形をする。次に右腕を胸に抱き、その上から左腕を重ねる。そこで初めて頭を下げる、神樣に自分の衣裝の立派さを見せるのであらう。誰も誰もいとも眞面目に取りすましてゐるのが、他鄕のものには滑稽である。

13 センダタキ

——今夜ァセンダタキじやて、みんな出てくだはれちたァ

もう一ケ月以上も雨が降らない。田の面には龜裂が出來る。植ゑた稻の苗はしほれて來る。こんな時には、きまつて、こんな風な布令《フレ》が廻る。その夜は、各戶から必ず一人以上の人が出て、手に手に麥藁一束を携えて、福江・本山・大濱・崎山の四ケ町村に誇る鬼岳へ登る。その頂きは、木の一本もない廣場である。こゝで彼等は持つて來た麥藁を山と積んで燃し始める。一方では神官が雨乞ひの祝詞をあげる。センダタキは多分、千朶焚きであらう。今は死火山となつてゐる鬼岳が、火をふいてゐる頃は、斯うもあつたらうかと思ふ位、災々と、更に燃し續ける。

何時の頃から始まつたものかはわからないが、如何にも科學的な雨乞ひではないか、今だに牛《ウシ》と人間とが同じ家の中に、幅一間か一間半の土間を隔てゝ住んでゐる五島の農民も、藤原博士を撞着たらしめる程の叡智を祖先に持つてゐた譯だ。

14 チャンココ

これも私達が忘れることの出來ない夏の一風物である。私達五島の出身者は、是非、トーキーにとつて置き度いと思つてゐる。それが踊りであるだけに、そして、何處にもある盆踊りなどゝ、凡そ類を異にする踊りであるだけに、私は、之を說明するのに甚だ困難を感ずる。踊りを踊ると言はないで「チャンココを打つ」と言ふのも風變りだ。

チャンココが打たれるのは、盆の十五日十六日だけである。打つのは、大津・崎山・大濱等の、皆、農村の子弟である。年齡は十五、六から二十前後まで、男子に限る。人數に制限は無いけれども、普通十人から二十人位が一組を拵らへてゐる。この外に、「おもがね打ち」と呼ばれる、そこの故老が二人つく。

先づ演ずる若者達の扮裝を說明しよう。頭には花笠をかぶる。車輪型に組んだ竹の骨に一枚、紙を張つてある。その周圍には眞赤な木綿の、幅三寸位の布を垂らす。笠の前側に造花をつける、造花と言つても極めて簡單で、東京の祭禮の時、軒に提燈と一緒につるす、あれである。その造花を、ピラミツド型に取りつける。內側に紐をつけて顎の下に結びつける。體に着るものは純白の肌襦袢一枚。腰には棕梠の葉で編んだ腰蓑を卷く。足は素足に、足中と呼ぶ、向ふ鼻緒を角《ツノ》結びにした草履をはく。そして肩から太鼓をさげる。この太鼓が又、變つてゐる。胴は必ず桶胴である。張つてあるのは皮ではない。ブリキ板である。だから、打つても、ガチヤ、ガチヤとしか音はせぬ。

こんないでたちの若者達は、「おもがね打ち」の合圖で圓陣を作る。寺の佛壇の前にある雲盤《ウンバン》とか言ふ鉦を、カン・カン・カン・カンと調子無しに連續的に打ち鳴らすだけの合圖である。圓陣を作つた若者達は右手を頭の高さに差しあげ、左手を腰にあて丶、稍前かゞみになりながら、何か傾聽するやうな恰好をする。そこで「主鉦打ち」は唄ひ初める。錆びた錆びた聲を以て、長く、長く引き乍ら、

――オーモーオ・オモーンデ――

こゝでカン・カン・カンと鉦を打つ、若者達も之に合せて太皷を打ちながら、サ・サ・サと三歩退いて背後向になり、更に初めの傾聽の姿勢を取る。これを繰り返すこと約十回、(正確な回數は知らない)すると、「主鉦」の唄の文句も、鉦の調子も前とは、まるで變つた輕快なリズムで交互に唄ふ。

――オダァイミヨーデ――

――オダァイミヨーデ――

――オダァイミヨーデ――

鉦は平板な四拍子で打ち續ける、

こゝへ來ると若者達は、自分達で

――サ・サ・エイ・サ・エイ

——サ・サ・エイ・サ・エイ

と言ふ囃子を入れながら、太鼓を兩手で打ち乍ら、或は開き、或は閉ぢ、或は進み、或は退き、勇壯、活潑に亂舞する。一節終れば初めに返る。之を數回繰り返へして、一回の踊りが濟むのである。

恐らくは南洋系統のものででもあらうか。領主五島家の第一代の殿樣が、五島に封ぜられて來た時に、この踊りを賞覽あつたと記錄にあると言ふから、そしてそれが約五百年も前のことであるから、可なりに古い踊りであるに違ひない。唄の文句の、全然、意味がわからないのも、興味がある。

結び

私は、以上の外に、書きたいと思ふ幾つものものを持つてゐるが、初めに言つたやうに他の機會に讓ることにする。唯、私は私が單に事實を事實としてしか述べ得ないことを殘念に思ふ。橋浦泰雄氏が幾らか研究的に見て來てはゐられないか。若し、調べておいでになるならば、何時か發表して頂き度いと思ふ。

茨木神社の輪くゞりの神事

肥後和男

私などは關東の一隅に生れて、田野の間に人となつたものであるが、今この畿內に住んでみると、種々の雅かな行事が昔の通りに行はれてゐて、流石に古い土地であることを、鄕里の單調な生活に比べて思ひ知るのである。先日大阪府三島郡茨木町の茨木神社で見た六月祓などもその一つであり、この土地の人にとつては格別珍らしいことではないかも知れないが、私としては少からず興味があつたから迷惑を顧ずその一斑を叙する事とする。

茨木驛から東へ數町行くと、茨木川がほゞ北から南へ流れてゐる。その高い堤防の東側に沿ふて南北に長い社地があり、境内には二三百年も經つかと思はれる松の古木などもあつて、社殿は近年のものながらやゝ神さびた趣を示してゐる。入口の鳥居に揭げられた額には、天石門別神社・茨木神社と二の社名を並べて書いてあつた。事實この同一境内に、鄕社天石門別神社と鄕社茨木神社とが相並んで鎭座してゐるのである。前者は式内の古社で天石門別命を祀り、後者は由來不明であるが、現在の祭神は建速素盞嗚尊を主とし、これに配するに天兒屋根命・譽田別命を以てしてゐる。社殿からいへば、茨木神社が大きく正面に控えて境内の中心をなし、天石門別神社はその背後に從屬的な姿を小さな社殿に示してゐる。この兩社が本來いかなる關係にあるのか、確かなことは誰も知らないのであるが、假に說を立てゝ見ると、古くからある石門別神社が、ところの產土神として茨木神社ともよばれるに至つて、嘗て一社たりしものが二社となつたのであるか、若しくは天石門別神社の境内に末社として早く祇園社が祀られてゐたのが、後にその方が發展して本社を壓倒してしまつたといふようなことであらう。

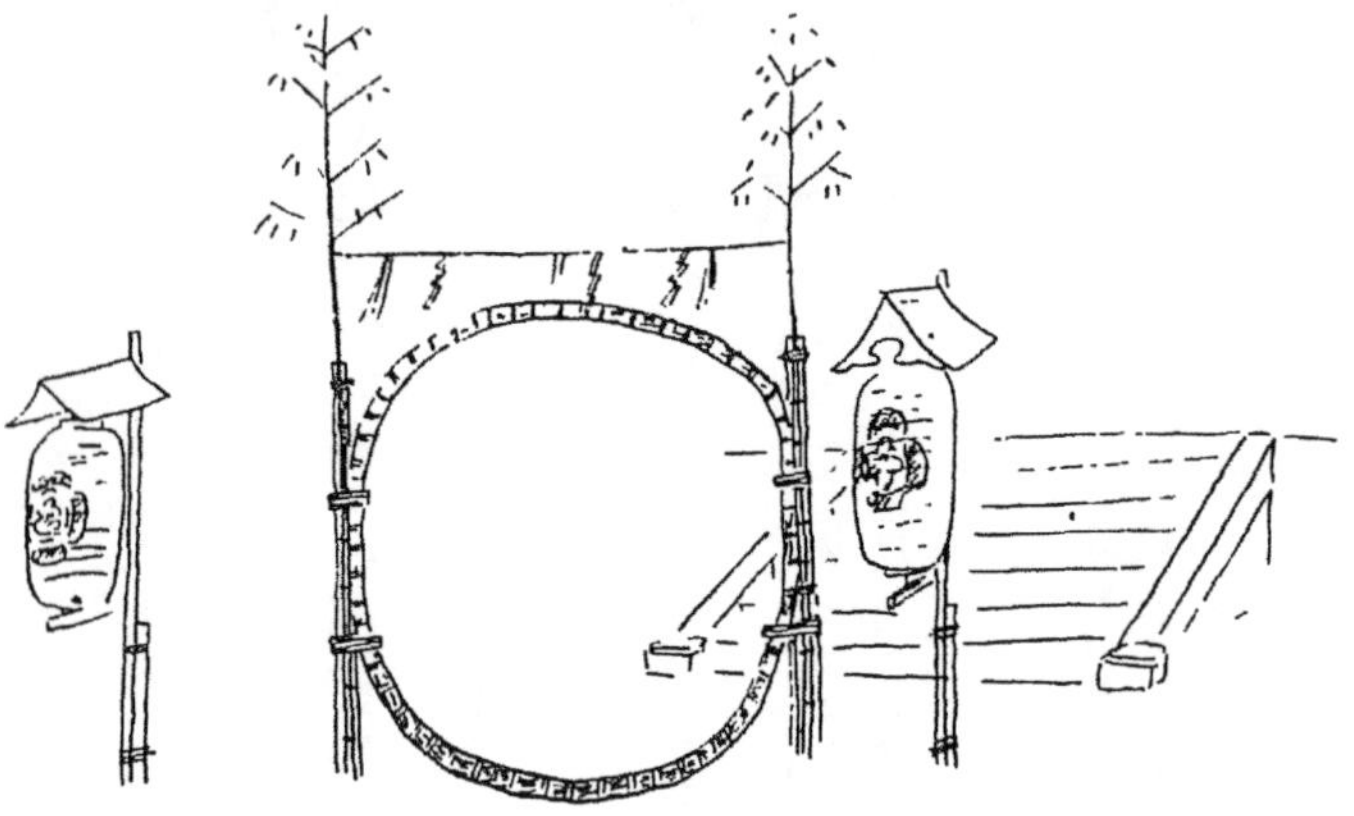

茨木神社の輪くゞりの神事（肥後）

それはとにかく、私がそこに到着したのは六月三十日の午後四時近くであつたが、拜殿の石階の前に圖の樣な茅の輪が立つて居り、その前では社人らしい人が頻りに大きな湯釜を洗つてゐたのは、つい先刻湯神樂をあげた後始末であつた。

そこで問題となるのはその茅の輪であるが、これは神社が人夫を役して作るところである。先づ竹を曲げて輪としこれに藁を捲き、更にその上を茅の葉にて蔽ひしものである。輪の周廻約一尺にして全體の徑約六尺であつた。前日これを用意し、當日午前これを立てるのであるが、先づ丈夫な杭を五尺余の間隔に於て東西に相對して打ち込み、これに一寸五分角・高さ六尺ばかりの細い柱をしばりつけ、なほ高さ一丈ほどの竹を葉つきのまゝこれに添へ、然る後茅の輪を立てゝ兩方の柱に結びつけるのである。輪の上方には竹と竹との間に一條の注連繩を張り渡してあつた。

昔は輪の上に藁人形をとりつけてあつたといふが、今は見ることを得ない。

午後五時頃、社掌岡市正人氏は四五名の氏子總代を率ゐて拜殿の前に進み祝詞を奏したる後、輪に張り渡して人の通りぬけることを禁じてあつた細繩を解き、南より北へ先づ輪をくゞれば氏子總代諸氏も順次これに倣つた。以後は一般氏子がこれをくゞるので、午後六時頃より次第にその數を增し老若男女をとはず來りくゞるのであつた。中には白いエプロンをかけたまゝの女給、乳母車に乘つたまゝの子供なども見えた。

袴をつけた社人が二人、七時半頃やつて來て拜殿に上り、燈明を献じ神饌を供へた。神饌は從前團子を用ゐて居たが岡市氏就職以後粟飯に代つたといふ。これは後述すべき素盞嗚尊の故事によつたとの事である。間もなく六人の巫女が白い着物に赤い袴でやつて來た。その中五人は十歲か十二三歲の子供であつた。岡市氏の話ではいづれも目下小學校へ通つてるものばかりで、實は昨年以來希望者を募つて養成したものだといふことで、あとの一人卽十八九になる少し目にけんはあるが顏立の整つた娘が卽彼等の師匠である。この師匠は同郡三箇牧村のもので、大阪の阿倍王子神社で修業したものださうだ。八時頃からこれらの小さい巫女達による神樂が始つたが、成程まだまだ未熟なものであつた。八時頃社掌が祓を修した。これは豫め氏子中から上つた形代に對して行はれるものであつた。これで所要の式は了つたが、なほ參詣者の希望で神樂は引つゞき行はれた。境內の雜踏も次第に加つて行つた。

私は十時五分の汽車で茨木をたつた。この夜は丁度滿月で、梅雨のうちにも似ず澄みわたつた空を高く昇つた月の美しさに、今見て來た祭りを思ひ、幾百年もの昔から、あゝした行事をつゞけて來なければならなかつた人間生活の不思議さを、いろいろと考へつゞけて居る中に京都についたのであつた。

この行事は私が今更らしく云ふまでもなく、古來或はなごしの祓とよばれて行はれつゞけられたものである。文獻的徵證も頗る多い。なごしの義については八雲御抄に「邪神をはらひなごむる祓ゆゑになごしと云也」とあるを略々當れりとすべく、或は夏越の義とするものもある。堀河院御時百首和歌の中に「八百萬神もなごしになりぬらんけふすがぬきの御祓しつれば」といふ。こゝにすがぬきとあるものが、卽茅の輪をくゞることに當る。これに關する文獻的初見を今確に云ふことは出來ないが、年中行事祕抄に「師遠記云、六月晦、祓二重服并妊者一、雖二撫物一不二菅貫一」といひ師遠は寛治頃の人であるから、平安朝中期を少しく過ぎたる頃には、明かにこの事は行はれてゐたのである。藤原忠通の詩集には六月祓と題するものがあり、その中に「林鍾晦日禊除衆〇中略未知何物號二菅貫一、結レ草如レ輪令二首蒙一」といひ、鎌倉以降の文献には例證頗る多く、「於二菅貫一者、有二月障一之人、不レ及レ之、以二衣裳一代レ之」玉葉とか「少年等菅貫雜戲」明月記とか「輪代十匹」忠富王記とかいつてゐる。然るに近世の諸書は多く茅の輪と記してゐる。例へば日次紀事に上賀茂の神事を叙して「地下人各脱二茅輪一」とし、正德年中行事には「茅がやにて作りたる大なる輪」といひ、其他の諸書概ね茅輪と記し菅貫の稱を用ふるものが少い樣に思はれる。勿論菅と茅とはその外觀相類し、支那では菅茅と稱することもあつたのであるから、これを混同したことは寧ろ當然であり、兩者の區別にさしたる意味はないと思はれる。中世以前の菅貫と記してある諸書が、多くは宮延關係のものであるとして、菅を特に宮廷乃至その周圍に於て用ひられた材料であるとすることも出來ないであらう。

輪のくゞり方についても、最初はきまつた仕方があつたわけではなからうが、漸次種々の規定が出來たらしい。例へば左の足から入て右の足から出るとか三度これを繰返すとか、人形をもつてくゞるとか、また「みなつきの名ごしのはらへする人はちとせのいのちのぶとこそきけ」といふ歌を唱へてするとかいふ類の方式が屢々文献に見えるのである。

然し、問題は何故かうした行事が行はれるかに在る。その目的は前述の歌にあるちとせのいのちをのぶることであつたとしても、茅輪をくゞることがどうしてそんな目的を遂げしめ得るか、支那などの習俗の中になにかこれを説明し得るものがあるかも知れないが、今は日本の事例によつてこれを考へて見よう。神祇提要に名越祓㡣輪を説明して「徑六尺四寸、蓋用二天二十八宿地三十六禽之合數一、蓋輪者天地未分之象也」といつてゐる。卽ちこの行事を以て、天地未分の初に參し、それによつて一切の汚濁を除去するものだといふ考へである。これはあまりに深遠な考へでこの行事の原義を示したものとは受取れない。こゝに於て古事類苑や日本百科大辭典などは、かの備後國風土記に見える素盞嗚尊の故事こそこの起源であるとする。それは釋日本紀卷七に引く逸文であり疫隅《エノクマ》國社の説明として次の如く述べてゐる。

昔、北海の武塔神が南海神の女子をよばひに出かけたが途中で日が暮れた。こゝに蘇民將來・巨旦將來といふ兄弟があり。弟巨旦は家富めるにも拘らず、物惜みして神に宿を假さなかつた。貧しき兄蘇民將來が却つてこゝろよく神を宿せしめ粟飯等を饗へ奉つた。その後、年を經て神は八柱の子をつれて再び還り來給ひ、昔日の恩に酬ひんといひて、蘇民とその女子とには茅輪を腰上に着けしめた上で、この二人を除く他の人々をことごとく疫死せしめてしまつた。そして詔り給ふには、吾は速須佐能雄神なり、後世に疫氣あらば汝蘇民將來の子孫といひて、茅輪を以て腰上に着けなば免れるであらうと。

この話は疫隅社に須佐能雄神が祀るゝに至りし理由を、說明してゐるのであらう。疫病流行の際にはこの社からそれをよける爲に茅輪を頒布するといふ樣なことがあつたかも知れない。それにしても須佐能雄神はどうして茅輪を蘇民將來に與へることが出來たのか、またこれを帶してゐるとどうして疫氣を免れることが出來るのか、その點が明かにされない限りは、この話が菅貫行事の行はれる故事を示してゐるといふだけでは少しも問題は解決されてゐないのである。從つて我々は須佐能雄神と茅輪との關係、茅輪と疫氣との關係などをもう一層考へなければならない。

吉田東伍博士は、疫隅は實は江隅の義で、地形に基く名稱であることを、その大日本地名辭書に述べてゐるが信ぜられぬ。それでは本文に疫氣の事を主にして書いてあるのが何等の意味もないことにならう。私はこれを疫神《エノカミ》の義に解したく思ふ。我々は今日神についてはカミといふ以外の發音を認めまいとする傾向があるけれども、これは恐らくは日本文化の統一以後に於てのみ見られた現象であり、それに統一されるまでには、種々の異つた音が用ゐられてゐたことは想像に難くない。言葉そのものも頗る歷史的なものであることは云ふを俟たざることである。その意味に於て私はカモ、クマ、クモ等の言葉が嘗ては我々が現今カミといふ言葉でいひあらはしてゐるのと同一の內容を有してゐたことを想ふのである。いちいちそれを論證することは今略して置くが、例へば葛木鴨・岡田鴨或は日前・沼名前などのカモ、クマはこれをカミと解して少しも支障がないと思ふ。從つて疫隅は江隅に非ずして疫神であつたことを推測するのである。

かくして須佐能雄神はこの場合恐るべき行疫神として祀られてゐる。而もこの行疫神は反面に於て疫をとゞめこれを免れしむる力を有するものであつた。これは神の本質がマナ的なものである限り極めて當然なことといふべく、この點に於

茨木神社の輪くゞりの神事（肥後）

て世人が往々素盞嗚尊がさしたる惡神でなかつたことを云はうとするのに同感し難いのである。神は恐く善惡共に働き得るものであり、善に働く力の强さは、實は惡に働く力の强さによつて計り得るものであらう。天照大神すら屢々タタリをされたことが諸書に見えてゐる。神は本來そうした矛楯の統一として存するのであつた。素盞嗚尊はその意志に從はないものをことごとく亡し得る力をもつが故に、その命に從ふものを絶對に救ひ得る力を有するのである。

茅輪は神のもつかくの如き力の象徵として與へられたものと思はれるが、輪と神とは本質的にいかなる點に於て結ばれてゐるかといふに、それは恐らくは神が蛇神であつたことに說明の根據が見出されるであらう。本誌に連載した拙稿に於ては、山の神と素盞嗚尊との關係を考へ、八岐大蛇は實に素盞嗚尊の示せる一の姿に外ならざりしことを力說したのであつた。なほ拙稿「大物主神について」史林一六ノ三は大物主神を三輪の神といふは、輪を以てその神の形が示されてゐた結果であることを推測し、その輪は卽蛇の姿であることを述べたのであつた。その際併せて大物主神が素盞嗚尊と同質の神なることに說き及んだのである。今こゝに同じく輪の神である點について兩神の關係を考へ得るのである。その輪については鹿島志に「六月晦日の夕、茅もて龍蛇の形を輪につくり」云々とあることを見ると、古人も嘗て私と同一の見解を示されたことが知られるが、これらを以てしても備後國風土記に於て神が茅の輪を與へられたのは、實に蛇身である神が己が姿のしるしとしてであつたことを想はしめるのである。この形の中に神の强い力が宿つてゐる。故にこれを身に帶するものは、あらゆる邪氣・疫氣から保護されるわけであつた。

然るに外宮神事著略には、蒭靈を茅輪にさしてこれを越ゆることを云ひ「畢テ茅輪ヲ三段ニ剪蒭靈ト共ニ豐川ニ流シ棄」とあるのは、この輪が諸人の穢を盡く吸收して、人界の遙か彼方へこれを運び去ることを意味するのであらう。風土記にいふところを、輪が將に四方より襲ひ來らんとする邪氣・疫氣を斥ける意味とすれば、これは旣に諸人の身に附著してしまつた穢を除去するものとせらるべきであり、兩者の間に多少の相違ありと見られるのである。尤も前者の場合でも罹病者もまたこれをつける事によつて病因を除かうとしたらうし、後者に於てもこれを行つた後は邪氣より一身が保護されてゐることを感じたらうからこの區別は勿論絶對的なものではあり得ない。だが日本神話の全構成の上からいへば、素盞嗚尊には後者の場合の色彩が强いように思はれる。卽ちあらゆる禍惡の原因として或はそれを負へるものとして千座置戸を科せられ、高天原より追放されるといふスケープゴートの運命がそれである。そこに人々が素盞嗚尊によつて世の穢れより免れんことを求むる理由があり、輪くゞりが尊を祀れる茨木神社の行事である所以があるのであらう。

然しこの行事は古來ことごとく素盞嗚尊に關するものとして行はれ來つたものではない。多くの人々は只慣習としてこれを繰返して來たのであり、藤原忠通は「未ㇾ知何物號二菅拔一」といひその何の意たるかを怪んだ形跡がある。これは勿論由來を忘却したのであるとも考へられるが、最も有り得べき事は、一般の蛇神信仰の一隅よりかの說話が發生したとすることであらう。この間の關係について少しく考へて見る必要がある。

その行事者達にとつてこの行事がもつ意味は直接に疑ふべからざる自明のものとして與へられる。この輪に觸れ又はこれを潜ることによつて、人生の穢が卽座に除去されることは反省を俟たずして明かなのである。そこに宗教の直接性が見られるのであるが、かかることは、この行事が社會に於ける一般的慣習となり了つた後に於てのみあり得ることであらう。最初人がかうしたものを作つた際には、何等かの意味が明かに意識されて居たに相違ない。

茨木神社の行事に於て、この輪が神社の拜殿の前に立てられてゐたことは、この輪の有するイツの根源がこの社の神に在ることを示すものである。輪そのものは一の假造物にすぎないから、それが神威あるものとされる爲には何等かこれを保證するもの卽神がなければならぬ。かくの如く輪の背後に在つてそのイツを保證するものは、究極までおしつめるならば、結局は神一般といふことにならう。それは根元的實在として、一定の形を以てしては具象し得られないものであらうが、人々はかゝる際に於て何等かの中間的存在を設定し、これによつて神を認めようとする。そこに神が一定の形を具現し來るのであるが、原始社會はかゝる中間存在を多く自然物に求める。自然崇拜はかくして起るのである。けれども、社會が發達し祭が定期的に行はれ、且これに參加するものが多くなれば、自然物の不自由さを避ける爲に、或る假造物を以てこれを象徵するに至ると思ふ。その著しき例は太陽を示すに圓鏡を以てする類であり、今問題となつて居る輪も亦この鏡とその意義を等しくするものと思はれる。その意味するところは卽蛇であらう。

茨木神社の輪くゞりの神事（肥後）

卽、人々は最初これを以て蛇を表象する明かな意識の下にこの輪を作つたことが想像されるのである。この事はわが古代信仰を研究することによつて略承認し得るところであると思はれるが、後世に於てはかゝる前段階を忘却し何とはなしに神聖なるものとしてこれを行つたのであらう。日次紀事によると貴船神社の末社に輪市明神があつて名越祓はその前で行はれたとあるが、これなどは輪そのものがイツとして祀られたのであらうか。然し貴船社は水神を祀るものでその祭神は高龗神であるとされる。それはいふまでもなく蛇神であつた。從つてその末社に輪市明神の存せしことは、偶然ではないのである。この例からでも考へられるやうに、イツを存する輪の神を派生せしむることは、敢て素盞嗚尊に限るべきではなかつたのであり、蛇神に對する廣き信仰は、至るところに輪の神を成立せしむべき可能性があつたのである。從つて備後國風土記に見ゆる說話は、この廣き一般信仰の一隅に發生せしものと見做さるべく、それを以てあらゆる場合の輪くゞりの神事に隨伴し、またしなければならなかつたものではないと考へられる。もとよりそれは素盞嗚尊に結合すべき必然性を有せしこと、この神の觀念が成立せる次第を考へれば明かではあるが、この結合は事實上に於て一般的ではなかつたと思ふ。故にこの行事を過去に於る蛇神信仰の遺影と見ることは正しいが、そのすべてを以て素盞嗚尊に歸せしめることは困難であらう。そしてこの行事が一の慣習と化し去れる後には蛇神と格別の關係なき場所に於てもなほ盛に行はれ得たものであつたらう。卽祓の儀禮のある段階に於ける一の形式として祓に伴ひ廣く行はるゝに至つたのであつた。

なほこの祓の行事中に解繩と稱するものがあつた。その次第は明かではないが案上に左繩、右繩――これは繩のなひ方による區別であらう――を置き、中臣祓を讀んで高天原の條に至つた時これを解くといひ（玉葉集）その目的は久安六年御百首に「おもふことあさぢのなはにときつけて淸き川瀨に夏ばらひしつ」とある樣に菅貫と略同一のものであつた。繩を解くといふのであるから、最初は結んであるのであらう。その由來も明かではないが、或は菅貫と同一起原のものではあるまいか。

それはとにかくとして、輪くぐりの行事に菅とが茅とかゞ用ひられたのは何故であらうか。これらは固より明瞭に云ひ得べきことではないが、假に述べて見るならば、その根の形などが蛇の姿に聯想された結果ではあるまいか。根といつても實は地下莖であるが、それは竹の地下莖と同樣に節があり長くのびるものであつた。萬葉にも菅の根のながき春日とか、菅の根の思ひみだれてとかあつて古代人の自然に對する觀察がなみなみでなかつた趣を窺ひ得るのであるが、そうしたことが多少の原因となつて菅茅と蛇とが結合したのかも知れない。日光山には有名な山菅の蛇橋といふ傳說があり、そこでも蛇と菅とが關聯して語られてゐる。茅も同樣であらう。支那には茅龍といふ言葉があつた。「策彼茅龍」などともいはれ仙人が茅の龍に騎して去つた話などが漢代の古書に見えてゐる。これなども恐らく前述の心理と同一な聯想によるものであらうか。識者の敎示を仰ぐ次第である。

後記　その後京都府久世郡當野莊村を訪ねたらそこの荒見神社では明治三十年頃まで六月十五日から三十日迄の間にこの輪くゞりが行はれて居たことを知つた。それは竹を心とし薫を捲きつけて作つたもので徑五尺ばかり、上に御幣がさしてあり、別當と稱する社附の人夫がこれを擔ひ各戶の門口を順に廻つた。すると家内中の人が出て來てこれを潜つたといふことである。

龍（長野縣上高井郡須坂町）

須坂町に臥龍山といふのがある。その昔、彼の邊一帶は海でありました。その地球の變化の爲にもち上り陸となつた。その時そこに龍が現れた。それが今の臥龍山となつたのである。

犬（長野縣小縣郡神川村國分）

犬は昔は三本足であつたそうです。それは火鉢に入れる「ごとく」といふものは「しとく」といつたさうです。昔の和尙樣の云ふ事には「鐵ビンをかけるならしとくに四本足がいらないから君の足を一本なくせば一とくあげて五とくとする」と云はれ、その時四とくは位をもらつて「五とく」になつたさうです。犬も三本足で不都合ですから、その四とくの足を一本犬にさづけたのだそうです。それで犬は一本、足をもらつたのを非常に大切に思ひ小便をする時は必ず足を上げてするのだそうです。（小泉清見）

茨木神社の輪くゞりの神事（肥後）

タスマニア人及びオーストラリア人の拾集經濟と狩獵經濟（クノー）㈡

一三〇

平野常治

七　タスマニア人の魚類食料の拋棄

オーストラリア人の生計は、本土の各部に於て、彼等の住める地域の植物性並びに動物性富源の如何に從つて、種々雜多である。然し全體としては、タスマニア人に於ける如く、彼等に於ても亦、蒐集に依つて食料の大部分が供せられると云ひ得るのである。然れどもそれと相並んで、既に狩獵が、亦オーストラリアの多くの海濱、沿海地方に於ては漁撈が、食物の重要なる部分を提供する。此に反してタスマニア人は、既に強調したる如く、魚類食料を賤んだのである。それ故に彼等は亦決して漁撈を行はなかつた。從つて亦彼等にはあらゆる漁撈に必要なる道具、即ち魚扠銛《ヤスモリ》、網、釣鉤、魚籃等がなかつた。古きも新しきもあらゆる信頼に足るべきタスマニア土人の生活方法の觀察者は、土人達は魚類を食ふことを知らないと云ふこと、而てヨーロッパ人が彼等に燒いた魚や煮た魚を與へると嫌つて突返す、と云ふ點に於て一致して居る。尤も二三のイギリスの移住者は、女子が水中で魚類を捕つて居る所を見たと語つて居るが、然し仔細に吟味して判明した所に依れば、彼等が「魚類」と云ふのは所謂貝類及び甲殼類（shellfishes）、特に蟹、蝦、及び各種の鮑の類を意味したのであつた。此等のものは內部地方の牡蠣と同樣に、土人達は好んで食つたのである。加之此等のものは或る海濱に於ては食料の主要部分を占めたのであつた。

タスマニア北部の多くの海灣、並びに前に橫たはれる島を持てる東南海岸の深き湖の如き裂け目には魚類の多大の富源が藏されて居るから、而て更に南及び西海岸の群（北部のそれは然らず）は既に、長さ約三メートルの小さな樹皮舟を沼澤植物（所謂Sumpfteebaum）の樹皮から造り、同じく又（特に西部に於て）長さ約九乃至十二メートルの木の幹を結び合せて出來上る筏舟を造る所にまで到達して居るのであるから、是の如き魚類食料を拋棄することは一層奇妙なことである。

此の如き事實から、他の民族も亦嘗てはタスマニア人の階程に立つて居たのであるから魚類をその食料に利用しなかつた、そして漁撈は彼等に於ても亦狩獵よりも遙かに後に至つて始まつたのである、と結論し得るや否や私には疑はしく思はれる。私の考によればそれは眞實らしくないではない。蓋し多分此等の民族は、タスマニア人と同じ樣に、單に粗末な石製皮剝のみを有して居り、それを以て彼等は只甚だ不完全に魚類の鱗を剝取り得るに過ぎず、尙此の階程に於ては木器や土器は知られて居ないから、魚類を煮たり料理することは不可能であるからである。されば當時の當該土人達は魚類を消えんとする薪の火の上に置いて、それから鱗や魚骨も一緒に食ひ盡すか或はそれをその度毎に吐き出すかするより外に仕方がなかつたのであらう。多分タスマニア人にとりてそれは餘りに面倒に思はれたのであらう、或は彼等は斯の如き炙つた魚類を彼等の口に適はないと思つたのであらう。か丶る推測は勿論次の如きことと對立して居る。卽ち二三の北部オーストラリアの部族は彼等が發見された當時に於て、猶、捕へた魚類を卽座に鱗の附いたまゝ、消えんとする薪の火の上に置き、それから後に鱗を剝取らんと試み、或は簡單に炙つた魚類を嚙んでそれから鱗や骨を吐き出したのである。

八　タスマニア人の野獸食料と野獸調理

植物や貝類や卵や昆虫の蒐集の外には、タスマニア人はその食料の供給を全く狩獵のみに依つて居た。彼等には弓矢や吹き管や投石器がなく、手で以て投げる投槍や投棒は通常約三十乃至四十メートルにしか達せず、而て此れ位の距離に於てすら大きな動物に致命傷を負はせることは稀であつたから。彼等の狩獵は大抵探出した野獸を包圍して巧に近寄ることであつた。それ故に亦タスマニア人に於ては決して一人單獨で狩獵することはなく、常に三人乃至五人の群の仲間と共同して行つたのである。原始的經濟階程を復原せんとする多くの試みに於て、最初原人は單獨で狩獵をなし、後に至つて小さな狩獵社會を構成したと、主張されて居る。然し此の推定は、原始の孤立人が後に次第次第に他人と結合して社會の構成、正しく云へば共同體の構成に到達したと云ふ、事實と正反對なる古い理論の遺物である。

タスマニア人に於ては若き女子も亦屢々狩獵の助けをなした、然しそれはカルダー（J. E. Calder）（タスマニア土着民族の剿滅戰及び慣習に關する若干の報告三三頁 "Some account of Wars of Extirpation and Habits of Native Tribes of Tasmania"）が詳說せる如く、單に追跡者、狩立者及び運搬者としてであつた。亦ジョン・ウェスト（John West）（タスマニア史第二卷八五頁 "History of Tasmania"）並びにジェームス・バックハウス（James Back h-ouse）（オーストラリア植民地旅行記一七八頁 "Narrative of a Visit to the Austrariau Colonies"）の云へる如く、オポッサム（一種の袋鼠）をその樹の洞孔から追出す爲めに苦心して樹に攀ぢ登ることをば、男子達は好んで女子達に委したのであつた。獲物を曳摺つて歸ることも亦同樣であつた。

食ふ爲めに食料を調理することも亦兩性間に分割されて居た。男子は通常自分達の殺した狩獵動物を自ら調理した。彼等は屢々それを共同の宿營地まで持つて行かないで、途中で火を起して其所で最も良い部分を食つてしまつた。

此に反して蜥蜴、蛇、昆虫、卵、貝類、並びに蒐集した根、果實、種子類の調理は女子の勞働範圍に屬したのであつた。

タスマニア人は水を以て料理することを全く知らなかつた、亦同樣に大きな貝殼や龜甲（木碗を彼等は全く知らなかつた）に水を充たして、その中に燒石を投込んで水を沸騰せしめる方法も知らなかつた。大きなカンガルーは皮がある爲めに屢々燒く前に小部分に切り分けたが、之に反してウォムバットや鼠カンガルーや袋鼬鼠等の如き小動物は皮の附いたまゝ消えかゝつた火の上に置いて丸燒にした、そして一個所だけが甚だしく燒け過ぎない爲めに屢々あちらこちらに向け變へた。毛を燒き棄てると直ぐに、皮を剝ぎ、腹を石小刀で切開き、內臟を指で引つ張つて取出し、それから皮を內臟と共に再び火か或は微に燃えて居る灰の上に置いて炙つたのである。それから肉を取出して細かに切り、或は石小刀で刻んだ——かくて食事の爲めの燒肉が完成した。タスマニア人は鹽を用ふることを知らなかつた、亦肉の一方が多分焼けて灰となり他方が半分しか焼けなくても、或は焼肉に灰が附着して居ても、彼等には一向差閊がなかつたのである。

同樣に亦、鳥や貝類や蛇や蜥蜴も弱い火の上か或は熱い灰の中で炙られた。球根は熱い灰の中に置かれた、然し種子は大抵焼石の上に置かれそれからその上を他の熱い石で覆はれた。

タスマニアは狩獵すべき野獸並びに食ふべき野生の果實が餘程乏しかつたにも拘らず、見受ける所土人は常に食料缺乏に惱んで居なかつた樣である。この事は、全く平坦な東北東及び南海岸には貝類や甲殼類が甚だ澤山にあつたこと、それからタスマニア人は——尤も魚類は賤んだけれども——食物に就いて全く撰り好みをしなかつたと云ふことから明となるのである。彼等は其所に『匍匐せるもの、逃げて行くもの』の殆ど總てを食つた、亦蜥蜴や蛇や蝸牛や昆虫や蛆虫を食つた。尤も時としては、例へばデヴィス（J. Davis）ジョン・ディクソン（John Dixon）、及びヘンリー・ウィドウソン（Henry Widowson）の如き多くの全く信頼に足るべき觀察者の如くに、食料は全く缺乏して居たと證明して居るものもあつた。

九　オーストラリア人の狩獵及び漁撈

オーストラリア人も今日猶一部分オーストラリアの內地に於て、同樣な放浪生活をして居る、但しオーストラリア人の群は、良い宿營地を見付けた時には屢々、一日間どころではなく一週間もの間、一つの場所に止まつて居る、特に暑い季節の間、及び土人達が漁撈及び貝類の蒐集によつて狩獵の獲物を補ひ得る樣な地方に於ては左樣である。タスマニア人と同樣にオーストラリア人も、出來得べくんば、彼等の宿舍を、飲料水を手に入れ得る樣に、貯水池や海や小川や河の直ぐ近くに選ぶ。宿營地としては、オーストラリアに於ては暑い季節に屢々半ば涸れた河や小川の岸邊に見出される所の、乾燥した砂地が好まれる、蓋し彼等の考に依れば、ばら／＼な軟い砂がよりよき休息所を提供し、加之其所は草や藪で覆はれた森林地よりも蛇や蟻やその他の動物類が少いからである。

タスマニア人と同樣に、オーストラリア人も亦放浪して行き乍ら狩をする義務がある。通常彼等は、女子や子供や最早狩獵をする能力なき老人から成る一行よりも少し離れて先に集團し、而て彼等の一人がカンガルーやワラビイ、野生のディンゴ犬、エミウ、袋狸その他の大きな動物を探出すや否や、直ちに二三人の仲間と共に狩をする。その間女子は子供と共に蹲つて居て、狩をして居る男子達が全く見えなくなるまで靜にして居る。オーストラリア人の投槍はタスマニア人のそれよりも餘り遠くへは屆かないし、又ブゥメランは直ぐに樹の枝に引つかゝつて森林の中では使用出來ないものであるから、オーストラリア人の狩獵の方法も亦、風の方向に逆らつて狩獵動物に出來得る限り近く忍び寄ることであつて、その場合屢々甚だ巧妙に葉のある樹枝を身體の前に保つて居るのである。近く寄つてから、彼等は隱れ場所から投槍又は投棒を投げて、そして動物が傷けられて後、槍や棒を持つてそれに迫るのである。地下に隱れ場所を持つて居る小動物、例へば袋狸や鼠カンガルーの如きは、大抵草を焼いて地面に追出し、それから槍で突刺し或は打ち倒すのである。

狩獵の今一つの方法、——然しそれは放浪中にではなく、宿營地から行はれる方法は、狩獵動物の水飲場になつて居る水溜りの傍の近くの隱れ場所に隱れて、其所で黎明或は黄昏の頃に動物が水を飲みに來るのを待ち、その上で獵人は動物をよく尖つた投槍で傷け、又彼等の棍棒で打倒さんとする方法である。エミウや水禽類は亦或る地方卽ち。主として北部クイーンスランドに於ては、草を編んで作つた網を張つて捕へるのである。

此の外多くの部族に於ては或る時には、草を燒いて動物を一定の方向に追ひ、そして包圍すると云ふ方法で、特にエミウ（Kasuare）に對して、追獵が催される。かゝる追獵には屢々多くの血緣關係ある群が參加する。亦單に運搬者及び探索者としてではあるが、未成年の若者や女子も助力するのである。

既に以前から、オーストラリア人は大きな四足獸の狩獵には、ヨーロッパ人に依つて輸入されて野生化した犬、就中大きな牧羊犬《シエパード》の半ば馴らされた變種たるディンゴ犬を用ひて居た。野獸を嗅ぎ出す場合や追獵の場合には此等の犬は土人達に對して大抵よく役に立つ、然し彼等は少し傷いたカンガルーを追跡するには餘り適しない、蓋しカンガルーは通常オーストラリア人が行進中作れて行く所の營養不良のディンゴ犬よりも速力が遙に凌駕して居るからである。

既に述べたる如く、オーストラリア人は次の點に於てタスマニア人よりも餘程の進歩をして居る、卽ち海濱や大河畔に住める部族は既に漁撈に移り、單に貝類のみならず魚類をも食料として利用する所まで達して居ると云ふこと此れである。此によつて多くの地方に於ては彼等の食養の範圍は全く著しく擴大されたのである。加之可成りよく發達した漁獲技術がある。卽ち魚類を單に手で捕へたり、或は水中に沈めてある木糟又は木栫を以て陸上に投出したりするのみならず、亦或るものは三四本の穂先を備へた特有の魚扠《ヤス》を以て突くのである。多くの北部部族は尙此の外に葦で編んだ小さな手網を用ふる。尙北部クイーンスランドの群には、屢々有毒なる種子を小川や沼に投込んで、それから魚類が痲痺して水面に出た時に、小さな木槽や抄網で捕へると云ふ、慣習が行はれて居る。加之、骨や木で造つた釣鉤がオーストラリア大陸の北東部及び北部の土人の間に既に用ひられて居り、實に時としては。內部地方に於ても亦北海岸に於ても、既に河や小溝の上に裝置せられる一種の粗末な魚梁或は魚梁が用ひられて居る。

良き觀察者サミユエル・ゲーソンは、特にオーストラリア人が何を食つて居るかを確證することに沒頭した。彼はそのディエリ族に關する特殊研究論文に於て、ディエリ族（クーパース灣の Coopers Creek）が食用に供するものとして。大きな狩獵動物の外に、二十三種の爬虫類。四十種の飛禽及び走禽類、十五種の水禽類、九種の昆虫類を算へ上げて居る。但し之等の「食料」の多くは、外により良きものが何物も得られない窮乏の時に於てのみ食はれるのである。

一〇　分　業

既に述べたる所から推定出來る如く、オーストラリア人に於ては、既に、食料獲得に關しては。男女兩性の間に可成り進んだ分業が——卽ち男子勞働と女子勞働との分割が、行はれて居る。それは勿論多くの部族に於ては猶確然と規定せられては居ないが、然しそれでも既に一般的に明白に現はれて居り、そして亦既に屢々重要なる慣習として行はれ、それに違反することは美風良俗に反することと認められて居る。多くのオーストラリア人の群に於ては一人の男子が貝類や球根を蒐集しようとすれば、吾々の場合に於て富裕な人が自ら臺所用前掛を掛けて臺所を掃除した場合と同樣に、嘲笑せられるであらう。

既にタスマニア人に於ても、最初の移住者及び研究者は、兩性間の或る種の分業を發見した。狩獵は一般に男子の勞働範圍に屬した。同樣に亦男子は、幼稚な武器及び狩獵道具の製作（手楔、皮剝、及び小刀として用ひらるゝ石の打ち直しも亦）並びに筏樣の沿岸航行舟の製作、及び多くの群に於ては彼等が狩り取つた大きな野獸を炙ることをも引受けた。あらゆる他の勞働、卽ち種子、根、菌、漿果並びに貝類及び甲殼類、蜥蜴、昆虫、蛆虫、卵等の蒐集、それから草や莖で編まれる袋や籠の製作、蒐集せる食料を炙つたり燒いたりすること、並びに行進の場合に僅かな家財道具や小さな子供を携帶すること、及び風避傘や幼稚な宿泊小舍を建てることは、タスマニア人に於ては、女子の勞働範圍に屬して居たのである。

食料の範圍の擴大と共に、オーストラリア大陸に於ては分業も亦擴大した。其所でも亦、狩獵並びに武器や道具の製作は男子の仕事であり、貝類、小さな爬虫類及び兩棲類、幼虫、いなご、小鳥の蒐集、特に食用に適すると認めらるゝ球根、果實、種子の蒐集は、此に反して女子の仕事である。一つの宿營地から他の宿營地への行進中に於ても、亦一定の場所に一日或は數日間滯在する場合に於ても、彼女等の蒐集行爲は殆ど終日の時間を要し、而て屢々日々の食料の大部分を供給するのである。

漁撈が此の分業を尙擴大せしめた。三叉或は四叉の魚扠《ヤス》を以て大きな魚を突刺すこと、及び釣魚も亦、大抵全然男子の勞働範圍に屬す。此に反して淺い入江に於て手で以て魚を捕へることには女子も協力する。亦これは南海岸及び南オーストラリア海岸地方に於て行はるゝ習慣であるが、海濱の水中で葉の密生せる樹枝を動かして魚類を淺い岸邊に追ひ、それから一本の樹枝か或は持つて居る淺い木槽を以て魚類を素速く陸上に投出す場合に於ても同樣である。加之小さな手綱を以てする魚獲の場合にも通常女子が助力する。反對に海濱に於て貝類や甲殼類を蒐集することは女子のみに委されて居る。然るにヴィクトリアやムレー河の下流に於て小さな淡水龜類を捕獲する場合には男女兩性が殆ど同じ程度に協力するのである。然れども大陸の北海岸及び北西海岸に於ける大海龜の捕獲は男子のみに依つて行はれる、蓋し多分此の種の龜類の捕獲は可成り困難で危險であるからであらう。

二　オーストラリア人の群に於ける食物の調理

宿營所に於ける食料の調理には男女兩性が協力するが、然し此の場合にも男子と女子とは夫々特別の勞働範圍を持つて居る。オーストラリア土人の調理方法は吾々には猶非常に幼稚に思はれるけれども、オーストラリア人の燒肉技術はタスマニア人のそれと比較すれば、非常な進歩が判るのである。實にオーストラリア人は沸騰せる湯で魚を煮ることを知らず、尙彼等は何等の種類の土器の容器をも持たない。土器製造は彼等には全く知られざる技術である。彼等は既に良き木槽と木皿を有し、そしてポリネシア人の如くに、水を充した木製の容器の中へ燒石を、その水が沸騰するに至るまで投込むことによつて、沸騰せる湯を容易に作り得るのに、それにも拘らず彼等は猶かゝる方法を採らないのである。そこで燒くことと炙ることが殘るのみである。

然し彼等は、肉や球根を單に消えんとする火の中に置く樣なことは最早しない。只彼等が途中で狩獵の獲物の一片を速に料理せんと欲する場合にのみ、彼等は猶度々此のタスマニア人の方法を用ふる。他の場合には彼等は野獸を、例へばカンガルーを次の方法で調理する。先づ彼等は手に一本の棒を用ひて地に槽形の坑を掘り、そして此の坑の中で炎々たる火を起すか、或は先づ地坑の底に澤山の、成る可く平かな石を置き、その上で木を燃やす。それから彼等は野獸を持つて來て、それが大きな動物である場合には、その毛皮を剝いでそして皮を個々の大きな部分に切り分ける。然し彼等の狩獵の獲物が小さな野獸である場合には、彼等は先づ野獸を丸で炎々と燃えて居る火の中に持つて、毛を燒き棄て、そして石或は堅い木片を以て、又は——左樣なものが近くにある場合には——乾燥せる砂を以て。それから又濕潤なる樹の葉を以て、皮を擦り落すのである。それから野獸の腹が、內臟を取出す爲めに都合よく手を入れ得る樣に、廣く縱に開かれる、そして、野獸の內部をも料理する爲めに、若干の小さな燒石が腹の中に押込まれる。それから土人はその動物を消えかゝつた火の上に直接に置くか、或は一片の樹皮又は樹枝を以て炭塊を掃ひ、坑の底に置かれた、灼熱して居る石から熱い灰を落とし、野獸又は野獸の一片を燒石の上に並べ、そしてそれを他の若干の熱い石で覆ひ、尙熱の放散を出來る限り防ぐ爲めに、屢々更にその上に若干の樹皮又は毛皮を置くのである。

或る部族は、肉類をより良く、より均等に煮る目的を以て、一層綿密な方法を執る、彼等は下の燒石層の上に直接に野獸を置かないで、その上に先づ若干の大きな濕つた葉を置き、それからその上に野獸を置き、更にその上に薄い葉或は草を重ねて置き、而て最後に全體を完全に燒石を以て覆ひ、尙屢々その上に熱い砂を散布する。此の方法に依つて坑の中に熱い蒸氣が發生し、それか野獸のあらゆる毛孔に侵入してそれを煮ることになるのである。

鳥類は通常次の樣な方法で調理せられる、卽ち粗い毛を毟り取り、細い毛は炎々たる火の上で燒き棄て、それから動物を微に燃えて居る薪の上に、又は熱灰の中に置くのである。二三の大きな動物、例へばエミウや黑鵠の場合に於てのみ、內臟を取出すが、小さな鳥の場合には內臟は腹の中に止め、一緒に燒くのである。

貝や小さな龜は全く短時間その甲殼の中で燒く。堅い鱗で覆はれて居ない小魚は大抵內臟を拔取らずに、弱い炭火の上で、或は燒石の上で燒く。

蒐集した球根や果實や漿果等の調理は一層簡單である。果實並びに種子類の大部分は生で食ふ、球根や根は大抵熱灰の中で炙り、少數の種子類は平かな石の間で磨り潰し、そして燒石の上で少量の水を加へて燒くのである。

一二　食物の禁忌

タスマニア人に於て、女子、少年及び小兒が一定の食物を食ふことを如何程まで禁ぜられて居るかを決定することは困難である。オーストラリア黑人に於ては、あらゆる成員は性及び年齡の差別なしに、同じ程度に食事に參加することは決して認容せられない。本來の狩獵の收獲は成年男子の利得であり特別の所有物と認められ、それに對しては女子、並びに、大抵の場合には狩獵にまだ參加する權利なき、卽ち未だ成年男子、戰鬪能力者の階級に入つて居ない少年は、何等の要求權を有しない。オーストラリア土人の見解に從へば、男子はその妻を扶養する義務はなく、或は一般に妻の生計に何等かの扶助をなす義務はない。男子が狩り取つた野獸は彼の所有物である。彼は欲するならば、その幾分かを彼の妻又は子供に與へるであらうし、又此のことは屢々起ることである。然し乍ら彼の妻は自分の生計の爲めに彼の狩獵の獲物の幾分かを要求する權利はない。此の點に於てはオーストラリア人の群に於て今日猶、全く嘗てタスマニア人に於て行はれたと同一の見解が行はれて居るのである。女子は只自分自身で蒐集した食物に對してのみ要求權を有する、而もその內で彼女等に屬するのは只彼女等が自分自身並びに子供等の生活維持に要する部分のみであつて、その他の部分に對しては男子が要求權を有し、勝手に自分の爲めに使用することが出來るのである。

女子の自分で蒐集した食物に對するかゝる制限と相並んで、あらゆるオーストラリア人の群に於ては尙特別の食物禁忌が行はれて居る。それに依つて小さな子供、まだ性的に成熟せざる、成年階級に入らざる若者及び少女、並びに姙娠中の女子は、一定の食物を食ふことを禁ぜられて居る。そこで例へば宣敎師ジョン・バルマー（John Bulmer）はタイアー湖（Lake Tyers）（南東ヴィクトリアに）就いて報告して云ふ、

『ギプスランド（Gipsland）の黑人中で元服せざる者（卽ち未だ成年式《イニシエーション》を濟まして居ない者）は或る種の食物を禁ぜられて居る。

彼等は次の如き食物を食つてはならない、卽ちウォムバットを除き、あらゆる雌性の動物を食つてはならない、反對に彼等はあらゆる雄性の動物を食ふことを許されて居る、然し豪猪《ヤマアラシ》は然らず、その肉は全然忌避すべきである。亦彼等には動物（四足獸）の生殖器を食ふことは許されない……鳥類に關しては只一つの制限あるのみ。それは黑鴨に關するものである。亦ゴム樹の虫を取つてはならない。植物性食物に關してはギプスランドの群に何等の禁忌も存しない。』（ブロウ・スミス『ヴイクトリアの土人』二三五頁"R. Brough Smyth "Aborigines of Victoria"）

或る部族に於ては此の食物禁忌が非常に擴張されて、總ての若者、女子及び子供は、古き因襲に反しない樣にして、以て群の他の成員の輕蔑を受けない樣にしようと思へば、或る季節には、他の場合には彼等が食ふ食物の大部分を避けなければならない。此の事は特に、エドワード・ジョン・アイアの報告せる如く、中央オーストラリアの群に於て行はれる。

發展程度低きオーストラリア人の群に於ける斯の如き禁忌を仔細に吟味すれば明かとなる如く、それは何か衞生的理由から行はれるのではなく、成長せる老人達が或る特別に美味で滋養に富むと認めらるゝ肉食物及び魚食物を獨占せんとする努力から行はれるのである。

同樣に野獸の存在量に對する顧慮が亦此の食物禁忌の基礎となつて居る。禁獵期や野獸の保護と云ふことはオーストラリア人の知らざる所である。オーストラリア土人が野獸を無思慮に無意味に狩り殺すことに就いて、エドワード・エム・カールが次の如く云へる所は、亦他の觀察者の報告せる事實と全然一致するものである。

『彼等は若い未熟な狩獵動物や鳥類を無差別に、機會があれば立所に殺してしまふ。例へば彼等は卵の殼から出て來た許りの一打のエミウの雛鳥を殺してしまふ、此等の動物の各々が三年後には二三オンスではなく百ポンドの肉を彼等に供給するであらうにも拘らず、同樣に、彼等は水から網を曳揚げた時に、小さな物を再び水中に投込むことは全く何等の努力をも要しないであらうにも拘らず、岸邊で數百の小さな魚を腐らしてしまふ、尙彼等は野獸の內でも大きな被害を及ぼす所の野生のディンゴ犬を防ぐ爲めに何

等の努力もしない、然るに他方彼等は近隣の群が彼等の領域內で狩獵をすれば、直ぐにそれを戰爭の理由と見做すのである』（『オーストラリア人種』"The Australian Race" 第一卷、八一頁）。此の結論は必ずしもオーストラリア人の特性ではない、そして其れ故に吾々は亦、獲得し得らるゝ野獸は皆容赦なく殺されるにも拘らず、他方に於て、多くの部族に於ては、ブンヤ・ブンヤの果實やカパリス林檎を成熟前に摘取ることが禁ぜられて居ることを見出すのである。加之船長ジョージ・グレー（George Grey）は西オーストラリアの或る部族に就いて、彼等は顯花植物をそれが猶種子を有する間は拔き取らない、と報告して居る。（『北西及び西部オーストラリアに於ける二探險旅行記』二卷、二八七頁）

前記の肉類禁忌の外に、尙多くの發展程度高きオーストラリア部族に於ても、トーテミズム的祖先崇拜及び靈魂崇拜と關係のある所の、あらゆる種類の禁忌を吾々は見出す。例へば中央オーストラリアの多くの地方に於ては、誰でもトーテム動物――その血統團體がその名を以て呼ばれ、その形は傳說に從へばその血統の最初の祖先が嘗てその子孫を產んだ時に持ち或は採つた所の形である所の――を狩り且つ食つてはならない。（バルドウィンスペンサー Baldwin Spencer 及びエフ・ジェ・ギィレン F. J. Gillen『中央オーストラリアの北部部族』"The northern tribes of Central-Australia" 一六六頁、二九七頁）

一三　飢餓と食人俗

オーストラリア人はその食物に就いては全く擇り好みをしないにも拘らず、一年の間には飢餓の日が少くない、就中太陽があらゆるものを乾枯びさせ、降雨期には岸から氾濫する所の小川に水が全くなくなる、暑い夏期に於て左樣である。その時には野獸は大河の方へ移動して、從つて水の少い內部地方に於ては狩獵の收穫は甚だ少いのである。その時屢々男子達は狩獵の獲物なしに歸つて來る。群は女子達が蒐集した食料を以て滿足せねばならない、乍併彼女等の蒐集の收穫も亦屢々餘り充分ではない、蓋し食ひ得べき灌木類や球根は熱の爲めに枯死し、小さな兩棲類や爬虫類は、水の不足せる乾燥期の間に滅亡しなかつたとしても姿を隱してしまつたから。その時には男子達は女子達から彼女等の蒐集した食物の大部分を取上げるから、女子と子供は最も甚だしく苦まなければならない。

エルハルト・アイルマンがその著『南オーストラリア植民地の土人』（二九三頁）に於て、次の如く云へるは決して誇張ではない。『本章の第二節に移る前に、私は內地部族の食料狀態を餘り良く判斷しない樣に强く警戒し度い。問題となれる前述の食料品は、重要なる植物性食物の多數が全く考へに入れられて居ないにも拘らず、確に立派な一組を構成して居る。內部地方の住民も時々は飽滿に耽溺すると云ふことは、全く否定せられ得ない。乍併彼等は、凡ての貯水池が充たされて、綠の植物の絨氈が赤や黃色の土地を覆ひ、あらゆる種類の野獸や果實や根に何の不足もない、と云ふ樣な時に屢々遭遇するのではない。否反對に度々起る乾燥期の間、野獸は大部分滅亡し或は他方へ移り行き、食用植物は只惡い收穫を供給するに過ぎない時には、彼等は苦しい窮乏を忍ばなければならない。』

勿論多くの地方に於ては、或る豐饒の時期に續いて飢餓の時期が來るのであるが、然しオーストラリア土人は肉や魚を貯藏する技術を知らないから、食料が豐富に存在する時には皆食つてしまひ、ヨーロッパの最大の大食家をすら驚愕せしむる程に澤山の食物を呑み込むのである。只少し燒いた種子、或は生の種子が多くの部族に於ては窮乏の時期の爲めに貯藏せられるのみである。オーストラリア人は肉類を極めて短時間貯藏することを知つて居る。その一つの方法は、肉類を灰の中に、外側が完全に炭になつて、從て內部が厚い黑い外皮を以て包まれるに至るまで、放置する方法である。他の方法に於ては、粗末な棒を以て建てた木の架の上に肉を置き、その下で強く烟る火を起すのである。かくて肉は燻製される。然し猶オーストラリア人は肉類を豫め鹽漬にすることを知らないから。此の二つの貯藏方法も只短時間役立つに過ぎない。

私の考によれば、嘗てはオーストラリア人に廣く普及して居た食人俗（Anthropophagie）も、此の時々起る肉類の缺乏から說明が出來る。以前には主として戰爭で殺された敵は食ひ盡されたに違ひない、そして飢餓の時には人肉を獲得する目的の爲めに、屢々敵群に對する襲擊が起つたであらう。乍併屢々近隣群の間に友誼的聯合が成立し、而て嘗ては甚だ屢々起りし群間の戰爭が稀になるに至つて以來は、土人達は主として子供の肉を食ふこと、特に生れたての子供――それは多くの部族に於ては出產後直ちに殺される、蓋し女子が二人の小さな子供を行進に携へて行き、相並んで育て上げることは、例外的な場合でなければ出來ないことであるから――の肉を食ふだけに限られて居る。尙長じて死んだ子供も亦食はれる。

勿論、オーストラリア大陸の總ての部族が地形や氣候の差別なしに、一樣に飢餓に脅かされて居ると云ふのではない。大河の邊に住める土人はこれに惱まされることが最も少い。此所では狩獵の收獲が魚類及び貝類の食料によつて補はれるのみならず、河原は亦可成り豐饒な植物の成長を有し、從つて附近に住める群に豐富な植物性副食物を供給する。アルベール・ル・スエフが大河の邊に住める群に就いて、『河魚或は海魚を食せる群は數最も多く且つ強健である』。と云へるは良き觀察力を示せるものである。

乾燥期の間、最も窮狀に在るものは、大部分はスピニフェクス草（Triodia irritans）の繁茂せる西部オーストラリアの草原地方の群である。乍併北部オーストラリアの熱帶的原始林は決して良き狩獵區域ではない、蓋し第一に、それは決して野獸に富むものと認められ得ない、そして第二に、密生せる灌木が獵者の前進に大きな障害を與へる所の原始林に於ける程、野獸の追跡が困難な所はない。

一四　友誼的聯合と遊牧同盟

生活資料獲得の困難にも拘らず、既にクックの時代に、人々の稠密――草原地帶を除いて――が、廣く行はるゝ族外婚の慣習と結付いて、嘗てタスマニアに於て存在したであらうよりも遙かに密接なる、オーストラリア人を群の友誼的交通へと益々導いて行つた。

此の友誼的關係が如何にして徐々と形成せられたか、と云ふことを追究することは興味あることである。オーストラリア人の總ての群が社會的發展の同じ階程に立つて居るのではないから、此の友誼的聯合が如何にして成立したかと云ふことは、一段一段と判明して行く。最初に絕えざる戰鬪狀態が止んだ。猶軋轢がなくならないとしても、それは段々平和的協調によつて解決されたであらう。それから成年試鍊や成年式の共同的な舉行、並びに特に大降雨期の後に催さるゝコロボリス（Korroboris）と稱する大舞踏會に、群の仲間を相互的に招待することが起つた。それから後には亦共同的に出征したり狩獵に行つたりすることが行はれた。然し特に、草燒きと牛ば馴らされたディンゴ犬との助けによつて行はるゝ大仕掛の追獵には、屢々親交ある群を招待することが起つた。而て遂にそれのみならず秋になつて、野生の「オレンヂと山桃」(Oapparis 及び Santalum 科の果實)、樓 槐《イヌエンジユ》の豌豆大の甘い漿果、それから就中ブンヤブンヤ樹(Araucaria Bidwilli Hock)の粉のふいた果實、の如き非常に好かれる果實が實る頃には、共同的の大宴會が催されたのである。攻守同盟が締結せられ、そして遂に相互的姻戚關係に基いて、往々强固な三乃至五個の群を包括する所の同盟及び兄弟關係、所謂「仲間組合」(Gefährtenschaften) 或は聯合的部族團を構成するに至つたのである。

一五　原始的商業

斯の如きの發展に對しては、一區域の產物を他の區域のそれと交易せんとする要求が、貢獻したことであらう。タスマニア人に於ては、最初の白人移住者は、何等の交易若しくは商取引を見出すことが出來なかつた、蓋しあらゆる群が全く同じ消費目的物を生產し、或は蒐集して居たから。成る程時折は、タスマニア人の少數の近隣群が何等かの物を相互に交易したであらう。然し本來の意味に於ける商業なるものは問題になり得なかつた。此に反してオーストラリア大陸に於ては、旣に最初にヨーロッパ人が移住して來た時に、或る程度の經濟的分化が出現して居た。オーストラリア大陸の地理的並びに氣候的狀態は甚だ種々雜多であり、それに應じて亦、鑛物、動物並びに有用植物の存在が變るのである。土人達によつて彼等の石器の製作の爲めに用ひらる所の石類、特に石英岩、閃綠岩、燧石は一定の山脉にのみ存在する。好んで槍や矢に使用せらるゝ竹は北部オーストラリアの熱帶地方にのみ繁茂する、エミューは原始林にではなく、主として樹原と草原に棲息する、ワラビイは岩石峨々たる山岳地方を好み、そして大海龜並びに儒艮、海牛は北東海岸の、ハラフラ海(Harafura)からコラル海(Coral)の堡礁に至る間にのみ棲んで居る。

かくて大陸の各地帶はその特殊の產物を有し、而て此の相違が、旣に以前から交易に導いたのである。實際旣に最初の硏究者が屢々或る部族區域及び群區域に於て、その區域には存在せざる材料から製作された武器や道具や裝身具や色素を見出したのである。就中石英や燧石はニューホーランド發見よりも遠き以前に旣に屢々他の產物と交易されたに相違ないのである。そこで例へばブロー・スミスはムレー河上流の群に就いて語る、(『ヴイクトリアの土人』一卷、一八一頁)

『遠き以前にムレー河及びグウルバーン(Goullburn)河流域の土人は、彼等がランスフィールド(Lancefield)の近くのウイリアム(William)山に於ける石坑から得た所の綠石塊(閃綠岩 Diorit)と、槍の大束とを交換した。此の石は男子達が彼等のオポッサムの毛皮のマントに着けた。石坑は甚だ廣く、數百噸の石が其所から持去られた。』

北海岸の貝殼及び龜甲は旣に以前から、同樣に好んで交易される物であつた。海岸から百ドイツマイル以上離れた內地の部族に於て、カーペンタリア灣產の貝殼を見出すことがある。此の硏究對象に特に注意を向けた所のエルハルト・アイルマンも亦云ふ、(『南オーストラリア殖民地の土人』一七九頁)

『男子と女子は、食料の獲得及び使用物の製作に於て分業して居ることを、上に述べた。然しオーストラリア人は經濟生活の此の階程に止まつては居ない。彼等は既に手工業階級を形成する端緒を作つた、故に吾々は凡ての部族に於て、特に一定の物、主として武器の製作に携はれる所の人々に遭遇するのである。乍併彼等がそれを爲すのは單に勞働に對する嗜好からのみではなくして、彼等はその生產物を常に他の價値對象と交換し得るのであるから、亦利益の爲め、別得の爲めにするのである。

然し工業生產物は自己の群の所屬者にのみならず、他の群及び部族にも亦商はれる。主として交易せらるゝ物は武器・器具・道具・裝身具・並びに或る地方では亦嗜好品である。食料品は何處に於ても賣品としての役割を演じない。此の外國貿易（と云ひ得るならば）が實に盛に行はるゝ所では、それが近隣諸部族間に於ける友誼的交通を拓くのみならず、亦群及び群の集團をして、天然產物と、又は彼等自身には他の土人程によく製作し得ないか、或は彼等にはそれに要する材料が欠けて居る所の、手工製品と交易する爲めに、特に一定の使用物の製作に沒頭せしむるに至る。

大量の商品が交換せらるゝ所の取引は度々一定の場所に於て行はるゝを常とする。從つて此の場合には正式の市場商業となる。遠隔地の商業も亦行はれる。乍併無言商業に就いては私は何も聞いて居ない。

ワルター・イ・ロス（Walter E. Roth）がその著『北西中央クィーンスランド土人の民族學的研究』"Ethnological Studies among the Nord-West-Central Queensland Aborigines"（一三四頁以下）に於て報告して居る如く、斯樣な可成り規則的な市場が、特にクィーンスランドの北部に於て出現して居る。

近時亦タバコ及び小金物類（釘、手斧の刄、槌、錐）が內地の部族に於ては商品として重要なる役割を演ずる、但し此の場合、自國產ではないヨーロッパ物との商業は度外視する。

オーストラリア人の血緣關係にある諸群間の友誼的關係の今一つの基礎を構成するものは、オーストラリア部族の婚姻制度である。それは多くの地方に於ては、同じ年齡階級內部の婚姻のみならず、亦同じ群內部の婚姻を、更に發展程度高き部族にありては屢々トーテム集團の全數（屢々八、十、或は十二）の間に於ける婚姻をも、禁ずるものである。それで例へばナモイ（Namoi）及びバーヴァン（Barvan）に於けるカミラロイ（Kamilaroi）族にありては、男子は彼自身の結婚階級（世代階級）內に於ても、亦彼の部族の三個のトーテム集團內に於ても、結婚することは出來ない、而てクーパー河流域のディエリ族に於ては此の禁止が十二のトーテム集團に擴張されて居る。（註一）

此の婚姻制限の結果として、男子はその妻を屢々遠く離れた他の群から得なければならなかつた、而て此の婚姻締結が亦屢々次第に姻戚關係者間の友誼的關係に導いたのである。實際亦以前には一般的に行はれて居た妻の掠奪や他の群から暴力的に攫ふことは、多くの進步せる部族に於ては殆ど消滅して、若き妻の交換、或は一種の女子購買が、之に代つて起つた。然し男子に對する女子の地位は之によつて決して高まらなかつた。女子は全オーストラリアに於て、男子の駄獸であり、毆打され、虐待されることは稀ではない。

註一、此の記述の範圍が、此所で當該婚姻禁止の成立並びにオーストラリア人の各部族に於けるその形式に就いて仔細に研究することを許さない。それで次の二個の拙著を參照せられ度い。『オーストラリア黑人の血緣組織、家族發展史の一研究』（"Verwandschaftsorganisation der Australneger, Ein Beitrag zur Eutwichlungsgeschichte der Familie")スツットガルト、一八九四年。及び『婚姻及び家族の原史』("Zur Urgeschichte der Ehe und Familie") スツットガルト、一九一二年。

原始人の世界觀（グレーブナー）（二）

杉浦健一

母權文化と靈魂信仰

古代農耕民族のアニミズム的世界觀。（母權制文化階層）吾人が今日知る限りで最も舊い時代の人類は原始的な採集生活及び狩獵生活をなし、呪術的世界觀を基調とする文化を持つてゐた。（これは前號に於て原始文化民族の呪術的世界觀で詳述した）これに對して農耕經濟的特色を持つ文化群があらはれた。斯かる文化群を生ずる原因は婦人の手で土地を耕作することが發見されたことによる。原始文化生活に於て漸次女子の採集する食物が減少して來た——それ等食物は主として球根であつた——そこで彼女等は、これを適當な土地に植ゑて發芽させ、適當に培養すると野生のまゝのものより、非常に多くの收穫があることを發見した。女子の農耕が進歩するにつれて男子は經濟上の勞役の大部分を女子に負はせるやうになつた。最古の農耕文化期には他の誰れよりも女子が最も多くの勞働に從事した。耕作の場合は必然的に同族の婦人の共同耕作が要求されるため、この團結によつて婦人の經濟上の地位と勢力を高めるに至つた。斯かる女子の農耕團體を基として色々の慣習を生じた。その一つとして親族關係が母の側から強調されるやうになつた。これが所謂母權制である。婦人は農耕によつて段々に高い社會的地位を得るやうになり、耕作が進んで定住生活をするやうになると女子が定住生活の中心をなすやうになる。南米の或る部族に於ては家及び家具は婦人のものとせられてゐる。更にイロコヮ族を初め所々の部族では婦人が公共的・政治的權力さへ持つてゐる。特に注意すべきはイロコヮ族では新らしい耕地を分割する場合に結婚した婦人の手で行はれることである。

母權制文化の分布する區域は現今特に熱帶地方に多いやうである。南部メラネシヤ地方（東部の最古の文化層及びニユーギネア文化）・東南アジヤ・中央アフリカ・南アメリカ（アマゾン・オリノコ河の奥地）・北アメリカ（溫帶地方の炭山に居るヒユブロー印度人・大西洋岸方面に居るイロコヮ・ムスコギ族）等である。

耕作文化を持たないものでも北米溫帶地方の西北海岸の如きは母權文化の接觸傳播が強くあらはれてゐる。これと同じく農耕をしないオーストラリヤの東北海岸から、ずつと奥地へ入つた地方の土人まで南洋の母權制文化の傳播を受けてゐる。

農耕生活に於ける母權制的特色は後にはその世界觀の中に心理的

に認められるやうになるが、最初は他の側から起つた發達の中にあらはれてゐる。就中農耕文化と密接に關連して發達した定住及び聚落生活にはつきりあらはれた。彼等は耕地の中央に共同の聚落をなして定住した。聚落團體は明かに政治的統一をなしてゐる。彼等は外部との商業に於てさへ封鎖的で、特に境界市場商業と云ふ特殊の商業形式を生じた程である。これは特定の場所と日を限つて取り引きを行ふものである。斯かる態度によつて彼等の世界の範圍が狹められた。斯かる封鎖的世界觀は各々の聚落の同盟會議さへ持つた原始文化期のオーストラリヤ人の解放的世界觀と對立してゐる。小さい團體の內部には國會の樣な組織の必要がないから、政治組織は勢ひデモクラチックである。然し行政と反對に律法生活には自衞行爲を制限せんとする強い平和の要求が起つた。經濟生活は貨幣制度が發生すると共に富豪跋扈の狀勢を釀した。斯かる聚落文化は婦人の手工業・製陶・織物によつて物質的に富んで來た。定住生活の發達は宗教にも影響を與へた。その結果トーテム儀禮が宗教表象の中心となるに至つた。死後生活の觀念はこの文化期に新らしく起つたものではない、然しより發達し、より廣く流布した。原始文化期に於て既にタスマニヤ人や多くのオーストラリヤ人は、不完全なやり方ではあるが死體を地に埋めたり、墓石を載せたり或は屍を燒いたりした。これを今日の吾々の見解に飜譯して見ると、死體は死の傳染した肉體と考へる、今日のやうな豫防策を知らない彼等はそれを地中に埋めたのである。これよりもう少し行きとどいた埋葬をするものがある。卽ち他のオーストラリヤ人の中には唯だシャベルで土をかけて死體を埋めるのではなく、墓の堅坑の側面に壁龕を設備して、これを閉ざして後墓穴を土砂で埋め・死體が投げ込まれた土砂で煩らはされず永眠することの出來るやうにするものもある。更にタスマニヤ人の如きは死後の生活を信じてゐることが報告されてゐる。東北オーストラリヤ人によると死者は誰だ星としてのみ活躍すると考へる。呪師はこれと交通し、又これによつて多くの人が呪師となると云ふ。普通の人さへ、その星の聲を聞き、朝は地上にその足跡を見ると云ふことから考へても、彼等は死者なる星が肉體を持つてゐると信じてゐる樣である。彼等は本源的に死後の生活を信ずるやうに見える、然しこれは一方最初にこの地に行つた白人が、土人の死體の必要を左樣な意味に解釋して報告したと云ふことも考へに入れて置かなければならない。

上述した樣な原始文化期の死者信仰は最も重大な宗教的意味を持つものではない。從つて彼等の考へる死者觀念には特に新らしい要素を持つてはゐない。農耕文化期になるとこれが全く違つて來る。特に定住生活と關係して特色を生ずる。原始文化期に於ける遊牧民は稀れにしか死んだ血族を墓に葬ることは出來ない、且又そうすることを嫌らつた。耕作生活をするやうになると固定した死者永眠の場所を住居の周圍につくる。こゝで死者に對する恐怖は遠ざかつて共生の感じが起る。既に初期の農耕文化の中に死者の力（生命力並びに呪力）が集團のものに有益なことをすると考へる傾向が、あらはれたことは事實である。思想發展の順序から云へば斯かる風習が更に色々に古い呪術信仰に關連して來る。これは髑髏儀禮に明かにあらはれてゐる。卽ち一部は全體にあたると云ふ呪術的法則に從つて髑髏が人間全體をあらはすものである。髑髏を掘り出して保管することは――多くは共同の家に――死者が集團の一員として居ることであり、從つて又集團の利益となる。

特に髑髏のみがこのやうな目的に使用されることは最も重要なことである。この他腕の骨の如きも護符として効力を強めるために槍につけて用ひられる。勿論斯かる風習は髑髏儀禮とは別ものである。然しこれ等凡ては人間の特に重要な部分、卽ち頭蓋とか骨とかに、（今日吾人が考へるやうな肉體と精神を全く分離した原理によつて考へるのではないか。）何か或る生氣又は精神原理と云ふべきものが化身してゐると考へる。特別の場合としては全頭蓋の柔かい部分を細工して喫煙家、飲酒家の具に供せられることもある。この文化の後期には頭蓋を特別の箱棺、頭蓋棺又は頭蓋小屋に保存するのが普通となつた。これは近頃の母權制文化に於ても同樣で、唯だ前より少し發達してゐるだけである。卽ち以前は家族の者の頭蓋のみが掘り出されて保存されたが、近頃は愛する者の頭蓋を出來るだけ多く保存するやうになつた。更に進んでは所謂首狩が起つた。首狩と云ふのは「よそもの」特にその婦人や子供を襲擊して首を得て、これを自分の家族の首を保管したと同樣に保管することである。既に述べた各種の首を凡て保管する風習は――アメリカインド人の如く頭蓋の代りに頭皮を保存するものもあるが――首狩の風習の圈內に屬するものである。

頭蓋によつて生命の假の姿を形成しやうとする以上ここには形像とその本體との間の密接な觀念聯合を必要とする。死者の儀禮に於ても死者を頭蓋で代表したり又は頭蓋と並んで死者の姿を見ることが出來ると信ずるのは、全く前述の二つい觀念が密接に結合したからである。

彫刻術特に木彫は舊農耕文化の中に花を開いた。その形體は自然に似せて製作すればよいので、何等の規約を必要としない。これ等は大體裝飾として作られる。これが二つの種類に分けられる最も古い農耕文化に於ける彫刻は東部メラネシャに見るやうに、人間の基本姿勢を彫んでゐる。後になると死者を描く要求を生じて、死者が埋葬される時の姿勢卽ち踞んでゐる姿勢を作るやうになつた。オーストラリヤ人、ブッシュマン族等の繪のやうに唯だ自然を寫すことを目的とする平面的描寫は既に舊農耕文化期には見られなくなつた。第二にこれより裝飾が發達するにつれて、圓形更に進んでは螺線狀の卷物形をなす裝飾品をも製作するやうになつた。要するにこの時代は特に人間の姿、精靈の描寫及び踞んだ人像（埋葬の時の姿勢）等が多く製作され、これ等を護付の樣にして槍や矢などにもつけた。

更に進んだ母權制文化に於ける死者信仰の重要な表現の一形式は東部メラネシャ人の舊文化中に明かに見られる面である。この面を愛護したのは男子の秘密結社である。これは原始文化期の男子の團體を繼承して發達したものである。卽ち男子の團體が強い團結を持つ金權政治的なものに變化したのみである。この秘密結社には入會金を拂ふ者のみ入會を許下されるのである。吾人はこれを母權に對抗するための男子の強固な結社と考へる。秘密結社はこれに加入しない男女特に女子に對して暴虐な監督をなし或は罰金を徵集し死刑をさへ行なつた。その威信及び女子や團員外のものの感ずる恐怖は、強い宗教觀念に基いてゐる。この團員特に老人等は各種の呪力の持有者であつた。特に注意すべきは老人等が面の監視者であることである。植物の繁殖を祈る如き儀禮に行ふ踊りに、面を被つて出る踊り手は生きた靈の姿をあらはすものと考へ、更に進んでは踊り手自身を靈とさへ考へる。然し秘密結社の名前がさうであつたやうに、精靈の名稱も本源は死靈の意味から生じたのである。これはブカ族のルクルク又はバンクス島のタマテ（死者）が死靈の意味から精靈になつたことでも知られる。一般に未開人は假裝したものを魔と考へて避ける。要するに面の意味は靈魂信仰の全領域に重要である。この理由は面が死者の精神的性質の客觀的證據として存在するからである。これは死者が特有の身體をもつて現はれたと云ふでもなく、又その假裝と本體との間に觀念聯合があるのでないことも明白である以上は、靈魂があると云ふアニミズム觀念に基くことは確かである。

メラネシヤ及びオーストラリヤ地方の靈魂信仰――靈魂があると云ふ觀念が存在することは、既に早くから東部メラネシヤ、ソロモン島等に於て明かに報告されてゐた。これは死に際して起る肉體と精神の分離のみから起るのみでなく、夢に於ける精神と肉體の分離が重要な原因となつて起つた。はつきりした記憶を持つ夢は既にオーストラリヤ人に就て述べた樣に事實と考へられる。卽ち未開人は單なる精神的經驗をも、物質的經驗と同じ樣に客觀的なものと考へることによる。ニユーブリタニヤのスウルカ族は死者の處置を終ると、その小屋から死靈を追ひ出す風習を持つてゐる。これは死體が家にあつたから死靈が家に殘つてゐると云ふ考へによる。斯くの如く未開人にとつては全く物質のないものは考へることが出來ない。影鏡に映る姿は屢々靈魂觀念を產む助けとなつた。勿論實際には、これ等は生者の純粹な複寫である。常にこれ等は完全な人間の形をしたものと考へられてゐる。生きてゐる者も危險や苦しみに遭ふと死んだ家族の者に助けを乞ふ、特に斯かる助けの特別なものに就ては既に說明した。この他に吾人は死者は生きてゐた時、持つてゐたと同じ能力を持ち、或は死ぬとその能力が一層強くあらはれると云ふ觀念信仰も認められる。死靈の助けを請ふ場合は唯だ幾分形式的な祈禱の形をした願ひのみでなく、供物さへも捧げられるやうになつた。

農耕文化人の靈魂に對する態度とオーストラリヤの原始文化期の人のそれとを比較すると根本的に差異がある。オーストラリヤ人は死者をその財產と一處に埋めるから、死者に對する供物などはない。卽ち死者とその財產を一つに考へるから、財產に附いてゐる死の傳染を恐れて、それを用ひない。死者の財產を捨ててしまふと云ふのに、似た場合としてメラネシヤのフロリダ人の如き死者の財產を破壞するものがある。これなどは明かに死者が他の世界へ行くために用意として捧げられる供物でないことは明かである。更に葬儀の宴會、或はその他生きて居る者が食事の際その食物の一部分を死者のためにとつて置いたり或は火の中へ投じたりすることも、農耕文化に於ける死者への供物と同一視することは出來ない。これを原始文化期の類比呪術の見解に從つて見ると、斯かる食物は死者と緊密に關係するものであり、從つて生者に恐ろしい危險をもたらすものと考へられる。要するに死者に對する供物と云ふものは、農耕文化期に著しくあらはれてゐる斯の死者のために準備された食物のみに限らるべきである。

一般に農耕文化層に入ると次第にアニミズム的觀念及び習俗が原始文化層に於ける類比呪術觀念に取つて代るやうになる。多くの場合兩者は共存してゐる。例へばサンタクロズ島の雨を止める呪術を見ると一方では定つた精靈に犧牲を供へて祈るけれども、他方では高い木の上に燃えてゐる木を載せる儀禮を行ふ。更に又この反對に雨乞をする時は精靈の像の足に水を注ぐ。これなどは明かに兩方の觀念が共存してゐる。

母權制文化の他の文化に對する影響に就ては、既に一言したがここに詳述することゝする。東部メラネシャに存在する母權制文化はオーストラリヤの奥地にまで傳播してゐる。ここに於てアニミズム觀念とオーストラリヤに廣く弘つて居る在來の生きた死體と云ふ觀念（死者觀念）とを嚴密に區分することは困難である。然し或種のアニミズム觀は母權制文化に附屬する他の現象と共に東南オーストラリヤにまで弘がつてゐることから、その傳播が確證される。例へば夢に於て精神は肉體を離れることが出來ると云ふアニミズム觀は、ビクトリヤ地方のヴルニエリ族及びクルナイ族にも幾分信じられてゐる。中央オーストラリヤのデイエリ族では死者は睡眠中の生者の所へ現はれることが出來ると云ふ思想――これなどはまだ必ずしもアニミズム觀とは云はれないが――のあるのはまだしも、これより進んで死者に供へるために食物を墓に供へ、或はそれを燒くと云ふ風習などに至れば明かにアニミズム觀と考へられる。

北部の中央オーストラリヤ地方に於けるトーテミズム的觀念、信仰の中に特殊なアニミズムが混合してゐる。例へば先祖の靈に就ても北部では繰り返へし〳〵人に生れ代つて來ると考へ、南部では長い旅をした後死者の國に行き、そこに所謂「幼少な精靈」として群居し、時々特定のトーテム群の婦人の中に入つて生れて來ると信じてゐる。更にアランダ族及びロリタヤ族の考へによると死者の靈は死後一時的に、その子や孫の中に入つて彼等を強くするが、後に死者の國へ行き、時の經つにつれて全く無くなつてしまふと云ふ。

オーストラリヤに於ける個人的靈魂の運命は各々の屬するチユールンガ（靈魂の木片又は靈魂の石）に結び付いてゐると考へ、そのチユールンガの中に各々の死者から去つた靈魂の呪力が貯へられてゐると信ずる。

ニユーギネア島にその典型を見出す太平洋諸島の後期母權制文化は、前述した舊母權制文化よりも多くの資料によつて、より明かにされてゐる。特に弓、陶器等を初め色々の資料が新らしく手に入つて、母權制組織自體がいよ〳〵明かにされた。これは同時にアニミズムの發生様相をも明かにするものである。古い文化階層にあるポリネシャ人が神話的精靈崇拜を持つに對して、東部メラネシャ人は一般に新らしい母權制文化の特色である死靈儀禮を持つてゐる。然しメラネシャでもニユーブリテン島のガゼル半島の土人の如きは、凡ての妖精を死靈と混同して考へてゐる。更にニユーギネア島に於ては純粹に死靈と見做されるものの數より普通の靈魂の數の方が多い。これによつて靈魂があると云ふ觀念（アニミズム）がこの地方にも認められてゐることが知れる。

扨凡てのものに靈質が浸み込んで居り、あらゆる種類の呪術はこの作用に歸せられると云ふ、クロイト一派の靈質觀念説は明かにタイラーのアニミズム説を敷衍して呪術信仰をも包括せんとする學術的解釋である。然しアニミズム説でこれ等凡ての觀念をあらはすことが出來ないと同様に靈質觀念で呪術信仰の全様相をも包括することは困難である。例へば大足鷄の玉子を得るために、その玉子と同型の白紙片を持つてさがして行くとか、子供が泣くのを鎮めるために非常におとなしい鳥カスアル鳥の骨を子供に觸れる等の行爲までその中に存する靈質の作用によると説明することは出來ない。これは明かに舊オーストラリヤ文化中に見た原始文化階層に於ける特色である類比呪術に基くものである。ケート族に於てはオーストラリヤの原始文化で述べた、毛髮の束や着物の一部を持つて呪咀を行ふ呪術の形式が殘つてゐる。これ等は要するに前の原始文化階層に於ける呪術觀念が後に發達して來たアニミズム文化期まで頑强に殘つてゐるものである。同一民族の間にこれ等と並んで更に進步した精靈信仰の行なはれてゐる所もある。斯かる進步した精靈信仰による精靈は生きた人間を小さくした樣な姿を持ち、囁やく樣な小聲で話すと云ふ。然しこれは生きてゐる人間とは明かに區別されてゐる。ケート族では精靈は暗中を照す一つの眼を背頸に持つてゐると云ふ。

精靈に助力を求める考へも强く、獵師特に上手な獵師は狩獵を有効にするために綱を死者の墓の近くに張る。特に彼等は助けを死者に求めて、それに供犧することが多い。狩獵を初めるに當つて獵師は死者が彼等と一處に來てくれるやうに祈る。死者が好い獵を與へてくれると獵師は繰り返へし／＼供物を供へる。反對に不獵が打續くと彼等はその精靈を見限つてしまふ。非常に不幸を生じた場合はその精靈の墓場を散々に擲りつけたり、鋭利な棒を押し込んだりして精靈を追ひ出す。以上に述べた樣な一群の觀念、信仰は尙ほ甚だ未分化なもので、眼に見えない獵師の守護靈は獵師の食つた肉の精神的部分より成ると云ふ程度の靈魂觀念である。斯かる靈魂が更に多くのものに存在することを信ずるやうになり、食物の如き生命なき物質にも、非物質的な靈魂があると云ふ觀念を生ずるに至つた。これより進んでケート族では靈魂の。その後の運命に關する觀念、信仰まで出來あがつた。これによると靈魂は地下の死者の國へ行つて、地上と同樣集團をなして生活し、地上と同樣耕作、戰爭等をなして又死ぬ。死んだ靈魂は次に野獸に轉生する、特にクスクスと云ふ野獸に轉生する。この動物は地上の特定の場所にのみ住み、その土地の持主のみに獵せられる。この動物を獵した者は、その精靈に供物を捧げて宥めなければならない。斯くすることによつてその精靈は靈魂の部分を全く食ひ盡される。三度び死んだ精靈は最後に白蟻のやうな土人に尊敬される虫に轉生する。こゝに至ると靈魂觀念も非常に複雜となつて來る。――特に物語りに於ては精靈又は妖怪の話しが主要な役をしてゐるけれども――一般には是等の思想は萬物に靈魂を持つと云ふアニミズム思想の方に發達して行く樣である。

アニミズムと並んで特にメラネシヤ・インドネシヤ地方の資料から强調されてゐる、靈質觀念說はこれ等民族が凡てのものに靈質を認めてゐると云ふことに基いてゐる。この思想はニユーギネア島パプア灣地方の土人語モツウモツウに最もよくあらはれてゐる。然し斯かる觀念は多くはアニミズムの主要部をなす死靈の信仰の中に存在するものである。近親の死靈は不安を與へると同時に助力をもなすと考へられる。從つて近親を葬つた村落を去ることは、不幸をもたらすと云ふ觀念なども後者から起つたものである。死者に對する恐怖は特に臨終の有樣を思ひ起すことから强められる。これ等の原因から死者を描いたもの又は之に類する護符を精靈から防禦するために使用する。特に覆ひを付けたり、綱その他のものを卷いて死靈から隱れなければならない、寡婦にとつてはこれが重要である。

インドネシヤ地方の靈魂信仰――靈魂觀念はインドネシヤ地方に最も明かに見られる。この地方は後に太平洋諸島に移動、傳播する新らしい民族及び文化移動の出發點をなすもので、純粹なこの文化は後のマレイオ・ポリネシヤ文化と混合して、今日もニユーギネア島にその典型的母權制文化を殘してゐる。その結果アニミズムがこの地方に強く影響を與へ他の地方よりも非常に組織的に發展した。土人等が物に靈魂を認めるのに大體二種の仕方がある。一つは靈質觀念――私は生命力と云つた方がよいと思ふが――卽ち凡てのものに生命の特質及び作用を投念する觀念である。他は個々人の靈魂に關する觀念である。個々人の靈魂が死によつて肉體を去り靈魂の國へ行くのに對して、生命力（靈質）はその人の死と共に消失するか又は動物その他の物體或は他の人間の中に入り込む。生命力は同一の人に於ても多種多樣に區分される。ヴントによると人間は五つの生活靈を有し、血液の循環及び呼吸をする肉體の五個の器官にその居を占めてゐると云ふ。從つて靈質及び生命力は增したり、減じたりすることが出來る。人々はこれを一方から拔き出して、他方に移すことも出來る。特にインドネシヤ地方では靈魂或は靈質が睡眠中肉體を離れた時、呪師や惡靈に奪ひ取られ、その結果病氣になると云ふ信仰が強い。從つて彼等の病氣を治す方法は惡靈及び靈魂を奪ひ取つた精靈を、食物その他の供犧儀禮で、おびきよせてそれを監禁して置いて、再び病氣の體へ、取られた靈魂を連れてもどることである。多くの人間の靈魂は肉體の睡眠中に虎や鰐等の如き動物の中に入り地上を躍り廻り、空中を飛び廻ることが出來る。この際他人の靈魂を――それは特に肝臟にあると云はれてゐるが――食ふと云ふ。これは丁度ギリシヤ神話の人狼又は今日吾人の所謂吸血鬼とも云ふべきものである。靈質は今述べた通り凡てのものに存在すると考へられてゐる。これは要するに原始文化階層に於ける呪術的効力をアニミズム觀念、信仰に飜譯したものに外ならない。然し他方個々人の靈魂も動物や植物のみならず生命のない道具にまであると考へられる、この限りに於て物質にも特別の意味の個別的靈魂があることが許される。

アフリカ地方の靈魂信仰――インドネシヤ文化中舊母權制農耕文化は西部アフリカ文化と非常に近似してゐることが證明されると共に、アフリカの母權制文化圈は前に述べたインドネシヤのそれと多くの類似を持つことが明かになつた。從つて靈魂觀念も肉體と共に消滅する靈質と個々人の靈魂との二種ある。後者が靈魂の國へ行くと云ふ信仰は凡てのバンツウ族に共通である。アフリカの靈魂信仰に關する報告によると個々人の靈魂は死者の追憶像と一致すること、更に又影や鏡に映る像をも、これと一緒にしてしまふことが明かに認められる。死者の國も確かに埋葬の場所から想像されたものであるから、それが地下或は森林の中等にあると云ふ。更に又儀禮や供犧を受けて助力を與へる精靈が一般に近親關係にある靈魂であることも注意すべきである。從つて家族に關係のない死者はバンツウ族では彼等が特にその精靈から危害を加へられたとか、呪咀をされたとか信じない限り何等關係することがないと考へてゐる。

要するにアフリカに於ける死者儀禮は定住して耕定する聚落生活から發達したことが明かである。死者を崇拜することは最初は唯だ死後も前に生きてゐた人と關係を繼けて行くと云ふ態度にすぎなかつた。そこに於て死者が殆んど家族の中に居るかのやうに考へることから、死者儀禮が盛んになり、時のたつに從つて斯かる感情的な關係は冷めたくなり、抽象的になつて、最後には斯樣な感情がなくなつてしまふ、ここに死者崇拜の儀禮のみが殘るのである。

南アメリカ地方の靈魂信仰――南アメリカ土人の間にはアニミズムが非常に發達してゐる。凡てのものに靈魂を認める信仰がどの程度まで進んでゐたかは、面踊りに於て行ふ數多くの處作事及び生殖力を表現する表出行爲の中、自然の新羅萬象に對する強い恐怖によつて知られる。この際使用する面が精靈の化身と考へられる證據は、唯だ土人の演出振りから見られるのみでなく、面に化身した精靈は踊りが終るとその住地に歸り、次の面踊りには新らしい結合が行なはれると考へるため、面を燒いてしまふ習俗によつて明かにされる。この際もこれ等精靈の主要なものは死靈である。

靈魂が睡眠中は肉體を去ると云ふこと、特に呪術の靈魂は野獸の中に入つて飛び廻り、他人に害をなすと云ふこと、更に又生命力としての呼吸又は影を靈魂と一致する思想等は他の地方に於ける同一文化階層の思想と一致してゐる。吾人の知る限りの報告によると、南アメリカのアニミズムに於ては特に死靈は惡いものであると云ふ觀念が優勢である。この地方に於ては疫病の靈が廣く信ぜられ、且又重要である。儀禮に捧げる供物は一般に死靈の助けを得ると云ふよりも、寧ろ死靈を宥め、その害を防ぐること、即ちそれが再び現はれないやうにすることにある。然しこれ等の靈魂觀念を見るに當つて、他の文化の強い影響を忘れてはならない。詳言すれば呪術信仰及び呪術的慣習を基礎とする原始文化の殘存、並に西北部の後期に發達した高等文化にあらはれた呪術的世界觀の靈魂信仰に及ぼす影響、更にこれに止まらず元來凡ての古代アメリカ文化は北方民族の移動の影響を受けてゐる。從つて極地のエスキモー文化及びシベリヤの文化との關係も考慮しなければならない。

北アメリカ地方の靈魂信仰――北アメリカでは西北アメリカ土人、ピユブロー印土人、或は合衆國東部に農耕生活をする土人等が母權制文化を持つてゐる。この中西北アメリカ土人のアニミズムは強くシャマニズム的色合を持つてゐる。ピユブロー印土人は高等文化の影響を非常に強く受けてゐる。これ等に對してマスコキ族に於ては死んだ人の眼に見えない靈魂を死者の國につれて行く、靈魂の指導者の役をするものがある。これによつてそのアニミズム的信仰の性質を知ることが出來る。彼等の最も恐れるのは死者の國に行く道を見出すことの出來ない精靈である、これは大抵自殺者の靈魂である。自殺者の靈魂には死後生活がないと信じてゐる。これに對して道具の如きものさへ、その靈魂を持つて死後生活を行ふと考へてゐる。イロコワ族及びその近隣の諸部族は惡人の靈魂は普通のものから離れて存在する靈魂の國にゐることを知つてゐる。彼等も亦死靈から助力を得るため、或は宥めるために供物を捧げたり、又精靈の像又は頭蓋等を護符として持つてゐる。イロコワ族では靈魂を影又は映像と一處にして考へてゐる。この近くにゐる東部アルゴンキン族では靈魂のことを「離脱したもの」と呼んでゐる。彼等は人間の靈魂のみならず火・水・電光・雷等生命のないものにまで精靈を認める。特に呪師の靈魂は鬼火の中に現はれると云ふ。アルゴンキン族に於ける靈魂觀念は確かに呪力觀念よりも非常に強い樣である。發達の順序から考へれば大靈の觀念は、勿論たへずアニミズムの影響を受けて出來たのではあるが、主として呪力觀念から發達したものと思はれる。

母權制文化に於ける藝術と神話――古代農耕文化生活に於ける世界觀の本質が、靈魂及び精靈信仰より成るとすれば、既に屢々述べた通りこれ等の知識及び觀念、信仰が緊密に關係する範圍を形式的に特性付けることも出來る。尠くとも農耕文化民族によくある、鐘の形をした天に覆はれた大地と云ふ觀念の樣なもののみを取つてもこの觀念。信仰の圏をまとめることが出來る。扨靈魂信仰を本質とする圏をまとめると、こゝで重要なことは死者の國が地下に置き代へられたことである。これを後には多くの民族が人類の本郷と考へるやうになつた。然し以前には天と地を同一視した時期もあつた、從つて發達して地下に行くと云ふ信仰が出來ると並んで、天を開いて降つて行くと云ふ信仰もあつた。斯くの如き觀念、信仰の圏を限界付けることは唯だ地域的に止まらず。文化の性質からも限界すべきである。

歐洲前史に於ても學者は既に早くから最も古い時代歐洲には發達した寫實的描寫が行なはれて居り、それより更に發達したネオリシック文化には非常に發達した繪のあつたことは。こゝで贅言を要しない程よく知られてゐる。繪畫は既に早くから人類一般に行なはれた現象で、原始文化階層に於てオーストラリヤ人及びブッシユマン族の自然を忠實に描寫せんとした繪畫を説明した。それ等は特に動物の姿が多かつた。農耕文化期になると前述のやうな繪はもう見られなくなつて、その代りに死者や精靈の描寫に非常な關心を持つて來る。この理由は單に農耕生活に於ては動物が疎遠になつたと云ふことに止まらず、それより農耕經濟生活への新らしい統一が動物に對する實利的興味をなくしてしまつたことによる。

神話も亦一方ではアニミズム觀念、他方では農耕經濟の要求に應ずるやうに改造された。特に月は古代農耕文化人の神話體系に強い關心を喚び起した。これは月の盈虧が誕生、死及び生活の模型をなしてゐること。その周期が女性の月經及び及び生殖に關係してゐるやうに見えること等に原因する、月が露をもたらすと云ふ考へから、一般に月と水分とを關係して考へる。水分と關係する所から更に進んで、植物を成長させるものと見られるに至つた。月の形の盈虧も多種多樣な有樣で人間的に解釋されてゐる。オーストラリヤの或るものは明るい月と。暗い月は交互に太つたり。痩せたりする二人の人であつて、彼等は交互に獵の幸を得るため太つたり痩せたりするのだと云ふ。これよりも更に廣く流布してゐる物語りは。吾々のよく知つてゐる呑食怪物の話である。この一番普通の物語りによると巨大な怪物である貪食者が月を食ふから、暗い月を生じるのであると云ふ。更に他の神話によると唯一人の婦人が洞穴――暗い月の穴――の中に隱れてゐて、そこで二人の子供を産んだ。それが一雙の月鎌であつて、これが相手を打殺し、燒き盡すと云ふ。又は文化英雄或は双子の兄弟の文化建設者として色々の仕事をするとも云ふ。その他中央オーストラリヤ地方の如きは月に關係する文化建設者の役目を、四方を遍歷して各種の文化財及び宗教儀禮を教へた先祖と一處にしてゐる。後には他の色々の神話まで月の神話に適應させるに至つた。例へば元來水は壺又は孔の中にしまつてあつたが、これを好奇心の強い人間が禁じられてゐるにも拘らず蓋を取つたので、水が溢れて洪水となつたと云ふ、洪水神話の如き明かに月に關係ある神話である。

中央インドネシヤ地方では創造神話中に月の盈虧を物語る話根を含んでゐる。元來神話構成作用は常に一定のモーチーフに括約される。然して星辰神話に於てはアニミズム及び農耕文化がそのモーチーフとして重大な意味を持つてゐる。

紙上問答

問（八二） 鰻の瀨上りといふ兒戲　萬治元年頃了意作、東海道名所記二に「都方にては、幼なき子供のあまた集まりて、帶にとり付て長く並びたる脊中の上を、一人のぼりてはひありくを、鰻の瀨上りと名けて、戯ふれとす」とあり。こんな兒戲は今もどこかに行はれおるにや。諸君の敎示をまつ。明治七八年頃予和歌山の小學生だつた時、其頃舶來の遊戲とて、先生から敎はつたは、やゝ之とちがふ。多くの子供、竪に列んで、各々その前の子の帶に取付き、腰を屈めおる。處を最後の子が、前にある諸兒の肩を輕く押えて、次第に跳り越え、最も前にある子の前に達して巳み、腰を屈すると、今迄列の最前に在た子が、其帶に取付く。其と同時に又列の最後と成た子が跳り進み出す。かくて列中の諸兒みな跳り越え了るに至つて止めた。此戯れを何と呼だか覺えず。今は何と稱へるか、是亦敎示を望む。英語ではたしかジャムピング、フログ（跳蛙）と云た樣だ。（十一月廿三日午前三時、南方熊楠）

答（三五） 京都の男色肆　此問を出して一年餘になれど答えが出ない。近日志州鳥羽町の岩田準一氏え聞合すと、すぐ返事が有た。云く『正德元年板、坂田雪庭の山州名跡志四に「宮川、今宮川町といふ其所也、古老云く、此邊北方に、古禹王廟あり、依是其西面鴨川を稱して、宮川といふ也」どみえ、後に「蛭子社、在三猿堂傍、東向、蛭子像〔原注畧〕作傳敎、傳云、此社初自此東方、三條通人家の傍にあり、此像を剋て行所知ざる事度々に及べり、忽ち神祟あるを以て貯ふる能はず、皆夜に入て社に還し置ぬ、此故に社を此所に移す、靈感新たなり、件の舊地を今なほ蛭子町と云ふ、其地に在し事は、洪水に流來せり、其元を知ずといふ」と出す。以上の記にて、宮川町蛭子町は別町なりと判れど、蛭子町にも男娼有し事、御敎示により、初めて知り申し候』と。是れで夷町は、男色肆で高名だつた宮川町と別とは分るが、夷町に男色肆有しは、いつ頃てふ事は判らぬから、重れて識者に敎えを乞ふ。馬琴の夢想兵衞蝴蝶譚に、色事の諸態を列べた中に、「夷は男色」といふ語あるも、この夷町で串童の色を賈たるを指した者らしい。（一月八日朝六時、南方熊楠）

答（四一） 勢州小畑尼に就て　籔君がみた國貞畫、浮世名異所圖會、勢州小畑尼像の側に掲げた唄の文句は、「旅のお方と麥わらたすき、きれてしまへば便りなや」とある由。大正五年湯朝竹山人が出した小唄選に收むる所、諸國盆踊唱歌、播磨の唄に「今の若衆は麥わらたすき、一夜かけてはかけすてに」とあるを作り替たのだろう。此唱歌集は後水尾院が諸國に勅して集め玉ひしと云ば、國貞よりはずつと古い。（十一月廿二日午後四時、南方熊楠）

答（七六） アイヌは蔦を尊重し之れを藥用に供します。殊に柳の木に寄生した蔦は靈効あるものと考られてゐます。

古代ヨーロッパでは蔦は聖的なものとされてゐました。古代ケルト族のドルイドの祭司はこれを崇拜し、彼らは樫の木に寄生する蔦を發見すると、その樫をも神聖視し、そこに祭壇を作り月の第六日に白い小牛二頭を犧牲として神々に献けたのでありました。其後で樹上の蔦を、黃金の鎌で伐り取り、恭しく白衣に包んで降ります。この蔦で作つた靈藥は家畜の蕃殖、農作物などに効能ありと信じられました。古代イタリヤ人にも同樣な信仰がありました（白根喜四郎）

答（七八） ガンドの名稱を持つものに、岩手縣遠野地方で獵人（マタギ）が專ら用ゐる藁（又は蒲）で作つた笠がある。去年の夏仙臺の佐々木喜善氏から二ツ送つて頂いて、今アチック・ミユウゼアムに保存してある。二ツ折にすると略ぼ三角形で、肩に當る部分が稍長く、海草や布などが編みこんである。三河から信濃等の山地で狩人・山稼ぎの者が用ゐたフナゾコといふものが形が似て居る、之には藁の他に菅・藤の纖維などで編んだものがあり、三河北設樂郡の富山村大谷で聞いた處では、今でも老人等が山仕事などに時々作つて用ゐて居るといふ、忠臣藏の舞臺で勘平が猪を追つて出る時被つて居るあれである。「ことばの泉」にある强盜《ガンダウ》頭巾は、目のみ明けて面部を包みかくすとあるから、之とは別らしいが、一方嬉遊笑覽には江戸で梟《ガラムシ》づきん又がんだう頭巾といふのは、なくそ（苧屑）頭巾といふもの〻類で、苧屑で作つたやうにあるが、共に形は明瞭でない。かうした點から考へるとガンドー提灯なども、盜賊の使用したことから言うたとも決められぬ。信濃下伊那郡根羽村邊では、蝸牛を一にガンドと謂ふが、之は或は形から言うたもので、遠野地方のガンドと關聯がつけば面白いと思つて居る。自分の生れた東三河の農村では、隻眼の人をガンター―ガンチと謂ふが、これも關聯の一ツかどうか。（昭和七、一、三〇、早川孝太郎）

學界消息

○折口信夫氏 は一月七日、三河國北設樂郡園村大入の花祭を採訪した。

○アグノエル氏 は巴里の東洋語學校の招聘をうけ、ダルメストル氏の後任者として、其日本語講座を擔任すべく佛蘭西へ歸つた。

さきに氏は來朝して、東京外國語學校に於て佛蘭西語の教鞭をとりつゝ日本語特に日本古代文化史の研鑽に專心し、一旦歸國後、更に佛蘭西政府の留學生となつて再度來朝、今日に及んだ。既に其研究も數多く、其造詣深きことは普く識者の知るところである。氏は民俗學方面にも關心を寄せ、この種の會合にも屢々出席されたので、我々にも親しく、佛語で發表されたこの方面の論文も多い。

○加賀紫水氏 の土俗趣味社から發行されて居る『土の香』は、既に卷を重ねること五、この一月を以て六卷一號を出して居るが、この機會に新に會員を募るといふ。會費年壹圓五拾錢。又同氏が尾張の一の宮を中心として蒐集した方言千三百余語を收載する『尾張の方言』の續編ともいふべき『續尾張の方言』も二月の初旬に發行されるといふ。これは前著と同じく和紙和裝大和綴、美裝の活版本で紙數二百頁定價壹圓。前書を増補する單語八百余、前書の索引及諸家の批評、尾張方言に關する古文珍籍、音韻變化の研究其他を內容とするといふ。（愛知縣一宮局私書函第八號土俗趣味社、振替名古屋八七〇一番加賀治雄）

○鄕土和泉一ノ四 民間信仰の遺跡號

民間信仰の遺跡

一、同神 目塚 布引不動 瀧谷不動 このたけ不動
二、耳神 後神坊
三、氣病み患者 小源坊墓石
四、夜鳴き神 夜鳴地藏
五、水瘡神 行基淸水
六、乳神 かむらの地藏
七、齒神 おかれ稻利 齒いた地藏
八、子供の虫 泉穴神社 橋本の醫者
九、緣結び 愛染堂 琴平社 葛の葉いなり
十、降雨祈願所 意賀美神社他六ケ所
十一、脫腸 蛸地藏 法道寺

學界消息

十二、安產　院他二ケ所
十三、足神　道陸神他
十四、疾病　妙泉寺　瑠璃寺
(會費一冊送料共十二錢、大阪府泉北郡上神谷村豐田　小谷方明)

○史苑　六ノ六
農業の起源　ルナール
民族學の文獻　岡田　太郎

○土のいろ　八ノ七
鄕土研究の態度に就て　新村　鎭平
地名の起原に就て　佐藤秀太郎
井戸に關する報告　諸　會員

○方言と土俗　二ノ六
アマノジャクとアモジョ　橘　正一
岩手縣海岸の風の名　橘　正一
阿波北方年中行事　金澤　治
鶺鴒の方言　橘　正一
神戸市の俗信　河本　正義
方言備考　橘　正一

○方言と土俗　二ノ七
親族名の研究　橘　正一
親族名の報告　諸　家
阿波北方年中行事　金澤　治
最近方言資料目錄

○福岡縣鄕土研究　特輯號　肥前島原語彙稿
山本靖民氏が鄕里島原半島の方言調査の結果を一部分整理して發表したもの。語彙約八十。一語彙について次の樣に記載されてゐる。
蟻　アイ　神
アーイ　古
アーリ　戸、土、濱、船、大、西、
アリンボ　鐵
アール　多
アーン　伊
スーガル　安
スガリ　杉、船、愛野、千、富、小、山領、水、犬、
スガレ　畠

○中國民俗研究　創刊號
中國地方の方言研究の現狀　東條　操
岡山方言の語法　嶋村　知章
岡山縣動植物方言圖譜　桂　又三郎
兵庫縣俗信集　佐藤　清明
邑久郡土俗資料
資料・報告　資料・記錄
(岡山市內山下一八　中國民俗學會)

○土のいろ　九ノ一
鄕土研究の新傾向　佐々木淸治
淺羽三社の流鏑祭　原田　和
松島鶺島並ニ四本松ノ起原　鈴木　松陽

○設樂　二ノ一
水車を借りに來た時の對話　佐々木嘉一
農事着手の順序　平松　愛次
私の村の年中行事　西村喜久男
舊曆お正月の事　同
三ッ瀨村俵事　世智　辨生
新年廻禮　門松の事　大野　瀨生
粟の島もほい〳〵。風神送　同
七人塚　杜宇菩奈邊
奈根村古屋敷　世智　辨生
大村樣　岡田松三郎
年中行事補遺　永江土岐次
臼挽唄　杜宇菩奈邊

○方言　一ノ四
方言研究と言語の正・訛　金田一京助
國語諸方言のアクセント概觀　服部　四郎
江戸文學雜語考　潁原　退藏
南島方言採集行脚(二)　宮良　當壯
名古屋地方の方言「ナモ」の研究　黑田　鑛一
長崎なまり　永見德太郎
琉球語と肥後方言カガル　能田　太郎
蠶蛹の琉球語　伊波　普猷
刊行方言書目解題　東條　操

○簡約方言手帳　東條操編(鄕土研究社發行)

○寄稿のお願ひ

○種目略記 民俗學に關係のある題目を取扱つたものなら何んでもよいのです。長さも御自由です。

(1)論文。民俗學に關する比較研究的なもの、理論的なもの、方法論的なもの。

(2)民間傳承に關聯した、又は未開民族の傳說、呪文、歌曲、方言、謎諺、年中行事、生活樣式、慣習法、民間藝術、造形物等の記錄。

(3)民俗採集旅行記、挿話。

(4)民俗に關する質問。

(5)各地方の民俗硏究に關係ある集會及び出版物の記事又は豫告。

○規略

(1)原稿には必ず住所氏名を明記して下さい。

(2)原稿掲載に關することは一切編輯者にお任かせ下さい。

(3)締切は每月二十日です。

編輯後記

○

各地から民俗學關係の雜誌が盛に出るやうです。民俗學研究の必要と學術的價値の理解が一般化してきたためでせう。柳田先生や折口先生の主張や努力が漸く認められてきた證據とも考へられます。然しそれは單なるヂレッタントの集りや好古癖の自己滿足でないことを祈ります。資料の科學的吟味や民俗學の組織的研究がもう日本に於いてもよいでせう。現在のあらゆる日本の學問は再檢證と再認識とを必要とされてゐます。單なる物好き、好古趣味、鄕土趣味を脫して積極的に民俗學の發展に參與する若い學徒が出現してもよい時期でせう。

○

「エスキモ社會の季節的變動」は湯淺氏が強度の神經衰弱のため續けることが出來ません。然し全譯の下書があるのです。それで讀者の御希望があれば下書でも載せたいと考へて居ります。もつとも下書は不完全ですから譯者は嫌がるでせうが。

○

早川さんが御多忙中にも拘はらず御原稿下さいました。御禮申上げます。

○

御寄稿の中へ圖版をお入れの節は挿入個所を原稿に御指定下さい。又ぜひ黑色でお書き下さる樣お願申します。復寫の際書き誤をなして製版するのに手數を要しますから。

△原稿、寄贈及交換雜誌類の御送附、入會退會の御申込會費の御拂込、等は總て左記學會宛に御願ひしたし。

△會費の御拂込には振替口座を御利用ありたし。

△會員御轉居の節は新舊御住所を御通知相成たし。

△御照會は通信料御添付ありたし。

△領收證の御請求に對しても同樣の事。

昭和七年二月一日印刷
昭和七年二月十日發行

定價金六拾錢

編輯兼發行者 小山榮三
東京市神田區表猿樂町二番地

印刷者 中村修二
東京市神田區表猿樂町二番地

印刷所 株式會社 開明堂支店
東京市神田區北甲賀町四番地

發行所 民俗學會
東京市神田區北甲賀町四番地
振替東京七二九九〇番
電話神田二七七五番

取扱所 岡書院
東京市神田區北甲賀町四番地
振替東京六七六一九番

東亞民俗學稀見文獻彙編・第二輯

MINZOKUGAKU

OR

THE JAPANESE JOURNAL OF FOLKLORE & ETHNOLOGY

Vol. VI February 1932 No 2

CONTENTS

PUBLISHED MONTHLY BY
MINZOKU-GAKKAI
4, Kita-Kôga-chô, Kanda, Tokyo, Japan.

民俗學

第四卷第三號

昭和七年三月

民俗學會

金田一先生の會

時日　三月二十八日（月曜日）午後六時
會場　新宿　中村屋喫茶部　二階和室（淀橋・角筈・一二）
會費　金五十錢（茶菓代）（當日御持參のこと）

金田一先生の「アイヌ叙事詩ユーカラの研究」が二月十二日の帝國學士院總會で恩賜賞を授與されることに決りました。これは先生が多年アイヌ語研究に献身された總收獲のようなものであつてアイヌに關する種々の傳説をアイヌに歌はしめそれを成文化し且つ一般に不明であつた言語的關係を學術的に鮮明にし更に邦語に飜譯せられたものであります。その御苦心が學界に認められたことは先生ばかりでなく私達の光榮でもありまます。

「ユーカラ」の學術的講演會は昨年春の民俗學大會で上梓記念として行はれましたので今度はその苦心談やアイヌの生活の話や又親友の石川啄木氏の追憶談等のくつろいだ話を伺つたり質問したりしたいと思ひます。云はゞ金田一先生を中心とした座談會みたないものです。多數御來場を希望致します。

尙ほ金田一先生に祝意を持たれる方は會員以外の人でも御出席を歡迎致します。

昭和七年三月十日發行

民俗學

第四卷

第三號

目次

民俗學會會則

第一條　本會を民俗學會と名づく
第二條　本會は民俗學に關する知識の普及並に研究者の交詢を目的とす
第三條　本會の目的を達成する爲めに左の事業を行ふ
イ　毎月一回雜誌「民俗學」を發行す
ロ　毎月一回例會として民俗學談話會を開催す
　但春秋二回を大會とす
ハ　隨時講演會を開催することあるべし
第四條　本會の會員は本會の趣旨目的を贊成し會費（半年分參圓壹年分六圓）を前納するものとす
第五條　本會會員は例會並に大會に出席することを得るものとす講演會に就いても亦同じ
第六條　本會の會務を遂行する爲めに會員中より委員若干名を互選す
第七條　委員中より幹事一名、常務委員三名を互選し、幹事は事務を執行し、常務委員は編輯庶務會計の事務を分擔す
第八條　本會の事務所を東京市神田區北甲賀町四番地に置く

附則

第一條　大會の決議によりて本會則を變更することを得

委員

石田幹之助　宇野圓空　折口信夫
金田一京助　小泉鐵　小山榮三
松村武雄　松本信廣（以上在京委員）
秋葉隆　移川子之藏　西田直二郎
（以上地方委員）

前號目次

箸の話

中山太郎

一、我國の上代には箸は無かつた

高天ヶ原を趁はれ須佐之男尊が、出雲國の樋河上なる鳥髪の地に降ると、河上から箸が流れて來たのを見て、上流に人の住むでゐる事を知り、尋ねて往つて稻田姫を妻覓きしたとある（古事記）。此の話は隱れ里傳説に共通したものであつて、別段に須尊に限られたものでは無い。越後の三面村に人の居ることが知られ、肥後の五箇庄が人に知られたのも、箸が流れたとか椀が流れたとか云はれてゐるやうに、後世の好事家が附會した虛構である。それに我國の神代には箸は無かつた筈である。魏志の倭人傳に「食飲用籩豆手食」とあるやうに、古くは上下ともに手食して箸を用ゐぬのが習俗であつた。而してこれを裏附るものが殘つてゐる。京都市外の官幣大社、賀茂神社の美阿禮祭の折に「摑みの御料」とて手づから御供を取り白紙に載せて祭神に供へる儀式がある。神事の折に手水を遣ふのは、手で食事した名殘りであらうと考へる（星野輝興氏談）。これはその名が示す如く手で摑むで食した故實が、神事になつて殘つたものである。それから我國の古俗を克明に保存してゐた阿波の祖谷部落では、食事の方法中に箸を用ゐぬものがあつた。卽ち茶碗の尻を巧みに廻はして食物を口中に飛び込ますもので、俗に此の方法を「尻振り」と稱してゐた（美馬郡鄕土誌）。今でも印度人には手食の風があり、それが爲めに左手を尊び右手を卑むと云ふが、例を遠くに覓める必要もなく、我國にも行はれてゐたことなのである。

1 人皇の世に降つては、崇神紀に倭迹々姫が箸で御陰を撞いて薨去し、その墓は日は人作り夜は神作り、箸墓と稱すとあるのが初見であるが、箸で御陰を損するとは合點の往かね話で、これは端墓《はしはか》であつたのが、後に箸墓と轉訛し、更に箸で御陰を撞くと云ふ話にまで發展したものと考へる。現にその墓の在るところを箸中村（奈良縣磯城郡織田村の大字）と云ふのからも、さう感じられる。

全體、我國の上代の箸を現代の箸のやうに、二本棒を用ゐたと考へるのは大きな誤謬である。日本紀の編纂される頃には箸といふものが固定してしまつたので、箸と云へば二本の棒となつたであらうが、上代の箸は決して左樣のものでは無く、細く削つた木なり竹なりを中央から曲げて、今日のピンセット形にしたものである。鳥羽天皇の天仁元年の大嘗會を記したものゝうちに「一人執御箸筥、納二竹箸六具一歟可尋。屈レ竹以レ糸結レ之入二木柏四束一云々」とあるのは、よく上代の有樣を知ることが出來る（江記）。前田侯爵家藏の應永十七年九月六日寫本の「兩宮神寶圖」に銅箸二枚が載せてあるが、これも細い銅の棒を中央から丸く折り曲げたものである（康永の物を應永に複寫したもので、我國最古の神寶圖に思ふ）。これに由つて考へると、我國の箸は鳥の嘴《はし》から思ひついたもので、從つてハシの名を負ふやうになつたものと考へる。

二、箸を神體として祭つた社

新撰姓氏錄を讀むと、左京神別の竹田川邊連の條に「仁德天皇御世、大和國十市郡刑坂川之邊、有二竹田神社一、因以爲二氏神一、同居住焉、緣竹大美、供二御箸竹一、因レ玆、賜二竹田川邊連一」とある（卷一三）。これに由れば我國の箸は竹に限られてゐたやうに見えるが、これも川邊連の出自に有難味を附けんための家乘であるので、どこまで史實であるか判然しない。全體、支那でも箸の字（正しくは筯と書いたと云ふ）は竹冠りであるから、古くから竹を用ゐたことと思ふ。狩谷棭齋がその著「箋注和名抄」の箸の條に於いて禮記の曲禮を引用して、桃は箸と同じであるから、支那でも木を箸に用ゐたとあるのを否定して、木は手の誤りで挟であると云ふたのは達見である。我國では竹でも木でも茅でも手當り次第に用ゐたやうであるが、これに就いては追々に記述する。

我國には箸を神體として祭つた神社がある。奈良縣磯城郡耳成村大字東竹田の竹田神社（祭神天火明命）は延喜式內の古社であるが、社傳によれば前截の姓氏錄の故事により、箸を以て神體としてゐる（大和志料卷下）。岡山縣兒嶋郡本莊村大字通生の醫大山槃若院（眞言宗）神宮寺の舊記に、此の地に延曆年中坂上田村麿呂が軍卒を撈ひし銚子と箸とを祭り、一を銚子明神、一を箸明神と稱したとある（兒嶋郡誌）。これだけでは何の爲めに箸を神に祭つたのか理由が判然せぬが、恐らくその理由が忘却されたのであらう。福島縣大沼郡旭村 大字 寺入の金跨神社は嘉元年中の創建であるが、國幣社伊佐須美神社の寶物に上代の火箸なりとて、鐵杖の首の兩岐なのがあつたのを移して神體とした、長さ一尺九寸ほどある（新編會津風土記卷七八）。これも祭祀の理由が餘り判然せぬ。宮城縣栗原郡櫻目村に箸明神と云ふがあるが、勸請の年時も理由も詳細に知れぬ（封風土記卷一八）。岩手縣膽澤郡芳澤村 大字 白鳥に箸壇森とて、藤原秀衡が朝夕用ゐた箸を瘞めた所と傳へてゐる（同書卷一九）。併し用濟の箸を埋めるなどと云ふことは他に聞かぬから、これだけでは安心して從ふ譯には往かぬ。

そして是等の箸神に對する管見の結論だけを云ふと、それは端神《はしかみ》（村の出入口、又は道路の端に建てた社）の轉訛では無いかと考へる。端神に就いては私案を發表したことがあるので（雜味四號鼻神考）、こゝに再び繰り返すことは見合せるか、兎に角にその總てが端神で無いにもせよ、そのうちの幾つかゞこれに附會された箸神であらうと信じてゐる。これ等に比較すると、源頼朝が流人のとき眞田餘一義忠を從へ、遊獵に托して三浦義盛を訪ねる途次、久野谷（神奈川縣三浦郡衣笠村の內？）の民家に憩へるに、賤しき女が粟飯を炊き、新茅を折て箸に代へ饗應したのを、賴朝は源家の吉瑞なりと悅んだ。然るに里人は記念として箸を神體として新箸宮を建てゝ祭つてゐたが、明治七年に他に合祀されたとあるのは（三浦大介遺蹟考）、年代が新しいだけに信用して差支ないと思ふ。

三、大昔の箸は松でも梅でも茅でもよかつた

延喜內膳式に「箸竹四百五十束、九十株山城國乙訓園。三百六十株相樂郡鹿鷺園。」とあるのを見ると、箸の材料は重に竹が用ゐられてゐたのであらう。併しながら必ずしも竹に限られた譯でもなく、外出の折などには松の枝でも梅の木でも、何でも手近にあるものを折り取つて代用したやうである。拾遺和歌集（卷一六雜賀）に「除目のころ子の日にあたりてはべりけるに、按察使更衣の局より、松を箸にして食べ物を出してはべりける」と端書せる和歌一首を載せ、大和物語に「箸には梅の花の盛りなるを折りて」と記せるを見ると、何でも間に合ふもので濟したやうである。誰でも知つてゐる萬葉集に「家にあれば笥に

4

盛る飯を草枕、旅にしあれば椎の葉に盛る」時代を距ること遠からぬ平安朝にあつては、箸の詮索まで行屆かぬのに不思議はない。

箸の話（中山）

然るに何故にか民間では、竹の箸を用ゐるを忌む習俗がある。石川縣河北郡井上村では屍體を火葬に附し、骨拾ひの折に各人靑竹の箸を用ゐるが、それが爲めか平生竹箸を忌む風がある（石川縣ノ研究宗教篇）。栃木縣足利郡の村々でも葬儀の折には、靑竹を割つて箸を拵へ用ゐるが、矢張り平常は餘り悅ばぬやうである。これは草深い村落のこととて、大勢の來客に間に合はぬために出た便宜と思ふてゐたが、何か他に俗信があるのかも知れぬ。茨城縣稻敷郡龍ケ崎町では、竹箸で食事すると願ひ事が叶はぬと云ふてゐる（人類學雜誌一〇九號）。これに反して兵庫縣加東郡の町村では、每年三月十六日を「おいとこ」と稱しいかなご飯を炊き、竹の箸を新調して家內一同で食し、後に此の箸を繩にさして屋根へ上げるとある（加東郡誌）、さうすると竹箸を忌むことはその土地だけの習俗で、深い根底は無いやうである。

四、太箸と鹿食箸と白箸翁

正月の太箸は今に民間に行はれてゐて、古俗を尙ぶ家では三ケ日の雜煮を祝ふにはこれを用ゐてゐる。尾崎紅葉の「太箸の鶴にあやかる思ひかな」は名句では無いが、箸を鶴の嘴にかけたところに西鶴張りの俳諧を悅んだ彼の面目が窺はれる。然るに此の箸の由來に就いては定說を聞かぬ。四時堂其諺の考證によると、太箸の傳は禁裏、院中、堂上には曾て沙汰なく、たゞ民間にのみある習俗である。或說に箸の折れるは落馬の兆だと云ふ。足利將軍義勝が幼少の頃に元朝の儀式に箸折れ、その年の秋に落馬して薨じた。弟義政が續いて將軍となりしとき、家臣が折れぬやうに太箸を作つたのが始めだと云ふが、これも確かな故實では無い。後考に俟つと云ふてゐるが（以上。滑稽雜談卷一）、別段に深い故事のあらうとも思はれぬ。要する室町期の有職家なるものが案出したものであらう。

信州の官幣社諏訪神社から出した鹿食箸の起原も、また餘りに判然してゐないやうである。勿論、佛敎が上下に浸潤して六畜等を食ふことを嫌忌した後にあつても、食ひ馴れた鹿の肉の美味なるのが忘られず、それで鹿に由緣ある諏訪社の箸を受けて食へば、差支ないと自己安心からの工夫であるから、早くも鎌倉期の終りか遲くも室町期の初めと見て間違ひ無いと思ふ。諏訪社から出して鹿食箸の免し札を見ると「業盡有性雖放無生故宿生身同證佛果」と書いてあるが（鹽尻卷五〇）、佛説の方便であるとは言ふまでもない。それでも肉食を觸穢とした時代にあつては、かなり調法がられたものと見えて、各地の諏訪の分祀社から此の箸を出したやうである。例へば兵庫縣氷上郡生鄉村大字本鄉の阿智觀明神は、同郡沼貫村新鄉の城主赤井氏の先祖が信州から來た時に諏訪社を祭つたのであるが、祭日には山を狩り鹿を獲て社に掛け贄とした。後に鹿が捕れぬやうになつたので三歳の牛を射て供へると、不思議にも村中の牛が三歳になると死ぬので、中古から牛を飼はず馬を持つやうになつた。此の由緣で鹿食箸を免すことになつてゐる（丹波志卷一一）。鹿兒島市の諏訪神社からも此の箸を出したやうに三國神社記を讀んだ折にあつたと記憶してゐるが、今左右に同書が無いので姑らく保留する。然して此の鹿食箸の派生と思はれるものに、諏訪神社信仰に由る青屋箸の民俗があるも、これに就いては別に項を立てゝ後で記すとする。

清和朝の貞觀年中に白箸翁と稱する市隱があつて、白箸を賣りつゝ百余歳の長壽を保つたとあるが（本朝逸史）、果して此の當時に箸を買つた者があるか否か覺束ない話である。恐らく庶民級にあつては自給したであらうと思ふし、それ以上の階級にあつては市井を振れ歩く者から買はうとも考へられぬ。それに後世になるまで特別の箸はその場で拵へたやうである。宇治拾遺物語に紀用經が鯛の苞苴を料理するとて「今日の庖丁は仕らんと云ひて、眞魚箸《まなはし》削り、鞘なる刀拔いて設けつゝあな久し」とあるのでも知れる。塗箸、牙箸などは後世のもので、杉の割箸に至つては、こゝ百年ばかりのものだと云ふことである。

五、萩の箸と柳の箸と栗樫の箸

宮中では昔八朔と十五日に、萩の箸を用ゐたといふが故實は明かでない。これは年中行事の專攻家である有馬敏四郎氏の研究に俟つ外は無い。それを眞似たのか否か判然しないが、民間にも萩の箸を用ゐる例がある。岩手縣遠野町附近の村々では、毎年舊曆十一月二十三日に大師粥をつくり、これを萩の箸で食ひ、その箸を以て灰腊（膳の上に灰を盛り搖りて平にしたもの）で手習すると上達すると云ふてゐる（人類學雜誌廿九ノ一）。そして智者大師法要の粥を食ふ箸に就いては、何故か各地に特種のものが存してゐる。新潟縣舊長岡領の村落では、大師粥を煮て供へる箸は、栗の木を用ゐ一本は長く一本は短くつくる。耳遠い者が此の箸で耳の穴を突くとよく聽えるやうになると云ふ（越後長岡領風俗問狀答）。石川縣の日蓮宗の寺院でも大師講を行ふが、此の日檀家の子供は寺に往き白木の箸を請け、これを書籍の栞として用ゐれば、讀書力を增すと信じられてゐる。蓋し智者大師の名に附會した俗信であらう（石川縣の研究宗教篇）。茨城縣眞壁郡大寶村では陰曆正月十五日に大師粥とて小豆粥を炊くのは、少しく季節はづれのやうに思はれるが、此の粥を樗箸で食ひ、後でその箸を一纒めにして粥を着け竈の神に供へ、それを取り置いて苗代の籾の名札を挾むで立てる（日本人增刊自然と人生號）。此の民俗は他地方に見る花（削り掛）のそれと同じもので、これを大師粥と云ふのは腑に落ちぬが、今は原本に從ふとする。長野縣松本平に於ける生團子《なまだこ》の由來は、大師粥の故事と結びついて三本箸の習俗を生むまでに有名になつたが（松本と安曇）、これに共通したものは他にもある。新潟縣の仁上では小豆粥に長箸を三本立てゝ供へる。これは大師が根ノ國から小豆を盜み來る途中で躓き脚を折り、杖をついたが三本箸は此の時の杖と兩脚とを徵はすのである（津輕口碑集）。此の外にも大師粥の箸には異俗があるも省略する。

木の箸を用ふる民俗は各地にあるが、稀には緣喜を擔ぐの餘り馬鹿々々しい駄洒落になつてゐるものさへある。先づ眞面目の方から述べると柳の箸が多い。千葉縣夷隅郡では死者を葬つた翌日に、喪主が前日殘し置いた四箇の餠を携へて墓前に供へ、そのうち一箇を竊かに持ち歸り、柳の箸で細かに切り鹽を付けて遺族だけで食ふのである（夷隅郡誌）。そして此の民俗には大きな暗示が投げられてゐるが、それを書き出すと長文にもなるし、且つ他岐に涉るので除筆する。靜岡縣志太郡では節分の宵に燒ツかゞしを拵へ、柊の葉を戶口に挿すなどは他地方と變りはないが、此の夜には柳で作つた箸で食事する習俗がある（志太郡誌）。京都府與謝郡石川村では舊二月朔日の事初めに、柳の箸十二人前を製して神前に供へ、午后に事擲を行ふとある（丹後石川村誌）。私の寡聞なる此の事擲なるものが判然せぬが、事初めは農業を始めるに際し、穀神を祭ることであるから、恐らく此の日から作業に就く意味と解して差支あるまいと考へる。

木の箸のことをもう少し書き續ける。栃木縣足利郡毛野村大字大沼田の大防山の頂に、久安年間の創建と傳ふる山ノ神の社がある。信徒は空木《うつぎ》の箸を納めるが、虫齒に惱む者は此の箸を借りて來て患部を撫で、癒ると十倍又は二十倍にして納めるので、その箸が社前に堆積してゐる（鄕土研究四ノ六）。此の山ノ神は私の鄕里から二里余の所とて、私も幼年の頃祭日（舊三月廿八日）に二度ほど登山參詣したことがある。高い山では無いが關東平野の盡きる所に聳えてゐるので、非常に眺望のよいことを今に記憶してゐる。兵庫縣加東郡の村々では、元旦の雜煮を祝ふのに、昔は櫟ノ木で箸を新調した（加東郡誌）。佐賀縣佐賀郡川上村では同じ正月の雜煮箸は、必ず栗ノ木で作つたものを用ゐた（鄕土研究四ノ二）。そして此の二つの櫟と栗とを併せたのが、德島縣池田町附近の雜煮箸である。卽ち同地方では元日に櫟と栗とで箸を拵へるが、これは栗（九里）四方櫟（貸）まわるの意だと緣喜を祝ひ、十五日に棄てることになつてゐる。然るに後には九里四方貸しまわつても、その金が集らねば何にもならぬとて萩の箸を添へ、これで萩（剝ぎ）とるのだと云ふてゐる（池田町誌卷下）。俗信もこゝまで來ると笑ひ話となつて罪が無い。猶木箸に關する咒禁的の俗信もあるが、これは後で纏めて述べるとする。

六、茅箸の有する呪力とその原義

本誌の一月號を讀むと、紙上問答欄に宋錫夏氏が「藁茅の自身が持つ信仰的、神事的、傳承を承りたし」と問ひを出してゐるが、實は斯うした大ザツパな問題には閉口するのである。私は民俗學的の資料を多少とも蒐めてゐるやうな氣がするので、これから努めて質問に答へる考へでゐるけれども、藁や茅の有つ信仰的、神事的などゝ云はれると、餘りに廣汎に過ぎて迚も答へきれるものではない。また答へきれるとしても誌上に載せきれるとも思はれない。それこそ本當に編輯者泣かせと云ふ結果になるので、斯うした問ひは出來るだけ範圍を狹ばめ、具體的にこれこれの事が知りたいと言つて貰つた方が便宜である。私はその一例としてこゝに茅箸のことを記し、此の一つだけでも容易で無いと云ふことを知らせるとする。何だかいやに物識り振つた書き方ではあるが、その邊のところは年に免じて許して貰ひたい。

茅を箸にする俗信は、かなり廣く行はれてゐるが、その起原に就いて越後風俗志（第五輯）に左の如く載せてある。

越後昔話と云ふ書に、昔より毎年七月廿七日（陰暦）朝は、各民家とも靑茅を採り來たりて箸となし、これを靑箸と名づけ朝飯を喫す。その起原は永祿七年に川中嶋合戰に、上杉武田の兩家より一人づゝ勇士を出し健鬪せしめ、勝たる方が四郡の地を得ること〻定めしが、此折に上杉謙信は上下の諏訪明神に祈請し、我が家來勝たば越後の國中に神靈一萬躰を勸請し、且つ大祭の七月廿七日には、領民をして明神に由緣ある茅を以て箸となし、朝飯を喫せしむべしと誓ひしに、果して上杉方の勇士勝を獲しより、此の風俗を爲すに至れり（以上。摘要）。

此の起原說がどこまで事實であるか、元より信用すべき限りで無いことは、上杉家には何の關係も無い他の國々にも茅箸の習俗が、然も諏訪神ならぬ他の神々の名に於いて行はれてゐるからである。例へば茨城縣（一部であつて全縣では無いが、それは次に述べる）では舊六月廿一日に青屋祭とて鹿嶋神を祀るが、此日假りに祠を設け茅を以て屋根を葺き、朝夕八種の神饌を献る。その箸は青茅を用ゐることになつてゐる（新編常陸國誌卷七）。茅を以て屋根を葺くとは諏訪社の穗屋の薄を聯想させるが、併し斯うした假社の建て方は、大昔は廣く行はれてゐたもので、別段に諏訪社に限つたものでは無いと思ふ。更に茨城縣（但し那珂川以北には此事は無い）で鹿嶋祭の日には青物を調理して青茅の箸で食すが、これを青屋箸と稱してゐる。元これは府中（現今の新治郡石岡町）の青屋祭から出たものである。此の祭儀は惣社の祭會で青屋場に細木小竹にて假屋を作り、青茅で葺き祭る故に斯く稱したのである。鹿嶋大宮司年中行事には、此の日茄子瓜の類を料理して茅箸にて食すとある。青物を此の日から用ゐ初めるの意であらう（以上。同上卷一二）。常陸國誌の著者である中山信名の考證に從へば、青物を食ひ初めるので青茅の箸を用ゐると云ふことになるのであるが、それにしてもその理由がもつと詳しく說明されぬのは物足らぬことである。私は此の理由は茅箸の咒禁《マジック》的俗信に出發してゐると考へてゐるが、こゝではその理由を記す以前に猶二三の茅箸に就いて述べるとする。

諏訪神に由緣深い長野縣北安曇郡の村々では七月二十七日を、青箸の年とりとも尾花祭とも云ひ、此の朝赤飯に穗の出た茅（尾花）を添へて神棚に供へ、朝飯は青箸とて茅の莖を切つたもので食ふ。斯うすると腹の虫が切れるとも、赤痢にかゝらぬとも云ふてゐる。又此の日迄は山へ往つても、青箸で辨當食つてはならぬと戒めてゐる（同郡鄕土誌稿三輯）。奈良縣添上郡大柳生村では正月十五日に、前に正月餠をアラレやカキ餠に拵へた切れ端を入れて、小豆の茶粥を炊くが、齒痛を持つ者は特に茅の莖で作つた箸を用意し、七軒の家から此の粥を貰ひ集めて食ふと癒ると傳へてゐる（大和習俗百話）。

岡山縣淺口郡でも小正月の日に赤小豆粥を作り歳神に供へて祝ひ、此の粥を食ふには茅の箸を用ゐ、食ひ終ると箸を庭上に立てる風習がある（淺口郡誌）。何故に箸を庭に立てるのか理由は分らぬが、同地方の讀者から通知を得たいものである。德嶋縣三好郡山城谷村では正月三ケ日の間は、昔は箸を茅又は齒朶で作り用ゐたが、今では何故か松で作るやうになつた（山城谷村史）。同じ德嶋縣でも勝浦郡多家良村大字飯谷では齒朶の箸を用ゐることを禁じてゐる。それは氏神松尾神社の祭禮に、齒朶の箸を折敷に添へて献ずるため憚るのだと云ふてゐる（勝浦郡誌）。斯うした例はまだ外にもある。

私のカードにある茅箸は以上で盡きてゐるが、こゝに茅に似た薄の箸を用ゐる民俗が各地にあるので、それを掲げて茅と薄との關係に就いて記したいと思ふ。秋田縣山本郡二ツ井村では長さ二尺もある薄二本を握飯に樹て、更にこれより短い二本の薄箸を他の握飯に樹てゝ献ずるが、その日は失念した（津輕口碑集）。誠に心元ない書き方ではあるが、前後の記事から推して大師粥の時のやうである。然して握飯に薄を挿して氏神に供へる民俗は、和歌山縣に大掛りのが存してゐて、紀州名所圖繪にはその挿繪まであるが、これは箸で無いから深く言ふことは避けるとする。新潟縣魚沼郡では舊七月廿七日（前載の諏訪神の祭日）を尾花祭と稱へ、强飯に薄の穗を添へて諸神に供へ、薄の箸で强飯を食ふことになつてゐる（新編會津風土記卷一〇六）。水戸市でも六月廿一日の鹿嶋祭には靑薄を箸に作り食事する（水戸歲時記）。千葉縣海上郡の農家では、今に六月廿七日には薄を切つて新しい箸を作り、團子や饂飩を食ふことになつてゐる（海上郡誌）。これには理由が擧げてないが、水戸と同じ鹿嶋祭の儀式と思ふ。愛知縣東春日井郡篠岡村では、正月十五日の朝に小豆粥を拵へ、それを薄の箸で食ふ。スヽキはスヽギ（濯き）の意であつて、淸きを意味するより用ゐるのである（同村誌）。併し此の說明は全く後世の附會であつて、古くは神を祭る故事に出たのである。

さて茅と薄、似てはゐるが物は違ふ。それではこれを箸にする民俗は、茅が元で薄が末か、それともこれに反して薄が先で茅が後か、更に兩者に新古の別なくして並び行はれたのか、その何れかはこれだけの資料では斷定も出來ぬし、また私の學問の力では何とも言ふことが出來ぬのである。併し强いて言へば茅に咒力のあつたと云ふ俗信は、備後風土記逸文の茅ノ輪以來かなり古いことで、まだ此の外にも茅が咒物であつたと云ふ例のあるより推して、茅の方が元であつたやうに考へられぬでも無い。殊に茅箸の起原が此の種の咒力を信じた民俗より出發したことを知ると、さう考へることが全く無稽だとも云へぬやうである。然して茅箸の俗信に關しては左の如きものがある。

岩手縣閉伊郡上郷村大字細越の機屋の縫と云ふは、近郷きつての獵の名人であつた。或日、自分の娘が宅內で機を織りながら、笑つたり悅んだりしてゐるので、附近を見ると戶外の樹に、赤い小さい蛇が居るので、これの仕業だと鐵炮で打ち殺し前の川へ投じてしまつた。するとその年に件の川から名の知れぬ小魚が生れたので、縫はそれを捕り呪文を唱へながら、茅の箸で搔き廻はすと、魚は悉く小蛇となつてしまつた。縫は此の外にも大蛇を射留めて手柄したことがある（佐々木喜善氏報告、摘要）。

茅箸の用ゐられた原義はこれである。卽ち此の箸には魔を拂ひ毒を消すほどの呪力のあるものと信じられてゐたのである。そしてその起りは栗田寛の述べたやうに「茅輪を腰に着けて疫癘を免れるは（中略）、上代より神等の定めたまへる事にし侍れば、いかなる理にてさる事ありと云ふ事は、凡人の測り知るべき限りにあらず」の信仰から（風土記逸文考證下）、導かれてゐたのであらう。

七、箸の俗信と殘つた大きな問題

桑の箸を常用すると中氣に罹らぬとて、今にさうしてゐる人を見かけることがある。私の友人である河井醉茗氏は堺市の生れであるが、氏の實驗として記すところによると、大阪邊で俗に烏とまらずと云ふ木で箸を作り、それで食事してゐると肺病にかゝらぬとて、氏は幼少の頃は蒲柳質だつたので、此の箸を用ゐさせられたと云ふ（醫文學七ノ八號）。茨城縣久慈郡の村々では正月十八日の朝に小豆粥を炊き、新しい箸を作りこれを食ふ。食ひ終るとその箸を十文字に結へ端を銳く尖らせて、屋根裏に投げつけて挿すのである。そして箸は年の暮の煤拂までその儘にして置くのである（民族三ノ二）。何の爲めに屋根裏に投げて挿すのであるか判然せぬが、箸を十文字にする習俗は他縣にもある。岐阜縣吉敷郡國府村大字八日町では人が死ぬと、猫避けとて箸を十文字にして屍體の額の上に置き、富山市では死者ある家の喪標として、竹片を十文字に結びて吊るすと云ふ（人類學雜誌二二五號）。猶これと關係あるか否か速斷は出來ぬが、沖繩縣の嶋々にも喪家の目印として薄を二寸位に切り、それを十文字に結び軒下に吊るして置くとのことである。死人の枕飯へ箸を二本突き挿すのは、殆ど全國的に行はれてゐるが、その理由は夙に忘られてしまつたやうである。此の事に就き某氏の著書で見たことがあるも、餘りに驅け離れてゐるので、こゝに紹介する勇氣も出ない。

德嶋縣の新野町では正月十四日に命長と稱して、家族の數だけの箸を神前に供へ、その箸で飯を取り神に供へてから食事する。食し終ると年長者より年順に箸を藁に挿す。但し女子は年長でも男子の後に挿すと云ふ（新野町史）。何の事やら譯が分らぬが記して後考に備へるとする。廣嶋縣の宮嶋では白木の箸を用ゐぬことになつてゐる。これは正月四日の祭禮に白箸を神に供へるためである（藝藩通志卷一七）。神の供物を禁忌《タブー》する習俗は此の外にも尠くない。

箸の話はこれで總てを盡したものでは無い。殊に大きな問題としては箸立傳說なるものが殘つてゐる。併し此の問題は迚も筆序に書けるやうなもので無いから、又の機會に讓るとし、こゝに漏れた箸の話もその折に補ふとして今は擱筆する。

（完）

へいさらばさら考（四）

岡本良知

評價

ペルシヤ及その近隣の諸國で遠い古代よりこの結石の効力が過信せられて甚だ高い價値を以て遇せられたことは、こゝに引證せられずとも疑ひなき事である。十六世紀初に到つて、ヨーロッパ人が東印度に來り、ペルシヤ人等の珍重の程を特記した文も相當ある。アントニオ・テンレイには『彼等ペルシヤ人の間にては、價値高く甚だ珍重せらる。』(Itinerario, p. 11) と述べた如き、ドアルテ・バルボーザの『回教徒及び(印度)大諸侯間に非常に珍重せらる。』と記した如きは、その一例である。ガルニヤ・ダ・オルタは十六世紀中頃東印度とヨーロッパの評價を比較して、『(當印度にては) 非常に大なるものと尊重す。その故は大なる大は大なる效力より成るといはるゝなり。予は當面に於て五オイタワ（オイタワは七二グラン）に近い重量のものを得たり。併しポルトガルに於ては餘り尊重せられず。彼の地（ポルトガル）にては三ニミルレイスを與へらるれども、當地にてはそより高價なりき。（ポルトガルの三ニミルも）それを賣りたる者の勞に價を附したるのみにて、この石には値あらざりしなり。蓋し、これが故にその者は賣らんとし甚だ苦勞せり。』(Colloquio, p. 232) といつた。東洋とヨーロッパとの價値の差は明かであるが、併し、オルタの誇張する如くポルトガルで無價値であつたとは首肯せられない。これに就ては後に詳說する。リンスホーテンも亦同世紀の東印度に於ける評價の高きを傳へて、『このベザル石は甚だ高價にして、印度に於ては凡そ毒とそれに因る病の特効薬として用ゐられ、ヨーロッパに於ける一角獸の角よりも珍重の度高し。この故に、より多く需用せられ、甚だ高價にて賣らる。大にして重きもの程質良く價値多し。普通の種類は四、五オクタヴの重量なり』(The Voyage, p. 143)といつた。これが珍重の度餘り高いので、ペルシヤ王がその保有獨占せんとした消息も見られる。オルタの曰く『ペルシヤ人の語るに、ペドラ・ベグアルを産する地には今は多量に保藏せられ、國王の手中に歸せしめんとの運動劇しく、また、エスパニヤに於て、凡ての基督教國に於て行はるゝ如くこの石の時價定めもありと。』(Colloquio, II, p. 397) ペトロ・テェジェーラも亦同じやうなことを記して『ペルシヤ王シヤ・アバスは或る重量以上に達するピェドラを己の有として採取せんため守衛をその地に置く。』(Relaciones, p. 161) といつた。

前引のオルタの文中にエスパニヤ國その他のヨーロッパに於けるこの結石の公な時價定めがあつたことを漏したのは、オルタ自らポルトガルで無價値に近かつたといふ説を否定したことになる。リンスホーテンは『この石は多量にポルトガルへ運ばれ、甚だ珍重せらる。』(ob. cit. p. 143) と確實な消息を傳へた。オルタと同時代のエスパニアの醫者ニコラウ・モナルデスの遙々リスボアから二度も取り寄せて治療に用ひ、僅少の殘部をも捨てずに利用したこと等は少くとも專門醫者の間では高く評價せられてゐたことを暗示する。フィカリュ伯はこれに就ても『故にリスボアは東洋との直接貿易を有し、當代の香料を獨占取引した如く、有名な藥品ベゾアルの舶載をも獨占した』との意見を吐いたのは十六世紀に關する限り疑ひの餘地があるまい。トーマス・ロー卿は一六一七年頃の英國に於ける價格を述べて、『英國にてはオンスミリブルなり。若し石大にして完からば五リブルの價あり。』(The Embassy of Sir Thoman Roe to India. p. 157) と報じた。

このやうに東印度、ヨーロッパを通じて貴重せられた他の一證は、東西の王、富者間にこれを贈與し合つたことである。一六〇五年にはバンタンの王が英國のジェームス一世に二個のベザル石を贈り (W. Noel Sainsbury, Calender of State Papers, East Indies. vol I, p. 143. Hobson-Lobson, p. 67 所引)、一六一六年四月英國トーマス・ロー卿が『予はアザ・カンの眞卒な待遇と庇護に謝意を表するため、解毒劑（ベザル石）を贈りたり。』(The Embassy of Sir Thomas Roe. p. 157) といふことがあつたのはその例である。前項に述べた一六二四年ボヘミヤの女王がトーマス・ロー卿にこの石を求めんことを依頼した事實もこれに類する。

このやうなベゾアルの高い名聲と評價は單に十六・七世紀のみに存したのではなかつた。ケンプェルのあつた十七世紀末は勿論、十八世紀初半に刊行せられたラファエル・ブリュトーの百科字典「Vocabulario」にも尙、「貴き解毒劑」と稱した。科學の發達に從つて、その効果なきことが解明せられ、二十餘世紀に亘る誤謬が排斥せられたが、その始めは科學開明の光ヨーロッパの中樞を照したに過ぎなかつたから、東洋諸地方では恐らく十九世紀に及んでも依然これを貴重したであらう。十九世紀初にペルシヤのシヤー（Scháh）よりナポレオン一世にこの石を送つた（Ficolho, Colloquio, p. 236）といふ。また、ヨーロッパの僻偶ではその頃『今でも予等は、子供が藥舖へ行つてペドラ・ベゾアルがあるかと尋ねたことを思ひ起す』（雜誌 Panorama, No. 112. Lisboa, 1839）といふ有樣であつた。

石の妙藥と稱へられるものはその貴重の度の多い程度に從つて、その眞疑を見分けることも甚だ重要視せられた。このペトラ・ベゾアールの如き珍重せられた解毒劑は必然的にその鑑定を强制した。當代藥の精通第一人者を以て見られるガルシヤ・ダ・オルタそれに當然觸れて、『異敎徒は或る石と他の石の差異を熟知す。この石の贋造なりや否やを知るに、彼等は掌中に緊握し吹息して空氣それすら滲出すや否やを驗す。氣の出るは贋造なり』と述べた。また同代在ポルトガルのカルロス・デ・レクルーズ（Carlos de L'Ecluse）の鑑識方は前者の述べるところと異なつてゐた。『レクルーズはリスボアの商店で各樣の形のこの結石を見たところを述べた。その或るものは僞物であるから、購買者はその取引が終る前に効驗の眞否の證明を求めた。この後の證明には販賣者も稀に服しようとした。甚だ容易に了解せられる方法である。針に通した糸に毒藥 Herba Valestera（弩手草）をつけ、それを犬の足に貫通し、糸を傷中に放置する。若し犬が中毒の徵候を示したなら、削りとつたこの石の粉を水に溶して犬に與へる。その効果によつてこの石の正否が判別せられる。販賣者は、種々の手段を以て容易に證明を瞞さんとするが、この證明法のみは服した。』（Colloqaio, p. 238）。十七世紀初にトーマス・ロー卿はまた別の鑑別法を傳へた。『贋造物を避くるために、非常に熱したる針を以て石を挿し、その痕殘らざれは僞物にあらず。若し針突入するか、石を焦がすときは贋造なり。その効力の良き試驗は、石を野生の乳液に投ずれば、最良の石はぞれを酵母の如くに變ず。』

ベゾアルが空想的な効果と價値を有してゐただけ、それらの鑑別法も頗る無稽無理なものであつた。强いていへば、レクルーズの方法の稍々合理的に思はれる。商人等がそれらの方法を欺瞞しやうとすれば、全く容易であつたに違ひない。

支那に於ても早くよりこの結石を貴珍とせられただらうことは諸書の記載法によつて推察せられるが、私は古き時代の明かな評價へ文字を知らぬ。恐らくは產する獸の種類によつて尊重の度も異なつたであらう。明末以前には、限定せられた意味のバザル石は殆んど知られるところなかつたと思はれるが、ヨーロッパ人船載後はこれを最も貴んで、『西客極貴ニ重之ニ可レ至ニ百極一國玉籍以爲レ利』(聯方外記、坤餘外記)といふ如くに遇せられた。牛貴は支那に於て採取せられ極く珍らしきものとは思はれないが、その治療効果を最も過信したから『(恭曰)藥中之貴、莫ニ復過一此、一子及ニ三二分一、好者値五六千、至ニ一萬一也』(本草綱目)の價を附せられた。狗寶、野猪黃、鹿靨など皆これに次で藥効ありとし評價せられたが、その具象的な數字を載せた書を見ない。駱駝黃𤛆牛黃は主として新疆地方の產であつたが、支那に於ては殆んどこれを利用することとなかつたのと西域人のいふところとによつて、『駱駝黃極易レ得』(本草衍義)『西戎有ニ𤛆牛黃一、堅而不レ香、又有ニ駱駝黃一、極易レ得亦能相亂、不レ可レ不レ審レ之』といひさほど評價しなかつたらしい。馬罍に致つては殆んど支那書に現れない。蒙古新疆の鮓答が恐らくは馬罍であつたらしいから、寧ろ北方民族にその特別神祕力の故に貴重せられたであらう。

日本に於ても、支那及びヨーロッパ人より傳來後、殊に江戶上半期に於ては支那人に倣つて、その程度に貴重視し、後半期に於てはオランダ人よりその高き評價を受け入れたやうである。これに就て、如何なる程度に評價したかを確然と記したものがないが、諸書のこの石を述ぶる量と質とによつて推測せられる。

別に日本では、諸種の悉信と風習によつてこれを貴重した。そのうち極端なものは神體とせられ、或は錦の袋に納めて家代々に傳へたといふ既述の如き例もあつた。この種の貴重觀は人智の開けるに從つて、有識の士の批難するも恐らくはあつたであらう。「和漢三才圖繪」にいふ『按俗間有ニ牛寶一形如ニ玉石一外面ニ有レ毛此如ニ狗寶一ニシテ而鮓答之類ノ牛病塊與ニ牛黃一ト一類二種也傭愚賣僧《マイス》之輩爲ニ靈物一ト或以ニ重價キヲ一索レヲ之其惑甚哉』はそれに充當する文であらうかと思はれる。

附　錄

へいたるぼるこ

『へいたるぽるこ、猪の腹中に生ずる藥品なり。』(後藤梨春著「紅毛談」)といふヘイタルポルコは、ポルトガル語のペドラ・デ・ポルコ (Pedra de Porco) より訛傳したものである。リンスホーテンは『このパン Pan の國に於ては彼等ポルトガル人は猪の臍の內側より或る石を發見す。毒その他の病氣に對し、ペドラ・ベゾアルよりも効力ありとて珍重せらる。ポルトガル人はこの石をペドラ・デ・ポルコと稱す。蓋し、猪石なり。』(ob. cit. II, pag. 143) と述べ、十七世紀のヤコブス・ボンチウスは、『猪の胃中または長毛の豪猪の嚢中に生ずる石、これをルジタニヤ人はピイドラ・デ・プェルコと稱す。』(Jacobus. Bontius. Historia Natualis et Medica Orientalis. De Indieae Utriusque re naturali et medica. (Auctoris G. Piso) Amstelaedami, 1638. pag; 48) と定義するものである。

この結石に就て委細に記したペドロ・デ・シェーラはこの石を成生する動物を實見した折、『この石を生ずる動物をその名に符合するやを見んため、予はマラッカに在りたるとき、シヤカ syaka より、その一頭を取り寄せたるに、予は普通の棘猪と何等異なるなきを發見せり。』(of. cit. pag. 161) と斷言し、前記のオランダの醫者ヤコブス・ジエンチウスは、『予はピエドラ・デ・プェルコ二個を有す。その小なる一は、小なる棘猪より、他の大なる一は大なる野猪より採りたるものなり。』(of. cit. pag. 48) と述べたが、果して彼が注意深くその出所を調査したか否かは知り難い。ケンプェルは『マライ地方の豪猪の膽汁小嚢中にあり。』(Amoeaitatis Exoticarum. pag. 393) と簡單に述べた。近代に於て、フィカリユ伯その動物を詮鑿していはく、『ペドラ・デ・マラッカ即ちペドラ・デ・ポルコは動物の腹內結石でありとはいへ、ペトラ・ベゾアルとは異なつてゐる。このベドラ・デ・マラッカはジューボール Giubaurt が巴里の藥學校に藏したよつて書いたものに該る。彼はそれを灰褐色ベゾアルまたベゾアル・エラジックの名の下に、東洋の一動物の腸（膽ではない）內結石だと考へた。その動物は恐らく、棘猪の類に屬する齧齒獸であらうといふ。兎に角、ペドラ・デ・ポルコ・エスピーニョ（豪猪石）はベゾアルの如く腸內結石とはあるが、その產する動物の種類が異なる』(ob. cit. pag. 388) と。

ガルシヤ・ダ・オルタの書に、この結石の狀態を『その石の色は明紅色、味苦く、觸れてフランス石鹼の如く、また粗柔なり。』(ob. cit. pag. 383) と說き、リンスホーテンは『明るき紅色を帶び、苦味あり、フランス石鹼の如き匂ひあり。』(ob. cit. pag. 143) と前者の言を繰り返へした。ケンプエルは『圓形にして牛黃よりも緻密なり。羅望子《タマリンド》または胡桃の實の大きさありて、輕く、色赤く、油の如く粘氣あり』(ob. cit. 393) と詳しく述べた。產地に就ては、オルタ曰く『この石はマラッカに隣接したるパン Pan (註、マラッカ半島東岸にあり、近世 Pohang とも Pàang とも書く) に產す。』又曰く『この石よりも多くペドラ・ベゾアルを生ずるパンでは、この石はペトラ・ベゾアルよりも尊重せらる。』(ob. cit.) と語つた。リンスホーテンまた『それはマラッカに於てより多く取引せらる』(ob. cit.) といひ、ペドロ・ティシェーラはマラッカに在つたとき附近のシヤカより取り寄せたと記した。これ卽ちペドラ・デ・マラッカの品名ある所以である。その名は、ケンプェルのいふ如くは『マライ地方の豪猪の膽汁小嚢中にあり。その故に、ガルシヤ・ダ・オルタはその著書にペドラ・マラセンシの稱を以て述べた』(ob. cit.) 仍ち、オルタの命名に出づるものであらう。ケンプェルまた別名を擧げて『アルドロソンヅス Aldrovandus はシルワティコ Sylvatico によりてマサシオス masacios と名づけ、他の者によりてアケローネス Aquerones と稱せり』と。

思ふに、十六七世紀の諸書に見えるペドラ・デ・ポルコの產地はマラツカを中心とした地方に限られてゐるが、それを恐らく、その地方特產の猪中に生ずると解すべきではなからう。諸國の民にして、若しこれをマラッカに於ける程珍重したならば、何れの國にも產したであらう。而して、この結石に就て、ガルシヤ・ダ・オルタより以前の學者の記載するものを見ないけれども、十六世紀以前には用ゐられなかつたとはいへないであらう。ケンプェルはこれに就て次の意見を有した。『このペドラ・デ・ポルコはアジヤ・アフリカの諸地方及びカウカスの山中にて發見せらるゝに拘らず、このバタビヤには絕えて見られず。』これは弘く世界の諸地方より見出さるべきものといふに近い說である。

藥劑としての効果は殆んどペドラ・ベゾアルに類似したものであつた。オルタの書に述べたのは『實驗としては、予は毒を飮まされたる二人にこの石を與へたり。症狀甚だ惡しかりしが、この石を水によりて擂らしめたるに甚だ良くなりた

17

り。見られよ、全く貴方と約せし如し。予はこの石の抗毒性たる理由予の實驗とを貴下に報ずるなり。（以上ディマスの言）（中略）予はこの石の少量を水に溶解して飲ましめたりしに、患者等告げて、その水味苦けれども胃を確固强壯にしたりと（ディマスの言）。それは皆眞なり。蓋しその理由は、この石を有する男予にいひて曰く、彼この石溶液を試みたるに、甚だ苦かりしかども、胃は甚だ快適となりき、而してこの石を强壯劑水に入れて與ふるは惡しからず（オバタの言）。斯く速かに適應ある液は他にあらず。（これを攝つた）澁滯するは危險なり（ディマス）。』（ob. cit. 380－383）である。リンスホーランの記載したのは『彼等（マラッカ人）のこの石を用ゐ、また何人にてもこれを飲まんとするときは、これを水を盛りたる碗中に投入し、それに苦味を帶びしむ。然る後、石を取り出す。斯くして、苦味ある液は人體より總ての病毒を驅逐し淸淨にす。こは實驗によりて屢々證せられたるところなり。』（ob. cit.）とあり、ケンプェルの語は『この石の用法は、一定時間これを水中に沈め、または震盪する。然らばその重さの一粒狀となり、水に輕度の苦味が與へらる。斯くの如くにして調製せられたる液體は、黃疸に、腐敗惡性熱病に、內臟障害に非常に効力あり、强壯的、治癒的藥品なり、バダビヤに於ては一旦醫者に治療せられたる後、若し病人に尙微症生ずるときに、唯この藥を以てその微症を驅除するに努めらるゝこと知らる。』とあり。

ペドラ・デ・ポルコの評價に就ては、オルタ既に『この石よりも多くペドラ・ベゾアルの在るパンの地にては、この石はペドラ・ベゾアルよりも珍重せらる。』といひ、『毎日この石の讃美者を續々見出す』とも述べた。その珍重の所以は、そのいふ如くは『蓋し、貴方に贈進せんと欲するもその望なき如く、然く、稀に發見せらるゝのみ。』といふ。この言はまたケンプェルの次の文に對照して見られる。『ブニョー Bugnô の一農夫、予が創けたる猪を手に入れたるとき、その肚中にありし角鋭の結石に就きこの老父より甚だ利多きものたるを知りて、予に送り來れり。その後絕えて、この動物を探求することもなく、唯一疋の豪猪もあらざりき。それ故に、この動物の發見せらるゝときは、信じ難き價となる。』

オルタに據れば、十六世紀に於て『抗毒の藥劑多からば多きだけこの石の必要高き故に、またローマに於てもこの石甚だ價値を有すべきもの』であつたやうである。またニコラウ・デ・オリヴェーラのいふところも亦當代ヨーロッパにあつて、『ペドラ・ペゾアルとペドラ・デ・ポルコの高價なる殆んど無限に近かつた』(Fr. Nicolau de Oliveire. Livo de Grandezas de Lisboa. 1620) といふ。ペドロ・ティシェーラのいふところでは、『その效力の卓越さは、これを試みたる者毫も掛念なく信賴し得たる程であり、彼が『一五九〇年及び九一年兩年に亙る印度コチンのコレラの蔓延に驚くべき奇蹟的効力を發揮したるを見たり。蓋し、コレラ治療にこの石の用ゐらるゝを想起するは喫驚すべきにあらず。その故は、これらの流行性にして進行迅速なる病氣は一般に中毒に類似す』(ob. cit.) る。

ケンプェルはその買物の價格を記した『添加の圖にペドラ・マラセンシを示せり。その外帶より拔き採りたるものにして、五アウレオ半の重量あり、その所有者三百ジョアキンにて買ひたるものなり。』

尙、ケンプェルは、ペドラ・デ・ポルコとその僞物とを辯じていふ。『ペドラ・デ・ポルコ類似石。この種の凝塊を予はセイロン島にて發見したり。そはペドラ・デ・ポルコに稍々近似す。併しこれより黑く不恰好にして、毬毛を混ず。この僞石に對しても、ペドラ・デ・ポルコと同じき効力を歸せらるゝも、その力薄弱なればより多量を攝らるべし。こは亦、その地の豪猪の胃中に發見せらる。この動物噯氣嘔吐するとき、隱れありたる石、屢々外に放出せらるといふ。右の事實によりて予等は次の如く推論し得べし。動物吐氣を有するとき、胃中の壓縮せられたる膽汁は、胃の薄毛片を吸收し、嘔吐により刺戟せられ、薄毛片と共に膨脹するなり。』

ペドラ・デ・ポルコに就ては、支那日本の諸書には殆んど載せられるところがない。唯、「本草衍義」に、『野猪、黃在二膽中一、治二小兒諸癇疾一』と見え、「本草綱目」に『野猪黃、[氣味]甘平無毒、[主治]金瘡止レ血生レ肉、療二癲癇一、水研如二棗核許一服レ之日二服效唐本、研テ水服、治二血痢疰病一藏器、治二惡毒風、小兒疳氣、客忤天弔一日華』とあるを遇目したに過ぎない。

用桃避鬼考

李家正文

時《ニ》伊弉冉尊脹《ヘ》滿太高《ヘレタヘリ》。上《ニ》有二八色雷公一。伊弉諾尊驚《テ》而走還《タマウ》、是時雷等皆起追來、時道《ノ》傍《ニ》有二大桃樹《ナル》一、故《レ》伊弉諾尊

隱二其樹下一因採二其實一以擲レ雷、雷等皆退走矣《リヌ》、此用桃避鬼亡緣也

これは書紀神代上のうち一書《第九》曰として、伊弉諾尊が其《ノ》妹《イロト》を殯斂《モガリ》之處《ミヤ》に到《タツ》ねまして、一片の火をもつてとゞめられたものを見給うた時の敍述である。私は今、此の條に記されてゐる樣に「桃を用ゐて鬼を避く」ことに就て聊か考へてみよう。

一體、桃〔Prunus persica var. Vulgalis ; Amygdalus Vulgaris〕は薔薇科の落葉喬木で廣く諸國にも栽培されてゐるものであつて、其の原産地は支那であらうといはれ、支那北部の山地に自生する山桃《サントウ》〔P.p. var. Davidina ; P. Dauidiana〕は蓋し桃の野生種であらうとの說がなされてゐる。從つて、諸國に於ける桃の種類、異名に至つてはまことに數限りない。本朝食鑑四に、桃有二數種一花有山桃野桃紅桃淡紅桃緋桃碧桃紅白交桃也實有大小圓扁夏桃兜透桃毛桃也云々としるし、これは花色を以て分類を試みた一つであつて、その實の形を以て名づくるもの、或は季節を以て分つなど樣々である。本草綱目二九、時珍曰として、桃品甚多易二於栽種一、且早結結實五年宜以刀劙其皮出其脂液則多延數年其花有紅紫白千葉二色之殊、其實有紅桃緋桃碧桃湘桃白桃烏桃金桃銀桃胭脂桃皆以レ色名者也。綿桃油桃御桃方扁桃偏核桃皆以レ形名者也。有五月早桃十月冬桃秋桃霜桃此同以レ時名者也。並可供食云々とある。なほ、昆蟲草木略は桃之類多しといひ圖書集成は桃花種最多といひ、爾雅にも旄冬桃卽寒梅又日榹桃山桃とか、和名鈔にも李桃、冬桃、獼猴桃等の名が見え、述異記は金桃、玉桃をあげてゐるなど所と人と故事とによつて涯しはないのである。異名としては仙果仙木幡木仙桃金桃招客助嬌五木精玄都英洞中仙餅桃などがその普通なるものである。その形態の大小乃至利用については農學全書、本草綱目等に讓らねばならぬ。

古來、桃は李と並んで桃李倩粲於一時（荀子）とか桃李滿門、桃李不言下自成蹊（史記李將傳）樹桃李者夏得休息秋得食焉、桃三李四とか、或ひはその他劉禹錫詩、學齋董譚等に於て稱へられてきた。桃の華さく頃は正に婚姻の時節であるからして詩經周南桃夭篇には桃之夭夭といひ、書經にはかの放牛于桃林之野といふ桃材處士のことが見え、李白の詩からして桃花流水、桃花潭水などといふ熟語も出來た。桃笙、桃菜節（貳月貳日）桃弧（左傳昭公四年の條）桃酒その一つとしてめでたからざるはない。

扨て、しからばかうした桃が何故に鬼を避《ヘラ》ふのであらうか。

鬼は抄に周易云人神曰鬼（和名於邇或說云於邇者隱音之訛也鬼物隱而不欲顯形故以稱也）四聲字宛云鬼人死神魂也とあるが、是は俗に所謂幽靈でもあららか。紀に鬼とあるは八色雷公宗津醜女などを指していつた。古事記傳は書紀に泉津醜女とかきて醜女此云《ヲ》志許賣一云泉津《ヨモ》日狹女とあり私記に或《ル》說黃泉鬼也と云り（但し、鬼とは儒仙の書にとく鬼の意には非ずたゞ尋常の人の類ならで、おそろしき物を、世に鬼といふ是なり」書紀欽明《ノ》卷に魃鬼《シコメ》とあるも其の意なり和名抄には、この醜女を鬼魅の部に載たりさて名の義は形のおそろしく見惡きを云、と。神代卷藻鹽草二は用桃避鬼とは鬼は女の訓と通ふといつて次の如くいつた。

鬼ハ女ノ訓ト通フ隱ノ音ヲ轉ズ共云ヘリ陰邪ノ氣ヲ鬼ト云フ儺ヲ鬼逐ヒト訓ズルモ同ジ

これを要するに、鬼は邪鬼陰性の惡であつて泉津醜女の幽界の者といひ、幽靈といひ鬼魅といひ、女人といふも同じであつてその表現形式の如何を問はないのである。

鬼を避くる爲に桃を用ふることは延喜中務省式に追儺の時桃弓桃杖を儺人に頒充つことが見え、神代卷藻鹽草は「今ノ世ニ桃ノ樹ヲ以テ屋冈メノ札ヲ作リ桃ノ實又ハ東引ノ桃ノ枝ヲ以テ雷ヲ避クル守リヲ封ジ或ハ邪氣ヲ去ルノ禁厭ヲ爲ス事多シ是レ皆古來ノ禁文也とし、志都乃石室上には「其ノ御言ノ儘ニ力ノ桃ノ木ガ今モ疫疲鬼ヲ避クルノ功ガアルニ依リテ此レハ漢籍本草ヲ始メ其ノ外モ種々ノ書ニ疫鬼ヲサクルトテ或ハ仙家ノ物ヂヤトモ申シテシタカ褒メテアルコトデムル」

となした。しかしながら、これは一人仙家の說でないことは後にいふであらう。成る程支那の書には、荊楚歳時記に桃樹東南枝三尺八寸向ㇾ日鬼憎去ㇾ之避ㇾ疫術也とあり左傳昭公の四年に桃弧棘矢以除二其災一、本草にまた、主ㇾ殺百鬼精物上古有下神荼與二鬱壘兄弟二人上桃樹之下、閱百鬼无ㇾ理縛以二葦索一飼虎今人本此而作二桃符一とか桃の木と葦の穗とは不祥をはらふに用ふから桃茢といふ語もあつて、韓愈の桃茢不用といふやうな句もある。續博物志五は海中有庭朔山上有桃木蟠屈三千里枝東化鬼門前鬼所出入所也とのべ、桃が邪を拂つて吳れるのは桃から退散するのではなくて、桃樹者鬼王住所中故、桃それ自身に桃鬼をひきつけてくれるを以て吾人の身に災を去ることが出來るのであるといはれる。

此處に注目すべきは例の「桃太郎と鬼ヶ島と」の傳承であつて、巨桃から陽性を代表とする男子を生じ桃の旗印のもとに陰鬼を退治するといふ此の說話は、桃が股に通ずるといふ俗說以外に此の說話の生成が古代に於ける追儺の儀式にあづかつて力あるものと思はれる。よし萬ヶ一左樣でないにしてもこの種の關係類話をして吾人は必ず追儺の概觀を此處に記さなければならないのである。「桃太郎」の噺の考證に就ては日本傳說伊豆卷にも他の方面から二・三あるから此處には省くこととした。

偖、つゐな（追儺）は古昔、禁中に於て行はれた公事の一つであつて、每年十二月晦日ノ夜疫鬼を驅逐する儀式として年中の疫癘を攘ふ意である。儺又は那（儺ノ音）とかいて國俗《ブリ》これを「なやらひ」「おにやらひ（鬼遣）」といつた。後世追の一字を加へたが追もやらふ義で何もかはりはない。この式は支那の風を移したものといはれてゐる。すなはちその起源は不明ではあるが少くとも周時には四季行ひ、殊に季冬は盛んであつたと。式は周禮と禮記月令と相違してゐるが、これも亦所と人との相違から來たものである。疫鬼を儺する方相氏乃至鬼に關する記事儀式次第は具さに延喜式內裏式江家次第等に見える。方相氏はまづ儺聲をなして戈を以て盾をうつこと三度、王卿以下相和し、桃の弓、葦の箭を以て四方を射、桃杖を執つて疫鬼を逐ひ各〻四門を出でて宮城に至るのである。（榮花物語月宴）後、節分の儀と混じ、方相氏鬼を逐ふ人自身が追はれるやうな矛盾をさへ來して了つた。本朝に於ける此の儀のはじめは文武天皇の慶雲三年十二月である。（紀）（但し四季物語は神武朝にはじまるといふが信ぜられない事實がある。）掌中歷土、歳事部に十二月晦日夜厭二儺鬼一高辛死子十二日晦夜死其神成レ鬼致二疫病一因之以二桃之弓葦矢一逐二疫鬼一靜國家又川邊並道路レ散供之とある。その起因は何れにしろ不祥であるが、桃の代りに鬼の目突きといつて、柊の小枝干鰯を門戸にさす習俗は此の追儺の遺物である。桃弓葦矢に就ては四季草春上に「殿上の人々桃の弓葦の矢を以て鬼を追うて射る也、是疫鬼を追ふのまじない也、疫鬼とは疫病神の事也」とあり、鹽尻、溫故隨筆に難波の葦を用ゐることが見え、延喜式に「凪追儺料、桃弓、杖、葦矢令二守食丁造備一其矢料葦各々荷、攝津國毎年十二月上旬採送しとあるが、採梔集覽に桃弓之事について問答を掲出してゐる。

一問、尾州中島國王の儺やらひに桃の弓、棘の矢にて人を追ふと云事林氏の書の中に出たり、我邦天香山の梔を社有と有、此國於て桃を弓作用ことは疑らくは中華の遺風なるべし願は其説をいへ、

答、本朝時代に於て桃を弓とする據未考、然ども桃實を投て鬼を防と云ときは災孽を除には我國尙桃を用か加之延喜式の中十二月儺祭には桃弓葦矢を用て鬬氣を禳と云ことあり、然ば中華の遺風と云がたきにや蕀を矢とすることは葦の矢を誤たるか、棘を用ることは中華の習流也、左傳昭公四年にも桃弧棘矢以除其凶災ともいへり。

その他、儀式にも見えるがこの位にしてをかう。

次に、今人本此而作桃符といふことは典術に桃は五木の精その精鬼門に生じ能く百鬼を制す故に桃符を作るとあるが、前述したやうに、東海度朔山に盤屈三千里の桃木があつて其枝東北に向ふを鬼門といひ下に神荼鬱壘の二神あつて衆鬼出入するを執つて虎を飼ふ。黄帝これに則つて初めて桃板を門に立てたといふ。桃符は一に桃板、桃梗仙木神荼鬱壘といひ鬼打木鬼木鬼除木幸木の作用をする。句にも「桃板の門仰ぎ去る童鬼かな　烏堂」「戸に貼す畫雞のそばの桃符哉　山梔子」とありまた端午に其の木をもつて印を押した符を相贈り又屏風帳の間に置く時は邪氣を避くといふものに桃印符がある。「桃の香の絹にこもりし印符かな　德元」とはこれをいつたもので何れも大した相違はない。神符を桃の木で作ることの出處は山海經に海中有鬱壘山山有桃木桃下有二神能啖百鬼故今云日設桃符於門とまた荊楚歲時記に正月一日帖二畫雞戶上一懸葦二索於其上一挿二桃符其傍百鬼畏之と、林公瞻注に括下有二神一名鬱一名壘並執葦索以伺不祥地目白桃都山有大桃樹上有金雞日照則以之鬼得則殺之といふにある。この類話は庚熙字典に禮檀弓君臨臣喪以二巫祝一桃茢執之左傳昭四年桃弧棘矢以

用桃避鬼考（李家）

除其災後漢書禮儀志爲桃印施門戸以止悪氣がある。

かくの如く桃は魔を退散せしめるを以て記に次のごとく桃を以て神となした。

逃來《セル》猶追到黄泉比良《サカ》此二字以音坂之本時《イタルトキ》。取在其坂本《ナル》桃子三《ミヲミツ》個箇　待《マチウケタマヒシカバ》　撃　悉逃返也《キ》。爾伊邪那岐命告桃子、汝如助《ク》吾、於葦中國所有宇都志岐此四字以音青人草之、落苦瀬《ウセニオチテ》而患惚《ントキニ》時可助告《テヨ》、賜各號意富加牟豆美《オホカムツミ》命自意至美以音

記傳は桃子をモヽとよむ理由を記して後に「さて師ノ云リ蒲子桃子などを投あたへたまひしは後世の道饗祭の本なり、彼ノ祝詞に根ノ國底ノ國與利ノ麁備疎備來物爾云々」といひ、意富加牟豆類を說明して「大神之實なりと谷川氏云りさもあるべし〔但し大神とつゞける言にはあらず神の實に大てふ言を添て稱しなり〕此號は奇《アカシキイサヲ》　功を美《ホノ》てかく神とは稱へ賜ひしなり」とし桃の神の名與へることは雷神雷鳴神的天狗など世にすぐれて可畏を神といふことは記傳の三に同じく宣長がいつた。東雅一四にいふ。

その助けまゐらせし事を褒め給ひ名を賜ひて意富加牟豆類と名づけられき、これ桃をもて鬼を避くるの緣也と舊事古事等の記に見えたり、其の賜ひし所の名、意富とは大也加牟とは神也豆とは詞助也類とは實也その功の大なるを褒め給ひし所と見えたり、モヽといふといふ義の如き不詳されど大といふまゝ多といふが如し意富といふをもて其の名にかうぶらしめられしによらば、其の實の繁き者なるをいふに似てけり古語に風物の多き數にモヽといひチといふモヽは卽百也チは卽チ也漢人の說にも桃の字木に从ひ兆に从ふ、其性易レ殖而繁十億日兆、言其多也など見えたり。桃は漢音タウ呉音ダウ、兆テウは音符であつて、ショ、ジョ、テウ、デウとも發音する。神木となす所以また宜なる哉であらう。

更に又、桃は長壽、不老不死を象徵する功德をもつ。西晋の武帝大康年中に山民建山自然武陵といふ處に至つて桃花水の流れを掬んで飮んだところ氣力盛んとなり命三百余才に及んだ。されば、それ〲艸に「桃は仙靈の不老不死を祝するに大芹は人を害し芭蕉は破れ行くに楠は鐵石ともなりぬ。」といひ、就中、西王母は漢書に武帝時一足青鳥帝前止。東方朔日當來西王母隱身而王母來奉桃實二七枚是三千年一實上略果隱屛風後者三盜食之耳といはれ和名鈔にも桃子漢武內傳云西

王母三千年一生實とあつて、その吉なるにあやかつて、古來桃形の石にまで西王母石と命名したことは雲根志後編卷之三西王母石といふ段に見えてゐる。三千年に一度實のる桃のことは琅邪代醉編二一が萬朝別傳を引いて次の如くいつてゐる。

王母獻桃於武帝朔從ㇾ旁竊視之、王母指之曰此鬼三度偷吉桃矣、又漢武故事東郡送一短人長五寸衣冠具足上疑其精召朔呼曰巨靈阿母還來否短人不對因指語ㇾ上王母種桃三千年一結ㇾ子此鬼已三過偷之失王母意

和名鈔が引くところの漢武内傳三は少〻原文と異なつてゐる。すなはち帝曰欲種之世曰此桃三千年一生ㇾ實中夏地薄種之不生とある。而して金桃は一萬年に一實といはれてゐる。磅礴山去ニ扶桑五萬里日所ㇾ不ㇾ及其他甚寒有桃樹千圍萬年一實。一說日本國有金桃其實重一斤（述異記）と巨桃のことをいつた。

しかし乍ら、天來桃樹は文獻に表れてゐる程長命のものではない。述齋偶筆二八は「桃はたやく木老い膠出てゝつひに枯槁くやすきものなり。かゝるよはひ短き木の千歳を保つといふが仙驗とせし故なるべし由もなく仙物と思ふは吞棗とやいたん」と怪しんでゐる。が、桃木に接木して命を全うし長らへることがあるから彌つぎ〳〵に榮えるものとして尊ばれるのであらうか。澤菴禰は東海夜話にて梅を植ゑて桃となることなし、植ゑざる桃今目前に生ずべき乎桃は桃の引業にて桃となるといつてゐるが、桃木に梅のつながつたことが支那にあり。事林廣記庚集は接李最大接杏紅甘といひ桃樹に李實を結んだ例は唐書五行志三に顯慶四年八月有毛桃樹生李とか鶴林玉露に桃樹而生李實者村落鐵谷生金花或神仙像此天地之氣先亂也といふやうにまでその奇しき吉兆に驚いて凶ならんといつてゐる。謠曲西王母に「桃李ものいはず（中略）これは三千年に花咲き實なる桃花なるが（中略）その西王母の園の桃か（中略）三千年になるてふ桃の今年より〳〵花咲く春にあふ事もたゞこれ君の四方の惠あつき國土の千々の種桃花の色ぞ妙なる（中略）玉觴に盛れる桃を侍女が牛より取りかはし君に捧ぐる桃實の花の盃取りあへず」によると、桃酒のことが思ひ出されるであらう。桃節句にのむ酒として酒瓶に桃花をさすよりいつた桃酒は飮めば百病を除き色を好くするといはれ（年中故事要言）三月上巳後の三日の雛祭に於ける桃花及び桃花酒の位置はあらゆる意味に於て重要なる役割を演じてゐるのである。古來桃葉はあせぼの藥になると聞いてゐるし今日桃葉湯なるものも存在する。本草綱目に弘景曰今處日有之核仁入藥當ㇾ取ニ解核一種之爲ㇾ佳山桃仁不堪用、頌曰汴東陝

西者尤大而美大抵佳果肥美者皆圃人以他木接成、殊失本性入レ藥當用本性者爲レ佳今市賣者多雜接核之仁爲不堪也［宗奭曰］山中一種桃正合月令桃始華者花多子少レ堪レ啗惟堪取レ仁入藥汁中有油桃小於衆桃光如塗油不益ニ脾胃ニ太原有金桃、色深黃、洛中有崑崙桃肉深紅紫色又有餅子桃狀如香餅子其味皆甘云こと何れも入レ藥可きことを述べてゐるのである。

このゆえに、人々は擧つて桃を種えその巨桃をえんとした。諸神の大詔に見ゆる如く巨桃は大なる功能《イサヲ》あるものであつて、神異經に東方有樹高五十丈葉長八尺名白桃とか十訓抄二に「高陽院の正親町の東向の車寄に大なる李づだいもゝの木あり」などといつて珍重したが、此皆桃之極大者昔人謂桃爲仙果殆此類歟（本草綱目）となす理由の一つであるといへる。農學全書は各校の桃の大小等について論じ齊民要術には種桃の法をしるし遭厄日本紀事九は蒸しても食用することを不思議として記述した。宋の石曼卿が海州へ謫せられる日、人をして桃を種き數年ならずして桃山々谷に遍じ（和漢駢事上）といふのは有名なことであるが、弘法傳説のうちに石羊の話の類系説話として枝分桃が存在する。（諸國里人談四）甲陽軍鑑によれば、「美濃の岐阜織田信長へまたり一尺の桃三つなりたるを枝折仕」ることが見え、太平廣記に桃核扇があり、小說に桃花扇がある。曲洧舊聞にも菓子易生者莫如桃と語、栗三年柿八年（三養雜記）の早く實を結ぶをたゝへ「三年こに須磨の浦人桃と栗數をうへ貯の里の春（鷹筑波）」とある。

武陵桃源といへば晉の陶淵明の假設の記事ではあらうが、（圖書集成、草木典）今の湖南省常德日府に武陵縣桃源縣があり事類統編の注に桃源山在桃源縣西南三十里有桃花洞即陶潛所作桃花源記者也といつてゐる。かうした無可有鄉《ユトピア》（理想鄉）は滅多にはないであらう。しかし、幽明錄に劉辰院肇ともに天臺山に入り迷うて返るを得なかつた時糧盡き山上の數桃を得て啖ひ遂に飢えず溪邊に二女あり姿質佳絕邀へて家に還り停ることと半年にして歸るといふ程功德の大なるを見るのである。

次いで私は桃が媚態を助くる類話に就て文獻涉獵しよう。これ全く桃が一名助嬌といはれる所以である。

春苑《ソノ》　紅爾保布　桃花　下照道爾　出立嬬嬬《ヲトメ》（萬葉集）とは桃の花の紅色の地まで照徹つてなつかしき春苑に出立る美人の容儀の昔に光りわたりて艷しき事（古義）をいつたのであるが、さらに同じく萬葉に　桃首紅色爾保比多流　面輪能

宇知爾　許柳ノ　細眉根乎《クムシマヨネ》　咲《エミ》鹿我理　朝影見都追《ツ》　嬬嬬良我　手爾取持有《タル》　眞鏡《ツ》といふのもある。同じく遊於松浦河贈答歌八首並序には次の如く桃の功能による漁夫の美しさに驚嘆した。

余以暫往松浦縣逍遙。聊臨玉島之潭遊覽。忽値ニ釣レ魚　女子等一也。花容无レ双。光儀无レ匹。開ニ柳葉於眉中一發桃花於頬上一。意氣凌レ雲。風流絶レ世僕問曰ク誰卿誰家ノ兒等《ゾ》。若疑《ケダシ》神仙者乎。娘等皆咲荅曰　兒等者漁夫之舍兒云々

萬葉集古義は「契沖、六弘法大師撰文鏡祕府論六言句例、訝ニ桃花之似三頬笑、柳葉之如レ眉とあり」とあげたが、聖德太子傳暦侈講に昔唐の玄宗帝禁中に千葉の桃花盛んに開き帝は貴妃と日を逐うて樹下に宴し、帝のいふに獨り萱艸の忘憂のみにとゞまらずして桃花も亦能く恨を銷すといつたことが表れ、原文、御苑御有千葉花桃帝親折一枝挿妃子寶冠上日此箇花能助ニ嬌態一（開元天寶遺事）となした。これ全く詩經にいふ如く桃色を以て妙齡の人にあやかる筈であつた。

この外桃そのものに關する雜事文獻考證は余りにも多いであらう。文士侯朝宗と秦淮の多姫李君との風流韻事を叙した桃花扇はいはずもがな、天武紀には氷零大ッ如桃子とあり三才圖會には藥用として桃花の殺惡鬼利大小便も見えるなどあるがこゝには割愛する。

かやうにして、用桃避鬼の　緣起の一般的概要は何はれるのであるが、しからば此の信仰なるものは日、華何れに起因するものであらうか。神代卷御抄に

此用桃避鬼緣也　此ノ八字ノ古語ノ傳釋ハ異邦ニモ此ノ三元椎ノ神變垂跡在シテ桃樹東南枝三尺八寸向日鬼憎去之ト云ヲ避疫之緣ト云ヒ或ハ三月上巳ノ日取東樹縣ニ戸上一鬼不入ト云ヒ或ハ毎月十五日ノ取東行桃責沐浴避瘟疫ト云フヲ凡テ此用桃避鬼之緣也ト云フ傳尺ノ意也

と。また塵添壒嚢鈔一五には

桃柳石榴等の樹下ニシテ神供並施餓鬼ヲセヌハ何ゾ○洋ニ上件ノ樹ノ下ニ於テハ鬼助不來由施餓鬼ノ法ニアリト云ヘドモ其因緣ヲ不見

といつた。灌頂經の柳枝以兕龍ひ柳を鬼柳怖木と名づくる類から押して佛說となすの輩もゐる。しかして現代の科學は桃

の發生を北部支那の山桃となした。そこで我々は考へなければならぬ。三才圖會果部に桃西方木五行之精仙木也故能壓伏邪氣制百鬼今ノ人門上用桃符以比ス釘於地上以鎭家宅謂之桃橛許愼六玄羿死ス於桃棓故處是桃東南枝最佳有日本紀以桃逐鬼事和漢實相同と。宣長は「桃の後世まで鬼魅を避るは此の大詔により〔漢籍《フミ》にしも桃のさる功能《イサヲ》あることをこれかれに記せるを見れば御國のみならず。外國の末までも此大神の大詔の驗ありけることとしられていと貴し」といつた。神、儒、道佛、いづれの思想であるか、而してみな、唐土、梵土乃至西洋の信仰であるかの判決を下すことは容易ではなく從つてその妥當性が危まれるであらう。しかしながら、推して考ふるときに、サクソン《Saxon》でジョン《John》親王が桃と新酒とを過食して歿した事實がウヲルター《Walter》スコット《Scott》によつてしるされ（アイバンホー）るをみるに桃が禍をなさず災したことを表してゐるから少くとも西洋の思想ではなくて東洋に於けるものとかと思はれる。災をなすことは晏子春秋に二桃三士を殺すことが見え（長文ゆえ略す）韓非子に彌子瑕衞君に愛せられ君と後園に遊び桃を食うて甘く盡さずして君に奉じた。君曰我を愛すかなその口を忘れて我を思ふと、そのちに彌子色衰愛馳罪をうるに及んで君曰これ嘗我に食はしむるに全桃を以てしたと災をえてゐる話がある。我が邦に於ける桃の災による話は未だ、乘馬拙きをもゝ尻といふ位しか見當らない。祚《イノル》長壽とか穰《ハラフ》惡鬼といふことは宣長のいふ言㆓之則㆒すなはち手本《ノリ》といふに同じく神社の禰宜は幸ねがふ祝は災を放棄する意といはれ春にみゆる神道の文字は朝鮮に渡つて檀君教と變じその文字は更らに日本に入來して惟神の大道を稱するに至つた。山本博士は神道に於いてもし惡神を拂ふ迷信があるならば道教の思想と同一であらうといはれてゐる。若し此の言を以て用桃避鬼に適用するならば科學の證する桃の原始と支那に於ける道教の發生と相俟つて支那に歸することが出來るであらうが蓋し宣長一派の國學者は支那に歸することを快よしとはしないであらう。

地球上に於ける桃の發生が科學的支那北部にあるにしろその世界への傳布は非常に太古にあるものであらうからして、神代に於ける避鬼の本朝に於ける信仰は同じ東洋民族であり金桃が日本にあるとあこがれ又我國をして不老不死國となした支那人に於ても自然的に發生し、後支那思想と本邦のものと偶然的東洋種族の思想の一致を來したものと解すべき溫健說を以て私は此の筆を擱きたいのである。（七、一、一七）

寄合咄

半男半女神について

いつぞや一友人が來て、H侯爵から飜譯を賴まれたが、希臘語や羅典語が交つてゐて、理解し難い點があるから、一應讀んで貰ひたいと云つて一冊の書物を置いて歸つた。それは Paul Perdrizet, Bronzes Grécs d'Égypte de la Collection Fouquet であつた。

面白い研究だと思つて、一通り目を通して見た。大分以前のことで、今はもう委しいことは記憶に殘つてゐない。昨日小閑を得て備忘錄を飜展してゐると、讀過の折書き留めて置いた半男半女神考の覺書を見出した。卽ち錄して『寄合咄』の埋草にする。

問題の半男半女神といふのは、例の有名なヘルムアフロディテー（Hermaphrodite）である。アフロディテーは云ふまでもなく愛慾の女神である。それが男性の性器を具へてゐるのが、ヘルムアフロディテーで、そのブロンズ像が Sarapéum Memphite から出土し、また Damanhour のほとり Tell Ramès で、三角洲の中から見出された。それはこの半男半女神が、體の重みを左足にかけ、顏を右に向け、女物の長いキトンを臍のところまでまくり上げて、胯間の陽物を現してゐる像である。

Perdrizet は、Carl Robert 著 Hermes を引いて、ヘルムアフロディテーの崇拜は、キプロス島の民衆にその起原を有してゐるらしいとなし、また Fourcart, Les Associationes religieuses en Grèce を參照して、五世紀の終りに、それがピレー若くはアテネに入り込んだと斷じてゐる。何のために這般の變態的表象を持つ靈格が崇敬せられたかといふ問題に對して、氏は、ヘルムアフロディテーを目して一個の家族神となし、家庭の守護神としてさうした像が作製せられたのであると解した。家族の成員たちは、家族の永續、信徒の繁殖、田野の豐饒を確保してくれるものとして、ithyphalique なこれ等の神を崇拜したのであるとなしてゐる。ヘルムアフロディテーは、ヘルメス(Hermes)若くはプリアペ (Priape) に類同した一の daimon であつた。男女兩性具有者は、その本質に於て兩性の結合を象徵したものである。それは愛慾的遊戲ではなくて、交接の窮畢目的に生命的な關係を有すると信ぜられた。かうした靈格の職能は、積極的には子孫を授くることによつて家族を繼續させ、消極的には不姙から婚姻を豫防するに存した。かくて一千八百二十三年に Torre-Marancia で見出された像及び Chablais のコレクションの中にある像は、共にヘルムアフロディテーが、着物の垂襞の中に新生の幼兒を抱くところを表現してゐる。幼兒は恐らくエロスであらう。現に Palais Colonna に存するヘルムアフロディテーが抱いてゐる幼兒は、疑もなくエロスである。

古代の人たちは、ヘルムアフロディテーについて淫猥な考を起すよりも、寧ろそれが齎す善い結果のみを考へた。その像を眺めることは、女人の繁殖力を妨げたり、女人を姙娠のままで死なせたり、生兒を傷けたりする邪靈の作用に反抗する所以であると信ぜられた。なぜならヘルムアフロディテーは一個のグロテスクなものであり、可笑的なものであつた。そしてさうしたものは、邪靈に對して強い驅除の勢能を持つと觀ぜられたからである。 Hermaphrodite monstrans se は、あらゆる生殖器崇拜の對象と同じやうに、災厄豫防の力を具へてゐた。異常な存在態——男でもなく女でもなく、しかも愛慾の悦樂に熱してゐるヘルムアフロディテーは、實に奇怪にして可笑的なものであつた。さうした姿を目にするとき、邪靈はその惡作用を働かす力を失つてしまふ。氏はかう云つて、更に『奇怪なもの』の災厄豫力については、自分が Revue des Étude anciennes, 1904 に載せた Hippalectryon の研究を讀んでもらひたいと言ひ添へてゐる。(松村武雄)

上總のシンデレラ物語

『日本のシンデレラ』物語である、米ぶく、粟ぶく型の噺には、冒頭に、二人の娘が栗(或は椎の實)拾ひに出る條があつて、繼母が繼娘の方に孔のある袋を持たせるのは、恐らく、早く袋へいつぱい拾つて歸つた方を祭りへ連れて行くといふことだつたのであつて、さう見なければ、この一條が後段の祭りの條とぴつたりと結びつかないと思つてゐたら、今日、上總の內田邦彥氏から、はつきりさういふ筋になつてゐる同型の噺を報告して頂いた。ひとり所有してゐるのが勿體ないから早速御披露に及ぶ次第である。尤も同氏には『總南口碑集』の御編著が進行中であるさうだから、詳かにはその御公刊の機を樂みにすることにして、こゝには梗概だけに止めておく。題は『ままッ子の椎ぶくろ』とあつて、娘達の名は米ぶく、粟ぶくの代りに「くしめ」「とくめ」になつてゐる。尤もこの噺の傳承者は偶々この固有名は傳へてゐなかつたさうで、他の老女の口から拾はれたものだといふ。何を意味する名か、それは今少し此に似た名を他から見出して比較することが出來るまで保留する。くしめが繼娘で、とくめが繼母の連子の名である。或日繼母が二人に袋を持たして云ふに、『山へ椎の實を拾ひに行つて來い。早くいつぱい拾つて來た方を隣村の芝居に連れて行く。但姉のくしめは先に立つて拾へ、妹のとくめは姉のあとを歩いて拾へ』と云つて、姉へは底に孔のあいた袋をやつた。姉は拾つても〳〵いつぱいにならないが、妹の方はぢきにいつぱいになつて、もう歸ろと云ふ。姉ひとり野路に行き暮れて偶々山姥に逢ひ、山姥から良い着物の葛籠と、椎の實をいつぱい貰つて歸る。が、果して母から『姉のくせに負けて』と叱られ、芝居の留守居を科せられたのみか、留守の間に「肘もて米舂き、笊もて水を汲み、飯を炊いて置け」と云ひつけられる。此處へも山姥があらはれて難行を援けてくれ、くしめも芝居へあとから出かけて行く。そこで、繼娘とは知らずに母子が會見する一場面が、奥州と上總とではちつとあべこべになつてゐる。どつちが原形であるか。フランスのシンデレラ物語だと、あつぱれの貴嬪になりおほせた繼娘が根がやさしいから、母子へテーブルでお菓子か何をすゝめる。母子は繼娘とは知らず、滿座のスターに見えてゐるこの貴嬪からの取りなしを面目身に餘る光榮に思ふのであるが、日本の噺では、そんなお上品な幕ではなしに、極めて素朴な意外な會見だ。まづ奥州のでは、妹が、姉を群集の中から見つけて『あれ〳〵姉も來てゐる』と母に囁くと、母は『いや、姉は來てゐる筈がない』と打消す。そこで妹が饅頭の皮を投げてやると、拾つて食べたので、そうれ御覽、姉だよといふ。母は、姉があんな着物を着てゐる筈がないと再び打消すのである。上總のでは、姉の方が妹の方へ投げてやるのであるが、それは、少し趣向が變つてゐて、姉が梨かなんかを買つて食べて、その皮を妹へ投げる。妹は、姉が投げてよこしたと母へ訴へるが母は、姉が來てゐる筈がないと打消すことになつてゐる。而かも姉の投げつける梨か何かの皮が、妹の顏へあたる樣に物語られ、而かも常の姉とは別人になつてる故、母にはそれと思はれないのであるから、ちよつとこゝで、話し手も聞き手も溜飲が少し下る。アハハと笑ふ所になつてゐるかも知れない。

結局、隣村の豪家からこの姉娘を嫁に欲しいと云つて來ることになるから、やはり村芝居はシンデレラの舞踏會の樣に、奥州の神樂堂のお神樂のやうに、長者の忰の嫁選みの機會だつたのである。たゞ上總のは、中々深刻になつてゐて、繼母が仕度金の千兩を、紛失にことよせ姉娘を盜人にしおほせて十本の指を切り落してまでその嫁入を妨げることなどが加はつて居り、それでも、その指が元通りになり、山姥に貰つた葛籠の良い着物を着て立派に嫁入りをする。繼母は自分の娘を車に乘せて、花嫁よ、花嫁よ、とせり歩くと、橋から二人共に川へ墜ちて、母は黒蛇になり娘は屎ン蛙になつてしまつた。黒蛇がいつも屎ン蛙を逐ひかけるのは、積惡の報だと結ばれてゐる。(三月一日)

(金田一京助)

長崎年中行事

――方言解義――（承前）

本山桂川

三月

スナ・ビヨリ（砂日和）

初旬、春霞には稍重い欝陶しい薄靄が、市内周圍の山々に垂れて、雨後の山容を朧ならしめることがある。これは、古來所謂「長崎の砂日和」――一名支那日和――と稱せられるもので、遠くコビの沙漠の黃土が風に乘つて飛來し、降雨と共に下降する現象である。時としては全く山影を沒し、夜が明けて見ると、庭前の植木の葉に一面淡褐色の沙灰を附着せしめてゐることとすらある。

やがて中旬、彼岸會。數多い寺々の鐘があちこちに響く。

ヒガン・ダゴ（彼岸團子）

ヒガン・バナ（彼岸花）

彼岸團子は米の粉を小さく丸くまるめたものである。彼岸花は一名イリバナとも唱へ、籾を炒つたもの、俗に「オシヤカサマノハナノクソ」といふ。共に佛前に供へる。

ハッテッコ（はつたいの粉）

彼岸の茶の子をあてこみに、

「きなこ、ハッテーンコはよござんすかァ」

と尻長にふれて來る。ハッテッコはハッタイの粉卽ち麥こがしのことである。湯で煉つて食べる。黃粉は牡丹餠に使用する。

ベタモチ（牡丹餠）

牡丹餠のことを方言ベタモチといふ。黑餡と黃粉との二種をつくり近隣や親戚知己へ重箱に入れて贈答する。

四月

セック（節句）

月送りの雛の節句である。ハツゼック（初節句）の家では賑やかに美々しく雛壇を飾り立てる。

コドモ・キャグ（子供客）

初節句の家では祝の品を贈つてくれた人々の女の子や男の子を招待して、本格的な配膳のもとに祝宴を張る。白酒に醉はされる小さなお客様もある。

ヒナサン・ミ（雛樣見）

知るも知らぬも、子供も大人も、家々の雛飾を見物に行く。ぞろ〳〵と座敷に上つて行つて次から次と見物して行く。何處そこのが見事だといふ評判が立つと、其處には黑山のやうな人だかりで、わざ〳〵下足番まで雇つて、整理をつける向もある。

ヒナサンノオミヤゲ（雛樣のお土産）

ヒナサンミに行つた子供等には、花簪、たたふ紙、紙風船、護謨酸漿など、家々によつて思ひ〳〵の土産をくれる。着飾つた見物の子供等は兩手に持ちあまるそれらの物の多い少いをお互に較べ合つて喜び樂しむ。

クケックワイ

此季節の物賣の聲には

いかなごやい、しらすやい

あさりやい、はまぐりやい

など聞かれる。いかなご、しらす共に生乾しにしたのを賣るのである。

タケックワイ

これはさながら竹を割つたやうな、ぶつきら棒な大聲でふれる。筍賣りのふれ聲である。

蕗もツワ（つはぶき）も、ほうれん草もフダン草もフツ（よもぎ）も皆此頃出る。

ハタアゲ（凧揚）

紙鳶のことはおしなべてハタといふ。ハタアゲは長崎人の遊興として自他共に誇りとする競技の一つでもある。市中では取締が厳しくてむやみに揚げることは出來ないから、日取と場所とを定めてハタ合戰を行ふのである。

三　日　風頭山《かざがしら》
十　日　金比羅岳　（金比羅緣日）
十五日　風頭山
廿一日　城《しろ》の越《こし》　（弘法大師緣日）
廿五日　合戰場
廿八日　準提觀音　（觀音緣日）

今日はどこのハタアゲだといふ其紋日には商家も職人も店を閉ざし仕事を休んで、其の場所に朝から押寄せて行く。或者は辨當、酒樽、赤毛氈などを「長バラ」又は「角バラ」といふ荷籠で運ばせ、或者は大凧小凧數十枚、それにヨマ（凧糸）やビードロヨマを持ち添えて、腰に瓢、片肌ぬぎて魚貫して登る。

ハタアゲの場所には凧を賣るハタ屋、群衆を呼ぶうどんや、すしや、駄菓子屋、果物屋、ラムネ、サイダー、アイスクリーム、酒屋まで、露店を張り出し、凧揚場の家族席や見物席まで設けられ、其粗末な座席を買はされる。

長崎のハタアゲに就ては、多くの紙數を必要とするがいそれは既に私の「紙鳶圖錄」の一部として書きとめて置いたからこゝに省く。

オダイッサマ（お大師樣）

四月廿一日の弘法大師緣日をいふ。信仰の人々が我が家の表座敷や店頭に、特に祭壇を設け、供物を供へ、香華を手向ける。善男善女等が三々伍々打連れ、鈴、錫杖を打ちならし、御詠歌を誦じて巡拜する。寺町延命寺、櫻馬場春德寺、港外香燒島《こうやぎ》などは殊にその札所として賑やかである。

セッタイ・グッシ（接待菓子）

それら巡拜者へ出す菓子で、多くは駄菓子である。從つて普通の會話にも粗末な茶菓などを指して「セッタイグヮシンゴタル」に（接待菓子の如く）と云つてけなす。

この弘法大師の緣日に特に無料で人力車に乘せたり、通船《かよひせん》に乘せたりする特志家もある。それとのものをもセッタイグルマ、セッタイブネなどゝ呼んでゐる。

五　月

テンジク・バナ（天竺花）

舊曆四月八日の灌佛會には寺々で甘茶を頒つ。此日屋根の上に天竺花といふを立てる家も多い。つゝじの花を束にして丁字形につかね、それを高く竿竹にさしたてたものである。

スイジン・マツリ（水神祭）

川筋の町々では神官を招いで祓をしてもらふ、これを水神祭と云つてゐる。

エノミ・デッポウ（榎ノ實鐵砲）

榎の實がなると子供等は竹を切つて紙鐵砲をこしらへ、紙の代りに此の榎の實を詰めてうつ。季節の子供遊びの一つである。

上伊那郡資料斷片

向山武男

この斷片的な資料は、信州上伊那郡宮田村を中心にして、採集した。

伊那地方では、馳走によばれた時、客は相當に遠慮して、控へ目に食事をする。主人側では、馳走を强いて、客の椀などを奪ふ樣にして、それに盛つてすゝめる。宴會、酒宴に呼ばれた時、客が歸らうとすると、無理に引止めて、もとの座へ連れ戾して飮食をすゝめる、酒宴の時は、引止め役の如き者がある。この無理に、食物をすゝめたり、無理に、引止めたりするのが、御馳走である。今も、古いしきたりを守る農家の間に、行はれる風習である。

正月、年始の禮に行くと、すぐ馳走が出る。正月の吸物の種は、鰤の切身を使用する。客は、この吸種を食べないで、歸る時に、この吸物のみ包んで土產にくれるのを持ち歸る。近しい親類や、日頃世話になつて居る家へは、餅を持つて行く。

靑年會へ入る年頃の者は、正月の初寄合に、酒一升に天保錢二枚添へて、仲間入りをさせて貰ふ。若い衆仲間は、草苅藁細工、村の祭など、一所になつて働いた。何時でも、酒買ひとか、使ひとか、言ふ仕事は、新しい入會者の役目であつた。

嫁入り婿どり

嫁入り、婿どりは、二月か三月の農事の暇の間に行はれる。嫁は夜、輿に乘つて、イチゲン衆に守られ乍ら、さうして大きい聲で、道々「嫁樣ヤーイ」とふれ乍ら、つきそひの人々は提灯をふりまはしく〳〵やつて來る。

婚禮の式に參加する人々を、イチゲン衆と言ふ。又、嫁取り婿とりを、イチゲンと云ふ。村の若い者は、その行列の通路を、材木や石を運んで邪魔をする。これを、トホサンボツコと呼んで居る。ずつと以前には、床入の時、若い衆が新夫婦を寢せつけて、同時に手を拍ち乍ら外に出たと言ふ話だ。嫁の來る村の若者は、嫁の來る前に、藁苞の中へ、二匹の鰯を向ひ合せに寢せて、藁で枕の形を作つてきて、嫁のお里へ送る。嫁は三日目に里歸りで、七日目に村まはり、それが終つてから齒を染めた。

味噌のしかけ

四月の中頃から末へかけて、味噌煮をする。近所の人々が、手傳ひにやつて來る。その夜の御馳走は、大根・牛蒡を細の目に切つて、醤油で煮て食ふ。この馳走は、味噌煮の時に限つての、特別料理である。

田の神

田の神は、惠比須樣の近くに祭る。祭りの時には柿の葉へ御供物を盛つて、二本の茅を折りかけてそなへる。一定の御供物はない。

供物、ネギユ

田の代かきが終り、のびた苗をとつて、田植の行事が終ると、代かきや、田ならし、田植に使用した農具を洗つて、一つところへ飾り苗をおみきすゞの口にしたお神酒をそなへ、色々馳走を供へ、苗の根をつけたまゝ、小さい束にして供へる。その夜、苗の根のまゝ洗つて湯に入れて入る。ネギユと言つて居る。又、苗をひたした酒をのんで、一年の稻作の豫祝をする。

農時の多忙な時は、日に數回食事をして、過度の勞働を續ける。おちつきは、朝飯の前の食事で、握飯を食べる。朝飯と晝飯の間に、小びると言ふのがある。これは多く田植時に握飯に黄粉《キナコ》のついたのを食べ、その他の時は茶をのむばかりである。午後の四時頃になると、お茶と稱して食事をする。これは冬とか、春先の頃食べないばかりで、働き得る頃は、常に行はれてゐる。夜業が濟むと、お夜食が出る。漬物で茶をのんだり、菓子が出たりする。家によつては、輕い食事をとるところもある。

上伊那郡資料斷片（向山）

農事のあひ間に、農休みがある。馳走をこしらへて、家内中で勞苦をねぎらふ。

言ひ習はし

一、結果のよいもの

白南天の實を、袂の中へ入れて置けば、口論に勝つ。

箸を折つて、藪へ投げ、その折れ目が、枝へかゝると、御馳走に呼ばれる。

朝蜘蛛は緣起がよい。袂へ入れて置けば、金が出來る。

桃の虫を食べると、キリヨウがよくなる。

葬式の行列が捨てた草履をはくと、丈夫になる。葬式に列し、役割のある人は、墓場から歸りに、草履を捨てゝ、裸足で歸つて來る。

桑の木で造つた椀で食事をすると、中風にかゝらぬ。

桑の葉の油揚げを食べると、中風にならぬ。

掌の横のすぢが一直の手を、百握りと云つて、金持になる相、亂れて居る者は、糞握り。

二、結果が惡いもの

夜鷄が鳴けば、緣起が惡い。

馬の糞を蹈むと、早く足が疲れる。

二つ栗を食べると、双兒を産む。

茄子の食ひかけを食べると、むし齒を痛む。

兩杖をつくと、親が死ぬ。

火の魂が通ると、近所に死人がある。

火柱が倒れる方に、火事がある。

子供が茶をのむと、風が吹く。
立つて居て食ふと、乞食になる。
寢乍ら物を食ふと、牛になる。
食べてすぐ寢ると、牛になる。
片口で水を呑むと、三口の子が出來る。
握飯をころがすと、山へ行つて瘤をこしらへる。
蚯蚓に小便かけると、チンボが曲る。洗つてやればすぐなほる。
人の足裏を搔くと、貧乏する。
火わるさすると、寢小便する。
箕を冠ると、身長がのびぬ。
着物のしつけ糸をとらずに、着ると、狐にばかされる。
夜口笛を吹くと、泥棒が入る。
南瓜へ指さすと南瓜が腐る。
蛇へ指さしをすると、指が腐る。指を切るまねをするとよい。
夕顔を盜むと、ナリンボになる。
便所へ唾をすると、齒を痛む。
烏の口まねをすると、ゴケヅリが出來る。
柄杓で水を飲むと、柄杓の子が生れる。
煎豆の皮をむいて食べると、一生着物が着れない。
爪や毛を、火にくべると氣ちがひになる。

上伊那郡資料斷片（向山）

上伊那郡資料斷片（向山）

こぼした飯粒を、ひろつて食べぬと、目がつぶれる。
うそを言ふと、尻へネブツが出來る。
夜シメシを乾して置くと子供が夜泣をする。
夜草履をおろすと、狐にばかされる。裏へ鍋炭をぬるとよい。
近星が出ると火事がある。
足に痺がきれた時歩いて倒れると、中風になる。
便所をのぞくと、親の目がつぶれる。
夜爪を切ると、親の目へ入る。
芋汁を食べた椀で、すぐ湯をのむと中風になる。
齒の拔けた夢を見ると、親族に不幸がある。
馬の夢を見ると風邪をひく。
栗を拾つた夢を見ると子が出來る。
人のまはりをまはると、蛇になる。
草履と下駄を片ちんばにはくと、狐にばかされる。
夜田植をすると、狐が植える。
山々野に出て、食事をした箸を捨てる時に折らぬと、狐にばかされる。
丙午の女は亭主を喰殺す。
丙未の女は門へも立たせるな。
夜蜘蛛は泥棒する。
蛇の骨を踏むと、足が腐る。

キモリに嚙まれると、雷の鳴るまではなさぬ
佛樣へ供へた茶をのむと、旅へ出て無事に歸れる。

鏈筒をゆすると、船に醉ふ。

飯のアラ（外皮のついた米）を食べると腹を破る。

ウツギの木で馬を打つと馬がやせる。

ウツギの木で蝮を打つと鳴く。蝮が鳴くと、周圍の物が皆蝮に見える。その時、「チガヤの山でひるねして、ワラビの恩を忘れたか。南無アビラウンケンソワカ」を唱へるともとに復す。

家の附近に居る蛇は、神樣の使である。

蟻の行列に小便かけたり、殺すと、字が出來なくなる。

雜

雨が降つて居る時に日がさすと、狐の嫁入。

屁をした人を見分けるには、舌を見ると黃いから知れる。

屋根石が落ちた時は、その家の主人か、本家の人に凶事がある。落ちた石は、川へ捨て、別の石を川から拾ひ、それを落ちた時にくぼんだ土の上へ角から下し、一旦そこに置いて、後それを持上げ、家のまはりを三度まはる。又もとの位置に下し、その後屋根へ上げる。

鼠の事を、嫁樣と言ふ。鼠と云ふとあだをするからだ。

凶事を知せに行くのを告げに行くと云ふ。この告げに行く人は、先方で何か馳走になつて歸る事になつてゐる。茶一杯でもよい。

鼬が人や猫に追はれて、窮すると、ヒヤツカンベをひる。これを嗅ぐと、しばらく馬鹿になる。屁をした鼬の肉は、臭くて食用にならぬと云ふ。

火事場へ行つて歸つて來ると、その履物を火事場の方向に向けて、木戸先に置く。

蠶を神樣あつかひにする。

蛇を長虫と言つて嫌がる。蠶室では、蛇の話もしない。蠶が恐しがるからだ。

上伊那郡資料斷片（向山）

特種の染料

クルミの外皮をつぶして、その汁をとり、木綿を染めて織る。

民間療法及まじない

蚯蚓を乾して、煎じてのめば熱が下る。

モノモラヒが出來た時、水を越さないで、近所三軒から米を貰つて、粥を作つて食べるとよい。又、油の染みた木櫛を火にあぶつてあつくなつた棟で目ぶたをこする。

傷をこさへた時は、袂糞か、椽の下の袋蜘蛛の巣をはる。

針を刺した時は、鍬の柄の金の所で、その所をうつ。

疣の出來た時は、山椒の木の側へ行つて、「疣々ウツレ山椒の木へウツレ」と云ふ。又、茄子を二つに割つて、その一方で疣をこすり、それを、戸口の土を埋めておく。茄子が腐ると、自然に疣がとれる。

クサが出來た時は、「馬クサクへ」と言ひ乍ら、その上へ馬の字を墨で書く。又、繭を黒焼にして、飯つぶとこねて塗る。

ドモ（白癬）が出來た時は、親爺のカミトで忠部をこすつてもらふ。

眼の中へ埃の入つた時は、乳をさすか、强く吹いて貰ふ。

鹽を買つて來て、家の中へ入れるに、夕方とか夜になると、マッチをすつて、鹽俵の上を三度まはす。その後始めて家の中へ入れる。

家の戸口に、蜂の巣、柊等を吊して、魔除とする。又、萬年草を飾つて、家の繁昌を祈る。

稲荷様の境内にある石を借りて來て、鼠の出る所に置くと、鼠が出ない。鼠が出なくなれば、その石の倍の數にして、又もとの所へ納める。

狐につかれた時は、その人に内密で、狐の骨を削つて飲ませると、狐が嫌がつて出る。私の家にある狐の頭骨は、村人に、度々借りて行かれた。

盂蘭盆の日、葬式をする時には、死人の頭へ、鉢を冠せて埋める。佛等が、婆婆へ行く時に、何んで今頃來たと、皆で寄つて、死人の頭を打つ。それを避ける爲だ。

狐を追出す法

多く、御嶽行者がこれをする。狐に憑かれた人を寢せておき、行者を中心に、附近の人、親類知己など集る。行者は御幣を持つて祈禱をする。周圍の人々も太皷を打ち乍ら祈禱する。少時すると狐が行者にのり移る。行者は色々と口ばしる。集つた人々の中から、誰か大聲で「出て行け」と行者につめよる。行者は「俺は何處々々の狐だ。何々の爲に、この者に憑いて居る。出て行くから、何々をくれ、とか何々してくれ」と云ふ。そこで狐の好く物を與へる。行者は忽ち外へ走り出る。非常に速いと云ふ。行者は走つて、四辻でぱつたり倒れる。後を追つて來た人々が、行者を、助け起す。狐が逃げ去つたのである。斯うすると、病人は日増になほると云ふ。

無緣佛

荒れて居る墓に、その墓に緣故のある者の依賴もなくして、度々參ると、死者の亡靈が、たよる人がないので、その人にのりうつる。無緣佛とか、荒れた墓場へ、むやみに參詣するものではない。參詣する時には、その緣故の者から、線香一本でも、米一粒でも、貰つて行けばよい。

口寄せみこ

箱を持つて旅からやつて來る。着物は二枚着て、上の着物は、男じつぱさみにし、下の着物は下げて居た。口寄せをする時には、箱の据ゑてある上へ肘をついて、その上へ顎をのせ乍ら語る。箱の中には、弓を持つた天神様が居て、口寄せのはじまる時は、天神樣の持つて居る弓の弦が張ると言ふ。今は口寄せは殆んど來ないさうだ。

上伊那郡資料斷片（向山）

齒の拔けた時、上の齒ならば、雨だれの落ちる所へ出て「下を向いてへえろ」、下の齒ならば「上へ向いてへえろ」と言ひ乍ら投げる。

蜂の巢を取るには、石に「ハチ」と八度書いて、息を大きく三度かける。その石を土の上へ伏せて置けば、刺されない。

風除けには、風の來る方向へ向けて、利鎌を立てる。

胡瓜を、ほがける（最初むしる）場合には、そのほかけた胡瓜を、川へ流す。水神樣へ供へるのだ。その後でなければ、人は食べない。

鼻血などを出したり、傷から血を出したりすると、その汚物は、土深く埋める。そして、日光に觸れるのを恐れる。

子供の唱へ言と占ひ

人眞似二眞似、猿眞似や出來るか。

牛々ねんぼ、角かいてほうれ（牛の通る時）。

狸の睾丸八疊敷、焙つて長めりや九疊敷。

乞食米食や齒が拔ける（乞食を見た時）。

ひっとりふったり、さんめの子、醉つて舐れば牛の糞、箸ョ持つて、搔込め〳〵どう糞よ（鬼を定める時）。

光前寺のコウコ坊頭アコウコ食つて腹病んで、もうコウコァ食うめえぞ。

ドッチにしずか、おいですまかしよ（物を決定する時）。

唾を水の中へ落して、それが開いて散れば明日は晴れ。かたまつて居れば曇か雨。

物の紛失を占のには、掌に唾を置いて、二本の指で打つ。唾の飛んだ方に物がある。

子供の遊び方（今行はれないもの二つ）

甲乙二組に分れ、甲は大勢、乙は一人、乙は定まつた場所に居る。甲が乙の方へ出かける。

甲　山越して川越して、山川のおこんさ、あんべおいで。
乙　今寢て居るぜ。
甲　大寢坊ねしほ。
一同、乙の場所から退いて、再び出かける。
甲　山越して川越して、山田のおこんさ、あんべおいで。
乙　今オメショ食つて居るぜ。
甲　大食ひぐーい。
一同退く、又出かける。
甲　山越して川越して、山田のおこんさ、あんべおいで。
乙　今、着物着て居るぜ。
甲　オ、洒落シャーレ、ワー……。
皆で逃げる。乙追ひかける。

子とり。

甲乙、二組、甲一人、乙は一人を代表として大勢居る。乙は一定の場所に居る返答するのは代表者。
甲　（乙の所へ出かける。）
子くりョ、子クリョ。
乙　どの子が欲しや。
甲　此の子が欲しや（大勢居る子供の誰かを指す）。
乙　何くれて飼ふ。
甲　アンズや餅や。

上伊那郡資料斷片（向山）

乙　アンズ口に毒、餅や腹に毒よ。
甲　米のまんまにト、せいて。
乙　ト、にや骨がある、小骨が立つよ。
甲　洗つて食はショ。
乙　水氣がさすよ。
甲　乾して食はんョ。
乙　天ト虫やたかる。
甲　山ほど金ニョヤで飛んで來い。
乙　（全體で）　ワ…………（甲の方へ走る）

年中行事

一月一日

雜煮を食べ屠蘇の入らない酒をのむ。神樣へ酒を供へるのには、御神酒すゞの口へ、笹竹の小枝をさす。赤飯などの下にも敷いて、供へる。一日から三ケ日は、家の掃除をしない。柳の箸を用ふ。

一月二日

事始めと稱し、男は藁を打ち、女は針仕事をする。唐辛子と籾殼を、木戶先で焚いて、魔除けのまじなひをする。

一月三日

この日まで金を費すのを禁じてゐた。

一月八日

初山と言つて、山から柴とソヨギの木を伐つて來て、ソヨギの木やツガの木の枝や川楊の枝に、マユダマをつるす、枝の垂れる程大きなのを指したり、金柑なども指して、その年の繭の、この樣に當る事を豫祝する。

一月十一日

お供開き

一月十四日

書初めをする。その書いた紙を、戸口から、人の目に入り易い鴨居に貼る。

人馬長久
萬御物作大吉
家内安全
年月日　何　某

馬のお年とりである。馬に、出來るだけの馳走する。

猪追ひ、鳥追ひをする。楊の枝を、自分の持つ所を殘して、全部皮を去り、藁を卷いて、油煙でいぶすと、藁の卷いた部分が白くなつて殘る  これで羽子板を打ち乍ら、

ホーイヤレホツポイショ、ホツポイショの頭へは、エートスエテ火をつけて、カジヤシメー流す。鳥ヤーイ、猪ヤーイ。

と歌ふ。未明に行ふ。

一月十六日

繭ねりをする。八日に飾つた繭玉を、繭かきと稱して、家内中でむしる。これを、鍋の中へ、小豆と入れて、煮て食べる。これを、繭ねりと言つて居る。

幸の神祭。門松を家々の子供や大人（主として子供）が持寄つて、幸神の前で燒く。門松が燃え殘ると、その家に借金がのこると言つて、自分の家の松は、すつかり燃して歸る。この火で、餅を燒いて食ふと、齒を痛めぬ。この夜、厄年（男は九、二五、四二、女は十九、三三、三七才等）に當る人は、平生食事をして居る椀とか、茶椀を、こつそり持つて行つて、幸の神に投附ける。これがめちや〱になると、厄が落ちる。厄年の參拜者は、途中、人に會はない方がよい。多く

上伊那郡資料斷片（向山）

上伊那郡資料斷片（向山）

48

夜中に行はれる。

厄年の人は、正月の中に、厄落をする。親族知己を招待して、大振舞ひをする。招待された人は、うんと飲食して踊つて、厄が落ち、おめでたうを言ふ。これをしないと、災厄にかゝる。

三月節句

雛人形を飾り、甘酒を作る。

五月節句

菖蒲湯を焚き、餅を搗く。屋根を、菖蒲と蓬でふき、男は菖蒲の鉢卷、女は髮のつかねた所を結ぶ。

五月、山の口の開くと云ふ日がする。これは、野山の草刈を公に許された日である。

五月二十日

宮田村字丸山に、蠶玉神社の祠がある。この日は祭日で、蠶を飼ふ近村の人々は、皆參拜する。山の中にあるので、酒肴は各携へて行き、芝原や、松原の中で飲食し會ふ。蠶玉樣へは、馬の履物を供へる。當日この所で、達磨を賣つてゐる。それには、大當と書いて、目の玉が入つてゐない。人々は必ずこれを貰つて歸り、神棚か、蠶棚の上に飾り、蠶のある間は、茶や、飯や、珍らしい物などあれば供へる。春の蠶が當ると、お目開けと稱して、墨で目玉を大きく書く。蠶が當らなければ、たゝきつぶして捨てる。

六月十五日

祇園と言つて、宮田村の、天王樣の祭をする。神輿を、毎年白木で作る。壯年の男が、裸體でかつぎまはり、練り廻り、この輿をぶちこはす。破壞しなければ疫病が流行る。神輿を擔ぐ者が、輿の下敷になつても、怪我はしないと言ふ。神輿の破片を拾つて歸り、戸口に吊して、厄病除のまじなひにする。

七月七日

桝を飾り、竹に五色の紙を吊す。この紙に、里芋の葉に溜つた露を取つて、墨をすつて書くと、手が上ると言つてゐる。

この夜、雨が降らなければ、疫病が流行する。雨が降ると、天の川に大水が出て、男女二神が會ふ事が出來ない。この日は、胡瓜を食ふ事を禁じてゐる。素麵を食ふ。

七月十三日

十三日の夜から、十六日の夕まで、毎夜、麥藁を木戶先で焚く。子供は、十三日の夕方のを「マンド〳〵御迎へまんど」と、歌ひ乍ら燃す。十四、十五日のは御馳走で、十六日のは、見送である。この夜、麥藁の束に火をつけて、家々の子供が、互に振まはして喧嘩をする。胡瓜と茄子の馬を作つて、佛様へそなへ、見送る時には、供へ物全部を、茅の苞に包んで川へ流す。他の家の流したのを拾つて、その供物を食へば、齒痛を病まぬ。

九月十五日

諺に、「十三夜に曇あれども、十五夜に曇なし」餅を搗いて、野菜類を、屋根へ上げ、月に供へる。十三夜と十五夜とは、農作物に限つて、公然の盜が許される。男は、褌一束、女は手繦一束が程度である。盜んだ物は、その夜に食べなければならぬ。又、月に供へた餅も、盜んだなら、その夜一人で食べてしまはねばならぬ。

十月十日

餅を搗いて、山業を休む。山の神に馳走をお供へする。

十月二十日

總ての神々は、出雲へ集る。比惠壽様一、二叉大根や、辨當として、燒餅を供へる。家内中の錢を、惠比壽棚へ供へる。農事の終に、コンバシアゲをする。牡丹餅をこしらへて、嫁の在所などへ持參し、一年の苦勞を休め、一同で樂しむ。

十二月十三日

煤掃きをする。この煤は、馬が、ネヒラと云ふ病氣にかゝつた時舌へぬる。

冬至

南瓜を食ふ。

上伊那郡資料斷片（向山）

上伊那郡資料斷片（向山）

十二月三十一日

オトントリをする。神棚を淸め、松を飾り、歳男が、供物をする。飾を小さくちぎつて藁苞に入れ、家のまはりの神様に供へ歩く。この夜は、一年中で、最も馳走をする。鰤の切身の焼いたのをつける。

雜

胞衣は人のよく蹈む戸口へ埋める。男の子ならば筆を入れ、女の子ならば、針と糸とを一緒に埋める。

生れ產土神

養子には、嫁に行つた者は、實家の產土神の祭日には、生れ產土神と言つて、實家へ歸り、產土神に參り、實家の馳走によばれる。

お年越し

同じ產土神であつて、同じ年の人が死ぬと、お年越しをする。牡丹餅をこしらへて、三つづゝ重箱へ入れ、附近の家、三軒へ配る。家でも牡丹餅を食す。御年越をしない人は、自分の下駄の上へ鹽をのせて、それを舐る。若しそれをしなければ、その人は、災難にかゝる。

朝、茶を入れる時、煎ばなを圍爐裏の隅へ三度こぼす（急須から）、それから、茶椀に注いでのむ。これは、荒神様へ供へる爲だ。

大黑樣と惠比壽樣とは、並んで祀つてある。この神棚へ供へた物は、女でなければ食べる事が出來ない。

上伊那郡の南部から、下伊那へかけて、棚ばた樣の夜飾つた色紙が、門口にかけてあるのを見た。これは、他人の流した紙を拾つて吊すと、子供の虫除になつたり、厄病が入らない爲だと、敎へてくれた。

階級的特殊もの三つ

まき

一つの氏姓を中心として、その分家が、附近に集合して一つの部落の如くなつて居る所を、まきと呼んで居る。まきには、本家があり、本家の本家即ち、總本家がある。分家は、多くその本家から家を建てゝ貰ひ、嫁の世話などして貰つたものである。本家の田畑を小作し、新屋・新屋敷・新居などを屋號とするか、その家を建てた場所の名例へば、その敷地に以前からついて居た通り名をもつて、屋號とする。新屋が多くなると、それを呼ぶ時には、本家の名をあげて、どこそこの新屋などゝ呼ぶ。分家は、本家の冠婚葬祭には必ず手傳ひに行き、以前は、どんな事があつても本家はつぶさぬ樣に、そのまきの人々が守つて居た。

かど

他國（主として越後者）の移住者が、身一つで入りこんで來て、土地の人の家に奉公し、長い間よく勤めた爲めに、その家から名を貰うて、家を建てゝ貰ひ、その土地の女を嫁に世話して貰つて、主家の田畑を小作し、土著の民となつた者の家筋を、かどと言ふ。この家筋の者は、村の事柄には、何事でも、口を出す事は出來ない。總べて自分の家におこつた事柄は、おしゆうさま（世話になつた家の主人）の判斷を仰いだ。主人は、かどの筋と通婚を嫌ひ、若し通婚する者があると、物笑ひの種となつた。現今では、かどの家筋の人は金を貯へて、相當な暮しをして居る家もあるので、富をねらつて通婚する土著民もある。

ひかん

ひかんは、日蔭者の意味ださうだ。俗に地かりと稱する者の一種で、土地に生れたが、少しの財産・土地もなく、一切を借りて、小作する者を言ふ。土地の人は、かどひかんと言つて、村人の數に入れなかつた。このひかんも、勿論村の事には口を出し得ない。村人も、かど・ひかん・來り者には、村の事一切に口を出す權利を與へなかつた。さうして、姓名も呼びずてにされて居た。

神さまの話

紀伊田邊　雜賀貞次郎

田邊在の生馬村大字鳥淵の村社住吉神社の本殿は石を積ねて塚のやうにしてゐる。畫にすると左の通りだ。

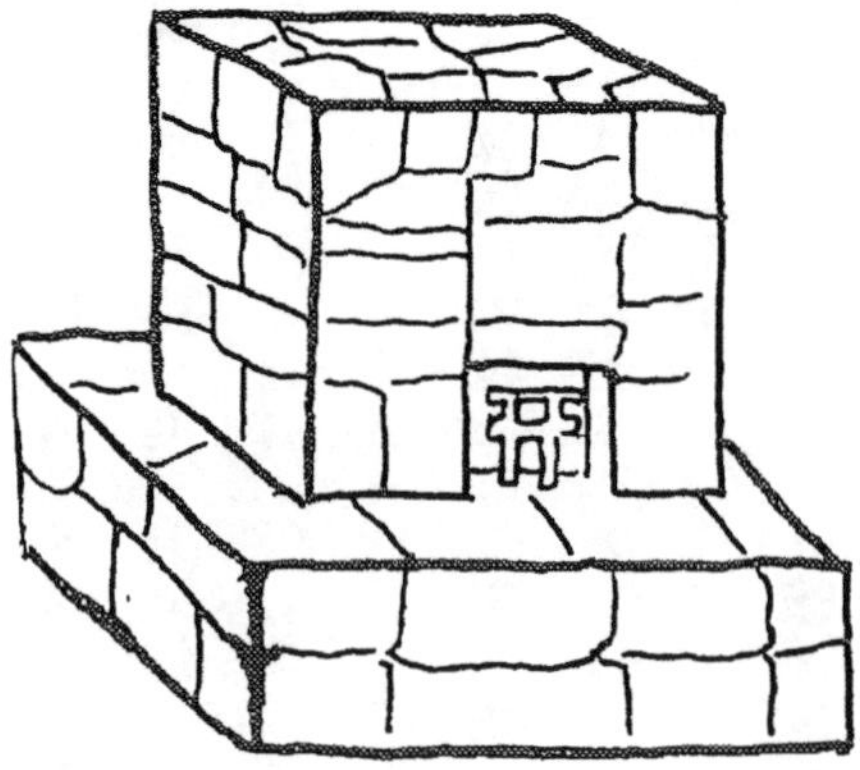

高さは下の臺が二尺ばかり、上は四尺ばかりである。正面に少し凹んだ所を拵らへ其所に鐵製の小さい鳥居を置く。この本殿の周圍にある。小さい樹木にしめ繩をかけて周圍にしめ繩を張り廻してゐる。私の見たのは住吉神社のみであるが同じ西牟婁郡內の川添村、富里村及び東牟婁郡請川村等には同じ石疊み式の神社がある。村の人々は神社の本殿はこれが普通であるとして何の言傳へも持つてゐないらしいが珍らしいと思ふので書き留めて置く。

田邊在鮎川村の劍神社は元同村字小川奥にあつたのを明治末の神社合祀騷ぎの際、同村字宮代の住吉神社境內に移された、護良親王の劍を祀つたものと傳へられ地方で有名な神社であるが、昭和五年九月十七日私の同窓で同村に住む中瀨三兒君に聞く、劍神社の神さまは昔から間竿（ケンサヲ、大工が使用するモノサシで長さ一間とし寸尺を記したる木片）をふることを忌む——卽ち社殿等をモノサシではかることを忌むと言ひ傳へる。明治末に住吉神社境內に遷し社殿を新築する際、大工が寸尺を計つて木拵らへをしたが扨て木組みにかゝると何故か組み合はぬ。木拵への中に尺度を違へたものがあるかと更に一々尺度を調べたが違へたものがない、不思議に感じたが昔からの傳說もあり之れは間竿をふつた爲めであらうといふので、遣り直してモノサシを用ゐずに木拵へをした所故障なく木組みが出來た、と。

田邊在稻成村の稻荷神社は、地方では伏見の稻荷さまよりも古いといふ。元祿年間に紀藩兒玉庄右衞門の記述した紀南鄕導記に『（前略）稻荷大明神の社有、城州伏見藤森の稻荷は當社を勸請したりと聞ゆ、于今田邊神子と云て有之よし』とあり、されば元祿の昔既に此の説あり伏見に田邊神子といふがあつたと見える。此の神社の神主は同村の榎本氏四家から交互に勤むるを例とし今も榎本氏が神主となつてゐる。

同じく田邊から八里許、富田川上流の栗栖川村は上芝、下芝、眞砂、北部、石船、鍛冶川、峰、小皆、熊野川、西谷等の部落に別れ部落から部落へ一二里も離れた所もあるが、明治末年の神社合祀の際、瀧尻王子社に各部落の神社を合祀し瀧尻王子社を十鄕神社と改めたが、其の後瀧尻王子の由緒を知り近年舊稱を復しやうと再三出願してゐる。この合祀で各所の神社が滅び同時に傳説等も多く忘れられた。紀南鄕導記によると此の村に杵荒四社明神といふ社があつた。春日四所の勸請で上流の兵生村の產土神だつたが、社前を神主、村民等が往還すると必ず祟るので、皆たやすく通ること出來なかつた。或る時杣人が斧を肩上に持つて社前を通ると斧が肩へ切り入つて傷ついた。杣人は神の故ない祟を怒り社殿を破り神像を前の川に棄てたが、增水の時流れ下つて神像が股芝の前の川瀨に止まつた。止まつた所を股の瀨といふ。所の人拾ひ上げて祀り杵荒四社明神と名づけたといふ、又この川筋の村々に春日大明神を祀つてゐたが、これも同じ時流された神々を祀つたものと言はれたとある。しかし明治末にはこれらの言傳へは絕えたと見え聞かなかつた。

筆者は昭和三年田邊町の囑託を受け三、四兩年度に田邊町誌を編纂し本年之れを印刷に付し八月製本成り配布した（菊版千三百餘頁）が編纂中、田邊の大庄屋、大年寄だつた田所家の記錄を調べたが中々元祿二年、同七年、享保十年、寬政四年、文化十三年等の神社改帳、卽ち書上げの控へが殘つてゐるが、內ち寬政四年の分には御身體の調べがある、それによると概ね石、棟札等を神體として居り、祭神が何々の命とハツキリしたものは稀れである、十數年前、元修驗道だつた亡木村重觀老や現存の大淵卯之助老（元西ノ谷村長、元田邊町及び湊村の助役）から聞いた所によると、明治維新の初、神佛混淆禁止の後、各神社の祭神を明かにする必要起つた際、田邊蟻通神社の祠官だつた志䲹嚴彥などが神社名等から祭神の名を考定したのであるが、その際御神體代りとして小さい木札に神名を書いて社殿に納めたと。

蒙古遊牧民の生活（一）

――シリンゴル蒙古見聞録――

水野清一

一、はしがき

かねてやつて見たいと思つてゐた蒙古旅行に誘はれて北平を出發したのは昭和五年十月二十一日でありました。それから約二ケ月の間、時局の緊張、降雪の障害等もありましたが、幸にも略々豫定しただけの地域を旅行することが出來たのは全く誘ひの主であり、案内、通譯などの面倒を凡て引き受けて下さつた張家口の盛島角房氏の親切と用意とによるもので、同行した江上波夫君と共に深く感謝してをります。なほ世話になつたことを云へば同行した池田秀實氏にも感謝しなければならないし、張家口の領事館の方々、殊に領事山崎誠一郎氏には特に感謝しなければならない。それにしても怱々とした旅で充分な觀察や調査も出來なかつた。さう云ふ調査は將來の機會に待つことにして、いまはこの我々とは生活の著しくかけ離れた生活を見たまゝ、聞いたまゝに書きつけようと思ひます。

思ひ違や聞き違ひも決して少いことではなからうと思はれます。唯、事實に從つて訂正には吝かでない樣に心掛けたいと存じます。

行程――

十一月四日張家口――萬全縣《ワンチユワンシエン》(一泊)――善房堡《シヤンフアンプ》(一泊)――張北縣《チヤンペイシイエン》(一泊)――チヤプサル――セルブン(一泊)――滂江《ベンシヤン》(一泊)――ミンアンチヤプチエル(一泊)――ダロブガイ(一泊)――西阿巴噶《アバガ》王府(一泊)――東阿巴噶《アバカ》王府(一泊)――貝子廟《ヅミヤオ》(十四泊)(1)――シリネヤル(一泊)――×××(一泊)――チヤプギンホトガ(一泊)――チヤンタンスム附近湖畔(一泊)――バインブルグ(一泊)――東蘇尼特《スニト》王府(一泊)――コンツエスム(一泊)――ウニクト(一泊)――トルメンゴル(一泊)――×××(一泊)――西蘇尼特《スニト》王府(三泊)――セルブンーシボツト(二泊)――チヤガントロス(四泊)――張家口、十二月二十日。

(1) こゝで滯在が長くなつたのは適當な交通機關を得ることが出來なかつた爲めで、その間に盛島氏は西烏珠穆沁《ウジユムチン》、東浩齊特《コチト》、東阿巴《アバ》嘎那爾《ガナル》の三王府を一人で歷訪されたためです。

二、經過地域の地貌

北平から蒙古へ出るにはテレースを二段ばかり上らなければなりません。南口で一度、萬全縣で一度坂を上ります。上るとそこは高原です。有名な萬里の長城はこれ等高原の端を傳つて二重に走つてをります。もとはこの高原性の宣化、懷來の土地も北方の民族が住んでゐたのでありませうが、いまは影すら見えません。耕地は到る處に擴り、村落は散在し、柳の並木は絕えることがありません。張家口を出てもまだこの狀態は續きます。赤い土のところ、黑い土のところ、さては鼠色の土のところも皆掘り耕されてゐます。だがそれでも萬全縣の神威台の峠から北の方の高原をよぶ「口外」とか「草地」(Steppe)とかの名稱、ところどころにあるオボの石堆は近くまで蒙古人が住んでゐたことを暗示します。張北縣の平野までは大體その樣な狀態で、全く支那人の地帶です。張北縣は新しく出來た支那人の町で、貧弱乍ら煉瓦の城壁をめぐらしてゐます。沽源縣、多倫諾爾への道、庫倫への道もこゝで分れてをります。附近には耕地と柳の木があり、その間には支那人の部落が散在してゐます。

　これから庫倫への自動車街道は西北へ西北へと一直線に平坦な高原を走つてゐます。一本の電信線、一本の電話線が貧弱乍らにも道路に沿つて走り、兩側には耕地がつづき、時々人家があらはれます。そのうちに柳の木は殆んど見えなくなります。黒水河、チヤガンチヨロを過ぎると耕地が斷續します。極めてゆるい傾斜の丘陵を上り下りしてゐるうちに陰山山脈を越して、チヤプサルに着きます。こゝでは柳の木は全く見えず、耕地も殆んどありません。十軒近くの支那人家屋と十數の蒙人包[1]が入り交つて雑居地帯をなしてゐます。

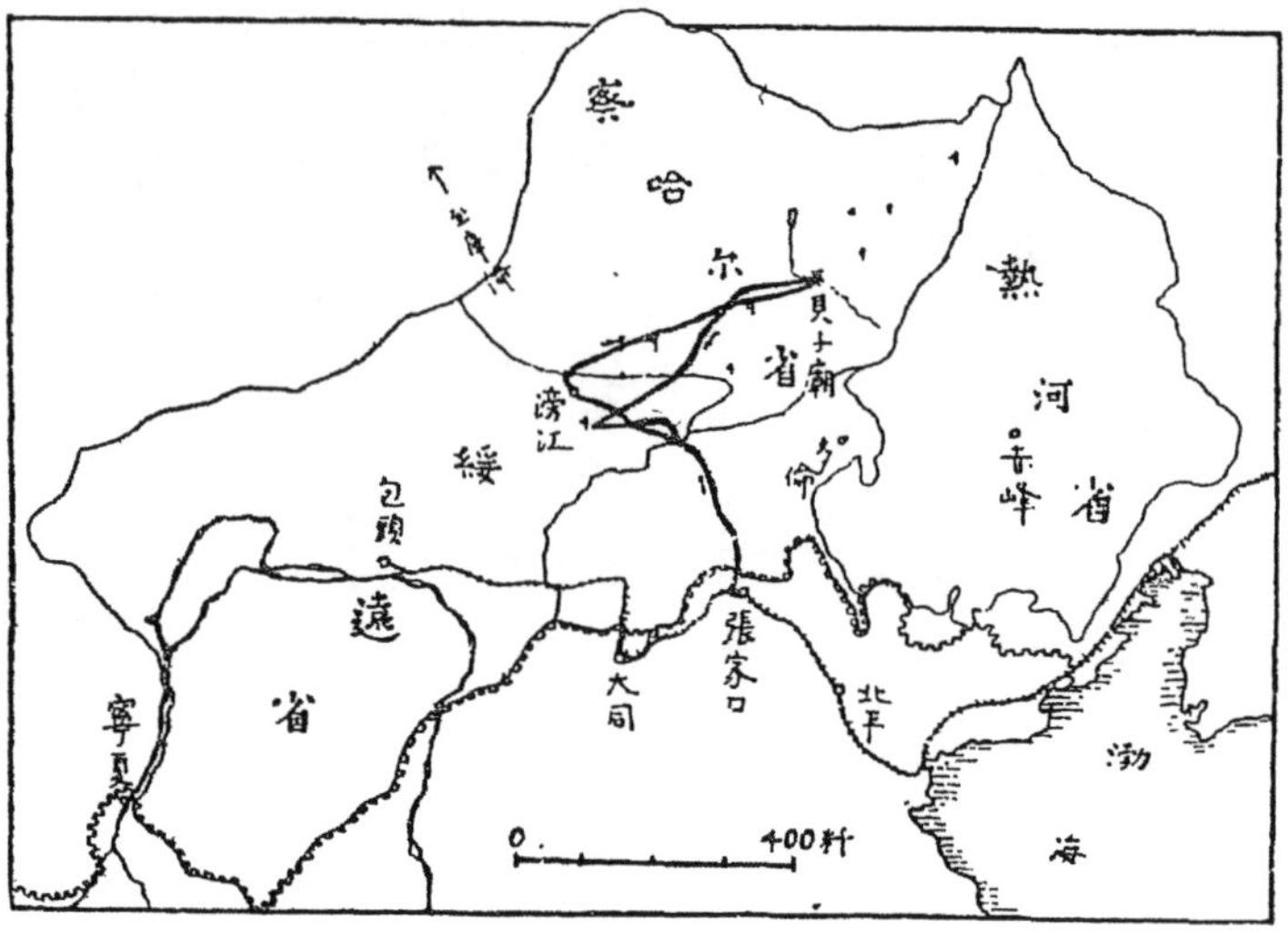

第一圖　內蒙古略圖

　これから支那人の部落は極く稀に飛び飛びにしか見えなくなり、草地が續き、石塊が多くなります。それからセルブンに着けば全く蒙古包の部落です。これは街道筋だから支那人の耕地が少し北の方まで來過ぎてゐますが、ほかのところでは蒙古人地帯がもつと南まで及んでゐると見るべきでせう。かうして道路に沿つて鋸齒狀に喰ひ込んだ支那人地帯と交錯してゐるのがチヤハル蒙古の大體です。チヤハル蒙古（察哈爾省の南半を占め、十二旗に分れてゐます）は漸次に牧地を狭められ、支那化されつゝあります。經濟的生活に於て殊にその甚しいのを見うけます。

　これから先きのシリンゴル蒙古（察哈爾省の北半を占め、十旗に分れてゐます）は高台樣の平原であります。どちらを向いても地平線ばかりのところがあります。澄み切つた空は低く、地平線に近い下の方まで星が見えて、實に美しい空模樣です。所々に浸蝕された高原は盆地が出來、谷間が出來ます。この盆地や谷間から見ると周圍にある高原の端が山脈の樣に見えます。またその向ふにも直ぐ盆地や谷間があつて、事實山脈の様になつたものもあります。そしてこの高原は石塊地帯で貧弱な牧草、灌木があります。少し低い所は砂と紅土または黄土で、よい牧草が之を掩ふてゐます。更に低い所は黒土と砂で、禾本科の丈高い植物が之を掩ひ、中央にはノール(湖沼)があるのが普通です。ノールの水は著しく増減しますが、乾燥して蒸發が激しいから、大抵は鹽か曹達の湖です。(タブス・ノール、ホチル・ノール)從つてシリンゴルの採鹽は盛んで、張家口、多倫諾爾《ドロンノール》に積み出されます。西ウジュムチンの産額最も多く、東アバガは著しく劣りますが、第二位であります。それからもう一つは沙丘地帯であります。蒙古人は之をマンハと稱んで居ります。表面には灌木のある移動中止のものが多いが、砂の肌をそのまゝ露はして現在盛んに移動しつゝある所もあります。

第二圖　ハボルギンモトギ

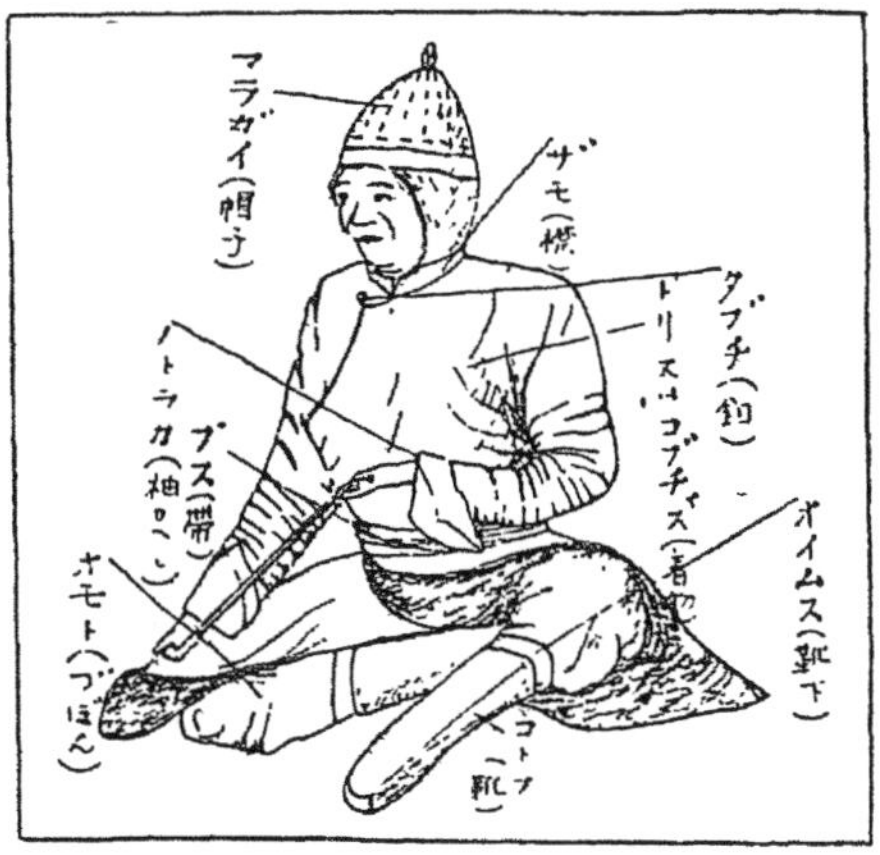

第三圖　服裝とその名稱

これ等がシリンゴル蒙古――或は廣く內蒙古――の地貌の大様です。

寒暑の差の激しいのは勿論です。夏は東南風、冬は西北風が多いと云はれてゐます。樹木は全くありません。何十日かの旅のうちに東スニト領で一本の樹を見ました。ハボルギンモトギと云つて、道行く人の目標にもなり尊敬もされて居ります。何と云ふ本か知りませんが、落葉して三本ばかりの幹が裸でつゝ立つてゐます。(第二圖)

地形に多少の相異はあつても、同じ高原である內外蒙古は、氣候も廣い範圍に亙つて略ゝ同様で日本に於ける様な局部的な變化なり特相はないと思はれます。少くともシリンゴル、ウランチャプからアラシャン、それに外蒙南部を含めた地域は地形的にも一つの單位をなすものであつて、氣候も畧ゝ一様であるらしい。蒙古民族の生活に於ける一様性と云ふ様なものが認められるならば、その一つの背景として自然の一様性と云ふことも充分に考慮に容れられなければならないでせ

58

う。

(1) 包《ボウ》と云ふのは蒙古民族の天幕家屋をよぶ支那名であります。

三、食　物

食物は羊肉が最も主食物で、これが私共の「めし」にあたります。牛はあまり大きいので普通には食べません。豚、雞は飼つて居らず、野禽、野獸の類もあまり食べない。ともにこれと云ふ特別な食べない理由がある譯ではありませんが、一方は普通に飼養しないものだから、他方は狩獵をしないからでありませう。蒙古の民族は騎馬、弓射もうまくて、始終狩にばかり出てゐる樣に文獻に見えたり、また話に聞かされたりして居りますが、少くとも現在のシリンゴルに於いては狩獵はあまり重要な生活の部門となつてゐません。毛皮を得る目的で狐、狼などの毒藥による捕獲は少しやつてをりますが、その夥しい黃羊、兎の類は少しも獲らうとは致しません。人間の恐しさを知らないので平氣で近くにまで參ります。野禽は春に多いのですが、それもあまり捕らぬと云ふことです。これ等は主にラマ敎の信仰から來てゐるのであつて、近い世から起つた習慣と思はれます。

耕作は何によらず、一切やりません。耕作によつて牧場のよいところがなくなるのを恐れてゐるのです。從つて支那人の百姓は一切入れないと云ふ方針だし、事實このシリンゴル內部には一人も入つて耕作をやつてゐるものはありません。商人ですら支那風の家屋を建てることは禁止され、皆馴れぬ蒙古包の不自由な生活をして居ります。これも漢人の濫りな流入を防がうとする意志から出てゐます。兎に角、耕作しないのだから野菜類は食べませんが、穀物は若干漢人から購入して食用に供します。それも殆んど炒米《チャオミー》（ホレバタ、單にバタ、またはモンゴルアムと云ひます）に限られます。これは黍を炒つてこしらへたもので、丁度我が國の燒米の樣なものであります。食べ方も同樣で、磚茶を煎じ、それをかけて軟くして、茶を飮みながら食べるのです。またこれにバタ（シヤルトス、黃油）、乳、乳製品などをいれて食べます。これは茶を飮む度に繰り返しますから、一日のうちにも度々ホレバタを食べることになりますが、正式には朝一回です。よその包《パオ》へ行くと必ず茶と茶菓子として何か乳製品、漢人との接觸地帶では支那風の田舍菓子を出して吳れますが、どんな貧弱なところでも、せめてホレバタだけは茶と共になくてはならぬものとして出します。だから客の方でも何かな一口でも口をつけることが主人を辱しめない禮儀として要求される樣です。

夕方にまた一回食事をとりますが、このときには羊の肉を骨のまゝ水煮きにして、ゆで上つたところを小刀で巧みに切りとりながら、食べます。綺麗に削りとつて、筋まで、更に骨の髓まで食べますが、これが最も重要な食事であります。

冬はかう云ふ風に盛んに肉類を食べますが、家畜の蕃殖期である夏は、家畜を殺すこと少く、その代りとしてその時期に多い乳を飲みます。食物にも夏と冬とには著しい相異が見えます。

セルブンで蒙古包に一泊したときには野生の韮を漬けたと云ふ漬物（ホムル）をよばれました。して見るとこゝでは野生の植物を利用して、食料にすることが極く貧弱な姿ではあるが行はれてゐるのです。このほか野生の紅花、旱蘿蔔などをとつて來て漬物をつくると云ひます。

乳製品は奶皮子《ナイピーヅ》、奶餅子《ナイピンヅ》、奶酒《ナイジュウ》の三です、その各々の出來上りや、製法は土地によりまた家によつて多少違つてゐます。併し大體を述べますとかうです。

乳を鍋に入れて沸騰し、之を冷却し乍ら靜かに放置すると脂肪分は表面に浮んで凝固し、その他は下降して凝固します。その上層脂肪分よりなるものが即ち奶皮子（ウルム）であり、下層の凝固が奶餅子（ホロート）であります。ウルムは帶黄白色で、方形また紐狀にこしらへられますが、形をなさないどろ〳〵したものもあります。脂肪だからです。中には肉片をいれたものもあります。ホロートも白色で方形や圓形にこしらへられます。乾いた固いもので、何だか火に炙つたのか、狐色を呈したものもあります。ホロートは上々の御菓子でつくられます。奶酒は昔から有名なクミズのことですが、いまはクミズと云ふ言葉は忘れられて、專らアラヒの名を以てよばれてゐます。無色透明のアルコールです。アルコールの量は極く淡いものから、點火される程きついものまで種々あるさうですが、私共の味つたのは極く淡いものばかりでした。これ等乳製品の製法なども注意すべきものでありますが、何分皆乳の多い夏季に限つて行はれますので私共は、親しく見る機會に接しませんでした。唯、注意したいことは皆夏季に生産され、冬期に消費されることです。自然に依據することの多い産業、またその技法では生産期と消費期とがこんなにまではつきりと季節に應じて變じなければならないのです。

この外素麵とか饂飩とかはラマ寺院か役所などに限られての食料です。凡て支那の商人から購入されるのです。チャハル蒙古では普通の家でも素麵・饂飩を食つてをりますから、これだけでも支那人の生活に近い譯です。そしてそれがシリンゴル蒙古では役所とか寺院に限られると云ふのも面白いことです。この點に於いて役所とか寺院とかはチャハル人に近い生活をしてゐる譯です。同じ様なことはまた彼等の食器に於いても認められることは後に申上げます。

なほ飲物としては茶と酒と煙草があります。何れも大好物です。チャハル蒙古では多少支那の燒酎が使用されますが、シリンゴルでは殆んど全部が自家製の奶酒です。それに反して茶と煙草は全く支那人に供給を仰ぎます。黒褐色の堅い磚の様な茶の塊を汚れた着物の膝の上で削り、これを茶臼の中で打ち碎き、鍋の中にほり込んで煎じます。暗褐色で煎じ藥の様です。

四、衣　服

衣服としての材料は布にしても、絲にしても、針、鋏まで支那人の供給に俟たなければなりません。新疆方面から輸入される毛織物は贅澤品で、やゝ裕福な人々にのみ、それも上衣の上につける袖なしの様なものに限られて使用されるのを見ます。羊の毛皮はそれに布の表をつけて使用されます。着物は赤、青、黄の原色が用ゐられ、模様なしです。だが不思議にもこんな原色で、毒々しくも、派手にも感じられないのは、廣々とした土地柄の爲めか、洗濯せずに黒光りに汚れた爲めか、それとも我々の眼が馴らされた爲めかと考へて見ますが、結局その何れでゞもあるのかも知れません。ところがチャハルの蒙古人になると全く違ひます。ひどく支那人化せられて黒みがゝつたものを喜びます。黒か、濃い茶が盛んに用ゐられて、赤、青、黄の正色は全く用ゐられません。

シリンゴル蒙古人の服裝とその名稱とは大體第三圖に示したとほりです。ヅボンに長い上衣、その上に帶を締め、先の尖つた帽子を着けます。この尖つた帽子は矢張り赤と黄との布からつくられます。靴は皮で黒く塗られ、先端はそり反つてその側面には赤青などで模様が縫ひつけられ、靴下は氈子《フェルト》で、出たところだけに赤い布が飾られます。チャハルでは北支那の漢人が露西亞人の様な氈子《フエルト》の靴をはくのに化せられて、いまでは段々と氈子の靴が流行つてきてゐます。長い煙管はこの靴にさしこみ、煙草袋と茶碗とは懷中にいれ、用心のいゝ人は針、絲までも懷中にし、箸と小刀とは鞘にさして火打袋などと一緒に腰にぶら下げます。用心のよい人は絲や針まで懷中に用意してをります。また普通の蒙古人なら嗅煙草の小さい壺を必ず懷中にします。これも蒙古ではなくて適はぬ禮式の品物です。初めて會つた人は申すに及ばず、誰れでも會へば、必ず跪いて、之を交換し、一寸鼻につけて返します。煙草は大の好物ですが、凡てきざみです。卷煙草はチャハル蒙古で多少用ゐられるのみです。西アバガ領のある包では七十幾つになる婆さんがゐたが、我々の差し出した卷煙草を何だと聞きました。それはこの婆さんの七十幾歳の生涯に嘗て見たことのないものだつたのです。その他のところでは卷煙草の何であるか位は大體知つてをりましたが、沙丘地帶にある東スニト王府ではとても珍らしさうにして喜びました。

第四圖　チャハル、シリンゴルの服裝の相違

第五圖　シリンゴル婦人の服裝

シリンゴルの蒙古人は未だ辮髮をつけてをります。辮髮はケチゲとよびます。それで辮髮を斬つて了つたチャハル蒙古人とは一見直ちに區別することが出來ます。シリンゴルで辮髮のないのは喇嘛僧ばかりであります。チャハル人とシリンゴル人との相異はその服裝の上にも明瞭にあらはれてをります（第四圖）。中央の一人がシリンゴル蒙古人です。他のチャハル蒙古人では上衣がやゝ長くなり、袖の折返し（ノトラカ）も失ひ、帶もしないで、帽子も普通に北支那人が被る折返しある高いものを被ります。この相異は色の好みと相應ずるものであります。シリンゴル人はそれだけ古風を存し、チャハル人はそれだけ支那化されたのです。この服裝上の相異は政治上の相異にも淵源してをりますので、各個人に就いて全く例外なしに認められます。

女の服装は殆んど男のに變りません。着物は勿論、靴から煙草の道具に至るまで同じです。唯、違ふのは頭髪と髪飾だけであります。（第五圖）

五、住　居

さて住ひはと云ひますと、これは申すまでもなく皆なテントで、そのほかにラマ教の伽藍、僧院の建築がありますが、これは後に述べる機會があるかと思ひます。これ等の外國式寺院建築に俗人の住まはないのは勿論ですが、僧侶も四角い土の壁では住み心地が悪いと見えて、肝腎の家屋は納屋同様にし、庭にテントを張つて、それで寢起きしてをります。

第六圖　ハナ

第七圖　ウニ

漢人はこれを蒙古包《パオ》、また單に包と云つてをります。包には使用した材料の上から、フェルトばかりを使つた云はゞ氈式包、土壁をつけた云はゞ土式包（バイシン・グル）、更に草木を使用した草式包（ウブスン・グル）と三つの種類を區別することが出來ます。併し、シリンゴルで見たものは氈式包ばかりで、ほかのものは全く見受けませんでした。これはシリンゴルのまだ移動的な生活をよく表はしてゐるものと思へます。その外の形式の包は漢人との接觸地帯に多く、その發生した譯も漢人の影響による生活態様の變化に求めるべきでせう。いまこゝで寢起きをして見たシリンゴルの氈式包に就いてその構造の大概を申し上げやうと思ひます。

その骨組は柳の木でこしらへた矢來《やらい》の様なものが一定の高さ（四尺余）、一定の長さ（六尺位）に作られ、その交叉した所は皮を以てとめます。それを一つの單位として、その八つとか十とかを以て包の周圍をつくります。これをハナと云ひます。（第六圖）その上にウニと呼ぶ天蓋様のものを擴げてとりつけます。（第七圖）これで包の骨組は出來上つたのです。（第八圖）

ウニはからかさの様な骨組で折りたゝむことが出來る上に、二つに分解することも出來る様になつてゐるので、運搬に際しても至極便利です。そのウニの中心は組合した時に天窓が出來る様に仕組んであります。

かうして骨組が出來上ると氈をまき、紐縄をかけます。それにもちやんと定つた方式があつて、至極輕便に組みはづしが出來ます。出來上りの外貌は第九圖に示すが如くです。前に垂れた紐縄で天窓の開閉をします。シリンゴルの紐縄はこれもさうでありますが、殆んど皆駱駝の毛でつくられてゐます。編み方は私共の云ふ三つ編みが最も普通の様です。圖に示した包は私共が二週間滯在したヌナイラマの包ですから、入口の扉も赤と緑との塗りのある立派なものですが、極く簡單なのでは一枚板であるが、また二枚の板で觀音開きになつたものが最も普通で、その上に刺繍のある氈を垂れます。（第十圖）

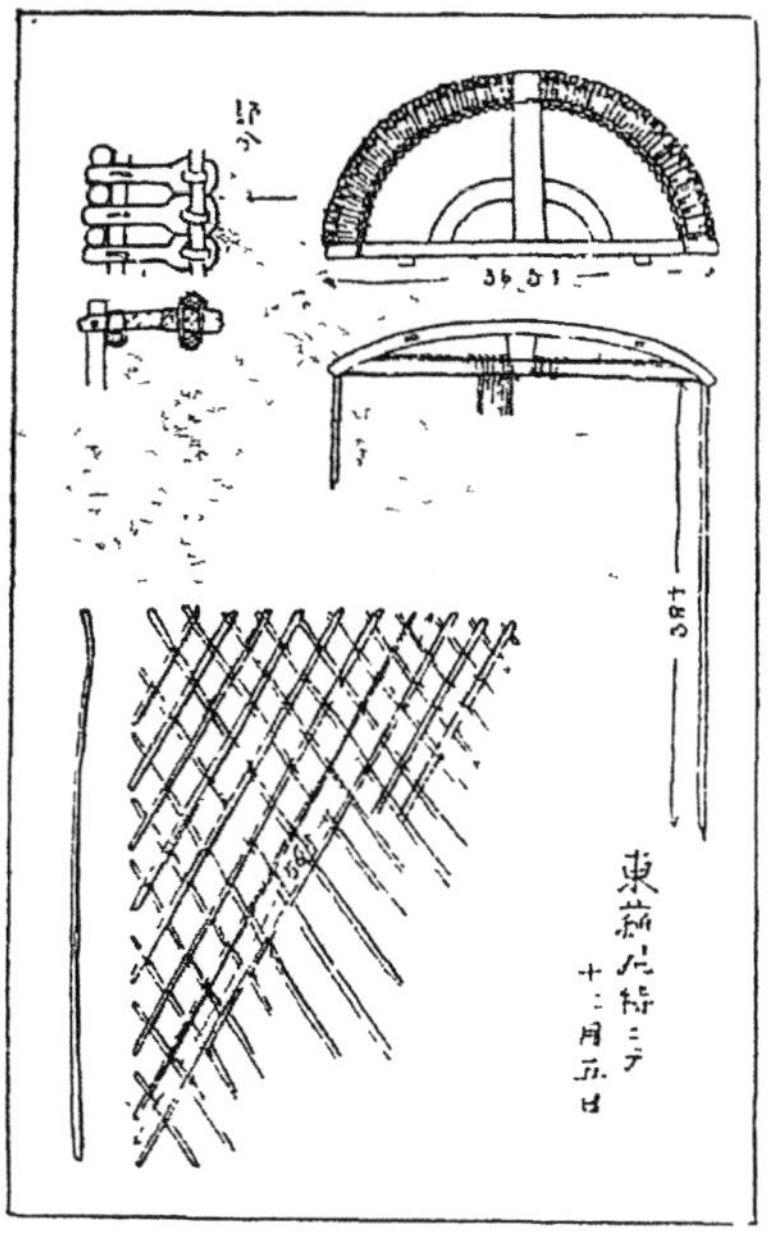

第八圖　包の骨組（ハナとウニ）

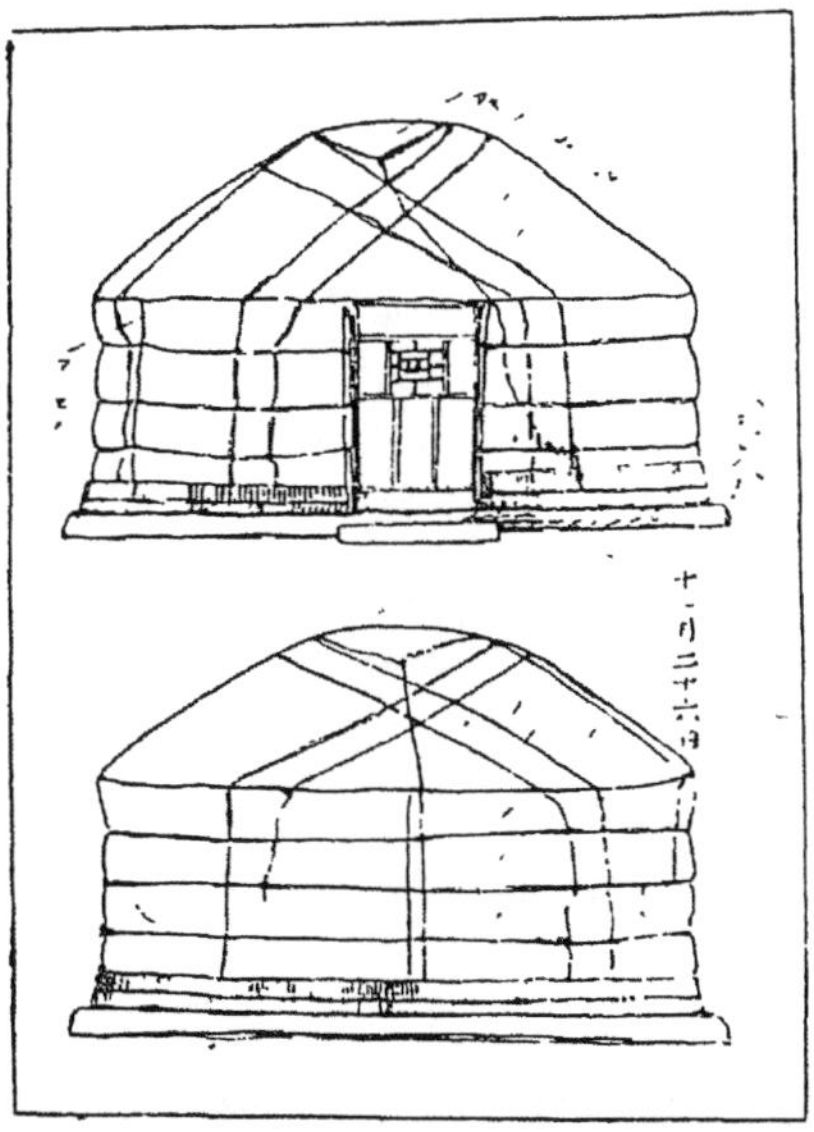

第九圖　包の外形

包の內部はウニとハナとの骨組が見えますが、よい包ではハナの內面にも氈をまいたのがあります。中央には四角の圍爐裡がきられ、その中に圓形の鐵の構架があつて鍋をうけてゐる。（第十一圖）左奥には佛壇があつて、臺とか、護符とか、香立とかがをかれ、それと對照の右手前に炊事用の諸道具があり、佛壇と臺所との間に於いてハナにそうて木の櫃が澤山並べられ、毛皮の夜具がつまれることがあります。これで席の上下も自ら明らかでせう。客は入つて左手へ請じられ、左側に座をとります。正面には主人が坐し、右側には家の女がゐて、接待します。

一家族で大抵二つ乃至三つの包を所有して居りますが、裕福なものになると七つ八つ位もつてゐるものもあります。王樣などは十數個も所有してゐるのであります。そして王樣も包に起居して、附近にある小さい支那家屋は物置きです。シリンゴル諸王府のうち庫倫街道に近い西スニト王府のみが堂々たる支那建築であります。

包の外はもう廣々とした牧場です（第十二圖）。屋敷と云ふ樣なものはありませんが、積みこまれたアルガリ（牛馬糞の燃料）と、一本の馬繋ぎ棒、重り合つた牛車、多少とも掃きよせられた雪と踏み固められた土に、まあ屋敷と云つた樣なものが自然と出來上ります。家畜に對する保護設備もアルガリの圍、柳條の柵などが氣まぐれに存在するだけで、これも是非なくてはならぬ設備とまでは考へられてゐない樣です。この點もチヤハルの包毎にあるアルガリの家畜小屋、アルガリの食料納屋などとは大分にへだゝりが認められます。チヤハルでは包はまだ同じ樣に可動的な氈式のものであつて、その副建造物には半永久的な土また石を混へた家畜小屋、食料納屋があり、そしてそこには季節を無視した家畜の蕃殖と搾乳が認められ、また乾草までも貯藏されてゐます。チヤハルの蒙古包の內部には土製の竈などがしつらへてあつて、もはや動かうにも動けないのです。彼等は週期的な移動をやめて、一年中同じ場所に住んでをります。

第十圖　蒙古包外形

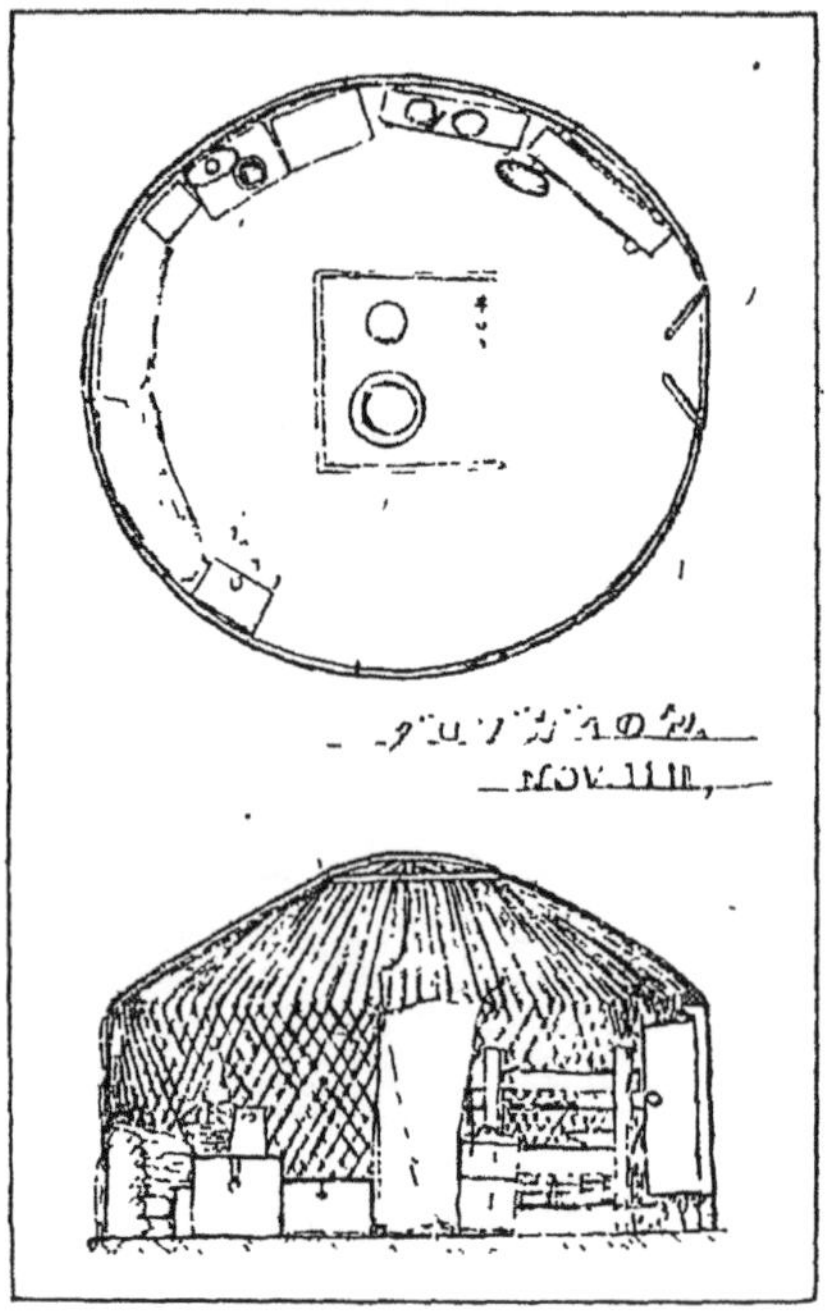

第十一圖
包のプランと斷面スケッチ

六、家具、調度

家具調度と申しましても極めて少く、簡單なものであります。凡てが移動と云ふことを前提としてつくられてゐます。

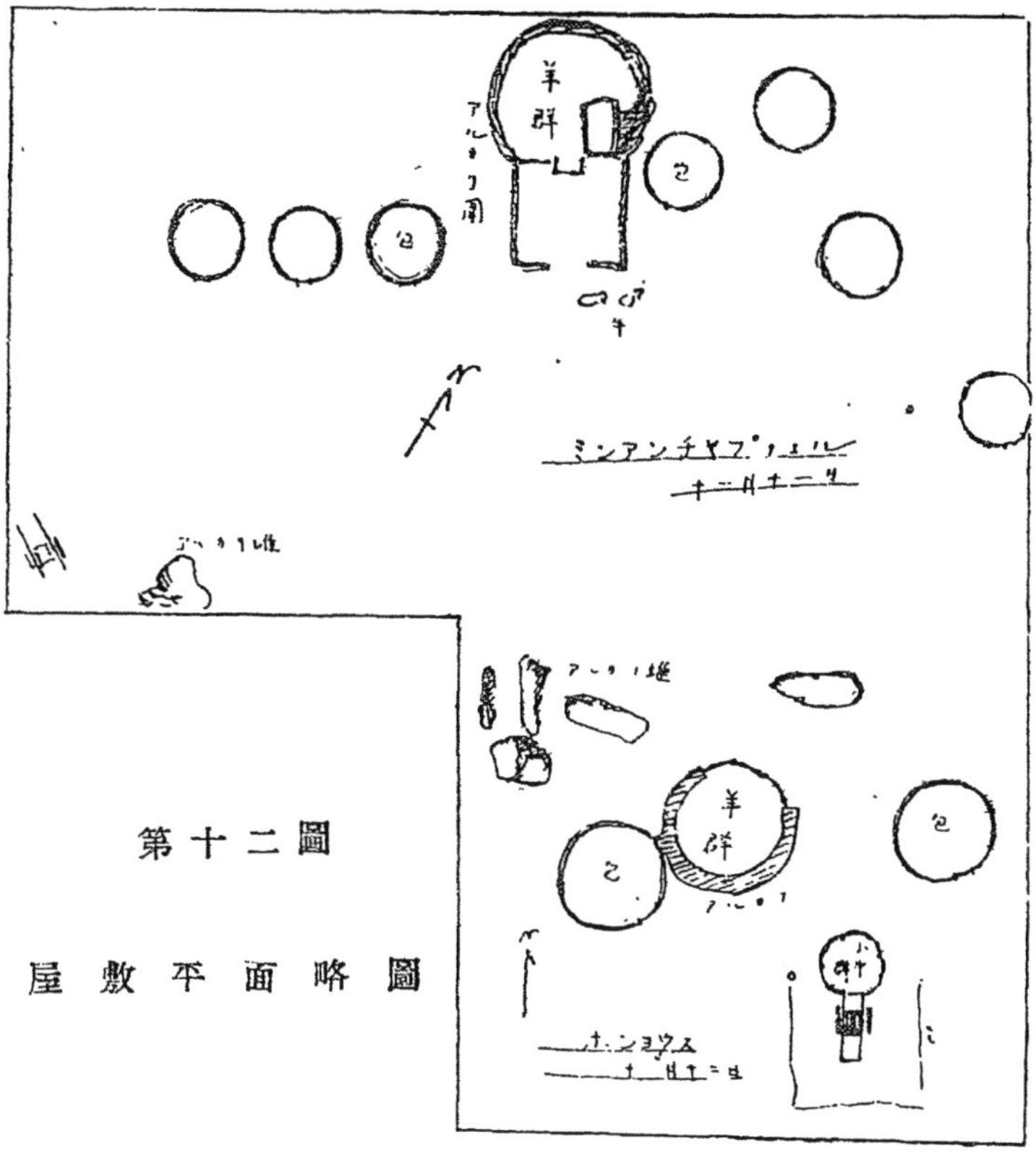

第十二圖
屋敷平面略圖

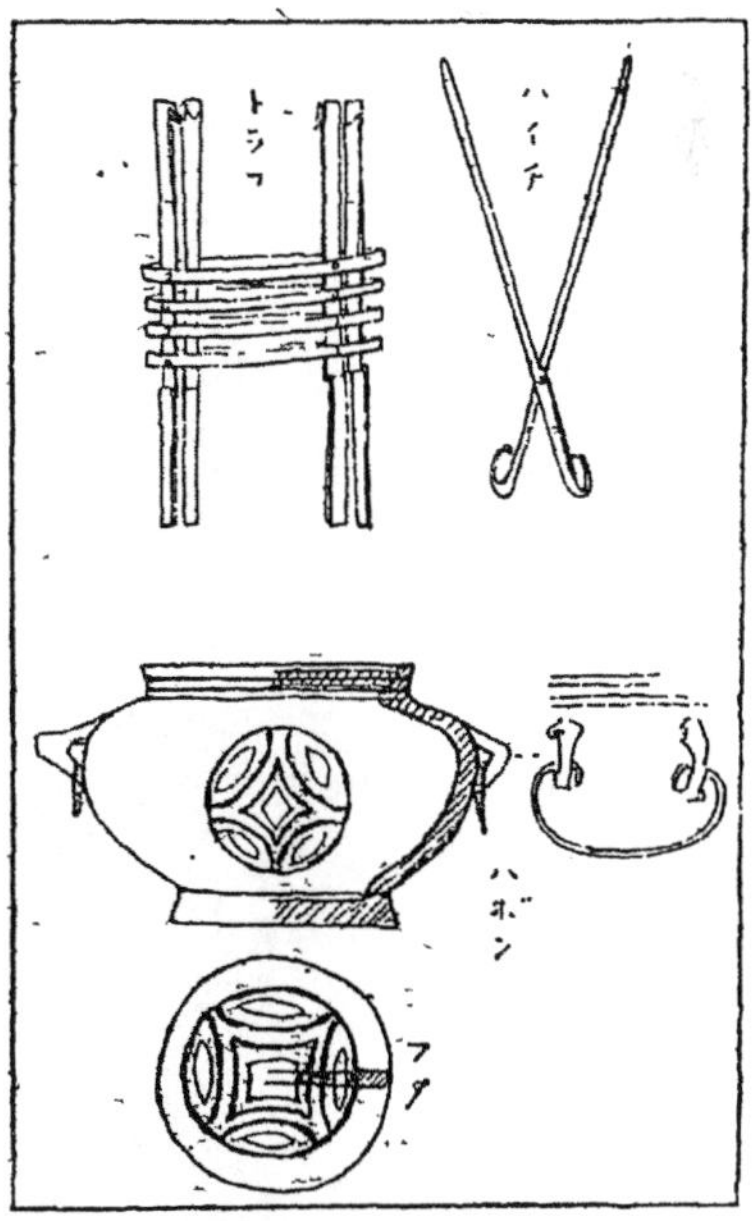

第十三圖　什器（其の一）

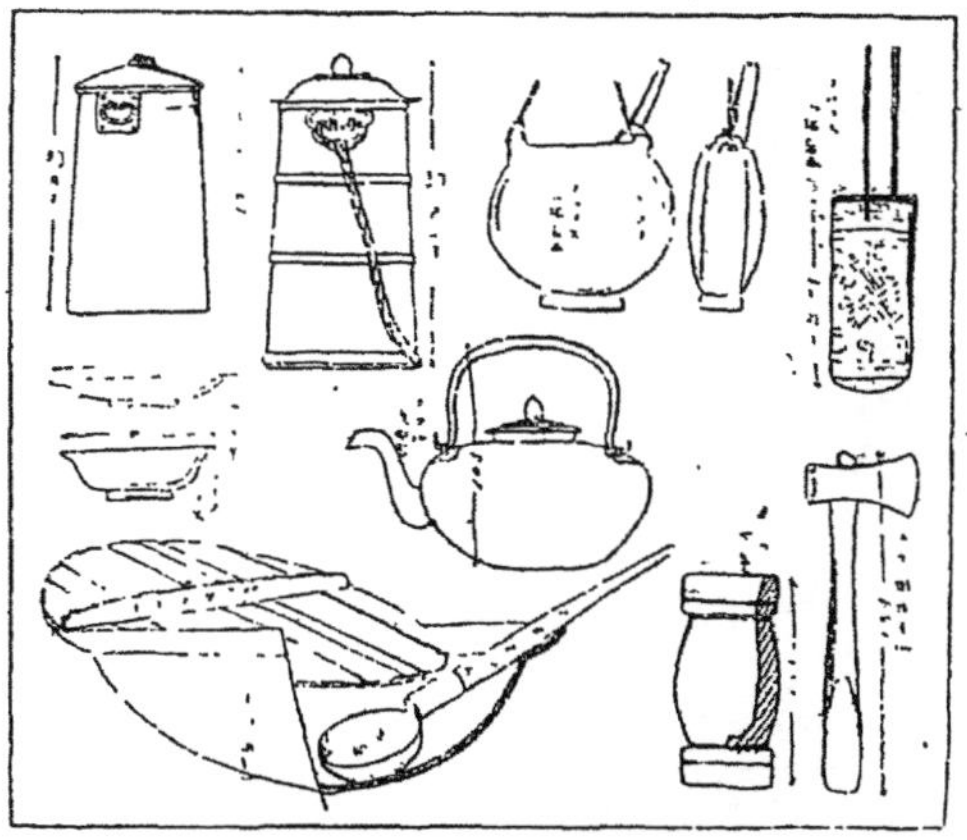

第十四圖　什器（其の二）

我々の箪笥にあたるものとして簡單な木の箱があります。側面に鑰があります。唐櫃とも云ふべきものでせうか、朱塗りの立派なのもあります。

圍爐裡には必ず鉄の鍋掛（トラカ）と火箸（ハイチ）があります。傍には大きな木の箱があつて牛馬糞の燃料が入つてをります。時には鑄鐵製の藥罐掛があります。（第十三圖）これをハボンと云ふのは支那語の火鉢(huo Tên)の轉化でせう。鍋は鉄製の平たい大きなもので、何を煮るにもこれを用ゐます。茶を煮たり、雪を融したりするのもこれで、藥罐はたゞ煎じた茶を容れてをくだけの川です。ハボンは煮沸さす爲めでなく、溫味を保つ爲めです。

眞鍮製で重要なものは藥罐（ドブル）と煮上つた食物を容れるトンボです。共に大同方面の製品です。（第十四圖）

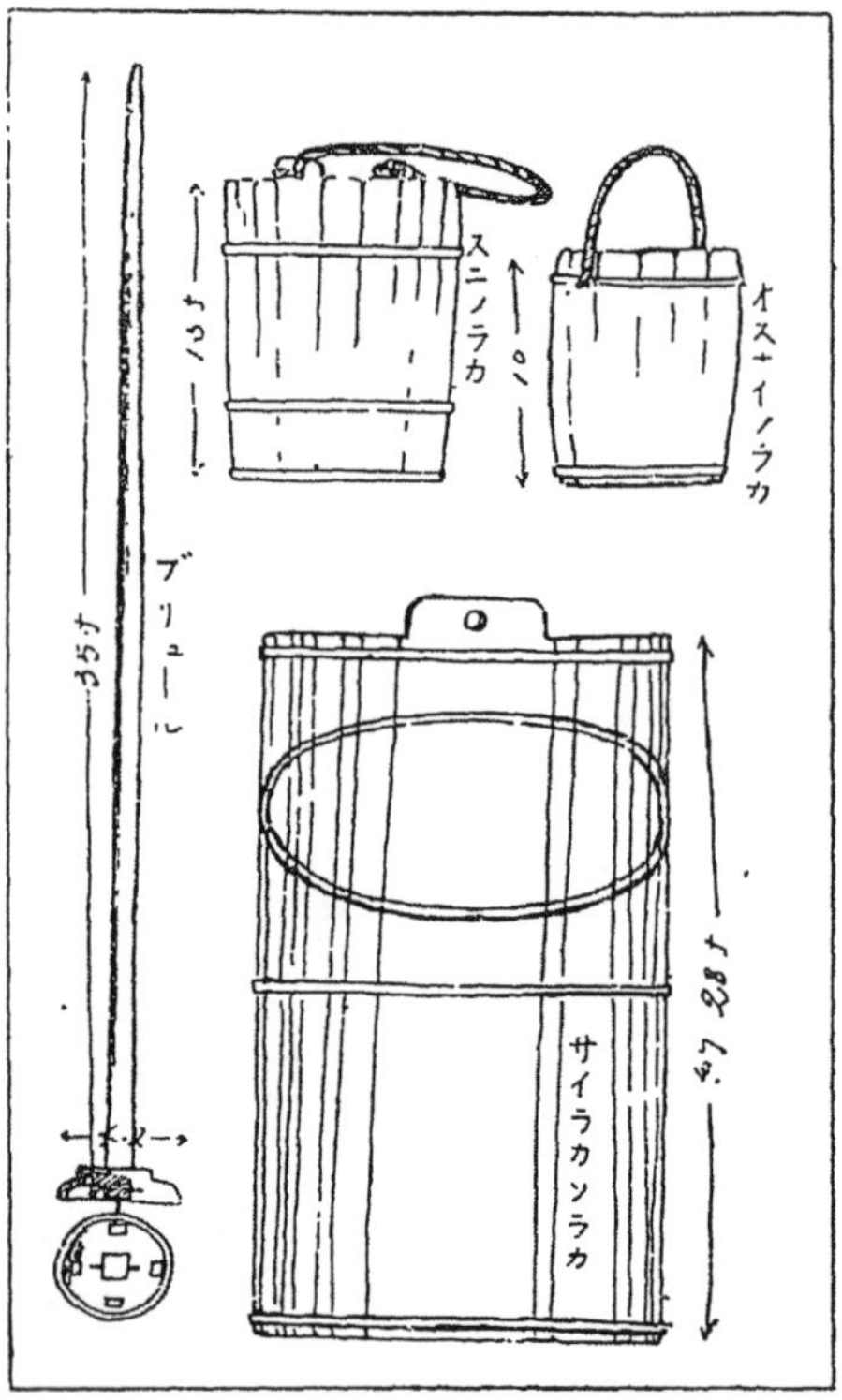

第十五圖　什　器（其の三）

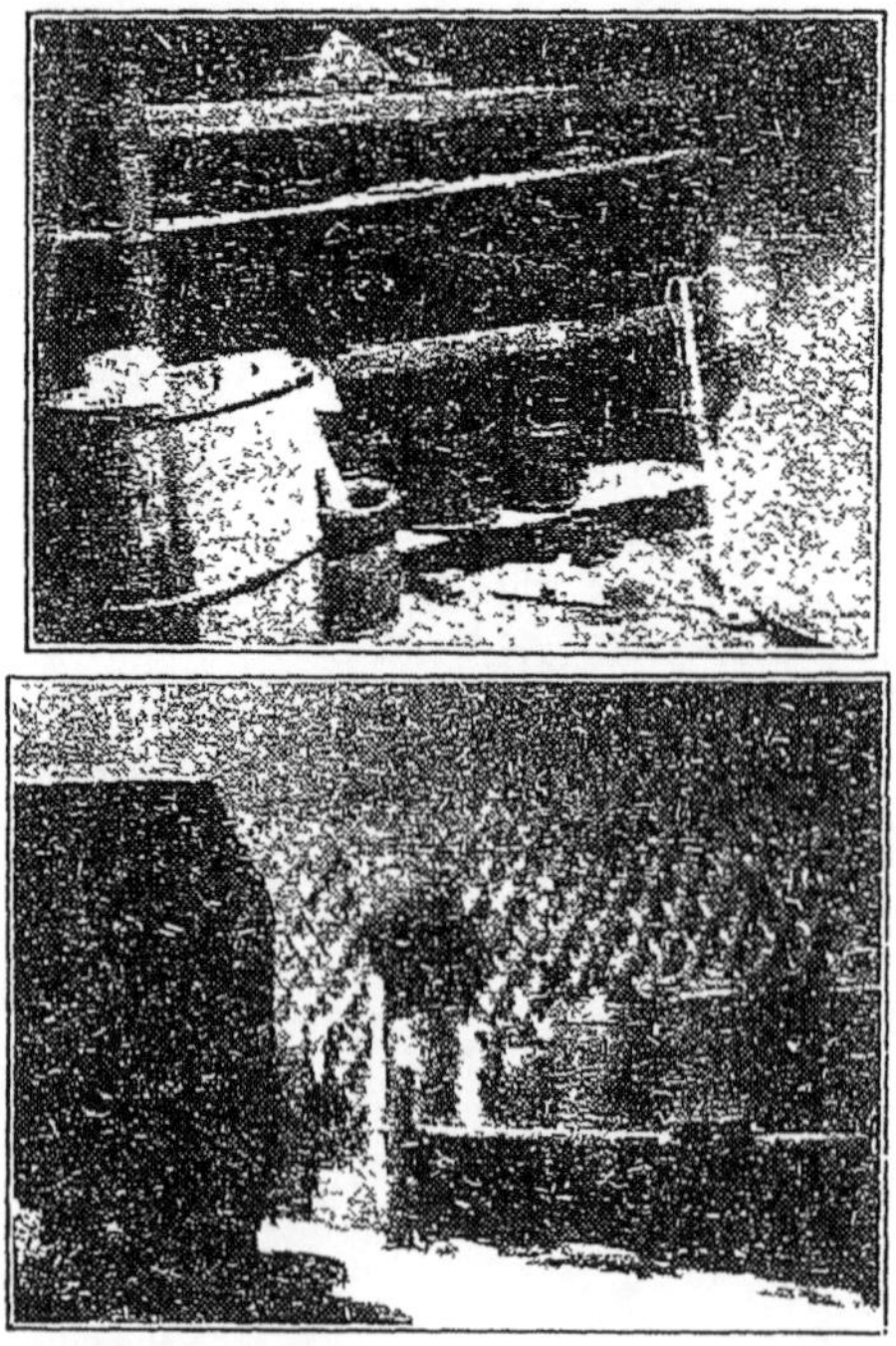
第十六圖　台　所　二　景

桶には酒を醸す桶（サイラカ・ソラカ）、乳桶（スニ・ソラカ）、水桶（オスナイ・ソラカ）の區別があります。この區別は使用の上ばかりでなく、形の上にも明瞭にあります。ブリユールは醸造のとき桶を混ぜ返すものです。皮袋を使用する醸造もやつてをるさうです。（第十五圖）

第十六圖示す所のものは臺所の一般です。上はダロブガイにて、下は貝子廟のある役所にて撮つたものです。

七、生業（一）粗放なる牧畜と幼稚な手工業

かくの如き生活資料は漢人との交易によつて得られる外、自らの行ふ生産によつて得るのでありますが、交易の爲めにはまたその交易のものとなる物資の生産を必要とするので、當然彼等の生産には二つの方面がある譯であります。一つは消費的な生産、一つはまあ云はゞ商品の生産であります。併し、彼等の經濟生活の根本をなすものは矢張り自給自足的なものであつて、後者の生産は單に副業的なものにすぎないのであります。牛、羊の牧畜は主に前者の方面を代表し(1)、馬、駱駝の牧畜は主に後者の方面に代表します。併し、馬、駱駝が自家の乘用、運搬用に必須のものたるは申すまでもありませんし、牛皮、羊毛、羊皮が交易の重要なる對象であることも勿論であります。

彼等のあらゆる生活の根底になる牧畜は遊牧の名で呼ばれる極めて粗放なる生産方法に特色をもつてゐます。一定の牧場もなく家畜を保護する圍もなく、乾草の貯藏もしない。水草に從つて放牧し、それに從つて自分達も移住して行くと云ふ極めて幼稚な牧畜であります。いままでは實際上、夏冬一定の時期に、一定の所へ移住することを極めて規則的に行つてゐますが、これが何處まで昔に遡り得るかは自分にはわかりません。そして全く不定期、不規則に移住し廻つた時代も當然想像し得る次第です。いまは旗が一つの政治的な單位であると共に放牧單位で、自分の旗内に於ける移動は全く自由であるが、よその旗へは移動出來ない規定になつております。

そう云ふ譯でありますから土地の所有と云ふ様な事實は全くありません。唯、家畜の多寡が自ら使用地の大小を來たし、その年々の繼續的使用が、多少とも私有的な色彩をあらはすとしても、また將來は段々そう云ふ風になる傾向があるとしても、いまのところでは單なる繼續的使用に過ぎません。遊牧的な生活では、可動的な包とその移動とで、土地私有の比較的早いあらはれである宅地權さへまだ仲々現れさうにありません。この點は支那の農民に荒され盡した東部蒙古や、現に壓迫されつゝあるチヤハルとは著しく異つた所だと思ひます。隣のチヤハルでは盛んに作つて、そこでは商品とまでなつてゐる乾草の製法や、効用を知らぬ筈もないシリンゴルの蒙古人がちつとも乾草を製造しないのは、それによつて冬期の牧場が荒廢するのを恐れてゐる爲めで、彼等の經濟的生活の本旨にはそではない自由競爭的な傾向を恐れ、警める結果になつてゐます。

だけれども家畜は各々の包に私有されてゐます。牧養の作業や、交易の場合に多少共同的にすることはあつても、それは唯お互ひ樣と云ふ所に出發してゐる好意にすぎません。所有者を示すマークが牛の角、駱駝の尻などにあります。また彼等の最も重要な財產であるこの家畜の盜人は最も重い刑罰を課せられると云ひます。そしてこの家畜の數が貧富のけぢめであると共に、身分のけぢめでもあります。家畜の繁殖と減少が景氣と恐慌のけぢめであると共に、生と死の境ひでもあります。自然に賴ることの多い動物の生活に、大して手も加へずにそれに賴つてゐるのであります。從つて夏季に於ける極度の乾燥と冬季に於ける過度の降雪、また家畜の疫病は彼等の生活を根底から覆すものであります。

牧畜のほかに行はれる幼稚な手工業としての氈製造、アラヒ釀造、乳製品製造、アルガリ製造は全く自家用の爲めであります。我々外來者がこれを得ることが難しいのも、そう云ふ風なきりつめた生產で、製品に余裕がないからであります。夏の日の活潑な生產の有樣は度々聞かされたし、この地方の生業として重要なものであるから、順序として當然之を書くべきではありますが、實感に乏しい單なる聞書きだから、またの機會に讓つて略したいと思ふのであります。

(1)　この外に採鹽が盛んであつて、シリンゴルの重要なる富源となつてゐますが、どんな組織になつてゐるか、殆んど觀察することが出來ませんでしたから略します。

八、季節的移動

私共の旅行をはじめた十一月の初めと云ふのは丁度彼等の移動時期に當つてをる爲め、到る處で彼等の宿替へに遭遇しました。私共の泊つた明安チヤプチエルやダロブガイの包では『私達は極く近頃移つて來たもので、もてなしもよく出來ません』と云ふ樣な言葉を聞かされました。事實包の樣子やアルガリの堆積にいかにも新しく移つて來たばかりらしい、落着きのない整頓さが認められました。またこゝにある筈だと自動車で驅けつけた王府も何時の間にやら引越して、その跡には土製の竈ばかりが殘つてゐたこともあり、尋ねあぐんで不安の夜道をさまよつたこともありました。例へば貝子廟などではこの廟のすぐ近くに貝子の名が由來した東阿巴嘎那兒《アバガナル》貝子府（實はいま貝勒に昇爵してゐる。元來貝子とか貝勒とか云ふのは清朝の爵位であるのに、清室のなくなつた今日貝勒になると云ふことはどう云ふ事情があるのか自分は知らない)があるのだが、丁度我々の到着した十一月の十四日に引越しをして、その幾十臺もつゞいた牛車には知らない乍らにも途中でゆき逢つたのでありました。つまり十月の終に雪が一降りすると、それを機會に各包は移動分散するのであります。これで乾燥した蒙古の土地も飲料水の心配がなくなり、これから冬の間はつぎ〳〵包の周圍の雪をとつて來て飲料水に使用します。雪の降る回數や量は少いのでありますが、寒いから一度降ると仲々消えないと云ふところに水源として充分な資格を備へてをる譯です。引越は極めて簡單です。包をたゝんで、これを幾つかの牛車に分載して、目的地まで行くのですが、財産の主要部分をなすものは脚のある家畜だし、道具と云つても甚だ少く、運搬に便利な様に出來てゐるし、包はフェルトと木の骨組なので數時間の勞作でよく解體したり、組立てたり出來る程至極簡單なものでありますから、割合容易に移轉することが出來ます。自分の旗内であれば何處へでも移り住むことが出來るのでありますが、實際上冬は冬、夏は夏でそれぞれ一定の移轉先がある様です。冬は大體に於いて冬の西北風を避ける爲めに、山の陰に場を占め、戶口は東南に向けます。夏の住ひよりあまり遠くない、大抵四五十支里位離れた地點にその住ゐを營みます。之に反して夏は水に近い、しかも風あたりのよい小高い所が選ばれます。戶口が東南に向ふのは冬と同様で、廟の様は永久的な建築も同じ方向をとつてをります。

冬季に於いては全く散居的な生活を營みます。村落とか聚落とか云ふ様な名に相當する様なものは全くなく、殆んど一戶一戶と散在して居ります。一戶は唯つた一つの包しかないのもありますが、二三あるのが最も普通です。かやうに全く散在して生活するのは、一つには積雪の爲め到る處に人間及び家畜の飲料水が得られると云ふ點にあるのですが、またもつと根本的な理由としては彼等の粗放なる牧畜に基因するものと云はなければなりません。

彼等は全く例外なく牧畜で生計を立てゝ行き、少しも農耕をせず、商工業で生計を維持してゐるものもありません。そしてその牧畜が前に述べた様に頗る粗放極るもので、保護設備もなく、冬を過ごす乾草の貯藏もない。冬が來て牧草が枯れ、その生長が止まると、集團的な生活では家畜の飼料難を來たします。それで彼等は牧草を求めて他人の居ない丘陵の蔭へ移つて行かねばなりません。全く分散して、曠野の一軒家として、孤獨な冬の生活に入らなければならないのです。

家畜は雪の下の草を求め乍ら、雪を食つて渇を醫し乍ら、春の日の來るのを待つて居ります。人々も是非過ごさねばならない孤獨な、冬眠的な生活に耐へ忍びながら、圍爐裡のまわりで故事傳說（ウルゲル）謎々を語り、輝しい夏の日を追憶し、憧憬して日を暮します。

我々がダロブガイに着いたときは午後の三時前でありました。運轉手の連日の怠慢を償ふ爲め、行ける所まで行きたいと思つてゐましたが、道に就いてはつきりした自信がないので兎に角、こゝで問ひ合せやうと考へてゐました、我々が自動車からやつと包を認めたときには、包から赤い着物のかたまりが飛び出して、雪の上を走りながら自動車に合圖してゐました。見れば赤く雪焼けのした頰の娘さんです。次ぎの包は遠いか、どの方向かなど聞いたり、答へたりした後に『とにかく私の家に案内しますから泊つて下さい』と云つて、ボソ〳〵と長い靴を雪の中にいれて走り返したので、自動車も何云ふことなく靜かにそのあとに從ひました。その夜は遠來の珍客として心からもてなしてくれたが、我々もはからずして、彼等が冬の日の單調を破り、寂寥を慰めることになつたのを私かに喜びました。

春が來て雪が解け、草が萠えると、この乾燥した土地に住む人達は湖とか井戸を慕つてまた移住します。彼等自身が飲む外に、家畜にも飲ませなければならないのです。これで多少とも集合的な住ひを營むことになりますが、それでもまだまだ散居的なもので、聚落とか村落とかの名で呼ぶにはあまり相應しくないものであります。併しとにかく彼等の冬の生活から見ると、よほど集團的なもので、若しかう云ふ言葉が許されるなれば、遊牧民的聚落と云つて、農耕民族の散居的村落と區別してもよいでせう。前に述べた樣に彼等の粗放なる牧畜はあまり接近した住居を許さないのです。唯、夏季に於ける牧草の速かな成長が家畜の集合を可能にし、ひいては彼等の集團的生活が多少とも容易になるだけであります。

要するに彼等の生活基調である家畜の粗放な飼養法が、冬季に於いて全く孤立的な生活を必要ならしめ、折からの降雪が之を可能ならしめるのでありますが、夏季に於いては特定箇處にしかない水源が彼等に集合的生活を餘儀なくせしめると共に、牧草の速かなる生長が之を可能にするのであります。そして彼等を特色づける遊牧の生活はこゝに規則正しく行はれるのであります。

この規則正しく行はれる季節的移動が彼等の粗放な牧畜に基因することは申すまでもありません。あらゆる物質的な生活は之を基調として營まれます。精神的な生活も影響を被らない譯にはゆきません。併し、これは重要な問題であります。もつと精密な觀察を必要とするやうです。私共の如き短期の怱々たる旅人には期待すべくもない所だと思ひます。春の移動や夏の生活を觀る機會を得たら、更めて報告したいと思ひます。唯、こゝでも云ひ得ることはこの季節的移動による住ひ方の相異を中心として、彼等のあらゆる生活が相伴つて振子の樣な振動をしてゐると云ふことです。夏の樣相と冬の樣相、それはこのシリンゴル生活の裏表です。『年中行事の凡ては夏にやります』と云ふ蒙古人の簡單な言葉には多少修正を要します。この年中行事とは公共的、集團的そして自づと野外的なものばかりを指してゐます。あることはあるが孤立的、私的從つて室内的に行ふ正月の儀式などは無視されてゐます。併し乍ら、その無視されてゐると云ふこと自體が季節による宗教生活の二面を物語ります。兎に角公共的な集團的な行事は凡て夏に行はれます。オボの祭、ラマ廟の祭、そして北平では舊正月に行はれ跳鬼の儀式もこゝでは五月に行はれます。そしてそれも極めて集團的な野外的な競馬とか角力などの競技によつて尚更特色づけられます。夏季には家畜も增殖し、搾乳する。肉から乳へ主食物も變る。羊毛の刈取や、氈子の製造、ホロート、ウルム等の乳製品の製造、アラヒの醸造燃料の準備など生産的にも活潑に働きます。生産的社交的な夏の生活、消費的孤立的な冬の生活との對比。この表と裏の樣相は自然に依據することの大きなシリンゴル蒙古人の自然に對する反應であります。

シリンゴルの樣な割合に古風を存した蒙古でもこの季節的なもの以外の移動は認められない。もしさう云ふものがあるとしたら、それは突發的なものでせう。そして水草を追ふ彼等の生活基調から云へば乾燥と降雪とがその自然的な動因として考へられます。乾燥によつて水が得られなくなつた場合、降雪によつて家畜が草を食べなくなつた場合、またつけ加へれば家畜の疫病が流行した場合には突發的な、そして不規則な移動を開始する恐れがあります。蒙古に於ける地形、氣候の一樣性はこの突發的な事變が廣大なる地域に擴大され、大々的な民族的移動にまでなる可能性が充分にあります。かう云ふ樣な觀點から歴史上の事變を振りかへつて見るのもまた興味あることだらうと思はれます。（未完）

ネグリート、ブッシマン及びボトクード族の經濟階程（一）

——自然民族及び半開文化民族の經濟（クノー）——

喜多野清一

外來文化の影響——不毛地方への押除け——武器製作技術の進步——食料地域としての原始林——食料獲得の簡易化——遊群の法規と酋長權——小舍建造の改善——食料の調理——低級狩獵諸民族の所有觀念——交換諸關係——ミンコピー・セマング・セノイ族の生計——マラッカ奥地諸種族の僅かな狩獵活動——彼等の發展階級の誤れる評價——植物栽培と動物飼育の端緒——移動遊群の定住化——マラッカ・ネグリート族の商業と所有諸關係。

外來文化の影響

オーストラリア人の經濟樣式は、印度洋及び南支那海のネグリート族並びに南アフリカ及びブラジルの低級狩獵諸種族——例へばブッシマン族及びボトクード族の如き——の經濟諸形態の中にその繼續を見出す。だがこれら諸民族の經濟組織はオーストラリア的萠芽の單なる繼續的成育ではない。

タスマニア人及びオーストラリア人は、より高等な諸民族との接觸從つて影響から隔絕し、彼等の素質と彼等の地理的生活域の自然諸條件とにすつかり適應して、外部からの助成も阻止も受けないで自分で發展することが出來た。從つて彼等の原始的經濟文化は、進步せる外來諸民族によつて彼等に接木されたり押しつけられたものではなく、一の自得物たることを示してゐる。なるほど、オーストラリア本土の北海岸、特にトレス海峽では、近在の諸群島に住むメラネシア人住民からのある種の影響が疑もなく確證されはする。其處の海岸に居住するオーストラリア人遊群は、例へば、このメラネシア人島嶼住民から弓矢やある種の大漁網やの使用及び小獨木舟の建造を習得した。しかしこの技術的進步はオーストラリア大陸の內地深くまで侵入したわけではなかつた。蓋し一部分は、原始林地帶更にスクラップ（叢林）地帶ステップ地帶の住民にはかうしたカヌーや漁網や銛等は使ひ途がなかつたからであり、また一部分は恐らく、彼等は彼等の舊來の狩獵方法に馴れてをりまた舊來の獵具の使用に熟してゐたので、直ぐには役に立ちさうもない新しい物を嫌忌したからでもあらう。例へばヨーク半島のオーストラリア人遊群が近在のトレス海峽群島の住民から弓矢の使用と製造とを習得しても、この武器は、大體に於て半島の南境ギルバート河を越えて進出はしなかつた。

前に擧げた他の一聯の狩獵諸民族に於ては本質的に事情が違つてゐる。卽ち南アフリカのブッシマン族、內部セイロンの森林ヴェダ族、フィリッピン及び內部マラッカの土着ネグリート遊群（アエタ族及びセマング族）並びにブラジルのボトクード族等々に於て。すべてこれらの諸民族はより高度の文化の諸民族と早くから接觸した。彼等は一部分これらと折に觸れて混和して行つて、これらの技術的諸成果の一部を受け取つた。卽ちブッシマン族はホッテントット族及びカフィル族(Kaffer)と、スマトラ及びフィリッピンの黑人種原住民は侵入し來つたマレー人と、ヴェダ族はシンガリーズ族(Singhalesen) 及びタムール族と、ゲス語族（Gés-Sprachstamm）に屬するボトクード族はリオ・サン・フランシスコのトゥピ族及び北コロアド族と。そして、隣住の諸民族とのかうした接觸の上に、更にその後、ヨーロッパ人の侵入者及び征服者からの直接間接の影響が加へられた。

かくて例へばブッシマン族は、彼等が喜望峰植民地の和蘭人と接觸する以前既に、鐵鏃、小刀、槍（assagai）を持つてゐた。彼等はそれらを早くからホッテントット族、ベチュアナ族、及びカフィル族との交換によつて得、または奪掠襲撃によつて手に入れたのである。また同樣にして森林ヴェダ族は、英人のセイロン支配以前既に、シンガリーズ族の定住地の鍛冶匠から鐵鏃及び斧刄を得てゐた。フィリッピン群島のルソン島のアエタ族（ネグリート族）はスペイン人の來着する以前既に、侵入し來つたマレー人と原始的交易を營み、鐵槍や鐵鏃、手斧刄、刻刀及び彼等が特に尊重する長大な山刀をこの者から交換によつて得てゐた。

かくて次第次第にかうした工具と共に、その他多數の使用對象が遙に高度に發達した諸民族の文化物のうちから彼等の所有に移されて行つた――必ずしも交換の方法に於てゞはなく、屢〻奪掠と竊盜とによつて。かくて吾々は、例へば今日ブッシマン族やヴェダ族やボトクード族やアエタ族やセマング族の間に、たゞに立派な陶壺を見出すのみならず、また諸種の亞鉛や鐵の容器を見出すのである。そして上位の文化世界の容器のかうした輸入は、彼等の全食物調理の上に、ある程度直接に革命的に作用した。ブッシマン族ボトクード族及びアエタ族は今日既に肉や球根や根を水で、多くの場合には鹽水ですら煮てゐる。從つてその料理法の點から言へば、遙に上位に立つてゐるポリネシア人をも凌駕してしまつてゐる。

不毛地方への押除け

より高度に發達せる諸民族との交通は、それが價値多き工具や武器を得るに與つて力があるといふことによつて、低級狩獵諸民族をして彼等の食物獲得を根本的に容易ならしめた。だが必ずしも常にさうとは限らなかつた。何となれば、高度の文化と低度の文化とのかうした衝突の結果は、同時に屢〻從來通りの生計獲得を多少とも困難ならしめる如き不毛蹺确地方へ狩獵民族を押除けるといふこととなつたから。

オランダ人による南アフリカの初期植民時代には、例へばブッシマン族は、オレンジ河の南方カレー山脈及びシュネー山脈地方に住んでゐたが、今日では彼等はカラハリ沙漠に追ひやられてゐる。東スマトラのクブ族（Kubus)は、侵入して來たマレー人及びヨーロッパ人のために、リシバの奥、パレンバン州（Palembang）の一大熱帶原始林の奥へ引つこ兎でしまつた。曾つてはセイロン島の南部ニリガラ(Nilligalla)、ダンビガラ（Dambigalla)、バティカロア(Baticaloa)

の諸州から海にかけて流浪してゐたヴェダ族は、大體に於てビンテン(Bintennes)、ヴェラッセ（Welasses）、及び東部カンディア山地(Kandiagebirge)の原始林の中へ、それも海岸で遮られて、押し込められてゐる。

勿論ヴェダ族の一部はセイロンの東海岸パティカロアの北方に尙ほ住んではゐる、けれども彼等はこれからの記述にとつては考察に入れない。蓋し彼等は幾重にもタムール族と混交してをり、その習俗を傳へてゐるからである。彼等にあつては狩獵は附帶事項である。卽ち土地耕作（彼等は主として玉蜀黍大薯並びに諸種の南瓜類を栽培する）と漁撈とが彼等の食料の最大部分を供給してゐる。

ソン島バネイ島パラウ島の原住民、フィリッピン群島のネグロ族も亦既に久しく山地の奥地へ追ひこまれてゐる。たゞルソン島の北東部では個々のアエタ族遊群がまだ海岸までさまよひ出る。同じ事がブラジルのボトクード族についても言はれる。曾つてヨーロッパ人の來着する以前には、彼等は當時の彼等の主住地今日のセラ・ドス・アイモレス(Serra dos Aimores)からの移動線を大西洋岸にまでのばしてゐた。けれども押し寄せ來る移住者に恐れて、彼等は永い鬪爭の後この山地の西方の原始林の中へ、リオ・ドセ河（Rio Doce）とその支流へ引つ込んで了つた。

しかし上述諸民族のこれらの新住地は、その特性上食料供給とより高き經濟段階への發展とにとつて、從前の住地よりも不利益な狀態にあつた。從つてより進歩せる人種との親近は、一方上述の狩獵諸民族に對して彼等の勞働具の改善を寄與したとしても、他方これら諸民族を一部分不毛地方に追ひかへし、ために從前の方向を辿つてより高度の經濟形態に獨力で上進することを甚しく困難ならしめた。現在ではこれら諸民族にとつては、彼等が死滅を欲せざる以上舊來の進路をすてゝ、彼等の周圍のより高度に發達せる諸民族の經濟生活に適應することだけが殘されてゐる。卽ち雇傭される層としてこれらの間に逃げ場を求めるか、從前の狩獵生活を棄てゝ、耕作者として定住させて貰ふかである。

この事は既に部分的には現に起つてゐることでもある。卽ち例へばルソンではバターン及びタリラス山脈に住むアエタ族の一部は固定的な定住に移り、玉蜀黍米及び小蕪菁類などを作つてゐる。同樣にセイロンのヴェダ族の一部は北部カンディア山脈に、更にセマング族とサカイ族の一部はマラッカ半島に定住してゐる。

これら狩獵諸民族の經濟諸關係の考察を誤まつた結論に導かないためには、彼等固有の經濟技術上の諸成果と外部諸民族によつて彼等に接穗された新しい文化諸要素とを嚴密に區別することが、無條件的に必要である。そして更に、社會組織と共同體生活とが、新しい異種類の生業範域への移行のために、如何なる程度に從前の社會的共同生活の變化もしくは混亂を蒙つたかゞ考慮せられればならぬ。

武器製作技術の進歩

その故にこゝでは、鐵製器具によつて舊來の木製石製及び貝製道具がまたあらためて驅逐されることは不問に附しておかればならない。數世紀以來ネグリート族やブッシマン族及びボトクード族が利用して來た武器や工具をオーストラリア人のそれに對照させることだけでも、著しい進歩が判明される。すべてこれらの諸民族にはオーストラリア人にはない一つの武器がある。弓と矢、しかも彼等がその役に立たせやうとする目的に應じてそれぞれ異つた大さと形狀とを持つ、がこれである。矢はまだ鐵鏃を備へてはゐないが、弓は投槍や投棒よりも遙かに有用な狩獵武器である。弓で放たれた矢はたゞに遠くに達するといふだけでない。それはずつと多くの確實さを以つて目標に的中する。投棒は（ブーメランは實に投棒の特種物たるにすぎない）樹木の枝にすぐひつかゝつて了ふから、欝蒼たる原始林中では殆んど全く用をなさない。槍も非常に短い且つ開けた距離に於てだけ立派な役目を果すにすぎぬ。遠距離の目標を仕とめやうとするときは、多くの場合一つの弧線を描くやうに投げればならない。しかしその時は屢々樹の股や枝にぶつつかる。そしてたとへその飛行が停止されない場合でも、その飛行方向が一變させられる。從つて目標にまで達しない。これに反して弓矢はその目標をより正確に選び得るばかりか、矢は、弓を持つてゐる手でしつかりと操縱されるならば、正しい方向を飛んで行つてその目標にずつと鋭く突きさゝる。加ふるに上述の狩獵諸民族例へばブッシマン族の矢は屢々速効のある毒（普通蛇の毒と植物の毒との混合物）に浸されてゐて、それは、射とめられた獵獸を卽座に殺さないまでも、多少ともその逃走力を失はしめ、獵師をして――勿論欝蒼たる原始林ではそれは極端に困難な事だが――射られた動物の追跡を容易ならしめる。

しかし就中飛鳥を狩る場合に弓の方が遙かに有利であることがわかる。投槍または投棒を以つて高い枝にとまつてゐる鳥に下から打ちあてることは、熟練した原始林狩獵者にとつてさへ一の至藝である。弓を意のまゝに使用し、從つて隨意に弓を構えて、必要な目標の方向に應じて眞直ぐにでも斜にでも矢をつがへることの出來る弓手に取つては、このことはずつと容易に果せる。

更にそれ以上の利益がある。オーストラリア人はほんの僅かの、普通二三本の投槍とブーメランを手に携帶するだけである。それ以上は獵獸に忍び寄ることを妨げる。これらを投盡した場合、彼の妻なり子供なりがそれ以上を渡し得ないときは、彼はまづそれらをまた拾ひ集めればならない。射弓を持つ獵師は容易により多數の矢を矢筒に入れて携帶することが出來、射放した矢が的中しなくても卽座に第二第三の矢を續けさせることが出來る。

弓及び矢の使用の最初の結果は、これは諸々の未開民族に於て明瞭に確認し得るやうに、單獨狩獵を盛んならしめたことである。オーストラリア人は若干の同志と共同して狩獵するのを唯一の賴りとしてゐる。射弓を惠まれてゐるヴェダ族やボトクード族やセマング族は多種類の野獸を單獨で仆すことが出來る。勿論人はこの個別狩獸を、シラーが彼の『テル』の中に次の樣に描いてゐるやうなものに想像してはならない。

弓箭手に持ち
山越え谷越え
射手は行くよ
しののめはやく

原始狩獵民族の狩獵生活はロマンチックなものではない。山嶽溪谷の漂泊も恐らく多くを結果しない。原始的『射手』はむしろ河川湖沼または餌あさり場の近所に、特定の獸類が屢々探し求める場所を見つけ出して、それに樹枝で潜伏所を作り、その中に屢々數時間否數日間潜伏してゐる。就中セイロンのヴェダ族の間ではかうした單獨狩獵の樣式が非常に好まれてゐる。彼等の領域には野獸の豐富度が實に著しく、從つて獵者は立派な獲物なしに歸ること稀であるから。

食料範域としての原始林

勿論原始密林の狩獵も大草原の狩獵も、現今の大都市居住者が想像するやうには收獲の豐富なものではない。Ｊ・Ｊ・フォン・ツディ（J.J. von Tschudi）は、インディアン及びブラジルの原始森林住民について正當にもかう言つてゐる。（「南アメリカ旅行記」"Reisen durch Südamerika" 第二卷、二七八頁）

『專ら狩獵のみを賴みとせる原始林インディアンはすべて驚くべき貪食症をその特色としてゐる。彼等はたゞ僅少な食料をしか與へられない。蓋し原始林内の野獸は、人が普通ヨーロッパで想像するやうに、そしてどの樹頂にも數百羽の鳥類が棲んでゐて、樹枝毎に少くとも一對の猿を、樹幹の蔭では豺を、沼澤では貘を射とめるなどと空想するやうに、そんなにふんだんにそして容易には獲れるものでは決してないのだから。幸運な狩獵隊が豐富な獲物を得れば、彼等は貪るやうに食ひ盡して了ふ。そして肉はすぐ腐敗するから、一物をも失はないためには、生理的可能性の存する限り胃袋に詰めこまれるのである。やがて長期間ののんきな消化休養がつゞき、それは屢々數週間に渡つて極端に僅少な食事を以つてなされる。』

ヴィルヘルム・フォルツ（Wilhelm Volz）は『リムバの黎明にありて』"Im Dämmer des Rimba"（四八頁以下）なる彼の著に於て、東スマトラの一大原始林中の生活を一層荒凉たるものに描いてゐる。「未開の原始林は吝嗇な主人である。彼は我々に何一つ與へないで我々を飢えるまゝに棄てゝおくだらう。一體何を寄こす筈があらう。果物を？　成程原始林には果樹が、それも食用果實の出來る果樹があるのだらう。だが私は何を知つてゐやう、そして何處にあるのだらう？　あの有棘の大果實の出來る有名なマレー産臭果ドリアンは、言葉に盡し得ない程の強烈な厭な臭を發するが、しかもその肉の厚い實は極めて柔い甘い芳ばしい味を持つてゐてその美味は地上の美果の持つすべてを凌ぐ程である。されば原始林樹であるが、その果實が成熟すると森の動物類がそこに群れ集る。象やオランウータン、否虎さへが軟い黄色のクリーム狀の果肉を一心に貪り食ふ。だがそれを見出すのがどんなに稀有であるだらう！　私は數年の間に只一度だけ熟したドリアンを原始林中に發見した。原始林にはその他の美味な果實もあるが、しかし稀れである。極めて稀れである。多くは食へない。では根は？　私の親しい一士官が曾つて一斥候兵と共にアティエーでリムバに迷ひ込み、一粒の食料もなく六日間さまよつた。どんなに探しても原始林は何一つ食料を提供しなかつた。胃を慰める何物もなかつた。力なく杖にすがつてとぼとぼと足を曳摺つて、やつと人間の聚落に辿りついた。もう一二日もすれば彼等は恐らく不幸にも生命を失つたことだらう。しかもこの軍人達は皆土着の人卽ち原始林の子たちであつたのだ。

では狩獵は？　すべてが無限に密生的であり蔓りすぎてゐるので、人が叢林の中を見すかし得るのは僅々二三歩を出でない。なる程動物の聲は時々聞えるが、それを眼にとめるのは極めて稀れである。ドゥラーと私とは曾つて鳥を蒐集するために一週間狩獵したことがある。一羽の大鷹類と杜鵑、それが我々の全部で唯一の獲物であつた。鳥類の生活は遙か高い日の照る高處で行はれる。人は殆んどそれを目に見、耳に聞かない」」と。

食料獲得の簡易化

リムバのクブ族とカラハリ沙漠のブッシマン族を除けば。上述の諸民族が、オーストラリアの諸種族に比し、容易に生活に必要な食料量を常に手に入れ得るのは——射弓が投棒よりも優秀な狩獵武器であるといふ理由のみからではなく、寧ろセイロン、ルソン、マラッカ及びブラジル內地の動物界がオーストラリア大陸のそれに比し豐富さの點で立ち勝つてゐるからである。加ふるに、上述諸地方の土着民は弓矢の外に更に他の諸種の狩獵具を案出してゐた。歐洲人の來着當時オーストラリア人はエムーや水禽類を捕獲するのにたゞ網罠を知つてゐたのみであつたが、ネグリート族、ブッシマン族、ボトクード族は以前から諸種の係蹄や吊罠並びに樹枝や簇葉で覆ふた陷穽を利用してゐた。セマング族及びセノイ族（サカイ族）は更に鳥や蝙蝠及び小さい四足獸を狩獵するのに、毒液を塗つた矢を入れた吹筒を用ひてゐる。

殊にブッシマン族、アンダマン諸島のミンコピー族及びマラッカ半島のセマング族は熟練した陷穽の利用者である。ブッシマン族がまだオレンヂ河の南方に住んでゐた頃より以前には、動物が探し出した水飲場の近くに仕掛けた陷穽で野獸を捕へることは、彼等の最も好む狩獵活動に屬してゐた。ハインリッヒ・リヒテンシュタイン（Heinrich Lichtenstein）は（『南アフリカの旅』"Reisen im südlichen Afrika" 第二卷、七二頁）オレンヂ河畔の處々で今日尙ほかうした陷穽の一系列を發見した。ブッシマン族の企てた大規模な追獵では、曾つては、野獸が屢〻かうした陷穽の中に大集團をなして追ひこまれた。

その遣り方は次の如くである。卽ち尖つた杭のある大陷穽を澤山連續的に二列に設ける。それからこれらの穴を起點として、小さい柱や杭や荊の籔などから成る長いそして一點に會合するやうになつてゐる柵の列を作る。かうした益〻狹まつて行く通路の中へ人は荒々しい叫び聲や騷音を立てゝ諸方から野獸を追ひこみ、やがて陷穽の方へと追ひやるのである。この逃走してゐる野獸の間へ屢々猛獸が混入するが、その咆吼は狩り立てられ前方へ追ひ立てられる羚羊南阿產羚羊、馴鹿、斑馬等の悲鳴と入りまじる。かうした追獵には屢〻たゞ特定の一遊群ばかりでなく、寧ろ通常二、三、四の親しい隣接遊群か召集される。

漁獵もまたこれらの狩獵諸民族に對してある程度まで著しい食料給與の役目をしてゐる。ブッシマン族は、カラハリ沙漠に追ひ込まれてからは、魚類食料を斷念しなければならなかつた。なほ漁獵を行つてゐるのは僅かにヌガミ海岸においてのみである。しかし曾つて彼等がオレンジ河畔に居た頃は、それでも相當大規模に漁獵を行つてゐた。彼等は魚を小さい矢で射るなり、槍で突きまたは編んだ大きな手網で捕へるなりしてゐた。吾々の捕鰻籠に似た大きな捕魚籠を以つてする捕獲や海岸に沿つて仕掛ける特種の魚罠での描獲は曾つてブッシマン族の間に廣く行き亘つてゐたものである。ハインリッヒ・リヒテンシュタインは述べて曰く（『南アフリカの旅』第二卷、七三頁）彼の時代（第十九世紀初頭）にもオレンヂ河畔のブッシマン族の遊群は、水嵩の少いところを擇んで平坦な海岸地を小さい石壘で垣を作つて圍ひをする。すると石垣で圍まれた貯藏所が出來て、水の高さが落ちるとそのあとに常にある數の魚が殘ることゝなる。

ヴェダ族アエタ族ボトクード族に於ても。彼等が海岸から奥地へ引つこまなければならなくなつて以來、漁獵の食料給與に對する興味は甚しく失はれた。しかし現在の種族範域の河や小湖沼ではそれが熱心に續けられてゐて、多くの地域では——特にこの事はルソンの東北部のアエタ族について該當する——依然獸皮及び植物性食料に對し重要な補充物をなしてゐる。マラッカのネグリート族の間では勿論、丘陵の多い奥地は僅少の小河川や湖沼のやうな水地をしか持つてゐないので、漁獵の收獲は可成り貧弱である。だがアンダマン群島の海岸住民の漁獵になるとそれはずつと重大である。こゝでは魚肉食料は獸肉食料よりも絶對に重要である。更に、主として網、魚樶、釣針で營まれる漁獵は、甲殼類並びに多種類の海龜を捕獲するので、そこに貴重な食料補充を見出すことゝなる。

印度洋及び支那海の濕溫な氣候の範圍内にある大地は、食用に適する野生果實を豐富に提供するので、これら大多數の狩獵諸民族は——ブッシマン族を例外として——充分な食料に事欠かない。カラハリ沙漠はたゞ僅少な食用植物をしか産出しない。卽ち若干の甜瓜類果實、葫蘆屬、木苺、球根のみを。加ふるにそこでは旱魃期間は往々野獸が水澤地方を探し求めてゐる。

結論はかうである。ヴェダ族やマラッカのネグリート族は、移動の途上で見出したところの何等かの食ひ得るものはこれを全部食ひ盡して了ふといふわけでは決してない。彼等の多くに美味とは思はれない動物は顧られない。生の若しくは腐敗して了つて惡臭を發する獸肉も多くは同樣である。何が美味でありまたは何が不味であるかに關して、吾々の考と未開人のそれとは極めて遠くかけ離れてゐる。例へばヴェダ族は蜥蜴、蛆、毛虫を好んで食ひ、且つその外には何もないやうな場合には腐敗した獸肉をも敢て辭しないが、印度産黑熊や豺類や豹や象の肉は食はない。瘤牛は多數の遊群には同樣に食用に供し難しとされてゐる。

民俗學雜誌會員の一人としまして雜誌上の希望を述べさして頂きます。（一）昭和七年一月號より四六判にして頂いた事を大變喜しく存じます（讀書上にも取扱上の便宜にも）。（二）民俗學關係の新刊書紹介は成る可く多く、成る可く内容目次を掲載下さいます樣お願ひ致します。（田舍に居る者にとりましては、斯うした紹介に依つてのみ、自分の讀みたい方面の書物の發刊を知り、注文する事が、出來るのみです。然し、往々にして題名と自分の想像して居る内容とが違つて居る場合がある爲、田舍に居りましては、一々内容目次を書物注文前に發行所に問ひ合せねばならぬ場合があり、共れで御迷惑乍ら、出來得る事なれば、是非内容目次を共に御掲載下さいますやう。二月號の南方先生の隨筆論文の内容目次掲載の如き、大變喜んで居るもので御座います）（三）外國書の新刊紹介を御掲載願へませんでせうか。（四）文化發展の解釋の問題に付いての議論の喧しい今日、一月號で先生の寄合咄は大變有益となりました、而も杉浦氏に依つて、グレブナー氏の論譯を讀む事を得て喜んで居ります。どうぞ出來得れば、此後もシュミット氏、アンカーマン氏等の文化發展に付ての論譯を掲げて頂き度いと存じます。（五）『エスキモー社會の季節的變動』が湯淺先生の御病氣で、以後拜讀出來ぬとは甚だ殘念の至りに存じます。此際、是非どなたか、適當な先生へ譲譯をお願ひして、最後迄掲載して頂けませんでせうか。（福岡縣中西定雄）

父權制文化に於ける人格性的世界觀（グレーブナー）（三）

杉浦健一

（A）父權制社會の生活樣式とトーテミズム

前章に述べた母權制文化は人類文化一般の共通現象ではなく、唯だ特定の文化形相にのみ限られてゐる。オーストラリヤ並にそれに類似する文化及び南洋の舊農耕文化等に於て、文化の接觸、傳播する中にあつて、父權制文化なる一種特別の文化をつくつてゐるものがある。この文化は母權制文化に於けると同樣個々の家族を超越した血族關係を示すものである。卽ち母權制文化が子供の所屬を母方に歸するに對して、父權制文化はこれを父方によつて定める。古代に於ける牧畜民族又はマレオポリネシヤ民族（これは既に血統の關係に就ては母權制の痕跡さへ失つて居るが）の母權制文化は、漸次父方の血統を重んずるやうになつて行つた。扨經濟的に父權制文化を見ると余りに多樣な變相を持つてゐるので、その原始形態を確めることが困難である。古代の農耕生活を支配する母權制文化に對して明かに定住生活を否定するトーテミズム文化に於ては、季節移動の痕跡が明かに見える。牧畜生活に於て農耕生活を併せ行ふことは、これ等が發生した舊文化は勿論近代になつて傳播した地方でも可なり制限されてゐる。然しマレオ・ポリネシヤ民族の如きは古代の原始農耕者が持つたと同樣な完全な農耕生活をなしてゐる。それに拘らず他方實際の經濟生活に於ては農耕は衰へて、トーテム文化の中に重要な意味を持つ漁獵が進んでゐる。これを要するに凡ての父權制文化の中に於て農耕が少しでも行なはれてゐる限り、その文化全般の中から母權制文化の影響を全々取り去る譯に行かない。

上述した色々な關係で明かである通り父權制文化と母權制文化は標準的な文化傾向をあらはすもので、その世界觀も色々の點で甚だしい對立をなしてゐる。これは內部的傾向卽ち傳播性の強度から考へれば、それを典型的にはつきり示してゐる母權制文化に對して父權制文化強度はあまり強くない。然し特殊な文化財を持たないこと例へば舊い父權制文化には一般に盾を利用しなかつたこと——斯かる文化財の欠如は活動的な向ふ見ずの狩獵民族の文化の中に出來上つたものである——父權制文化の一特色をなしてはゐるが、彼等も更に文化が進むにつれて重要な仕事例へば製陶、機械、冶金の如き文化を產むに至つた。これは第二次文化期に入つてからのことである。然し當時はまだ彼等の間に木製品が全盛を極めてゐた。法律生活に就ては後の文化に於てさへ父權制文化は母權制文化に比すれば非常に進んでゐる。從つて直接の復讐の如きも笞杖刑罰に發達した。マレオ・ポリネシヤ並にアフリカの牧畜民族と同樣古代インド・ゲルマニヤ族も既によく知られてゐる如く、その根本に於ては一般の牧畜民族として血で血を洗ふ復讐を常とした。然し笞杖刑罰の觀念が傳播するに從つて、これを最も合法的のものと考へるやうになつた。宗教生活に於ては原始文化層に見た呪術觀念が更にはつきりあらはれて來た。例へば惡い結果を防ぐための割禮中、特殊の形式を持つて或るトーテム文化層に行なはれる陰莖包皮を切開するポリネシヤ民族のキノォデスムは、ギリシヤ人のこれとよく似てゐる。他方に於ては靑年式に於て肉體を傷けることによつて、少年の虛弱を脫離してしまふと云ふ考へ方からも亦生殖器切開をなすに至る。マレオ・ポリネシヤ及びセミト・ハミチツク族に於て慣習として行なはれてゐる割禮がある。――セミト・ハミチツク族の一部分では特に少女の割禮もある。要するに惡い結果を機械的に拔除すると云ふ思想はこれ等の凡ての文化に於て所謂拂ひの形式で行なはれてゐる。西部アフリカ土人の如きは拔除によつて銃丸さへ防ぐことが出來ると考へてゐる。斯がる觀念はポリネシヤの牧畜民族の中にも流布してゐる。更に進んで自動的呪術の效果の信仰は、ポリネシヤのマナの觀念並にはつきり整頓されてゐるタブーの觀念にあらはれてゐる。私は旣に死に關する總べてのものに接觸すること危險であることを述べた。これに類似するタブー思想なる特殊の作用は單にマレオ・ポリネシヤ地方のみにあるのみでなく、アフリカの牧畜民族にも更に又古代インド・ゲルマン民族にも存在した一種の避難權である。神聖な場所或は首長――首長は宗敎的に尊敬されてゐる――に觸れることによつてタブーの禁を犯すことになる。總べての人々は同じ運命になることを恐れて禁を犯した者に觸れない。

父權制文化とアニミズムの關係――母權制文化民族の世界觀の中心現象であるアニミズムが、父權制文化に於ては如何なる意味を持つか、卽ち父權制文化は死者及び靈魂崇拜に對して如何なる關係を持つかと云ふ問題が起る。然し現存する民族文化にしてアニミズム的世界觀に接觸しないものは殆んどないから、總ての文化はアニミズム的世界觀の影響を受けてゐる。こゝに於て自然民族に於けるアニミズム的世界觀は普遍的であると云ふ學說も可能となつて來る。斯く主張するためには總べての民族が常にアニミズム的世界觀を持つたと云ふ確實な證據をつきとめることが問題である。旣に早くからポリネシヤ人は彼等の集團意識の中で貴族と然らざるもの、或は又、精神的なものと物質的なものとの狀態を區別し、この狀態に從つて死後の運命が豫知されると信ずることが報告されてゐる。卽ち彼等によれば普通の人の死後生活は影のやうな暝界に行くと云ふものである。これに反して貴族や首長の靈魂は神となつて昇天すると云ふ。ポリネシヤのタヒチー島では一般の人々は死後神樣に食はれて、消化して塵埃のやうなものになると云ふ。更に同地方のトンガ島に於ては貴族と一般人との觀念の分離が一層甚だしい。卽ちこゝでは大體貴族のみが不死の靈魂となると云ふ。これに對して一般人は死と共に悉くなくなつてしまふ。偖この死後程なくして總べてがなくなつてしまふと云ふ觀念は、ニユージランド人の死ぬと靈魂の一部が消失してしまふと云ふ考へと一致する。マンガイア島では橫死した人の靈魂は凡て消失する。サモア島の一部分はトンガ島土人の考へに等しく、他の部分はタヒチー島土人の觀念に似てゐる。大體人間は尠くとも知的に考へる場合に於て、埋葬された靈魂は終には寂滅してしまふと信ずるのが當然であらう。前述のやうな區別はアフリカの牧畜民族に於ても行なはれてゐる。例へばヘロロ族並にマサイ族に於ては婦人及び普通の男子は不滅の靈魂を認められないのに對して、首長及び呪師の如き重要な人物の靈魂は、死後生活を續けると考へられてゐる。人類が終に死すべき運命となつたことに關する、一般的說明は牧畜民族の中に分布してゐる神話の中に述べてある。それによると神は最初人間にも月と同樣に死後復活して生命を續けるやうにと云ふ、命令を與へられたのであるが、この神意を傳へる動物が反對に傳達したので人間は終に死すべきものとなつたと云ふ。この話が遠くアフリカの南端のホッテントット族にまで現はれてゐることより考へて、これが出來た時代には死によつて總てがなくなると云ふ信念のあつたことが豫想される。これと同じ神話は更に又ポリネシヤ地方にも認められる。この地方は以前はアニミズム的信仰が非常に廣い範圍に亘つて傳播してゐた。これと同樣の物語りはオーストラリヤにも認められ、特に明かにトーテム文化を持つてゐる北部地方に見られる。この地方は今日ではアニミズム的信仰が流布してゐるけれども、物語りに於て惡い動物が彼の惡意ある目的を到達して人間を死すべきものにしたと云ふ如き點より、トーテム文化の殘存を明かに認めることが出來る。斯かる神話に對してアニミズム文化人が特別の同感をよせる理由は、前述の如く死すべき運命を持つに至つたと云ふ事實が反對に月にならつて三日の後復活すると變化した所にある。これに類する物語りは今日もビクトリヤ地方のクリン及びボトジヨバルク族に見られる。これに對してアランダ族並にロリタリヤ族はトーテム文化の特色として述べたそのままを信じ、靈魂は死後しばらくすると死者の國に行き、そこで全くなくなつてしまふと考へてゐる。北方に居る一部族グナンジー族の如きもこれに類するもので、アフリカのヘロロ族と等しく尠くとも婦人は死後生活をしないと考へてゐる。

上述した原始文化階層に於けると同樣それより發達した父權制文化階層のアニミズム文化の痕跡を止めないものに於ても例へばイスラム教以前のアラビヤ人の如き一般に死後にはなにもなくなると考へたやうである。これと同じく父權制文化であつた最古のユダヤ民族に於ても死後の國の觀念は明かに引込んでゐる。インド・ゲルマン民族及びアルメニヤ族の如き今日も尚ほその年に起る最初の雷擊によつて前年に死んだものの總べての靈魂が消失してしまふと云つてゐる。ホーマー時代のギリシャの信仰に於ても肉體が燒かれた後は、靈魂は殆ど何等の活動を續けない。獨逸人の俗信によると肉體を破壞することによつて死と云ふ厄介物を追拂ふことが出來ると云ふ。更に又死者とこの世との關係は死後しばらくすると絕えるものと云ふ考へも獨逸及びスラブ民族の間に行なはれてゐる。古代の印度に於ても死後生活をなし得るものは神の恩寵を受けるに價する敬虔な人のみであつた。要するに吾人は以上に依つてアニミズム觀念が優勢になつたにも拘らず、死後の生活を信じない態度が明かに殘存してゐることを知つた。

埋葬樣式——何處に於てもそうであるがこゝでも埋葬の風習から死に關する見解の縮圖を見ることが出來る。トーテム文化に於ける典型的埋葬は臺地埋葬である。これは死體を一種の臺地の上に置いて腐敗せしめる風習である。斯くして殘つた骨を或種の方法即ち埋めるとか又は水中に投ずるとか或はその他のやり方で葬る。稀れではあるがオーストラリヤの南部海岸地方のウオヌンダ・ミヌン族に於ける如く唯だ單に死體を列べて置くか橫にして置くのみのものもある。これは同じトーテム文化群中の他の部族のものに於て顯著にあらはれてゐる。特にアフリカの牧畜民族に於てさうである。更に東部ポリネシヤ地方の如く、しば／＼穴の中に死體を並べて置くものの如きも、前者と同一の範疇に入る、ポリネシヤではサモア島、タヒチー島、ハワイ島及びニユージーランド島の如く臺地埋葬そのままが行なはれる所もある。これ等の中死體を何等世話することなく唯だ横にして捨てゝ置いたり、投げ棄てたりするものは正しく死と共に凡てがなくなると考へることによるのである。

この臺地埋葬儀禮は色々に解釋されてゐるが、要するにこの儀禮は「靈魂の太陽隨從」とも云ふべき、靈魂が太陽の後に隨つて幸福な死後の世界に行くと云ふ目的から生じたものと思はれる。吾人は特殊な形式として見られてゐる曝葬の如きも、父權制文化の特色として上述した臺地埋葬の特別の形式に外ならないと思ふ。

彼等が死體を大切に臺地に置いて腐敗せしめてそれを遠くに去らしめる必要を感ずる理由は、死者から傳染する穢れた力に關する信仰に歸せられる。臺地に載せて置くと云ふ觀念は今日丁度問題を起して、死者を大地に接觸しないやうにするために使用されるものであると解釋されてゐる。例のペルシャの「沈默の塔」はその最も原始的な形式に遡ればこの臺地埋葬の一種である。死體の腐敗する部分が總べてなくなつた骨は、再び埋葬されることもあれば叉毛などと同樣護符に利用されることもある。これに對して他方ではオーストラリヤのワラムンガ族に見られるやうに埋葬の最後に當つて頭蓋骨並に腕骨を粉碎してしまふのは、恐らく終局は無に歸すると云ふ觀念の存することを物語るものであらう。有史以前のケルマン族の發掘體に頭蓋骨の粉碎してあるのも恐らく同樣な思想連絡があらう。死者に對して、生きてゐる人々が目の前で死體を腐敗せしめることは、人間は死の直後より或る時期の間まだ全く死んでしまつてゐるのではない。期間を要求することによる。斯くの如く死期を自然の死よりも後に見る觀念は今日の歐羅巴の葬式の慣習の中にも下づみになつて殘存してゐる。

生命が肉體の生存と緊密に結び付いてゐると云ふ考へは、一方或る地方に於て臺地埋葬及び曝葬をなす風習を生ぜしめたと同時に、他方新らしい埋葬慣習の初めを作つた。即ちそれは木乃伊をつくることで主として死體を先づ燻製にして次に油を塗込む等のことを行つてこれをつくる。これは人間を自然の死から超越して末永く生き續けるための試みである。

これと同樣な思考法に基いてゐるが現今のマレオ・ポリネシヤ人、アフリカの牧畜民族、インド・ケルマン民族等は、古代人が自然の死を防ぐためにつくりあげたこの習俗を、以前の死者を思ひ起すために行ふ傾向がある。この傾向は更に進んで人間は死後も生前と同じ樣な狀態で生活し、最後に叉地上に生れて來ると云ふ思想となつてあらはれるやうになつた。木乃伊にして永生せしめやうと云ふ思想は、アニミズム觀念をよく融合してゐるけれども普通の埋葬の形式に比すれば甚だ偏頗したものであるから、遂に上述の自然の死を防がんとする思想傾向とも連絡した。然し眞實老年であるとか、非常に虛弱であるとかで全く當然の死と云ふ觀念が強い場合には、それは人間として價値がないと云ふ意味から、その生命に對してアニミズム的考顧が拂はれない。

トーテミズム――以上で述べて來た所で明かである樣に父權制文化の發達は母權制文化のそれに比して全く消極的に規定される。即ち父權制文化は「內包的」（中へ向つての發達）傾向を缺いてゐるが、その代り大きさ、廣さ等と云ふ外形の上に特色がある。形態の上から云つて村落組織の中に集中されてゐる小なる外形の集團は、今日の社會の樣に次第に大きな外形に延びて行く傾向のものと對立してゐる。父權制文化の原始形態は明かに前者の如き組織の集團であつた。今日吾人は多くの場合文化の名稱を組織によつて命名するのが多い。父權制文化をトーテム文化と云ふのも組織の名稱に依る。

偖トーテム文化と云へば人々は一般に特定の人間が特定のもの—本源的には特定の形態の自然物—に對して密接に連絡することと考へる。現今は所謂集團トーテミズムに特別の注意を拂つてゐる。これを具體的に説明すれば一つの集團の全員が或る一種のもの、恐らく本源的には動物の一種と緊密な關係を持つと云ふことである。その動物は狼、猵、鷲等の如きもので、多少とも集團に關係のあるものである。トーテムとして集團と密接な關係があると考へられる動物（植物自然物もある）は非常に色々ある。彼等はこの兩者の關係を集團の成員の祖先がその動物から出たとか、或は反對にその動物は昔はその集團に屬してゐたとか、その他によつて説明する。例の或る集團に屬する人々は死後それに應ずる特定の動物に生れ代ると云ふ考への如き、恐らくアニミズム的根據を持つトーテム文化群に現はれたものであらう。普通彼等はトーテム動物を、その集團に屬する成員の友人又は仲間と考へると見るのが一番無難であらう。彼等は時々トーテム動物から前兆或は警戒を受ける。

トーテミズムの原初形態に於ては、通常その成員にトーテム動物を殺すこと並びに養ふことを禁ぜられてゐる。トーテム制度の原初形態は大體に於て外婚の慣習と結合してゐる。外婚と云ふのは一つのトーテム集團に屬する男子は同一トーテム集團の中の婦人と結婚が許されないので、外のトーテム集團の婦人と結婚しなければならないことである。從つてここには父權制的トーテミズムと母權制的トーテミズムとが出來る。以前には母權制トーテミズムが先から存在してゐたことを自明の理と考へてトーテム組織は母權制から父權制へと變移するものと信じられてゐた。然し近頃は父權制トーテム文化の方がより古いと云ふ證據を明にされた。扨この古いトーテム文化に於ては所謂ローカル・トーテミズムが確かに重要な役をなしてゐる。ローカル・トーテミズムの形體は各々のトーテム集團が特に場所によつて區分され、例へば結婚の如きも地域的に異つたトーテム集團卽ち違つた地緣團體の人々と行はなければならないことを意味してゐる。斯くして婦人をめとるには出來るだけ遠方の集團からしなければならないと云ふ規定もしば〳〵見られる。これより見てもこの組織は、非常に廣い地域に及ぶものであることが想像出來る。斯くしてトーテミズムは相當に大きな地域を連結することが假定されてゐる。これ等の地域的に分れて各々集團をなしてゐる社會が種族保存と云ふ重要な目的から各々集團相互に結婚し合ふ樣に規定したことは、廣い範圍に互つて交際することから相互間の生活樣式を理解するに非常な便利を與へた。斯かる關係は直ちに他にも及んだ。卽ち商業の如きもこの樣式に應じた形式を取るやうになつた。換言すればトーテム文化階層に於ては他の異なる集團との間の交易は二つの集團の姻戚關係から導かれる。これは前に述べた母權制文化階層に於ける境界交易とは、全く違つた取引の形態である。これによると一つの集團の成員か物々交換の目的で他の集團を訪れる形式で行なはれる旅行又は訪問交易である。これは現代の未開人中に見られる父權制文化にも特色として殘存してゐる。

オーストラリヤ及びその他の地方では一つのトーテム集團は、何等かの樣式で他のトーテム集團の幸福、安寧に責任を負つてゐると云ふ見解を持つてゐる。從つて既に述べたトーテム動物を殺すこと、食ふことが禁ぜられてゐるため他の集團に屬するトーテム動物又は

父權制文化に於ける人格性的世界觀（グレーブナー）（杉浦）

植物と雖も當該集團の許可なしに食はないやうになる。この場合他方に於てはトーテム動物又は植物を繁殖させることが、それに屬する成員の呪力を強くすると考へられる結果、繁殖のために殺す場合には許容を與へると云ふ消極的方法と關連し、他方では原始文化階層に於ける類比呪術に屬する方法で、積極的にその繁殖を祈る儀禮が發達した。斯くの如き觀念から今日南部印度のトダ族とその近隣の部族との間に行なはれる慣習の如く、相互に經濟的責任を負はすやうな固い成文の約束を構成するまでに發達したものもある。

トーテム文化は外面からはそれが非常に廣い地域を豫想することにより、內面からは集團相互の間に一種の強い呪力を認めることによつて特徵付けられてゐる。以上に述べた集團トーテミズムと同樣の關係あるものとしてオーストラリヤ及び北部アメリカに見られる個人トーテミズムがある。これを發生的に考へて集團トーテミズムと連絡することは確證を得てゐる譯ではないが大體認められる。自然物（特に動物が多いが）が人間に呪術的關係を（卽ちこれ等の動物がその特質或は力を人間に）與へると云ふ考へは恐らく最初は呪師又は幻覺によつて得られると考へたものであろう。後にはこれが青年式の一つの重要な成素となつた。例へば北部アメリカ土人の各部族では青年に達した男子は各自個有の「呪藥」を持つなどがこれである。個人トーテムの觀念は「變化する自我」の觀念に近似してゐる。中央オーストラリヤに於てはこれに似た觀念が靈魂の木又は靈魂の石として表現されるのみならず、靈魂の分割によつて生ずる靈魂の二個形態としても表はされる。ニゲール河下流の土人は動物的な「變化する自我」の信仰を持つ點で際立つた特色があり。北部アフリカに於ては—インドゲルマン族や中央アジヤのトルコ族に於ても同樣に—人間はその靈魂（特に「變化する自我」）を確實な所に匿くすことによつて死から免がれることが出來ると信じてゐる。

扨トーテミズムは—勿論個人トーテミズムも包括しての意味であるが—廣義に考へて南洋のトーテム文化地域又は今日の父權制文化の中に見られる如きトーテム文化の僅少の影響、殘存まで含めれば、一つの大きな文化の組織形態をまとめることが出來る。

トーテミズム中に於てその最古の形態は東南オーストラリヤ地方のそれが血族トーテミズムであることによつて知られる通り一種の血族的整列である。その他の地方に於ける特色あるトーテミズムとしてはサンタクロズ島、ニウギネア島の一部等に存在するものがある。これは後になつてからイスラム文化の傳播と共に入つたもので女子が男子に對して頭に被ひを付ける有名な風習を持つてゐる。更に又別のトーテミズムの特色を持つものとしてパラウ島のものがある。これは外の文化から發生した男子の結社で婦人の團結に對立するものである。この外ポリネシヤ文化中のトーテミズムは西部アフリカの牧畜民族と同樣男子と女子が食事の時を分つ制度をその特色としてゐる。以上に述べた制度の種々相は源本的には地域トーテミズムとして聯合することが出來る。その理由はこれ等の制度の種々相に於て一つのトーテムに屬する人々は住民中その地に土着のものである。（發達した母權制文化組織に於ける定住生活と對立するものである）然かもこれは男子のみに就て云ふことで、この地の既婚の女子は總べて他のトーテムに屬す。それ故に男子は婦人に對して强固な團結をなして對立するのみでなく、食物も一部は違つたものをとつてゐる。トーテム文化層の男子結社に於ては同年齡の者の階級が他の何れの文化に於けるよりも嚴重に區別されてゐる。南部オーストラリヤのナリンエリー族、ニウギネア島のマリンダニム族、パラウ島土人、アフリカのカフエル族及びマサイ族に於てこれを見る。

父權制文化の世界觀は關係表象を呪術的に考へることから人格性の觀念を生じて來る。人格性の觀念と云ふのはアニミズム的な觀念とは違ふが、然し又全く純粹な人間と云ふ觀念と限る必要もない。それは要するに人間の姿をとると云ふ點に決定的な特色がある。

母權制文化階層までに述べた世界觀の整頓及び色々の文化圈の整理方法は原始的世界觀の垂平的平等原理に從つて行つて來た。トーテム文化によつて世界觀をまとめるにあたつては、前と違つて垂直的整頓原理を適用するやうになつた。斯くしてトーテミズムは文化群の新らしい形態の標準となつた。トーテミズム階層に於ける文化形態の垂直的整頓原理の適用は、酋長權の習俗等を見れば明かとなる。オーストラリヤのトーテム文化傳播區域に於ては世襲の酋長權が存在してゐる。酋長權を持つ家族の地位は普通のものより秀れてゐる。更に又酋長權を要求するものは原則として呪師の職と聯絡してゐるから宗教的特色を具へた者である。それ故に前に述べた樣に廣い範圍に亙る全トーテム組織を包括するものであるから、その支配權もそれに價する資格又は修行並に傳統を豫想してゐる。これを今日の未開人の父權制文化に就て見るとアフリカの牧畜民族に於けるやうに酋長權が非常に高等なものにまで發達したものもあれば、マレオポリネシ土人、インド・ゲルマン族並に內部アジヤ地方の一部の土人に於ける如く、酋長權はそれを受ける完全な資格のある階級のもに歸せられてゐるものもある。アフリカ土人及び內部アジヤのヤクート族やキルギス族の如く酋長階級の存在と並んでトーテミズムが存在してゐる。これより見ても二つの組織形態は相並んで存在し得るものである。トーテミズム以外の文化階層に於てもポリネシヤの如くトーテミズムの觀念に基づくかと思はれるものも見られるが、それは何等重要な社會的意味を持つてゐない要するに垂直的整頓原理の適用に重要である血族的整列は、この文化階層に於て原則として何等かの形態で存在してゐる。

ポリネシヤに於ては國會の組織が明瞭にあらはれてゐる。ここには奴隸、民衆、地主、貴族、帝王の階級が區別されてゐる。各階級は根本に於ては嚴密な同族結婚である。雜婚の場合子供は原則として父方を續ぐ、但し帝王の家族の或種の女子はしばしば例外があるトンガ島の如く雜婚によつて出來た子孫が特別の階級を作つてゐる處では全階級は更に幾段にも分れる。この反對にニユージーランド島に於ける如く二つの階級が一致して一方が廢止されたり又は上の階級が零落したりして階級が簡單にされる場合もあらはれる。大體貴族と平民との二つの階級にあつて重要な廢滅はアリキ即ち貴族階級の下層の方に行なはれる。この階級が廢滅する理由は廣義には領主階級に數へられてはゐてもその特殊の性質によつて、下の階級に落されることによる。この二つの階級の人は死後まで價値の違つた死者の國に行くと信ぜられてゐる。例へばトンガ島の如く貴族のみが死後生活をする靈魂を持つてゐると考へるものもある。

アイヌの民譚

知里眞志保

小引

前に雑誌『民族』へ、アイヌの昔話を原文對譯で發表した知里眞志保君は、當時は室蘭中學の四年級に在學中だつたが、今は一高の文科甲類二年級に學んで居られる。この間、『書いて見ませうか』『書いて御覽なさい』と云つて別れて數日、今日『學校の晝休みの時間を二日がかりで書き上げて見ました』と附言して送つてよこしたのが此の小話三篇である。言葉がしつくりして好いスタイルである上、譯語も手に入つたもので、『民族』へ發表した時から見ると、驚くばかりの進境を見せ、一語も動かせない的確さである。此の三つの噺は、やはり昔噺ではあるが、寧ろウパシクマ（Upashkuma）といふ方のもので、御婆さんなどが、小供へ話して聞かせる教訓的なお話の傳承的な Sage である。神話學的に見れば、說明說話で、必ずしも直接に教訓の意味にはなつてゐないのもあるが、ウエペケレ（Uwepeker）と呼ばれる定型の第一人稱で叙述して行く昔語りから見ると、平明に、幼兒などに話して聞かせる平語の『はなし』である。書かれた方言は、日高方言と共に北海道南部方言を形成する膽振の東海岸方言、即ち、幌別、登別地方のアイヌ語である。而も嚴密に實際發音するまゝを書いて必ずしもバチラー博士の辭書どほりではない所に價値がある。例へば shirar-kokari（磯鳥）は、辭書に shirarakokari とあつて、a が一つ多いのを、知里君はそれを省いてある。此は知里君の方が正しいのであつて辭書を見る人が、辭書と違ふ故を以て知里君のを誤りとすることがあつたら轉倒である。且つ shirara の辭書の譯は「岩」「潮」などゝあつて磯とは無いが「磯」と譯すのが最もよいのである。その他、pirika を piraka, ashuru を ashur, utara を utar, を koro を kor の類、皆正しい。それでも同辭書を參觀した爲めに、うつかりそれに化せられたかと見える所があるやうにも思へる。例へば、鳥は paskuru でよいのを paskuru となつてゐる。併し、かういふ所は今日のアイヌ語は往々日本語流に母音をつけて開音節に發音する傾向があるから、知里君の方言が實際さう發音してゐるかも知れない。（金田一京助）

「雀の毛色の斑なわけ」

Hushkotoita anakne iyotta atpaketa,	昔々、そもそもの初めには、
nep chikoikip hene nep chikap hene,	どんな獸でもどんな鳥でも、
shine habo korwa shiranike,	同じ母をもつてゐたのであるが、
shineantota,	ある日、
chikap menukutar uwekarpa wa,	鳥の女たちが寄り集つて、
shinuipa hemem ki korokai.	入墨などもしてゐた。
Tanepo amámechikappo[1]	今しも雀が、
paroho anuye koran awa,	口許に入れ墨を施してゐると、
rapokita,	その時、
yupkep ashur ek hawe	凶事の報らせがやつて來て
ene okai :	いふには、
"Habo tane rai eotkoiki.	「母は今死なうとしてゐる。
Rai etokta matnepoutar nukan rushui."	死ぬ前に娘たちに會ひたい」
ari hawash.	といふのであつた。
Newaambekushu inne chikappoutar	そこで大勢の小鳥たちは
toop uterkere wa paye wa isam.	我先にと飛出してずうつと行つてしまつた。
Amamechikappo homatukashui wa,	雀は驚きのあまり、
"Iyaitomte anakne hembara ne yakka	「お化粧なぞ何時だつて
aeyashkai. Tambekushu	出來る。それ故
nekona katuwen yakka	どのやう醜くあらうとも、
habo rai etokta anukar kushu ne,"	お母さまが死ぬ前にお目にかゝりませう」
ari itakkoro,	と言ひながら、
ari anuye korokaibe[2] opitta	入れずみに使ふ墨汁《スミジル》を殘らず
shienkaun chari wa,	頭上に撒きちらして、
tambekushu amamechikappo	そのために、雀は
epatatuye[3] apkor an, kashike[4] epitta	食べよごしたやうな口をし、全身
nepka achari apkor an ruwe ne.	何かぶつかけられた樣に見えるのである。
Ne habo shino nupetne wa ene itakihi :	(さて)その母は非常によろこんでかう言つた
"Eani anakne shino habo nunuke kushu,	お前は本當に親孝行であるから
neita pakno ne yakka,	いつまでもいつまでも、
pirka amam patek ee kusu ne."	おいしい穀物ばかり食べるであらう」と。
Ruwenekusu, sonnopoka amamechika-ppontar	それ故に、なるほど雀たちは

ramma amam patek e korokai.	常に穀物ばかり食べてゐるのである。
Orowa. Esoksoki anakne	さて啄木鳥《キツツキ》は
iyotta iyoshino pakno	一番後まで、
enepo yaitomte rushui pakno yaitomte	めかし度いだけめかしにめかして、
a yaitomte a,	
aine ene itakihi :	揚句のはてに言ふことには
“Habo rai yakka, iyotta yaitomte an	「お母樣が亡くなつても、一番めかして
iyotta shiretokkor an yakne,	一番シャンであつたら、
iyotta pirka nangor,”	一番よいでせう」
ari itakkor omam, naige	と言ひながら、やつて行つたところが
kamui panakte wa,	神樣が罰をあたへて、
“Eani anakne sonno sonno habo okpare.	「汝は實に實に親不孝者である。
Wembe ene kusu,	不屆至極であるから、
tewano munin chikuni etokpatokpa,	今より後は朽木を啄《ツツツ》き啄き、
kikir patek ee,	虫けらばかり食べて、
nen ne yakka orowa somo eomap an,”	誰からも愛されないであらう」
ari kamui itak,	とお告げがあつた。
——Tambekusu, esoksoki	——この故に、啄木鳥は
ni toktoki shiri ne	木をつつつきつつつきしてゐるのである。

註 (1) amam（穀物）e（食べる）chikap（鳥）po（指小辭）
雀のことを「穀物を食べる小鳥」といふのである。アクセントは a-mam'-echi-kappo.

(2) ari（それでもつて）anuye（いれずみし）kor（つゝ）okai（あつた）be（もの）
「それでもつて入墨しつゝあつたもの」換言すれば「入墨に用ひたもの」で unuipa wakka のこと。

(3) 幼児が何か食べたあと、口のまはりがべたべたよごれてゐる。それを epatatuye といふのである。雀のくちばしのまはりは「食べよごしたやうに」よごれて見える

(4) kashike は oshike（ものの内部）に對して「ものの外部」「表面」を意味する。
Cf. Kashike pirka, oshike wen.（表面はよくて内部が惡い。外面如菩薩、内心如夜叉）

「鴉が水の上で首をかしげるわけ」

Shirarkokari[1] shipaskuru[2] orun,	磯鴉《イソガラス》が糞鴉《クソガラス》に對つて
“Ku-pirka?” ari uwepekennu.	「私はシャンか」とたづねた。
“Shino e-pirka ruwe ne,”	「とてもお前はシャンだよ」
ari shipaskuru itak.	と糞鴉が答へた。

89

Shipaskuru shirarkokari orun,
"Ku- pirka?" ari uwepekennu.
"E-pirka korka, e-pokna notkewe[3]
chishi kotachi,"
ari shirarkokari itak.
Shipaskuru neampe ehomatu wa,
pet otta oman wa, nota hewe[4] kane,
yaikur nukar.
Aike, sonno poka, pokna, notkewe
chishi kotachi kanan.
——Wakusu, tane ne yakka,
paskuru utar nepke wakkaop
kata reu wa, nota hewe kane
ikichi.

糞鴉が磯鴉に對つて
「私はシャンか」とたづねた。
「お前はシャンだが、お前の下頤に
糞がくつついてゐる」
と磯鴉が答へた。
糞鴉はそれに驚いて、
川に行つて、顔を傾げて
自分の影を眺めた。
すると、成る程、下の頤に
糞がついてゐた。
——それ故、今でも、
鴉どもは何か水の入つた物
の上に止つて、顔をかしげかしげ
するのである。

註 (1), (2) Batchelor 博士の辭書にはそれぞれ「ハシボソカラス」「ワタリガラス」としてある。

(3) 原義は「下頤」であるが、この場合は鳥であるから「下嘴」のことであらう。

(4) nota hewe は「顔を曲げる」「首をかしげる」鳥といふ鳥は、よく水の入つてゐる物の上にとまつて、小首をかしげるやうな動作をする。それを nota hewe と言つたのである。

「鴉の黑いわけ」

Menokoutar shineantota unuipa
korokai. Aike orota, paskuru okkayo
ek wa, usaine usaine irara.
newaampe menokoutar rushka wa,
unuipa wakka paskuru okkayo
sapakitainawano kashi aota
——Aike orowano, ene paskuru
epittano kunnei ne ruwe ne.

女たちが或日入墨をし
てゐた。するとそこへ、鴉の若者が
やつて來て、さまざまにいたづらをした。
それを女たちが怒つて、
入墨の水を鴉の若者に
頭のてつぺんからぶつかけた。
——するとそれから、あのやうに鴉
全體がまつ黑なのである。

紙上問答

問（八三） 年中行事の一つとしての井戸祭の實が殘つてゐるや否や殘つてゐるとすればその實際を承りたし。（山田弘通）

答（六七） 蛇を指さした時はその指がくさらぬように側の人に「なたか、かまか」ときいてもらう。當人が「なた」と答へるときいた人は指さした人のその指をたゝいてやる。もしこの場合さした人が「かま」と答へてしまつたら指はくさる。これは現在子供の間に行はれてゐるが私の頃（八、九年前）はそのさした指を側の人に「ふつ〳〵」と三度ふいてもらつた樣に記憶してゐる。又蛇の太さをいつた時は拇指と人さし指とで輪をつくり側の人に「ふーつ」とふいてもらうとよい。以上の事をせぬ時は指がくさると云はれて居る。母も何時かこれをしてる妹達をみて「何時も同じだ」と笑つてゐたからその頃も行はれた事はたしかである。但し十年以內の中にさへもその方法は變化してゐる事も亦確かである。

答（六八） 大便をもよほした時は「狐がくるから戸をしめろ」とくりかへしつゝお尻をたゝくとよい。私どもの十歲前後の頃はみなが盛にやつたが今は一向きかない。

答（七八） ガンドーと云ふ方言。朝鮮（全鮮）では、强盜の事を、ガンドーと云つてゐる。これは漢字音から來てゐるもので純全たる朝鮮語ではない。朝鮮語の强盜は（盜人も同樣）既に滅びてゐて使はない。ガンドーの「ガ」の發音は、日本語のやうに鼻音でなく、

喉音の「ガ」である。「ン」も亦「ヌ」にひゞく音でない。丁度英語の Gangdo が最も近い發音であらう。（宋錫夏）

答（七八） ガンド 和泉國泉北郡にても「ガンド」と云ふ言を用ふ、
ヒルガンド——晝入る盜人を云 但夜の盜人をヌスットと云ひてガンドとは云はず。
ガンドー——鋸の一種にして柄のまがつてあるもの（小谷方明）

昭和五年十一月發行（第二卷第十一號）に青木直記氏が『通用日について。豐前の云ひ習はし』との題の下に、其の前々號に掲載されし南方先生の『往古通用日の初め』の論文に參考迄にと、御知らせして居る文があります。が此の內、キノウノバンといふ事に付ての文は、青木氏の全く誤つた御報告であると思ひます。一昨年掲載された氏の問題を、今頃誤報であると、申上げるのは、甚だ青木氏及氏の報告を讀まれて居た南方先生を少し馬鹿にした樣で、甚だ失禮とは思ひますが、實は當時、氏の文を讀みました時、直に之は誤れる報告であると氣付き、御通知致そうと思ひましたが、折角、人が、斯る地方では、斯る俗言ありと報告した事に對して、其が全く誤であるといふ事を、公に發表するには、餘程の確固たる証左が無ければ、一つには、最初の報告者に對して、非禮此の上も無き事であり、二つには、報告を受取れる人の方でも若し萬一其の報告を其のまゝ事實として、著述なりに發表した場合に、後で其事が誤である等と他の人より言はるれば、迷惑此の上も無き事と存じまして、當時の青木氏の報告文を拜見した時、私は間違つて居ると知つたのですけれど、今日迄、出來得る限り多くの人に付て（特に北九州土着の人）調査をしたのでした。

嚢々私は今日迄（東京在學時代は別として）豐前豐津（父の郷里で後藤寺より十里有る無し）と筑前戸畑（私の出生地で豐前の隣國）に在住して居り、何處でも此の地方なれば行つた事があり、私の今日迄此の地方で知れる人は全部、きのうのばんとゆうべとは、全然同一と考へて居ります。卽ち、

昨　夜　ゆうべ。ゆんべ。よんべ。きのうのばん。きにやうのばん。

一昨夜　おとといのばん。おとついのばん。

一昨々夜　さきをとといのばん。さきをとついのばん。さをとといのばん。

と呼んで居ります。氏の報告の如く、『ゆうべ』と『きのうのばん』とを違つた日であるとは考へて居りません。

青木氏が自身申されて居る、氏は最近後藤寺町に初めて來られたとの事より、私は土地の人より聞いたといふ氏の報告『きのうのばんではありません、ゆうべですよ』と答へられたといふ人は、私は或は田邊地方と同樣な御言葉を用ひられる地方から、後藤寺に來られた方ではなかつたのではないでせうか、卽ち氏の言はれて居る土地の人とは、土地の人ではなかつたと思ひます、土地の人なれば、きのうのばん、卽ちゆうべと考へて居る筈です。

氏に對しては甚だ非禮な氣も致しましたが學術研究上の私的感情は絶對に許さる可きものでないとの考へから、其後氏の訂正報告も未だ紙上で拜見しませんし、敢て氏の報告を誤報なりと申し上げました次第です。

尙青木氏が最後に申されて居られる其後の後藤寺町方面の土俗研究發表を衷心お待ちして居るもので御座います。（中西定雄）

學界消息

○**三國地人會一月例會**　は一月廿八日慶應義塾大ホール控室に於て開かれ、松本信廣氏は『シラとワクワク島に關する傳說』といふ表題の下に、アラビヤの古文獻に見受けられるシラとワクワクの島を日本に比定せんとする在來の諸說に對する批評があつた。而してシラに關しては故内田銀藏博士のシラは或時代には朝鮮を指し、或時代には日本を指したといふ說を妥當とし、ワクワクについては和蘭フーエ氏の和國の轉訛なりとする從來の說に對し、フエラン氏のマダカスカル比定說の有力なることを說明した。次いで西脇順三郎氏より『笑と土俗』と題し、常民は uncommun なものを笑ふ。このカマン・アンカマンは土地とか時代とか教養の差違で變るから、民俗學の上でも、何の土地では、何ういふものをアンカマンとするか、卽ちどういふことを笑の標準とするかといふことを調べてみると面白い結果が出るだらう。さうして民俗學の方でさういふ事實がはつきりしてくれば、文學の上でも、喜劇發生の問題が明らかになつてくるであらうと、泰西の文學より材料を取つて興趣深く說述した。會後晩餐があつた。

○**飾山囃子實演會**　が二月九日民俗藝術の會によつて日本青年館に於て開かれて、秋田縣角館町の飾山囃の全曲の演奏があつた。尙同會の編輯にかゝる日本民俗藝術大觀　第一輯『秋田縣角館町の飾山囃子』は近く鄕土研究社より發刊されるといふことである。又『民俗藝術』も、組織を改めて近く刊行されるといふことである。

○**南島談話會第四回例會**　は二月十三日午後六時半より明治神宮表參道東京尙志會館に於て開會された。當日の主題は前會に於て柳田國男氏が旅行の爲繰延べとなつて居た『海に

學界消息

關する雜話』であつて、先づ最初に柳田氏より、南島談話會が海に關する雜話を話題とすることは、單に南島のためのみならず、日本諸島の海に關する前代の生活の解明のためにも意義多きものである。琉球に星の文學ありて、內地にはないが之は日本にて夜の星空の美しさを知つて居なければならぬ海の生活者が文獻を持たなかつたからである。然るに琉球には文藝の士が日本なり、唐に渡るために海上の生活に親しみ、この人達が夜の空の美しさを文獻に殘した。これが一方に星の文學が起り、一方に起らなかつた原因となつたと。これより考へても日本前代の海の生活を知るためには民間傳承によらねばならぬ。『山の人生』の姉妹篇たるべき『海の人生』に於ても同樣であることを力說し、ついで民間傳承の方法によつて得られた前代人の海に關する考へ方の事例に入り、房總半島に於て行はれる神輿はまをりのお旅所の方向の問題や、海の彼方より漂着する神ざれの問題、內陸に於ては農業と關係深い風雨の問題、例へば關東地方の海原のウナなどと關係あるイナと風といふ意のサより出來たイナサといふ風、其他渚に物を寄せるアイの風等の話があつた。これよりうんじやみ祭等色々の話があつて十時頃散會。

○**鄉土史談會**　といふ會に日本大學の文學部の有志の人々によつて一月廿三日生れた。會長は今井登志喜氏、副會長は佐々木彥一郞氏、平民の歷史をレジヨナリズムの立場から明かにしたいといふのがこの會の主意で、雜誌『鄉土史談』が年四回發行される。第二號には『上代東山道御坂より碓氷迄の驛路』今井登志喜、『地名の話』柳田國男、『地名雜考』『鄉土研究に對する私見』『蝦夷島記』『松前島鄉帳』其他をのす。

○**金田一京助氏**　は『アイヌ敍事詩ユーカラの研究』に對して二月十二日の學士院例會に於て、同院の恩賜賞を授與されることになつた。

○**折口信夫氏**　は今回『古代研究』中の萬葉集に關する研究によつて文學博士をおくられることになつた。

○**俚俗と民譚**　といふ雜誌が中道等氏と福原清人氏の手によつて發刊されることになつた。フオロク、ローアを專門とするものである。初號には藤原相之助氏の『坂上田村麿と奧羽地方の鬼』福原清八氏の『相摸大山の民間信仰』小井川潤次郎氏の『南部津輕のおしら樣』其他、二號は前二稿の續きと、小井川氏の『お正月のことども』の外、卷頭に柳田國男氏の『山民語彙』を加へ、櫻田盛德氏の『まじない字符』の文書、小篇八篇を載せてゐる。この號には新に藁製品の製作過程についての寫眞やスケッチ入りの原稿を應募してゐるが、今まで『民俗藝術』誌が僅に取扱つかつたに過ぎないテクノロジー方面に注目して居るのは面白い試みである。月刊、菊判モノ・タイプ、三二頁、定價十五錢、發行所、川崎市新川通五七　單美社。

○**旅と傳說**　五ノ二

百合若傳說　市場喜治郎
胴あげに就いて　南方熊楠
淸磨の鷹と海へ沈めた大鐘　雜賀貞次郎
岩手の旅　本田安次
童謠年中行事俗信　宿久克巳
信州寶ケ池の傳說と蠶に關する俗信　梶原末雄
旣刊郡誌書目解題　大藤時彥

○**南島談話**

中頭郡に於ける日常の挨拶　比嘉春潮
喜界島に於ける敬語法　岩倉市郞
首里まじない　島袋盛敏
沖繩俚諺集釋　金城朝永
南島關係記事目錄（昭和六年度）　大藤時彥

南方熊楠著

南方隨筆

正篇　價三・五〇　送・二〇

續南方隨筆

附 鷲石考　價三・五〇　送・二〇

紀州田邊に隱れたる南方熊楠氏が、大英博物館の職を辭し歸朝されてより二十有六年其間筆を執つてこの國の人類學的民俗學的研究に寄與された論稿より精粹を拔いて我學界に一大金字塔を築かんとするもの卽ち本書となす。收むる所何れも發表毎に學界を聳目せしめ刺戟せしめ、研究の典據と仰がれきたつたもの、斯界に對する南方氏の研究考證の代表的なるものを呈示せり。英國碩學ヂッケンスの『南方はそれ異常の人か、東西の科學と文學とに兼通せり』といへるも宜矣。本書に現はれたる著者獨自の識見と追隨を許さゞる學殖とは、其比を泰西に求めて猶得難し。まことに本書の如き學究人にとりては書架に備へて典據とすべき文獻にして、一般讀書人にとりては示唆深き斯學の指針たり。

（尙續編に附載せる鷲石考は、從來東西民俗學上の最も難解事とされたる鷲石の考證にして嘗て倫敦にて發表せしものを特に本書の爲め著者自ら復譯增補せるものなり。敢へて附言す。）

南方隨筆　目次

續南方隨筆　目次

東京市神田區北甲賀町四
岡書院
電話神田二七七五番
振替東京六七六一九番

○寄稿のお願ひ

○**種目略記**　民俗學に關係のある題目を取扱つたものなら何んでもよいのです。長さも御自由です。

(1)論文。民俗學に關する比較研究的なもの、理論的なもの、方法論的なもの。

(2)民間傳承に關聯した、又は未開民族の傳說、呪文、歌曲、方言、謎諺、年中行事、生活樣式、慣習法、民間藝術、造形物等の記錄。

(3)民俗採集旅行記、挿話。

(4)民俗に關する質問。

(5)各地方の民俗研究に關係ある集會及び出版物の記事又は豫告。

○**規略**

(1)原稿には必ず住所氏名を明記して下さい。

(2)原稿掲載に關することは一切編輯者にお任かせ下さい。

(3)締切は毎月二十日です。

編輯後記

○

今度金田一先生が其の御業績「ユーカラの研究」に對して學士院から恩賜賞を授與され、また折口先生が「萬葉集」の御研究で文學博士の學位をお受けになりました。單に兩氏の光榮であるばかりでなく我が「民俗學界」の誇りでもあります。深くお喜び申し上げます。

兩先生への祝賀の意をこめた民俗學會の集會を久々で開催したいと存じております。期日は追つて發表致しますからその折は多數來會の程を今からお願申しておきます。

○

中山先生、水野氏の御原稿を頂くことが出來ましたことを厚く御禮申し上げます。殊に水野氏の現地調査に基づいた蒙古遊牧民の生活記錄は時節柄一入我々の注意を引きます。尙ほ岡本良知氏は最近德川時代の貿易船に關する研究を上梓されました。

○

民俗學的な資料はどんな斷片的なもので御寄稿をお願ひ申します。支那の中山大學を中心とした民俗研究學者及び歐米の民俗學會では吾が「民俗學會」を日本代表民俗研究團體と認め研究交詢の慫慂を盛に受けます。日本の民俗研究もだん／＼國際的に進出して行けるのは愉快なことです。

△原稿、寄贈及交換雜誌類の御送附、入會退會の御申込會費の御拂込、等は總て左記學會宛に御願ひしたし。

△會費の御拂込には振替口座を御利用ありたし。

△會員御轉居の節は新舊御住所を御通知相成たし。

△御照會は通信料御添付ありたし。

△領收證の御請求に對しても同樣の事。

昭和七年三月一日印刷
昭和七年三月十日發行

定價金六拾錢

編輯兼發行者　小山榮三
東京市神田區表猿樂町二番地
印刷者　中村修二
東京市神田區表猿樂町二番地
印刷所　株式會社　開明堂支店
東京市神田區北甲賀町四番地
發行所　民俗學會
振替東京七二九九〇番
電話神田二七七五番
東京市神田區北甲賀町四番地
取扱所　岡書院
振替東京六七六一九番

MINZOKUGAKU

OR

THE JAPANESE JOURNAL

OF

FOLKLORE & ETHNOLOGY.

Vol. VI March 1932 No 3

東亞民俗學稀見文獻彙編・第二輯

ONTENTS

PUBLISHED MONTHLY BY
MINZOKU-GAKKAI
4, Kita-Kôga-chô, Kanda, Tokyo, Japan.

民俗學

第四卷 第四號

昭和七年四月

民俗學會

民俗學會會則

第一條　本會を民俗學會と名づく
第二條　本會は民俗學に關する知識の普及並に研究者の交詢を目的とす
第三條　本會の目的を達成する爲めに左の事業を行ふ
イ　毎月一回雜誌「民俗學」を發行す
ロ　毎月一回例會として民俗學談話會を開催す
　但春秋二回を大會とす
ハ　隨時講演會を開催することあるべし
第四條　本會の會員は本會の趣旨目的を贊成し會費（半年分參圓壹年分六圓）を前納するものとす
第五條　本會會員は例會並に大會に出席することを得るものとす講演會に就いても亦同じ
第六條　本會の會務を遂行する爲めに會員中より委員若干名を互選す
第七條　委員中より幹事一名、常務委員三名を互選し、幹事は事務を執行し、常務委員は編輯庶務會計の事務を分擔す
第八條　本會の事務所を東京市神田區北甲賀町四番地に置く

附　則

第一條　大會の決議によりて本會則を變更することを得

委　員

石田幹之助　宇野圓空　折口信夫
金田一京助　小泉鐵　小山榮三
松村武雄　松本信廣（以上在京委員）
秋葉隆　移川子之藏　西田直二郎
（以上地方委員）

前號目次

昭和七年四月十日發行

民俗學

第四卷

第四號

目次

蘇塗考

孫晋泰

一、蘇塗に關する文献の批判

蘇塗に關する最も古き記錄として認むべきものは「三國志」三〇馬韓傳に「凡五十餘國……又諸國各有別邑、名之爲蘇塗、立大木縣鈴鼓、事鬼神、諸亡逃至其中、皆不還之、好作賊、其立蘇塗之義、有似浮屠、而所行善惡有異」といふのである。これより百有餘年後れて編撰された「後漢書」百十五馬韓傳は頗る簡略に「又立蘇塗、建大木、以縣鈴鼓、事鬼神」としか記されてない。

今三國志の記事に就いて之を考ふるに、馬韓五十餘國は各々特殊な地域を設けて（別邑）それを蘇塗と稱し、そこに大木を立て鈴鼓を懸けて鬼神を祭つた、而してその地域内に逃げ入る者は追捕を免れ、又その特殊なる地域（蘇塗）を立てるの義は佛教に類似したものがあつたといふのである。現存民俗上の一切の先入觀を捨てゝ讀めば三國志のこの記事は正に斯く解讀すべきものであらうと思ふ。果して然らば馬韓の別邑（蘇塗）は古代希臘羅馬に於ける asylum の如き性質を有する神聖地域であつたとも考へられ、斯の如き類例は現今に於ても諸未開民族の間に尚ほ屢々見出すことの出來るとところである(註)。けれども三國志の記事を果して前述の如く解讀してよいかどうか。この疑問は三國志の文章そのもの丶内からも自から生じて來る。第一、大木を立て原始的宗敎儀式を行ふ特殊の地域があつたとすれば、それは極めて小さき地域であつた筈であり、そこに民衆が邑落を成して居住してゐたらうとは考へられない。これは當時尙ほ極めて幼稚な馬韓族の社會狀勢からして、又他民族間に於けるasylumの例からしてさやうに推測されるのである。然るに三國志はその小さき地域に對して邑といふ文字を用ゐてゐる。邑は「說文」に「國也」とあり、「釋名」には「邑人聚會之稱也」とあり、具體的用例を數三擧ぐれば「孟子」梁惠王下には大王が「邑于岐山之下」といふ句が見え、「史記」卷一五帝本紀舜の條には「一年而所居成聚、二年成邑、三年成都」と見えて、何れも相當人の聚つた處を邑と稱してゐる。けれど、「論語」公冶長には「子曰、求也、千室之邑百乘之家、可使爲之宰也」といふのも見えるが又た「子曰、十室之邑、必有忠信如丘者焉、不如丘之好學也」といふのも發見されて、小部落と雖ども之を邑と謂はないことはなかつたらしい。しかしながら全く人間の居住しない處を邑と稱する例は見出すことが出來ない。然らば馬韓の別邑は之を如何に考へるべきであらうか。そこに多少の人間が宗敎關係に因つて又は民衆の集會地たる何等かの關係に因つて住居してゐたとすれば、そこを別邑と謂ふも別に無理はない。されど、我々は斯る抽象論を離れて、一體韓族の別邑とは如何なるものを指した言葉であるかを調べて見よう。三國志は馬韓傳に續いて辰韓傳があり辰韓傳に續いて弁辰(弁韓)傳があるが、その弁辰傳に「弁辰亦十二國、又有諸小別邑、各有渠帥、大者名臣智、其次有險側、云々」とあり、この弁辰の記事が「後漢書」に於ては辰韓の條に屬され大體同一の文で「諸小別邑、各有渠帥、大者名臣智、次有險側云々」とある。さらば、こゝに於いて一應、韓族に就いて三國志や後漢書が特に所謂る別邑とは、國の下に屬する邑落と解して置くを妥當なりと考へられるのである。のみならず上引馬韓蘇塗の條に於ける「又諸國各有別邑」といふのと、弁辰の條に於ける「亦十二國、又有諸小別邑」といふのとを一先づ蘇塗のことより引離して考へるならば（三國志の編撰に誤謬あるを豫想して）兩者は共に同一趣意に出づる文章にして馬韓と弁辰との類似せる社會現象を表現せるものであつたのではあるまいかといふ推測も生じて來るのである。然らば蘇塗の條の別邑（特別なる邑）は之を當時韓族社會に於ける諸小別邑（別々なる邑）と同一に解すべきであらうか、將又依然として蘇塗地域と解し後者とは同文異義の表現と認むべきであらうか、こゝに第一の疑問がある。第二の疑問は「共立蘇塗之義、有似浮屠」といふことより起つて來る。前文に立大木といふのがあり、次ぎにこの立蘇塗の句が見えるのである。而して之を佛敎に似たところがあるといふ。然らば蘇塗とは別邑の名に非ずして立てられたる大木の稱であつたのではあるまいか、そして之は佛敎の率堵婆などを聯想して成したる記事ではなからうかといふ風にも想像されるのである。(蘇塗に就いて三國志の編者が率堵婆を聯想したであらうといふ考は私ばかりでなく支那の學者にも既に存してゐる。宋の程大昌が「演繁露」卷七、蘇塗の條に於いて「通典東夷馬韓、祭鬼神立蘇塗、建大木以垂鈴鼓、注蘇塗有似浮塗、案浮塗即浮圖、浮圖即塔也」と言つたのがそれである。こゝに引かれた通典卷一、八五の文は後漢書より取つたものである)けれども此の立の字も亦た決定的證左とは成り難く、別邑を立てるの義浮屠に似たる有りといふ風にも(佛敎に別邑に似た事象はないけれど)讀めないことはないかも知れぬ。しかし兎に角我々は三國志の記事に就いて如上の疑問を以て之を扱はなければならないと思ふ。斯る疑問を懷くのも決して私ばかりではなく「晋書」に於いて既にそれを發見することが出來ると思ふ。同書九七馬韓傳が「又置別邑、名曰蘇塗、立大木懸鈴鼓、其蘇塗之義、有似西域浮屠也、而所行善惡有異」と三國志の文章を改竄するに當つて又置別邑・立大木と明白に區別して言つたのがそれである。(「欽定滿洲源流考」卷十八國俗祭天の條は後漢書の立蘇塗建大木云々の記事を引いて「按…建大木之儀、又與滿洲立杆祭祀之儀相合、滿洲語稱神杆爲索摩、與蘇塗音亦相近」と云つて大木の名を蘇塗と解したらしく、又三國志の共立蘇塗之義有似浮屠云々の記事を引いて「按此解非是、蓋因塗屠二字音偶同、而强解之」と云つてゐるが、此の後の考には首肯し難い。又た清の梁紹壬は蘇塗を率堵婆と解したらしく、その著「兩般秋雨盦隨筆」卷三・字音假借の條に於いて「浮居二字、可作蘇塗、後漢書馬韓諸國、各以一人主祭天神、又立蘇塗」と云つてゐるが之は取るに足らざる說である)。

然らば別邑とは果して何か、蘇塗とは何か、別邑とは果して asylum の如き性質を有つたものであつたかどうか、といふやうな問題が未解決のまゝ次ぎに殘されて來るのであるが、これに解答を與ふべき古い記錄は朝鮮側にも支那側にも見當らないのである。が唯一つ、長木を立てる高麗時代の民俗が宋朝使臣の高麗に於ける見聞記の中に見出される。徐兢の「高麗圖經」卷三民居の條に「舊傳、惟娼優所居揭長竿、以別良家、今聞不然、蓋其俗淫祠鬼神、亦厭勝祈禳[鄭刻禱]之具耳」

とあるのがそれであつて、これは正しく馬韓人が大木を立て鈴鼓を懸けて鬼神を祀つたところの遺俗ではなかつたらうかと推測されるのである。けれども唯一の此の記錄も尙ほ前述の諸問題に何等の光明をも投じない。しかし乍ら我々は此の記錄に據つて、馬韓の大木を立てる民俗が高麗時代まで續いてゐたらしかつたことだけは略ぼ確實に知ることが出來はすまいか。然らば今日は如何。現今も尙ほ大木を立てる民俗が存するか、而してその民俗に據つて三國志の解釋に何等の光明を捕捉することは出來はすまいか。今日の民俗よりして直ちに古代のそれを論斷することは多くの場合危險を伴ふものである。けれども又た今日の民俗は全く古代の面影を失つてゐない場合も鮮からず存するのである。それ故に我々は民俗の歷史的變遷に注意を拂ひつゝ、現存民俗よりして古代のその狀態を或る程度までは究明し得られることもあるのである。

二、現存民俗上の蘇塗並にその語源

現存民俗の上には別邑（宗敎上の聖域）の如きもなければアシラムの性質を有つ地域もない。けれども大木を立てることは今だに儼として存續してゐる。而してその最も盛んな處はやはり馬韓の故地なる全羅道であるが、慶尙道にも京畿道にも遺跡はある。七八年前私は開城を訪れた時友人秦長燮君の宅に出入りする一老人から次ぎの話を聞いた。「數年前までも城外近村の洞口に長木が立てられてあつた。名を何と言ふのであつたかは忘れたが洞《むら》中の厄を防ぐための（厄막이）ものであつた」と。又た全羅北道鎭安郡顏川面會城里の友人丁炳基君の話に據ると、鎭安に於ては洞口に建てる斯る大木を소좃대《ソチユツテ》又は표좃대《ヒヨチユツテ》と謂ひ、これは決して誰もが任意に建てられ得るものに非ず、官位を得たる者（벼슬한사랑）のみが自分の村のために建て得るものにして非常に名譽なることである。松又は栢の如き眞直ぐな木材を用ゐ、枝葉は一切斫去り幹のみを立てるのであるが、それは高い程好く又た倒れないで長く保つ程吉祥とされてゐる。又た此の長木の頂きには木鳥を造つて坐らせることになつてゐるが、それは一羽又は三羽であり、鳥は必ず北向きに坐らせるものである。一羽の場合は鳥體の眞中を木の頂に打付けること勿論であるが、三羽の場合は木の頂に三叉の枝を等距離に付け、その各々の頂に一羽づゝの木鳥を打付けるものである。これは鴨に似たやうな形のものであるが鴨だと言ふことはなく、何鳥だかは明かで

ない。又た一羽の場合と三羽の場合とに就いての謂はれなどもないらしい。が、鳥を北向きにするのは京城が北にあるを以て皇恩に感謝する意味であるといふ。又た此の木が若し二三十年も倒れずに能く保つ時はそれを立てた大工（木手）が建主より賞として籾數石を貰ふものであるといふ。そして此の木は洞内を護る神と信ぜられること恰も長柱（大將軍と稱せられる男女一對の木偶）の如く、村落的祭り（洞祭）の時は巫女又は司祭者が之に向つて祭事を行ふし、個人（私家）も屢々之に向つて飮食を供へ以て病氣平癒の祈禱を爲すことがある（一九二五年八月所聞）。又た全羅南道麗水郡邑内の友人金東建君の話に據ると、麗水では斯る大木を솔대《ソルテー》といひ、進士及第者の出でたる洞《むら》のみが之を建て得る特權を有し、之は洞口の長柱の側に建てるのが普通である。頂上の木鳥は一羽にして俗に鴨と稱せられ、眞直ぐな木材ならば何でも構はず用ゐられるが普通松又は栢を採用する。舊正月十五日には之に向つて農民（樵軍）達が飮食を供へ大鼓・長鼓・鉦・小鉦等の樂器を鳴らしつゝ祭りを行ふことになつてをり、個人的（私家）にも屢々之に病氣平癒の祈禱を爲すことがある。之は村の厄を防ぐためのものとされてゐるからである（一九三〇年九月所聞）。次ぎに同じく麗水邑の金應洙老の話に據ると、斯る立木を솔대《ソルテー》と俗にいふのは間違ひで、솔대《ソルテー》は竿登りをする藝人（俗に唐조랑이《タンチョランイ》といふ）が用ゐる竿をいふ言葉にして、同一の竿であるも前者は之を소주《ソヂュ》といふのが正しい。又た之を소줏대《ソチュッテー》といふ人もある。この木は普通洞口前の長柱の近處に建て松木又は柏木を用ゐ、頂上には鴨形の一羽の木鳥を坐らせるのであるが、之は決して鴨に非ず、進士・及第（文官初仕）になれる者が建てる場合は此の鳥を鶴といひ、先達（武官初仕）になれる者が建てる場合は之を鳳といふ。けれどその形は普通何れも鴨に似たやうなものであり、如上官位の加資（任官狀）を得たる者のみがこの소주《ソヂュ》を建て得るものである。原則としては洞《むら》のために建てること上述の通りであるが、或者は之を自家の門前又は祖先の墓所（山所）等に建て以て一家の誇りとなすこともあり、往年私の再従兄（六寸）の如きは左水營に於ける初めての文科及第者といふので、畫工を用ゐて柏材に龍を彫りつけ彩色を施して之を先祖の墓所に建てたことがある。けれど、これは常規を逸した仕業であつた。木頂の鳥は北向きにさせ、これは王宮が北方にあるためである（一九三一年六月所聞）。又た慶尙南道東萊郡龜浦面龜浦里の巫女韓順伊の話に據ると、龜浦に於ては斯る立木を깃대《ケッテー》又は거릿대（Karitte）といひ、之は民間信仰上山神に次ぐ

大切な神にして、長柱と同じく雜鬼雜神の侵入を防いで一洞の安寧を護るを以てその任務となし、昔からある信仰であつて進士・及第の仕官者のみが之を建て得るといふことはない。大洞は洞中財産を以て之を建て、小洞と雖ども之を建てられないことはない。而して龜浦では七八年前まで每年一回或は三年に一回별신《ヒョルシン》（俗に別神と漢字を當てゐるけれども諸々の神を祀る洞《むら》祭である）といふ祭りを巫女に依つて行つたのであるが、その際に祀りを受ける神々の順序は第一が山神（堂山）、第二が거릿대《コリッテー》及び長柱にして、次は井・祖上・世尊・帝釋（家畜の神）・痘神・成造（家神）・四天王・將帥・遠來・雜鬼の順となる。堂山は地方を司る神なれば謂はゞ一番上席の神にして祭事は大小に由らず必らず此神に請うて先づその由を告げ而して以て門戶を開いて貰はなければ出來ない。거릿대《コリッテー》は一洞を護る神なれば洞《むら》に取つては直接的に最も尊い神である。その頂上の木鳥は一羽であるが何鳥だかは判らず、又たその鳥を神とすることもない。神の形も判らず木そのものが神と考へられてゐる（一九三一年四月所聞）。

（慶南東萊郡龜浦の蘇塗。筆者寫す）

以上が私の調べたる資料の大體である。これらの資料に就いて次ぎに先づその名稱を考へて見よう。鎭安に於いては솟줏대《ソチュッテー》・표줏대《ヒョチュッテー》、麗水に於いては솔대《ソルテー》・솟줏대《ソチュッテー》・솟주《ソチュ》、東萊に於いては갯대《ケッテー》・거릿대《コリッテー》等とさまざまに謂はれてゐる。これらは一體如何なる意味の言葉であらうか。先づこれらの名稱の中に共通せる대《テー》から解くを便利と思ふ。대《テー》とは今日の言葉で、竹・竿・棹・棒・杖・柱など總て直長の物體をいふに用ゐられてゐるが、往昔も恐らく同樣であつたらしく李朝初葉の「杜詩諺解」（分類杜工部詩）十三卷十二丁には竿を대《テー》と譯し、同書六卷十三丁、六卷五二丁、七卷九丁等には竹を대と譯し、同書二卷一四丁、三卷二一丁、三卷二三丁等には、杖を막대《マクテー》と譯し、又同書二卷の二〇丁二四丁二五丁三〇丁及び六卷九丁、十七卷一六丁等には檣が빗대《ペステー》（船柱の意）と譯されてゐて、立木も亦た一種の대《テー》であるところよりさう謂はれること殆んど疑ふ餘地はない。次ぎに주《チュ》とは恐らく柱の音讀に相違なかるべく、又た표《ヒョ》とは標たること間違はないだらうと思ふ。而して갯대《ケッテー》・거릿대《コリッテー》は同一の意味の名稱たるべく之を漢譯せば何れ

も街柱又は街竿となり、前者は上の街《カ》を音讀し（朝鮮語の Ka, na, ĉa, 가・나・자等音が Ke, ne, ĉe, 개・내・재等に變る例は無數にある）下の竿を朝鮮語にした言葉であり、後者は純全之を朝鮮呼びにしただけの相違である。街の朝鮮語は거리(Kəri)であり、之を俗に街里又は巨里と書く。斯くの如く見れば、소솟대とは日本語に音義共に之を直譯して소柱柱《ソチユウハシラ》となり、표솟대とは標柱柱《ヒヨウチユウハシラ》、솔ㅅ대とは솔柱《ソルハシラ》、소주とは소柱《ソチユウ》、거릿대とは街柱《カハシラ》、街柱《ミチハシラ》といふことになる。更に此等の名稱をもつと判り易い言葉で意味だけを表はせば、소《ソ》柱・標柱・솔《ソル》柱・소《ソ》柱・街柱・街柱等となるのである。（소柱柱《ソチユッテー》・標柱柱《ヒヨチユッテー》と柱を重ねてその一つを音讀し他を朝鮮語にするのは漢字を多く用ゐる朝鮮語の癖にして少しも怪しむに足らず、七星を七星별《ピヨル》、九日を九日날《ナル》、草家を草家집《チプ》等といふが如し）。

さて、立木の名稱に柱《テー》を附けたのには上述の如く少しの不思議はなく、又た之に標・街を附したのは恐らくそれが洞衢の標柱とも思惟されたる點よりの名稱であらうと推測されるし、又た斯る漢語趣味のある言葉は後世に起れる名稱に相違なからうと考へられるのであるが、こゝに解けない一つの言葉は소《ソ》及び솔《ソル》である。前記金應洙老は솔대《ソルテー》を高い立木の意味であると答へたが소柱《ソヂユ》は何意だか判らないと言つた。けれども思ふに、소나무《ソナム》（松木）が솔나무《ソルナム》とも謂はれ、무《ム》（水）が물《ムル》とも訛るが如く、又た가랑비《カランビー》（細雨）が갈방비《カルバンビー》となるが如き音便上の變訛は尠からずあることであるから、소と솔とは恐らく同一源の言葉にして、立木の固有朝鮮名は소대《ソテー》又は솔대《ソルテー》に近い言葉であつたのではあるまいかと一應推量されるのである。（鎭安の名稱소柱대《ソヂユッテー》の原稱も소대《ソテー》に近い音であつたに相違あるまいと思ふ）。然るに、こゝに面白いことには咸鏡南道咸興の老巫の巫歌中に솟대《ソッテー》といふのが現はれ。これは恐らく此の立木を意味するものに相違なからうと、その前後の文意より して推測されるのである。即ち拙著「朝鮮神歌遺篇」（十一頁至十二頁）に彌勒が釋迦の侵苦に堪へずして世を釋迦に讓る際の呪咀的豫言を爲し末世の邪道惡俗を次の如く言つてゐる。「汚く穢らはしい釋迦よ、汝の世になるならば、門毎に솟대《ソッテー》立ち、汝の世になるならば、家門毎に妓生出で、家門毎に寡婦出で、家門毎に巫女出で、家門毎に逆賊出で、家門毎に白丁《ぺた》出で、（中略）、汝の世になるならば、三千の僧に一千の居士出るであらう。世がさうであれば末世になる」。佛法から見て솟대《ソッテー》は邪道であるといふ思想からこゝに솟대は末世の俗とされてゐるのではあるまいか。

果して然らば、此等소대《ソテー》・솟대《ソッテー》・솔대《ソルテー》の名稱は甚だ蘇塗に近似し、此の名稱は馬韓の昔より今まで大なる變訛もなく傳承されてゐるのではあるまいかと思惟され、而して솟《ソス》は聳・湧の動詞・形容詞に用ゐられる言葉にして今日は勿論のこと、李朝初期の文獻にも「龍飛御天歌」卷九、三五丁第八十二章には酒湧金塔の湧を솟《ソス》と譯し、「杜詩諺解」（分類杜工部詩）卷一四、三丁裏及び卷一四、三二丁裏には江流靜猶湧や湧波等に於ける湧をやはり솟《ソス》と譯し、同じく「杜詩諺解」卷一七三五丁に於いては驍騰の騰を솟《ソス》（踴躍の意味）に譯してゐる。若しこれが古代より今日まで大した變訛を見なかつた言葉であるならば蘇塗はその原名솟대《ソステー》（今日は솟대《ソッテー》と訛つてゐる）或は소대《ソテー》の音譯であり且つ之は聳木の意味であつたのではあるまいか。（蘇塗は聳木の意味であらうといふ暗示を賜はつた白鳥倉吉博士に篤と感謝の意をこゝに表さなければならぬ）。

三、蘇塗・別邑・越境の關係

如上の推論に據つて前記三國志の記事を再び吟味して見るならば、蘇塗とは神事の際又は神として立てられる大木の稱にして別邑の名ではないやうである。大木と別邑とが共に蘇塗と稱せられたらうと解することも出來ないことはなからう、けれども、それは前述の如く別邑といふのが聖域の謂ひに非ずして韓諸國の諸小別邑の稱であらうとところより考へて少しく無理である。然らば三國志の記錄の齟齬は之を如何に解くべきであるか。これは頗る難問である。けれど私は次ぎのやうな意見を有してゐる。即ち三國志は前代の史料を編纂するに際し「又諸國各有別邑立大木名之爲蘇塗云々」とすべきところを何等かの感違ひで「又諸國各有別邑名之爲蘇塗立大木云々」としたのではあるまいかといふのである。斯く此の二句を置き換へれば全文の意味は明瞭に通り、殊に「其立蘇塗之義」といふ句も甚だ自然となり、且つ又た「又諸國各有別邑」といふのも又たその下に見える「好作賊」の意味も自から生きて來はすまいかと思はれるのである。といふのは、

私は別邑をアシラムの如き聖域と解することは出來ない。それは上述の通り別邑とは韓國の諸小別邑の稱であらうと推量されることからである。然らば「諸亡逃至其中皆不還之好作賊」とは如何なる意味であるか、これが次ぎの問題である。今若し別邑を但なる聖域又はアシラムの如き性質の地域と解するならば、この文章は「別邑區域に逃入つた罪人又た逃亡

者は蘇塗神が之を追捕者の手に還さない（その聖域には人間が住んでないから）、而して韓人は好く寇盜を爲す」と解すべきであらうと考へられ、又た之に伴つて思ひ出されるのは馬韓五十餘國の中に臣蘇塗國といふ國名の見えることであつて（三國志馬韓傳）この國は逃亡者の聚合に由つて出來たのではあるまいかと思はれることである。けれども之は頗る早計に逸し、但に蘇塗國とあるならば兎も角、臣蘇塗といふのが果して蘇塗と關係があらうかどうかといふことさへ大いに疑問とせねばならないし、又た「皆不還之好作賊」の意味も別の方面より之を解釋しなければならないだらうと私は考へるものである。一體「皆不還之」の句を「鬼神が之を還さない」と解くのは民族宗教に知識を有つ我々に於いてこそ始めてさやう解讀し得べきことであつて、古代の史家が斯の如き知識を當時の一般に豫想して此の文章を成したらうとは考へられないことである。さらば斯の如き解釋は甚だ無理の譏りを免れ得ないだらうと思はれる。然らば何んと之を解すべきであらうか。

私の考へに據れば、蘇塗（立木）は馬韓の諸小別邑の邑口又はその最寄の境界に建てられ、それは一邑を護る神であつたこと、今の民俗が之を邑村を護る神と信ずることゝ略ぼ類似してゐたのではあるまいか、而して一邑を護る神なれば從つてそれには境界神といふ思想も今日の如く亦た含まれてゐたのではあるまいか、果して然らば、罪人はこの界柱を越ゆれば最早や追者側（彼邑）の法よりは自由となり、此邑は之を彼邑に還さない、といふ意味に此の文章は成されてゐると解した方がより自然ではあるまいか、さうすれば三國志が蘇塗のことを書くに當つて先づ「又諸國各有別邑」と言つたことも又た下に「好作賊」と言つたことも、その意味が諒解されはすまいか、即ちこれらは、韓族は邑々相互ひに別他視し且つ好く互ひに敵視してゐるといふ意味の文章ではあるまいかと思はれるのである。斯くの如く邑落その境界を異にし而して相敵視する事象は古代社會によくある事實であり、又た邑境（郡界）を越えた罪人を捕へることの出來ない慣習法も開化以前までは朝鮮の處々に遺存してゐたことである。今これらのことに就いて數言を述べるならば、馬韓と大體に於いて同種族と見做すべき穢族（馬韓の東北隣今の江原道地方に居住してゐた）の社會に就いて「三國志」三〇穢傳は「其俗重山川、山川各有部分、不得妄相涉入……其邑落相侵犯、輒相罰責生口牛馬、名之爲責禍」と云ひ、「後漢書」穢傳も殆んど同一の文を記してゐるが只だ部分を部界に、涉入を干涉に、其邑落相侵犯を邑落有相侵犯者に作つてゐるだけが違つてゐる。斯る

境界觀念は獨り穢族のみならず多くの他の古代民族も亦た有つてゐた。今煩を省くためその一例だけを擧げれば「史記」百三十匈奴傳の中に「逐水草遷徙、毋城郭常處耕田之業、然亦各有分地」と見えるのがそれである。馬韓や弁辰の別邑といふのも矢張り斯くの如き性質の邑落を意味するものであつたらうと考へられ、穢傳の文意に據つて彼等は邑落相互に敵視してゐたらうことも亦た決して想像に難くはないと思はれる。このやうな事象はその觀念内容に於いて古より種々變遷はあつたらうけれども兎角開化以前までも尙ほその面影を遺し、大きくは道々相敵視し、小さくは郡々（邑々）又は村々相敵視してゐたのである。次ぎに最も重大な問題となる「邑界に入れば罪人を還さない」といふことに就いての例證であるが、これは記錄の上にその證左を見出すことは殆んど出來ない。のみならず民俗の上にも多くの類例を發見することは頗る困難である。けれども全く無いことはない。今その一例を擧げるならば、慶尙南道の昌寧郡と靈山郡との接境山麓に俗名지이다리《チイタリ》といふ小部落がある。私は二十年程前そこを通過したことがある。當時の所聞に據れば此の部落（僅か十數戸の）は盜賊と博徒の巣窟であつて村民は何れも彼等に依つて生活してゐる。といふわけは、チイタリは實に彼等に取つての絕好の避難所にして兩郡の境界標たる長栍（木偶）を一歩でも越ゆれば捕卒は彼等を捕へる權能を失つてしまふからである。この村は靈山郡の地に建つてゐるので靈山チイタリと稱せられ、俗に不良輩や猛獸の如きもの丶萃聚することを形容して「靈山チイタリの泥棒のやうに橫行する」（靈山지이다리盜賊놈설칫듯한다）といふのはその源をこゝに發してゐる。私は此の部落で最も大きな宿屋（酒幕）に於いて數時間脚を休めた。その時宿屋の主人から次ぎのやうな話を聞いた。即ちこの宿屋の客室（だだっ廣い一つの間であった）は上半部が昌寧郡に屬し下半部は靈山郡に屬してゐて、博徒が上半部の方で開帳してゐる時若し昌寧郡の捕卒が現はれるならば彼等は直ちに席を下半部の方に移してしまふ。さうして依然と徒博を繼續してゐても昌寧の捕卒は之をどうすることも出來ない。それは郡境標なる門前の長栍が物を言ふからである。といふのであつた。この話には幾分誇張があるかも知れない。のみならず、これは無論近世のことであつて、古代の境界が近世のそれの如く兩郡の邑より遙か離れた處にあつて、そこに蘇塗が建られてあつたらうとも考へられない。けれども他邑の界内に逃入した罪人を捕へることの出來なかつた古い習俗の遺跡を我々はこゝに認めることは出來はすまいか。このチイタリの

話は慶尚道に於いて誰知らざる者無い位有名な話であり、亦た私もそこを通つたことがあるので特にこゝへ例擧したのであるが、斯くの如き逃避を朝鮮では越境と言つて、仲善しの郡同志でない限り他郡の越境罪人をわざ〳〵捕送するやうなことは重大犯人でない限り餘り爲されなかつたやうである。尙ほ蘇塗と境界との關係に就いて、もつと明白な興味深い一例を擧げるならば、全羅南道の麗水郡と順天郡との境界には三十年許り以前まで所謂る員家（원人집と俗に稱す。員とは郡守又は縣官の俗稱である）といふのがあつた。そして兩郡の郡守が合議しなければならないやうな紛爭事件の如きが起つた場合には此の家に兩者が會合して談判を爲すことになつてゐた。而して又た此の員家のある所には必ず長栍（벅수）と蘇塗（소주）とが立つてゐた。これは麗水の金應洙老の話であるが（一九三一年九月所聞。當年六三）尙ほ金老の話に據ると、往年は他の郡にも斯る家があると聞いてゐたとのことであり、長栍と蘇塗とは員家の有無に拘はらず郡の境界には必ず建られるものであつたといふ。斯く蘇塗は長栍と同じく近世は郡縣の境界標としても建てられたやうであるが、これが馬韓時代よりの遺俗であらうとは勿論考へられない。といふのは、馬韓時代に蘇塗が一種の境界神としても信仰されたであらうことは前述の通りであるが、その蘇塗を立てる境界といふのが果して今日の郡界の如き場所であつたか或は邑口などであつたか、その適確なる場所は何れとも判り難いからである。けれども蘇塗の有する神性の一つである境界神といふ思想が、後世まで傳承され且つ分化されて遂に之を郡境などに建てるやうになつたであらうことだけは推測し得られると思はれる。尙ほ此の郡境蘇塗に就いて、之は是非共長栍と一緒に考へなければならない。この長栍は新羅時代に民俗上の蘇塗・立石等より發源して始めは主として寺院の入口に建てられてゐたらしいのであるが後世には逆に之が民間に進出し遂には蘇塗と同性異體神のやうに崇拜されることになつた、而して蘇塗のある處には必ず長栍があり、長栍のある處にも亦た屢々蘇塗が並び建てられるやうになつたやうである。が、これに就いては尙ほ稿を更めて「長栍考」の題下に發表する心算りである。

四、結　言

私は以上三項に於いて專ら、蘇塗に關する三國志の記事に就いて如何にそれを解讀すべきかといふ問題に就いてのみ愚見を陳べて來た。そしてその宗敎學的又は民俗學的意義に就いては當面の必要を感じない限り餘りそれに觸れないで置いた。斯る問題に就いては他の機會に之を述べて見たいと思つてゐる。

今こゝに以上所述の結果を簡單に言ふならば、(一)蘇塗とは別邑の謂ひに非ず聳木を意味する朝鮮語の音譯にして立てられたる大木の稱であつたやうであり、それは今も尙ほ類似した言葉で呼ばれてゐること、(二)蘇塗はアシラムの如き性質の地域に非ずして諸小別邑の邑口などに建てられたる邑落守護神の如く考へられること、及び(三)韓の諸小別邑は互に相敵視して蘇塗の境を越入つた彼邑の逃亡者は之を還すことをしなかつたやうに思はれること等である。

尙ほ序でに上述の資料に據り蘇塗の變遷に就いて一言するならば、蘇塗の馬韓時代に於ける狀態は恐く單一の大木であつたらうし、これは又た東萊に於ける俗信の如く邑落が建てるものであつたらうと思はれる。蘇塗の頂上の鳥は可なり古い歷史を有するものであり又た深い意味を藏するものであらうけれども(今は判らず)原形よりは一開展を經たるものと見るべく、又た官位を得たる者のみが之を建て得る特權を有するとか、或は頂上の木鳥を鴨・鶴・鳳などゝいふが如きは遙か後世に於ける所産であらうし、殊に之を自家の門前に建てたり彫刻丹靑を施して個人の祖先の墓所の前に建てたりして之を一家の誇りとするが如きことは全く常規を逸した最近年の或る個人の仕業に過ぎないだらうと思はれる。但し蘇塗の最も原始狀態は常時的部落的のものではなく或は臨時的個人的のものであつたかも知れない。が、此の問題に就いても之は他の機會に考へて見たいと思ふ。一九三一、一二、(追記、脫稿後私は朝鮮の多くの寺刹入口に立てる蘇塗及び、全羅道に於いて木竿柱・鐵竿柱と稱せられる蘇塗に就いて五六の資料を得た。これらは後の機會に補足することにする)。

(註) Hastings, Encyclopaedia of Religion and Ethics, Asylum 條參照。尙ほ日本に於けるアシラムの一例を參考までに擧ぐれば朝鮮魚叔權の「稗官雜記」(大東野乘本)卷一には「對馬島……南北有高山、皆名天神、南稱子神、北稱母神、家家以素饌祭之、山之草木禽獸、無敢犯者、罪人走入神堂、亦不敢追捕(下略)」とあり、又同書卷四には「金顏樂訴以通信使、……過對馬島、作詩紀之曰、……炷艾醫疾病、灼骨占風雨、檀施奉浮屠、逋逃萃祠宇(下略)」の句が見える。

寄合咄

痴人譚につきて

諸民族の說話界に痴人の里といふのが、お極りのやうに存してゐて、その里の人々の言行が一種の笑話として語り傳へられることは、人のよく知るところである。印度本土及び錫蘭島の tom-tom-beaters の如きは、その顯著な一例で、エッチ・パーカーの『錫蘭村落民譚集』(H. Parker, Village Falk-Tales of Ceylon, 3 vols, 1910) や、エル・ベハリ・デー師の『ベンガル民譚』(Rev. L. B. Day, 1901) や、シー・スウィンナートンの『印度夜話』(C. Swynnerton, Indian Nights' Entertainment, 1908) などに、彼等を主人公とする多くの民間說話が載つてゐる。英蘭の說話界では、ゴーサムの村人がよくさうした割の悪い役を引受けてゐる。イー・エス・ハートランドの『英蘭民譚』(E. S. Hartland, English Fairy and Folk Tales,) にも、ブラウントの Tenures of Land (London, 1874) から一個の例話を引いてゐる。

我が國にもさうした部落人と部落說話が存してゐることは、誰でも知つてゐるところで、二三の雜誌に這般の說話の蒐集を見たと記憶してゐる。福岡縣下では矢部の人が之に擬せられてゐる。自分が本郷の西片町に住んでゐた頃、同縣八女郡の一女性と知合となり、その女性の口からさうした民間生活を可なり多く聞くことが出來た、その二三を擧げるなら、

(1)矢部の人が、或る家を訪問して御馳走にあげまきを出されたが、愚にして食ひ方がわからなかつた。困つてゐると、へこをはづして食ふものであると敎へられ、へこがあげまきの外包を意味することを知らないで、あげまきを手にして、つと立ち上り、雪隱に入つた。そして暫くたつても出て來ないので、家人が怪しんで、そつと樣子を窺ふと、矢部の人はおのが褌《へこ》をはずして、外包のまま頻りにあげまきを食べてゐたといふ。

(2)矢部の人が羽犬塚に出ると、西瓜が賣つてあつた。乃ちこれを購つて皮ばかり食つてゐた。あたりの人々がこれを嘲り笑ふと、かれ誇らしげに言ふ、矢部のものでも、じご(中味)は口にしないぞと。

(3)矢部の男が柳川から嫁を貰つた。或る日嫁の里を訪づれると、嫁の母が御馳走をするとて、餅を金網にのせて燒き始めた。たま〳〵子供が遊び先から歸つて來て、餅を取り上げようとした。母はこれを見て、『これはわんわん(お化け)ですよ』と嚇しつけた。矢部の男生來餅を知らず、わんわんと聞いて、心の中で大いに

寄合咄

恐れてゐた。暫くすると餅が膨れ上つて、大きな口をぱくりと開いた。矢部の男、さてこそいよ〳〵怪物だと、びくびくしてゐると、やがて母は焼けた餅を盆にのせて、婿の前にすゝめた。婿は恐怖措くところを知らず、次第にあとしざりする。母はこれを見て『餅はお好きでないさうな。それなら娘のために持ち歸つて下さい』と、重箱に入れて託した。矢部の男は恐る恐るこれを受取つたが、門を出ると、路に落ちてゐた竹を拾ひ、その先に重箱を結びつけ、出來るだけ自分の體から離れるやうにして肩にかけて歩み出したが、とある坂を降るとき、重箱が突然竹の先から肩のところに滑つて來た。矢部の男は、てつきりわんわんに咬みつかれたものと思ひ込み、竹を路に投げ出して、顏色を變へておのが家に駈け戻つた。嫁はその様のただならぬを怪しみ、夫をうながして外に出た。婿は重箱から轉げ出した餅が破れて餡を露してゐるのを見て、恚つて之を叩いて云ふ『汝わが家の小豆を盗み食へり』と。

tom-tom-beater が甚だ古くから痴愚の人たちと考へられたことは、佛本生譚の中にこの輩の愚行を主題にしたものが存することからも、容易に推知することが出來る。(Jātakā Story No. 59.) パトカーの云ふところに從へば、今日でも Southern Province や North-western Province に於ては、さうした考方が一般に行はれてゐるさうである。而してパーカー自身も、

『いかなる程度にそれが是認されるかは、自分は言ふことが出來ない。しかし這般の觀念を支持する一の實例が、わたし自身の親しく目睹するところとなつてゐる。』

と云つて、次の事實を擧示してゐる。灌漑用水道を通ずるため籔林を伐り開いてゐる人々のところに、一人の tom-tom-beater がやつて來た。パーカーが彼に對つて卵の話を仕掛けると、彼は『卵を生むことの出來るのは空を飛ぶものだけだ』と云つたが、暫くして鱷・蜥蜴・蛇は例外だと語り、更に鼠類は決して卵を生まぬと云ひ添へた。パーカーは、近くの砂地に蜂喰鳥の巣穴を見つけて、之を彼に指示すると、彼はすぐにそれは鼠の穴であると云ひ切つた。そこでパーカーがその穴を堀らせると、四つの卵が現れた。彼は驚きの面持でそれを眺めてゐたが、すぐにそれが鼠の卵であるといふことを信じてしまつたと。(Village Folk-Tales, vol. 1. p. 252.)

先に言つたやうに痴人の里は、いくらでもある。古代の希臘人は、ボエオティア(Boeotia)を以てこれに擬した。トラキアではアブデラ(Abdera)が愚人の境とされ、古代猶太人はナザレス(Nazareth)を目してさうであるとなした。和蘭にはカムペン(Kampen)があり、獨逸には所謂 Schildburgers がある。英國では先に擧げたノッチンガム

の一村ゴーサムのほかに、コグシャル(Coggeshall)、エセックス(Essex)、ヨークシャー(yorkshire)、バーウィックシャー(Berwickshier)、ノルフォーク(Norfolk)、サフォーク(Suffolk)等がある。

これ等の地方の住民は、どうして痴愚であるとせられ、而して種々の馬鹿話の主人公に擧げられるに至つたであらうか。彼等は必ずしも tom-tom-beaters のやうな一の職業團であつたといふ譯でもない。恐らく邊陬の地に住んで、世間のことに通じない人々が多かつたといふやうなことから、あらぬ名を背負ひ込むに至つた場合もあつたであらう。そして一旦痴人の里といふ評判を受けると、意地の悪いもの、物好きな輩によつて、さまざまの馬鹿話——途方もない外國種の物語までも一手に引受けるやうになつたであらう。

しかし馬鹿話の主人公となつた過程は、必ずしも他發的と限つたことではなく、自發的な場合も恐らくあつたであらうと思ふ。自ら好んで馬鹿話の主人公になるといふことは、一寸考へるとありさうにもない事柄のやうに思はれるが、強ちさうとばかりは言ひ切れまい。我が國の民譚には、所謂ボサマが愚かな言行を示す物語が少くないこと、人の知るところであるが、そのボサマ自身が民譚を持つて歩いた輩であり、而して説話の運搬者、播布者として里から里へと渡り行く間に、自己を民譚の主人公となしたところに、馬鹿話の主人公にボサマが頻出するといふ説話現象を生じたと推し得られる。田村榮太郎氏が『旅と傳説』第三年第二號に寄せられてゐる『だらのあんま』の昔噺の如きも、その發生の徑路を遡尋したら、少くともその一筋の路は、かうしたところに通じてゐると思ふ。里から里への遍歷に、日が暮れて一夜の宿を頼んだ時、ボサマは、集つて來た人たちを、殊には宿の主を喜ばして、謝禮——それは精神的なお禮でもあり、また物質的なお禮にも役立たせる——に宛るつもりで、くさぐさの物語をする。さうした場合物語の主人公にボサマ自身を點出することは、頗る氣の利いた行方でなくてはならぬ。痴人の里の人々も、どうせ痴人の評判をとつた上は、自ら進んで馬鹿話の主人公となることによつて、先方の鼻をあかせようといふ氣持が生じたであらう。はたさうしたひねくれた氣持でなくとも、物語の主人公となつて聽者を喜笑の境に惹き入れるところに、よしや馬鹿話といつても、一種の得意感を味ひ得たかも知れぬ。

ところで、更に考へて見なくてはならぬ點は、さうした馬鹿話に於ては、主人公がいつも失敗するとは限らず、時には賢愚その地位を換へて、傳統的な痴人の里の人々が却つて他の利口ぶる輩をやつつける筋が少くない。ゴーサム村の人々を主人公とする民譚に、一例を採るなら、ジョン王がこの村の野原を通らうとすると、村の者が之を拒絶した。王者の通つたところは、以後永久に天下の公道となるのが掟である。さうなつては耕作が出來ぬといふので、ジョン王の通行を拒んだのである。王は怒つて從者を遣して村民を責罰させようとすると、村の者共は早くも之を察知して、鰻を溺死させるために水の中に投じたり、乾酪を賣りに行くとて、それを路に轉がしたり、郭公の鳴音を絕えず聽くつもりで、人垣をつくつて之を逃がさぬやうにしたりしてゐたので、從者たちもその愚に驚き呆れ、責罰の限りにあらずと王に復命したといふ。この物語では、愚者が愚でなく、却つて對手を翻弄してゐる。

かうした行方は、所謂『馬鹿婿型』の說話にも往々にして見出される。馬鹿婿と思はれた漢子が逆に利口ぶつた舅殿を凹ます趣向の如きはそれで『太平廣記』卷二四八及び『五雜俎』卷一六に出てゐる一說話に、

山東人娶蒲州女。多患癭。其妻母項癭甚大。成婿數月。婦家疑婿不慧。婦翁置酒。盛會親戚。欲以試之。問曰某郎。在山東讀書。應識道理。鴻鶴能鳴何意。曰天使其然。又曰松柏冬青何意。曰天使其然。又曰道邊樹有骨骴何意。曰天使其然。婦翁曰某郎全不識道理。何因浪住山東。因以戲之曰。鴻鶴能鳴者頸項長。松柏冬青者心中强。道邊樹有骨骴者車撥傷。豈是天使其然。婿曰請以所聞見奉酬。不知許否。曰可言之。婿曰蝦蟇能鳴。豈是頸項長。竹亦冬青。豈是心中强。夫人項下癭如許大。豈是車撥傷。婦翁羞愧無以對之。

とある。

愚人境の人々を主人公とする馬鹿話に於ける這般の賢愚轉倒は、一體どうした心理から來てゐるであらうか。自然民族は、狡慧な惡戲者が他を愚弄して自ら喜ぶと同時に、惡戲者そのものが屢々他から翻弄せられる一群の說話を有する。この場合に於ける狡慧さにも常恒性が缺けてゐる。泰西の學徒は之を解して、自然民族の說話に於ける dramatis personae の性格の不定性に基づく動搖矛盾となしてゐるが、當面の問題である馬鹿話の主人公の性格の賢愚交錯に、かうした解釋を拉し來ることは、決して妥當ではない。なぜなら馬鹿話は、その主人公が痴愚であることを前提として成り立つべきものであるからである。そしてまた同一の理由によつて『寢太郎』『田螺の子』『一寸法師』のやうな物語——怠け者や屑々の輩が思ひのほかの偉業を爲し遂げることを說く說話との聯がりを考へることも否定せらるべきであらう。これ等の說話は、柳田國男氏が『旅と傳說』七月號『隣の寢太郎說話』その他で解明せられたやうに『人間の目からは到底物になるまじく見えるものでも、天分神意乃至は隱れたる約束の存する限り、斯程の難事業を安々と爲し遂げたといふ例』で、そのうちの或るものはその流動の過程の於て『專ら好笑を目的とするをどけ話の領域に入つて來た』としても、本原的には『眞面目な信仰生活』の裏づけがあつたものらしい。之に反して當面の

問題である愚人境の馬鹿話は、これ等に比べると作爲の臭味があり、古代人の信仰の裏うちを持つ說話とは可なり離れたものであるからである。

それなら這般の馬鹿話に於ける主人公の性格的矛盾は、說明を拒否する底のでたらめであらうか。少くとも自分には、必ずしもさうではないであらうといふやうな氣がする。

第一に考へられることは、第三者の同情といふ心理である。それが話す者の胸に浮ぶにしろ、はた聽く者の心に萠すにしろ、兎に角いかに痴愚の輩の定評があるとは云ふ條、どの話にも、この話にも、常に馬鹿者扱ひせられては氣の毒であるといふ心持が、たまにはさうした人物をして對者に優越させて見たいといふ心持になることは、强ちあり得ないことでもないであらう。

第二に考へられることは、文學的技巧の問題である。馬鹿者がいつも馬鹿らしい行爲をするといふのでは、單調で變化がなさ過ぎる。いかに馬鹿話が好きな人々でも、時には或る『意外』によつておのれの期待を裏切られるところに快感を見出すに違ひない。さうした心理の把握が、痴人をして利口ぶるものを凹ませる手法を採らしめるといふことも、時としてはあり得るであらう。アンドリュー・ラングなどは、例の『末子成功型』の說話を一旦は自然民族に屢々見出される末子相續制 (Ultimogeniture) の反映であると主張しながら、あとではその主張を撤回して、漸層法《クライマックス》による興味の重積といふ文學的要求によつて、末子成功のモーチフを說明してゐる。(A. Lang, Introduction to Cox's Cinderella, XIII.) ラングのかうした解釋の當否はここでは論じないとして、兎に角民譚も一個の文學であり、而して殊に聽く者の興味といふことが重要な關心事となつてゐる文學である以上、興味を左右し得るやうな文學的な手法や技巧が潛入して來る餘地は、充分あるに違ひない。問題の馬鹿話に於ける主人公の性格倒錯もかうした視角からも亦眺めらるべきであらう。

第三に考ふべきことは『人としての拮抗』の問題である。自分は、精神分析學の諸學說に對しては、まだ可なりの疑惑を持つものであるが、アルフレッド・アドラー (Alfred Adler) の『代償作用』說に關する限りに於ては、相當の客觀的妥當性を認めてゐる。意識的若くは無意識的におのれの『劣等性』(Minderwertigkeit) を感知してゐるものが、『人としての拮抗』の衝動から、一種の代償をどこにか求めようとする心的傾向を持つこと、及び這般の代償作用の營まれる世界の一つが屢々說話の世界であるといふことは、事實として認容せらるべきであると考へてゐる。かくて問題の馬鹿話に於ける痴人が時に忽如として利口者になることによつて對手を凹ます說話的現象も『痴人の里』の汚名を背負ひ込んだ里人の『人としての拮抗』から來る代償作用の現れであらうとする推定は、或る程度に蓋然性を

有すると思ふ。（松村）

寄合咄

ひめこ繭

實踐女子專門、國文三年の小宮山豊子さんから面白い噺を報じてもらひました。それは『ひめこ繭』と題してあつて、かういふのです。昔々大昔、或る所に大變なお大盡がありました。その家に美しい娘が一人ありました。名はひめこと云つて、人々は「おひめさん」「おひめさん」と呼んで居りました。その家に又一匹の馬が居りまして（多分、長者の家に、たつた一匹馬が居たといふのではなく、澤山あつた馬の中に特にすぐれた一頭の馬のことなのでせう）大勢の雇男や雇女や、又たまには「ひめこ」もその馬に餌をあたへたりして居りました。所が或る日から、馬が急に病氣にでもなつたらしく、何を與へても食べなくなつてしまひました。やたらに暗い方に頭を向けて、一日中ぢつとして居るだけでした。家の者も非常に心配して、色々と物を與へて食べさせやうと手を盡しましたが、一向きゝめが無く、段々衰へて行きました。或日のこと、「ひめこ」が厠に行つたかへりに、厩の側を通つて「あゝ本當に困つたことだ。本當に可愛想に」と食物を差出しました。すると、馬は急に嬉しさうな樣子をして餌をたべました。そこで家の者も喜んで食

物をやりましたが、外のものがやつては、どうしても食べません。「ひめこ」がやれば幾らでも食べました。家の者もやう〳〵感付いて、畜生ながら娘に迷ふとは何事だらう。困つた事だ。どうしたら好からう。他家に出してしまはうか。それとも殺してしまはうかしら、と種々相談の結果、他家に出してもこの樣子では到底仕方があるまいと云ふので、遂に穢多を頼んで屠つてしまひました。そしてその馬の皮は、剝いで家の外廻りの壁に掛けて干すことになりました。すると、數日立つた或日のこと、今まで照り輝いてゐた青空に、黒雲が湧いたかと思ふと、一天俄かに搔曇り、雷鳴ものすごく轟きわたり、雨が篠をつくやうに降り濺いで來ました。餘りに急のことであつたので、外に干してある馬の皮を取り入れる暇がありませんでした。家の者が驚き騷いでゐる内に、黒雲が急に家の側に下りて、その内から觀音樣が現はれ出で、その馬の皮でもつて「ひめこ」を包んで空高く連れ去つてしまひました。空はからりと事もなげに晴れてをさまりましたが、家のものだちは歎き悲しみました。天に上つた「ひめこ」は、天女になつて、長く地上に戻つて來ませんでした。併し遂に地上に下つた時は、おかひこ樣になつてしまひました。けれども從來の蠶とはちがつて、目がありませんでした。繭は少しも從來のと變りありませんでした。この地上に「ひめこ」と云ふお蠶樣が出來たのは、これからだと云ふことです。譚は此で終つ

て、小宮山さんの附記が、かう添つて居ります。「ひめこ蠶」に目がないと云ふのは、實を云へば目がないのではなくして、斑點がないのださうです。私も見せてもらひましたが、普通の蠶よりは白味を帶びて居り、小さい黑い斑點が無く、全く目が無い樣な樣子をして居りました。此は昔から傳はつてゐるはなしだと、七十五の祖母がはなしてくれました。思ふに此のひめこは恐らく東奧のおひらと同じものであらう。（金田一京助）

旅から歸つた馬鹿者の手紙（廣島縣高田郡船佐村）

ある馬鹿な息子が旅に出た。道を進むとある家の前で六部がお經を讀んで、しまいに『……ショケーハー』と云つた。するとその家の人がお米を六部の頭陀袋に入れてやつた。之れを見て、物を貰ふことは『ショケーハー』と云ふのだなと旅の手帳に書きとめた。それから宿屋で休んで居ると、宿の番頭が『朱碗朱膳を持つて來い』と女中に云つた。女中が赤い食器を持つて來たので『赤いもの』は「朱碗朱膳」と云ふのだなと思つて手帳に書いた。又女中が「『にだし』を入れました」と云つて居るのを見ると魚の頭を鍋に入れたので、頭の事は『にだし』と云ふのだなと又書きとめた。そこを出て道を行くと、石屋が石をかついで『ちよいさ、ちよいさ』と云ひながら歩いて行くのを見たので石の事は『ちよいさ』と云ふのだなと書いて置いた。それから又宿について休んで居ると旅の番頭が或る旅人に『あなたはこれから京都におのぼりですか』と聞いた。旅人は『はい上京致します』と云つた。又他の旅人に『あなたは京都からおくだりになりましたのですか』と聞くと『はい下洛致した者です』と答へた。そこで『のぼる』ことは「上京」で、『くだる』ことは「下洛」だなと又彼の手帳に書き込んだ。それから旅をすまして家に歸つてみると親父さんが待つてゐて、『おまえが歸つたらもいでやらうと思つて、まだとらずに居つた』と云つた。そして柿の木に柿の實をもぎにのぼつて、下りるときに足をふみすべらして落ちて下の石で頭を打つて血を出した。それで息子は驚いて、醫者の所に手紙を出した。その文に曰く。

『うちの親父が柿の木へ上京して下洛するとき、ちよいさの上へすべり落ちて親父のにだしをぶちめいで、朱碗朱膳がばつぱとちらけ候間、膏藥一《ひご》はりショケーハー』（吉本一郎）

神體代りの木札

本誌四巻第三號雜賀氏の神樣の話末項に所謂神體代りの木札に該當するものらしいのが、僕のノートにあるのを思ひ出し餘白の埋草にもと書いてみた、此の木札は八王子市の西に連なる元八王子村川村部落の鎭守琴平神社の末社のもので十種程もあるものの中から二枚だけ御目にかけます、大きさは大體高さ八寸八分天の幅二寸八分地は五分程狹くなつてゐる檜の五分板で、之を書いたのは同村下壹分方字諏訪に鎭座の諏訪神社社掌故大野平學氏の筆である。（**村田鈴城**）

皇國安穩　五穀豐登
奉再建　道陸神　猿田比古命鎭座
諸民快樂　氏子安全

舊大六天勸請有之　武藏國
候處王政御一新　南多摩郡
之際神佛混祭之儀　川　村
御廢止ニ相成候ニ付大　氏子中
六天ヲ除キ方今道陸神ト改稱ニテ遷宮
祭典仕候也　明治十三辰年第十月吉日

天下泰平　風雨順時
奉再建　日枝太神　國狹槌尊鎭座
五穀成就　村中安全

舊山王宮
今般王政御一新之際
神佛混祭改正ニ付社號　南多摩郡
之儀當今日枝太神ト改　川　村
稱致シ候也　氏子中
明治十三庚辰年十月吉日

岡成物語（一）

——（伯耆岡成村の民俗）——

京都　天野重安

内容

序

余が岡成《オカナリ》村に滯在したのは前后二回に亙つてゐる。初めは七ケ月、後には八ケ月近くであつて、其の間には凡そ四ケ月の開きがある。けれども最初の時には只漫然と村に對してゐて、專ら內に引籠つてゐた、が後の滯在には前回の思出も幾分手傳つて岡成村の異風といふものを、只自分の觀たまゝ、出來る限り客觀的な態度を以て書き記して見ようと思ふやう

岡成物語（天野）

になつてゐた。

然しそれが民俗學的な研究であるといふやうな自信は毛頭持つてゐなかつた。其の點で余は全くの素人である。けれども學友三宅宗悅氏の懇篤な指導が經となり、金關丈夫氏の寄せられた『方言採集帖』が緯となつて、兎も角も『岡成物語』が書き溜められた。

偶ゝ九月廿九日學內の民俗學會例會で其の中の幾分を報告して后、又もや請はれて、不安な雜文を綴る事になつてしまつた。

斷つて置きたいことは、この『岡成物語』の內容が、果して民俗學の方法に從つてゐるかどうかといふ問題に就てである。其の點若し誤謬がありとすれば、指導者の罪ではなく、それは全く余自己に歸する筈である。

余は岡成村の『生きた姿』を其儘、未整理の儘に組材として、雜然と提供しようとしてゐる。其の點で、餘り古いところまで遡つてはゐないといふ謗は甘んじて受ける積りである。

一、岡成《オカナリ》村の地理（鳥取縣西伯郡大高村字岡成）

山陰本線米子驛の一つ東の『伯耆《ホウキ》大山《ダイセン》』といへば、大山登山の客には忘れられない驛である。この伯耆大山驛と、大山の頂上との間にピンと繩を張れば下〻と言ふところが丁度岡成村に當つてゐる。大高村といふ大字のもとに、尾高《ヲダカ》、泉原《イヅミハラ》、石田、岡成の四ケ村が集つてゐるが、この中、大山登山路に沿つてゐるのは、尾高と岡成の二つだけである。

尾高には戰國時代の昔、尼子の出城があり、杉原某が、此處に居したといふ記錄がある通り、村の東外れは、一段と高い丘に移つて行つてゐて、丁度其の城址一圓を運動場に取り込んだ大高村四ケ村の小學校がある。

岡成村は更にすぐこの東に續いてゐて、城址とは同じ高さの平坦な岡の上にある。自然他の三ケ村を見下すといふ位置である。けれども昔の岡成村の位置はこんな岡の上ではなかつたといふ說がある。南下の石田村に近く、從つて、佐陀川の流れに沿つてゐたものが、同川の汎濫に災されて、次第に岡の上へと上つて來たのであるといふのである。西伯郡でも屈指といはれてゐる大地主を持つてゐる岡成村が、歴史的な記錄を欠いてゐるといふ理由もこんな點から幾分首肯されるかも知れぬ。この點から云つて、岡成村は新しい村であると云はれる。

然し更に又信ずべき話に據ると、岡成村の中央、丁度川上本家の北一丁足らずのところに、宏大な寺院の敷石の樣なものを掘出されてゐるのである。或は杉原某の居城に續いて、寺院が存在したものかとも思はれるが、只今の余には、それを吟味するだけの餘裕が無い。

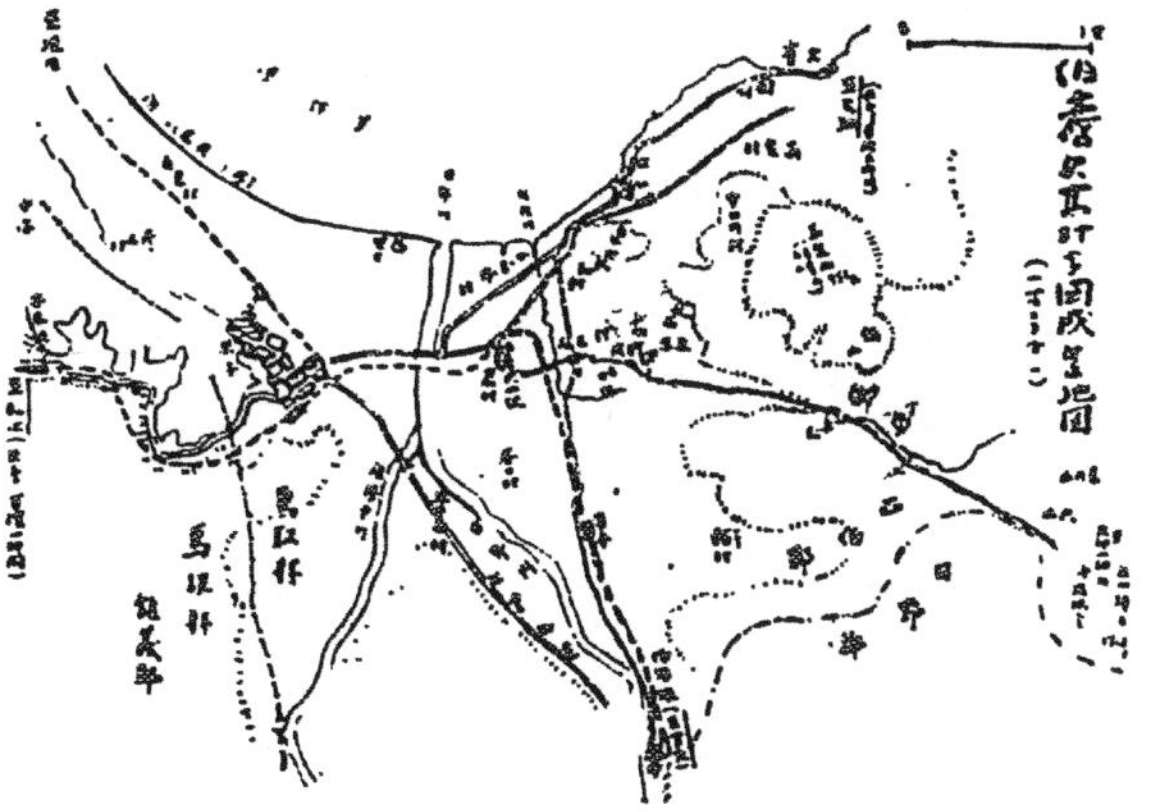

岡成村略圖（京都民俗學會に使用のもの）

地形の補足を續ける。村の北には帶狀の丘陵地、俗稱百塚原《ヒャクツカバラ》の切れるところに泉原村が在り、南は僅か猫の額程の田を限りとして、切つて落された樣な石田村に臨んでゐる。東は次第に緩やかな傾斜を増し乍ら、やがて一里にして、昔の大山寺領赤松村に至る。けれども、要之、大高村一帶は、大山の山麓地帶といふに正にふさはしい斜面の部落群である。

殊に百塚原から東を望んだ眺めには、僅かに殘る數個の古墳時代の塚の點綴した丘が、やがて美しく揃つた森林帶に移つてゆくあたり、其の感が深い。明治の初年迄、狼群出沒の噂が殘つてゐたのも、無理ではないと思はれる。

百塚原から東北に當つて、僅か一里、すぐ眼前に、高さ七五一米といふ高麗山が、甚だ印象的な姿を横へてゐる。この山は、孝靈山とも字を宛てゝゐるが、通稱は瓦の字を當てた場合の方に近い。ともすると、カラ山と發音してゐる人もある。『横はる』といふ言葉が甚だしつくりと合つた山で、顎《アゴ》に肘《ヒヂ》を張つたまゝ、大山に向つて話しかけてゐるやうにさへ見える。この邊の人は、カラ山が大山と脊較べをする爲に、一夜の中に、隱岐の島からこゝまで來たが、脊丈が足らない爲に、大山の位置を占める譯にも行かず、こゝで躊躇して了つたのだといふ事を、言ひ傳へてゐる。カラ山の西南麓には（人も知る）石器時代の遺趾に富んだ宇田川村があり、同じ百塚原から北方、眼下には靜澄な美保灣を抱く樣に延びた夜見ケ濱と、島根半島が、雨の日にもクツキリと見られる。

地圖の上で、岡成村から眞西へと線を引いて見ると、島根との縣界までは、僅か二里である。これでは、岡成で、出雲訛を聞く事も當然である。

扨、以上の地形からでも幾分うなづけるやうに、岡成村には井戸が三個しかない。それも皆地主級の家のものである。その中の一つは、余の滯在した川上分家にあつたが、深さ八十尺餘であつて、水質軟、先づ量の豐かな方である。他の一つは、村隨一の大地主、本家船越にある。この二つはタンクが作つてあり、電氣ポンプで汲あげた水を、村の女房連が、朝夕バケツをさげて、貰ひに來る。

村より百塚原を望む
（右手にうすく見ゆるが高麗山の一部）

尤もこの外に、村の中央を貫通する大山街道に沿ふて、幅二三尺の溝の樣な小川があり、村人は平常、これを利してゐる。口を漱ぐも、食器を洗ふのもこれであり、すゝぎ洗濯も、鋤鍬をつけるのもこの水である。夏の日の夕、上手で牛の尻をザブ〳〵と藁束で洗つてゐる時下手で汗ばんだ顔から、一日の疲れを洗ひ落してゐるのを見受ける事が稀ではない。然し其の爲につひぞ不平の出た事は無い。水は高麗山の東から流れて來るのである。然し殘念な事には、植付けの前後、水勢が甚しく減がれる。時には川底に蟹の脊があらはれる、河貝子が水溜りの中で增える。バケツを携へた女房連のタンク通ひが激しくなるのは、この最も水量の豐かな筈の頃である。そして夜通し、所々の堰に見張りの人が立つ。

概して、この小川の水は、村の南半、石田側の田に灌がれ、やがて石田村の水となつて了ふ。岡成村の水利は、今一つ大きな資源に據つてゐる。それは村の北半泉原側を潤ほす、岡成池の水である。池の全周は二十町もあらう。村の東、木野山神社の隆起と、百塚原の隆起との間に挾まれた、谷を堤で仕切つて出來たのがこの池で、池の深さは、三丈ではきくまい。常に碧く澄んで、老松の根を沈めてゐる邊、實に物凄いものがある。けれども幸ひ、百塚原の赭い地肌を露はした裾、晴やかで柔い丘の輪廓が、決してそれを陰氣には見せない。見たところ山の沼と稱するよりも、火口原湖といつた感さへする。夏にはこれが、瀬を見せるまで、堰が切られる。最後には、池の底に一筋の川床のやうなものが現れる。川床の醜く見えて來る時は夏の末である。

池はいづの頃出來たものか分らぬ。或は岡成村よりも古いものかも知れぬ。一體この邊ではこんな風の所謂「ツツミ」が多い。泉原の村にも、大きさは劣るが二つの「ツツミ」がある。姫が蛇になつたといふ傳說で名高い赤松村の池もこの性質のものである。（赤松池は村人の信仰から、決して乾しはしない。余はこゝからコッソリ捕つて來た手拳大の蜆貝を目擊して知つてゐる。）余は折々、村人のドキヨウはこんな池に掛つてあるやうに思はれてならぬ。

村は現在五十三戶、二百六十人に近い人達がこゝに棲つてゐる。若しこゝで、この五十三戶の內別を示すならば、先づ

大地主　二
自作農　九
小作農　三十餘

外に醫院が二軒あり、旅館と稱するものが三軒ある。この醫院と旅館との中には、余の滯在した家も含まれてゐるのであつて、醫院は、漢法の痔疾專門の醫院であり、三軒の旅館といふのは、謂はば專らこれに入院室を提供する家である。けれどもこれらに擔はる人達は先づ、この地の人であるし、又殆どこの醫院が村の政治、經濟或は風習に對して、影響を與へる事が無いと言ふ事が出來るのである（これは後述によつて、自づと明らかになる。）から、先づ岡成物語の中からこの家を除外してみても、岡成村の民俗の特殊性といふものが損はれることは無いと思ふ。この點を幾分說明する例をこゝに擧げる必要があらう。余が滯在中である。京都の織商人と稱する三十半ばの男が、旅館にゐた。この男はよく子供達におふるまひをしては、唱歌を唱はせたり、遊戲をさせたりし、よく娘のある家を夕方から訪れては、喋り込んだものである。惡氣は無かつたのである。けれども、一週間と經たぬ中に、村の青年が三名許り集つてやつて來て、宿の主人に掛

合ふやら、本人と對談するやらして『村の風儀に關はる事』に激しい抗議を申込んだ。村は自律性を持つてゐる。かゝる意味で、岡成村は純粋の農村である。さきに述べた様に、岡成村の水の保證は可なり確かなものであるが矢張り、岡の上の村である。耕地の狹い難は免れない。

近年荒蕪に委されてあつた水のとゞかぬ丘の上に、西瓜を作るやうになつて、幾分これが補はれたかの感がある。尚この地特有の光景を生ずるものは、干瓢であらう。七月の始から八月へ掛けては道といはず、畔と云はず、吊乾にされた干瓢が、朝の風に搖られて見える。眼を射るほどの、けざやかな白さである。

桑は昨年の絹絲下落以來甚だ虐待を受けてゐる。昨年の夏蠶前には桑の畑がズン〳〵と姿を消してゆくのを眼前に見た。

數年前、所謂農民運動がこゝにも急に擡頭して、總計十二名の大高村の村會議員が五名迄、農民黨で占められた事がある。けれどもこれは長續きはしなかつた。只今のところ當時の反抗の賜物は其のまゝ地主に對する支拂ふ見込の無い借金として殘されてしまつてゐる。そして現在岡成村では、村の采配を振る筈の區長さんも定つてゐない狀態である。それでもこの區長の仕事許りは、これをやる人が居て、休日には旗を出し、急用が起れば、こゝからふれて廻る。村はこれを有難く默認してゐるのである。（休日の旗の事は後に書く。）

要するに岡成村は、決して豐饒な所ではない、先づ貧乏な村と呼ばれても致方あるまい。けれどもこの貧乏村に不思議と豪壯な構えの家が二つある。村の政治に絲を引くのはこの二つの系統である。

二、地　主

豪壯な邸の一つは村を西へ下つて、石田の村境まで來て振りかへつた時に、空を切るやうに丸くもり上つた岡成村一廓を場廣く占めて、傲然と構えた巍然、城廓の如き石垣造りの塀の家である。棟の數、藏を加へれば大したものである。西下に隣つた自作農下屋敷力三氏の藁葺は全くこの大邸の附屬としか受取られない。大山街道に面した門には『船越彌太郎』

とある。西伯郡屈指の地主といはれてゐるが、門札に並んで貼られた高さ一尺餘りもある長方形の板には『大節約』といふ文字が今は辛うじて讀まれる程のまゝに眺められる。

一體船越といふ名字はこの村に數軒ある。混同しない爲に、村の人は本家といひ、新邸といひ、新宅といふ。又一つは自ら家號を改めて三越と呼ばするものもある。いづれも同系統の家と見做して良い。本家とは上記の大邸をいひ、新邸はこの弟分の分家であり、其他はこの末流と見られる。

聞けばこの家の系統は村にとつては渡來者である。

今一軒の舊家は、丁度この船越本家と正門を向ひ合つて位置を占めて居り、恰も大山道路が仲を割つて入り込んでゐるかの鹽梅である。

これは先にも少し書いた川上本家である。著しい特徴は腰張りのカッチリとした高塀を越えて怖しく大きな梨の木、コガの木が、空を摩してゐる事である。梨の木の胴圍りは九尺に餘り樹齡は三百年を過ぐると稱されて居り、コガの木の方は四本鬱々と群り立ち、これも夫々周圍十尺にも餘るしろものである。（コガの木は村越氏の大植物圖鑑にも記載が見えぬ。今、古海に從つて、天竺に生じコガ蠟を採ると稱する儘に從つて置く。）

この二つの家の中、川上家は村と共に古いといはれて居るが、見た目には船越といふ一族の方が廣りが著しい。けれども家の勢力範圍は單なる血族間の問題に限られてゐない。この村には『親方取り』と稱する特殊の親子緣組關係が汎く存してゐて、一種の緊密な交渉が地主と村人との間に行はれてゐる。從つて二家の勢力といふものは、幾分この點を考慮に入れて論ぜられねばならない。

扨て、今話が『親方取り』に移るに先立つて、この土地の特徴をよく備へたと思はれる川上本家に就て、幾分突込んだ記載をして置くことが無駄ではなからう。

岡成物語（天野）

宅地五八〇坪　山林約二十町歩

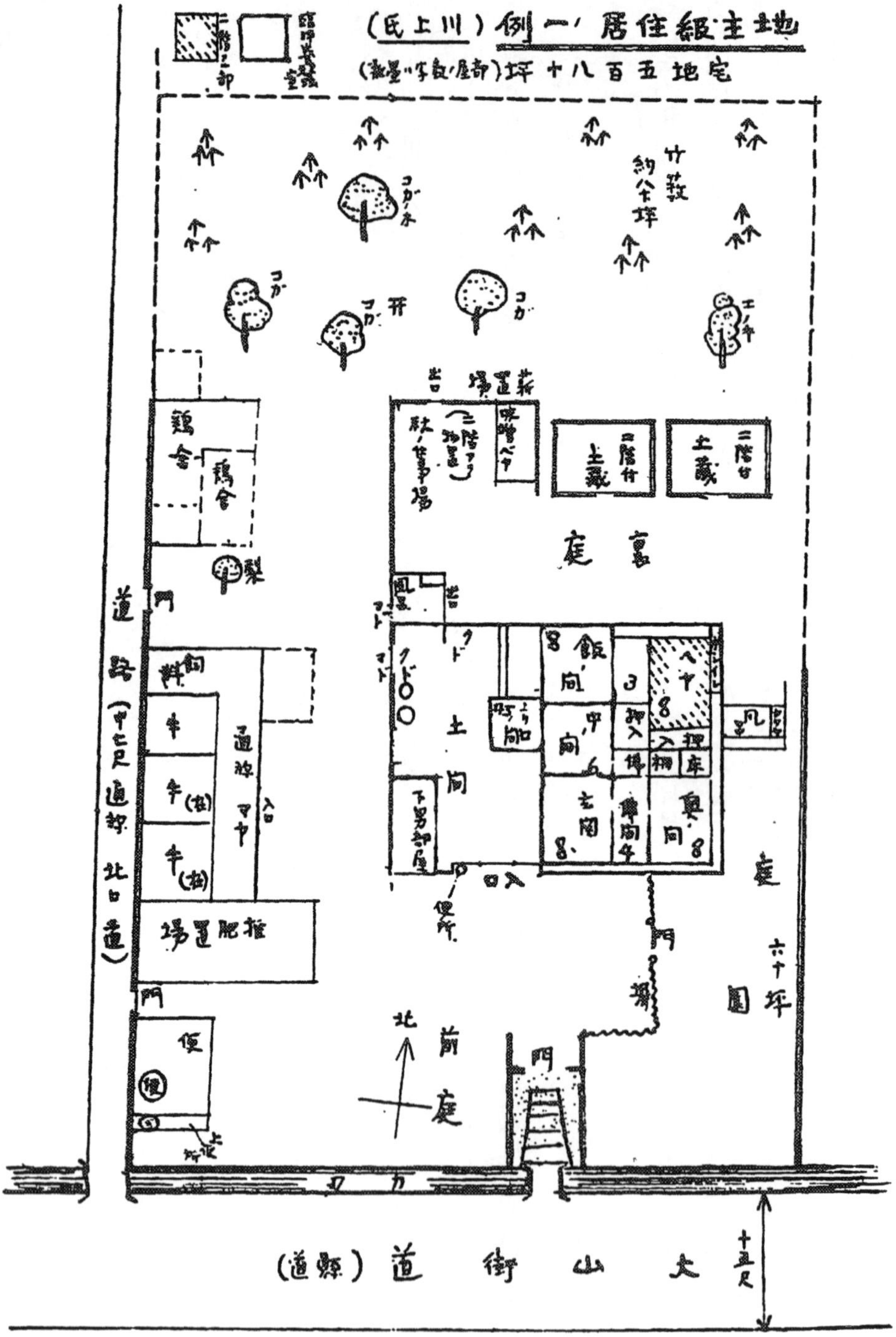

田畑約十町歩（内、五六反は自作、他は小作に作らす）

これだけで大體の經濟が窺はれよう。が尚外に、現在鷄舍には二五〇の鷄が居り、蠶は一年に、十 四五枚を掃立てることになつてゐる。（これは、いづれ小作農の一例を擧げる時の對照にならう）　蠶が孵ると圖の中、佛間、玄關、中ノ間、飯の間、上り口の間、下男部屋、の六室が全くこの爲に占められる。奥の間と部屋とは如何なる場合でも家人の寢所とて保存されてゐる。

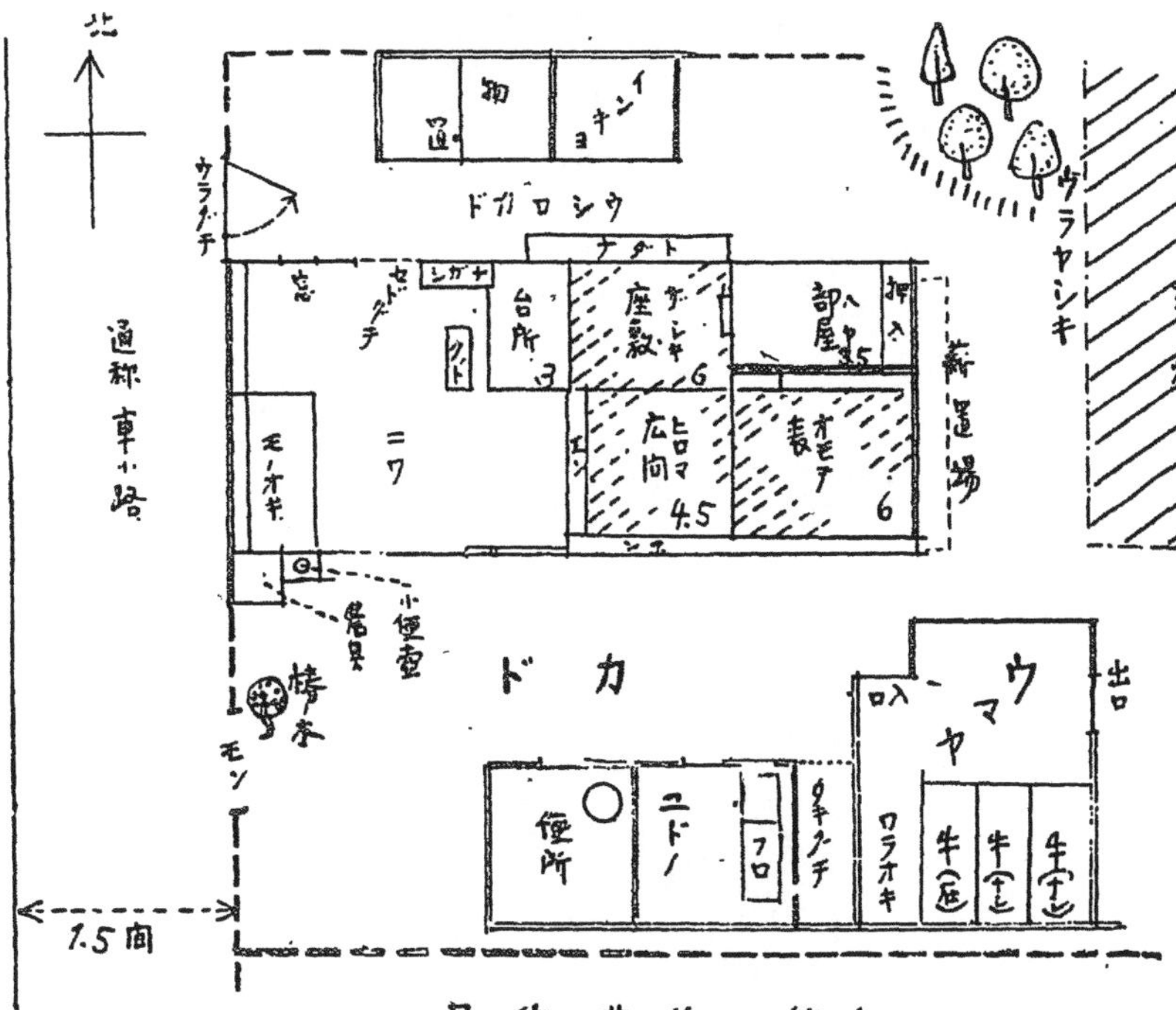

中等小作農住居
（長谷門氏）

中等自作農の〔コナシ部屋〕付の門

現在の住居人は老夫婦と、現在の若い親方夫婦、その子二人、と下男一名である。

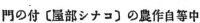

中等自作農の例は略して、只その級の家に特有な「こなし部屋」（仕事部屋 精米など）を含んだ門構えの寫眞を紹介するに止める。

三、小作農

こゝでは主として小作農の長谷川氏の住居を上記地主のものと對照して示す事にする。二者の間には、殊に間取りの點で相共通したものが見られよう。

小作農住居カド

（左手の柱は門　猫の後が小便壺）（略圖參照）

小作農住居ニワ

（臺所　戸の開いたセドグテな見る）（略圖參照）

殊に部屋の名稱に就て注意を促し度い。庭の中に突出した障子を持たない臺所。其他廣間《ヒロマ》、座敷《ザシキ》、表《オモテ》（の間）、部屋《ヘヤ》の呼稱は村人の呼ぶ通りであり、一般に小作農に共通した間取りである。

こゝでも「部屋《ヘヤ》」は家人にとつて最も親しい室であり養蠶に決して使用される事はない。結婚に際して、新郎新婦が提供されるのはこの部屋と定つてゐる。

厩は本屋とは別にして小さい一棟を與へられて居り、偶々風呂がこれと近接して居ることが多い。圖で見て思ひ當る事であるが、間數からいへば、都會の中流にも負けない豐かさである。けれども殆ど全くこの室々が生産の工場として使用されてゐることが忘れられてはならない。長谷川邸では、隱居部屋は、養蠶期に、老父の住む部屋であり、平生にはこゝに織機が備へられてゐる。序にこの家族は主人夫婦と息子娘一人宛。作田は七八段であつたと思ふ。

四、親方取り

余は初めて親方、子方の關係を岡成村で知つた。そして後に分つた事であるが、丹波や信濃の奥で謂ふ親方、子方の關係とは隨分異つてゐるのである。岡成村の場合は、或は其の崩壞の途にある狀態と見做すべきものかも知れない。然しいづれにもせよ、かゝる內容をもつた親方、子方關係が實在するといふ點で、記載する價値があると思はれるから、最初余が記錄したまゝ、一見迂回した記述方をこゝでも採つて見よう。

親方取りは明らかに、一種の主取りである。これは子方家族と親方との關係ではなく、子方個人と、親方との關係である。其の點で浪人が召し抱へられた樣な關係になる。兎も角、親方なる人を得てこゝからある種の生活の保證を得るのであるから、勿論仕へる子方にも、相當に仕へ方といふのがある筈である。けれどもこの點が頗る漠としてゐる。この漠としてゐる點が殊更親方に對する特殊の態度の必要となつて來る所以であらう。

子方は村に定住する青年、子女で先づ親のある子である。が概して親は裕福な方ではない。（必ずしもさうとは限らぬ）。格から云つて、小作人位の（自作農の子もある。）ところである。然し其の地主が親方になるとは限らない。が大體親方子方の間には地主と小作人位な經濟的の相違あるものと見て差支へあるまい。

扨て、親方子方の關係がかく個人的であるのならば、かゝる關係がいつ頃生じるかといふに、男子の場合には十五六才から成人して結婚する前までの間、いづれでもよい。余の棲居と向ひ合せの家に一人住んでゐた晴公は、今年二十五才の若者であるが、親方取りをしたのは三年前のことであつた。繼母と折合が悪くて八段の田を五段まで獨りで引受ける約束で家を飛び出したが、飛び出すと殆ど同時に親方を得て、人間も大人しくなつた晴公である。これは遲い親方取りの例である。

上記の樣に、男子の場合には、年齡的關係が割合にルーズであるのに較べて、女子の場合には嚴密である。まづ十三歲キツカリと稱されてゐる。卽ち生理的に云つて、月經の始る以前に親方子方の關係に入るといふのが定めである。

親方取りの儀は仲々嚴重である。子方の親が直接交涉をして、愈々その關係に入ることに定まると、日をトして、親子連れで親方の宅へやつて來る。そしてこの日は親方夫婦との間に盃の丁寧な交換の儀があり、あとは馳走にうつる。勿論同じ親方に就く子方同志は、出來得る限りこの日名乘り合されて、兄弟分の間柄になる。

この緣組が成立して了ふと、子方は屢々親方の家へ御機嫌伺ひに罷り出る。盆正月は勿論の事、何か人寄りのあるやうな場合に、眞先の手傳役を引受けるのは子方である。親方の家では、子方を遇することは我が子同樣と稱するのであるが、其間に一種の階級的な觀念の介在してゐることは確かである。

親方が、人間的にも經濟的にも最も苦勞するのは、子方の婚姻に就てであらう。（家、田、名前を分けるといふことはこゝでは確かな條件ではない。）子方が嫁を貰へば、親方にとつては子方が一人增した事になる。（この場合、嫁の結婚前の親方は依然として親方である。）子方は一生涯定まつた親方に結びつけられてゐる譯である。

個人的であつた親方子方の關係が時と共に、親方の家と子方の家との間の緊密な關係と化して來ることは自明であらう。かくして子方の連鎖はやがて確實な親方の地盤を作り、從つて、親方は政治的にも經濟的にも親方たるの位置を確實に支持されるのである。

實際親方になり得る人は、村中でも僅少である。前記の船越家の主人連と、川上家の主人連位なものがそれである。

尤も岡成村のもので泉原村に親方を持つてゐるものもあり、尾高村のもので岡成村に親方を得てゐるものもある。けれどもこの關係は槪してさう遠くの者の間に起ることはない。尾高も泉原も大字大高村の小字であり、岡成村とは隣合つた村のことである。

かかる譯であるから、先づ岡成村だけに就て云へば、そこに親方の二派が嚴存することも當然の事實であらう。政治的に綠を引く二系統といつたはかゝる意味合ひからである。

然し、仔細に云へばこの村も滔々たる時の流れの日夜襲ふところたるには相違ない。親方をも求めず、子方たる事をも肯ぜぬ村人の存在は、僅か乍ら注目すべきものであらう。

五、村の祭り

土に親しみ、農作物をいとほしむ人達の間には、永い間の慣習上自づと特殊の祭禮を持つてゐる。勿論仕事と季節とに從つて、これは全國的に相共通したものであるには相違ないが、岡成には、岡成村の色彩といふものがあるであらう。學者の說によると、宗教の發達は、其の背景たる社會の發達の上に、確認することの出來るものであつて、而もその途次に於て甚しい影響を有するものは、か丶る社會の安寧、利得といふことである。

さすれば農を以て生業とし、百姓を以て村を堅めて居る岡成の如きところに、近代文化から離れた農事に關する祭禮が、特に、濃く認められるといふのは、當然の事であらう。

余は、岡成村の祭禮に就て、記さうとしてゐるが例へば、「荒神講」といひ「日のぼりさん」「しろみて」といひ、その中には、人と自然との交渉の甚だ錯綜したものがあつて、或は單に儀式的といふべきか、更に宗教的と云ふべきか、若しくは政治的の意義を有するものたるかを判然し難いのである。

假に佛式、神黨、農事、と之れを三大別して述べるのが或は便宜かとも考へる。が例之「ことの祭」に於ける如く、神佛何れに從ふべきか其の儀自體、詳らかならぬものもあり、又「日のぼりさん」の如く、神佛いづれにも直接關せざるものもある。

それで矢張り其の祭る日から云つて、月併のものと年に一度のものとを大別し、先づ月併のものを簡單に擧げた後、暦を繰る順序で以て、年中行事を或は脫線的に、述べて見ようと思ふ。そして更に之れに組入れる事の出來ない人事に就ては別に冠婚葬の章を設けるとしよう。

こ丶で一寸村の宗旨に就いて、一言して置かう。

岡成村の人達は一帶に禪宗が多い、それも曹洞宗の方である。天臺の舊道場大山寺に參詣する爲には、東伯郡は勿論、備前、備中、備後の人達が實に年中この大山街道を通つて東するのに、お膝元の岡成村の大部分が禪宗を奉じてゐるとは奇である。それから村には寺が無い。僧侶は尾高の村からやつて來る。尚こんな小さい村ではあるが、可なり立派な扶桑教の教會所といふものがある。但し、之れの信者は遙かに二十數里を隔てた出雲浦から參詣に來る人達に凡そ限られてゐる。村の人で扶桑教に相談に出かけるものは先づ稀であつて、偶々齒痛止めに拜んで貰ひに出向くやうな事もあるが、餘り利口がないといふことに一致してゐる。

もう少し細かい觀察を加へるならば、村の凡そ中央に觀音堂と稱するものがある。三方壁無し十疊敷の能舞臺といつた構えであつて、堂守は勿論無い。奧の棚には十一面觀音を中央に、三體の御佛が並んでおはす、けれども構えといつてはこれだけで、疊のない空屋敷同然である。聞けば村人にとつての簡單な葬具といふものがこの緣の下に納めてある。（村は土葬許り）そしてこの板土間は平生子供達の子守場たるに止つてゐる。御堂の前には力石《チカライシ》が三つばかり置いてある。

村で變人といはれる堂守のついたお大師さんは、村の青年會の會場と併んで、矢張り、村の中央といふ位置にある。けれども余は、こゝに提灯の出るのを見た丈けであつて、どれ程村人に働きかけてゐるかは極める事が出來なかつた。

昨年米子へ引越した玉井の婆さんがお大師さんを祭つて狐おとしをやつてゐたといふ位であるから、御堂附きのこの大師さんは久しい前からお株を奪はれた態であつたのだらう。寺の無い岡成村には其の代り神社が二つもある。木野山神社と岡成神社がそれである。いづれ後に述べるが其の爲に村では春祭に木野山神社を秋祭には岡成神社を祭る事になつてゐる。其の外、岡成村には尾高《ヲダカ》の村の神社（大神山神社）の氏子もあつて、一部の人は尾高の祭に從つてゐる。大高村といふ大字の中の村々は、全部この尾高の大神山神社《オホガミヤマ》と同じ日に夫々祭禮を行ふ、即ち舊三月二十三日新曆で云へば四月の初め、丁度尾高の坂の櫻の蕾が開く頃である。然るに岡成村のみは、一つ飛離れて、舊の三月十六日即ち新曆の五月初め木野山神社の春祭をやる。これは或は村の發生といふことゝ因緣があらう。

扨て村には**月並休日**といふものが三日定つてある。即ち十六日の「木野山さん」十九日の「岡成神社」それに「荒神さん」の廿八日である。この日には村の揭示場に赤白を半々に縫ひ合せた旗が出る。即ち半ドンをやれといふのである。

村の者は大凡そ、これに服從してゐる。若者組は青年團としての遊びよりも村の道傍に寄り集つて、何といふことなく、着流し姿で遊びほうける、處女連は夫々又組を作つて親方の家の女中部屋などで話し暮らす。「若い者組」に就ては後に詳記する）農の勞作を知らないものにとつては、骨休めといふやうな點に、疑を持つ位ののんびり加減だ。此外に六十日に一度「庚申さん祭」がある。赤飯を炊いてこの日も牛ドンをやる。

余が特に述べようとするのは上記の月並祭以外のものに就てである。先づ暦の順序に從つて簡單に列記してみよう。

（註　言ひ遲れたが、岡成村の日付は凡そ小學校の生徒の外殆ど全く舊暦に從つてゐる。小學校でさへも舊暦の正月の爲には又特別に休みを設けてゐる位である。以下特別に注意の無い限り、舊暦の日に從つて記す。）

		（昭和六年新暦）
正月元旦	年始廻禮	二月十九日
三日	三ケ詣り。	二月二十一日
三日ー十四迄、十二社詣り。七藥師、		
六日	鳥追ひ（翌七日、七草粥）	二月二十二日
十日	米子金比羅祭	二月二十六日
十一日	百姓始め	二月二十七日
十四日	トンド準備	三月二日
十五日	トンド（朝）さん	三月三日
二十一日	日のぼりさん	三月九日
二月二十二日	尾高大神山神社春祭	四月九日
	荒神々樂	四月十四日
	米子勝田祭	四月十五日
三月三日	雛節句	四月二十日
	大山牛市	四月二十四日

岡成物語（天野）

	村中川ざらへ	五月一日
	（筍掘り）	
三月十六日	本野山神社祭禮（村の春祭）	五月三日
	同日ことの祭	
	神樂獅子（カマド潔め）	五月十五日
	大山牛市權現祭	五月二十四日
	蠶三眠より覺むる頃	五月二十六日
	燕の雛の巣立つ頃	六月六日
五月一日	麥穫り	六月十六日
五月五日	端午の節句（この日迄に麥穫は終了して田ごしらへに掛る）	六月二十日
五月十一日	田植始まる	六月二十六日
五月二十日	全村しろみて	七月五日
六月七日—二十四日	土用	（七月二十一日ヨリ十八日間）
六月十四日	蟲送り	七月廿八日
六月十五日	れんげの日	七月廿九日
六月廿六日	月待	八月九日
七月六日夕	七夕さん（盆氣分始る）	八月十九日
七月十三日—十六日迄、	盂蘭盆會	八月二十六日—廿九日
	内十七日　觀音會	
	二十日　大師會	

八月一日　八朔（八朔踊・最後の盆踊）
八月十五日　ほゝじよゑ、いも誕生
二百二十日　風祭り。
九月九日　菊酒、岡成神社祭（秋祭）此頃刈入進む　十月十九日
九月十五日　栗明月
十月十三日　さんやさん
亥の子さん
十一月十五日　ひもおとし
十二月一日　おとづいたち
十二月十三日　きしくさん（キシク團子、大掃除）
十二月十五日　サイの神祭。

正月

村の冬は隨分暖い。概して氣候は京都よりも遙かに柔かであるが、手洗鉢に氷の張ることが一冬に四五回といへば隨分驚く人もあらう、然もそれが薄氷といふ程のものなのである。吹雪が一晝夜も狂ふかと思へば、その後に必ず、眞碧い空が現れ山陰特有の朗らかな雪晴が來る。軒の雪は七八寸、其の雪が終日音を立てゝ落ちる。餘程積つても夕方迄には大抵落ち盡してしまふ。勿論氷柱もあとを殘さない。こんな日が一二回繰返されて正月が來る。

準備

「門松」　これは簡單な松竹梅で、門の柱、乃至入口の柱につける。大きな松でも三尺は出ない。

「しめ飾り」　殊に入口を飾るものは甚だ念が入つてゐて大きい。太い繩に藁、白紙（御幣切り）及び紙捻りの先に四角く

岡成物語（天野）

切つた赤い布片（これは三個だけ）を配して、下げてゐる。丁度これが縄暖簾でも吊つた樣に入口一杯の幅に出來てゐる。如何な小さい家でも、しめ飾りだけは、主人の手で長者に劣らない見事なものが出來る。しめの中央には一、橙、二、おーぶく（米を紙でひねつて付す）、三、木炭、四、大根（葉は無し）、五、裏白が結合せてある。同じ樣なしめが神棚にも用意される。（門口のものは御幣の無い事があるが、神棚のものは必ずこれを加へる。）

神棚　（これは座敷《ザシキ》と部屋《ヘヤ》との境に近く一つ。更に臺所に一つある。座敷の神棚は天照大神と歳方神とな、又臺所の神棚には惠比須と大黒との各二柱の神が祭つてある。）特に臺所の神棚には更に次のやうな御飾が出來る。

こゝで神棚の樣式を簡單に云へば、少し勿體ない形容だが凡そ石油罐の横腹を打拔いて、天井の梁からブラ吊げたといつた恰好である。その正面の上五分の一といふ所に横に張渡した一本の竹があり、この竹には穴あき錢數百を絲で通したもの、掛こんぶ、するめ、吊柿が掛けられる。そして丁度これの中央に、鯛を太い縄で縮通された向ひ合せの所謂かけ鯛と、其の背景とするにふさはしい粗末な日の丸の扇とが結びつけられる。

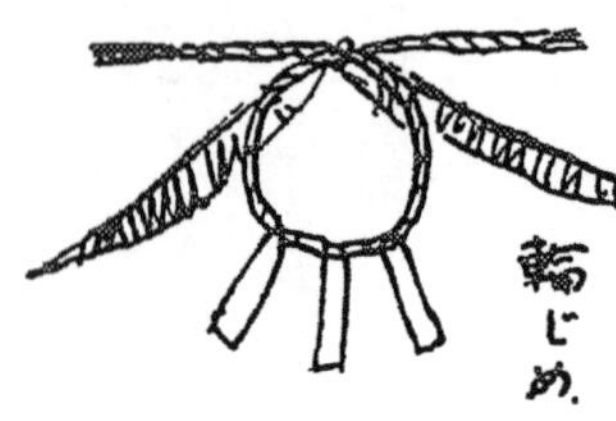

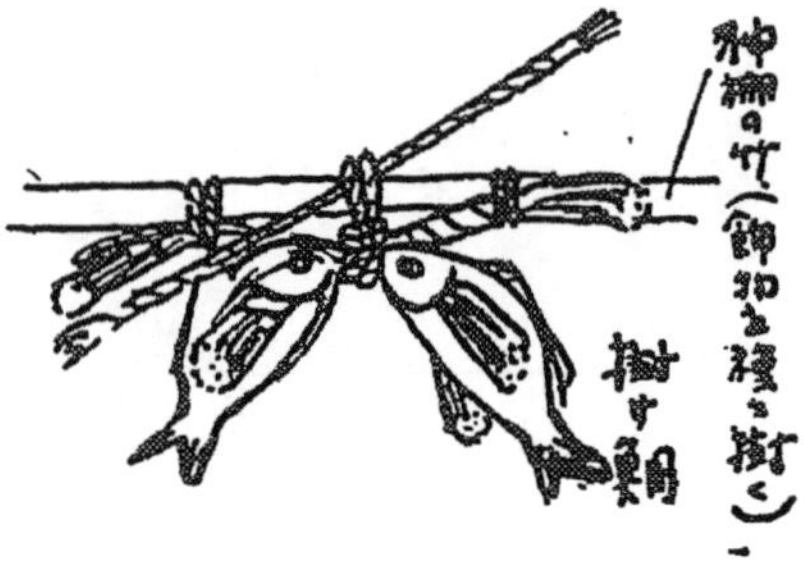

大黒樣　は向つて右、惠美須樣は向つて左であるが特に惠美須樣の前には二叉の大根が置かれ、二方の前中央には鏡餅が、棚の外まではみ出した、白紙の毛壇の上に坐をしめる。

此外御酒（斗蘇）や日々の膳の用意されることは勿論である。（神棚の正月膳は三日間續けられる。）序にこゝで膳立てを云へば、元日の朝は雜煮、（こゝの雜煮は小豆と餅とのすまし汁である。）同晝は紋付の碗に四つもの（オヒラ、ナマス、メシ、シル）を揃へて差上げる、晩の膳は無い。

しめ縄　の掛るのは此の外、竈、鋤、鍬、農具、机、納屋、更には厩、湯殿、厠までに及ぶが、それらには略式の所謂輪じめがあてられる。即ち直徑五六寸の縄の輪を交叉點で結ばずに兩端をピンと其儘延ばし、別

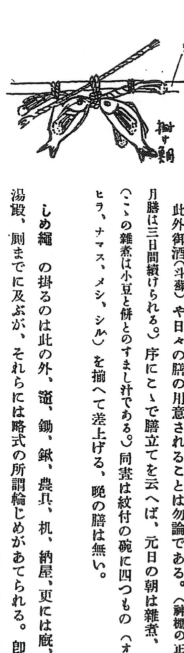

の藻を以てこの交叉點に裏白をつけてしばり輪の部三ケ所に小さい紙の御幣をつけたものがそれである。

「元旦」以上の飾付が終つて、餅が搗ければ準備は成つた譯である。さて、特殊な話になるが余のゐた川上家の正月振りを紹介する。大晦の夜は家中殆ど徹夜をする。村には寺が無くて百八つと打つ鐘も無いが、矢張りそれを聞く樣な積りで十二時を過すと、若水を汲む迄に餘り時間が無い。それで炬燵の周圍で其儘ゴロ〳〵と倒れてしばらくまどろむ。こんど目が醒めれば大福茶を飲む。

老主人は、ことし大晦から年詣りで大社へ行つたので、未明雞の聲で若水を汲んで惠方を拜するのは若主人の役である。引續いて雜煮が出來る。神前に先づこれを供へる。これから御祝が始まる。斗蘇（味淋と斗蘇散）と雜煮を終るとその勢で若主人は氏神に詣でる。その足で先祖の墓へも詣でる。それから村人の回禮を濟ませて來る。凡て早朝の事である。

村人はいづれもこの通りやる。只大きな家では、玄關に廣口盆の馳走と斗蘇とを準備して、村人を饗應する。村人は紋服だの袴だのを用ひないが、又それなりに儀式張つて挨拶をやる。

年始の挨拶には女房や子供皆夫々出歩く。

子方が親方を訪ふのもこの日である。

村は回禮の人達で午前中は賑やかである。

然し午後にもなれば靜まつて所謂寢正月に移る。

「鋤始め《スキハジ》」舊一月二日、

農家凡て、鋤を携へて田に至り土に鋤を入れてこゝに松を挿して來る。この松には御幣が飾つてある。最初の田祭である。

「山入り」同日

己が持山へ出かけて山を祭つて來る。

「薺ないぞめ」

これは鋤始めの田から歸つて來た後、直樣凡そ三人掛りで、極めて太い繩を編むのである、編んだ繩は神棚に供へる。

岡成物語（天野）

「齒がための飴」

齒がための飴は例年一月二日に賣りに來る、然し今年は一月元日の朝にもう賣りに來た。處女會員が賣るといふ筈なのを、百姓の婆さんが先手を打つたのである。飴は白い色で一寸朝鮮飴のやうな印象を與へる。以前は鉛筆程の太さ大きさの中空のものであつたが、それを近頃では一本一本離さないで、蒲鉾の板程の大きさに揃へて了つてゐる。折ればそれでも所々に縱の平行した穴が見える。噛めばボロリと碎けて甘味の無い飴である。一包一枚五錢、年の始にこれを食へば齒を丈夫にするといつて戶每に必ず買ふ。

尙序に村の菓子をもう一つ紹介する。

「かつを」とも云ふ。「かつを」かと確めて聞けば棒菓子だと云ふ。「かつを」でも「棒菓子」でもよいのであらう、並べた品物の少い村の菓子店では粗末な饅頭と煎餅、キヤラメル、黑飴といつた程のものとこの棒菓子とであるから、指せばすぐそれとわかる。一見余の子供の時分よく店で見掛けた「すあま」であるが斷じてあまく無い。その上固い。棒をちぎる爲には端を兩手で持つて數回へし曲げても容易に離れない。主成分は「すあま」同樣の大豆の粉である。一錢でこの蠟燭程の長さのものが三本來る。村人はこれをしがみ乍ら味ふのである。

菓子店で賣らない子供達の「たもと菓子」は炊米《イリゴメ》である。何の程度まで味が付いてゐるのか分らないが、子供達はこれを木綿片の巾着に入れて、丁度財布の樣に首から懸けて懷に納つてゐる。遊び最中これを出して仲間に少し許り分配し乍ら、又大切さうに懷に納ふ子供を見受けると、何となく自分の子供時代をも思ふ心地がする。

「三ケ詣り」　一月三日

惠方詣りである。うちでは若主人が本家の主人や其他の人達と連れて關詣り（美保關神社）に出向いた。

「十二社詣り」

一月四日から同十四日迄の間は、一定の格ある神社十二を順次參詣して一年の福祉を祈願する。一種の順禮である。けれどもこの神社には格があつて、尾高村の北の今在家村にある稲荷(村社)さんなどはこの數に入れられてゐない。この近邊では、岡成神社、大神山神社などで結局十二の神社を御詣りする爲には數里を歩まねばならぬ。但しこの格といふのは矢張り傳誦的に云ひ慣はした意味での格で、內務省の御指圖とは一致してゐない。

「七藥師」

丁度十二社詣りと同じ風にして同じ時期に、藥師さん七つを回り詣るのである。これには若い娘達も組を作つて、愉快な話題を持廻り乍らお詣りをする。

「鳥追ひ」 一月六日

「今夜は長谷川のトッツァンが碗箍を負ふて見せるだと、臺所まで鳥追ひを見に來ならんかや」といふのを聞いて、ソット表の間から覗いた鳥追ひである。

余が臺所を窺つたのはこれが始めてである。家の臺所仕事はやつと終つたところ、九時過である。六疊敷らしい。(神棚の飾りに就ては先に記した通り。)神棚は黑い煤けた天井の一部に、丁度暗い庭の竈の方を向いて、古風な光を吐いてゐる。座つて拜するにはやゝ高い御座である。その前下に俎板が置かれて、其の上には、右手に擂粉木、杓子が併んで見え、左手には七草の一束が乘つてゐる。

やがて座敷の方から、家へよく出入する長谷川(小作格)のトッツァンが鳥追を催促する風にして出て來て、俎に向つてピツタリ座る。これは鳥追の儀の指揮者といふ格である。唱ひ手は別に出ねばならぬ。然しこの唱ひ手といふのは、碗箍を脊に負つてゐる者である。碗籠を負ふといふのは馬鹿の役だといふので、仲々これを肯んずるものが無い、毎年家の走使ひをして呉れるＳ公がこの役を演ずることになつてゐるさうであるが、今年はどこを流れ歩いてゐるのか、一向時が迫つても現れない。結局、女中の秀さんと、豐さんがその碗籠負ひを引受けることになつた。

碗籠　といふのは、茶碗を洗つて入れる目の荒い竹の籠である。家は大の人數であるから碗籠も大きい。娘の子の脊を一杯に占めて、大きく口を開いた碗籠が赤い一條のたすき（これは新しいもの）程の繩で支へられてゐる。けれども極く小さい碗籠が大きい脊の一部にくつつく様に見えるのは更に滑稽なものである。

こんな準備が出來ても家人は殆ど出て來ない。只おごりんさん（主婦）だけがこれを臺所の一部から笑ひ乍ら眺めてゐる。フトしたことから覗いてゐる余の存在が知れて、女中達は一時碗籠を振ほどくと、其の儘うつぶして了つた、が其の恥しさも諦めてやがて又もとの碗籠負ひになつて、長谷川のトツアンの左手に坐を占める。

やがてコツン／＼と擂粉木が俎に觸れる音がして、このタクトに連れた唱ひ手が眼を落したまゝ鳥追歌を口誦むのである。

『唐土の鳥が日本に渡る、日本の鳥が唐土に渡る、渡らぬさきに、（せり、なづな、すゞな、はこべら、ほとけのざつぼのはたのふきたちや、それと）　七草揃へて、ヤツホツホ』

これが始ると、皆鎮つて、眞面目な面持になる。

歌が四度程繰返されて了ふと皆自然に笑ひ出して座が崩れ始めた。これで鳥追はすんだのである。

尙、歌の文句の括弧で圍んだ中は、一寸家に居合せた人達で判然と知つてゐるものが無かつたところである。從つて何となくこの儀が、次第に衰へる運命をもつてゐるのではないかと思はせる。家では主人が加はらなかつた。聞けば女中の秀さんの家でやつてゐるのも子供達だけで同じ風にやるのを、親達が炬燵の中から眺めてゐるといつた次第なのであるらしい。

かうして鳥追に用ひられた七草は、翌日の七草粥に入れられる。

尙座敷の方に祭られた神棚には、この夜碗にテンコ盛りされた御飯が、四つものの膳に加つて供へられ、この御飯も七草粥の中に混ぜられるのである。

村の人達は儀式の準備や順序は驚く程判然と覺えてゐて、少しも怠ることはない。けれども若し早まつて、何故そんなことをやるかと尋ねると、途方に暮れたやうな顏付で無言の儘答へる。

「百姓始め」 舊正月十一日

既に一月二日鋤始め、山祭り、などをして了つてあるが、更にこの十一日には、直接田畑には出向かずに、家の中で田畑の神(豊受大神とも出雲大社ともいふ。)を祭る。卽神棚に朝には雜煮、晝には簡單なる膳、或は四つものを揃へて供奉る。

明日からは畑に出て働いてもよいのである。

「トンドの前祝」

舊正月十四日にはもうヒル中からしめ繩を抱へた人達が村の中央のトンド場へと出向いて、夕方迄には持集つた大きいしめ繩の山と、その御飾りとから、立派なトンド場飾りが出來上る。

飾付といふのは「シンボコ」さんと稱して大竹三本を束ねたものである。その脚元はしめ繩の藁で、圓錐形に圍み、その中には、飾つてゐた橙、大根等のたぐひを蔽隱してある。笹は「シンボコ」の下半分だけ切拂はれて其の境といふところには、同じく竹の弓の大きなのを、弦を上にして、結びつける。又交又點には御幣を付し、弓の兩端部には日の丸の扇を夫々つける、外、所々に御幣や「かねぶくろ」を吊す。

かねぶくろ」といふのは底を四角な白紙で作り、この四角から五色の色紙の幣を吊し、口をしぼつた色美しい袋である。岡成から一里半ばかりの日吉津村の秀さんは、自分の村では家毎に一袋を作つて吊す、といふことや、「かねぶくろ」は「シンボコ」の上に吊る程幸が多いといふことなどを云つてゐた。年の始めに袋を作れば、お金がよく貯まるといふ考へが一般にあるのらしい。

道傍に建てられたこの「シンボコ」を四方に張渡す新しい繩は道路を越えて、數間の向ふまで及んでゐる。繩には、間遠に藁が吊してゐて、風の度毎にさら〳〵と揺れ動くさまが冬乍ら何となくすが〳〵しく見受けられる。

十五日の朝にはこゝに火が放たれること、藁の圍ひの中から出る大根、橙などを見物人が投げ合つて戯れること型の如くである。シンボコはこの際、適當な時に倒されて、鋸を手に、先を爭つて驅け寄る連中の爲に分け取られ、節々からは、潮汲みの小さい桶が作られ、節の間の部分からは、竈を移す時に用ふる箸が作られ、更に、笹の部は家々の門或は塀に挿されて、盜難除けの呪物とされる。

扨て、定められたトンド宿では酒の振舞ひがあり、太鼓を打ちならし、數人の人達がつめかけて殆ど終夜さゞめきに時を移して了ふ。余は不幸、病の爲これを目撃することは出來なかつたが、深夜絶え〳〵に響いて來るこの太鼓の音を耳にして原始的な饗宴の席を頭に描いたりなどした。

トンド番は村の中の特志者から成るトンド組合の中から擇ばれるといふこと、十五日には朝、トンド場の司祭たる事、及び十五日の午后には、次のトンド番に役を讓り渡すといふことなどもこの日知つた。

「ほとほと」

戸を叩く音から名前をつけたらしい「ホトホト」といふ習慣は、トンドさんの前夜に行はれる。覆面（頰かむり位なところ）をして密かに他家の表、くぐり戸に近づいて、聲を隱したまゝ、指先でホトホトと戸を叩くのである。叩かれた家人は、手に正月餅を持つて來て別に穿鑿もしないで、細く開いた戸の間からこれに渡す。それを貰つて默つて歸る。これには老幼男女の別はない。最近では追々しなくなつた。

女中秀さんの日吉津村では、十四日に晝夜の別なく「アバヤン、モチゴシナイ」と云つて面隱さず、餅貰ひにゆく。貰つた餅をトンド宿に持集つて、ゼンザイを作つて喰べるさうである。勿論これはホト〳〵とは云はない。が前の樣式との間に關係のあることは直に首肯される。

「トンドの日」 舊正月十五日

トンドの儀は、先にトンドの前日のところに書いた通りである。其の儀が早朝に濟んで了つても、尙昨日と同じ調子の太鼓がトンド宿から響いて來る。

午後になつて、略式のトンド行列が道筋とは全く無關係の余の居る家へやつて來た。蓋し祝儀を得ようが爲である。行列といつても三人の子供と、それを取圍んだ隨行の子等とである。三人の第一番は猿田彦の面の子で凡そ五尺にも近い大きなそりの大刀を携へてゐる。第二番の子は日の丸の扇を三つ、丁度圓をなす樣に組合せて棒の先に結びつけたものをかざしてゐる。最後は神樂獅子の面を覆つた少し脊丈の高い子である。

祝儀を貰ふと其儘、おどけた身振りをして見せ乍ら、いそ〳〵として歸つて了つた。

夕方近く少し正調の太鼓の音が聞えてトンド讓りだといふ事を話された。このトンド讓りの行列は、上記の服裝を凝した大人の群に、更に、一切の神具を納める白木の箱が加はるだけの違ひらしい。列は先づトンド場に向つて、こゝで型許りの祭をなして、其儘新當番の家に這入る。新しいトンド宿でもこの夜一晩太鼓が鳴續くのである。

これで一先づ正月の儀は終る。そしてやがて又、晴れた日を利して村人の山入り、薪樵りが當分の日課となる。然し舊の正月中に行ふもう一つの儀がある。名を「日のぼりさん」といふ。これは判然と日が定つてゐない、大體のところ一月の末の事である。

「日のぼりさん」（本年は正月廿一日にあつた。）

村としては先づ閑なこの季節のことであるから日のぼりさんは樂しい和樂の祭りである。未明から綿を絲に紡いで、絲を布に織つて、最後に旗を作つて、村のはづれはづれの路傍に建てるといふのが、其の行事である。

幟は木綿巾で長さは三尺ゆつたりとある。脊には青竹を通して、表に墨で「八百萬神、村中安全」などゝ大書してある。路傍に之れを立てる時は、並べてもう一本、これも青竹を二つに碎いて、その間に岡成神社の御札を挾んだものを建てる。後者には其の切先に棧俵が傘の樣に突通してある。丈は兩者略等しい。日のぼりさんの日には矢張り宿といふものが定められて、こゝに織機を並べて織り續ける。織手は幾人も控えてゐて代り代りに織るのであるから、譯はない。手の空いてゐる連中（殊に婦人會の女房連である）の一部が袋を携へて、村中から其の日の飯料を集めて來る。やがて握飯が出來る。中食が賑やかに濟む。夕近く織り了る頃には男連が出て來て、幟に仕上げて了ふ。これが村外れに建つて了へば村中集つたゆつたりしとした宴に移る。

岡成物語（天野）

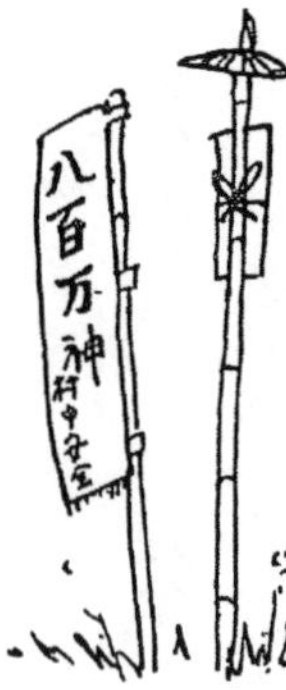

日のぼりさん

余は偶々この宿なるものを見る事が出來た。織機は庭に面した座敷に設けられてゐて、其の椽側にはお喋り中の女房連が乳飲兒を抱へて並んでゐる。女の子達は庭から溢れて道傍にまで一杯になつて毬や繩飛びに呆けてゐる。男達の出て來るところまでは運んでゐないのであつたらしい。この日が岡成神社の祭日に當つてゐる譯でも何でも無い、村の人達が働き乍ら只和樂するのである。

尚綿つむぎから始めて幟を作るといふ順序は近年次第に略されて來る。岡成村では、凡そ十年來、絲だけは用意して置くことになつた。日吉津村では、貰つて來た布を用ひるさうである。

何時の頃からこの「日のぼりさん」が始まつたかは明かにすることが出來ない。が十月の中頃この地方を旅するものはよく整つた畑に吹きこぼれさうになつた實をつけた綿が廣々と續いてゐるのを見るだらう。「日のぼりさん」は綿の栽培と同様に古いことかも知れぬ。

幟が村外れの道に立つといふのは、それだけ村を襲ふ魔神や疫病を防ぐ力があると云はれてゐる。

「日のぼりさん」は毎年初春と收穫《とりいれ》の直後十一月頃との二回ある。今年の春は米子の金比羅祭（一月十日）の夜以來肺炎に罹つて死んだ若い晴ちやんのことから、特に繰り上げて「日のぼりさん」をやつたといふ噂が専らである。

「荒神講」

閏年の二月二日を以て始まり、凡そ五日に及ぶところの村の大饗宴である。由來は詳でない。

これには老人、壯年、青年、幼年の四種類と男女の別、即都合八組の荒神講群が出來、その各々が宿を定めてこゝに村料を持寄り、趣向を凝らして、打興じるのである。

餘興は青年組が最も盛であり、悪くすると、藝妓を招いて騒ぐといふところまで行つて了ふ。が概して、何か一組の劇などを仕組んで各自の手腕を發揮する。そして其の餘勢で以て、他の組の宿を訪ひ、こゝでも同様の餘興をやつて見せ、その祝儀を懐にして歸る。祝儀は講費になるのであるから、酔興に實が入つてもこれを忘れることはしない。其の點頗る打算的に仕組まれてゐる。處女組などは他の組の宿で演技を見せる外、更に他村の物持を訪うてこゝからも祝儀を得る。余は滯在してゐる家に尾高の處女組が來た時にこれを見た。太鼓、三味、舞手など揃つて十名近くが各自順次に巧拙様々の姿を見せて呉れた。子供の講では宿の人達が世話をする。

ある年の女房組の費用が一人前十八錢であつたといふ事を聞いた。勿論米其の他手元にある品は持寄つて外にこれだけの費用を要したといふのであるが、それにしても驚かれるではないか。概してこの近邊には民謠が盛で、安來節や闘の五本松の本場もつひ近い。百姓の若者や娘で三味線の彈けるものは頗る多い。其外毎年一月には大高村の小字から、婦人會が一組宛芝居を仕組んで來て、小學校の講堂で競演をやる。一般の評で一等出來の良い村の女房が鼻を高くするのである。

こんなことが續いて、閑散な筈の農村の正月は、慌しく打過ぎてゆく。そして解け去つた雪の下から青い麥がすくすくと頭を擡げて來る。

「節分」　舊二月三日

夜八時過ぎ、煎つた大豆を部屋部屋に撒いて福は內、鬼は外と呼んで廻る。

この外煎つた大豆を年の數だけ紙にひねつて、一厘なり一錢なり錢をこれに添へて四つ辻に捨てる、風習がこの近邊にある。けれども岡成村ではこの行事をやる人が稀である。又、煎つた大豆を、年の數より一つ餘計に食べるといふ慣習は行はれてゐない。

「荒神神樂」　舊二月末日

麥が青々と出揃ふ、山入りの車が未明に出て午后の四時頃にはもうしこたまに薪を積込んで、家人の誰彼に守られ乍ら下りて來る。春蠶の道具を物置から引出すには少し早い、といふその頃である。村人の樂しみ、荒神神樂の一團が村へ入り込んで來る。

岡成物語（天野）

蓋し村の興行物といへば、荒神神樂と、年に一度の安來節一行の入來とに止めを刺すのであるから、未だ正月ののどけさから醒め切つてゐない村のどよめきは大したものである。

神樂の一行は、宣詞讀みの親分を含めて五人萬づの藝に通じた名人揃ひで、お互に舞つたり、歌つたり、太鼓をたゝいたりし乍ら夕の八時前から夜半二時近くまで、村人を悦ばせる。岡山縣から來る由。時折ズウ〳〵辯が出るのであるから餘程北の奥の人達に相違ない。一晩の演出料は、飯を食はせて、宿をして、凡そ拾圓、昨年は廿圓であつたといふことも聞いた。

舞臺といつて別に定まつてある譯ではないが、それでも昨年迄常宿を務めた大島の家が、蠶の爐から出た火で焼けてしまつたので、今年は船北が代つた。

所謂「表」と呼んだ（小作農屋敷の圖參照）部屋がそれに振り當てられ、廣間、座敷、臺所、更には庭に敷いた假床まで含めて、見物席がしつらへられる。結局、老若合せて百名近くの人達がこゝに押合つて座込むことになる。

神樂の內容は素朴であるが村人には感銘の深い事柄の一つであるから、筆を延ばして、その內容の幾分を記して見よう。

表の間の床には、天照皇大神の掛軸、御酒、蠟燭、しめ、大刀などを飾り立て、部屋の中央の天井（これは天井が張つてないので、幸と高く出來てゐる）に吊した大御幣を中心として、白い紙のしめが、蜘蛛の糸の樣に八方に引張られる。舞臺裏が椽側だけの餘裕なのを紫の大幕で蔽ふ。唯一つの囃したる太鼓は床と反對の隅に置かれる。舞臺照明はこの夜許りの百燭光二個。これで準備が出來たのである。

最初宣詞を讀むところ、四人が鈴と御幣とで靜かに舞ふあたりは、神社の祭禮に見る通りである。この嚴かな神祭《おろし》りが濟むと、一同幕の後に退る。間も無く白い衣白袴といふ一人が太鼓の前に座して、「ヨーイ、ホーレ、ヨーハ」といふ掛聲で勇しく打鳴らす。

太鼓のテンポが急に早くなつたと思ふと、背景の紫の幕が半ば弛んで、せり出す様に勢込んだ猿田彦命が上半身を現はして來る。幻想と物語りと歴史とをチャンポンにした姿付である。おどろの髮、赫い顏、胸に菱紋入つたひるまき、白袴、大刀、神樂獅子に見る樣な短い早い直線的な身振り。前列に並んだ子供達が悲鳴を擧げる頃には、スッカリずり降りた幕を越えて猿田彦が自由な姿で見えを切つて廻る。やがてハタと靜まつたと思ふと、聲を嚴かにして名乘りを擧げる。こゝらは能狂言其儘で、口調には凡て、勿體と「候」とが付く。ハッとする間に今度は大刀を引拔いて大狂ひに暴れる。大刀が濟み、長刀が出ると、何となく見てゐる方も危つかしい。フウ〳〵と息をついて、暫く體を休めるかと思へば、水車の樣に廻る長刀で、天井に張り圍らした御幣を四方に八方に見事に切り落して行くのである。落ちた御幣を子供達が持ち歸る積りらしく爭ひ取合ふ。猿田彦命は全くのところ、神樂獅子の樣に淨めの役を演ずるのらしい。

序が濟んで、舞臺は本式のオラトリオに移る。これは主として古事記の中の物語であつて、「御國讓り」、「大蛇退治」などは每年の事乍ら喝采を博する。大抵の場合、切狂言は「岩戸開き」の勇しいところか、或はうんと方向を變へて、「金毛九尾の狐」などゝ洒落れることもある。興味ある點は、神格が特定の人格として表現され、從つて又民衆にさうした姿の儘肯定され、受容れられて舞臺、見物席の兩者が著しく面白味を增して來ることである。古代希臘の劇にも恐らくこんな風にアガメムノンやエディポスを表現したであらう。

「御國讓り」では大國主命の性格が著しく光つて見える。大きく作つた命の面相には微笑み乍ら永遠を見つめてゐる瞳が黑く銳く作つてある。大黑頭巾、錦繡の羽織、黃金造りの細身の太刀、それに右手の大槌。

建御雷命、經津主命が御國を讓られよといつて出て來る。こゝに可成忠實な、混入つた高天原と、出雲との論戰が聞かれ、大國主は聲を激まして、未だ讓るに讓られぬ現狀といふ。果ては溫顏の眉いからせて、槌を振り上げて。拔きつれた二人の命と立向ふところまで行く。そこへくづれの面相に、鼻聲づくりのイナシハギの命（この名不確）が現れて仲に立つ。結局イナシハギノ命が使者として大國主の長男事代主命に意見を聞かうといふ事になる。現はれた事代主命は、面相

こそ父より小さいが、これ又例へ様の無い温顔の持主、毎日美保關の岩間に竿を垂れて出來上つた魂の持主、流石に恬淡

として、御國譲を承諾する。

一段落と思ふころ、次男の諏訪明神が、たどんの様な眼に角を振り立てゝ、不承知、死んでも譲らぬと暴れ込んで來る。高天原の二使者は大刀拔きつれて追ひ立て追ひ立て、辛うじてこれに勝つて、首級をあげる。舞臺は忽ち出雲から關東まで飛ぶのである。

荒神神樂〔打たれるものの面〕
大江山酒天童子用（金關丈夫氏藏）

この次に二十分ばかりの中入りがあつて（十時頃）舞臺裏に運び込まれる握飯、酒などが見物席をどよめかせる。かうして役者達が猛烈な演技のあとの夜食を攝つてゐる間に入場料が集められる。これは見物の顔を見乍ら一々帳面に記入して受取つてゆくのである。

「御國譲り」に可成り眞面目な國家經營論が含まれてゐるに對して「太蛇退治」のゆき方は實にくだけてゐる。蒼白い神經質な眉の持主、須佐之男尊は、ゆくりなく二老人に會ふ。「手名椎、足名椎の嘆きは尤もだが」（尊は「大蛇に對して何も恨みはない。故なくして生あるものを殺すといふことは出來ぬ。若し櫛名田媛を妻として呉れるならば自分の大蛇退治は名義も立つであらうが」と云ふ提議である。議成つて、媛と尊と見合となり、やがて酒造りの段に移つてゆく。甚しく人間味の多い筋である。

酒釀りの段に至つて、二人の新しい人物が登場する。曰く「きなやん」曰く「まつつあん」である。（貴船明神、及び松尾明神のことらしい）「きなやん」の面は鼻が大

きく作つてゐて、下顎を缺いてゐる。「松さん」は全くの猿面である。嚴めしく名乘り合ふかと思へば、徐々に馴れた口をきゝ合ふ様になりやがて、米とぎの仕草から續けて最後に酒を造りあげる。この間の二人の鼻歌には安來節あり、萬歲あり、爐邊の火の用心を說くかと思へば、祖國愛を說き、節約を說き、悠々一時間に餘つて民衆教育をやる。余は全くこの二人の手腕に對して敬意を拂ふべく餘議なくされた事を告白しなければならぬ、彼等は民衆を倦かせないで自分の言ふべきことを云つてしまふからである。

先にも書いた通り、村人の特殊な娛樂の時は一年中でも極めて稀なのであるし、新聞をとつてゐる人達も亦指を屈する程のものなのである。モダーニズムに對する批評や、世界の狀勢に對する概觀を說く點では、在鄕軍人の簡閱點呼以上のものがあると云つても過言ではない。

而も國家成立の問題を直接、眼に見せ、歷史的に理解せしむるに至つては、實に周到であつて、寧ろ國家愛を鮮明にする點に於ては都會に於ける如何なる設備もこれに及ぶものが無いであらう。

扨て酒が瓶に盛られて、大蛇の出る幕となれば、電燈を青い紙で掩ふて舞臺をうす暗くさせる。凄い太鼓につれて、凡そ人の肩よりも太い大蛇が後半身を幕外に殘した儘現はれる。尊は危く大蛇の胴の間に絞め殺されようとするところに至つて、終に克づて、大蛇の首を手にされ、寶劍を得られる。見物は全く鳴りを鎭めてこれを見終るのである。

岡成物語（天野）

尚この物語劇に出て來る神々の服裝に就いて、これを逐一述べるといふ事は、可なり興味ある問題たるに相違ないが、余はこの方面の豫備知識に貧しくて、これを僅かにスケッチで以て傳へるの外はない。尤も此の服裝が、その面に於ける如く、特殊なものであつて、外に一寸類例を擧げることを許さぬといふことのみは斷言出來る。概して高貴な命は立派な陣羽織樣のものを召して居られる。其の丈は長くどうかすると袴に近くまである。肩の部がピンとそりかへつてゐる點が裝飾的な威嚴を加へてゐる。背には甚だ見事な刺繡がある。もう一つ高貴な方の服裝で特異なことは、いづれも女のみに見る程の長い振袖が付いてゐることである。

恐らくかうしたものは初期に於ける單純な模式の度を越えて、かうまで絢爛な發展を見たものであらう。

特に荒神神樂に就てはいつか機を得て、これを補ひ度いと考へてゐる。こゝではこの不滿足な敍述を以て先づ終にする。

三月三日　雛節句

これは型許りである。子供達殊に小作では先づ燒物雛があれば良い方である。菱餅桃を供へ、女の子達呼び合つて、輕い馳走をやる。

尚この日は「**雛さんさらへ**」或は「**雛さんあらし**」と稱して小さい子供の無い家へ子供達が押かけて行つて、馳走に預つて來る慣はしがある。けれどもこれは、大きく見れば村の祭ごとの中には這入れない程度のもので、この爲に赤白の旗が出るといふことはない。

新四月十五日　米子市勝田《カンダ》神社祭禮

勝田さんの祭りは、村中が押出して行くといつて良い程賑はふさうな。然しこれは勿論、米子といふ都會の魅惑を度外視して考へられないことである。

新五月一日

所謂メーデーの日であつて、尾高の村ではメーデー示威運動隊が問題を起しさうになる、それに引換へて、岡成村は當日川ざらへ日といふ事になつてゐる。

大山街道に沿つて流れる小川が、村の淨水路であることは既に述べたが、恰もこの五月一日には、村中各戸二三名を出して、年に一度徹底的な水路掃除を行ふのである。朝、上手に水が止められ、午後には再び奇麗になつた川底を、音を立て乍ら、大山の水が流れる。村人は川緣に立つて、皆これを眺め乍ら話に打興じてゐる中に、晴れ〳〵とした平和な五月一日が暮れる。

(新五月三日) 木野山神社祭禮と「こと」 三月十六日

松の芽の著しく伸びた山路を、子供達に導かれて、木野山さんに詣つた。春祭しかないこの社は、二本の幟が建てられた儘に止つて、意外にヒツソリとしてゐる。方丈といひたい名許りの拜殿には、細い幕が掛けられて、その中で村の衆七八名が神主を加へて酒宴を開いてゐる。

四尺四角の本殿も名許りの飾りで、前にボツリと太鼓が置いてある。これを廻つて裏へ抜けると、少し土の盛り上つたところに、狼さんの穴といふ、狐の穴格好のものがあり、こゝには米がバラ撒いてある。この後は深い森で、小さい谷を隔てゝ、凄い「上《カミ》の堤《ツヽミ》」(池)に續いてゐる。何となく地形は狼樣向きである。子供の促す儘に歸途を岡成堤の方の山路に採つた時、威勢の良い太皷の音を聞いた。神主にも御酒の効果は著しい。村はこれ以上の催をやらない。たゞ休みといふに止まる。この日中食の時「こと汁」の話を知つた。

「こと汁」 は特に春の村祭の中食の膳に乘る、しんじやの味噌汁(スイバを村ではしんじやといふ。村の畔に生じる酸味ある一見チシャに似た植物)の謂ひであるが、この膳には精進料理(竹輪はゆるす)の外に蘆の莖の二尺ばかりもある箸がついてゐる。

食事に先立つて、この長い蘆の箸で以て、膳の馳走を一箸宛藁で作つた苞苴《つと》(別圖參照)に入れる。勿論すいばの汁も少々入れるし飯も加へる。（祭の馳走をさげてかへるのは、このつとである、從ってこのつとはことにのみ用ふるものではない、村人一般の簡便なる食器である）

家族がめい〳〵の馳走を一箸づゝ入れ終ると、次には其の箸を又（圖の如く）藁で編む。卽家人の箸は水平に、神棚から持來つた箸は斜めに編む。神様は大國主尊と事代主命で、馳走はこの方々の膳からも先取りしてある。

かうしてお初許りを集めたつとは、大抵門前に掛ける。本家の川上では三年前の分から門前に掛け重ねた儘である。門前に掛けない家では、何かの木にかけて置く。うちでは「たらよ」の木の葉の間に吊した。

村人の話ではこれらの馳走は殊に『ギョ〳〵シ』と呼ぶ鳥に與へるつもりださうである。ギョ〳〵シは、余は姿をよく見なかつたが聲は聞いた。成程ギョ〳〵シと啼いてゐる。五月の河原の松林の中を飛び廻つてゐて、體は文鳥程もあるらしい。學名は知らぬ。村人の頭では一般の畜靈とギョ〳〵シと、つとと、

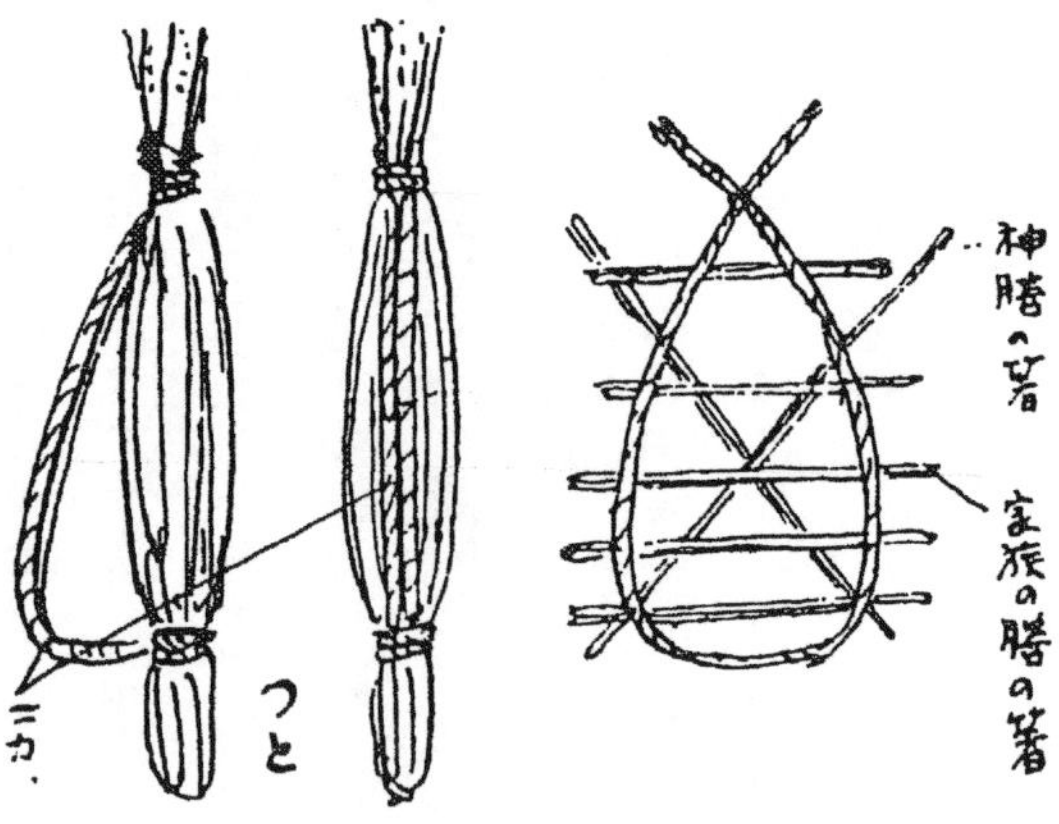

「こと祭」のつと（門口に吊す）

村祭とが一つの關聯を持つてゐる筈である。

麥刈り（舊五月初日）まで、

村は木野山神社の祭禮が濟む頃そろ〳〵爐の土を新しく附けたりして、養蠶の準備を始める。そして新暦で言ふならば六月の始め丁度家に作つた燕の巣から雛が巣立つ頃には蠶も美しい繭に變つて了つてゐる。それから初夏のあわたゞしい自然の變化に伴はれて畑にも著しい變化が來る。麥が刈られるのである。**端午の節句は**（舊五月五日）恰もこの畑の大改造が一段落を告げて、麥の穗の豐かな色合が一時地上から消え去ると直ぐのことである。

端午の節句は一年を麥と米とに振分ける分岐點に當つてゐるのであつて、一般農民の心持にもこの感の切なるものがある。その端午の節句の習慣を述べるに先立つて、以上簡單に述べた（舊）三月十六日から（舊）五月五日迄の模樣をもう

少し補つておきたい。

神樂獅子

春蠶の掃立ての始まる頃か、或はその繭を作る頃か先づそんなときをねらつて、村には神樂獅子がやつて來る。これは毎年來る伊勢の御神樂組の一行で、獅子舞の外に種々と餘興を演ずる、太夫、道化を伴つてゐる。正月と違つてこれは養蠶と直接關係のある御祓ひなのである。

大山權現祭（牛市）　新五月二十四日

この祭の日には牛市の立つ點で名高いが、既に四月二十四日には牛市が開かれる。然し五月の祭は、恰も最も盛な祭日に當つてゐる爲、牛市も極めて大きい。山は備前、中、後、の人々と、尙、山麓一帶の老幼男女によつて全く埋められる。凡そ十數萬といふ人が、大山口、伯耆大山、溝口の三道から蝟集して來る。夜中の三時、四時といふ時間に既に岡成の村ではこれ等の參詣者の聲や、絕え間なく打續く牛の聲を耳にすることが出來る。

岡成村の人達も勿論この群に混つて參詣し、牛の市に加はる。牛の賣買には大體二通りある。一つは小牛を買つて來て、一年間だけ哺育して、これを再び牛市に出すといふやり方と。一つは直ぐ後に用ごしらへをさせる爲に買つて來ておくといふのとである。

牛市の話を聞けば脫線することになるが、簡單に云へばかうである。大山寺（大山權現）の直ぐ下手に廣々とした伯勞場がある。こゝへ這入つて來る爲に三つの道があることは先に述べたが、その各々の道傍に關所が設けられてあり、牛や馬はこゝで出場料を拂つて（一匹廿錢か）後、伯勞場の適當な所へ繫がれる。買手は大抵一家族數名が財布の口をギュツと握つたまゝで眺めて廻る。それに仲介者が口を切つて、値踏みがされる。袖と袖とをくつつけてこの中で指を握り乍らこの交涉を進めるさまは一寸異なものである。扨てこれが定まると手打をやる。手打をする時は、買手、仲介、賣手、全部の數名が輪を作つてヨイ〳〵ヨイ、バンザイと手を打つては手を上げる。そしてこれを二三回繰返して最後に皆頭をさげる。まことに素朴な取引の光景で、草木の芽の美しい五月の綠の中でこんな光景を見ると、一寸涙ぐましくさへなるものだ。大山權現の祭は、この日特別の儀式があることになつてゐるが略する。唯概括的に言へば大山權現が明治初年、大神山神社奥宮として、その一部の分離をせしめられた、と同時に種々の祭禮、慣習も分割された態になつて居り、且又これと共に嚴重を極めた祭禮も甚だしく簡略化された。このことには一面天台の本山としての大山寺の衰微といふこと自らも亦深い意味を持つてゐるのである。

岡成物語（天野）

尙神樂獅子大山牛市といつたことの外に一體この頃は年中で最も風の強い頃であるといふ一事を特記しても良からう。強いのは大抵巽風である。大山の南側に灰色の雲が立ちこめてなま暖い風が終日吹通すことが稀ではない。こんな日に限つて何うしたものか村の人は體がだるいと言ふ。全くいやな風である。

特殊な事件の一つを書き加へるなら丁度こんな風の吹き出した晩のことである。（新五月六日）東一里のところにある赤松村が火災を起した。火は烈風に煽られて全村を燒盡し更に東北に飛んで考靈山の西南側をなめて翌日の午後二時降出した雨にやつと鎭まつた程であるから、村が先づ一物をも殘さないといふ有樣が想像されよう。赤松村では伊澤と椎木と稱する往時の大山侍の二舊家があり、この家は、全村の信望を背負つてゐたのであるが、これも燒けてしまつた。其の時の話である。第一番に馳付けた岡成の消防組に向つて、赤松村の人達はせめて、伊澤と椎木との倉だけは燒かない樣にと拜む樣に賴んださうである。にも拘らず、惜しくも倉は燒け落ちた。然し村人達が、二舊家に對して持つてゐる心持といふものが誰人の胸裏にも深く殘つたものである。

更にこの地方の民情を明らかにする狀態がこれに續いて現はれた。

近村は、忽ち炊き出しの準備をなしこの後數日間、灰掻きを手傳ふやら、新しく器具、藁を運ぶやら、してこれを助け、最後には米子から大工が總出で赤松村の家といふものを完成させるに至つたのである。人情の篤き實に驚くべきものがある。閑話休題、

端午節句　五月五日（六月二十日）

〔前日〕即ち五月四日に、菖蒲、ちがや、蓬を各一本宛とり混ぜて、表と裏口の軒に挿す、或はこれは屋根に乘せたといつた方が適當かも知れない。のぼりの立つのはこの數日前である。尙この日にちまきを作る。ちまきは笹の葉に包む、中にあんこが入つてゐない。

ちまきをゆでた汁を家の周圍に撒けば、蛇除けになるといふ。又女はこの汁を飮めば、山や野に出ても、蛇に魅入られたり、或は胎に入られたりする怖れが無いからといつて少し飮む。

〔當日〕朝神棚に四つものの膳（メシ、ヒラ、汁、ナマス（大根））と、菖蒲を挿した冷酒（菖蒲酒）とを供へる。

中食の際にはこの菖蒲酒を家人して祝ひ飮む。この日湯を立てる家では菖蒲の葉を結んで湯に入れる（菖蒲湯）

『シリ叩き』　或はしりぷちと稱する、風習はこの日通して行はれる。本來は菖蒲の葉を用ひるのであつたが通常ちがやを數本揃へ合せて、この尖を結ぶ塊をこさへて一寸擂粉木程の棒狀物を作りこれを携へて步いて他人の臀部を叩くのである。小學校から生徒が歸つて來る頃から盛になり、つひには大人も之に捲込まれて子供の樣に騷ぐ。これには習慣上男女の對立があつて男は女を、女は男を叩く。同志打は先づない。又臀と言つても正確に後部を叩き合ふので、そのお臀の部分を塀にでもつけてしまへば叩かれないで濟むことになつてゐる。女の子が塀にお臀をする樣にしてヂリヂリと歸つてゆく、それを男の子が又ヂリ〳〵と睨み合ひながら追つてゆく。一寸滑稽な光景であつてその習慣自身は醜態といふよりも、甚だしくおどけた感に富んでゐる。（未完）

白間津祭の報告

村崎勇

房總線千倉驛から、七浦行きか、白濱行きの乘合自動車で約二十分、東の方向に搖られてゆくと、七浦村の白間津區といふ一漁村に着く。そこから山麓へ向ふ細道を進むと遂に山の腹に崖を築いた社に突當る。これが日枝神社といふ村社である。祭神は大山咋ノ命。社記の由緒を見ると、古くは日之宮と稱し、醍醐天皇の延喜元年に岩戸大納言義勝の創立に係るもので、社領としては十二石四斗を寄進せられてゐた記錄があり、元和、慶安、貞享の年には更めて寄進を受けたことも傳へてゐる。神選幣帛供進の指定社となつたのは明治三十九年で、今の社殿もその時の建造である。

この社を中心にしたこの一漁區に面白い祭が殘つてゐる。それが白間津祭（又は日枝樣祭）である。

この祭の話を古老に問ふと平安朝の頃からだと力說してゐる。土地の人の得意としてゐることは、この祭は日本に二ケ所しか殘つてゐないことで、以前は伊勢、美濃、白間津の三ケ所であつたが、今日では美濃にはなくなつてしまつたのだといふ。祭日は一切舊曆により五年一回、六月の十四、十五、十六の三日間に決つてゐる。昨年の七月廿九、三十、三十一日の三日間が、丁度五年目にあたつてゐた。

房州の一漁區の祭とは思はれぬ程實費のかゝる祭で、戶主夫婦を除いて全區の男女が參加し、たとへ東京に女中奉公してゐる娘でも、大阪に出稼中の息子でも、必ずこの祭には歸つて來なければならない。狹いこの漁區では昔からこの不成文ながらの義務が負はされてゐる。だから踊り子の數は一ケ町村位の多數に達してゐる。而して一人の衣裝は三日間共同一のものを裝うてはならないことになつてゐる。若し止むを得ない事情があつて、出られないものは、一人宛約五十圓位を組合に出費せねばならない。故に往々、この祭のために家產を傾けてしまふ家もあるといふ。しかし近來は漁も不況なので、區民が申し合せ、出來るだけ五年間を努力し、祭費を貯蓄するやうにしてゐるといふことである。又正月の例祭もその翌年はやらないことになつてゐる。

これからその祭に行はれる行事について見たところを記さうと思ふ。

一、行事と踊

祭は三日、「過ぎ祭《マチ》」を加へると四日である。

イ、宵祭《ヨイマチ》（「揃ひの日」といふ）。舊曆の六月十四日で午後一時頃から、神職が氏子總代、村長、區長、長老を從へて、神前で、祝詞奏上の神事が行はれる。これが終る頃から社前に「とひいら」、「えんやあ棒」、「ささら踊」、「萬燈振り」の順序で踊が始まる。

ロ、本祭《ホンマチ》　十五日の日で土地の人は「本祭《ホンマチ》」又は「御濱出」といつてゐる。この日は御神體を素朴な神輿におさめ奉つて、水干姿の少年がかつぎ、神職氏子等に擁せられて海岸の假宮に出る。この時海岸でまた踊が行はれ、祝詞が奏せられる。さうして最後に「幟引き」が行はれる。これを「大繩渡し《オホナヘ》」といつてゐる。（第一圖は神輿）

第一圖　神輿

ハ、「後祭《アトマチ》」　この日は土地で「お上り《ノボ》」といつてゐる。即ち濱の假宮から御神體が神輿に乘つて社に歸られるのである。午後四時頃から行はれ、神床におさめ了ると祝詞が奏せられ、踊が行はれる。

ニ、過ぎ祭《スマチ》　これは一切の飾を取拂ひ、若衆は各々の組合、（これを區民は臺といつてゐる。）に集つて蕎麥を食べて、祝ふ。これで祭が全く終了する。

次に祭の踊を述べると、

イ、とひいら　これは女子の高等科二年生から五六歳までのものが踊る。服裝は第

白間津祭の報告（村崎）

第二圖

二圖の如く「鉢巻」、「五本襷」、「總手甲」、「前掛」、「脚絆」、「草鞋」で、着物は三日間違ふもの着す。手には木製の棒を五色の紙で飾り總をつけたものを持つて踊る。踊は單調で、大きいものから順に一列に列び、太鼓に合せて、「ヤア、ッ」と叫びながらゆつくり一齊に踊つて進む。この踊の意味はまづ草を靡びかせ、道をつけてゆく動作であるといふが、女子を先頭に出して踊るといふ行事はこの踊の古さと考へられる。

ロ、えんやあ棒　これは高等科から五六歳の少年までが、二列に並んで、やはり太鼓に合せて無言で、單調に踊つてゆく。服装は「鉢巻」、「手甲」、「五本襷」、「脚絆」、「前掛」、草鞋である。（第四圖參照）女子の「とひいら」と違ふ點は、鉢巻が後鉢巻で、顔に髭髯等をつけくまどる位である。手には棒のかはり、先立二人は片鎌鎗、後は薙刀である。（いづれも木製に五色の紙で飾り總をつけてゐる）この踊の意味は、「とひいら」のつけた道の草を薙いでゆくので、薙刀はその古體にかへして、鎌の用を足すのである。しかも先立の片鎌鎗は悪魔を拂ふのであるといふ。踊の振りは、見てゐると、どうも振舞のやうな氣がする。

第四圖
（えんやあ棒の先立）

體をひねつて、薙刀を上下するところは草を刈る恰好の振舞の心持を合せたやうなところがある。（第五圖參照）

第三圖　とひいら

ハ、ささら踊　この踊をする子供は尋常一年生の女の子と大體一定してゐる。この踊子の服装は「とひいら」や「えんやあ棒」と違つて、大樣は普通の山車の引き子と同樣である。頭に花笠、手に「ささら」を持つてゐるだけが違ふ。この一

隊は老人の謡に合せて、單調に踊り進む。たゞこの踊は踊子の一隊の中に、日天、月天といふものを加へてゐる。これ

第五圖（えんやあ棒）

第七圖（さゝら踊の綾踊）

第六圖（さゝら踊の中立・日天）

は高等科の二年生から、月枝様の神命によつて約二ヶ月以前に選定され、第六圖の如き服裝をし、背に日天は太陽を、月天は太陰を背負つてゐる。さうして隊列の時は日天が隊の先頭に月天は五列目に入つて胸の鼓をうち〳〵體を交互に右と左にかへつゝ進む。さらにこの一隊が社前の廣庭、又は假宮の前に到るとそこで道の傍に圓陣をつくり、日天月天を中にして、所謂白間津踊にとりかかるのである。（このことは後の項に記す）踊は次の萬燈が社前に達するまで約一時間位、踊る。

ハ、萬燈《マンドウ》振り　土地の人は單に萬燈といつてゐるが、萬燈が酒樽であるところから、一般には酒樽萬燈といふ。十六歳以上の青年が振るもので、各組合から一台づゝ、それぞれ台に名をつけ、東台《アツマ》、上台《カミ》、下台《シモ》、濱台《ハマ》といつて、一台七八名の青年が交互に振る。振り方は第九圖のやうに一人が一から七まで振つて、七から人が代

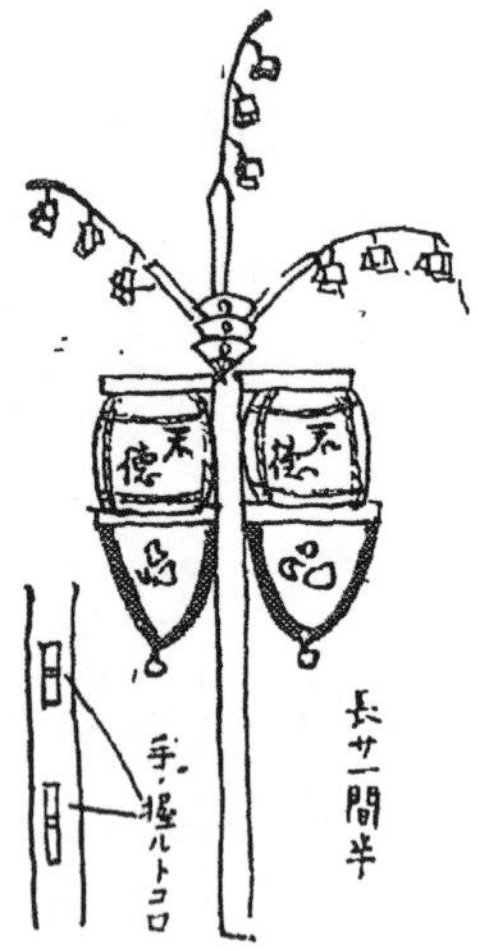

第八圖（酒樽萬燈）

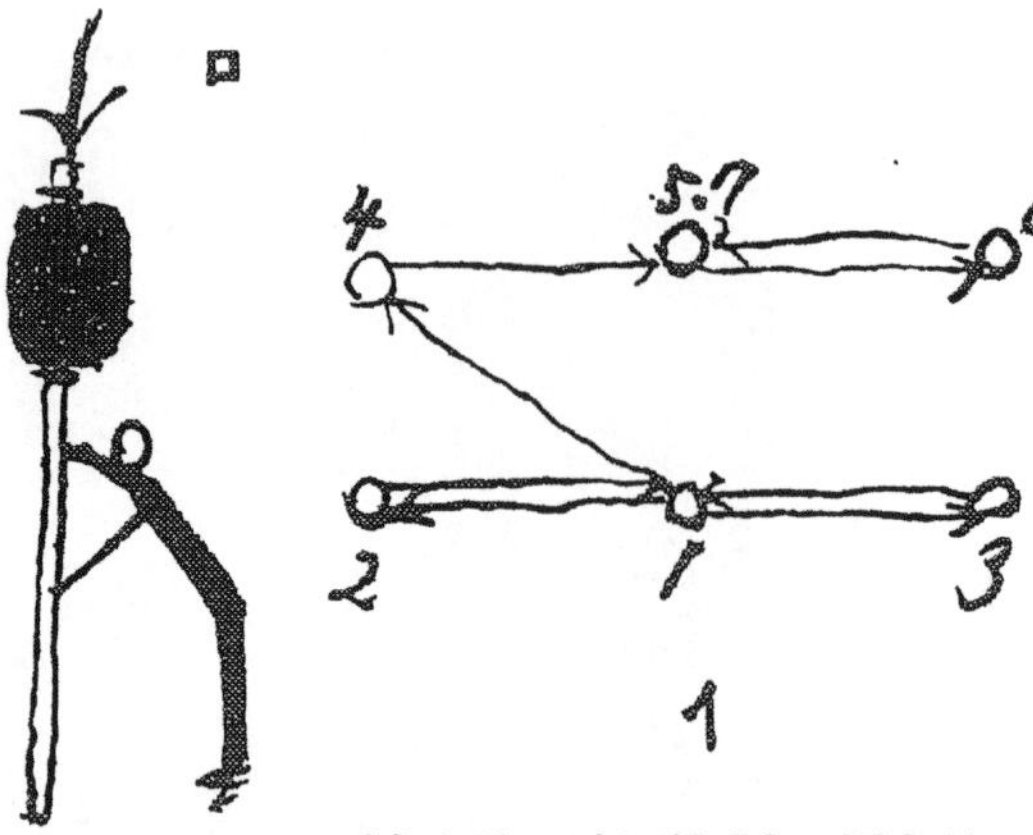

第九圖（萬燈振りの進み方）

第十圖（萬燈振り）

る。この動作は各台、凡そ十八台あるが、先頭にならつて一齊にふるのである。イはその進み方で、ロはその一、二、三、四、五、六、に於ける振り手の姿勢である。この萬燈は小學校に入らない男の子は、輕い萬燈にして一人づゝ持つてゐるが、それは日、月とを型つてゐる。酒樽を使用するのは恐らく後のことであるらしい。かへつて小兒のもつ方に元來の意義があつたらしい。しかし今日酒樽といつても、昔のやうに本當の酒樽をつけず、やはり竹で內部を作つたものである。だが重量はそれでもなか〳〵のものであるらしい。この振りは進むに從つて人をかへ社前に達すると、台の長年者が、「おさめ」の振りをする。さうして順次社前の側に立てかける。

二、ささら踊と歌詞

三日間に行はれる踊の中で、區民の最も重要視してゐるものはこの「ささら踊」である。この練習には一ケ月間を費すといふことである。まづその踊數は約十二種目、社前の道を踊り進むときのを「ふりこみ」といつて、二種目ある。更に社庭で踊るのが十種目、「**御寺踊**」、「**日間津踊**」、「**山佐踊**」、「**御參宮**」、「**扇《ヲマギ》踊**」、「**六角踊**」、「**小切《コヨツキリ》踊**」（二種あり）、「**牛若踊**」、「**綾歌始め**」である。

一、「ふりこみ」の踊りは手に「ささら」を持つて頭を足に合せてまげかへ、その度に「ささら」を先立の日天月天の鼓《ツヾミ》に合せて、ならすだけで單調な踊である。歌詞は左のやうである。

ふりこみ、一、

ヤア此程は參る〳〵と思うたれど、小歌はそろはず、ひまはなし。今來たよ、モウサ。小歌をそろい（マヽ、への方言）て今來た。」キリ

ヤアア 天笠の細道チ夜ふけて通れば、をソろしや。あぶなく、まむしなく、我も根チおせ、松蟲共にヤアト 根チおせい。」キリ ヤアやらをそろし（マヽ）のぬくしばや、しばめてたもをれ（？）たもをれ。そトふし歌を（マヽ）て聞せましよ。聞せましよ。

同　二、

御殿に參りて御門《ゴモン》な見れば、御門は白金《シロガネ》とびら（扉）も小金。いんから貫抜皆小金。やらよい見事の庭や、これのな、お庭で踊ろとすれば、夜露がかゝりてをどられぬ〳〵。ヤア 氏神に參りて御拜《ゴハイ》を見れば、御拜は白金、とびらも小金。いんカラ こきらん皆小金。」キリ やらよい見事の庭や、これのな、御庭でをどろとすれば、夜露がかゝりて踊られぬ踊られぬ。

二、歌を歌ひ、踊りながら、ささら踊の一行は社前まで練つてくると、そこには蓆が丸く敷れてある。その中には又、謠手の坐る蓆と中央に先立の蓆が敷れてある。これから次に收錄した歌が謠手である古老の口から發誦され、先立が「テコテン シヤア〳〵サ」と胸の太鼓を鳴して立ち上り、踊子も一齊に立ち、ささらを鳴して左へ左へと踊つてゆくのである。踊は各歌によつて多少違ふが、見た感じでは大きな變化はないやうであつた。

御寺踊

ヤア御寺へ參りて御門な見れば、御門はしでぬりこめて、上は葦《ヨシ》葺、檜皮葺、扨ても見事の篝かな〳〵。ヤア 御庭の篝を見てやれば、牡丹、唐草、庭躑躅、桔梗、刈萱、女郎花、菊の庭草、やら見事〳〵。」キリ ヤア 奥を見れば花のやうなる御佛《ミホトケ》樣が七拾三躰唐《カラ》いのひふぶ（マヽ）に御れんなさげて、御經遊ばす有難や。やら有難や〳〵。」キリ とふて（マヽ）へお堀を見てやれば、とふ（マヽ）なんくわんじやの宇津路《ウツロ》ふ船、浦島太郎の釣の船、五色の糸にてつながれた〳〵。

白間津祭の報告（村崎）

白間津踊

ヤア安房國の白間津に千かる稲が三本ある。三本《モト》の稲をかりほせば千町ばかりにかられますヤア其のや稲を米にして三本《モト》で米が千石六斗。さても見事の世の中や〳〵。└キリ ヤア其のや米を酒にして戌亥《イヌヰ》の角《スミ》に龜七ツ、七ツの龜を見てやれば、酒の泉がわきいづる〳〵。其のや酒呑む人は老も若きも殘りなく、命長かれ、末繁昌《スイハンジョ》〳〵。

山佐踊（土地の人に云はせると「こぶし踊」といつてゐる。）

ヤア春田の山佐デ御伊勢へ參り、御伊勢も福所《フクショ》、みなとも福所、福所のゆはれを年頃とけば、水も氷も三つャ四つカつふじも泉川にて末繁昌《スイハンジョ》〳〵。└キリ 奥みれば花のやうなるおひめこ（御姫子カ）達が皆一樣に米をうつ〳〵。米うつ槌を見てやれば、槌は白金《ガネ》、岩小金。かけたる襷《タスキ》を見てやれば皆一樣に唐の糸唐の糸。└キリ 最早歸《カイ》るよ。最早歸る信濃の寺は八棟造《ヤツムネヅクリ》、いざさら、歸りて寺を持つ〳〵。

御參宮踊

美濃の國の金まき彌重郎は御伊勢へ御參宮なさる〳〵。かちで參ればたびでやつれる。いささら御《オ》船で御參宮〳〵。錢《ゼネ》を積めば足が入る。そよ綾を千駄、錦を千駄、唐織物を五千駄。└キリ 舟の柱に白金をしたて、小金のせいびをふくしまよ〳〵。三繩《ミナハ》には唐の糸、そよ帆には錦をまきやる〳〵。└キリ 御入なされて新川《アタラシ》でごりとり染めて、外宮《ゲイ》や內宮で御參宮〳〵。外宮《ゲイ》樣には神樂あげましよ。內宮樣には金のつよりで淺間が瀧にて御參宮〳〵。御參宮踊は是迄いい。こんれまで。

扇踊（テマギ踊と古本にある。）

七じゆ揚げたに天子の上で、とろりとろりと御ふきやる。ふいのふいのねもよやこいもよや。あれは誰《タレ》ぞと人といば、(ヘノ訛言)あれは横山金太夫。ヤア金太夫樣のすがたを見れば、秋は紅葉に九月は菊よとふとい。是非じやと御人にしらせまうす〳〵。ヤア金太夫踊は是迄いい。こんれまで。

（この踊は花扇をささらの代りに用うるより、扇踊とゐふが、本名は、歌詞にあるやうに、金太夫踊である。）

六角踊　（扇を用う。）

サア 美濃の國の六角殿は音に聞えし長者様よ。小金の臼を七から立て、ヤア 百人連で米をうつちやる〳〵。どれが日につくたびの殿よ。どれというたら、かくれがあらうか。かちん前掛八織《ヲリ》たそぎ（襷）にくしの帷子《カタビラ》目についた。サア 御目についたら御請《（リヨウ）》けてされよ、たびの殿よ。請けてめすには錢《ゼネ》がなし。錢が御ざらずは御腰《コシ》の廻を御賣りなされ。腰の廻を賣りをとすれば、まだはるばるのたびの道、あり〳〵。ヤア 六角踊は是迄いい。こんれまで。

小切《コツキリ》踊　一

とひはご《マヽ》——ろの山からが山がうへとて里へきていいい。そげ繩はれなるこかきよヤア なるこ《（鳴子）》板かは何《（らカ）》がなる。ひのこさはらの木がなるヤア。なるこ竹には何がなる。七んかん竹《チク》たけがなるヤア。なるこ繩かは何がなる。あやや、錦の丸打が末《スイ》は春ばる長けれど〳〵ヤア、小切踊は是迄へ。こんれまで。

小切踊　二

サア 森屋様はどこに御座る、どことふたらかくれがあろか、南奥《ミナミオク》の唐竹籔のやすだれさげたる門の內。サア 森屋様の御門な見れば、御門柱は白金まきで、上をば檜皮で葺かれへた。サア 前《マイ》なる御井戸を見てやれば、さしたる井筒は皆唐木々々。つるべは白金、繩は唐糸、くんだる清水《シミヅ》はかの千代子、扨も千代子が茶を立てる。白金茶碗でしろく竹の茶せんで、あり八分目に立られた〳〵。ヤア 末《スイ》ははる〳〵長けれどォ〳〵。ヤア 小切踊は是迄へいい、こんれまで。

牛若踊

音に聞えし牛若殿は日本で一の生人《ウマレ》。晝は御寺で學問なさる、夜は三太刀《ダチ》で太刀をふるサア。太刀よふる片手に小刀《タチ》をかまへて五條が橋にと御入やる〳〵。」御入れなさて《マヽ》姿を見れば、鳥が小鳥か飛ぶ鳥か。千人切《キリ》の見事さよサア。千人切の見事さよサア。牛若踊は是迄へいい。こんれまで。

綾歌始　（第七圖參照——竹筒を短くしたものを裝飾し、ささらの代りに以て、恰も機織するやうな形をくりかへし踊る。）

白間津祭の報告（村崎）

綾織〳〵と御所望ならば、いささら、綾を織り申す。向《ムカヒ》の山で木を切りくだす。あれがな三本にはたごにさへて、三人姫子《ゴ》に綾おらしよ。」キリ　姉姫御前《ゴゼ》をば奈良よへそ《マヽ》、奈良はよいとこおやれめされ。奈良はおはたがしげしとこ、おはたがしげしとおやれめされ。女はおはたが職《ショク》ぢやもの〳〵。」キリ　仲姫御前をば岐阜かうよいそ、岐阜はよいとこおやれめされ。岐阜は弓矢《ユミヤ》がしげしとこ、弓矢がしげしとおやれめされ。女は弓矢をとるぢやなし。」キリ　乙姫御前をば山からよいそ、山はよいとこおやれめされ。山はなた鎌しげしとこ、なた鎌しげしとおやれめされ。女はなた鎌とるぢやな〳〵。國の始めは筑波の根より峯の中よりなほなのね川戀ひでたまりて淵《マヽ》となる〳〵春は吉野に我戀ひ櫻、誰をまつ（松）よのつくづくし〳〵。ゆふきひだくる成平樣はこらひまよふと思る〳〵。」キリ　夏は垣間に卯の花咲いて霞かかりて眼があかぬ〳〵。五月さぶりに六月旱《ヒデリ》今は秋田のおとし水〳〵。秋は龍田に紅葉に菊に、萩や錦の花盛り〳〵。」キリ　山田の郡《コホリ》きしようせいし（起證誓紙か）の二人の娘、妹十九の花盛り〳〵。姉は二十でひとなりさめて、月に花よの今さかり〳〵。我《ワ》をまつよの人あるならば、名をや流さん此の川へ。その幸《サイワヘ》に成平樣は妹ほしさに、神願かけて、伊勢へ七度、熊野へ三度、清水《シミヅ》稻荷樣へ月參り〳〵。なんぼ御所望なされたとてもいんぢやは無用となされましよ〳〵。」キリ　こりや身のたとへ、女の身の上あの山〳〵の谷底、清水は夜晝をちれど名もたたぬ〳〵。やらあさましや。女の身の上一夜で名がたつ、浮名立つ〳〵。我はゆく〳〵東の方へ。あとへ花咲く、枝折るな。枝も折るまへ折らせもしまへ。早く御ざれよ。散れるまに〳〵。綾もおきやれよ。錦もおきやれ。いざさらさらも皆をきやれ〳〵、〳〵。」キリ

以上は、老人の口寫しを記しておいた村の人の記錄から、歌をきいて、きのついた點を多少訂正して書いたものであるが、未だ充分意味の徹しないところがある。歌詞自體に混入が多いやうで、これを解するに困難を思はせられるところが相當ある。

三、大繩渡し

これは本祭の際、神輿も踊子も假宮に入つて後に行はれる。社の前方に立てられた一對の幟（第十一圖參照）を土表の上

第十一圖

に一本づゝ組み立て、この縣道筋の區別は山手と海手と上下に分かれ、この轍一本づゝを海岸まで綱で引くのである。以前は順序によつて正しく引いて行つたものであるが、漁民のことゝて氣性が荒いためか、何時か競走となつて、老若男女總出で引きくらべをするのである。これはこの祭で呼びものになつて、なか〳〵賑かなものである。この競走は見物も引手も全村民（七浦村）が我を忘れて熱狂するのである。

四、祭の傳説

五年に一度といふこの祭は房州の人さへも知つてゐるのは少ない。丁度昨年はその五年目に當つたのであるが、若し新聞の報導がなかつたら、恐く房州の人はかうした祭の存在すらも氣がつかなかつたことであらう。この祭の僻村に似げない規模の大いことの裡に一つの傳説が存在してゐる。

今、この白間津の東寄の海に地續きの島がある。名を來島《クルシマ》といつて以前は芝生の生へてゐた完全な島であつたさうである。何時の頃か、年代もはつきりしない大古のことだと老人はいふが、この島に白衣の人が現れて、珍しいこの踊をいくつか敎へたのである。村人はこの白衣の人が何日居たか覺えない程、短い日數のうちにすつかり歌や踊の振りをつけて、忽然と消えてしまつたといふのである。その白衣の人が、どうもこの日枝神社の祭神であるかのやうである。今でも「ささら踊」の先立である日天、月天に選ばれるもの神慮によるので、二ケ月以前に氏子の家から、年齡の適する少年の名を書きつらね、神前に奉つておくと翌朝までに、ちやんと選ばれて、何等かの御記《オシルシ》があるといふことを事實めかしく聞かせた村人があつた。今、この社の麓に圓正寺といふ寺がある。神佛混淆の名殘りで維新まではこの寺で神社の一切を管理してゐたといふので、社の古文書を求めたが、遂、幾度かの津浪で、今は何ものも殘つてゐないといふのである。歌詞は幸ひ、この區での物識といはれた新藤佐五右衞門といふ人が、安政二年から世話役となつて、人々の口傳を書き殘しておいたものであるといふ。しかし大體は口傳の法を守つてゐるといふことである。尙こゝの祭は五年一回の大祭の行はれぬ年は舊正月の十四、十五、十六日の三日にわたつて「御神樂」と稱する例祭がある。これは未見のものだが、左の曲目が行はれるさうである。

一、神樂
二、先取さし、（一人の大人が棒を持つて舞臺に表れ、壽ぎの口上をいふ）
三、おかめ踊
四、村芝居、（曾我五郎、賤三郎の大喧嘩の場）
五、めの子踊

この中三の村芝居は、外房一帶の祭で催されるものである。今後實際を調べておしらせすることにする。

（昭和七年二月七日稿了）

祭文探訪

北澤怡佐雄

武州粕壁を巡る地方は、現今でも特殊部落の多い所であるが、其處から古利根川に沿ふて、約一里ばかり下ると、簞笥作りの多い豐野村、松伏領村といふのがある。二・三十年前までは、祭文語りの部落であつて、多くの話を傳へて來た。豐野村銚子口といふ所は、大阪の殘黨が落ちのびて來た所で、初め七人の仲間が居たが、六人の仲間を殺して其財を奪ひ、此地に居着いた一人を祖先とすると云ふ。此處に加藤某といふ祭文讀み——特に此地方では祭文語りともでろれん祭文とも云はずに、祭文讀みと云ふが、勿論、臺本は持たぬ樣だ——が居て、常には石臼の目切りを業とし、時折門付けをして歩いた。その女房は「鬼婆さん」と仇名され、草履などを作つてゐたが、夫婦共稼ぎで、門付けをして歩いたり、常宿に泊つては、說經、和讚も唱じた。依賴を受ければ、からくりもすれば、順禮歌なども謠うた。某は五年前、あの世へ旅立つたが、其時祭文の錫杖も法螺も預けてやつた—共に葬ふ。此地方では、生前愛好してゐた物は何でも、一まとめにして埋める—ので、今年八十になる某女房、おりんさんは爲す事もなく、持昌院といふ寺—昔、大阪の殘黨六人を殺した人が、

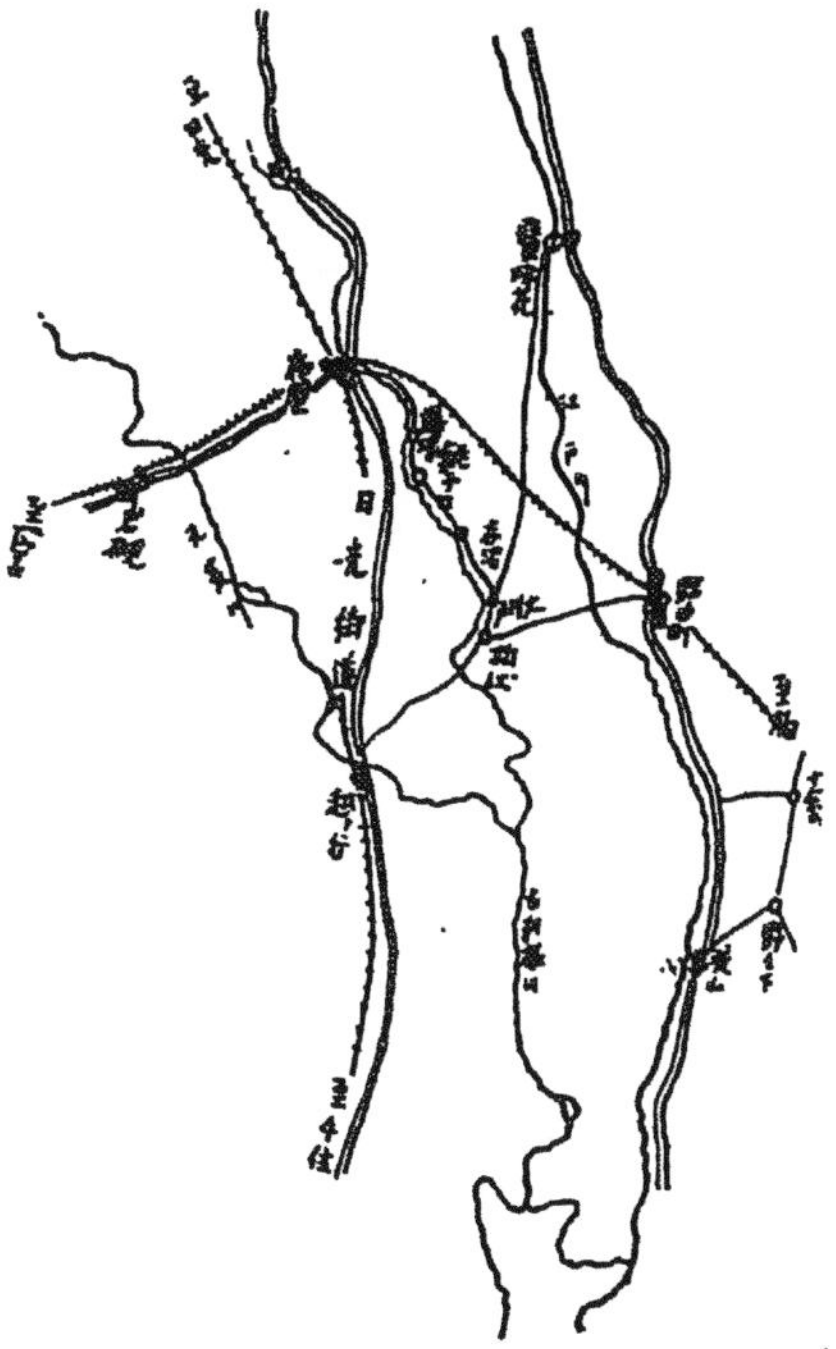
粕壁地方略圖

一人に一寺を建てゝ冥福を祈つてやつた、今では持昌院だけが殘つてゐると云ふ—の番人をしてゐる。彼等の仲間には、同村赤沼、宿通《やどとほし》、藤塚或は上河原に住んでゐた者も大勢居た。後に吉田由丸と名乘つて、粕壁近在の祭文讀みを牛耳つた男も、實は此村の出で、弟子には浪界に入つて相當名をなした者も、居たと云ふ話だ。赤沼には石川某といふ男が居た。「親方さん」といふ通り名を持つた有名な祭文讀みであると同時に、賭博の親分でもあつた。某女房は石川みさと云ひ今年で七十一才、親方と一緒に、金に窮すると祭文を語り歩いたといふ。先日、村芝居が赤沼にかゝつた。其時に佐倉宗五郎を演つたが、和讚なしでは芝居がうてぬと云ふので、おみさ婆さんが選ばれて、幕の後で唸つたといふ話。嫌機な婆さんで、念佛の師匠をしてゐるが、今では暮しも良くなつてゐるので、昔の事は一際流して仕舞ふたと云ふて、何を尋ねても語つて呉れない。そんな風で、今では祭文も語らない、强ひて賴んだら照手姫和讚といふのを聞かせて呉れた。次の樣なもので、中に念佛、說經、からくり、祭文で語る所がある。

（上には訣り易く、その代り目に名稱を附記する）

れんぶつ「きみようちようらい照手姫　賤しき下職《げしよく》を　つとめける
よろずやちよいと買ひとられ　からくり「にないを肩にと　かつがれてアコリヤ
ながれをたてぬ　そのとがで　清水《しみず》をさしてぞ　いそがれるアコリヤ

祭文採訪（北澤）

清水となれば　てるて姫　アコリヤ
にないを共場に　をろされて　アコリヤ
両手にしざくを　たづ《携》さいて　アコリヤ
流れの清水を　汲み上げて　アコリヤ
ざんぶと汲みては　ざわとあけ　アコリヤ
またも清水を　くみあげて　アコリヤ
汲んだる清水で　かげうつし　アコリヤ
れんぶつ「ほうとばかりに　をどろいて
やつれはてたよ　我すがた
せつきよう「やつれはてしは　無理ならぬ
つまに別れて　このかたわ
まいかけ襷に　ひまもなし
髪に櫛のは　入れもせず
手足の爪も　とりもせず
あの奥山に　すみかなす
鷲熊鷹に　さも似たり
れんぶつ「云うて怨みは　なけれども

三一四

思ひ出す日が　めいにち《命日》よ
さいもん「左のたもとい　手を入れて
くろきの珠數を　とり出し
相模のかたいと　うち向ひ
珠數さら〳〵と　をしもんで
きよき清水を　くみ上げて
姫がたむける　この水は
わがつま様への　いこう《回向》なり
またも清水を　汲み上げて
いけのしよぢやや　じうにんの
ともはらだちの　いこうして
あはれなるかな　てるて姫
暫く共場に　なき臥せり
陽も西山に　かたむけば
のちの下職が　をそくなる
れんぶつ「になひを肩に　かつがれて
よろづや指して　いそがれる

赤沼から松伏領村へ行く途中に、大川戸上新田組といふ字名の地があり、小島えんと云ふ盲の婆さんが居て、巫子祭文として有名だつたさうだが、今では全く話をする元氣さへも無くなつてゐる。松伏領村には山伏塚といふたゝり塚がある、と聞いたので方々尋ね歩いたが、結局、在所が忘れられてゐる。江戸川を越へて野田町に入り、南に向つて行くと花輪に出る。此處にも祭文と市子が居た。野田町から北總電車の便を借りて三つばかり停車場を乗り越すと、豊四季といふ所に着く、此處から約十町ばかり行くと野々下といふ部落があつて、成島屋といふ料理屋がある。此處の家の叔母といふ人が、市子だといふので尋ねて見ると、何でも越ケ谷に居て二年毎に來るのださうで、新盆或はうらなひなどに頼まれて行くが、新盆の家に行く時は、佛壇の前に坐して先づ神々の御名を呼び、口の中で呪文を唱へる、次に丼の中に八分目位の水としきみの葉を一枚浮べたのを前に置かせ、家の者に水をその葉で掻いて貰ふ。すると市子は無我の境に入り、死靈に代つて色々な懺悔をする。水に浮んだしきみが、渦と共にぐる〳〵廻つてゐる間は、何でも家の者の問ひに對して、死靈に代つて答へる。しきみの葉が落ちつくと口を閉じてしまふので、色々聞きたい時には何時までも廻してやる。聞き終つた時、葉を止めてやると、市子は我に歸る。自分の云ふた事は一際知らない。呪ひをかけられた時、市子に見て貰ふとすぐ謎が解け、戀愛關係などには、特に良いさうで、例へば、あの女は自分を想ふて呉れてゐるか何うかを見て貰ふ場合、この時にはしきみの代りに榊の葉を用ひる。矢張り最初に、神の御名を呼ぶ、之は神々に立合つて貰ふ爲めだといふが、呪言の終りは下りて下さる樣と云ふのださうだ。女に思はれてゐる男が、榊の葉で水を濁してやりながら、市子に色々な事を聞く、すると市子は女の生靈となつて何でも答へるから、眞實思つてゐる樣であれば、此戀愛は完全に達せられ、夫婦となつても幸福な年月を送ることが出來るといふ。問答がすむと、先の場合と同樣、動きを止めてやる。すると、市子は「神上り」の呪言を唱へるのださうだ。此呪言の外に、市子は祭文や說經を知つてゐて、語ることもあるさうだが、普通の祭文讀みと違つて、大した興味を引く語りは少なく、神佛に關したものが多いので、餘り歡迎されない。その婆さんは何でも八十五才位になつてゐるさうだ。野々下から流山町に行く街道は、約一里。流山町から松戸に行く町端れに宮下といふ所がある。市子は此處にも居たさうだが、一向其話を知つてゐた人も無かつた。三里ばかり離れた十余二《とよふた》村には、旦那が祭文で、女房が市子をしてゐた夫婦が居た。氣の毒にも相次いで死に、盲の子供が何とか云ふ寺に預けられてゐるさうだ。村の人の話では、何時も二人連で門付けをし、丸で乞食同樣だつたので、女房が市子をしてゐても、容易に頼みに來る者もなかつたといふ。

粕壁在、約一里程北東に寶珠花といふ所がある。五月の節句には、例の大凧があがる所だが、此處に「瞽女の松」といふのが在るさうだ。粕壁で聞いた話だが、昔、寶珠花に巫子祭文が住んでゐた。或時他村へ賴まれて語りに行つた所が、其村の同業者から迫害を受けて、村へ逃げ歸つて來た。それから病氣になり臥つてしまつたが、食ふ物に困つて、杖をたよりに物貰ひに出た。誰も惠み與へて呉れる者も無い、到々病みと飢えとでのたれ死をした。其時持つてゐた杖が芽をふいて、大木の松となつたのだといふ。だから其木には巫女の亡靈が宿つてゐて、手を觸れたり、枝を折り取つたりすると祟りがあると云はれてゐるさうだ。何故「瞽女の松」と命名したのか訣らぬが、彼女も一人の乞食者の瞽女であつたのかもしれない。一體、粕壁を縱に走る街道は日光街道と云ふて其昔は色々な旅藝人やにせ山伏の徒が、横行してゐたらうし、街道筋の村々には、そんな連中の無賃で泊る常宿が必ず、一・二軒はあつた。中仙道は昔の木曾街道で、つい明治の終り頃まではそんな家が方々にあつた。大宮には町の兩端にあつたさうで、下のは橋本といふ家がそれだつたとか。上では土中宿の熊手屋の長屋と。高野屋とがあつた。熊手屋の方には玉造某といふ、先頃まで大宮工場の裏手に居た行者が主人代りをしてゐたとか、云はれてゐたが、今は全く跡かたもない。その代り、木賃宿といふのが出來、一晩五錢から十錢位で、乞食同樣な連中を泊めてゐる。上尾、桶川、鴻ノ巣にも、木賃宿が必ずあつて、彼等の常宿を務めてゐる。熊谷町在には東家樂燕の先代が、でろれんで鳴らして居た。岡部附近には今でも、其弟子が居るさうだが、大抵百姓になりすましてゐるといふ話だ。鴻ノ巣在の馬室村字原馬室には、大塚常右衞門といふでろれんが居て、天神堂の堂守りをしてゐた。村では常ざいもんと云はれ、生れは鴻ノ巣で、万吉といふ伜が居た。天神堂に住み込んだのは四年前で、椎村さんといふ家が世話役となり、門付けの常ざいもんを住ませることになつた。「くづの葉」「景淸」「小栗判官」などが十八番で、錫杖を持つては門付けに出かけ、盆施我鬼には相當な收入もあつて、好きな酒を飮んでゐたさうだが、彼の高齡に似合はず、すばらしい聲が立つといふので、大評判だつたが、今年十一月に八十三才で、あの世に旅立つた。同じ馬室村には、福田倉吉さんといふ今年七十四歲になる老人が居る。道樂に習つた祭文語りで、門付けにも出ず、百姓が本業だつたので、村の寄合ひなどの餘興に、茶椀など叩いて「八百屋お七」や「一の谷」などを語つたさうだが、今は殆ど忘れ果てゝ、何處で習ふたかも知らずに居る。

入間郡古屋村渥津には、先年郷土研究會を西角井先生のお宅で催したとき、招きに應じて來た鍋さんの住居がある。鍋左衞門は通り名で、本姓は荻島鍋太郎さんと云ひ、元此村に居た百左衞門の一番弟子、自稱流派？のことを當山といふが、他村に出かけた時の名乘りは、「日光海道名前新田淨法院の袈裟下、文學」といふ。淨法院といふのは輪袈裟をかけて道中差を一本ぶち込んだ山伏で、祈禱する時の音聲は、すばらしくよかつたので、或人が其聲で歌を謡ふたら、定めしうつとりする程だらうといふたので、謡ひあげた所が大變な人氣だつた。中でも五説經――八百屋お七、一の谷、小栗判官、山莊太夫、刈萱――が十八番であつた。説經と云ふたのは、經文を眞似て祭文に語り直したから云ふのだ」と鍋左衞門さんは云ふが、改祭文の意味なのだ。淨法院は藝名白澤經基事白澤百左衞門で、高弟の鍋左衞門さんは白澤文學を名乘つた。西角井氏宅に文學と一緒に來たのは、弟子の辨左衞門事白澤好學、北足立郡指扇村淸河寺に居る。今一人の弟子は入間郡日東村（川越市の南）字奥富に居て本姓松永末之助、藝名を白澤文華と云ふた。此連中の語りは殆ど新しいものばかりで、小説などが主なる題材である。其他白澤姓を名乘るでろれん祭文には、入間郡吉野村鴨田に白澤周山（死亡）、白澤森義（七十歳）、同郡植木村上追袋に白澤幸學が居たが故人となつてしまつた。

蒙古遊牧民の生活（二）

水野清一

九、家族・財産・旗民

シリンゴルを旅して驚くことはラマ僧の多いこと丶共に、一家族の人數がひどく少いことであります。一體親類眷屬と云ふものがどんな關係にあるものかも一軒一軒の離れ住居である蒙古ではとりわけ仔細な觀察を必要とします。通り一ぺんの旅の者にはわかりさうもないことです。だが家族が少いこと、子供の少いことは誰にも氣が付くことであり、誰にも氣が付く程顯著なのであります。從つてこの點からシリンゴル家族制の特相を考へることは旅行者にも許された唯一の點でありませう。こゝでは普通一般には一夫婦が一家族をつくります。何代もの夫婦、同じ世代でも何組もの夫婦が集つて出來る支那の家族制とは著しく異つたものであります。夫婦二人に子供一二人と云つたのは最も普通な家庭です。先にも云つた樣に冬の孤立的な生活を營まねばならぬ樣な幼稚な牧畜ではなるべく小さい團體に分れる必要のあることは自ら明らかです。子供が大きくなつても二男以下を殆んどラマにして失ふことには、喇嘛教に對する信仰以外に重要な經濟的理由のあることも認めなければなりません。一體に蒙古では夫婦本位の小家族制です。從つてあるだけの男は分家させます。分家して出來るものは同じく牧人であります。この牧人たる若い夫婦は最初に父母から包と家畜を貰ふ外仕方がないのです。ところがこんな牧畜に於いて家畜の增殖は幾多の自然的な制限を被らなければなりません。一人位の分家ならとも角、二人も三人もの男を分家さすことは余程の財産家でない限り出來ない相談です。それでラマにすることも自然多くなり、また支持される譯であります。ラマにするには初め少しの仕送りがあれば事足りるのです。かう云ふ譯で家も人もあまり殖えません。幼稚な牧畜乍らに人口の飽和狀態に達してゐるのでせう。故老に聞いても、シリンゴルの戶口及び人口は減じつゝありと云ひます。少くとも殖えないのは確かな様です。

この殖えない理由としては三つの原因を指摘することが出來るかと思ひます。(1)經濟狀態が全く固定してゐること。相變らず粗放な牧畜であること。(2)二男以下を喇嘛僧にすること。(3)不衞生なこと。そしてこの三つはお互に深い相關關係をもつて働きかけてゐるらしいのです。

結婚することは直ちに家庭をもつことで、その形式には嫁取、婿取、より合世帶の三つの形式が共に行はれてゐると云ひます。

シリンゴルでは一夫一婦とその子供達、それに若干の家畜のある包があらゆる社會生活の單位であります。經濟的にも、政治的にもさうであります。この一家の財產は大體家畜の多寡で定ります。この多寡によつて社會的には身分の相異も生ずる譯です。

彼等の間には職業上の區別は全くありません。各人は同じ生業を營んでをります。社會的にも平等であります。併し乍ら全く無差別かと云ふにさうではない様です。彼等のカラグル（黑い家）、チャガングル（白い家）と云ふ漠然とした言葉にも、貧富をもととする差別的な意向をいくらか含んでをります。白いと云ふのは包の氈子《フェルト》が新しい白い色を保つてゐることで自ら富裕だと云ふことを示し、黑い家と云ふのは貧しくて氈子も取り換へることが出來ず古い眞黑になつたものを使つてゐると云ふことになります。かう云ふ黑い家は王府の近くとか、喇嘛廟の近くによく見受けられます。家畜もあまり無いので富豪や寺などの雜役其の他で暮しを補ふ必要があるからなのでせう。

この外に包の周緣を紺またはその他の色で緣取つたのを時々見受けます。役所は紺、王府は赤などで緣飾りをしてをります。でありますから、普通の包でこんな緣飾りをしてゐるのは王樣から許しをもらつた特別な家柄である譯です。何と呼んで居りますか、聞き洩しましたが、皆からも尊敬されてゐる豪族で、王府に覲番する家老執事（トシモリ）などを出す家柄ではないかと思はれます。このトシモリは王府にある役所の總取締りで、その權力は大したものです。私共が王府に着いていつも世話をかけたのはトシモリです。外の人々は全く話がわからない牧民達です。どの王府でも少しものごとのわかつたのは王樣とトシモリ二人だけです。このトシモリが王府内外の仕事を皆指圖してゐるのですから、その尊敬をうけることも絶大です。こんな所はいやに官僚的な色彩が濃厚です。色々の點に於いて差別的です。もしトシモリが包の中に入つて來れば、ずつと上席に行つて收ります、人々は雜談を俄かにやめ、腰を浮します。人々が恭しく膝いて出す挨拶の煙壺（嗅ぎ煙草の小い壺）もトシモリはそのまゝ平然と差し出します。氣づゝないと思ふ人々はこそこそと出て了ひます。彼等は異見を申し述べることなく、唯々諾々として命に服します、そして深く尊敬して居ります。これはトシモリに對した明瞭な場合ですが、そうでない人々の間にも夫れ夫れ身分の差別が認められてゐます。こんな格式と云ふものによつてシリンゴル社會の秩序が保たれてゐる樣に考へられます。そしてこれがシリンゴルの政治を規定する原理でもあるやうです。

一〇、王府・驛傳

一體王樣と云ふものは各「旗」に一人づゝあつて、清室から爵位を贈られたものであります。シリンゴル十旗を統轄するには「盟」があり、盟には盟長と副盟長とがあるが、どう云ふ風にして選ばれるか知りません。德望と財力とが必要なことは申すまでもありません。

王樣と旗民との關係はよくわからないけれども、要するにあまり判然としない賦課、賦役と徵兵、それに服從と保護を混合したものであつて、後者に多少封建的な君臣關係が見られると共に、また格式以外には全く階級的なものゝないシリンゴルの旗は部族的な性質も充分に認められます。王府、役所に必要なものは食料、燃料、馬匹、勞力など何でも旗民から徵發するのですが、王府自身もまた別に牧畜をやつて居ります。

王府が牧畜をやるのみならず、王樣はまた包の中に起居します。この點は全く旗民と同じであります。支那の記錄は昔から北方遊牧民の王府を指して王庭と云つたが、これは實に王府の狀景をうまく云ひあらはした言葉だと感心しました。（第十七圖）。土でこしらへたか、戶板を並べたかの相異はあつても、大體同じ樣に低い塀があつて、その圍の中庭に幾つかの包が規則正しく並列されます。東西南北には二本の杆を立て、繩をひいて喇嘛敎の神聖な護符が垂れ下げてあります。

郭外に二三の包があるのは雜役人の包や、受付の樣な兵士の詰所や、また御用大工、御用商人の詰所です。支那風な房屋も一棟位はあるが皆物置きです。脚の高い棚が露天にあるのは飼犬を防ぐ、食料品の置き場らしい。背後の方へはアルガリの燃料が堆積され、風を防ぐやうになつてゐます。

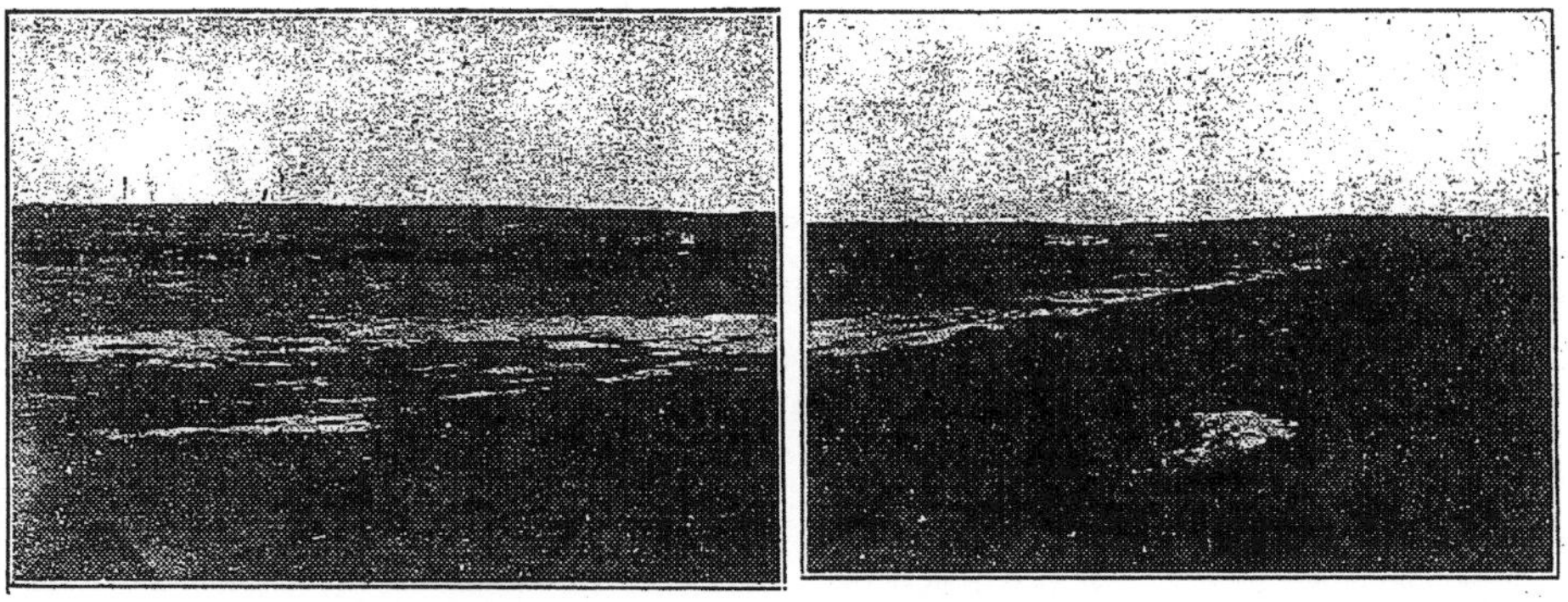

第十七圖　東蘇尼特王府全景

郭內の包は接見の包や、佛間にあたる包、さては自分の住む包、家族、女共の住む包など區別され、外部內部の調度裝飾などにも夫々相異があります。

役所はまた王府から大抵五支里、十支里位離れてゐて、五つ六つの包からなります。徵發、課役の記錄や、王府の雜務、また裁判などもやるさうですが、要するに大した仕事もないのでせう。前にも云つたトシモリが頭で、二三人か四五人の若い書記（ビチクネ・フン）と雜役人若干で、馬が何頭か用意してあります。

この馬は王府との連絡用ですが、ほかとの連絡にも使用します。他の王府との間は一定の途にて連絡され、その間には驛舍が置かれ、公用の人達はそこで馬を替へ、食事をとり、また宿泊して所要の地點まで行くことが出來ます。驛舍は皆旗民の輪番で、義務的に或る期間、その路上の一定の所に住むことを餘儀なくされます。家族連れで包を構へてゐるものが普通ですが、時には一人だけでやつてゐるのもあります。期間は數ケ月のものもあり、一年と續けてやるものもあるさうですが、どう云ふ風な割り當になつてゐるか知ることが出來ませんでした。一驛の間は大抵八十支里で、駱駝の一日行程です。馬で飛ばせば極く僅かな時間で到達することが出來ます。食事は素麵が用意してあつて、人が着くと直ぐ羊肉と共に炊いて、之を出します。そしてその人は馬を替へ更に次ぎへ行きます。多くの場合案內人をつけます。これ等の勞役並びに物資は皆當番の人の負擔です。

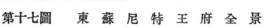

この制度は一盟の內のみでなく蒙古の各地と連絡出來る樣になつて居ります。私共の行つたときには班禪喇嘛《ベンチエンラマ》がシリンゴルで冬を過すと云ふので、その物資調達に人々がこの驛傳を利用して盛んに往來してゐるのを見受けました。

一一、生業（二）旅から旅への商人

以上述べた樣にシリンゴルの人々は全く同樣な生業を營んで居りますが、こゝに少し變つた職業をもつ蒙古人を紹介します。それは旅から旅へ漂泊つて行く隊商であります。何處の蒙古人かも知れませんけれども、兎に角、シリンゴルの何處かに居をもつてゐる蒙古人でせう。或は全然定つた居をもたないのかも知れません。貝子廟で滯在した十數日間に、よくその附近でテントを張つてゐる隊商を見受けました。

テントは私共も持つて廻つた樣な二本柱、一木棟木に給布のテントです。あまり防寒にはなりませんが、風に對する抵抗力は相當にあります。二三人の家族連れで、十頭か二十頭位の駱駝をつれてをります。持つてゐる品物は羊肉に、氈子、氈子の靴下などです。一晩か二晩滯在して、いくらか商賣をして、また次ぎへ行きます。

私共は彼等が澤山もつてゐたフェルトの袋に簡單乍ら刺繡がしてあるのを面白いと思つて、賣つて吳れる樣に云ひましたが、彼等は自分等の使用品だと云ふので用の終つた澤山の袋を一つとして手離すことを承知しませんでした。この商人はこんなにかたくなで商賣氣がないのです。金にさへなれば何でも賣り飛ばさうとする支那の商人とはやり方も違ふし、考へ方も大部違ふやうです。

一二、交　易

商賣人は矢張り支那人です。農民は一切入れないと云ふ禁制から支那人はまた皆商賣人であります。貝子廟《ベイツミヤオ》の東北と西南に一群づゝの支那人包があります。何れも廟から二丁位は隔離されて、淨俗の區別は甚だ嚴重です。まだ南方の山の中に一團の商人部落があると云ひます。前者は北京商人、後者は山西商人で競爭してゐる譯です。またチヤンタン廟《スム》の附近にも商人の包が二三ありました。かうして廟の附近などに居を占めて蒙古人の客が來るのを待つて居ります。現銀による販賣、また物と物との交換もやりますが、相手が支那商人だからその取引の根本原理は現銀制度にあります。支那の一圓の銀貨が使用されて居ります。補助的な貨幣として孔あき錢の紐にとほしたものが使用されます。これは取引の便利の爲め、支那商人が認めて通用さしてゐるだけで、實際上價値のないものです。

支那商人も雜貨の賣込みを主としたものと、蒙古の物資の買ひ出しを主にしたものとあります。私共が往路の自動車には九人の博勞が乘り合しましたが、彼等はシリンゴルのある活佛が天津に於いて自動車二臺とその他の雜貨を買ひ込んだので、その代りの馬を受取るべくやつて來たのです。これが王樣とか活佛等の大仕掛けな取引の方法です。

この外に支那人の大工が少數ではあるが入つて居ります。

一三、信仰生活（一）

シリンゴルに於ける信仰の生活は、表面上全く喇嘛敎一式であります。彼等の古い信仰の名殘りであらうと思はれるオボ（鄂博）もこの喇嘛敎と習合した形に於いてのみあらはれてをります。オボのある所には喇嘛寺があり、喇嘛寺のあるところにはオボが出來、オボに對する何かの呪文的なものも、オンマニパタメホムと云ふ念佛にとつてかはられ、新しいオボ自體はオンマニパトマの石碑となつて路傍に出現する。シヤーマニズムと云つた樣なものは、唯の巫覡になり下つて、もう表面だつた社會には出て來なくなつてをります。ラマの信仰は王樣から牧民に至るまで實に深く浸み亙つて居ります。北平や奉天の喇嘛寺院に見馴れたものは、荒廢した寺院と、その寺の品物を盜み賣りしてゐる薄氣味の惡いラマ坊主を想像する。こゝでは凡てが想像の外であります。隅々まで手入れの行き屆いた大伽藍と、尊敬された有德さうな僧侶達に出會ふ。併し、敬虔な信徒はとほりすがりにも寺の前で腹ばひの叩頭を何回となく繰り返し、美しく着飾つた寺參りの牧人は佛の御惠に感謝する樣な輝しい幸福の眼を我々になげかけて通り過ぎます。包毎に寺からうけて來た佛の護符が閃き、王府の四方にはまた萬國旗をつらねた樣に護符が盛んに飜ります。同じ一つの宗教でも所を異にすればこんなにまで違ふものかと驚く。班禪喇嘛《パンチエンラマ》に對する信仰がどんなに熱烈であるかは見たもの以外には了解出來ないかも知れません。この冬はパンチェンボグドがシリンゴルで冬を過すと云ふので何處へ行つても大騷ぎをしてゐました。物資の調達に驛馬を驅る人々にも度々遭遇しました。七十何人の同勢にしつらへなければならぬ包も大したものですが、それに伴ふ燃料、食料なども皆信仰深い旗民の負擔するところであります。シリンゴルの人口が五六萬だと云ふことは、單なる推量にすぎぬし、喇嘛の僧侶が何人位居るかと云ふことも何ら據るべき資料をもちません。併し、私共の滯在した東阿巴嘎那兒の貝子廟は千二三百人のラマがゐるだらうと云はれてゐます。見る所或はその位もあらうかと思へます。これを基にしてラマの數を推算して見るとかうです。シリンゴル全體が十旗に分れてゐて、その各旗にはこの貝子廟位の廟は必ず一つ位はある、西烏珠穆沁には三千人も居る廟がある。そしてその外にも小さい廟が各旗にあるからには、一旗について千五百人から二千人位の僧侶は居りさうであります。さうすると五六萬の人口のシリンゴルに二萬に近いラマがをる譯になります。この多勢のラマは經濟的には全く徒食しながら、皆からは絶大の尊敬をうけて、有知識の特殊な階級を形作つてゐます。彼等は漢字、蒙古字は知らないが、西藏字は必ず知つて、名前も西藏風な名をつけてをります。彼等の間には少數乍ら西藏僧侶がをり、宗教的には西藏と深い關係に立つてをります。

また西藏のラッサ、タシルムへ巡禮するのは僧侶の間ばかりでなく、俗人の間にも盛んであります。その外四川のゴシボ、山西の五臺山は重要な聖地と考へられてゐて、同じく參詣に出掛けます。交通不便なところを何年もかゝつて巡禮して來ると云ふことには、その熱烈な信仰を前提としなければ理解出來ません。乘つて來た駱駝を張家口で金に替へ、汽車に乘つて五臺山へ行くのは最も新しい容易な巡禮の方法であります。自動車と云ふ文明の利器もかう云ふ念願の實現に役立つてこそ蒙古では初めて意義があるらしい。東アバガの大王（以前盟長であつたのでかくよぶ習になつてゐる）が自動車を貰つた目的もそこにあると云ひます。七十七の老體であればこの世の思ひを悉く聖地巡拜にかけて、行き殘つた聖地を巡つてしまひたいと念じてゐるらしい。權力も財力も人一倍にもつてゐるだけその情は熾烈であるのは尤もであります。私共がまだ西スニト王府に滯在中、食料品をつみこんだ駱駝と自動車の一隊が大王を載せて北の沙漠を横斷しつゝあるとの報道に接しました。

寺院の建築は異常な程立派であります（第十八圖）。よくもまあ沙漠の眞中にこんな建物があると訝るばかりです。清朝のまだ盛大であつた頃、蒙古懷柔の爲めに建てたものが多いと云ふのは尤もなことだと頷れます。多くは純然たる支那建築でありますが、中には西藏式の白い箱の様な建物も見られます。

一三、信仰生活（二）

オボは今では大抵寺院と結合してゐますが、その種類には色々あります。十一月十一日に左に見て行つたチヤガンオボは小高い山の上にあつて、切り石で積み重ねた臺座をもつ立派なものでありました。貝子廟のォボも實に立派なものです。平坦な盆地の眞たゞ中にある十五米たらずの小山、オルドの頭（オルドン・トロガイ）の頂にあり、その東南麓に寺院があります。これは柴のオボで、圓形にしつらへた積石の臺座は石灰で上塗りし、拙い墨筆で石垣の様子を描いて居ります。その上には柴が差しこまれ、中央には杆が一本立ちます。そしてこの柴の間にはまた極く大ざつぱに作つた木の斧、劍、刀などの利器模造品が差込まれます。それ等はベンガラと墨とで粗末に彩つてあります。こんな柴の臺が中央の一つをやゝ大きくして、都合十三あります。ウグモリのオボは峠にかゝる谷の狹間にあります。同行の蒙古人はわざわざ登つて行つて何か念じました。普通の場合は一つ石塊を拾つて置きます。私はこの場所でこれは何と云ふオボかと尋ねましたが、彼はわからないと云つて、變な顔をし乍ら暫く私を見つめてゐました。これは蒙古人の癖であつて、事實この地名を知らない爲めに返事が出來なかつたのでないらしい。唯この土地でその土地の名を口にすることを恐れたのです。若しそんなことしたら、行く手に禍が起るものだと信じてゐるからです。無理にきけば出鱈目を以て答へるでせう。なんじやもんじやと胡魔化す必要もこんなところからかと思ひ合されました。その夜テント

第十八圖　貝子廟とそのオボ

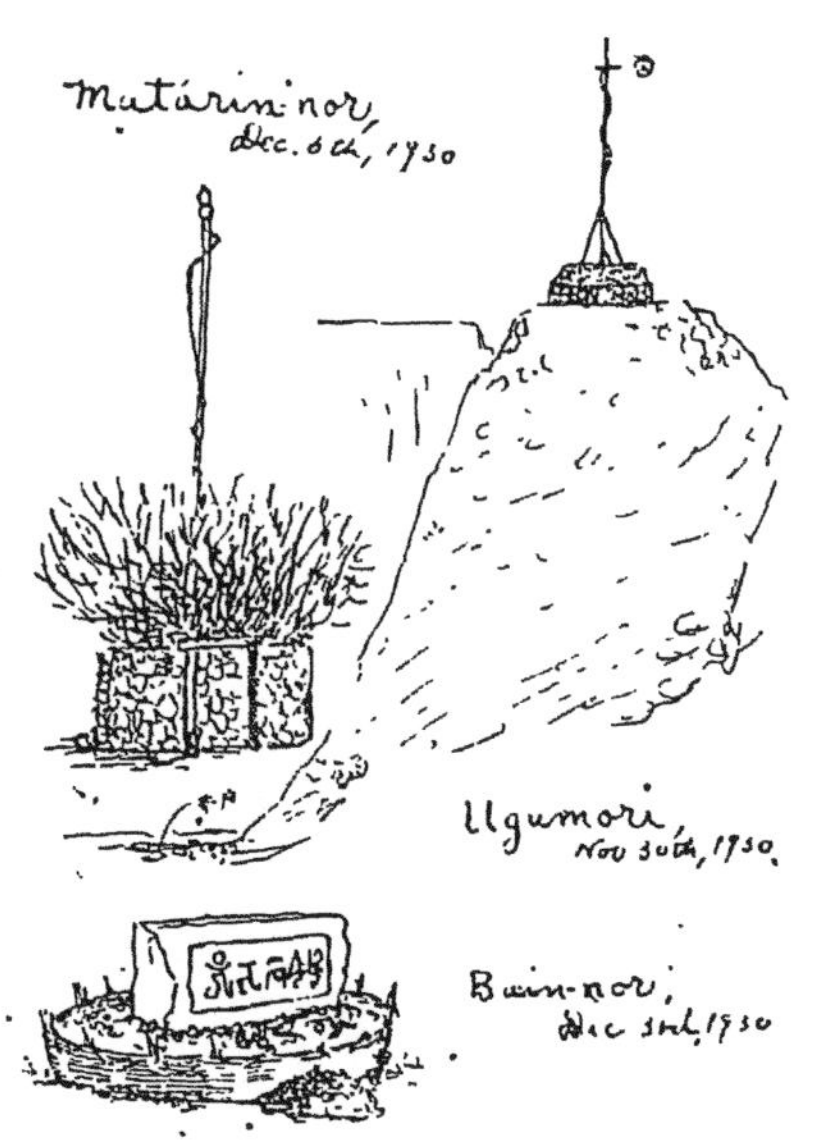

第十九圖　オボ三種

を張つてから世間話の序にそれとなくその地がウグモリと稱ばれてゐることを聞き出しました。知らなかつたのでなかつたことは明らかです。云へない事情があつたのです。（第十九圖）

ウグモリのオボの形式は圖示した樣に石積みと杆です。柴はありません。こゝは廟もありません。マターリンスムのオボはマターリンノール湖畔にある廟の下、道の傍にあります。この湖は鹽湖で盛んに採鹽してゐます。この廟も云はゞこの靈湖の神樣に過ぎないらしい。この點は彼等の言葉からかなりはつきりと云へますから、喇嘛教以前の宗教を考へるよすがになるだらうと思ひます。産鹽の湖は神聖な地域であり、産鹽は神業と考へられてをります。不淨のものに對する禁忌もあり、採鹽に關する宗教的な儀禮も認められます。こゝに祭られた神は喇嘛教が入る以前からあり、入つた後も精神的には少しも變つて居らないものゝ樣な氣がします。話はそれたが、そのオボは石積みの臺と杆、それに柴が差し込んであります。

今一つの例はオンマンパトマの石碑です。バインブルグから東スニト王府に至る途上にて見たものです。石塊の積まれた所にもオボと同じ性質のものだと云ふことは明瞭です。オボの喇嘛教に影響された一形式とも云へるし、喇嘛教のオボに對する解釋とも云へます。どちらにしても蒙古人の信仰は昔のまゝであり、喇嘛教の外被をつけただけらしいのです。

地名をその場で云ふことを好まないと云ふのはオボの樣な宗教的な土地に限られるのではなく、どんな地名でもさうであつて、筆錄すると云ふ樣な場合には殊の外嫌やがります。東スニトから西スニトへの途中で、誰れかゞ駱駝から落ちたことがあります。すると案內の蒙古人はそれ見たかと云はんばかりに「昨日あまり土地の名前をきいたからです」と云ひました。まだ通過しない土地の名を口にすることは天候（テングリ）が惡くなつたり、家畜に粗忽があつたりすると考へてゐるやうです。

旅などすると殊の外愼しみ深くなります。もう半分は來たかと云つても、いやまだだと答へます。これで半分だと云つたときにはもう三分の二もやつて來てゐるところです。盛島さんが、東コチトから西ウジュムチンへ行く途中で半分だと聞いて休んだ所を覺えてゐて、歸途にそこでもう半分は歸つたな！と云ひますと案內人は滅相なと云はぬばかりで顏を見つめたと云ひます。こんなに愼しみ深い、控へ目な表現は決して偶然でなくて、シリンゴルに於ける普通の論理學なのです。

東蘇尼特から西蘇尼特の王府までは四つの驛傳（オルフト）があります。これで勘定すれば四八三百二十支里、駱駝で四日なら丁度いゝ加減の行程であつて、別に遺算のありやうもない。だけれども二日目の暮れ方に隊商の男に出會つた。彼は唯一人で先に行つた駱駝の本隊を追ひ乍ら西の方から現れて來た。道で出會つた人のする樣に、私共の案內人も駱駝をのさばり出してその男に會釋した。會話が始つた。その男は自分は西蘇尼特のものだが、お前さん方これから西蘇尼特へ行くと云ふのはそれは大變だ、とても遠いよと云つた。私共の案內人がもうあと二日で到着する筈だと云つたら、その男は強く否定して、いや一週間でも難しいと力強く云ひ切つた。變だなと思つて振りむくと、私共の案內人は駱駝を驅けて追ひすがり乍ら、「何だ馬鹿馬鹿しい」と云つた。隊商の男の答はそれで蒙古式の表現であつたのだが、案內人は流石に可怪しいと思つたらしい。こんなことには屢々出會した。その山陰に王府のあることをよく知り乍らもまだまだ遠いと云つたり、王府がその附近にあることを聞いて來乍らも見當がつかないなどゝ聞かされたりした。併し、さうは云ひ乍らも案內人の態度には旣にもう近いと云ふ安心の態度が明らかに觀取出來るのであります。

かう云ふ風な彼等の信念は少しも組織立つてはゐない。けれども東部蒙古からチャハル、オルドスから外蒙にかけて廣く擴つてゐます。分布の廣いだけに蒙古の生活に重要なるもの、密接なるものだと思はれます。喇嘛の敎に結びつけないだけにも、もう一つ前に於ける宗敎生活の何かのルディメントだと考へられぬことはないやうです。

彼等は火（カル）を非常に尊敬します。肉、乳などの食物は必ずその一片一滴を先づ火に投じます。また不淨なものを火に投ずることを禁じます。煙草の吸殼の如き一旦口につけた樣なものをうつかり火に投じやうとすると注意されます。火と共に肉の一片、乳の一滴を先づ供へるのは天です。だが彼等の天（テングリ）と云ふものはどんなものかよくわかりません。唯、吉凶禍福の由つて來る所は天だと云はれます。天候と云ふ意味も含んで居ります。肉の一片と乳の一滴は蒼々たる空へ投げあげられます。その次ぎの一滴は地へ灌することがありますが、これは殊につけたりの感が深いです。オボは天を祭る爲めのものです。兎に角、自然の山でも、高い山はボグドウラ（佛の山）と云つて靈あるものとなつてをります。

オボの祭は大抵舊暦の五月の中頃に行はれます。廟の祭は五月から六月の候に區々に行はれます。祭そのもの丶儀式はその社交的な賑やかな光景に打消されて唯も口に上しませんから、その時にその場に臨まなければわかりません。それと反對にその日には跳鬼、競馬、角力は必ずつきもので、祭とはこればかりが見物だと云はぬばかりにこのことに就いては生々と話し會ひます。或はそう云ふ所にこれ等の祭の意義があるのかも知れません。

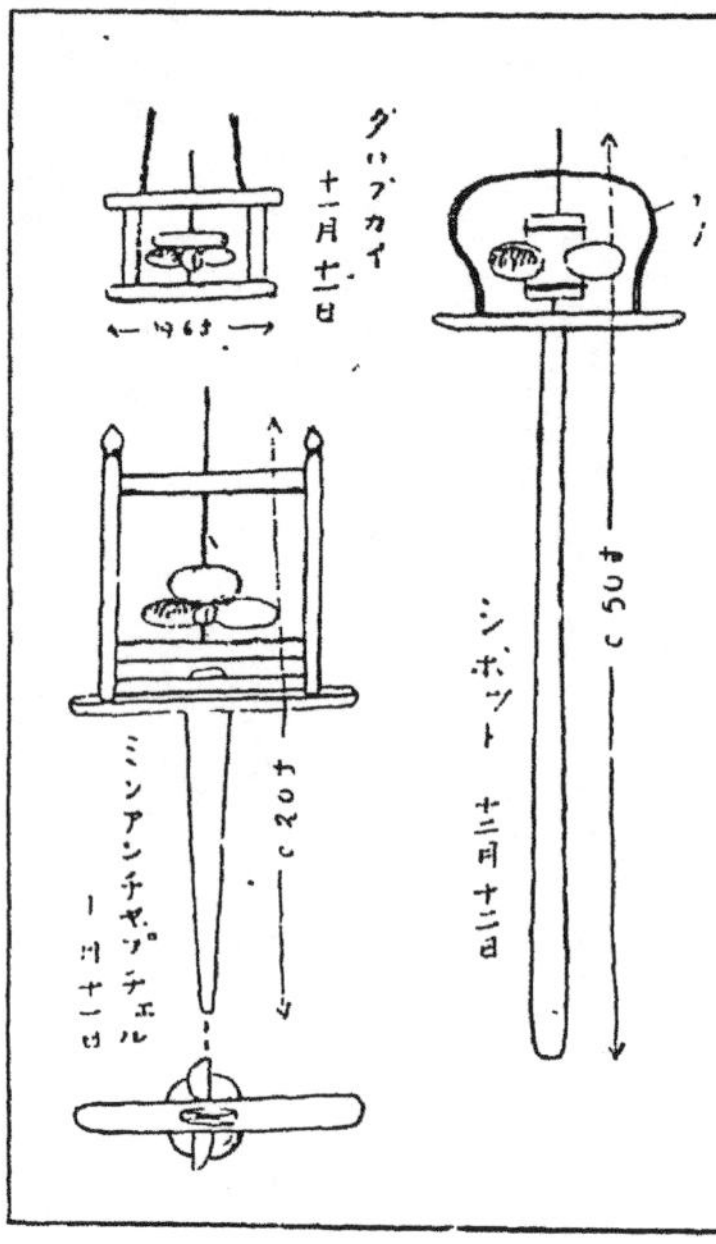

第二十圖　カラヘルト三種

カルヘルトは辟邪車とでも譯しますか、念經車とでも譯しますか、第二十圖に示した樣なもので、用途は辟邪旗と云はれる護符と同樣です。包の外に建て丶風で廻すのと、天窓から垂れて焚火の煙で廻さうとするのとあります。シボツドで見たのは前者で、ダロブガイのはその後者であります。これは寺院の念經車と同じ意味から來たもので、この車の廻ることはお經をとなへることになり、從つてその功德によつて辟邪の用をなすのであります。寺院の念經車と云ふのは圓筒形のものに有難い經文の文字が書いてあつて、それに心棒がついて、文字や經文を知らぬ人も、之をまわすことによつて佛の御惠みにも與ることが出來る樣にと仕組んだものです。馬とか犬に護符の頸にか丶つてゐるのは、廟ばかりでなく、普通の家にも見受けるところですが、これは佛の馬、佛の犬の意味ださうです。そして間接には辟邪の効用をあらはす譯です。廟には佛の雛があると云ひますが、まだ見たことはありません。どんな意味のものか存じません。

ラマ達が角力に餘念がない姿を度々見受けました。室內でも腕ひき、棒ひきなど力業は仲々盛んです。疑深いが、親切です。一旦事情がわかつて了解すると飽迄信用する。單純で正直です。困苦窮乏に耐えることは成程沙漠の人と感心します。食べる時はウンと食べるが、食べない時は食はなくても續く。蒙古の牛や馬はこの點またよく主人に似てをります。

一四、蒙古人氣質

蒙古は廣い土地柄だけに、道を聞いても要領が違ひます。近い近いと云つても二三十支里はあり、近いと云つて五六十支里、遠い遠いとでも云へば何百里あるかわからないのです。何里あるかと云ふ樣な問は蒙古人には答へ切れない事柄なのであります。到る處、馬で飛び廻つてゐる彼等だから、凡て馬の脚から割り出された感じと表現しかもたないのです。

廣い曠野の中で人の姿を見出した蒙古人はその袖の折返しを振り乍ら近づいて行く、包の影を認めた蒙古人は茶を飲みに馬をよせる。かうしてお互ひのニューズが交換されます。ダロブガイから西アバガ王府へ向ふ日には偶然にも蒙古人の運轉する西スニト王府の自動車と一緒になつた。その自動車にさへついて行けば、間違なく西アバガに着くことが出來ると云ふのでひきついでダロブガイを出發しました。初めのうちは氣が付かなかつたのだが、あまり丘陵の間をぐるぐる廻つてゐるので、大道を通つてゐないことがわかりました。蒙古の自動車道は坦々たる一直線の大道であつて、こんなに僅かな時間に屢々方向轉換する樣なことはこれまで全くなかつたのであります。だが兎に角かうして一時間あまり走ると、丘陵の陰に包があらはれました。そこで彼等が茶を飲む爲めに、わざわざこんな廻り道をしたのだと云ふことが初めてわかつた次第であります。それからまたぐるぐると道もない所を通つて、大道に出ました。自動車に乘つても道草を食ふ癖はやまらないやうです。

出會つた時の話の條は極めて簡單です。お前さん何處から來たか、何處へ行くか、何か變つたことはないかなど一方が聞くと、また片方もそんなことを聞く。そしてそれからそれへと噂は恐ろしい速力で四方に傳播されます。私共が着かぬうちから、我々の來ること位はどこでも知つてをります。どんなことをしてをるか、何をもつてゐるかなども或時は正しく、或時は間違つて傳へられてゐます。

私共は兼ねて噂に聞く蒙古犬が欲しいものだと思つてゐたので、貝子廟を出る際に二匹の子犬を拾つて、大事さうに抱へて牛車に乘りました。江上君の犬は至極溫和しくて、よく眠つてゐたが、私の犬はあまり暴れるので間もなく棄てゝし

蒙古遊牧民の生活（水野）

まひました。江上君の犬も二日目には、主人の居眠つた隙に膝から拔け落ちてしまつた。丁度、雪の深いところだつたので、どうしてゐるかと氣にもなつたが、空の變り方がより氣懸りであつたから、そのまゝ行を急いだのです。貝子廟を出てから七日目の朝が來た。蘇尼特王府は目の下に見えて、今日は愈々王府入りだ。天幕の中で食事をしてゐると、二人のとほりがゝりの男が覗きこんだ。貝子廟にゐた兵士で、暇をもらつてこゝへ歸つて來たところだと云つてゐたが、話の中に我々の犬が二匹とも別々の人に助けられて、無事に貝子廟まで送り屆けられたと云ふ消息を齎らしたのに我々も聊か驚きました。して見ると先づ最初には我々が物好きにも子犬をもつて行つたと云ふ話が廟中に擴り、次ぎにはその犬がどうした譯か人に助けられて廟まで無事に歸りついたといふことが噂に立つたものらしい。そして私共の七日の旅がまだ終らないうちに、もうこゝまで擴つて來たのです。

蒙古に宿屋と云ふものはありません。それだけにどこの家でも旅のものには親切です。宿はどこでも借して呉れます。家の女が接待掛りで、甲斐々々しく雪をとゞけて來て茶を沸したり、肉を切つて煮て呉れたりします。蒙古の人達はそれを當然の樣に心得て氣持よくやつて呉れるが、何かお禮を期待してゐるのでは毛頭ない。そして定つた樣に『私共が若しか貴方のお國へ行けばまたかうして世話になるだらうから、（私がこゝでお世話するのは當然だ）』と云ふ言葉には、彼等の社會に於けるお互ひ樣の觀念がよくあらはれてをります。時には風俗習慣の違つたよその國のことを漠然頭に浮べ乍ら『若し私がお國へ行つたならどうして呉れますかしら。かうして面倒を見て呉れますか』と云ふ樣な質問をするのにも同樣な觀念がうかゞはれます。だから支那人と接することの多い地帶でなければ、銀なまのお禮よりも、何か持つて行つた品物を贈る方がむしろ喜ばれます。あらゆるものが金錢に評價される支那の社會程には進んでをらないのでせう。

蒙古の犬がきついとは兼ね〴〵聞いてゐた。どんなにまできついかとは疑ひ乍らも、『犬に氣をつけて下さい。（ノハイ・ハレ）』と云ふ言葉を何よりも先に覺えこんだ。これがなければ、蒙古の包は危險で出入りが出來ない。どんな包でも番犬として必ず蒙古犬を一匹以上は飼つて居ります。王府などになると蒙古犬から洋犬の色んな種類があつて、百數十頭に及ぶものがあります。まるで今樣犬公方です。その澤山の犬が食事時に一擧に塀を乘り越えて集るところは仲々すさまじい。

蒙古人が犬を大事にすることは大變なもので、迷ひ犬さへ貝子廟まで送りとゞけられた様なもので、野良犬も自然に多い。犬を連れて泊り込めば、云はなくとも食事をやつて呉れます。王府などではわざ〳〵粟のふかしを作つてやります。また犬をどうかすることは盗棒の豫備行爲として嚴重に罰せられることを偶然にもある蒙古人から聞きました。併し、蒙古犬は大きく、逞しいばかりで、割合に鈍感で、脚もあまり早くないやうです。蒙古人そのものと同じ様な印象を與へます。何故さうだかわからないが、似てゐる點だけ擧げれば、野性的だ(洗練とか訓練されてゐない)、骨骼は太くて肉は逞しい、力があつて、勇猛であるが、神經は少し鈍くて、動作はやゝ敏捷を缺く、その上犬の種類も一様だし、職能も分化して居らない。犬は主人に似ると云ふから蒙古人の性格がうつゝたのかも知れない。併し、自然の動物ではないからには、(シリンゴルと云ふよりはむしろこゝでは)蒙古的なあるものを具現してゐることも當然であります。

蒙古人は一般に陽氣で愉快な性格の持主です。戯談をよく云ひ、ユーモアに富んだ言葉をよく吐く。野性味たつぷり、

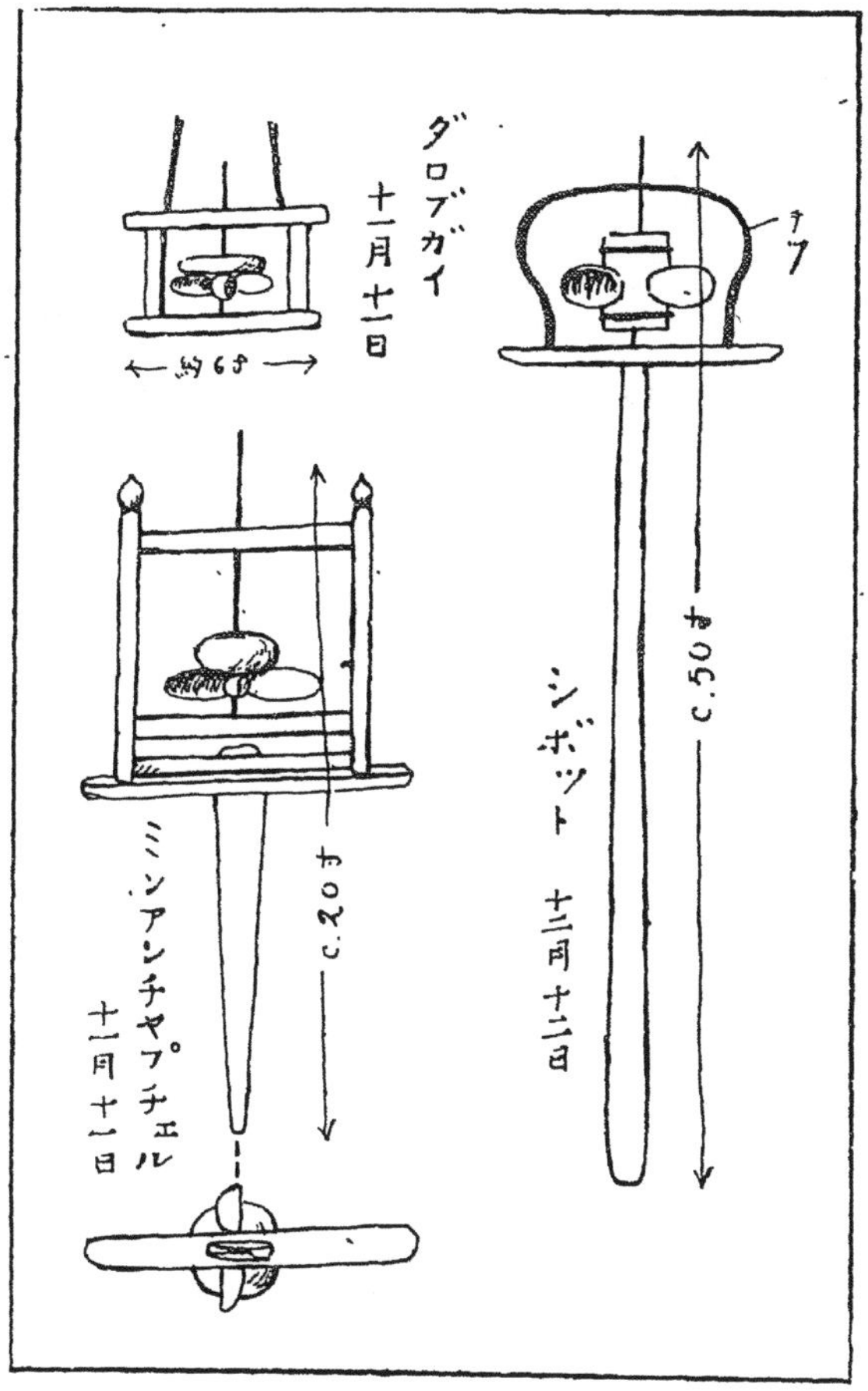

天眞爛漫とは彼等のことを云ふのでせう。

一五、チャハル蒙古

扨て以上は全くシリンゴル蒙古に就いて述べたのであります。それがほかの蒙古諸部とどう違ふか、どう似てゐるかは私の申し上げる範圍ではありません。併し、シリンゴルを旅して出て來ると、行きには氣が付かなかつたチャハル蒙古の特異な姿に驚かされました。いまは唯それだけを錄してシリンゴル蒙古の特異性を述べたいと思ひます。（第二十一圖第二十二圖）

第二十一圖　チャハルの住居（エリスタイ）

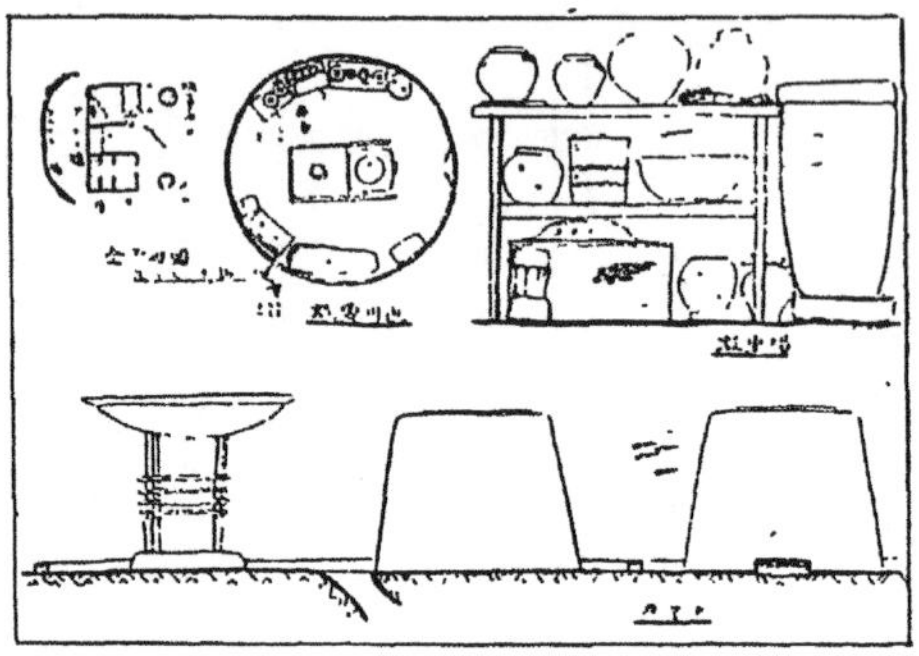

第二十二圖　チャハル蒙古の包內外（エリスタイ）

食物とか、衣服の相異はあまり明瞭で前にも既に述べたところです。それは形式種類等に就いてばかりでなく、好みと云ふ様なものまでも異つてゐるのです。全く支那の服裝をして得意なものもゐれば、支那語を知つて威張つてゐるものもゐます。シリンゴルでは通じなかつた支那語が、こゝでは曲りなりにも通じるのです。こんな物質的なものが支那化してゆくことは、またそのほかのものまで支那化するところの過程に外ならないのです。包の內部には竈をつくり、台所にも陶磁器の器がならぶのはシリンゴルではラマの包にしか見なかつたところである。第二十二圖に見る様なチャハル蒙古の包の內部には如何に夥しい陶磁器が並べられてあるか。土で据えつけた竈は如何に根強く頑張つてゐるか。外には土やら石やら家畜小屋、食料納屋があります。フェルトの包だが、もう移動することは出來ないのです。土地にももう移動するだけの餘裕がなくなつてゐます。支那人の耕地がドシドシ增加する爲めに、牧地は次第に狹められて包と包との間は極めて僅少な土地しか餘さないのです。段々と聚落的になつてシリンゴルとは違つた意味での散居的村落を形成する。四軒とか五軒とかの包が山の陰とか盆地に散在して一つの鄕としての統制を保つてゐる樣です。何十里步いても同じ地名で呼ぶ廣漠たる地域の名しか行たないシリンゴル蒙古と、割合に地域の限定された、ハツキリした地名をもつチャハル蒙古とは矢張り土地に對する緩急の度合を殊にしてゐる筈であります。定住した包には宅地權の發生が可能であります。まだ土地が私有されてゐると云ふ樣子は見ませんが、土地が餘裕なく隣合つてゐますから、いまにも變化が起りさうな氣がします。乾草は貯藏される一方、賣り出されてゐます。そしてその集約的な牧畜から、家畜は時節を無視して增殖し、孳乳します。從つて乳を飮むことも夏に限られなくなり、乳製品を作ることも冬に行はれ得る。だからシリンゴルに規則正しく行はれてゐた季節的移動や季節的生業の變化、食物の變化などもこゝではもう見られない事柄です。このうち生業の方は割合に舊態を存してゐるとは云ふものゝ、狹い牧地でやりくりを强ひられ、交易の經濟を餘儀なくされたチャハル人は從來とは違つた集約的な牧畜を營まなければならないのです。家畜、牧草の取扱ひを更へ、金錢で物を評價することに馴されつゝあります。かうしてチャハルの人口は牧地の減少にも拘らず減少せず、蒙古諸部のうちでは最も優勢な地位を占めてをるのです。

チャハル十二旗は王樣でなくて、都統が治めてをります。都統は實際には世襲ですが、形式は中央政府の任命です。旗民の態度も王樣に對すると同樣に尊敬はしてゐますが、それでも絕對服從と云ふ譯にはゆかず、いくらか權利義務の關係に立つて居ります。近頃は旗民が都統を訴へる樣なことさへあつたと云はれてゐます。また中央政府に（と云つても直接は張家口にある政治機關に）對しても頭が上らない。シリンゴルの諸王が天下の形勢も知らず、シリンゴルを一步も出ずに暮らしてゐられるのに、都統連は少くとも冬だけは張家口住ひをしなければならない必要が政治的にも、また心理的にもあるのです。シリンゴルでは辮髮を存し、チャハルでは斷髮令が實行されてゐるのも、漢民族との接觸に相異があるからです。

漢民族との接觸がこんなにまでチャハル蒙古を變化さして、シリンゴルとの相異を生ぜしめたとしたならば、これは政治經濟の方面のみに限らない。その外の生活にもこれに相應した變化を與へてをるのは當然であります。唯顯著であるか、顯著でないかの相異だけであります。例へばチャハル蒙古にある一部の喇嘛寺の困窮、荒廢は從來の信仰が維持し難くなつたのを意味するもので、北平、奉天などの喇嘛寺の困窮、荒廢などを併せ考へるなれば、漢民族との接觸の結果であることが、分布的にも考へられる。それが直接の原因には漢人に伴ふ土匪の跳梁と云ふことがあげられるとしても、その根本には信仰の衰微を前提としなければならないと思はれます。また家族の增加、親屬關係、或は血族關係の密接になつて行く傾向も、その聚落的傾向と相待つて說明さるべきでありませう。從つてチャハル人の氣質にも變化は起つてをります。シリンゴル人に比べれば單純朴訥とは云へません。多少文化的だ、理智的だと云つても漢人には比ぶべくもありません。兎に角、氣質がどんな風に違つてゐるかを云ひ現はすことは難しいことです。併し、シリンゴル人と支那人との中間に位すると云ふことはチャハル蒙古のあらゆる生活に亙つて認められるところであります。

この混交的なもの、過渡的なものこそチャハル人の全生活に於ける基本的な特質であります。

東部內蒙古に於ける漢人の開墾は王府の窮乏の爲めに更に甚しく、蒙古人の生活態樣をすつかり變じて了つたらしい。土式包の多いのはもとよりのこと、支那家屋に住むもの多く、農耕を營むものやら、商賣をするものさへ發生してゐると云ふのだから、このチャハル蒙古よりも一層甚しいのが想像される譯であつて、此等を併せ觀察することが出來るならばこの二つの文化の交涉過程を研究する上に隨分とよい例になるでせう。また一般に異文化の交涉過程を考へる上に一つの場合を示して吳れるものでもありますから、今後はこの視角によるこの方面の調査が大いに期待されると思ひます。

一六、シリンゴル蒙古の特質

雜然とした見聞を雜然と書下したから、判り難い點も少くはないだらうと思ひます。自分乍ら見聞の不充分なこともつくづく感じて居ります。だが今更致し方もないことで、專ら次ぎの機會を待つよりほかはありません。唯この雜然たる文章の中からシリンゴル蒙古の特質を要約してこの見聞錄を終りたいと思ひます。

チャハル蒙古に對してシリンゴル蒙古の全生活を性格づける基本的な特質は蒙古的なるもの、遊牧的なるものでありませう。以上諸節に於いてもその遊牧的なるものゝ指摘を努めたのでありますが、こゝに取纏めてあげるなればかうです。

先づ遊牧——粗放なる牧畜、移動生活が經濟や物質上の生活を特色づけることはあまりに明瞭です。その小家族の制度や、社會的また宗教的な生活の季節的相異もまた遊牧的なるものの故であります。こゝで遊牧的なるものと云ふのは單に移動的牧畜といふ産業の一形態を指すのでなく、そう云ふものを基本とした生活全體を假りにかく呼んだまでゝあります。遊牧的なものは卽ち蒙古的なものであります。何れもこの場合はチャハル蒙古に對する比較的な意味に於いてゞあります。蒙古遊牧民の原初形態に近いと云ふ意味も比較的にしか使へないでせう。シリンゴル蒙古も、その衣服とか、旗の制に於いては前淸時代を遡ることは出來ないし、喇嘛敎も極く近い時代からの信仰です。

この蒙古的なもの、遊牧民的なるものは齊一性を以て、あらゆるシリンゴルの生活に具現してをります。

自動車が代表する樣な新しい文明が、つい近頃からシリンゴル蒙古へ入り始めました。滂江から貝子廟までは張家口から自動車が通ひ、貝子廟から林西までも連絡する。王府には自動車を備へる。蒙古人の運轉手が出來る。北支那一帶のボロボロ自動車が代表する樣な歪められた新しい文明が、シリンゴル生活の一部に變化を與へることが當然豫期されるが、一部の變化で終らない。一端が歪められることによつて生ずる全體の歪みがゆづり合つて訂正されなければならない。その彈力性がシリンゴル生活の全部に變化を强制する。そしてまた生活體の齊一性は保たれるのでありませう。

（昭和六年三月　於京都）

父權制文化に於ける人格的世界觀（グレーブナー）（四）

杉浦健一

つては、物の眞の重要な役をなしてゐると云ふ考へから起つたものである。從つて事物にアニミズム的本質の觀念を考へなかつた以前は、そのものに本質的に重要なものと云ふ意味でマナ（力）の觀念を持つてゐたアニミズム觀念が強くなればマナの觀念に人格性を持つものをも含んで來る。こゝに於てマナの意味が非常に廣くなるのは當然である。扨マナの觀念を非常に廣義にとれば、積極的なものも、消極的なものも含まれ、タブーの觀念とも關係する。

タブーとは接觸から起る惡い作用を恐れて或るものに觸れることを忌むことを云ふ。タブーであるものも、物に作用をする點では一種のマナである。然しそれは危險を虞れられてゐる、消極的マナである。タブーはマナと同樣本質的には決して人格的でなければならないことはない。實際タブーの例を見ると多くのものが死者と關係を持つてゐる。これはタブーが人格的な精靈世界と根本的に關係を有する故ではない。斯くの如くタブーと死者とが關係したのは二次的に發達した思想である。然し既に原始文化階層に於ける呪術觀念の中で死者と接觸することは一種の傳染的作用を及すものとして恐れられた。從つて古くから人々は死者との接觸を出來るだけ避けた。斯くタブーの觀念は早くから死體と結合してゐたので、どうしても死體の處置を避け得られない人は手を觸れないで食物を食べたり、又その傳染が內部に入らないやうにして飮食しなければならな

父權制文化の神話と藝術

マナとタブーポリネシヤ地方には明かに種々のアニミズム的色彩を持つた思想が擴がつてゐるが、これはこの地方の世界觀の一般的なものではない。尠くともこの地方の根本的な觀念ではない。ポリネシヤ人の觀想世界の中心をなすものはマナとタブーの觀念である。マナの觀念はアニミズムの影響を受けた蹟はあるが、本來は原始文化層の呪術觀念中の自動的力の作用の活潑なものである。然しコードリントン等の學者はマナの作用を常に精靈の觀念と結び付けようとする。原本的な意味のマナの觀念は勿論アニミズムと關係するものではないが、然し又原始文化の特色をなす觀念聯想による呪術觀念とも違ふ。マナの觀念と呪術觀念とを比較すると前者は後者よりも作用する對象に向つて非常に強く働きかけると云ふ點に特色があり、呪術觀念はその本質と云ふ所に重點がある。マナを持つてゐるものに認められた力の作用とは、聯想によつて對象に働きかけること、特に形相と結び付いて働くことである。彼等は或るものにマナがあると認めると、それに普通の狀態とは全く違つた作用を期待する。この作用はマナの本質に從つて規定されたそれぞれの力でなくて、斯かる狀態中に見られる一般的な有効な力である。物の本質を規定する實體性の範疇などと云ふ思想は未開文化人の意識にと

かつた。斯かる意味から行なはれる食物のタブーは隨分多い。フイジー人が人間の肉を食するに手で食べずに特別の肉叉を使用することは、明かにこの根據より生じたものである。然も吾人は今日肉叉を使用する意味を知つてゐない。肉の中でも特に人肉は非常に强いマナを持つてゐると同時に又他の何物よりも强いタブーである。タブーは時にはその主要な作用を人格的特質を持つて行ふこともある。吾人は假令實際には色々のタブーと關係するやうになるとはいへアリキの如きは本來タブーと見るべきものではない。唯だタブーに瀰漫されたアリキがタブーとなるのである。この瀰漫の度が高ければ高いだけタブーの力も多くなる。斯くの如くタブーの瀰漫したアリキに接觸することも亦タブーである。從つてタブーはそれを他に負はすことも出來る。死者、食物のタブーの外、農耕に於ては作物を充分熟さない間に收穫すること、或は成熟を防げること等がタブーとされる。酋長の持つ高貴のタブーの特色は庇護權である。酋長自身がタブーであつて、特別の儀式以外の時、神聖な場所に踏み込んだり、酋長に觸れたりする人は、誰れでも接觸によつて神又は酋長になることが出來ると考へられてゐる。酋長となる場合も斯かる接觸をなすことによつて、他のこれをなし得なかつた追求者に打勝つて酋長權を確保する。神に對するタブーを除けば上帝に對するものが最も强い。東部ポリネシヤ特にハワイ、タイチー等に於て、このタブーの强いことがよく知られてゐる。斯かる信仰によると上帝が非常に神聖なために彼れが觸れたものは、すべて普通人に使用出來なくなる。從つて上帝も彼れ自身が所有する土地以外は直接に觸れてはならない。斯かる意味のタブーはポリネシヤでは、上帝と部下の間の團結にも行なはれてゐる。ポリネシヤのみならず古代高等文化に於ても、同樣の束縛から轎のやうな乘物が使用された。後にはこれが君主の車となり、更に戰車にまで發達した。

父權制文化の世界觀に於ては――アニミズム觀念は唯だ結晶してあらはれてゐるに過ぎない――强い實體觀念が起ることによつて、動的見解を持つ父權制文化を原始文化から區別することが出來る、就中人格性の觀念を生ずることは父權制文化の特色である。人格性の觀念は既にトーテム文化組織に於て重要な役割を演じてゐた。ポリネシヤ人の觀想に於ては、力を持つことが人格組織の核心にあらはれてゐる。

神話――ポリネシヤの父權制文化に於ては、その最高階級と雖も上帝まで進まなかつた。然し次第に地上の階級は天上の神の上にまで延長される傾向をとつた。斯くて地上の支配者たる君主の家族は神から出たものとするやうになり、且又後には貴族のみが神の國に昇つて行かれると云ふ信仰まで生ずるに至つた。從つて神の世界さへも、絕對に平等ではない、ポリネシヤの可なり廣い範圍に亘つて支配權を持つてゐる創造神タンガロアは斯かる意味の地上の上帝である。この神はポリネシヤ人の宗敎、從つて又世界觀にとつて本質的な役割をなすものである。ポリネシヤの神話は主として人格觀念の見解を基として起つた精靈神話である。然しこれは唯だポリネシヤ神話の特色でなく、すべての父權制文化に共通な現象である。精靈神話の特色は――既にトーテム文化に於て明かにしたが――母權制文化に於ける月の神話と對比して見るとよく分る。ポリネシヤ神話の特色は第一に上述した如き精靈神話であつて、その限界をはつきりすることが困難である。精靈神話はトーテム文化中に於ても、既に重要な意味を持つものであつて、父權制文化に至つて新らしい

父權制文化に於ける人格性的世界觀（グレーブナー）（杉浦）

特色となつたものではない。第二に父權制時代に至ると日、月、星、辰の神話に於て太陽が酋長又は愛人の姿に見られる。卽ち月よりも明るく、廣い晝の世界を基として、これ等の神々中日神を第一位とした。

父權制文化に於ける神話の最も重要な特色はヨナのモーチフと呼ばられてゐるモーチフを持つことである。これは既にトーテム文化時代からあらはれてゐるが、父權制文化時代になると一層廣く流布してゐる。このモーチーフはヨナと云ふ偉人が鯨に食はれて、つれて行かれ、それが又はき出されたと云ふ有名なバイブル物語に依るものである。これと同じ話根の物語りは多い――貪食者が鯨でなくて他の怪物である場合が多いが――例へば既に述べたオーストラリヤの神話にも見られる。その他の物語りによると斯かる英雄が怪物の體を切つて出されたとか、又は口から切り破つて出た等と云ふ話がある。時によると英雄が怪物の體内に火をつけて殺してしまつたと云ふものもある。このモーチフを持つ物語りは海洋住民と大陸住民との地理的相違から怪物が魚の形をとるものと、陸の動物の形をなすものとに區別される。こゝに於て英雄が怪物から出る場合髮を失ふ、斯かる特色は確かに英雄の太陽的性質を意味するものである。この種の英雄神話の重要な特徴は太陽の西に沒すること、夜中に眼に見えない東への旅行をなすこと及び朝になると再びあらはれること等を暗示する內容を含んでゐることである。更に太陽が最も冷たく濕氣の多い朝何の光りもなしに昇ること、又これを繰り返へして日が經つ中に失つた髮を再び生ずると云ふこと等が物語の中にあることは人のよく知る所である。母權制文化の神話に於て月の觀察が第一に着眼され、その盈虧を暗示する物語りが多くあつたが、この文化期の物語には、それが見えない。唯だ一つの月の神話の特色は――それは第二次的な傳播によるものであるが――月が虧けて消失してしまつてから三日の後に再びあらはれて來ることを暗示する、完全な確證が往々存在することである。見えない所で行なはれる旅行の方向が西から東へ向つてゐる時は太陽神話である。（月の場合には東から西に旅行しなければならない）。これを要するに何れの神話に於てもヨナのモーチフが重要な話根として在存する限り、太陽神話と看做される。

以上述べた父權制文化の神話の特色はポリネシャ地方の神話の中心體系をなす半神半人の英雄マゥイの神話によくあらはれてゐる。これはマゥイが世界海から陸地を釣つた話、天地を分離した話、人間に火を得てやつた話、太陽がゆつくり行くやうに縛つた話、死者の靈魂をとつて來て、この世界に蘇生せしめた話等より出來てゐる。この中最も造形的な物語は火泥棒の話である。卽ち英雄マゥイは火がなかつたので祖先の老婆の所に火を貰ひに行つた話で、ニュージーランドの神話によると彼れの貰つた燃え木は火の神が抜き取つた彼れの指又は爪である。マゥイはその指の燃え木を貰つては消し、消しては貰ひ行つた。最後の爪に至つて老婆は怒つて世界に火をつけたので、大火災を起しマゥイは鳥になつて逃れたと云ふ。この物語の中に火の神としての月は太陽に近づくに從つて、その光を消すと云ふことが明かに書かれてゐる。それは爪が一個づつなくなるに從つて光りが少となり、最後に至れば丁度利鎌の如き三日月が、東雲の空を焰々と照り輝かして昇る太陽に近づくに從つて、消えてしまぶやうになると云ふのである。更に次の物語りでは太陽は毎朝毎朝土地を海の上に浮ばせてゐた、最後に東の方にあつた三日月が刀根となつて東の山の谷間に穴をあけて貫き通したそれで太陽は地上にあつた天を上へ揚げた。そこで世界に空氣や光が出來たと云ふ。マウイが太陽が早く歩むため日が短いから、これを長くしようとして太陽を縛つたと云ふ物語りに於て、マウイは太陽の支配者、指導者としてあらはれてゐる。火の神が火をマウイに投げた場合太陽は月の上座に位してゐた。卽ち旣に月は太陽の後方に消えてゐた。何時も太陽の方が少しも鬪爭を辭せないのは、容易に月の上に行くことが出來るからである。月は太陽の上に來ることがあつても、太陽は月が斷けて行く時これを高くへ投げ飛ばしてしまふ。それ故月は太陽から害を受けるばかりでなく、滅亡させられる。太陽神マウイは到る所で鬪爭に勝つた。然し唯だ「夜の老婆」には勝つことが出來なかつた。彼れは周圍にあるものを、總べて滅亡せしめた。遂には死者を此の世に生き還へらすことにさへ、彼れの思ふ通り成功した。これは正しく日沒を暗示する物語りとして太陽神話に多く見る所である。

マウイはポリネシヤ全般に亘つて最も重要な神話の主人公である。彼れは神々に關係する神話の中にも現はれるが、まだ神ではない。これは丁度タンガロアが卵神から生れたか、その肉體は血の通つてゐる人間であつたのと似てゐる。斯くの如き肉體を持つた英雄神話のモーチフを私自身も以前は左樣に信じ、一般にも亦月の神話として說明してゐた。然し私は最近この見解が妥當でないことを知り、太陽神も血や肉を持つた人體を備へて神話にあらはれることを明にした。マウイとタンガロアが太陽神として密接な關係のあることは、卵から人間があらはれたと云ふタンガロア神話と、太陽によつて世界卵が殼を破つて孵化すると云ふマウイ神話との類同より明かである。更にサモア島、トンガ島等ではマウイの代りにタンガロアが陸地の釣手となつてゐる。マウイ神話の一群は神々に關する神話と密接な關係がある。この神話に最も近似するインド・ゲルマン文化圈の神話と比較して考へると、マウイは雷雨神である。その上マウイは父の主權を奉じないとか、天を揚げたとか、太陽を止めたとか等のポリネシヤ神話の中心體系をなす、多くの重要な物語に關係してゐる。然かもこの英雄はビシユヌ、アグニ、アポロのやうな太陽神又は光明神に類似すると共に雷神である神の父ツォイスにも似てゐる。元來雷神と太陽とは關係が深い。卽ち太陽は雷と戰つて、終に闇の力に打ち勝つのである。更にトルの如きは月の角盃で飮み乾す太陽神である。トルの山羊が月に居ることを思ひ合せると、太陽に有用なものとして、三日月が薄い光を持ちながら太陽の近くにあることを暗示してゐる。火の神としてのトルの地位は多くの點でマウイの立場に適合する、特にトルが老人に對して不成功の戰をつづける樣はマウイの夜の老婆に對すると全く同樣である。

印度ゲルマン族に於ては何れも豐富な天體神話が發達した。ポリネシヤに於ても天體神話が發達し、神々の世界は地上の敎職階段を天上に移した樣なものである。從つて人々特に君主は神々の血族から出たものと考へられてゐる。中部アジヤに發詳したトルコ、ヤクートに於て示される君主と神との關係の如きは源本的トルコ、モンゴール民族個有のものである。彼等の宗敎觀は南方民族の宗敎イスラム、及びラマ敎に改宗したため、その純粹性を傷けた。彼等の民族宗敎シヤマニズムは極北地方の人々のものと近似してゐる。然し今日もヤクート族にはタンガラと云つてポリネシヤのタンガロアと甚だ類似する發音の最高神が知られてゐる。彼等の神話に於て注意

父權制文化に於ける人格性的世界觀（グレーブナー）（杉浦）

すべきことは、太陽神と雷神と同一視される火の神との間の對立が重要な役目をなしてゐることである。中部アジヤ地方の民族も豐かに發達した神話群を持つてゐる。そのヂスアーカンの神話群の如きはポリネシヤ神話、特にマウイ神話群と類似してゐる。中部アジヤの神話は父權制文化に屬する神話體系である。アフリカの牧畜民族の神話も亦この系統に屬す。それはアフリカ最初の移動民族であるホッテントットによつて代表され、更に又最も典型的な牧畜民族であるマサイ族へロロ族の文化の如き、明かに明かにポリネシヤ文化と一致する。特に神話に於て兩者の類同がよくあらはれてゐる。卽ち一方では太陽神と雷神との對立關係があり、他方ではマウイのぶらんこの戰に匹敵する物語りがある。更に又マウイの太陽縛りに平行する話がホッテントット族の神話に見られる。天と地とを分離すると云ふ物語りはニュージランド島の如く人間形態觀に基いて物語られるものがある（古代エジプトのものと似てゐる）と同時にポリネシヤの他の地方では非人間形態觀に基く神話となつてゐる、後者に基く神話は廣い範圍を占めてゐるアフリカ牧畜民族に有力である。火泥棒神話と熱い石を嚥下させて死の動機及び蘇生をなさしめる物語は、ポリネシヤと同樣な父權制文化群の神話を類推する神話體系の二つの特色である。扨太陽の意味は神話の上に於てのみならず、世界觀全體の上にあらはれ、後には太陽と云ふ言葉そのものが神と關係するやうになる。次に雨の神の持つ代表的な神の觀念を見るには、特に地理的環境を考慮して、牧畜民族の希望する草原の氣候に適する神をと云ふ立場から見るべきである。これによつて雨の神を考へる時、雷神は人間に濕潤を與へるものであることに注意しなければならない。こゝに於てアーリヤ印度族のインドラ神が、ポリネシヤの太陽神であり雷神であるマウイと平行する神格であることを知る。アフリカ牧畜民族の世界觀中最も重要視すべきは死者の起源に關する物語である。この神話は非常に廣い範圍に流布しポリネシヤにも傳播してゐる。この本源的なものはアニミズム觀念と異る世界觀を反映してゐる。

簡單に概括すればアフリカのセム族はハム族と同樣父權制文化に基く同一世界觀の連結の中に入れることが出來る。アラビヤ人の非アニミズム觀念に就ては既に述べた通りイスラムの自然崇拜、特に星辰の神々を崇拜することによつて、よく分かる。イスラエル人に就ては既に一神教觀念を持つことが總べての文獻に述べられてゐる。然し尠くとも二三の神話に於てはこれ等の一つづきの文化を持つ民族の神話と明瞭な一致を示してゐる。既によく知られてゐるヨシユア王の太陽を止める物語りを初め、髮の毛の中に力を持つてゐたシムソンが太陽神としてあらはれてゐること等、凡てマウイ神話と類似してゐる。特にシムソンは——マウイと同樣——顎骨を武器として使用してゐる。（顎骨は太陽の近くにある三日月を象徵するものならん。）更に又彼れが死んだ時天が地上に落ちたと云ふ物語は、丁度へロロ族やタイチー島で天を推し揚げる序曲として天が墜落することを物語るのを思ひ起す、天が揚がると同時に光りと空氣によつてみたされると云ふことは光の創造及び天地の分離を述べてゐる舊約の創世紀を偲ばしめる。イスラエル人は一神教の觀念を持つと述べられてゐるが、然しエロヒームの思想のみならず創世紀第二章に於ける神の子の思想の中にも多神教觀念の名殘が見られる。バビロンに於ては斯かる多神教觀念が非常にはつきりあらはれてゐた。從つてこの點からセム民族とスメル民族とを區別することが出來る。

時間と空間の觀念――世界の空間を充すものに關する神話的な形態は多樣であるが、父權制文化に個有な觀念は空間の廣いと云ふことにあらはれてゐる。その上この文化のあるものに於ては空間の廣いことを直接に表現する表現形式がある。これ等の中特に有名なのは三つから十の多數の天が重なり合つて存在すると云ふセム民族の考へ方である。古代に見る七つと云ふ數は太陽及び月をも入れて七つの星に割り當てたものである。然し斯かる占星學的表現形式は多くの中の唯だ一種類に過ぎない。全體を通して見ると先づ第一の天は天の下この地上に擴大して考へるものである。第二は世俗の階級組織に適應する等級を意味するもの、最後のものは空間の最高所にまで擴張されたもので、最高神の坐所である。尠くともタイチー島などでは今述べたと全く同じ空間觀念を持つてゐる。然し他方七天から十天までの天が重り合つて出來てゐると云ふ空間觀念もポリネシヤ一般に廣く行なはれてゐる。人々が死後の生活を信ずる以上、それを地下の世界とするのも當然である。扨よりよき死者の國或は天國は天にあるのではなくて、多くは遠く隔つた世界海の上に考へられてゐる。これによつて世界の擴大は先づ冒險的な航海者の經驗に合せてつくられたことが分かる。インド・ゲルマン族に行はれる丸太を組合せて出來てゐる天と云ふ思想は原始時代には殆んど何處にも見られない。斯くの如く空間の觀念に就ては相異もあるが、神の國の觀念に就てはインド人も北方ゲルマン族も共通である。彼等の神の國の觀念は廣大であることをいひあらはしてゐる、若し古代にバビロニヤ思想の影響を受けたとしても、廣大であると云ふ觀念を排斥するものではない。

固く鎖された空間觀念と密接に關係する上述した廣大な空間觀念は、明かに時間的擴大及び歷史的視界の擴張と一致して發展するものである。然し他の文化階層を持つ中央オーストラリヤ、ニューギネア、ブッシマン族等の如きに於ては今日の空間觀念と原始時代のそれと全く對立してゐる、それと同時に時間觀念も近頃の情態から起つた全く異つた觀念を持つてゐる。ポリネシヤ人の時間の觀念は――インド・ゲルマン族も同樣であるが――空間觀念と平行して擴大した。時間觀念は神話的時間の觀念を初め、その他色々の時間觀念が包括されて一つの系統的な組織をなし、これが幾百代の後までも延長されて、遂に悠久の時間觀念となつて行つた。斯かる時間の無限の繼續と云ふ觀念の中には既に述べた如く、神話的出來事が織り込まれてゐる。これと共に世界及び大地が歷史を持つてゐると云ふ觀念も神話的出來事から想起せられる。斯かる觀念の發生によつて今迄の素朴な感覺的表象聯合による世界から解放されて抽象的な思想が現はれるやうになつた。卽ち原始文化階層の人々が唯だ感覺的に關心を引く特別なもののみに注意して、何等の批判をも加へないのに對して、父權制文化時代には時間、空間の觀念が擴大され、抽象的な考へ方をするやうになつた。從つてそれ等の神話の中にも抽象的な神話が見られる。ニュージランドの宇宙創生神話によれば初めに思想があり、それより慾望が起り、後に天や神が出來たと云ふ。サモア陸地創造の神話は一つづきの鬪爭に分解され、この鬪爭に於ては空間的に下部の神をその上の神が征服する、最初は大海の底の深淵から出た神、次は岩の神、次は火山岩の神更に大地の神、植物の神、毛虫の神、爬虫の神、鳥類の神と順次に上部の神が現はれる創造神話もある。然しポリネシヤに於て最も一般に流布し、最も古い

父權制文化に於ける人格性的世界觀（グレーブナー）（杉浦）

と思はれる、宇宙創造神話はタンガロア神話に屬する世界卵から生ずると云ふ物語である。卽ち卵が自から割れて、こゝから世界の凡てのものが創造され、或は又これより系譜に從つて凡てのものが派生したと云ふ。更に又ニュージランドの宇宙創生神話である天父と地母なるランギとパパを、分離することより生ずると云ふ感覺的な記述を持つた物語も、最初は恐らく前に述べた神話と根本に於て同一の神話ではなかつたかと思はれる。最後のニュージランドの神話によると、宇宙萬物の根本的父母であるランギとパパは初めは、しつかり抱擁し合つてゐた。それ故兩神の間に生れた子神等は、二人の體の間に狹まつて、窮屈さうに闇の中にうごめいてゐなければならなかつた。子神である、森の神タネが二神を引き離した。こゝに於て世界の中に光りと空氣が充ちて來て世界の歷史が作られるやうになつた。

父權制文化民族に於て世界の事變が時間的に終末すると云ふ微かな觀念を見出す、その結果世界史は時間的に統一ある一個のまとまつた全體となる。オーストラリヤの文化統一時代の神話に、大昔天を推し揚げて柱で支へた、この柱は段々腐つて行くから、人が警戒して適當な時に代へなければ、天が地上に落ちて萬物は死滅すると云ふ。この萬物が死滅すると云ふ神話によつて大地の時間が終止すると云ふことを考へることも可能である。斯かる觀念がアフリカの牧畜民族にもあることは旣に述べた通りである。これと同じ觀念がポリネシヤにも見られる。ポリネシヤにはこれと並んで今日の所謂世界終末觀と等しい思想もある。ラロトンガ島ではセー、クークの舟を待ち設けたタンガロアの舟と考へ、ハワイ島ではロノの舟を彼等が期待するタンガロアの舟と考へてゐる。これに對して不幸な期待がニュージランドに存在する。これによると舟が來て總べての住民をつれて行つてしまふと考へてゐる。世界の終末と云ふ思想は上述の樣な不幸な期待を持つものと並んでゲルマン族（特にスカンヂイナビヤ）ではこの終末が幸福なものと考へられてゐることは人のよく知る所である。

藝術――以上述べた如く父權制度文化階層になつて、廣大な世界全體と云ふ觀念を生じたので、これに何等かの決定的形體を與へんとする慾求か藝術的傾向に現はれて來た。この固有の藝術形體が父權制文化と連絡するから、この文化の特色は本質的に圖形的でないことである。母權制文化民族は死者儀禮に於て圖像を描かんとする衝動を起すのに對して、父權制文化民族は斯かる衝動を全く知らない。アフリカの牧畜民族並にインド・ゲルマン人は石、木その他の自然物、更には棒切れにまで自然神を認める。ポリネシヤに於て人體に關する繪畫の分布する地方は大體母權制文化の強い影響を受けてゐる、東部ポリネシヤ及びニュージランド等である。然かも、それ等は祖先崇拜及びチキの儀禮と結合してゐる。これに對して中央ポリネシヤ及びミクロネシヤ地方には人體畫が非常に尠い。ポリネシヤに於ける或る特別の造形美術の形態は明かにトーテム文化特有のものであり、トーテム文化的關心と結合してゐる。卽ち動物の彫刻、器具の形狀特に木製の大皿又は枕等にトーテム動物の形が作られてゐる。父權制文化に於ては飾裝品さへも母權制文化時代のやうにその文化に固有な形體を持つものはない。トーテム文化に於ける典型的なものとして、描かれた飾裝は單純な直線又は曲線をなす帶狀紋樣である。細長い什器や容器の邊りなどには、この帶狀紋樣が非常にしつくり合ふ。更に後期父權制文化に特有の藝術として見るべきは、小切に刻み目を付けた佩裝品である。これはトーテム文化の佩裝美術とよく似てゐるが、然し特に武器や什器の表面に刻んである點で、父權制文化の美術であることが分る。要するに父權制文化は全體から云つて外形を整へると云ふことが發達しなかつた。從つて藝術に於ても造形的技術一般にこの傾向が現はれてゐる。父權制文化階層に於て作られた道具、什器は實用的な形態美に於て、他の文化のそれより遙かに秀れてゐるが、外形的趣味を欠いてゐる。

他の文化との關係――父權制文化が母權制文化よりも廣大と云ふ點で勝つてゐることは明かである。父權制文化は他の文化の特色を排除するものではなく、寧ろ自己の固有の特性を變へることなく、他の文化の持つあらゆる成素を、その非常に廣い世界觀の中に取り入れる。東部ポリネシヤ及びニュージランド人は一種の彫刻をする。特にニュージランド人は著しい特色ある螺旋狀佩裝品を持つてゐる。これは母權制文化の本質的部分を受け次いだものである。斯くの如くポリネシヤ人の世界觀は可なり強いアニミズムに着色されてゐるが、これになつて彼等の動的、呪術的根本特色を少しも損じてゐない。父權制文化は非常に早くからアニミズムの影響を受けたやうである。オーストラリヤにあらはれてゐる、遊離魂及び小供が木や岩等から由來するものであると云ふ二つの觀念の、一方はアニミズム的の觀念であるが、他方はアニミズムに附隨する觀念ではなく、純粹な地方的俗信である。ここで問題とした遊離魂の如きも恐らくアニミズムの衣を着けたもの、換言すれば家族に類似すると云ふ事實に基く觀念聯想より起る關係表象が、唯だアニミズムと云ふ薄い被ひをかぶつてゐるだけである。從つてその根本觀念は中央オーストラリヤに於て、動物が人間に化身すると云ふことによつて、人間とトーテム動物とを聯結せしめてゐるのと全く同じである。

父權制文化に及ぼした母權制文化の影響が分解出來るやうに結合してゐると云ふことは注意すべきである。アーリヤ印度人は佛教を信ずるやうになつて、靈魂の存在を否定して、アニミズムの衣を着てゐる遊離魂信仰から脱出した。これと同じく現代の我々の倫理觀念もキリスト教の彼岸の信仰と密接に結合してゐる。既に古代のゲルマン民族がキリスト教の影響を受けてゐた。倫理思想とキリスト教信仰の結合はカント以後になつてやつと必然性を失つたが、これとても完全に緣を切つた譯ではない。今日の我々でも靈魂の存在と云ふことは非常に愼重に議論する。現今行なはれる靈魂論は現今の藝術の造形的本質論と同時なもので、現代に於ても美術は主として外的なものを描寫することに相異ないが、今日の藝術家は、この文化史的意味を意識して居なければ、その描寫が否定される、これと同樣靈魂觀念論も、その文化史的意味を究めた上でなければ認められない。要するに文化の核心的傾向そのものは、長い歴史を通じて何度も繰り返へして露はれ得るものである。從つて今日そこかしこに、行なはれてゐる政治的な爭ひも、その源を原始時代の文化の矛盾對立の中に發してゐると考へることが出來る。

ネグリート、ブッシマン及びボトクード族の經濟階程（二）

――自然民族及び半開民族の經濟（クノー）――

喜多野清一

遊群の法規と酋長權

從つて上述の未開諸民族の多くのものにとつて、一年の大部分は食料に欠乏しないとしても、彼等の食料獲得はそんなに豐富ではないのだから、たとひ彼等の移動癖がそれを許したとしても、定住するに至るのを可能ならしめはしない。オーストラリアの住民と同樣、これらの諸民族も全く絶えざる移動生活を送つてゐる。たゞ相異してゐるのは、彼等は常に屢々數週間の間宿泊地に逗留するといふことと、ずつと以前彼等の舊領域に於ては、卽ち彼等がその舊領域にゐた時分には、ブッシマン族ヴェダ族、アエタ族及びボトクード族の個々の遊群《ホルデ》（或は地域集團）は、彼等に關して報告してゐる最古の探險旅行の報告に從へば、オーストラリア人のそれらよりも大きかつたといふこととである。

アンダマン群島の海岸住民については、彼等は既に不充分な定住に達してゐるとさへ言ふことが出來る。一年の大部分を彼等は小さい村落樣の居留を作つて生活し、たゞ一定の季節だけ、例へば諸種の魚類の產卵期、龜類の海濱への產卵期にだけそこから立ち去つて、都合のいゝ場所にある安全な避難所へ、若干週間彼等の宿泊所を設けるのである。

遊群の組織はオーストラリア人のそれに似てゐる。後者にあつてのやうに、ヴェダ族、アエタ族及びボトクード族にあつても、何れの遊群もその特定の群範域または狩獵境域を持つてゐる。ヴェダ族に關しては、ノックス Knox, デイヴィー Davy, プリダム Prihdam, テネント Tennent 等をはじめとしてサラシン Sarassins, セリグマン Seligman, 及びハーゲンベック Hagenbeck に到る凡てのセイロンの精通者がこの事を報告してゐる。ノックスは、彼の報告に從へば、自分の境域の境界を踏み越えて隣接群の境域で樹から果實をもぎとつた一ヴェダ人が如何にして直ちに射殺されたかを、自ら實見した。ウィードのマキシミリアン、Maximilian zu Wied, エィ・エッチ・キーン A. H. Kean, オーギュスト・ド・サンティレール Auguste de Sainte-Hilaire, ヨット・ヨット・フォン・ツディ J. J. von Tschudi は、ボトクード族の間でも同じやうに全範域を遊群境域に分割することを發見した。サンティレールの報告に從へば（『"Voyages dans l'Intérieur du Brésil" 第二巻一五九頁）ボトクード族の遊群は、彼等の遊群範域の境界近くに果樹のある場合、果實成熟期にはそこに見張所を設けるといふことである。

移動遊群の法規に關しては、けれども、確定的な相違は認められない。卽ちヴェダ族及びネグリート族にあつては遊群の酋長は大抵オーストラリア住民に於けるよりも比較的大きな專制權を持つてゐる。生粋の流浪狩獵人としてのボトクード族は、言ふに足る私有物もなく、勿論、一種の支配者の地位を獲んとする彼等の酋長の如何なる試みをも、從來否認して來た。オーギュスト・ド・サンティレールは（"Voyages dans l'Intérieur du Brésel" 第二卷一四八頁）明瞭にかう力説してゐる。ボトクード族の間では世襲的な酋長職は存しないと。豪膽で深慮あることを證明したものが自ら指導者たることを宣言するが、しかも實際はたゞ移動行進の先進者たるにすぎない。同じくヨット・ヨット・フォン・ツディは（『南米旅行記』Reisen durch Südamerika" 第二卷、二八四頁）彼の觀察を次の言葉で總括して述べてゐる。

『これらの遊群は何れも一人の指導者を持つてゐる。彼は部族中の最も豪膽强壯のものである。しかし彼の遊群の爾余の成員が彼に服從せねばならぬといふ何等の法律も規則もない。彼は彼等に何等の恭順をも要求するを許されない。彼の權威はたゞ名目の上のみに限定され、且つ暗默の間に認められてゐるのである。共通の要求、共通の危難が遊群の個々の成員を一致せしめ、且つ指導者に關しては、彼が最良の獵場を知つてをり、戰鬪の場合には最豪勇者であるといふことが前提されてゐるので、社會的規定によつてさうするやうに義務づけられてゐないでも、爾餘のものが彼に從ふのである。事ある際に各人は彼の判斷に從つて行動するのである。かうした結合は動物群のそれと殆んど同程度のものである。卽ちその先頭には最も大膽で勇敢な個人が立つてゐる……

部族の首長は存在しない。同一部族の諸遊群同志が攻撃しあつてをり、且つ同部族の諸遊群に向つて侵撃するために異部族の諸遊群が相結ぶことが珍しくない。從つて家族が、既述の如く、ボトクード族の唯一の緊密な社會的紐帶である。』

エィ・エッチ・キーンも亦、ボトクード族の酋長が殆んど權威を持たないことを是認してゐる（"Journal of the Anthropological Institute of Great Britain and Irland" 第一三卷、一八八四年、二〇九頁）

ヴェダ族、アエタ族、ミンコピー族、及びセマング族の酋長も大きな權力は持つてゐない。彼等は意のまゝに勝手に振舞ふことは決して出來ないで、却つて彼等が命令する際には、自分の遊群の成人した男性成員の習慣と同意とに拘束されてゐるのである。それにしても彼等の權威は、オーストラリアの酋長のそれよりも（抑々オーストラリア人において酋長職といふやうなものを語り得る限りで）ずつと範圍が廣い。

更に、食料獲得の輕易さは、多數の同族遊群の群聯合への集結を生ぜしめた。ヴェダ族の間では、通常五乃至八個の遊群が一の群聯合に、所謂 Waruge に合一され、その先頭には一人の首長が立つてゐる。同樣にミンコピー族の間でも六乃至十個の地域集團が一のより大きな聯合（多くは四百乃至六百人を包含する）を、"Maiaigla" 卽ち "Grosser Vater"（Maia=Vater, igla=gross, erhaben）（大父）と呼ばれる首長の下に、構成する。遊群の酋長はこれに對しただ "Maia ola" 卽ち Väterchen（小父）なる稱號を要求し得るにすぎない。

ブッシマン族の間では、往昔の和蘭人の移民が、同樣これに似た群合同を見出したが、その首長は當時彼等から "Grootkapitain" と呼ばれれてゐた。しかしブッシマン族がカラハリ沙漠へ驅逐されてこの舊い組織は破壞された。個々の遊群は、歐洲人の移民の侵入に強要されて、舊來の團結から離脱して北方に逃げこんだ。しかしこれらの遊群はこの新地域で再度同じ聯絡を保つて定住することをしなかつた。むしろ彼等を導く道の如何に從つて、ある移動群はこの地域を、他のそれはあの地域をと占領した。屢々大遊群は多數の小遊群に分裂するかと思へば、白人の彈丸のために衰滅した他の遊群はより大きな集群に加盟した。舊い聯合組織は散裂し、個々の遊群はお互にその以前の結合關係を失つて了つた。勿論今日尙ほ屢々遊群はグンジー（"Gundjii"）と呼ばれる特別の境域を要求するが、この要求は一般に認められたものとしては通用しない。蓋し個々の遊群は他群の狩獵地を通過するどころか、屢々他遊群の境域で狩獵するのだから。加ふるに、同一遊群の成員を結びつける紐帶は、オーストラリア人やネグリート族に於ける程に緊密でない。ブッシマン族は自分の妻子を從來の遊群に殘したまゝ他の遊群に加入すること稀れでない。或ひはまた、食料關係が適當であると思はれる場合には、成員の一部が從來の仲間から離れて、新しい小遊群を構成したりする。

小舍建造の改善

食料品のより容易な調達と及びそれと關聯しての宿泊地へのより長期の逗留との今一つの結果は、小舍建造の改善である。移動遊群は、彼等はまだより良き小舍を作る能力を獲得してゐないといふ理由で、彼等はより良い小舍を決して建築しないと說くが如きは、完全に誤れる推測である。例へばオーストラリア人によつて降雨期の間利用される住宅は、變轉常なき宿泊地に建てられるものに比し、全く遙かに良く建てられてゐる。二日も三日もずつと移動して行く以上、原始的狩獵者には、しつかりした宿りを作るといふ志望はない。それは余りに多くの時間を彼にかけさせ、彼の狩獵活動を妨げる。そして萬一うまく彼の小舍が出來上つても、彼はそれをまた捨て行かねばならないだらう。

故にオーストラリア人のみでなく、屢々その宿泊所を變更するボトクード族やヴェダ族も、彼等の寢小舍の建造には僅かの時間をしかかけない。ボトクード族の男女がブラジルの晴朗な天空の下に大地の上に眠つてゐて、しかも獸皮又は木皮編物で身を覆ふてゐることが極めて屢々である。寒夜には焚火をたくとか、原始林または叢林が小舍建造の材料として提供するところのものの如何に依つて、樹枝や小枝や樹皮や棕櫚の葉や草の束などで、全く原始的な小舍を建てる。

ヴェダ族も亦簡單な小枝小舍（Zweighütten）で滿足してゐる。屢々彼等はその夜營所を、枝を寄せ合せ樹皮の綱でそれをしばつて樹木の中へうまく作りもする。特に狂暴な象が近所にゐると認めた場合には。降雨期又は冬が始まると安全な場所を探し求められ、比較的堅固な小舍が建てられる。彼等の境域が岩窟や岩の突出を持つてゐる場合、これ等は多く避難所に利用される。

ルソンのアエタ族に於ては異つてゐる。彼等はたゞ僅かの期間だけ、恐らく一二週間の間だけ、一ヶ所に止ることを考へればいゝのだから、彼等はたゞ簡單な寢小舍を、多くは次の如き仕方で、建造する。卽ち二本の內叉狀の棒を作り、約一メートル半の高さに、およそ二・五乃至三メートルの間隔をおいて土地に突き立て、それに相當する長さの棒を、多くは竹を、一方の內叉棒から他方のそれに渡しかけ、更にこれに對して地面から上方へ斜の方向に他の棒をもたせかける。次いで側面が棕櫚又はバナ、の葉で、又は莽で、覆はれる。かうした小舍は僅々約五——七平方メートルの平面を覆ふにすぎず、その中央部に於てさへも一・五メートルの高さである。實際單に寢るのに利用されるだけである。

宣教師の請求によつて、現今のアメリカ＝フィリッピン政府によつて寢具什器玉蜀黍を施給されて支持されてをり、定着的植民と原始的耕作にまで移つて行つたアエタ族の小舍は遙に立派に整へられてゐる。それ等は多くはマライの Pfahlhaus 杙上居住屋の例にならつて作られてゐるが、それは一メートル四分の一乃至一メートル半の高さの杭に支へられ、綴ぢ合された竹から成るところの床を土臺にしてゐる。氣象上の諸關係を考慮して全く實際的な建築物である。卽ち炎暑期には空氣がこの杙工構造の下を流れて惡い地上の發散物を持ち去り、寒冷季には、小舍下の地上で乾燥した煙の少い木で火を焚くことによつて、——その暖は竹材の床を通して上へ達する——快い暖を作り出せるからである。

同樣に大アンダマン群島の海岸ミンコピー族も產卵所及び孵卵所への移動の間は、樹枝や棕櫚の葉で出來た小さい寢小舍を用ふるにすぎぬ。これに反し彼等の永居留地の住屋は比較的丈夫に作られ、可成り強い嵐や降雨にでも抵抗し得る。それは、雨水を急速に流しおとすために、多くは後部へ傾斜して作られてゐる。普通前柱は約二乃至二・五メートルの高さがあり、後柱は僅に約四分三乃至一メートル四分一にすぎない。かうした柱の上に梁から成る屋根臺があり、それはぎつしりと重ねられた棕櫚の葉で覆はれ、それを固く着けられた橫釘でしつかりとめるので、可成り激しい嵐でも屋根をはぐことは出來ない。

小舍建築のこれと似た發展は、マラッカ半島奧地のセマング族やセノイ族に於ても證明される。これらの種族の遊群は僅かの期間だけしか同一宿泊地に留まつてゐないので、彼等は寢所のために、そんなものが近所に發見される場合には、小さい岩窟もしくは岩の突出を探し求める。しかし彼等は多くは小さい二方又は三方の開いたさしかけ屋根の小舍か、もしくは蜂房狀の、僅かに約一乃至一メートル四分一の高さの圓小舍を作る。けれどもセノイ族は、狂暴な象や虎が近所にゐると信じた場合、ヴェダ族の樣に、夜間は樹上に攀ぢ上り、そこに夜營所をうまく作る。之に反してセマング族は長期間一ヶ所に止る場合、上述のアエタ族のそれに似た杙工建築を設ける。たゞこの小舍の床は多くは地上稍高めに設けられ、屢々二方又は三方が開いたまゝになつてゐる。

食料の調理

分業は、これらすべての狩獵民族に於ても大體に於て、オーストラリア人に於けると同樣の樣態である。遊群の男性成員の間には、固有の分業は生じてゐない。萬人が同じ勞働をする。たとひ甲が乙よりもより良い工具または陷穽の作り手であり、從つて主としてかうした勞働遂行に從ふとしても。これに反して男女兩性間には勞働が分たれてゐる。狩獵魚獲並びに武器や石製木製器具の製作は男子の仕事であり、編んだり結んだりすること從つて籠や嚢の製作、果實蜥蜴昆虫卵類の蒐集、並びに移動行進の場合に子供や動產類を運ぶことは、婦人の勞働範圍に屬してゐる。

野獸及び蒐集した植物の調理も兩性間に分割されてゐる。仆した野獸の皮を剝ぎ、大きな肉塊を灼熱した炭火でまたは燒串にさして——ボトクード族やブッシマン族の間では今日尚ほ部分的に殘つてゐる——燒き炙ることは、男子の勞働範圍に屬し、同樣にヴェダ族やアエタ族に好まれてゐるところの肉を土窖で燒くこともさうである。これに反し蒐集した球根や根を燒き、小動物を調理することは婦人勞働である。しかも就中かうした食料品を水で煮ることがさうである。このことは陶器（ミンコピイ族やヴェダ族はずつと以前から陶製の壺をさへ作つてゐる）やブリキ製の容器が入つて以來益々弘まりはじめる。大きな野獸の肉塊は今日なほ稀れには煮られる。しかしそれがなされる限り、この勞働は多くは婦人が擔當する。たゞカラハリのブッシマン族にあつては男子自身がその肉を水で壺の中で煮る。しかし今日其處でさうであるのは、蠻人達が、歐洲人が屢々肉を煮るのを見、かうした食物調理の方法をより善きものと考へたからである。ジークフリート・パッサルゲ Siegfried Passarge 曰く（ブッシマン族 "Die Buschmänner" 五五頁）『ネグロやブッシマン族が煮料理を無意識により高度の技術だと評價してゐるのを見るのは面白い。どんなに飢渴してゐても、我々が制止しても、出來さへすれば彼等は肉を炙るよりは煮ることを好む。これこそ調理のより高等な種類であつたのだ。』

ヴェダ族は食物調理の今一つの方法を發見した。しかも判定し得る限りでは全然獨立に。彼等は濡れた米または大粒の種子をとつて、それを長さ約二五乃至三〇糎の厚い竹筒に注ぎ入れ、これを弱い火の上におく。米または種子が煮えたと思はれると、竹筒は火からとりおろされ、縱に斷ち割られ、內容がバナナの葉か木皿の上にあけられるのである。

かうした移動的な狩獵民族はそれぞれちやんと種々の實際的な肉類保存法を發見してゐる。彼等は獸肉の一部分を長く切り、これをまづ鹽づけにしないで、強く烟の立つ火で燻製にする。ルソンのアエタ族は一種の貯藏筘を竹で作ることをさへ發見した。その際彼等は次のやうにやる。まづ肉を長く切り、それを強く燻し、太い綺麗に掃除した竹筒に詰め、筒の兩端を封じ、これを乾いた砂の中に埋める。同樣にして種々の種子類も太陽または火で乾かされ、竹筒に詰められ、やがてそれは出來るだけ密閉される。肉なり種子なりが後になつて食用に供される場合には、まづ水に浸して軟かにされる。

大アンダマン群島のミンコピー族もこれに似た風にその食料品を貯藏する。しかも彼等の方法は吾々のそれにもつとよく似てゐる。彼等は太い竹を長さ約三〇乃至四〇糎の片に切り、これを長時間燃えてゐる火で熱して液を出させて乾燥させる。次いで燻製にしたまたは水で半ば煮立てた豚や龜や鳥の肉をとつてこれを竹筒に詰め込み、更に竹筒をその中に入れられてゐる肉共々極めてゆつくりと弱い火で煮るのである。次いで開いてゐるところが葉や混砂粘土で封じられる。後になつて肉を食ふ場合には、封を除いて肉を筒に入れてもう一度ゆつくりと煮るのである。

肉を貯藏するために調理する特殊なやり方を、吾々はセイロンのヴェダ族の間に見出す。彼等は肉を細かく切り、これを燻し、全く固くなるまで大氣中で乾し、纖維性木皮で卷き、それを木の孔（特に蜂の巢穴）にぎつしり詰まるやうに、詰め込む。次でこの孔は混砂粘土で封じられる。肉を食ふ場合には、それを取り出し、軟くするために野蜂の蜂密の中に漬ける。また燻製にされ乾燥された肉片はわざわざ漬けないでも屡々巣穴の中で蜂蜜に浸されてゐて、そこでもう一度乾かすと、肉の周圍には厚い蜂密の皮か出來上る。

かうした保存法は吾々には勿論極めて原始的に思はれやうが、かうした經濟段階の民族にとつてはそれは極めて大きい意義を持つてゐる。蓋しそれは彼等をして、降雨期及び旱魃期に對して食料貯藏をなすを得しめるからである。

低級狩獵諸民族の所有觀念

一般にオーストラリア人に於けると同じ自然的諸條件の下で食料調達がなされるので、所有諸關係もまたそれと同じである。群境域若くは獵區は何處でも共有財産である。卽ち遊群の全成員に共通に屬してゐる。各成員はこの境域內で欲するまゝに狩り、漁り、果實や球根を蒐めることが出來る。しかし人がこの共有の土地から自分一個の活動によつて獲たもの、または土地が提供する材料を以て作つたものは、その人の所有物である。たゞ彼は、オーストラリア人に於けると同樣、通常彼の狩獵の獲物のうちから、また屡々彼の漁獵の收得のうちから、その一部分を彼と同一遊群中に生活する彼の血族の者に頒ち與へねばならぬ。しかも通常、分配を自分で執行する權利すら彼にはない。むしろ彼は、舊慣に從つて、彼の獲物の彼此の部分を酋長または『長老』に頒たねばならぬ。そしてこの兩者のうちの一人が分配を引き受けるのである。

例へばジョン・バロウ John Barrow はブッシマン族についてかう言つてゐる（"An Account of Travels into the interior of Southern Africa in the Year 1797/98" 第一卷、二八七頁）。彼等の遊群では完全な平等が支配してゐて、齎らされた獵の獲物は全成員が共有すると。同樣にハインリッヒ・リヒテンシュタインも言ふ（"Reise im südlichen Afrika" 第二卷、八三頁）。野獸を捕獲した獵者は、それを他の人々と共に分けねばならなかつたやうだ。何となれば狩獵の獲物は共有財産であつたやうだから。宿泊所の者が、みんなそれに飛びつくのが普通だつた。その結果、狩獵に成功した男達は獲物を隱匿するといふことになつたやうだと。

オーギュスト・ド・サンティエール（Auguste de Saint-Hilaire）はボトクード族についてかく報告してゐる（"Voyages dans l'Intérieur du Brésil" 第二卷、一五九頁）。『野獸が狩獵から齎らされると、酋長が野獸を分配する。何頭も斃したものでさへほんの小部分をしか貰へない。且つ野獸が極めて稀れである時は何一つ貰へない。酋長は屡々自分の斃した野獸を彼の一黨のものに讓與して、自分はそれに手も觸れないことがある。』

更にパウル・フォン・エーレンライヒ Paul von Ehrenreich は曰く（"Über die Botokuden der Provinzen Espiritu Santo und Minas Geraes" Zeitschrift für Ethnologie 第十九號、三一頁）。『とにかく彼等の間では、食料品に關しては嚴密な共産主義が支配してゐる。狩獵の獲物は遊群の全所屬員に分たれる。同樣に人が彼等に對してなした贈與物もさうである。そんな場合何人も實際まるで言ふに足らぬ程の分け前で滿足しなければならない』と。

ルソンのアエタ族遊群の生活樣式についても往昔の西班牙宣教師の多くがかう報告してゐる。卽ち狩獵の獲物の大部分は通例遊群成員の間に分配されると。かくて例へばアウグスチヌス宗派の僧侶アントニオ・モゾ Antonio Mozo の一七六三年の傳道報告にはかう言はれてゐる。（叢書『フィリッピン群島』"The Philippine Islands 1493－1898" 第四八卷、九六頁に英譯して飜刻さる）『彼等は完全な共同社會に生活してゐる。もし鹿なり猪なりを仆した場合、彼等はそれを分配する――頭と頸とを殘して。これは犬のためにとつておかれるのである』と。

從つてオーストラリア人の消費共產主義はこの稍々高度の經濟段階に於てもなほ見出されることとなる――もつとも上述の諸民族のすべてに於てゞは決してないが。ミンコピー族、セマンガ族、セノイ族（またはサカイ族）はこれをしらない。少くともオーストラリア人、ブッシマン族、ボトクード族に於て存在してゐるやうなそんな擴りに於て知られてゐない。なる程ミンコピー族に於ては大祭の場合消費される猪肉は共同に作られるし、更にまた年老いた弱いもう狩獵に出る力もない男は（特に未婚者は）獵の獲物に對してある少量の分け前に與れるには違ひないが、本來の意味の分配はもうそこには行はれてゐない。それはもう役に立たない。何となれば、狩獵や漁獵は全く獲物が豐富で、加ふるにアンダマン群島のネグリート族は、諸種の貯藏方法を知つてゐて、そのため彼等は食物の貯藏が出來、食料欠乏は稀にしか起らないからである。

ヴェダ族に於てはかうした經濟段階にある他の諸民族と反對に、土地の共同所有と並んで私的土地所有が見出される。ヒュー・ネヴィル Hugh Nevil 及び（シー・ジー・セリグマン C. G. Seligman は、遊群の共同獵區（遊群境域と呼ばれてゐる集團の領地）の中に、屢々個々のヴェダ人の特有財產 Sondereigentum があると報告してゐる。勿論セリグマンは自分でも言つてゐるやうに（『ヴェダ族』"The Veddas" 一一一頁）、かゝる私的土地所有をたゞシタラ・ワニヤ（Sitala Wanniya）の地區に於てのみ發見したのである。そこでは諸々の小丘が特定の家長の財產になつてゐると彼は考へたが、同時に彼は、ビヒレゴダガルゲ Pihilegodagalge の大洞穴――これは全遊群集團の共有財產に當る――の傍に更に若干の小洞穴があり、それらは若干の家族によつて彼等特有の財產であると見做されてゐるのを見聞した。

これがセリグマンの報告の基礎をなしてゐる事實である。しかし事實彼が舉げた例は、タスマニア人やオーストラリア人に於けると同一の權利がヴェダ族においても認められてゐるといふことを證明するにすぎぬ。卽ち遊群の一成員が共有土地から自己の勞苦によつて贏ち得たものは――例へば彼がまづ最初に發見したところの高い樹上の鳥の巢または蜜蜂の巢は――彼の所有物であるといふやうなことが。セリグマンが言つてゐる私有分割地といふのは、彼自身その次の頁で報告してゐるやうに、バンバラ植民地 Bambara-Kolonien がその中に存在してゐる如き土地であつて、言はゞかの小軀黃褐色の印度蜜蜂（Apis indica）の群がその中に巢食つてゐるあの樹群のやうなものであつた。彼が述べてゐる丘陵のあるものは二十箇の、他のものは八箇の、今一つは十箇のバンバラ植民地を持つてゐた。しかしオーストラリア人に於けると同樣ヴェダ族に於ても、ある樹上に蜜蜂の巢を發見した遊群成員は、當該樹木を自分のものにするのであつて、もしそれに隣接する樹上にも一〇――二〇の蜜蜂群が巢を作つてゐる場合には、この全樹群は言ふまでもなく彼に屬するのである。

セリグマンの述べてゐる小洞穴についても事情は同じである。ある家長がある洞穴を發見し、彼の家族がこれを降雨期の住居として手配した場合、かうした場所を彼等の所有物として主張し且つ利用する限り、それはこの家族に屬するのである。勿論遊群全員がかうした小洞穴に場席を持てるやうなことも決してあるまいが。

さらにまたセイロンの森林ヴェダ族に於ては、オーストラリア人に於けるよりも、數個の遊群が一つに融合した時の殘存したものが集つて新たな群結合を結ぶことが、より頻繁であつた。そしてかうした場合ヴェダ族に於ては、僅々若干の人數から成つてゐるにすぎぬこれらの個々の殘存物は、彼等が以前から所有してゐた遊群領域に對しては、特別の要求權を保有してゐるやうに思はれる。

近代的權利觀に捉はれてゐる歐洲人が、特定の洞穴もしくは特定の領域に對する特殊要求權といふことを耳にするや直に、または蜜蜂の巣のある樹木が自分に所屬するのだとある土人から語られるや直ちに、そこに私的土地所有の存することを躊躇なく結論するのは無理もないが、彼此の土地が甲または乙に屬すといふ土人の單なる陳述だけでは論據として充分なものではない。事實私的土地所有が存在するかどうかといふ問題は、遊群組織及び家族組織に對する並びに所有權の生じ得る諸事情に對する基礎的考究との連關に於てはじめて論定され得るものである。

私見によれば Seligman は實のところ矛盾にさへ陷つてゐる。例へば彼は第一一四頁に於て、ヴェダ族は共同社會的遊群財産がずつと殘存するやうに執拗に努力する旨を述べてゐる。彼は言ふ『ヴェダ人は、普通の事情の下では一寸の土地をもシンガリーズ人に與へるものではない。さういふことは、たゞそのヴェダ人が彼の民族の最後の者であり(彼の遊群の最後の者といふべきだH・C)且つ食料や宿泊所を見出すためどうしてよいかをまるで知らない場合にだけである、といふことが私に解つた。Arachi なる父は（シンガリーズ語ではシンガリーズ族の村落定住の首長をアラチと呼ぶ。H・C)、ヴェダ族遊群の最後の者が全くの老人で孤獨で且つ甚しく衰へてゐて、もう自分自身及びその妻を扶養する力もないといふ理由があつて初めて、ダメネガマランド Damengamaland を貰ひ受けた。

ヴェダ族遊群が、彼等の先祖から傳來した彼等の共同社會的特定獵區の維持に、こんな程度に有頂天になつてゐる以上、彼等の領域の個々の部分を特別財産として所有することを、その成員に許すことは仲々に難しいことである。

交換關係

生計調達が増大し且つ特殊化するに從つて、低級狩獵民族に於ては、商業あるひはより正確には交換が遞増的な意味を持つに至つた。しかし貨幣、石や貝殼や齒の貨幣はまだなかつた。交換しやうとする者は、單に他人のところに行つて、欲しい對象に對して何か自分の製造品を提供する。それらは主として武器及び道具類、獸皮莚裝飾品もしくはそれに類するものである。食料品は極めて稀にしか交換されない――通常ある遊群は他の遊群と同一の食料品を獲得し且つ持つてゐるといふ單純な理由からである。例へばある遊群が他の遊群と野獸球根果實または漿果を交換しても、もしこれらが兩者の遊群境域内に殆んど同量に存在する場合には、何の役にも立たない。吾々は食料品を以てする交易商業を、かうした經濟段階に於ては、たゞ隣り同士の境域内でそれぞれ異種の食料品が得られるところ――例へばある海岸居住の遊群が甲殼類を集め、それに隣接する奥地遊群の境域ではそれが得られない、しかしこの奥地遊群の境域では恐らく長持ちのする果實か見出されて、それは海岸には生じないといふ場合――に於てのみ發見する。かゝる場合には、オーストラリア人の例が既に示した如く、食料品に於ても、一定の控え目な交換が發展してゐる。

就中地方的な原始的家内工業生産物が互に交換せられる。特に諸種の工業的熟練を有する諸種の發展段階の諸民族が境を接してゐるとこではさうである。かくて吾々は、既に往昔から、ルソン島の原住民に於て、移住し來つたマライ人との原始的な交易を見出すのである。マライの商人は、アエタ族から蜂蜜蜜蠟獸皮鳥皮を交換して得、その代りに硝子珠鐵製小刀手斧キャラコ煙草蒟醬等を與へる。

今一つの種類は、リムバのクブ族とその近隣のマライ人部族との間に生じてゐる所謂『沈默商業』である。クブ族は、彼等に不正な且つ亂暴な態度をとるマライ人との直接取引を嫌惡する。そこで次の如き商業が發展した。卽ちマライ人は原始林の綠邊の一定の地點に小刀手斧綿織物從つてクブ族が最も好んで交換するものを置いておく。そして暫時の間遠くまで響く銅鑼を打ちならす。そして遠くへ去る。それが近所だと今度はクブ族がやつて來て、その傍へ彼等が與へやうと思ふものを置く。次いで彼等も立ち去る。暫くしてマライ人があらためてやつて來て、クブ族の提供するものを検分する。この商業に同意であれば、クブ族の品物を持つて行つて彼等自身の提供した物を置いて行く。しかしクブ族の提供物が余りに少いと思はれゝば、彼等の側からの商品のうち若干を持ち歸る。もしマライ人がクブ族を欺くこと餘りに甚しい場合には、その次には銅鑼の呼聲に對してもクブ族はやつて來ない。かくて將來もクブ族と商買をしやうと欲するならば、彼等は、さういふ風には屢々極めてあり難いのであるが、ある程度まで誠實でなければならない。マライ人とセマング族との交易も以前から、卽ち P. J. Begbie の報する如く（"The Malayan Peninsula, embraicing its history, manners and customs of the inhabitants" 八頁）前世紀の三、四十年代に、かういふ風にして行はれてゐた。そして Errington de la Croix はペラク・サカイ族について同一の事を確言してゐる。（"Etude sur les Sakaies de Perak" Revue d'Ethnographie 第一卷、三四〇頁）

森林ヴェダ族の商業も（ヴェダ族の一部は既に原始的な耨農にまで移つてゐた）シンガリーズ族との間に屢々沈默のうちに行はれてゐる。ヴェダ族は好んでシンガリーズ族の鍛冶屋の鏃小刀斧刃を交換して得ようとするが、しかしシンガリーズ族と交通することを嫌惡する。從つて彼等は次の如きやり方をする。卽ちあるヴェダ人が特種の鏃を六本得たいと思ふ。彼は決然棕櫚の葉でさういふ鏃を六本切り抜いて、夜中にシンガリーズ族の村落へ忍び込み、其處の鍛冶屋の入口にそれをかけて、その傍に獸皮または何か獸の皮をかけておく。鍛冶屋はその何を意味するかを知つてゐる。彼は萬事を引き受けて、希望通りの鏃を作り上げ、晩にそれを自分の入口にかけておく。その後のある夜そのヴェダ人が來て、その鏃を持つて行く。彼がそれで滿足すれば、添へ物として僅かの獸皮か蜂蜜かを更に入口にかける。しかしシンガリーズ人が獸皮と獸肉とをとりこんでおいて鏃を渡さないならば、彼はヴェダ人の復讐を恐れればならぬ。その後暫くして彼の小舍が炎え上つて了ふか、彼が毒矢に射られることがわけなく起るだらう。

紙上問答

問(八四) 凡そ繪馬、殊に小繪馬を奉納するには其繪に對して何かの意味を含有せしめるものである。鯰の小繪馬を奉納する所は諸所によくあるが其中で大和久米寺の金比羅宮と越前福井足羽不動堂とに、鰻と蟹とを合はせ畫ける小繪馬を見た。如何なる意味のものか御教示を請ふ。(京都帝大醫學部微生物學教室西川塘山)

問(八五) 異人、歸化人に關する説話を御教示下さい。異人に就いては「民族」三ノ六に岡先生の御發表になつたのを面白く讀みましたが、朝鮮役の際島津氏のつれて來たものキリシタン關係のもの等も、結構です。(丸茂生)

問(八六) 現在、舟に亦を塗附する土俗、或は説話があるや、御教示下さい。(丸茂生)

問(八七) 酒田港の本間家の門松を、ケンダイ門松と申して、寫眞の通りな次第でありますが、此のケンダと申す語の意味に就いて、讀者諸賢の御教示を希ひます。(七、三、廿九。國分剛二)

答(四六) 朝早く僧に逢ふを不吉とする事

一八八二年板ランスネルのシベリア通貫記二巻二四五頁に云く、シベリアの露人、特別の用事有て、街へ出るに、初めて逢ふ人が僧だつたら、其事に取て大凶と信すと。是はこの紀州田邊々のお茶屋抔で、朝坊主を忌むに同じ。所ろが元祿十一年板、露新輕口咄三に、「さる修行者米屋へ修行に行けり、米屋の女房、通らしやれ〳〵と、けんどんに申しける、亭主きゝ、ヤイ〳〵、其様にけんどんにいふ物か、朝は弘法大師の御座ると申すに、其様にけんどんに云ぬ物じやと散々に叱りけり、女房誠と思ひ、米櫃へかゝり、一握りつかみ、これ入れましやう〳〵と跡より追掛ければ、彼修行者頭にてもはらるゝかと恐れ迯けり、なほ頻りに追駈ければ、辻の雪隱へ迯入ける、彼女房戸口に立ち、入れましやう〳〵と云ければ、内よりかの僧、弘法大師高野山へ入り玉ふ、女人結界の所なるぞ、立のけ立のけと云れた」と見ゆ。今も田邊等で、商店には朝坊主を吉兆と歡迎する。想ふに昔しは、本邦一汎に朝坊主を歡迎したが、後ちに外國から、之を忌嫌ふ風が、娼家抔外人相手の社會に傳はり、今も主としてそんな場所に殘存する者か。(三月廿八日早朝、南方熊楠)

酒田港本間家の門松

學會消息

○民俗藝術　昨年第四卷第五號を出して以來しばらくの間休刊の態にあつた僚誌『民俗藝術』は久し振りにて第四卷第六號を出した。

次號は第五卷第一號となり『旅と傳說』の發行元である三元社より發行され、第四卷を以て四海書房との關係を絕つといふことである。今後は從來の會費六圓を五圓とし、年一、二回壹圓程度の特別號を出し、それをも含めるといふ。なほ同會の事務所は京橋區銀座西五丁目の對鶴館ビルの二階に移つた。

○帝國學士院の第一部（人文科學）に於て本年度の研究費を補助されることになつた諸氏の中、民俗學關係の方々の芳名及題目を掲げれば左の如くである。

東條操氏　國語方言の研究　特に中國地方方言資料の收集整理

伊波普猷氏　琉球語大辭典

孫晉泰氏　朝鮮土俗資料ならびにその研究

赤松智城氏　秋葉隆氏　朝鮮及び滿洲における巫俗の研究

吉町義雄氏　九州方言の研究

宮良當壯氏　琉球諸島言語の研究

○民俗藝術　四ノ六

御幣の今昔　西角井正慶

鍛冶職根元記　高崎正秀

南信名物御幣餅　能谷勝

御幣としめと　北野博美

陸前五郡の法印神樂　本田安次

愛媛縣曾根の花取り踊り　松本千防

第六回鄉土舞踊民謠の會合評記

鄉土舞踊見たまゝの記　中野桃男

○旅と傳說　五ノ三

村の祭——傳統　早川孝太郎

自然食と鄉土味　藤原相之助

湯の峰溫泉と小栗判官　雜賀貞次郎

仙臺大崎八幡の附屬神樂　本田安次

言葉の旅　中市謙三

播磨の仕事歌補遺　淺田芳郎

周防の大島　宮本常一

生き返つた魚の話　杉谷流翠

兵主神社の天降り面　小谷方明

童謠考察　玉岡松一郎

加無波良夜譚を讀む　橘正一

○上代文化（第七號）

劍と玉　折口信夫

生命慾求史の一面　西村眞次

建國神話の政治性　成瀨賢

湯津爪櫛の呪的宗敎的要素　關口竹治

古代人の色彩觀念　丸茂武重

草木に對する東北地方の土俗信仰　神林淳雄

○中國民俗研究　創刊號

萬葉集と旅　正宗敦夫

岡山方言の語法　故島村知章

岡山地方魚類方言　桂又三郎

動物方言資料　佐藤清明

岡山縣邑久郡土俗資料　時實默水

生殖器神巡禮　山本榮二

百枝八幡宮祭式　赤枝小太治

岡山縣久米郡弓削町方言　池上四郎

民謠

大覺僧正と傳說　故島村知章

官幣中社吉備津神社御神寶目錄

『岡山文化資料』の後身である『中國民俗研究』は昨年の十一月謄寫版刷にて其創刊號を出したが、本年に入り其第二號を活版刷にて出すに當り、「更生の第一步として本號より新らたにふみ出したい」ため、これを創刊號と名づけた。これより後はずつと活版刷にして、毎號三十頁位のものを出す豫定であると。

（一部三十錢、半ケ年一圓五拾錢、一ケ年三

圓、岡山市内山下一八　中國民俗學會發行）

○日向郷土志資料　第五輯

方言俚謠評釋　小川新一
玩具のない國は民族が滅亡する　鷲見桃逸
日向の民家間取　日野巖
佐土原藩を中心として行はれた宮詣り　清水武彦
正月に訪れ來るもの　松本友記
瓜生村八幡踊りの歌　青葉涼二
日向地名傳說（一）
日向地名傳說（二）
日向方言語彙（天文の部）
鹿兒島縣垂水町の正月慣習

右は同誌の民俗・方言の部の題目を抜きたるもの。昨年中に第四輯を出し、今回は第五輯であるが、從來主として民俗・方言關係のものを收載して居た同誌は、新に歷史、地理生物産業の部を設け、山之城民平氏の『飫肥に於ける吉利支丹紋章』『飫肥藩社寺知行高』河井田政吉氏の『延岡町の切支丹遺蹟』『白鳥宮山に在りし巨木』瀨之口傳九郎氏の『文明六年三州豪族記』樅井甫氏の『舊佐土原藩の教育』青葉源二氏の『日向郷土誌文献目錄』宮澤文吾氏の『日向の觀賞植物』中島茂、四本正秋氏の『宮崎縣の昆虫相』木村益水氏の『宮崎縣産化石の二三について』『日向古石譜』遠藤茂氏の『日向の椎茸』等を登載して居る。活版刷にて百頁。年四回の豫定にて發行するといふ。（定價四拾錢　發行所宮崎市橘通三丁目　文華堂）

○和泉郷土史資料

肥後の雷槌　肥後　熊田太郎
一、雷の方言、二、雷光の方言
三、雷槌の信仰、四、落雷の俗信
岐阜地方の雷槌　鷲見東一
雷よりの禁厭　梅林新市
雷について　いとう、ふくどう
和泉雷資料　小谷方明
雷井、龍王祠、意賀美神社、三社、葛城山八大龍王

○土のいろ　第九卷第二號（通卷第四十九册）

夏目甕麿の一書翰　小山正
つなし地藏につきて　呑洋生
遠州傳說地名の起原を讀んで　船越勇三郎
再び「御旅行」と「月見里」とに就いて　佐々木清治
遠江鞏出の刀劍鍛冶工雜考　近藤用一
兼吉の墓に就きて　鈴木泰助
中泉地方の俚謠と謎々　辻村梁一

金田一先生の會

前號にて御知らせいたしました如く、金田一先生の恩賜訪授賞の榮をお祝ひする會を三月廿八日の午後六時より新宿中村屋の二階和室に於て開きました。當日は朝からの雨降りで、集會の方々には相憎くの天候でありましたが、先生に祝意を持たれる方々が多數お集り下さいました。先づ幹事小山氏より開會の挨拶あり、續いて折口、中山、松本の諸氏より夫々祝詞とユーカラについてのお話があり、それより參會者各自の祝辭と自己紹介をかねたるテーブル・スピーチに入り、石田、岡村、の兩氏より『ユーカラの研究』の出版について、或は『北蝦夷古謠遺篇』出版の追憶談があつて、最後に金田一先生の謝辭とユーカラ研究に入つた動機等大變面白い研究側面話があつて、談盡きず、定刻の九時半に散會するのは名殘惜しかつた。當日の列席者の芳名を掲げれば、（順序不同）岡村千秋、杉浦健一、杉本健吉、久保寺逸彥、笹谷良造、池上隆祐、白井信、青池竹次、小池元男、紺野義重、藤井春洋、波多郁太郎、中村浩、大藤時彥、金城朝永、鈴木金太郎、折口信夫、中山太郎、松本信廣、石田幹之助、小山榮三、坂口保治、袖山富吉、近藤とし、村上清文の諸氏。

民俗藝術

四月一日發行

更生 再吟味號

定價 一部四十錢(稅二錢) 一年五圓四十錢(稅共)

發賣所 三元社
東京京橋銀座西五丁目對鶴館ビル内
振替東京七七五二番・電銀座一三九〇一九二

演劇學會編輯

演劇學

（年四回發行）

創刊（四月）號

會友一年貳圓
定價六十錢
送料二錢
菊判約八十頁

會友募集

『演劇學』發刊の趣旨

演劇の學が獨立を企てる時が來た。專ら、藝術の對象として眺められた演劇現象が、今や、科學の對象ともなり、而もあらゆる既成科學の領野に隷屬することなき獨特の對象と方法とを持つ演劇學の樹立が待望されてゐる。こゝに同志の學徒相計つて「演劇學會」を成立せしめ、斯學の爲に應分の力をつくさんとする。もとより、謂ふ所の演劇學の確立は將來を期すべしとするも、我らは取あ・へず會誌「演劇學」によつて、我らが研究報告を持ち寄り、斯學の礎石の一端なりとも築かんことを希ふ。本誌の編輯方針は左の如くに豫示される。

一、演劇現象への視野も、地理的にも歷史的にも思ふ存分に擴大する。その蒐集、その比較研究。
二、演劇文獻の蒐集、整頓、考證。
三、過去の演劇史、現在の演劇事情、將來の演劇政策への公正なる認識。
四、あらゆる既成科學の視角からの演劇現象の吟味。
五、演劇學的方法の探究、演劇系統の體系。

創刊號目次

會友として入會御希望の方は梓書房へ會費一年分金貳圓を振替貯金にて送金と同時に、御申込下さい。

會員氏名○印編輯者

秋葉芳美　○飯塚友一郎　○石割松太郎　伊原敏郎　岩橋小彌太　内海繁太郎　○河竹繁俊　○岸田國士　近藤忠義　小寺融吉　佐成謙太郎　笹野堅　○守隨憲治　○鹽谷温　島村民藏　菅原太郎　杉野橘太郎　高野辰之　圖師嘉彦　永田寛定　新關良三　野上豊一郎　舟橋聖一　○山崎靜太郎

東京神田駿河臺北甲賀町四番地

梓《あづさ》書房

電話神田二七七五番
振替東京七八六四四番

○寄稿のお願ひ

○種目略記　民俗學に關係のある題目を取扱つたものなら何んでもよいのです。長さも御自由です。

(1)論文。民俗學に關する比較研究的なもの、理論的なもの、方法論的なもの。

(2)民間傳承に關聯した、又は未開民族の傳說、呪文、歌曲、方言、謎諺、年中行事、生活樣式、慣習法、民間藝術、造形物等の記錄。

(3)民俗採集旅行記、挿話。

(4)民俗に關する質問。

(5)各地方の民俗研究に關係ある集會及び出版物の記事又は豫告。

○規略

(1)原稿には必ず住所氏名を明記して下さい。

(2)原稿掲載に關することは一切編輯者にお任かせ下さい。

(3)締切は毎月二十日です。

編輯後記

○

『蘇塗考』を御執筆下さいました孫晋泰氏は本誌の第二卷第四號に『支那の巫について』といふ論文を御寄稿下さつたことがおありますので讀者諸子の既によく御存知のことと思ひますが、氏は早大史學科に於て東洋史を專攻され、只今は東洋文庫に居られます。

同氏の朝鮮民間傳承の研究は在學當時に始まり、以來其蒐集と研究とに精勵されて、其成果は『朝鮮古歌謠集』『朝鮮民譚集』『朝鮮神歌古諺遺篇』等の編著によつて公表されて居りますが、今回其學績が認められて、學士院より研究を補助されることになりました。誠に慶しい次第です。氏は近く渡鮮され、約半ケ年の間旅行を續けられるといふことです。

○

從來採訪記錄に惠まれて居なかつた、山陰地方伯耆、岡成村の民間傳承についての精細なる記述『岡成物語』を京大の醫學部病理學教室の天野重安氏が御報告下さいました。厚く御禮申上ます。

○

五月には春季大會を開くつもりで居ります。其日取、講師の方々及講題は追つて五月號の紙上に發表いたす筈です。折口先生の授博の榮をお祝ひする會は先生からたつての御辭退がありましたので、御遠慮申上ました。

○

今月號も挿圖其他の關係で發行が又豫定より遲れてしまひました。來月號よりは是非とも十日の發行日に出したいと思つて居ります。

△原稿、寄贈及交換雜誌類の御送附、入會退會の御申込會費の御拂込、等は總て左記學會宛に御願ひしたし。

△會費の御拂込には振替口座を御利用ありたし。

△會員御轉居の節は新舊御住所を御通知相成たし。

△御照會は通信料御添付ありたし。

△領收證の御請求に對しても同樣の事。

昭和七年四月一日印刷
昭和七年四月十日發行

定價金六拾錢

編輯兼發行者　小山榮三
東京市神田區表猿樂町二番地

印刷者　中村修二
東京市神田區表猿樂町二番地

印刷所　株式會社　開明堂支店

發行所　民俗學會
東京市神田區北甲賀町四番地
振替東京七二九九〇番
電話神田二七七五番

取扱所　岡書院
東京市神田區北甲賀町四番地
振替東京六七六一九番

昭和五年十二月五日第三種郵便物認可（毎月一回十日發行）

MINZOKUGAKU

OR

THE JAPANESE JOURNAL OF FOLKLORE & ETHNOLOGY

Vol. VI April 1932 No. 4

CONTENTS

PUBLISHED MONTHLY BY
MINZOKU-GAKKAI
4, Kita-Kôga-chô, Kanda, Tokyo, Japan.

民俗學

第四卷 第五號

昭和七年五月

民俗學會

民俗學會會則

第一條　本會を民俗學會と名づく

第二條　本會は民俗學に關する知識の普及並に研究者の交詢を目的とす

第三條　本會の目的を達成する爲めに左の事業を行ふ

イ　毎月一回雜誌「民俗學」を發行す

ロ　毎月一回例會として民俗學談話會を開催す

　但春秋二回を大會とす

ハ　隨時講演會を開催することあるべし

第四條　本會の會員は本會の趣旨目的を贊成し會費（半年分參圓壹年分六圓）を前納するものとす

第五條　本會會員は例會並に大會に出席することを得るものとす講演會に就いても亦同じ

第六條　本會の會務を遂行する爲めに會員中より委員若干名を互選す

第七條　委員中より幹事一名、常務委員三名を互選し、幹事は事務を執行し、常務委員は編輯庶務會計の事務を分擔す

第八條　本會の事務所を東京市神田區北甲賀町四番地に置く

附　則

第一條　大會の決議によりて本會則を變更することを得

委　員

石田幹之助　宇野圓空　折口信夫
金田一京助　小泉鐵　小山榮三
松村武雄　松本信廣（以上在京委員）
秋葉隆　移川子之藏　西田直二郎
（以上地方委員）

前號目次

昭和七年五月十日發行

民俗學

第四卷

第五號

目次

鹽茄子の笑話

南方熊楠

今より六百七十八年の昔し成た橘成季の古今著聞集第廿五篇は、發端に、興言利口者、放遊得境之時、談話成二虚言一、當座殊有レ取レ笑驚レ耳者也と叙べ、人を捧腹せしむる話しを多く列ねあるが、何れも多少の事實に據た者で、丸切りの虚談はない様だ。それより約五百年の後ち、山岡明阿が書た逸著聞集は、古今著聞集の多くの笑話と、今昔物語、宇治拾遺、古事談に出た數條を併せ、是に加ふるに、自分が巧に、著聞集第廿五篇の筆法を模して綴つた多くの逸文もどきの咄しを以てした者で、原本は北朝貞和四年の手寫に係り、遠州濱松邊で見出され、多分古今著聞集の異本だらうと、誠しやかに、元祿十五年、武陽江都住人三省子の名で述べある。是は赤穗義士の復讎より一月餘早く。神無月上旬五日附けで、明阿が生れた正德二年より十年前だが、高田與清の擁書漫筆一に、明阿常に諧謔を好んで逸著聞集を戯作したとみえ、素より多藝博通で、人意の表に出た事を、種々仕出かした變り物ゆゑ、是程の奇篇は、造作もなくできた事と想ふ。此書刊本の有無を知ず。明治十七年七月五夜、お江戸湯島四丁目の露店で、三卷一册の古寫本を大枚四錢で買て、今に藏するを、三田村鳶魚先生に望まれ、寫して贈らんと、時々取出す內、其卷二の第十四章が、隨分笑はせるから左に出す。「鹽茄子の事」と題しある。

1

若殿上人うち群て、蕈狩せんとて、そこごゝ、道の行手の紅葉かり暮し、嵯峨大井川打渡り、嵐山に至りて、爰にひらはりうち、莚敷せ、わりご取出し、酒酌交し、遊びけり。そこら山のこのみ、くさびらなんど取拾ふ程に、とある木の枝に鹽茄子の一つ懸りありけるを、一人がみ附て取おろしいふ様、爰にいと珍らしき物こそあさり見たり、山にきて

2

鹽茄子の笑話（南方）

爭でか、かゝる物あるべきやは、是は天の賜物也とて、人も我も喜びてつゞしりくひ、又盃を廻らしけり、さる間にいづくよりか、かたゐ翁出來りて、そこらの木の下立めぐり、草かきわけ、よろぼひあるきけるが、そこなる小舍人童の言けるは、已れ翁、物尋ぬる樣するは何にかある、いかなる寶失ひてか有らんと笑へば、さん候ふ、物失ひて侍る、已れは脫肛と云る惡き病の侍るが、其がさし出る程なれば、起居も心の儘ならで、惱み臥し侍べるに、さる病ひには、鹽茄さしあてぬればよきと、人の敎えし程に、しか仕り候へば、其間は暫く怠り侍れば、よき事として恒にしか仕り侍るが、けふなん里へ物乞に罷る迚、爰の木の枝にかけてほしおき候ひしを、鳥けだ物やつみ候ひしやらん、このもかのも尋ね候へども、ふつにかいくれてみへ候はず、もしさる物や見たまひしと、さも哀れに、しはがれし聲していふを、殿原聞付て、こは先に食ひたりし鹽茄子は、此かたゐが脫肛にあてたりし物なりけりと思ふなるに、左迄うまかりし酒も肴も、胸元へつき返す心地して、あきれふためき、とる物も取あへず、迯歸りけり、え物に怺へぬ人々は道の程に、ゑも云れぬ事抔し散しけるとなん

とこうだ。

熊楠謂ふ、此笑話は明阿の創作か、はた當時旣に人口に膾炙した物を、旨く書綴つたのか、判じ難い。が素性を明らめずに、きたない品を珍味と賞翫した失敗談は、古く佛經にも出づ。龍樹菩薩說たは、譬へば、一婆羅門が淨潔法を修せるが如き、事緣あるが故に、不淨國に到り、自ら思ふ、我れ當に云何して此不淨を免がれ得べき、唯當に乾食して淸淨を得べしと、一老母が白髓餅を賣るを見て之に語り言く、我れ因緣ありてこゝに住む事百日、常に此餅を作り送り來れ、當に多く價を與ふべしと、老母日々餅を作り之を送る、婆羅門貪著飽食して、歡喜す、老母餅を作るに、初めの時白淨なりしが、後ち轉じて無色無味なり、卽ち老母に問ふらく、何に緣て爾るかと、母言ふ、癰瘡差る故と、婆羅門此言何の謂れぞと問ふに、母言ふ、我が大家夫人隱處に癰を生じ、麪酥甘草を以て之を拊《う》つに、癰熟し膿出で、和合して酥餅となる、日々是の如し、此を以て餅に作り汝に與ふ、是を以て餅好し、今夫人の癰愈えたれば、我れ當に何處にか更に得べきと、婆羅門之を聞き、拳もて頭を打ち、胸を推て乾嘔《からえづき》し、我れ當に云何すべき、此の淨法を破るを我れ爲し了れりとて、緣事を

棄捨し、本國に駈け還る、行者亦斷り、是の飲食に著し、歡喜して噉ふを樂しみ、不淨を覩ず、後ち苦報を受て、悔ゆとも將《は》た何ぞ及ばんやと。康熙字典に、拊は擊也拍也とも、輕擊曰レ拊とも有て、アセボのできた小兒の額を、天花粉入りの袋でたゝく樣に、穩やかに半撫で半打ちとやらかす事だ。牡丹餅でツラをはるなども、擊と書ずに拊の字を用ゆべしだ。

熊楠謹んで按ずるに、佛の律藏に尼が女根を拍つを戒しめた事多し。例せば、佛舍衞國に在た時、兪蘭難陀比丘尼、掌を以て其女根を拍つ、諸比丘尼問て言く、汝ぢ何等を爲すぞと、答て言く、肥好ならしめんと欲すと、諸比丘尼佛に言《もう》す、佛言く、掌に二種あり、手と足と也、若し比丘尼が手掌若くは足掌で女根を拍ば、波逸提罪、餘物で拍は突吉羅罪だと。又佛舍衞國祇樹給孤獨園に在し時、六群比丘尼欲心熾盛、顏色憔悴、身體羸瘦、往詣ニ波斯匿王宮內一、宮內諸婦女見已問言、阿姨有ニ何患苦一、答言我有ニ色患一、卽問言、有ニ何等色患一、答言我欲心熾盛、諸婦女言、我在ニ宮內一、時々乃得ニ男子一、若不レ得ニ男子一時、或以ニ胡膠一作ニ男根一、內ニ著女根中一、既得ニ適意一、不レ名ニ行淫一、阿姨亦可レ作レ如レ是、既得ニ適意一、不レ名ニ行淫一、時六群比丘尼作ニ如レ是男根一、已共行ニ淫事一、餘比丘尼見謂、共ニ男子一行淫、見ニ起已ニ方知レ非レ男云々、佛結戒、若比丘尼、以ニ胡膠一作ニ男根一、波逸提、云々、作ニ男根一者、用ニ諸物一作、或以ニ胡膠一作、若飯作、或用レ麨作、或蠟作者、比丘尼以ニ此諸物一作ニ男根一、內ニ女根中一者、一切波逸提、若不ニ磨治一、內ニ女根中一者突吉羅、式叉摩那、沙彌、沙彌尼突吉羅、不犯者、或有ニ如レ是病一、著ニ果藥及丸藥一、或衣塞ニ月水一、或爲ニ强力者所レ執、不犯。此制戒有て後ち宮女又比丘尼に教えたは、不レ得ニ男子一時、共相拍以適ニ淫樂一、不レ名ニ行淫一、六群比丘尼得たり賢こしと實行したので佛復た結戒す。若以ニ手掌若脚一拍ニ女根一、若比丘尼共相拍、拍者突吉羅、受レ拍者波逸提、若二女根共相拍、二俱波逸提、比丘突古羅、式叉摩那、沙彌、沙彌尼突吉羅、不犯者、或有ニ如レ是病一、或來去、若經行、若觸レ地、若以レ杖觸、不ニ故作一、若洗時手觸、不犯。是でみると、いと忍んで獨りでしらべたのも、イヨー、ポポポン〳〵と、二挺皷みの拍ち合ひ、懸け聲入りのも有たので、尼衆のぬれの、底迄種々のやり方ありとは、お釋迦樣でも氣がつくめー。と、有丈の腦漿を搾つて宮女が考へ出したに、先手を打て、「拍つ者も拍るゝ者もかはらけよ、碎けて後は元の土くれ」と悟り靜まる樣、一挺から二挺の相拍ち、種々の疑はしき類例の除外迄もキツパリ制定したは行屆いたもんだ。又佛住ニ舍衞城一、爾時比尼丘住處、與ニ俗人一隔レ壁、比丘尼欲心起、自手拍レ陰、時丈夫聞レ聲、卽語ニ婦人一言、此是何聲、答言、不レ知何故作レ聲耶、其夫言、此出家人修二梵行一、欲心起、不レ能二自制一、拍レ陰聲耳、諸比丘尼聞、以二是因緣一往白、乃至佛言、汝實爾不、答言實爾、餘り蚊がゐらいので、覺えず額を叩いて威しましたと、間にあひを言ず、餘りしたさに實に爾りと答へたとは、氣がきかぬ。そこで佛言、從レ今已後、不レ聽レ拍レ陰、拍者手拍、若鈎鉢相拍、若犍瓷拍、以歇二欲心一者、越毗尼罪、是名二手拍一。持て生れた肉鉢を手は勿論、瀨戶物の茶碗で叩く迄も制止された。又爾時諸比丘尼以レ手拍二女根一、生二愛欲心一、遂有下反レ俗作二外道一者上、偷羅難陀、亦以レ手拍二女根一、女根大腫、不レ能二復行一、弟子爲到二常供養家一云師病爲索レ食、彼卽與レ之、其家婦女尋來問訊、阿姨何所二患苦一、答言我病、又問是何等病、同是女人、何以不レ道、便具以レ事答、於レ是、諸女譏呵言、此等常毀二呰欲想欲熱欲覺一、而今作二如レ是事一、何不三罷レ道受二五欲樂一、無二沙門行一破二沙門法一云々、佛言、若比丘尼以レ手拍二女根一波逸提、若以レ手拍、出二不淨一、偷羅遮、式叉摩那、沙彌尼、突吉羅。（大智度論二三。諸經要集五。十誦律四五。四分律二五。Lamairesse," Le Kama Soutra," Paris, 1891, p. 105; "Otto Stoll, Das *Geschlechts leben* in der Völkerpsychologie," Leipzig, 1908, S, 930—943; H. Ellis," Studies in the Psychology of Sex," 3d ed., Philadelphia, 1927, p. 165, *Seqq*. 摩訶僧祇律四〇。彌沙塞部五分律一二。）

古考茶話下に、家光將軍或る大名方へ御成有て、能を見物有た時、伊達政宗が、旗下の士兼松又四郎の側を通るとて、袴腰を踏越えた。又四郎政宗を捉え、慮外千万な、士の腰を踏越たとて、横面をはつた。其時政宗莞爾と笑ひ、打て腹だにゐるならば、いくらもうてよ犬坊よ〔時政の言葉〕と言て、笑ひ去たとある。川柳に「淤夜嗣多登、しれぬで女罪深し」とは尤もらしいが、實は鄙人が唄ふ通り、その于惠多のは斧の刃も立ぬ程なも稀ならず。シャール、モーリャク曰く、男子間の强弱の差ひよりも、女人間の强弱の差ひ逈かに大なるは、爭はれないと。（Jaccoud, "Nouveau dictionnaire de medecine et de chirurgie pratiques," Paris, 1877, tom, xxiv. p. 502）。曾て龍動大學總長だつた故サー、マイケル、フォスターが、かの。。、興奮膨脹力を測定する電氣仕掛の機械を創製したのを、拜見した事あり。斧の刄の立ぬのも有ますかと尋ねた處ろ、斧は試してみないが、學童用の鉛筆の尖を折り飛す位いなは、確かにあると、助手が眞面目に答えた。去ば拍て腹だにゐるならば、幾らでも拍てよ犬慕々と放任せば大變ゆえ、佛も留意して子細に制戒したのだ。想ふに一旦の不料簡より、うば玉の黒髮を剃り毀つた若い尼抔が、孤燈揭げ盡して眠を成ず。「生るつらさぞ面影もみぬ」と沈み思ふ鼻息に伴て、熱眠

5

せる猫の腹然と、二度めは初度より、二度より三度めとふくれ揚る。「揚るに付て降る涙は、」眞の兩眼の外に、下の綻ろび目よりもたゞよひ出て濡らしまくる。そこで氣が付き、泣く兒を靜める如く、肩癖を散らす如く、手で拍て、隣人に聞るゝに及んだとみえる。所ろが初めは、餅を搗ん迚杵を勞し、後には杵の音を聞て餅搗んと思ふ。追ひ〳〵は、特に愛欲心を生ぜんが爲に、故らに拍ち、遂には、こんな事で辛抱できぬ、寧そ本當の物でと熱望して、俗に反り、外道となつた者さえ有たのだ。又進化論者が夙く說た通り、鍛工の右腕が太くなり、車夫の足の爪が剛くなる。かのも拍は拍つ程膨れてくる。偷蘭難陀比丘尼と云は、嘗て使三人剃二大小便處毛一爲レ好。又以レ指刺二女根中一。又以二樹膠一作二男根一、繋二著脚跟後一、著二女根中一。又忞いまゝに人の園に入て、蒜を取盡し食ふたり、餅と引替に猥りに、佛の履歷を作曲家に語つたり、殊には傳統第一祖たる大迦葉尊者に虛言を吐たり、座を讓らなんだり、强く橋板を蹴て河え落し、ズブぬれにしたり、驚き入た無法者だ。蓋し佛と同じ釋種に生れたに誇つたのだ（十誦律四五。四分律二五。根本說一切有部毗奈耶三九。根本說一切有部毗奈耶雜事三一）。然し生來、中里氏の大菩薩峠に著はれた飛驒の高山の濫淫婆を、後に瞠若たらしむるに十分な、助兵衞女だつたは疑ひを容れず。隨つて每度々々の實驗で、一件を拍ば拍つ程、太く强くなる事、鍛工の右腕、車夫の足の爪に異らず、蕎麥ぢやあ無いが、拍つ程よくなると知悉し、扨こそ、肥好ならしめんが爲に拍つと答へた物だ。之を約するに、初め欲心を消散せしめんとて拍たのが、反つてかのを膨脹せしめ、愛欲を熾んにし、相拍ち黨も組織さるれば、步行に艱む迄、拍ち腫す等の騷ぎを起したのだ。身體諸部を笞つて催情方便とする事は、從前諸方より聞及ぶが、特に彼處を拍て快樂するのは印度以外の物にみえず。性學者が言及しおらぬらしいから、本題に因んで、ちと長過る程述べおく次第である。序でに申す。中世の佛語に、女根をブドン（太鼓）と呼だ（Wright, "Cent Nouvelles Nouvelles," Paris, 1857, tom.ii. p. 131）。本邦で女根を饅頭、其から船饅頭ちふ賤娼あり。又太鼓饅頭とて太鼓形の饅頭あり。其等とは無緣乍ら、張り切た女根の形を太鼓に比べて、ブドンと名けたので、偶ま此名を見出て、佛國にも中世、手拍適意する女が多かつたから、拍つに因んで、彼物を太鼓と稱へた抔、牽强せぬ樣警しめおく。

上に引た本文中に、若以レ手拍、出二不淨一、偷維遮とあるをみて、手拍は、屢ば女人の性の働らきを、究意に達せしめたと知る。去ば龍樹が說た婆羅門が、毎日婦人の隱處を拍た酥餅を賞味し、後ち其子細を聽て大に恥ぢ悔たとあるも、癰の膿は、熟し破れて後ち初めて出る物ゆゑ、始終日々餅に滲み込だとは受取れぬ。繰返し拍る丶間だに、痛みを忘れ快く感じて、究意に達し、多少の不淨を洩した事もあるべければ、其不淨が流れ込だ餅を食たと思ふと、耐られぬ迄、不快を覺えた者かと察する。國貞畫、月成作、失題の或る本に、九歳から御殿に勤めて、廿三迄淸淨な女が、宿下りして初めて男に見え、紙を用ひた手を盃洗の丼《どんぶり》で洗ふた所ゑ、船頭が「モシ旦那もう往やせう」と、唐紙をあけ入來り「剛的と醉ました、べら坊に喉が乾いてきやした、丁度い丶、此丼の水を呑やせう」と、手を掛てぐつと一呑に成たるは、なんぼう穢なき咄ならずやと有て「穴はいりせしうはばみの其迹を、一呑にするどんぶりの水」てふ狂歌で結びあるも、較や似た事だ。

鹽茄子の笑話（南方）

予は逸著聞集の鹽茄子の話を、龍樹が說た婆羅門の酥餅の譚より出たとは、久米の皿山、更に思はないが、寡聞の及ぶ限り、此二誕が尤もよく相似おると知る。兩乍ら、素生を精査せずに物事を賞美する勿れてふ、よき訓えになる。但し訓えの爲に特に作られた物か、又曾て日本と梵土とに、實際そんな出來事が有たかは、輕忽に判じ難い。

美しいと信じた物が實は穢なかつたり、穢ない物を穢ないと知ずに、賞翫した咄は、此他にも少なからぬ。平安朝の譚に、泥醉した販婦が、賣物を入れた平桶の側に臥たるを或人が見て向ひの家を訪ひ、暫く有て出來り、馬にのるとてみると、其女忽ち寤て彼桶に嘔吐した。よくみると鮨鮎《すしあゆ》を盛た中ゑ吐込だのを、失錯したと了つて、鮨鮎と吐た物を手で混合してしまつた。是は穢ないと恐れ入て迯歸り、鮨鮎と吐物を混じては、それと見分ぬ物ゆゑ、加樣の賣品を決して食ふなと、逢ふ人毎に戒しめたそうだ。又三條帝が春宮にましましける時、切れ〱な干魚を毎日或る女が賣りにくる。太刀《たち》帶《はぎ》連其を買て旨がつた。一日其輩北野に遊ぶと其女出來り、大きなイカキと一本の棒をもつ。太刀帶の從者共、イカキの中をみんとすれどみせず。奪ひ取てみると、蛇を四寸程に切て入れあり。何にすると問へど答へず立去た。全たく其棒で藪を打ち驚かし、蛇を狩り殺して、切て鹽を付け、乾して賣たと知ず。買て旨がつたのだとさ。

姦婦が毒蛇を、盲目な夫の好む魚と詐はり、食はせ殺さんと企てた話は、本誌三卷六號二六七頁に出した。喜望峯のカフキル人は、魚肉は蛇肉に似る迚嫌ふ。南宋の洪邁が筆した、特に大きな鰻を多く取り歸り、母に匿して食せなんだ男が、母去で後ちみれば、滿籃皆蛇で、其內一番大きな奴に咋殺された話も、蛇と魚と紛れ易いより生じたのだ。淸の蒲留仙が書たは、某生赴レ試、自二郡中一歸、携有二蓮寔菱藕一、入レ屋並置二几上一、又有二藤津僞器一事一、水浸二盎中一、諸鄰人以二其新歸一、携レ酒登レ堂、生倉猝置二牀下一而出、令二內子經營供饌一、與レ客薄飮、飮已入レ內、急燭二牀下一、盎水已空、問レ婦、婦曰、適與二菱藕一並出供レ客、何尙尋也、生回憶、肴中有二黑條一雜錯、擧座不レ知二何物一、乃失笑曰、痴婆子、此何物事、可レ供レ客耶、婦亦疑曰、我方怨、子不レ言二烹法一、其狀可レ醜、又不レ知二何名一、只得糊塗臠切耳、生乃告レ之、相與火笑、今某生貴矣、相狎者猶以爲レ戲と。昔しの飜譯家なら、干瓢と取り違ふて、肥後ズイキを煮て食せたと作り替る處だ。序でに又いふ。明治十八年頃の東京某新紙で讀だは、石川鴻齋が、新米の下女に、詩語粹金一部を買にやると、シゴズイキと言た。本屋の番頭暫時頸を傾むけ、其を欲くば、八百屋でお尋ねなさいと忠告したとか。又淸人が錄した笑話に云く、人あり、混堂に在て洗浴し、水を掬んで口に入て之を漱ぐ、衆皆な攅眉し相向ふて其不潔を惡む、此人水を手に貯へ曰く、諸公愁ふるを要せず、我が吐き完るの後を待ち、外面に吐出し去れと。此田邊町抔には、垢だらけの湯に入て、其で口を洗ひ、何とか病を防ぐと信じ行なふ者が今もある。明治十七年予東京湯島に下宿した折り、春はあけぼの、いと早く朝湯えゆくと、底迄みえすく槽內に、六十許りの老人が入ており、其肛門長く脫け垂て、カラスミの色なせるが明かに眼に留る。老人動くに隨つて金魚の糞の如く翩翻たる如く覺えた。不快で成ぬ故、上つて背を流しおると、老人は漸と立去た。其迹え四十許りの男が入り、其湯で口を嗽ぎながら、頻りにア、イ、お湯ダと連呼し居た。後年桑港え著てホテルに泊り、食堂へ出ても食品の名を知ず。人がハッシュを食ふを窺ふに、雜多の物を敲き混ぜ、ゴモク鮨程賑やかそうだから、營養分に富む事受合ひと呑込み、晝も夕も、ハッシュ許り注文して意氣揚々たり。處ろが追々給侍人と心安くなり、其案內で臺所に往き、一見して、ハッシュは、鼻洟や涎れの雜つた、諸客の殘食を一切混合して囃したゝき、一氣呵成に蒸返した物と識り、大呆れで惆恨した態、嵐山で鹽茄子に懲果た若殿上人ソックリだつた。由て惟ふに、現代尻の煩ひを鹽茄で緩和する實例をみず。本邦に餅で癰を拍つ醫方無ればこそ、兩つ共頗ぶる啌らしく受らるれ。其事數しば實行された時と處に在ては、何のヘンテツもなく認められたは、只今邊陲の兒童迄も、エッキス光線や飛行機を怪しまざるに均しからう。故に予は、鹽茄子や酥餅の話を、

7

鹽茄子の笑話（南方）

龍樹や明阿が、人笑はせや庭訓の爲め特に創作したに非ず。昔しそこにも爰にも往々實際在た出來事を語り傳えて、遂に聽手次第で、笑柄とも教誨とも想ひ定めらるゝに至つたと判斷する。池田英泉も說た通り、世に帶下性《こしけせう》の女が乾くまもなきを、毎も誘ふ水あらば行んと念じおるによると悅こび、不斷取懸つて自他を損なふ男多し。丸で掃溜同然と識ずに、ハッシュを貪り啖ふの徒だ。下士道を聞ば大に笑ふと老子は言たが、一人一家の衞生に大關係ある事ゆえ、笑はるゝを承知で述ておく。

最後に書添るは、穢ない物と知ずに賞翫して失敗したに反し、穢ない物と知つゝ受用して自ら益を得た話も、相應に集めた。紙面限りあれば止だ一二を擧よう。唐の右衛大將軍鄖國公、宇文士及、嘗て太宗の前で肉を割て汚れた手を餅で拭ふた。修つた所爲と太宗が屢ば目を付るとも氣付ぬ體で、拭ひ了つて其餅を、落つき返つて徐かに啗ふた。其機悟率むね此に類すと稱讃された。之に劣らず、落ついた人が本邦にも有た。面白いから全文を引う。「何某殿の家臣に設樂（シタラ）九二郎と云る、顏は痘瘡の跡多く、肥太り、髮は剃下て、向ふよりは法師かとみゆ、使者にて行く先毎に、名乘すれば、笑を含まぬ奏者は無りき、或殿に使ひして、新たなる屋作りたれば、壁未だ干かず、九二郎餘りに會釋するとて、下り樣に脇指のこじりを生壁へ突入たり、去ど未だ、使ひの辭をも述盡さゞりければ、少しもあはてず、事終りて後、懷中より疊う紙を出し、ごし／＼と押もみ、鞘を握り、しごきぶきに、鞘を引て、こじりのさきとくと拭ひ、そらざまに彼穴へ押入れ、粗忽なる儀、恐れ入る由を謝しける、名はよくつくべき物にや、穴賢こ／＼。」それから柳氏舊聞（自藏中にないので孫引き）に、唐の肅宗太子だつた時、父帝玄宗の膳に侍した。俎上に羊の臂と臑あり、帝太子をして割しめた。太子割て刄が汚れ、餅で拭ふた。帝熟視して懌こばず。然る處ろ太子餅に刄の汚れが付た儘、徐かに取り擧て食ふたので、帝甚だ悅び、太子に向ひ、福當に是の如く愛惜すべしと謂たそうだ。予七八つの時、雪隱近く落した飯粒を拾つて口に入れた。一同見て大に笑ひ罵ると、亡父が、此一事だけは熊楠がでかした、泉州の飯氏なる富家の祖先が極めて貧しかつた、或年元旦に、雪隱の履石に三粒の飯がのつかり有た、其を戴だいて食てより、一代に大身上をでちあげたと言れた。餅を福とは日本でも申す。（今昔物語、三一卷、三二及三一語。Ryder, "The Panchatantra," Chicago, 1925, pp. 465—470; Burton, "First

Footsteps in East Africa" in "Everyman's Library," p. 114, note 2；夷堅丙誌一三。聊齋志異一四。笑林廣記一。枕宮上。唐書一〇〇。溫智叢書二編所收、後者昔物語、四四頁。天中記四六。塵添埃嚢鈔三)。（四月二日朝五時稿成）

廣島縣高田郡船佐村地方俚謠（母より聞く）

○田植歌　朝の歌

なんぢやい　早乙女さんよ　今日一日は
やあはい　たのむよ　今日一日は

　晝の歌

晝飯食《ひるま》へとてまれくは木戸の
やあはい　わきから　まれくは木戸の

　日暮の歌（苗代歌）

日は七つ下るなり　五石播《ま》いたる苗代（音頭取りの歌）
はあ　なんとして摘《も》みあげようか
五石播いたる苗代　（早乙女の歌）
　音頭取りと早乙女交互に繰り返し少し急いで歌ふ

　日暮の歌

日は暮れる　やーれ　赤子は泣くなり　火はもえず
火ばもえず　やーれ　おかかの心がまんきする
（まんきするは氣がもめること）

○木挽唄

木搔木挽と一升飯食《めしく》らうて松の根木《ねごき》で泣いたげな。
（側の事をねと云ふ、上木（うわき）つさき（先端の木）等と云ふ。

吉本一郎

○早口輕口の事（早く云ふと云ひにくゝなります）

高野の坊主が屛風持《も》て來て坊主が屛風の畫《ゑ》を書いた。
高野の弘法大師が此子《このこ》を抱《だ》いて粉《こ》を食《く》うて、此子の眼に粉がはいて、これ今生《こんぜう》此子を抱いて粉を食ひますまい。
長持ちの上に生米《なまごめ》三粒《みつぶ》
醫者の長髷《ながまげ》、長羽織《はをり》
有馬玄番《ありまげんは》さんの玄關番《げんかんはん》の番合羽《はんがつは》
うらのお背戸の古桃《ふるもゝ》の木に、古婆《ふるはゝあ》が古襤褸《ふるぼろ》をふりかけた。

○食物の事（干大根と嫁菜のお浸《ひた》し）

干大根、年寄衆も若やいで、今は嫁菜したしみにけり。

○二百十日の歌

女房とるなら大きな女房とれやれ　二百十日の風除《よ》けに

○盆踊歌

主と妾は茶碗の水よ、誰がまぜよとて、にごれやせぬ。
主と妾は茶碗のひゞよ、何時《いつ》が別れになるぢややら
踊り子が來た、鬘《かつら》の繩手《なわて》、繻子の帶しめ、笠をきて、
盆にござれよ、大角豆《さゝげ》をあえて、蓼《たで》をすりまぜ辛辛《からがら》と
去年七月うら盆ごろに、扇子《おうぎ》投げたがとゞいたか、
こひし小川の鵜《う》の鳥見やれ、鮎《あゆ》を食へて瀬をのぼる。

寄合咄

『物知り』に就きて

伊波晋猷氏がその著『おもろさうし選釋』の中に、

『物知りは國語では古來學者といふやうに解されてゐるが、琉球語では今でも巫覡のことをさういつてゐる。日本の文獻で、物知人といふことばの初めてあらはれたのは、龍田風神祭の詞であるが、平田篤胤がそのたまたすきの中に、神祇の狀態を知り明せる人と解したのは卓見といはなければならぬ。』

と云つてゐられる言葉は、自分にいろんなことを思はせる。

愛蘭で古くから物事の裁きを掌つたブレホン（Brehon）は、社會的に大きな勢力を持つた階級層であるが、彼等のその勢力の因つて來るところも『物知り』であることに存した。そしてこの場合に於ても『物知り』はその本原的な意義に於てであつた。彼等は古くは一種の神祕的な勢能の持主であり、靈威と相冥會してゐるといふ意味に於て『物知り』であつたこと、ピー・ダブリュー・ジョイスの『古代愛蘭社會史』(P. W. Joyce, Social History of Ancient Ireland) などによつて、明かに窺ひ知られる。

我が國の詞で『しる』といふことが『知る』を意味すると同時に『掌る』『支配する』を意味し、アングロ・サクソン語 cunnan（『知る』の義）が、英語の can と親戚語であり、(『能力』を表すところの Can は、今日では現在時に用ひられるが、實は『知る』ことを表す cunnan の古い過去時形であること、スキートが Principles of English Etymology に說いてゐる通りである。)希臘語の gignōskō が『知る』を意味すると共に『制命する』『裁定する』を意味することなどは、強ち偶然ではあるまい。

知ることは支配することであると、多くの民族は信じてゐた。その最も著しい例は、古い時代の芬蘭人である。彼等の神話詩篇『カレワラ』や呪歌集『ロイツルノヤ』を讀んだものは、すぐにこの事に氣がつくであらう。對手が神であらうと邪靈であらうと、はた自然物素であらうと動物であらうと、一旦その起原由來を知ることが出來さへすれば、自由にこれを支配することが出來る。それ等のものは、自己の素生を知られると、之を知り得た者に對しては全く力を失つてしまふ。――この觀念信仰は、『カレワラ』や『ロイツルノヤ』の隨所に現れてゐる。試みに『ロイツルノヤ』からその一例證を擧げるなら、芬蘭人が目して恐るべき邪靈となした『霜』の魔力を失はしめて、之を自由に支配するために、一英雄が歌つた歌に、

　霜よ、汝が起原をわれは歌はむ、
汝が惡の血統をわれは告げむ。

汝が惡性をばわれは熟知す、
汝が惡の祖先をもわれは熟知す。
氷の岡の割目に
楊柳の間より汝は生れぬ。
荒廢は汝が父にして、
不名譽は汝が母ぞよ。
毒ある手もて汝が親は
不姙の乳房を汝に含ませぬ、
北風は汝をゆすりて熟睡に入らしめ、
解くることなき楊柳の沼
惡の河邊に汝が搖籃を搖がしつ。
惡しく生れ、惡しく養はれたれば、
心も魂もみな惡なるぞ。
これを『霜』と呼び『苦惱』と呼び、
『足の爪の壞滅』と呼ぶまでは、
名さへなかりし厭はしの子よ。

かうした呪歌は、一面から見れば、立派な說明神話である。神や邪靈や聖獸の起原を歌ふことは、力の關係から云へば、人間のそれ等のものに對する支配の獲得であると同時に、物語の方面から云へば說話の胎生である。

神話に說明的要素の勝つたものと、敍述的要素の勝つたものとがあることは、誰でも知つてゐるところであらう。後者はしばらく論外として、前者の發生心理に關しては、自分は從來の學說に少なからぬ不滿を感じてゐる。歐米の學徒はどうしたわけか。この種の神話を產み出す心理を至極知力的に解してゐる。自然民族の間に於ける原始的な思索家が、平常の場合の自然現象なり人文現象なりに好奇探求の心持を刺衝せられ、而してそれ等の現象に知力的な解釋を加へたところに生れるのが、解釋的・說明的要素の勝つた神話であると解してゐる。なるほど數多い神話のうちには、さうした心理から生れたものも少くないであらう。しかしそれは一部的な事象に過ぎないと思ふ。說明的な神話は時として異常な場合の自然現象なり人文現象なりに強く感情を刺激せられたところに生れると思ふ。さうした場合に主として働く心持は、決して落ちついた究理の心持ではあり得ない。よし原因なり起原なりを知りたいといふ心持が動いてゐるにしても、その心持は單に原因や起原を知ることそのものを目的としてゐるのではなくて、少し大袈裟に云へば、科學的探求心が主となつてゐるのではなくて、それを知ることによつて自分たちが襲はれてゐる恐怖から免れたいといふことが主なる目的になつてゐる。

先に言つたやうに『知ること』は『支配すること』である。當面の災として人々を脅かしてゐる自然現象なり邪惡な精靈なりに恐怖を感ずることが強ければ強いほど、その起原や素生を知りたいといふ欲求が烈しく心の中に働き出すであらう。なぜならさういふことを知れば、脅威者を支配することが出來て、自分たちが今感じてゐる恐怖から解放されることが出來るからである。切言すれば、少くともさしあたり恐怖を感じてゐる存在に對するかぎりに於て『物知り』になることが、當面の緊急事であると思ふであらう。說明的要素の勝つてゐる神話の中の少くとも或るものは、かうした心理の產物であると、自分は考へてゐる。かうした場合『知ること』が恐怖者自身によつて試みられやうと、はた呪巫、司靈者の恍惚狀態からの宣示によつて果されようと、それは問題ではない。更にまたその場合に於ける起原や素生の解釋が客觀的妥當性に缺けてゐようとゐなからうと、これも勿論問題ではない。それは主觀の問題であつて、當人が『知り得た』と信ずればそれで一應片がつくからである。（**松村武雄**）

南洋の先住民に就て

最近來朝中のヴン・スタイン・カレンフエルス氏は、ジヤヴに居住すること三十年に及び、南洋の先史時代の研究者として知られてをるが、同氏は、最近ジヤヴの東部サンプン Sampung の岩石下の居住趾を發掘し、三層の文化層を區別した。上層は、磨製の石器を伴ふ後期新石器時代の層で、中央は石器を伴はざる骨角器のみの層であり、下部は、打製石鏃の層である。同氏は、上層の文化を現代ジヤヴ人の祖先であるとし、中央の骨角器を伴ふ層は、佛領印度支那東京のバクソンの遺蹟と關係あり、たゞ後者では骨角器少く、ごく單純な打石器、片側を自然石のまゝ殘し、片方だけを打裂した石器を多く伴ふことに注意し、更に安南北部の遺蹟、河內順化中間の貝塚遺蹟と南方に下るに從ひ、骨角器の量の增加することに鑑み、恐らく初め打石器を多く使用しごく僅か骨角器を使用せし人類が、漸次石を捨てゝ骨角器を多く愛好するに至りしならんと云ひ、同樣の打石器を出す遺蹟、スマトラの北部、マレイ半島のペラック、ボルネオの南、フイリッピン・マニラ附近にも見出だされ、かつバクソンの遺蹟よりパプー系の人骨出で、ジヤヴの上述の遺蹟よりも同じくパプー、ドラヴィダ、オーストラリア系人種に類似した人骨を出だせし事實、セレベス、ソンド島にメラネジア系人種現存する事實等より、かつて此パプー・ドラヴイダ・オーストラロイド系統の人種が、東南アジア大陸より南洋全體に擴れること、その人種の波が遠き過去に於て日本群島にも及びたることを推測してをる。我國の古代人種論をなさんとするものゝ最非とも一顧すべき意見である。（**松本信廣**）

岡成物語（二）

——伯耆岡成村の民俗——

京都　天野重安

五、村の祭り（承前）

田植

菖蒲の節句の來る頃には苗代には水が豐かに盛られて、やがて植付の忙がしさを思はせる苗が出揃つてゐる。扨て田植が始まるのは舊五月十一日頃である、植付は先づ「**ワサ植ゑ**」を以てはじまり又これが完了すれば「**シロミテ**」といふ祝をやる。

「**ワサ植え**」

ワサは早期の謂である。これは苗代のお初の苗を十二カマ（株）先づ耕返した田に植ふるのである。そしてこのワサ植に際しては、先づ田のこの部分に、サオーさん、或はサオリさんと稱るものを建てる。**サオーさん**は栗の枝にわかめを御幣の如く吊し掛け、更にこの枝にメウガダケと米とをふきの葉に包んで結びつける。メウガダケは丸く薄く切り、これを結びつけるにはふきの皮を以てする。

尚この日家では神棚に四ツモノの膳を供へ、この膳にもわかめを添へる。尚これに加へて掛鯛（正月のものと同樣の）をも供へる。そして釜の神樣には田に於ける如き栗の枝のみ飾る、勿論家々にも祝ひ氣分は十分現はされる。

植付けの人は夫々組をなして手傳ひ合ふ。子方が親方の持田を手傳ふのは勿論であるが、殊に働き振りの目覺ましいのは處女會の人達である。近村では他地方（例へば隱岐島）から手傳人（これをソートメと稱する）が來るなどといふことも聞いたが岡成村では先づ村內互助でこれが完了する。

田植唄は餘り歌はない。殊に處女隊から聞えることはない。偶に中年組の婦人から聞かれる許りであつて、岡成村の田植唄として特記するに足るものは、これを蒐錄し得なかつた。

この頃は一日五度食を採る。朝十時頃と午後四時頃の二回は**ハシマ**と稱する。箸の間といふことらしい。ハシマは、田の主の氣前が知れるので、努めて馳走を組立てゝある。酒も出る、飯は醬油の味付である。ハシマは一人でも餘計に他所の人が食べれば田の爲に幸ひであるとされ、又これを食ふ人は健康を惠まれるとも考へられてゐる。余も偶々散步の途勸められた。ハシマに就いて特に嚴重にされてゐることは、これを田の畔で喰ふと云ふことであつて假令沛然たる雨の日と雖も家へ隱れたり逃げ込んだりしては喰はない。

しろみての水掛け

「しろみて」

シロは苗代のシロ、みては完了の意でこの地方の言葉で「みてた」といふのは完了したといふ下二段の動詞である。

田植が終るといふことには個人の田と村中の田と二種の意味があり、夫々「しろみて」と稱して祝ふのである。

〔個人の時〕 この日には酒一合許り德利に容れて田に至り曩に「ワサウエ」に際してサオリさんを建てた部に供へて田を祝ひ、家では餅を搗き馳走をして一同喜び祝ふ。

〔村のシロミテ〕 村のシロミテは村中の田植の完了した翌日に當り、この日は赤の旗が出て、村中凡て等しく勞役を免れた態であつて、馳走をし合つたり、子方が親方の家へ遊びに行つたりなどして一寸正月の様な氣分に村が鎮まり返へる。この日凡そ午後からやるのであるが、水掛け合が行はれる。(或る地方では泥落しといふ由) 例によつて學校から子供達の歸つて來る頃から賑はひ出し、夕方までには大人達も之に加つて、水を浴せ合ふ。これも男女の對立のもとに行はれ、如何なる美裝の者と雖も容赦されない。時には家の中まで潜入してバケツ一杯を浴せてくる奴も出て來る。農家は裏も表も戸締りも確かでないから被害者は續出する。

全く親方さんもオゴリンさんも區別なく、掛けられてしまふ。以前は村を通る人をと見れば凡て水を浴せたので、女學生の親達は、晴天の日でも傘を携へて、娘を庇ひ乍ら村を通つたといふことも聞いた。ことしのでは他村のものは先づやらない。余は危く掛けられそうになつた。西伯郡の南に隣る日野郡のある地方では、水を浴せる外に、掌に隱し塗つた鍋墨をなすり付けられる事もあるとの話である。(おごりんさん)

しろみての水掛け

「虫送り」 舊六月十四日、夕日の落ちた頃

「うんか、さしむし、いねのむしおくれデンデコデンデコデンデコデコデンデコ(太鼓の音)」

と唱ひ乍ら進む虫送りの行列には凡そ村の農耕を事とする人の總てが加はる。村中が集つて列を作る事は先づこの外になからう。行列の先頭は、御幣の飾つた榊を、其のまゝ板に立てた形計りの御輿である。擔手は二人。

岡成物語（天野）

次は太鼓で、これは火の用心廻り（風のある夜や、養蠶時分は必ずやる）が平常携へるものであるが、この日は一人が背負ひ役となり一人が敲き役となる。

榊と太鼓の後に來るのが本隊である。本隊員は各自五尺に垂んとする炬火をかざしてゐる。凡そ五六十名も居るのであるからその光景を想像するに足るべしである。

一隊は先づ村を西へ下つて、尾高の坂の手前のところまで進みこゝから東北へ村を大きく廻るのであるが、各員は其の持田の近くへ來た時、隊伍から離れてこの炬火を自分の田の上で振つて廻るのである。終る頃には十四日の月がます〳〵冴える。

この折用ひる炬火は、平生竹の箍などを作つた時に殘つた竹の髓の部で出來てゐる。

尙殘念乍らこの風習は四五年前から廢止になつた。

「れんげの日」（舊六月十五日）

この日は田に入つてはならぬといふことになつてゐて、皆嚴守してゐる。朝小麥粉の團子にアンコを付けてこれを麥稈に包んで氏神へ詣る。

「月待の夜」　舊六月十六日、踊り初めの夜

この夜は二時過に出る月を待つて眺める。月には「さんたいさん」と稱して船形のものが三つ見える。「さんたいさん」を見れば福祉が來るといふ。

「大祓（おはらいさん）」（六月末日か）

國信村ではこの日、氏神の八幡社で大釜に湯をたぎらせ、この中に浸した笹で、人々を潔める。

岡成村では、紙で人形を切拔き、これを以て身體をなすくり、各人各一錢宛これに添えて村の係が集めに來れば渡す。

係の人はこれ等を氏神に携へて行つて祈禱をして貰ふ。

「土用」

土用の入り各家にてぼた餅を作る。

土用干し、これは三日三晩梅干を干すことであつて、衣類などを干すは虫干しと稱し土用干しと稱せず。兩者區別してゐる。

七夕（舊七月六日夕）

これは小學校へ通ふ子供のある家で主としてやる。子供が小學校を出てしまへば止めるとの事である。

祭るには、玄關の庭に雄竹と雌竹とを二本立て、その間に繩を張つて、繩の下に棚を作る。

竹の葉の部に種々と短冊を飾ることは常の如く工夫を凝らしてゐる。

竹の間の繩と棚には芋、蜀黍、西瓜、大豆などを或は吊し或は並べる。

夕食には鹽氣の御飯を作り、夜に入れば茶などを啜り乍ら互に寄合ひ語合つて夜を更かす。

この夜から盆が來たやうな氣持になるのである。

盂蘭盆（舊七月十三日より十六日迄）

十三日の晩、

迎團子を先づ佛前に供へ、次で四つものゝ膳を仕立てゝ供へ、「コノアカリ」と稱して、アサギ（麻）を家の表で焚く。

順序として些か變であるがこれから主人が羽織袴にてお墓參りをする。

お墓は既に七月六日の日、熱心に磨き掛けて掃除を盡してあり、同時に砂持ちなどをして準備してゐる。そしてこの十三日の朝には更にブリキ製の盆燈籠が花立てと共に飾られてある。

かうした準備の出來たところへ十三日の晩にはお詣りをした主人は燈籠に點火して、よく拜む。

尚燈籠はその數の多い程よしとされ、大體のところ佛の數（墓の數）と一致する程である。其形は六角で上部がやゝ廣く

18

頭には尖つた飾があり胴は各面にガラスの入つた窓がありその色は色々にしてゐる。中には石油の小さいランプが這入るのである

國信村ではこの行掛けに六地藏前まで藁を一束携へてゆきこゝで焚やす。これも亦迎へ火と言はれてゐる。來遲れた幽魂の爲に道を明るくするのである。又「水まくら」と稱して米と賽の目に切つた茄子とを墓の前に撒く。

岡成村では手向は線香と水とのみでこの樣な「水まくら」は撒かない。

家の佛前に今言つた、馳走の外にズツト盆中通じて供へて置くものがある。

通常竹（本當はあさぎであるが、あさぎが弱い爲竹でかへる）を佛前に差渡してこれに次のものを吊す。

芋の葉、ほゝづき、大豆、十六さゝげ、玉蜀黍（以上すべて根をつけたものを用ふ）この外掛ゾーメン。ツナギオカン（五色の葉）胡瓜の馬茄子の牛、

「シヤアラサン」

シヤアラサンは無緣佛の呼稱である。盂蘭盆の際にはシヤアラサンも各家に御迎へをして、馳走を供へる。

然しその祭場には家族のものと嚴重な區別があり、大抵の場合家の外にある。例へば座敷の戸袋の一部とか或は家の表側の角の柱とかいつたところで丁度四尺位の高さに半紙を二折にした程の大いさの板を打付けて膳が作られ、これを細い椀木で支へてある。（がこれは一年中取外さずその儘にしてある）。

盆にはこの板の上にかわらけに馳走を盛つて、家族の靈と同樣に御供を續ける。

十四日、

朝餅を搗き、ツキモチ、アンコ、ウドンを供ふ。三度の佛のものにはアンコを添へる。

十五日、朝赤飯、四ツものの膳、

晩、迎團子、燒茄子、ウドン、大根、二ツ葉の味噌汁、山椒の實。

夜半一時頃、供物を全部川に流す。この後、主人がお送りにゆく。

この流した團子は食ふと丈夫になると稱して拾ふ。

盆踊りに就いて、
盆踊りは十四日から廿日迄毎夜催される。

廿日はお大師さんの日に當るので、この日だけは初め少しの間お大師さんの前で踊るが、その外は大體村の中央の少し廣くなつた道路でやる。

踊の種類は「ヒラオドリ」「サンコ」「イソブシ」「五本松」「音頭」となつてゐる。踊り手が唱ひながら踊るのである。太鼓叩きのみ輪の中にゐる。が最後の音頭のときだけくどき役が輪の中へ這入る。


觀音さんは十七日が祭りである。觀音さんの前といふのが直ぐ踊の廣場の一部に當つてゐるのでことに十七日の踊は賑はふ譯である。


「八朔(八月一日)」

ボタモチを作り、鱠汁を作つて喰ふ。

この日川ざらへを行ひ、夜八朔踊りをやる。この晩の踊を以て村の樂しみの盆踊りは終りとなる。

「ほおじよえ、或はいもたんじよう、」いも名月(八月十五日)

この日初めて里芋を畑からおこす。

芋は、すゝき、めとはき、だんごと併せて月に供へる。

二百十日　風まつり
宿を定め持寄つて、酒を掬んで馳走をし無事を祝ふ。

「菊の節句」或は**九月の節句**(九月九日)

岡成物語（天野）

御酒にたんぼ菊を挿して神前に供へ中食のときこれを家人して祝ふ。

「くり名月」（九月十五日）

團子、栗を月に供ふ。

「カリミテ」或は「カリ祝ひ」（新十月二十日迄）

稲穫り祝ひのことである。

村の生業は黄金の田の面を穫り盡した此の時に先づ確保される。

村人はこの日鍬、鎌などを奇麗に洗つて家に飾り、これに御燈明をあげ、膳を仕立てゝ靜かに祭りをする。

「コキミテ」或は「コキ祝ひ」

稲がすつかりコキ終へられて村人の懐の底がズッシリと重くなる。村の最大苦役はこれで完了する。

この時村人は先づ煤掃きを行つて家を潔め田の神様（豐受大神ではないらしい）に燈明、御酒、を供へて一年の加護を謝する。

或家では、めしをうんと盛つて膳にし立てゝ供へ、或家では四つものゝ膳に美味を凝らして御前を賑はゝす。

勿論この飯米は新米のお初である。

「さんやさん、」（十月十三日）

さんやさんと稱して、月を祭り、太豆飯、豆腐汁をして祝ふ。

亥の子さん、（十月亥の日。幾回もある）

夕食のとき餅を搗く、ユズ（或は大根）のナマスを作る。ユズ湯と稱してユズをゆでゝ湯に入れ、これに浴する。

此日炬燵を開く。

第一の亥の子の日迄には畑の茄子を皆抜いて了ふ。又この日に大根畑へ這入れば、大根がはしれる（ヒビリ割れる）と稱して入らない。又若しこの大根のはしれる音を聞くと聞いた人が直ちに死ぬと言はれてゐる。

この夜子供達は藁を束ねて携へ歩き、戸毎に餅を請求し、若し與へぬと携へた藁束で土間を叩きわめきながら次の文句を唱ふ。

「亥の子さんの晩に餅ついて祝はんものは鬼生め、蛇《ジャ》生め、角の生えた子生め。」

「ひもおとし」（十一月十五日）

四才のものは帶をしめ始む、男の子は一ッ身から四ッ身の着物に代るのである。この日紋付（立派なもの）を着て神詣でをする。女の子は赤い飾の紋付の振袖で詣る。

「たいしこさん」（十一月中頃）

團子を作り、味噌汁を供へる。

お十夜、このあたりに無し。

おとづいたち（十二月一日）

この日きなこ、ぼたもちを作る。これですねぼうず（膝蓋部）を撫でると轉ばないと言ふ。十二月に轉べば大けがをすると云ひ傳へられてゐる。

きしくさん（十二月十二日）

大掃除をする日、きしく團子と稱して味噌汁の團子を作る。この日から蠅がゐなくなるといふ。

「サイの神の祭」（十二月十五日の未明）

（サへの神はこのあたりでサイと呼んでゐるから余もサイの儘に從ふ。）

「サイのかみや十五日、おせ（大人）たーちやまいるぞ、こどもたーちやまいらぬかー」といふ文句に調子をつけて、村中を觸れ歩くといふのは、十四日のことであると、國信村の産、文公氏の幼な物語りに聞いた。岡成村では、今は、こんなに觸れて歩く人もないし、又凡そかうして詣るべき年頃の人達に嚴守せられてゐる譯でもない。女中の梅さんの話では、子供は小學校へ出る頃になればこの御祭りごとは止めるとのことである。昔の様に未婚の男女一般といふことはこの附近では望めない祭りごととなつてしまつた。

祭の様式はかうである。舊十二月十五日未明、一番鶏の相圖でサイの神に詣でる、この時に、兩側の背につとに納めた團子を各一個宛負つた藁製の馬を携へて行く。或は之を自分の家の庭から引いてゆくともいふ。馬は大抵農民が作る。圖

岡成神社前のサイノ神
（左手の石の厨子は荒神さん）

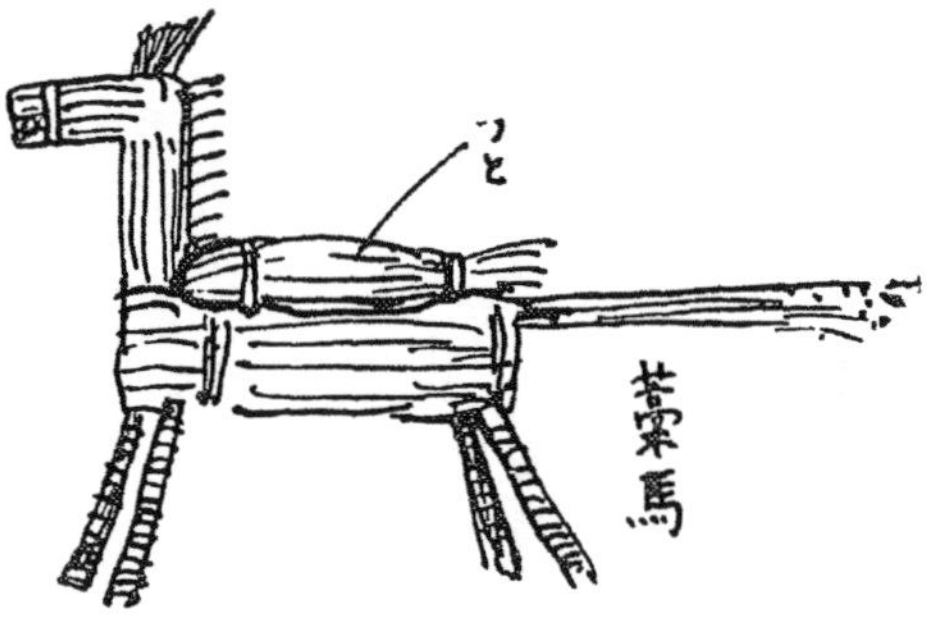

に示す如き簡單な藁馬で、齒、耳と髮とだけは判切りと作つてある。眞直に延びた尾を含めると二尺には餘らう。全部藁で作り竹のしんなどは入れぬ。

背の團子は米の粉をねつて固めたその儘の生團子である。

サイの神の前では、先づ片側の團子を外して馬は、神前の火で燃してしまふ。或は、馬を全く焼いてしまはないで尾の部分のみを焼くに止めることもある。そして、このしり尾のこげた馬は其儘神前に放置する場合もあるし、又持歸つて子供の玩具として保存して置くこともある。余は、このしりこげ馬を持つて遊んでゐる幼兒を見たことがあるが、成程子供達にとつては素晴らしい玩具に相違ない。

扠て先に外した片團子はいづれにもせよ家へ携へ歸ると、サイの神から頂いたものとして、これを火に炙つて家内中してちぎつて喰べる。

サイの神が鎮座まします位置は余の知る限り大體、村社の境内であつて、尾高の村では單に路傍にあるといふことを聞いた。神社の境内といつても、コマ犬の様に正面の位置を占めることなく、先づ鳥居の外とか、神殿の背後とか、如何に

も居候のやうな場所ばかりである。がどうも、そうした狀態で滿足しておいでなさるやうだ。御神體は一個の大きな石である。岡成村のものは圖に示したやうに、大きなゴロリとした石であつてその前面の扁平な部に男女二柱の神の浮刻りが

見られる。二神は猿田彦命、天埋女命といふ事になつてゐる由であるが、御姿は髮をダラリと兩肩に落した神代式なものがあるかと思へば、或時は冠を正し、笏を捧げ持つた男神と、十二單衣のゾロリとした女神とのこともある。場合によつては全くかゝる浮彫はなくて、只石の一端に寄進主の名を刻んだに止るものもある。岡成村のものは凡そ高さ二尺餘り、巾三尺餘もある大石であるが、國信村のものは遙かに小さくて、其半分位、或は四分の一位のものであつたと思ふ。この國信村の八幡神社の境內は、凡そサイの神が四體許り並んでおいでになつて、なか〳〵賑やかに見え、其の上これ等の前には、二尺にも近い、太い、一寸鰹節を思はせる形のしめ繩が「ゴロリ〳〵」と奉つてあつた。これでサイの神の盜難にお遭ひになるといふ事理が明瞭になつた。かうである。

　この邊の習慣として、サイの神の祭の前夜、未だ參詣者の現はれぬ頃を見濟して、村の者共が他村のサイの神を盜みまゐらするのである。もし發見されずにウマ〳〵と盜み終せれば、盜んだ村はサイの神と一緒に村の福祉を齎たらした事になるのであるさうな。然し萬が一、途中でこれを發見されでもすれば、假令持つて歸つても、其時にはサイの神と共に禍を持ちかへつた事になるのである。かゝる條件にも不拘、元氣な村人の間には、屢々サイの神掠奪といふ事件を企てるもの多く、國信村の八幡神社の境內の四個のどれかはかうして他村か持來つたものなのであつた。物に附隨して力の移動する事の顯著なる一例としてこれを認める事が出來る。

實は岡成村のサイの神は一里餘りも上手の赤松村に盜まれてしまつたのを、致方なく新造したのである（圖の型のもの）そしてこの新らしい御神體は最早斷じて盜難にお遭ひなされぬやうにと、凡そ通常のサイの神の數倍の大きさに當る大石で作り參らせたものなのである。

岡成物語（天野）

以上で簡單にサイの神の祭と御神體とについて述べたが、これに村人のサイの神を祭る心理狀態の一部を補つて置かう。教育が普及して、サイの神が信者を少くした事は事實である。現に小學校へ通ふやうになれば、子供達は、お祭りに參加しないといふことを述べた。それで子供の中でも餘程幼いものが、僅かに母とか、兄とかに伴はれてお詣りするに過ぎぬのである。

が少くとも國信村に生れた文公氏の幼語では、違つたところがある。卽其の頃は、娘達も若い男も詣づたのであつて、凡そ若い男達は前夜から、サイの神を飾り、これの傍に明るい燈火を準備して子女の參詣に便したといふのである。

サイの神へ參詣するのは勿論、男女間の問題に就いての祈願者であるが、これは十五日の未明、早ければ早い程良緣を惠まれるものと考へられてゐる。遲く詣るものには、折角の思ふ相手を配され損なふ怖れがあるのみか、更には、メツカチだの不具者と緣を結ばされる怖れがあるのである。

又神前に放置して來た馬は、成るべく早く壞れてしまふのがよいとのことで、壞れるのが遲い時は緣組も遲れるといつて嫌がる。

これ程の大事件に參與し給ふサイの神は、この祭の日を過ぐれば全く放置されたままで、花もお水も供へられないで、一年間按座するに委され給ふてゐる。尤も十五日其の日ですら、何等特別な飾付を受け給ふて居らぬのである。

サイの神のすぐ傍に、圖にも示した通り、木の椀の底を絲で通して竹片に吊したものが建てゝある事がよくある。これは齒痛止めの呪物であるとのことである。

「冬至」

夕六時この日便所へゆけば、毛の生えた手で尻を撫でられるといふ。南瓜を喰ふ。

十二月廿四日には、國信村で、厄おとしと稱して、褌に錢を添へて巷に落して置く。

六、村の裁き。附狐の話

かげるかと思へば陽が照り、又其の儘で牡丹雪のチラつく舊の正月末の或日、夕方になつて思ひがけなく、風が落ちて空がうす碧く濁つた儘で日が沒した。すると其頃から取分け見事に遠くの波の音が聞え出した。大雀の瀬（元弘帝を名和長年の迎へ奉つた瀆）は岡成から眞直に差渡しても二里に近からう。其の瀬が濤を受けて、濤々淅々と鳴るのである。瀬から畑へ山麓の空へ一亘り擴がつて、音が消えて行く頃又してもゴーツと響いて來る。聽診器で聞いた心臟の音其のまゝと言ひ度い。濁音ではあるかそれにリズムのある爲に、何となく生きものゝやうに、響いて來る。余はこの音を耳にし乍ら夕食を取つた。フトした事から膳をその儘にして文公氏と、女中の秀さんとから交々、こんな話を聞いた。

「桶叩き」（文公氏の郷里國信村、大雀の瀬に近い村の話）

ことの起りはかうである。A（假名を用ふ）の家の主人は日の暮、畑から歸つて、フト引出しを開けて見て、大切な懷中時計の紛失してゐることに氣付いた。と、これと殆ど同時に、例の百圓某といふ賞上金のことが氣になつた。丁度其は春蠶が濟んで、村は麥穫りに忙しい頃である。Aの頭に突嗟に春蠶の收入が浮んだのは當然である。が、これも無い。噂は忽ちにして村中に喧傳された。

間も無く誰言ふとなく、Aの裏續きに住むB（假名を用ふ）がその盜難の日、ヒル酒を飲みに歸つたといふことが知れた。Bがすゞし（堆薪）壞しをやるといふ事や、Bの作物が畑の割合に澤山な收穫高を示してゐる事に就いては、豫てから密かに噂し合ふ人があつた。

これ等の噂が次第に反響を强くして數日の後村の長老は遂にかの稀にしか行はれない「桶叩き」を催すことを村中に觸

れ出させた。

勿論、桶叩きは一種の泥棒詮議である。

岡成物語（天野）

扨て其の夜、表《オモテ》の間は村人で一杯になつた。村人が揃つた頃、長老は口を切つた。「この中にはそうしたやましい人は無からうが、變な噂もある事だし、念の爲に桶叩きをやる事にしました。誰も覺えがないといふ事になれば、却つてそれで村もさつぱりする。皆の衆、どうか私に續いて、やつて貰ひ度い。」それから先づ立つて、座敷の部屋に入つた。

座敷は、皆の集つた表の間の直ぐ隣りではあるけれども農家らしくガランとして廣く、而もこゝは、わざ〱燈を消してあつた。そして其の中央に桶が一つ伏せられてあつた。

村の長老は背後から來る薄い光りを碍げぬやうに、靜に其の間に入ると、桶の前にピタリと座つて、右手のバチを手操りにさがした。やがて左の手で、桶の底を撫でて見當をつけると、勢よく、バチで桶を打つた。薄暗がりの中で、桶は音のこもつた調子でボコンと鳴つた。長老はバチをそつともとの位置におくと、部屋を出て次の人を促した。襖の近くのものから、順次叩いた。最後にどうしても叩かない人が出て、それがBであつた。Bの白狀と同時に、時計と外の品々は戻つたけれども、金子は既に半額ばかりしか殘つてゐなかつた。

これは文公氏の子供の頃の話である。桶叩きがあつて後、Bの性根が改まつたか何うか知る由も無い。然し其後Aの家が逼塞して、前の家を賣拂つて、小さい家に移り住んだといふこと、そして而も嘗てAの住つた家に、Bが今は入り込んで、其の上相當の産を成してゐるといふ事は事實である。

「ぬすつと石」（秀さんの郷里、岡成村から一里、最も近い濱に臨んだ日吉津村での話）

ぬすつと石はこの地方のどの神社の境内にも据えてある。大男六七人もかゝらねば、持てない程の大きな自然石で神殿の傍、或は後にゴロリと寢かせてある。

村の盜難に一旦目星がつけば、村の人達は相寄つて、夜の間に密かにこの大石を、犯人の家の表に置いてかへる。犯人が白状して、村中の家々へ謝つて歩く迄は誰も其の石の取除けを手傳はない。

一種の穏やかな私刑である。

秀さんの家から三軒ばかり向ふの家がこの石を運び据えられたことがあつた。何でも子供の時のことで判切りした事は言へないさうだが、それ以來、この一家の人々のことを村人は「大石」「大石」といつて呼ぶ。この家の息子が、青年團員になつてからも、何かやるとなれば、「大石に負けるな」と云つて、彼の競爭者の方へ聲援がかゝるので、今になつても、これ許りは閉口してゐるとの事である。

それでも大石家の人々は比較的聰明で、此頃では、家運大いに向上し、相當の產を貯へて、暮してゐるさうである。泥棒をやる奴の出世をすることは何も、この二つの話に限つた事ではあるまい。

「狐持ちの話」

狐持ちの話は島根縣が本場であるが、又この地方にも相當に殘つてゐる。四國の犬神に相當するものらしいが、本體を突止めるといふことは、互に憚つて話題を避ける爲に、困難である。かうして互に合理的に話題に上せる事を避けるところに、益々祕密性に富んだ狐持ちの家族といふものが、想定されてしまふのではあるまいか。狐持ちと全く關係が無くもない狐憑きは最近に至つて、著しく其の數を減じて來た。これは狐憑き云々を口にする人が次第に其の數を減じて來たからでもある。敎育普及の賜物である。けれども狐を追出す狐おろしといふ內密の職業は尙ほ存してゐる。つひこの間までこの村にゐて、お大師さんを祭つて、狐おろしをやつた玉井の婆さんは、八百屋を閉業する息子について米子へ出て了つた。それで今では、岡成村で、狐おろしをやる人はゐなくなつた譯であるが、其の以前のことは度々聞かされた。矢張り「狐持ち」といふ名指しを受けるのは狐憑きの狀態にある人の口から漏れてのことである。

もう一つ狐憑きの狀態に陷つた人の家族から直接聞いたところに寄ると、狐のつく人は定まつて憑くのである。惡口した人が誰であらうと、加害者が誰であらうと、矢張り重ねて同じ人に憑く。これが屢々婆さんであるといふことは余の例での一つの傾向である。

狐持ちに關する研究といふものは、きつと既に出來上つてゐるであらうが、余は矢張り、岡成村の材料で、それを少し述べても構ふまいと思ふ。

知慧者の家族であること、産を貯へた家族であること、これは狐持ちと言はれる人に大概備はつた資格である。普通の家族はこれと婚姻を通じない。假令結婚しても結婚後にそれが知れれば、娘を取り戻すといふことは今尚屢々行はれる事實で、余のゐる間にもこんな事件の一つを目前にした。然し其の例では娘の方が敢然として、父に逆つて婚家に落着いてしまつた。

これは新らしい時代の現象と認められよう。がともかくこの例でも親類の人達して採めにもめたといふことは事實である。

狐持ちのもう一つの特徴は狐を其の家の一部に密かに飼つてゐると言はれてゐることである。この狐は「人狐」（ヒトギツネ）と稱して、村の人達は一般にかゝる動物の實在を信じてゐる。

余の知る醫師も亦老人ではあつたが、其の存在を否定しない一人であつた。聞けば人狐は大きさ、鼠と小猫との間位であつて、一見モルモットの如き感があり、脚短かく、尾長く、耳は尖つてゐないものである。中には茶色のものもあり、黑味がかつた斑入りのものもゐる。屢々溝に沿つて出沒し、偶々臺所口に見掛けることがある由。其の住むや眷族、七十七匹一群となり、屢々これを引率して外に現はれる。

かう聞いて來れば誰しも「いたち」ではないかと思ふであらう。然し本來かゝる人狐の實在性と狐憑きの症狀とは別物と見て敢へて詮索しないのがよいのではあるまいか。可視の人狐と不可視の憑き狐との間の疑問を敢へて疑問としないところに寧ろかゝる傳誦の存續性が可能となるのであらう。

偶々狐が憑けば、油揚げを好んでくることや、狐の樣な擧動を敢へてするのは、精神病學に記するところと一般である。又狐は背の頸のあたりに乘つてゐるが、なかなか降りないといふことや、狐おろしで切角降りた狐が村外れで待受けてゐて、村を出ようとするところで、又も肩に乘つて了つて、お大師さんに重ねてやつて來るといふ風な類似の話も亦多い。

文公氏の話によると、「維新前、親類續きで米子に荒尾某といふ士分の人がゐた。獵が好きで、明日は海へ行くぞといつて仲間に話しておきながら翌日山へ行つて、獵をしては相當に狐などをも射た。これは前日の話を聞いて、狐どもが密かに山へ身を隱したところを狩られた爲であつた。荒尾某は屢々かゝることをして、自分の言葉の逆を利して、狐を殺した爲に晩年に氣か狂つて（文公氏の若いころのことである。）遂に座敷牢の中に死した。」といふのである。

この外、馬子姿でゐる間に負傷をして死んだ狐の話や、馬子や老人を誑かす惡癖の狐の話などは、古い話として、又新らしい話として、恰も阿波の狸の話に於ける如く種々の型があるが委細は略する。

けれども村の現狀は、次第にこんな追憶から遠ざからうとしてゐるもののやうである。狼の話が共の昔に消え去つた如く、狐に關する種々の話の忘れられる日も遠くはあるまい。

七、人　事

イ、誕生

赤子のことを「アコ」と云ふ。

アコか産湯をつかはせられること、生れて一日を經て、或は三日間位赤い布片に包んだまくりをしやぶらされることなど、別に變つたことはない。矢張り生れるといふ事は一種の不淨な事件として神々に見做されてゐるものとしてゐる。

七夜祝儀に出る日は、シチヤと稱して、形だけの祝ひをする。そしてこの日に灸初めと稱して腕、脚に灸を下ろす。

岡成物語（天野）

宮詣　ミヤマイリは二十八日目のこと、この日にはシメアゲと稱して、〆繩を屋根にあげ、子供、親にも汚れが無くなつたものとして、外出が出來るやうになる。神棚には一重ねの餅を供へ周圍の家々へ米を一升宛配る。

宮詣りは、近畿でやる様に、祖母なり、伯母なりが、こどもに「うぶぎ」の見事なのを着せて抱いてゆく。其の歸途、親類や特に親しい人々の家に立寄る。立寄られた家では、祝ひの品を緒にしばつてうぶぎの一部にしばりつけてやる。例へば扇とか、紙にひねつたお金とかである。

食初めを、**モモカのママクヒ**或は**モモカ**と稱する。

この日には米飯を少し食はせて見る外に、次のことをやる。卽ち米一升とオソナへ餅とを負はせて床の前へ連れて行つて歩かせるのである。歩かせれば先づ轉ぶにきまつてゐる。そして泣くに異ひないがこれが脚を丈夫にするものと信じられてゐるのである。文公さんはこれをやられた時にもう平氣で歩いたさうである。それで親からわざ〳〵轉ばされたといふ話をしてゐた。

七五三祝儀（**シメオトシ**）と云つて、四年目の誕生の日に宮に詣でて着物の紐をとる儀がある。

子供達の遊びに就て

一般に百姓の子供には玩具といふものが、與へられてゐない。それだけに、小さいものはボンヤリと紮られたり、乳母車に抛り込まれてゐたり、兄や姉に背負はれたりした儘である。

おしやぶりや人形を手に入れるといふことも相當に困難な階級が殆んど凡てである。

走れる様になつた子供は、往還に出で、互にころ〳〵轉げ合つて、戯れるのが普通である。

兄が道の邊りや、田の川で鰌をとるを、眺めてついて歩いてゐる中に目立つて黒々と大きくなつて來る。

十近い子供が寄り合つて草をしぼつて、醬油造りの遊びをしたのを知つてゐる。

又コーンビーフの切開いた罐を上下押へ合せて、神樂獅子を眞似てゐる詩趣を帶びた子供のあどけなさを見入つたこともある。

ガラスの恐れがないので、子供は凡てハダシデゐる。川でとれるのはメンパ（メダカ）ゴツパ（ドロンコと稱するか、川の底にひつついてゐて時々動き出すやつ）たなご、が主で鮒は珍しい方だ。

この外バイの遊び（バイマワシ）三ごんならべと稱する遊びも稀に見受ける。

竹馬やタコは正月のもの。謎々などの込み入つた遊びよりもキヤツ〳〵と騷ぐのが主である。

女の子は十位になれば、おコンメ遊び、まりつき、繩飛び、數へ飛び、などを道路に出てやる。大抵は「アコ」を負つてゐたり、つれてゐたりといふ姿である。

子供は朝が早いだけに、夜遊びはしない。只螢取りの時だけは例外である。又左手に提灯をさげて、右手の竹の先の針金で、蟹の穴をついて歩く姿も稀に見受ける。とれるのは、澤蟹や毛蟹（胴巾三四寸）である。

こんな事をしてゐても男も女も十五、六、小學校卒業（高等も含めて）といふ頃になれば、一人前の百姓仕事をやるやうにドン〳〵と變つて行く。

ロ、冠

若い者入りと稱して、所謂一人前の百姓となるのには別に判然とした儀式は無い。

この村ではそれが丁度親方取りの頃であるから、親方どりの時を以て、若い者入りの時と見做してゐる。

これは必ずしも嚴密な區劃ではない。既記の如く、親方取りの時は、男では十六歲から廿四五歲までの間であり、しかく判然としたものではないし、親方どりの濟まないものだからといつて、若い者達と行動を共にすることを沮まれる譯でもないから、必ずしも相互相一致したものと判ずるわけにもゆくまい。

けれども大體に於て親方どりの時を以て若い者入りのときと見做すことは妥當を失しまい。

岡成物語（天野）

親方取りに就ては男女ともに上記の通り、こゝに重ねて云ふまい。

若い者宿　ワケエモンヤド、

といふものは現今の青年會會場の前身と見做すべきものである。けれども恐らくそれよりは、遙かに情趣に富んだものである。

通稱「**會場**」といふその青年會會場が出來て以來、若い者宿は過去のものとして時代の傾向に押流されてしまつたものである。

けれども果してこの別仕立の「會場」が村の青年連にとつて、どれ程の慰安所たり得るかは疑問である。余の知る限りでは、若い連中が寄合ふところが大抵きまつてゐる。啨ちやんが生きてゐる間はいつも獨り暮しの啨ちやんの家が其の宿であつた。今では石屋の榊原の家がそれに代つてゐる。

勿論この宿は連中の夜遊び所となる類のもので、看板を掛けた程に全村的なものではない。

青年間でも年齢の開きが激しい時には、自然集合が別々になつて來る。これは止むを得ないことだ。が、こんな譯で「會場」なるものは村の學藝會だとか、特別の青年團の集會だとかいふ儀式ばつた折のみ開かれる。其の他の時には戶を閉じ切つた埃の部屋である。

結局若いもん宿は「會場」を離れて存在するし實在する。そこで持寄り的な座樂（三味線）や、蓄音器やらの會合が營まれるし、時には村の政治批判が不自然ならぬ順序に於て議題とされる。

若者達の遊びとしては、昔はよく二里も三里も夜遊びに他村へ出向いたといふことを聞いてゐる。大抵こんな日は、何か其の村の祭事をあてこんでの事に相違ないのだが、これに對して、其の村々は一定の饗應手段といふものを持つてゐた。それを若い者達はあの村へゆけば、牡丹餅を食はせる。この村では酒を出すといつて、目指して行つたものだといふ。二里も三里も歩いて行つて、夜更けに歸つて來る。そして翌朝は遲れず、田へ平氣で出る、これは昔の若い者達が所謂かいしよがあつたといはれる所以でもある。

もう四五年來フッツリとこんなことは取止めになつてしまつた。食はせる方が考へ出すやうになつたのか、遊びに行く方も、浪花節とかキネマとかを見る爲に都會米子まで押出して行く事を更によい樂しみと考へる樣になつて來た爲であらうか。

四五年以前には、陸上競技が盛で、村々對抗優勝戰が岡成原で行はれた。最近これに代へて野球の練習が盛となり、ヒル休みなどピッチングが盛である。近日對抗野球大會が行はれる由を聞いた。

娘達に就ては餘り奇習をきかぬ。常に親達と田に出て、働くこと、機を織る事、友達同志日休みを利して村の噂を話合ふこと位であつて、單獨行動に出ることや、華美な服裝を飾ることは一般に農家の娘の愼んでゐることである。

八、婚姻、

是に關しては特殊の風習は無い。村内許嫁といふ間柄殆どなく、概して村外婚をやつてゐる。出雲浦のやうに女房の方が働き手で、權力も自由に行使するといふことはない。

農民はまづ多産、生み放題で、不具者は十八歳の啞の男一人と、馬鹿の女ともさん（獨身四〇？）との二人である。

岡成物語（天野）

二、葬

岡成村には寺が無い。尾高の坊主が必要に應じてやつて來る。必要の點からいふと、この村に寺の無いのは當然かも知れぬ、余の確聞するところ、この二年間に死んだのは二人であつた。

いづれも先づ病死といふ程のものではなく、健康のまゝポクリと逝つた連中なのである。

こんな譯で老人連は長生すると來てゐるから村では殆ど生む一方である。

葬式は佛式である。曹洞宗派の禪宗が多い。坊主のやることには先づ異例は無いものと見て其の他の點で目立つたものを思ひのまゝに書く。

葬式をやるにも第一に必要なものは金である。小作では思ふ樣に其の準備が出來てゐないのが常であるから、「シバニユーヨー」と稱して先づ工面して掛からねばならぬ。晴ちやんの時にもこれが一時問題になつた。既記の通り八段の田を一人で五段まで引受けてゐたこの別居中の息子は、父の又さんにとつては相當の資源であつた。だから別々に住つてゐても、息子の手が動かなくなれば、急にオイソレと出る金も無くなる譯である。

亡くなつた其の日、米俵を持出さうとか、金を借りに歩くとかいふ大騷ぎが起つたが中々かたがつかないでしまつた。遂々死場入用は、余の居る川上の主人の手から用立てられることになつて、やつと準備が進むことになつた。

こんな事を書けば周圍の人が餘程不人情に出來てゐるやうに響くかも知れないが、近隣は頗る親切である。全く手傳ひの手は有り餘る方である。だがそれには食はさねばならず、又それだけに、臨時費が思ひがけずかさむのである。

香奠　村カラ中各家米一升宛　一升香奠（白米）（村の規約）
　　更に金子を特志者が出す。
親族間、一俵香奠（玄米）

貼札に曰く「玄米一俵、何某」。俵は玄關に積む、

香奠返しはせず。

其の代り、朝、晝、晩、とハシマとも合して六回位の酒と茶とが出る。

最近死んだ山中の婆さんの葬式費は十七圓であつた。

神棚は息の引取ると同時に封ずる。

湯棺（日の都合で早くやる）

昔、文公さんの若い頃　疊一枚はぐつて、ねだ板二枚をはぎ、青竹で「すず」を作り、この隙に渡し、この上にたらひをのせ、死人をたらひに入れ洗つて、帷子を着せ、脚絆、足袋、わらぢ（たびコハゼをとる）、竹の杖、六文錢、ハサミ、キセル、など紙で切抜いて入れる。

番茶の入つた袋を以て、死體を棺に納め埋める。

或は簑を着せ、笠を（南無阿彌陀佛と書く）入れる。人形をも入れる。「孫を抱かせる」と稱し藁人形を作り、顔は紙で作り（目、鼻、口をかく）紙の衣物を着せる。

づだ袋の中　一、へその緒、

二、拔けた齒、

三、まつち（紙）たばこ入れ、きせる、六文錢、

四、好物、酒入りのへうたん、菓子、

五、死人への とゞけもの、

但し金物は入れぬ。

岡成物語（天野）

凡て土葬である。墓地は村の東部の丘の腹にある。晝のうちに墓穴を掘つて置いて、夜に屍體を埋めるのである。

大抵死んだ其の日の中に埋めてしまふ。二十四時間とは正式に待つてゐない。


棺は丸棺である。

少し餘裕のある家はこの上に鞘棺を被はせる。鞘棺の太さは普通三尺に五尺足らずで屋根は檜皮葺きの立派な恰好の宮造りであつて、正面（三尺の方）の扉が觀音開きに開く。

棺を埋めたその上に鞘棺《ソトカン》は其の儘安置されてズット其のまゝにしてゐるのを見ると、何となく死の印象が生々しくいつまでも續いて感ぜられる。

鞘棺《ソトカン》には四方棺、六方棺、八方棺とあり。四方棺は屋根を支へる四方の柱だけで出來て居りこの周圍を赤い木綿布で巻いて置く（この赤布は式後寺に寄進する）、最も粗末な鞘棺で勿論先きに記した鞘棺の樣に扉などは持たぬ。從つて、四方、六方、八方棺夫々階級的な差を示すこととなる。

棺臺《がんだい》、平生觀音さんの緣下に野道具一切納めてあり、八人（八枚肩《ガタ》）六人（六枚肩）普通は四枚肩（で擔く）。子方が擔く。

この時着る裃は子方に豫め與へて置くといふ。棺擔等わらぢ草履は疊の上で履く。

扨て「ヨセガネ」が三度目に鳴つて出棺となるのであるが、棺擔ぎは死者の近親者である場合多く、棺から白布を長く引き血の濃い者順にこの布を持つ。（女も五六年前迄白無垢で加はつた。）尤も「位牌」は血の濃いものが持つ。

其他ぜん、がんだいを近親者、或は小方にて持つ。

このぜんは鞘棺の中に朽ちるまで置く、鞘棺は殆ど一年間置く。

擔手には形見別けをする。

此際手拭（サラシ二尺）をかむるが、これは親しき人である。國信村では各自の帷子の袖をかぶる由（左の袖を頭に被つて他をたらす。）


歸宅、葬式後。

六地藏のところにて、墓に埋葬した者達は、草鞋を足でぬいでかへる。

このわらじは近ごろでは嚴密でない。

（翌日墓直しとて、鍬で少しなほす。）

回葬者等が歸つて來ると葬家では「み」に米を入れて戸口（外）に置いてあり、またたらひに水を汲んで同じく戸口に置いてあり、更に衣物（誰のものでもよし、單衣）を玄關に（式臺に）置く。會葬者はたらひにて足を洗ひ「み」の米を噛み、そして衣物で足をぬぐふ。（此際決して後を振り向かない）。

最後の人が、たらひを足でうしろに蹴返して水を流し、同じく「み」の米も足で蹴返す。


柩、酉の日、及友引の日は出さぬ。

　酉の日は鷄が鳥屋《とや》に止つてからなら出してよし。

くんぢなと稱し「二日あらひ」を行ひ、死者の衣服を干す。

葬の翌日の夜「念佛に行く」

三日に初七日のことをやる。「三日七日」と稱す。

初七日二七日を略し四十九日目に又祭る。

七日毎に佛に馳走を供へることになつてゐるが其都度坊主は來る譯ではない。

岡成物語（天野）

家族は七日毎に塔婆を一本宛墓の鞘棺の中に立てる。四十九日の間は毎夜、鞘棺の中に燈明をあげ、鞘棺の戸をしめかんぬき（鍵）をして歸る。燈心は一本。翌朝あけにゆく。

二年、三年、七年、十三年、十七年、二十三年、二十七年、三十三年と法事を營む。

「札掛けのこと」

尙札掛けと稱して四十九日以後の家族のものが六字の名號を書した紙の札を携へて近隣の村々の地藏尊を巡禮してこれに一枚宛この紙札をかけ、又は貼つて來る。

初の盆、

村人達各ウドンを五ワ、普通三ワ、更に近き人は岐阜提灯を添へて佛に供へにゆく。とてもウドンがあばかん程になつて了ふ。提灯は佛壇の前にズラリと並べる。四角のもの、丸いもの、切拔細工で金銀紙紗の布張りあんど、などがあつて、色美しいもので金持の家程見事の由。

賴母子講に就て（略記）

賴母子講には金の場合と米賴母子とて米を掛ける場合とあるが、その詳細を略する。賴母子講費は、農民の生活費用、主として田畑の（稲作及び桑作）肥料代に當てること最も多く其外地主に納入すべき小作料にこれを振當てるものである。從つて金融機關として豐村經濟には重大な役目を持つてゐる。

岡成村には現在、三種の賴母子講がある。凡て金の講である。他村の賴母子講にも入り得る。澤山方々の講に入り、拂ひ切れずにつぶれる家もある。（尾高）

「米頼母子」は近年（六、七年前）起つたものである。

八、方言略記

專門的な知識の無い余がこの方面に深入りするのは一種の危險を伴ふものといはねばならない。それでこゝでは、岡成の方言の特徴を簡單に述べて、あとは東條操氏著「方言採集帖」の末尾に記した、文例方言譯の部分を共儘採用するに止めたい。

余の耳からすれば、概してこの地方人の發音は、出雲の國境に近いだけあつて何となく出雲訛を混じてゐるように思はれる。その一つは村に出雲生れの人が稀に混じてゐることにも據るものであらう。然し、一般に出雲言葉としてよく知られてゐるもの、例へば「ダン〳〵」（有難う）マ（馬）の如き種類の言葉であつて、全くこの地方のものと成り切つて了つてゐるものも多い。これ等の點を考慮に入れて大體語法の特徴と見做すべきものを擧げれば、

（イ）口の開き方の少ないこと、

（ロ）舌の運動の足らぬこと、

（ハ）語尾には概して力の無いこと、

の三點がそれである。

又音節の中特に目立つた特徴とも云ふべきは、

（イ）、イはエと屢々判然と區別されない、村人に此點を訂してみるとそのいづれかを自ら云はない、例へば「サへの神」が「サイの神」となる如き、

（ウ）、オと混同する、「ウマ」は「オマ」（或は單に「マ」）と發音される、

（ヒ）、fi フ、fu 例、「フト」（人）「フバチ」（火鉢）

（チ）、獨逸語に於ける -tion の「チ」の音「チガウ」

(ル)、(レ)、この音は完全に發音されない、大部分は口の中で消えて了ふ、「居る」「オー」、「コレ」(叱る)「コー」

(ガ)、nga となる鼻音のガは特別の場合の外發することがない。見事な ga の音が常である、

ズとジ、は dzi と聞えることが多い。けれどもこれは出雲訛の場合程著しくない。

ザ、ða ゴサェマスの場合、殊に口の開きが少ない。

次に文例方言譯を示すが、これのアクセントは複雜に過ぎる爲に只單に最も高いところに傍線を記するに止める。語尾の訛に就ては特に注意して讀まれたい。

(一)、お前達は六時前に起きなきやいけないよ。

オマエラチャ六デマイニ起《オキ》ニャイケンジエ、

(二)、延びるか延びないか、まだわからない。

ノビーカ延ビンカ、マンダワカラン、

(三)、借りるより外、仕方がない。

カリーヨリホカシカタガニヤ、

(四)、飽きると、すぐ、遊びにでかける。

(アキート)タイギニナートスグデテシマー、

(五)、あの病人は、まだ、中々、死ぬまい。

アノビヨーニンワ、マンダ、ナカ〳〵シナンヂエ、

(六)、よく御覽。これとそれと、どつちが、古い。

ヨーニ見ナサイ、アートコート、ドツチガフリーダラカ、

(七)、お醫者様に、早く、見てもらふがいい。

イシヤサンニ、ハヤコト見テモラーガ、イーワヤレ(イージエ)

(八)、むづかしい本では讀めないが、假名つきなら、私にでも讀めるだらう。
ムツカシー本ナラ讀マレンダドモ、假名ガツイチヨリヤ、オラデモ讀マレーワイ
(九)、下の、狹い座敷に、雨が漏る。
シタノ、セミヤ座敷ニアメガモー、
(十)、黄色な花は、菜種で、白いのは、大根だ。
キーナ花ハ、ナノハナデ、シレーノハ大根《ダイコ》ダワ、
(十一)、あの男に、そんな手紙が、書けるものか。
アノ男ネ、ソゲナ手紙が書ケーモンカ、
(十二)、昨日は、行かれなかつたが、今日こそは、きつと、出掛けるつもりだ。
キンニヨハ、イカレダツタが、今日ハドゲデモデカケルツモリダケン、
(十三)、妙なことには、母に、叱られるのが、一番、恐しかつた。
オカシゲナコトダガ、カカヤンニ叱ラレーノガ一番キヨトカツタ、
(十四)、隨分、ひどく蟲に、くはれた。
ガイナコトニ蟲ニカマレタワヤレ、
(十五)、御子様方に、泣かれては、さぞ、お困りでせう。
コトモサンガタガホエナサリヤ、ホンニ、コマリナサツタダラナ、(鳥、犬、蟲、人凡て泣くことをホエルといふ動詞一つで現はす)
(十六)、下女に庭を掃かせろ。
アネニ、庭、ハカセ、(掃カシチヨケ)
(十七)、わざ〳〵、見させたらば、大きな、犬だつた。

ナンダカトオモーテ、見セチヤッツタラ、ガイナイノダッタ、

岡成物語（天野）

（十八）、お花や、もつと、よく、煮ておくれ。石の様に、堅くつて食べられないぢやないか。
オ花ヤ、モツトヨーニ煮テゴセ、石ノヤニカタケリヤ、クワレンガナ、
（十九）、墨でお書きなさい。筆はないのか。
墨デカケヤレ、筆ガニヤートダカ、
（二十）、お竹さん、水を持つておいで。
オ竹ヤ、水ヲモツテ來テ、ゴシヤレ、
（廿一）、ここへ來い。これ見ろ。誰が何と云はうと、もう、こんな事は、するな。
ココエキテミーダ、ダーガ、ナントイッタテ、モーコゲナコトスーダニヤージエ、
（廿二）、菓子が食いたいなあ。新聞をほしい。
カシガクイチヤナア、シンブンガホシーナ、
（廿三）、飲みながら、ゆつくり、話しませうよ。
オチヤデモノンデ、オツツラト話シマショイヤ、
（廿四）、こゝから、あすこまで、船で行かう。
ココカラ、アスコマデ、フネデイカイヤ、
（廿五）、この柿は赤いけれど、澁からう。
コナカキワ、マツカダドモ、シブカラヅイ、
（廿六）、あれや、これやで來年は、出て來られまい。
アーヤ、コーヤデ、ヨガアツテ、來年ワ、デニクカラヅイ、
（廿七）、お風呂を、おめしになりましてから、およつては如何です。

ユニハイツテ、ヤスミナサツタラ、ドゲナカナ、

(廿八)、こちらへ、伺ふきりで、どちらへも、あがりません。

オマエントコエ、クルバツカリデ、ドツコイモイキヤ、シマセンワヤレ、オマエ、

(廿九)、これを己に、呉れないか、「誰がやるものか。」

コーオ、オラニ、ゴシナイヤ」ダーガ、ヤーダラ」

(卅)、いくら考へたつて、貴樣にこのわけが、わかるものか。

ナンボ、カンガエタツテ、オマエニ、ワカーモンカイヤ、

(卅一)、買物がてら、町を見に行きませう。

買物ガテラ、マチヲミニイカイヤ、

(卅二)、此頃は雨ばかり、降つて居たが、久し振りで、晴れたから、今夜は人が、出ることだらう。

コノゴロワ、アメバツカリ、フツチヨッタガ、フサシブリデ、ヤンダケン、コンヤワ、フトガデーダラゾイ、

(卅三)、この蜜柑は酸ぱいから、捨てよう。

コノミカン、スイケン、ステテシマワイヤレ、

(卅四)、今日は、寒いので、人出が、少い。

キヨウワ、サムイケン、アンマリフトガデンジエ、

(卅五)、お前も聞いたらうが、困つたものだ。

オマエモ、キータラガ、コマツタモンダナ、

(卅六)、あれ程、お頼みしたのに、何故、あなたは、買つて來て、下さらないのです。

アーホド(アゲニ)、タノンダニ、ナシテカーテキテ、ゴシナハラ、ダッタ。(ダッタの部は語勢落つ)

(卅七)、南の方へ二三町行けば濱へ出ます。

オナミノホーニ、ニサンチョ、イキヤ、ハマエデマス、

岡成物語（天野）

(卅八)、蚊さへ少なければ夏は樂だ。

カサエ、オラニヤ、ナツワラクダテ、

(卅九)、行くとも、行かないとも、勝手にしろ。

ユクナト、ユカンナト、カツテニセー、(スイタヨニセー、の方用ひられ易し)

(四十)、來るやら、來ないやら、あてにならない。

クーヤラ、コンヤラ、アテニナラン(ガナ)

(四十一)、誰でも彼でも、さう、云ひましたつけ。

ダーモ、カーモ、アゲニイツチヨーマツセ、

(四十二)、酒を、飲んだり、歌を歌つたりして、半日遊んで行きました。

サケノンダリ、ウタウタツタリシテ、カタケ(半日)アソンデイキマシタ、

(四十三)、子供ぢやあるまいし、それ位の事はできるさ」私にや、とても出來ない。」

コドモダ、アーミヤシ、ソノクライナコトワ、デキーワ」オラニヤトテモ、デキンワヤレ」

(四十四)、こゝにあるのは先生の本か」いゝえ學校のです」

ココニアル本ワ、先生の本ダカヤ」インヤガツコーノヤツダ、

(四十五)、これを十錢ばかり、下さい。

コーヲ、十錢ガゴシナイ(ゴシナハイ)

(四十六)、二人で、七枚づつ、書いたに違いない。

フターデ、七杈アテカイタニチガイニヤ、

(四十七)、この帽子は、いくらだ」はい、一圓でございます。」

コノシヤッボワナンボダカナ、「ヘー」一圓デゴザイマス。

(四十八)、この間、父が落した本は、たしかに拾つた人がある。

コナーダ、トッツアンガ、オトサツタ本ワ、タシカニ、フロツタモンガアー、

(四十九)、叔父さんが、錢をこゝらで、なくしたとさ。

オッツアンガ、ゼニオ、ココラデ、ステタトイヤ、

(五十)、私が、教へてあげようか」はいありがたうございます。

オラガ、イツテキカシタギョカ」ヘー、アーガトーゴザイマス、

(五十一)、兄は病氣にかゝつて寢てゐる。弟は鞠を蹴つてゐる。

アンチャンワ、グワイガ、ワリーテ、ネテオルダワヤ、オトトワ、マーケツテアソンジョル、

(五十二)、何もかも、君にまかせる。

ナンニモ、カンニモ、オマエニ、マカセーワヤレ、

(五十三)、兄弟とも、顏は人でも、心は、まるで、鬼のやうだ。

キョーダトモ、カオワフトデモ、ココロワ、オニノヤナ、

(五十四)、友達と、約束した事も、みんな、むだになつてしまつた。

トモダチト、ヤクソクシタコトモ、ミンナ、ムダニナツテシマツタ、

(五十五)、あんなに慾しがるものを取あげてしまふのは、かはいさうだ。

アゲニ、ホシガーモノヲ、トツテシマーノハワ、カワイサナ、

(五十六)、この方は、山田さんと、いふ方です。

コノシワ、ヤマダサントユーフトダ、

(五十七)、入物ごと、いただいて、よろしう、ございますか。

岡成物語（天野）

イレモノゴメデ、モラツテモヨーゴザーマスカ、

（五十八）、聞けば、聞くほど、あはれな話ですね。

キキヤ、キクホド、カワイサナ、ハナシダナ、

（五十九）、今、起きようとしてゐるところさ。

イマ、オキーテテ、シチョートコロダ、

（六十）、さうか、だが、大分眠むさうだね。

ソゲカ、ダイブン、ネムタゲナナー、

扨、以上で岡成村の話し振りといふものを幾分現はした積りであるから、最後に僅許り思ひつく儘に、單語を羅列してみよう。

單語の中で最もよく現はれるのは、その村の經濟的地理的關係に依るものであらう。例之、濱言葉とか百姓言葉とか云ふものに就ては孰れの人達も相當に鋭い耳を持つてゐる、濱言葉の中で最も特異な天文、方角、風に對する名稱に就ては、岡成村を眞西に二里下つて出た濱に生れた人から聞くことを得たが、これは、大體出雲方言に一致するものであるから、こゝでは割愛する。（尚、この濱の言葉は大體岡成村と同じであるが、アクセントがより複雜である、といふ點だけ注意して置きたい。）

純然たる農村である岡成の村では、どんな小作でも牛を飼つてゐる。その故でもあらう牛の名稱は細はしい。單に牛は「オス」或は「ダ」である（牛を放牧につれて出ることを「ダカイ」といふ）が、牡牛は「コツテ」牝牛は「オナミ」と稱し判然區別する。こうしは「オスノコ」である。馬は前記の如く、「マ」或は「オマ」であり、時には「コマ」とも云ふ、これには牡牝の別の言葉が無い。馬を飼ふ人が村には先づ無いといふことも、これに關係しやう。

序に動物名を少し擧げる。もぐら「モクロ」、犬「エノ」、梟《フクロ》「ゴロクト」、めだか「メンパ」、蟹「ガニ」或は「ガンガ」、鮨「ザツコ」、蛙「ギヤー」、ひき「フクギヤ」、蝸牛「ダイダイムムシ」、とんぼ「トンバ」、蟻「アーコ」、河童は「カワゴ」（カワ

ゴガシリゴ(尻)ヌク）といふ。

農作物に就ては特に擧ぐるものが無い。げんげ「ミヤコ」、つくし「ホーシ」、玉黍蜀「トーギニ」、そらまめ「ナツマメ」、隱元豆「カキマメ」、落花生「ソコマメ」を擧げて置く。馬鈴薯を老人は「キンカイモ」といひ、薩摩薯を「リーキ(琉球)イモ」とも言ふ。

住居に就ては既に少しく示した。農具は漸次購買組合の影響を受けてか、只今では何等往昔を偲ばしめるものが無い。

人倫に就ては、自分の父母を夫々「トッツアン」「オカカ」と呼び、敬稱としては「オヂヤン」「カカヤン」と言ふ。祖父「ヂーヤン」、祖母「ババヤン」これには自他の別が無い。伯父「オッツアン」伯母「オバサン」兄「アンチヤン」姉「ネーヤン」、弟、妹は標準語通り。兄弟、姉妹いづれも「オトデ」といつて呼ぶ。長男長女いづれも「カシラゴ」、息子「アンヤ」、娘「ムスメ」孫「マゴ」、曾孫「ヘーマゴ」。血縁のないおばさんは「アバヤン」である。

親類なる言葉には「一家《イッケ》」といふのを用ひる場合もあるがこれは稀な方で、主として「オヤコ」を用いてゐる。一寸、大家族制を思はせる言葉である。(分家「エモッチエ」。)

大人「オセ」、子供「アコ」(小學校時代凡てにも云ふ)女「ニョバ」女の子「ニョバノコ」はよく聞く言葉だ。珍しいのは、法羅吹きを「クワンスマクリ」と稱し、法羅を吹くことを「クワンスマクラサル」といふ。馬鹿者!は「ダラズ」。罵言は「ダラズ、ホイタ（乞食）カワヤ（穢多）マンゴ（癩患者）チクショー」と續けて並べたてる。

代名詞として、人代名詞と指示代名詞を左に表示する。

人代名詞		目上に、	同輩に	目下に
自稱	單	オラ	ワーガ、オラ	オラ
	複	オランド	オランド	オラ
對稱	單	アナタ	ワレ、オマエ、	ワレ
	複	アンタガタ	オマエタチ、ワレ(老)	ワレ

指示代名詞		近稱	中稱	遠稱	不定稱
人	敬	コノオマエ、コノフト	缺	アノフト	ドノフト
	平	コンタ(少)コナ、	缺	アノフト	ダーダ
	卑	ワレ、ワーリャ コナ、ワーガ	缺	アイツ	ダーダ
事物		コレ	ソレ	アレ	ドレ
場所		ココ	ソコ	アスコ	ドコ
方角		コッチ	アッチ	アッチ	ドッチ

形容詞と動詞に就ては、余も幾分興味を以て調査し、特にこの中に岡成辯の大多數の要素が存することを知つたのであるが、これは書出せば仲々納まりが着かないし、余もその餘裕を欠いてゐるので、先に示した方言文例の中からその幾分かを推測して頂くことにして、今回は略さうと思ふ。いづれ機會を得て、これを補ふ積りである。

終りの言葉

餘暇を割いて、療養生活の記錄を編み直してゐる中に、最早や半年に近い月日が流れて了つた。岡成村で最も忠實に余の材料蒐集を援けて呉れた井上文公氏からは其後の岡成村の消息が重ね／＼屆いてゐる。この間に二人の人が逝いた、そして余自ら幸に、略元の健康を復した。村の追想を一先づ斷切つて、岡成に別れを告げてもよい頃である。

顧つて、余は岡成を如何に畫かうとしたかを思ふ時、これに連れて浮ぶのは「村は生きてゐる」といふことこれである。余は出來得る限り「生きてゐる村を畫かう」と努めたのであるが、考へてみればそれは到底許されないことである。村は今後何うなるであらうか。これも答への得られない問である。けれ共、一面に於て、岡成村の地形と生業と、そして回顧的な傳承保持者たる女性（取わけ老年の）とが、兎もあれ岡成村の激變を防ぐ役目を負ひ續けてゆくであらうといふことは否まれない。一つの共同社會として、自律性を保つてゆく限り、この山陰の幸福な村の夢は破れないであらう。

擱筆に當つて、此の記錄を綴る機會を與へ給ひし寛宏なる淸野先生に深甚なる謝意を表し奉る。（一九三一、臘月）

若狹の俗信（一）

中平悅磨

俗信と呼び來つたものゝ中には、社會的訓諭とも言ふべきもの、即ち諺と幾許の距離をも認められぬものが多い。しかしそれも矢張り訓諭と呼ぶよりも俗信と呼んだ方が、本來の意味合に忠實であると思ふ。何となれば、その訓諭的な內容のものと雖も、單なる訓諭ではその効果が薄弱である故に、これを更に一段掘り下げて「罰が當るぞ。」といふ宗教的情操に迄深めてあるもの、それがこれ等の俗信であると考へられるからである。

次に列擧する俗信は、福井縣立小濱高等女學校の一年生に報告せしめたものを整理したのである。遠敷郡雲濱村に學校が在るので遠敷郡が大部分である。この郡內のものは弧內に村名のみを記し、三方郡、大飯郡は郡名も共に出すことゝした。

一、姙娠・出產・育兒等に關するもの。

1、手を洗つた雫を人にかけると、手のない子が生れる。(小濱・遠敷・大飯郡本鄕・同郡高濱)かたわの子が出來る。(雲濱・國富・今富)二子を生む。(國富)

2、ものさしで人をたゝくと、たゝいた數だけの子供を生む。(雲濱)その長さのやゝしか生れない。(雲濱)物さしの目程澤山子供が生れる。(大飯郡本鄕)

3、着物を縫ふ時、結びこぶを他人にして貰ふと、產の時その人が來ないとやゝが生れない。(小濱・國富)

4、卵の殼を跨げると產が重い。(雲濱・小濱)

5、箒を跨げるとお產が重い。(小濱)

6、煙管を跨げると、足指の長い子が生れる。(大飯郡高濱)

7、蜜柑の二つひっついてゐるのを食べると、雙子を生む。(西津・雲濱・大飯郡青鄕)

8、栗の二つひっついてゐる(ふだご)を食べると、双子

を生む。（西津・國富・遠敷・大飯郡青郷）

9、土瓶の口からお茶を飲むと、口缺けの子を産む。（西津）

10、お鉢や鍋など大きい器から直接物を取つて食べると、口の大きな子供が出來る。（小濱・國富・大飯郡高濱）

11、身持の時つまみ食ひすると女の子が生れる。（大飯郡本郷）

12、お皿をねぶると舌の無い子が生れる。（大飯郡高濱）

13、お皿の取り合ひをすると、手の長い子が生れる。（右同）

14、寢て御飯を食べると背中の丸い子が生れる。（右同）

15、米をはかるに上からおさへると、低い子が生れる。（雲濱）鼻の低い子が生れる。（遠敷・大飯郡青郷）

16、襷を掛けて御飯を食べると、難産する。（小濱）子供が首に襷を卷いて出る。（今富・遠敷・大飯郡高濱）

17、硯を逆まにするといかん。不具の子供が出來る。（小濱）

18、身持の時に鍋の蓋で物を切ると子供に疔が出來る。（大飯郡本郷）

19、身持の時に火事を見ると子供にあざが出來る。（大飯郡本郷）火事を見ながら何處か抑へると、子供の其處にあざが出來る。（同高濱）

20、女はかますの上へ坐るとお産に苦しむ。（國富村芳賀）やゝを逆しまに生む。（同村栗田）

21、前掛をして寢ると安産しない。（右同）

22、肘《カイナ》どうし打つと肘《カイナ》なしの子が生れる。（右同。大飯郡高濱。）

23、汚い所を掃除すると美しい子が生れる。（國富村栗田）

24、御飯を炊いた後で鍋に水を入れて置かぬと、子を産む時に難儀する。（今富・遠敷・大飯郡本鄕・同高濱）

25、大きな木を逆まにくべるな。逆子が出來る。（遠敷）

26、杓子の柄を奇麗に洗へ。生え際のよい子が生れる。（右同）

27、爼板なしで物を切つてはいかん。鼻の低い子を生むから。（右同）

28、佛樣の御飯を上手に高く盛る人は、鼻の高い子を生む。（右同）

29、蛇に指さすといけない。かたわの子供が生れるから。（三方郡八村）

30、針を疊の緣にさすな。生れた子の耳に穴があくから。（大飯郡本郷）

31、身持で死んだ人を其儘埋《い》けると、毎夜出て來る。（西津村）——郷土研究、五巻四號の南方先生の記述に思合される。

若狹の俗信（中平）

32、赤子に鏡を見せるといけない。（雲濱村）

33、誕生日までに歩く子は、親に早く別れる。（小濱町）

34、双兒には六才まで同じ着物を着せぬといかん。成長してから商賣の事で爭ふ。（右同）

35、三十三切り繼いだ着物を赤子に着せると長生する。（遠敷）

二、結婚に關する

1、婚禮の席で咳をするといけない。（雲濱村）

2、さるの年は、緣づきを忌む。（小濱町）さるの日は見合や聞合せなども忌む。（同上）

3、三月は櫻の花が咲く。この花の樣に早く散るといけないから緣づきは見合せる。（小濱町）

4、櫛箱が美しいとよい所へ嫁に行かれる。（三方郡三方）

5、のりのたいたのを食べると結婚の時雀が笑ふ。（今富村）

6、朝飯からお茶をかけると嫁入りの日に雨が降る。（大飯郡高濱町）

7、赤飯にお茶をかけると嫁入に雨が降る。（雲濱・小濱・國富・今富・大飯郡高濱）

三、死と葬式に關する

1、着物を北ぼしにしないもの——死んだ人の着物は北ぼしにするから。（西津村湊・內外海《ウチトミ》村甲《コ》ケ崎）

2、四枚ののうれんをかけるものではない。死人の着物は四枚で作るから。（西津村湊）

3、左前に着物着ないもの——死人にさうするから。（雲濱・小濱・府中）

4、一方の袖をつけてほつておくといけない——死んだ人に着せる時だから。（雲濱・小濱・遠敷）——餓鬼が寄つて來るから。（遠敷）（なほ六、禁忌の條の第四五を參照のこと）

5、着物を被ひきせる時逆まにするといけない——死人にさうするから。（雲濱）

6、兩方から袖を縫うといけない。（雲濱）兩方から着物を引張合つて縫うといけない、死んだ時だから。（小濱）

7、死んだ人の着物を一人で縫うてはいけない。（今富）

8、二人で洗濯してはいけない、死んだ人の衣服はみな二人で洗ふから。（府中）

9、着物にはかへし針をせねばならない、死んだ人の着物はせんから。（三方郡八村）

10、着物に糸をつけておくと、早く死ぬ。（小濱）

11、頭に生花をさすと親に早く死別れる。（雲濱・松永・三宅・三方郡八村）母親に早く死なれる。（小濱）親の死目に逢へぬ。（雲濱・國富）早く死ぬといふ。（小濱）花狂人になる。（小濱）

12、新《さら》の下駄を疊の上から履いて下りないもの、葬式の時するから。（西津・雲濱・小濱）

13、夕方又は薹から履物をおろすといけない、葬式の時ばかりだから。（雲濱・小濱・知三・三宅）是非卸さねばならん時は鍋墨をつけなければならない。（雲濱）

14、御飯を一膳だけ食べるものではない、佛様は一膳きりであるから。（遠敷）

15、たいやに魚を食つてはいけない、尾が出來る。（府中）人が死んでから七日間魚を食べるといかん。（雲濱）

16、お箸からお箸へ物をやり取りするといけない、骨拾ひの時だから。（府中・松永・雲濱・今富）仲が惡くなるから。（雲濱・小濱・大飯郡高濱）死人に近づくから。（雲濱）竹と杉（又は木と竹）のお箸を使ふと骨拾ひでよくない。（小濱）

17、物を炊くには蓋をしなければならない、湯くわんの湯を沸す時に蓋なしでするから。（小濱）お風呂の蓋も同樣。（三方郡十村）。

18、お葬式から歸つたら身體に鹽を振つて貰ふ。（雲濱）

19、人の出た後を箒ですぐ掃いてはならない、死んだ時であるから。（雲濱）夜分庭や家を掃くな、死人のあつた時するものだから。（小濱）庭を掃く時に外の方へ掃くといけない、葬式の時するから。（小濱）

20、北枕に寢ないもの、死人を北枕に寢かすから。（西津・雲濱・中名田・知三・三方郡十村）

21、葬式を家の中で見るといけない。（雲濱）

22、家へ石を入れると、其家の人が死ぬ。（雲濱）

23、屏風を逆まに立てるといけない。子供の死んだ時だから。（小濱）

24、湯をぬるめるに水から先に盥に入れてはいけない、湯くわんの時にするから。（雲濱・小濱）

25、足を洗ふ時足同志こするな、葬式の時する事だから。（小濱）

26、膝をうつと笑ひもつて死ぬる。（三方郡十村）

27、葬式の時自動車が通つたら拇指を隱さんといかん、親が死ぬから。（中名田）

28、墓場（さんまえ又さんまい）でこけると死ぬ。（西津・雲

濱・三宅）三年の間に死ぬ。（西津・雲濱）葬式の時さんまえでこけると死ぬ。（雲濱）三年目に死ぬ。（小濱・府中・遠敷）

若狹の俗信（中平）

29、家族中に同じえとの人が二人居るとどちらか一人が死ぬ。（雲濱）

30、三人一緒に寫眞を撮すと眞中の者が早く死ぬ。（雲濱・小濱・國富・府中）

31、泣眞似すると、早く親に死別れる。（小濱）

32、四十二の二才兒は死に易い。（小濱）

33、柿の木から落ちると三年目に死ぬ。（小濱・府中）桑木でも同斷。（小濱）

34、寢てゐる嵩が低いと早く死ぬ。（小濱）

35、三ツ子に杓でなぐられると死ぬ。（國富）

36、身持で死んだ人を共儘埋《い》けると毎夜出て來る。（西津）

37、葬式にこもちの者がいくといかん。（雲濱）

38、友引の日に葬式や引越をするといけない。（雲濱）

39、人を三遍廻りするといけない、葬式の時するから。（雲濱・松永）大蛇になる。（小濱）蛇《へび》になる。（中名田）死ぬ。（雲濱）

40、葬式の折の帳面は折目を下向に綴ぢるから、常はさう

するを忌む。（小濱）

41、佛様に手を叩いてお參りするといけない。手を叩くは目出度い時だから。（小濱）

42、葬式のあつた後、神様にお參りするといけない。佛様がお怒りになる。（小濱）

43、死んだ時六文錢を持たすので、祝ひ事に六のつくのを忌む。（大飯郡本鄉）

44、噓をつくと地獄の川へはまる。（小濱）死んでから地獄へ落される。（遠敷）地獄で鬼に舌を切られる。（雲濱・大飯郡高濱）

45、針を粗末にすると、死んでから針の山へ行く。（小濱）

46、糸を粗末にすると、死んでから糸の橋を渡る。（小濱）

47、紙を粗末にすると、死んでから紙の橋を渡る。（小濱）

四、天候豫兆の俗信

1、蛙が鳴くと雨が降る。（雲濱）

2、羽蟻が多く出ると天氣が變る——雨になる。（雲濱）

3、お日さんが破れ傘をかぶつてゐると明日は雨。（小濱）

4、鯉がはねて、上の方へ飛ぶと雨が降る。（小濱）

5、蛇が木に登ると、明日雨が降る。（小濱・三方郡八村）

6、蛙(かいる)を殺すと明日は雨降りである。(雲濱・小濱)
7、蛙が家の中へはいると水がいく。(雲濱)
8、しおから蜻蛉(又は赤蜻蛉)の多く飛ぶ年には水が浸《つ》く。(小濱)
9、梟が鳴くと明日は天氣である。(雲濱)
10、朝虹が吹くと、お天氣になる。(小濱)
11、霧が上つてゆくと、天氣になる。(小濱)
12、梅雨に朝十時頃迄暑いと天氣になる。(小濱)
13、とんびが鳴くと(雨が降つて鳶が鳴くと)天氣になる。(小濱)
14、蛋をとつて火中にくべてぱちと鳴るとよいお天氣になる。(小濱)
15、雉が鳴くと地震がいく。(雲濱)

五、その他の豫兆と占に關する

1、月夜烏は大名にたゝる、闇の烏は火にたゝる。(遠敷)
2、夜鷄が鳴くと火事がゆく。(西津・雲濱・小濱・府中・大飯郡高濱)手桶に三杯水をとつて置かねばならん。(雲濱・小濱)
3、家に一匹も鼠の居なくなると、その家は火事がいく。(雲濱・小濱・松永)
4、お月さんに星が近づいてゐると(近星であると)火早い。(小濱)
5、鼬《いたち》が一度鳴くと火事が危いから、大國柱に水をかける。(小濱)
6、棗の種を鼠が嚙ると火事がゆく。(小濱)
7、犬が長吠すると火の用心が危い。方言的の表現。(小濱、
8、烏が鳴くと人が死んだしらせ。(西津)盛に啼くと人が死ぬ。(小濱)烏が家の周りを三遍廻ると、その家の誰かが死ぬ。(小濱)その人の屋根の上あたりでカワイ〳〵と騒ぎまはるは死ぬしらせ。(雲濱)
9、燕が巣をしないと惡い事がある。(小濱)
10、夜烏がくやしさうに鳴くと困難がある。(國富)
11、晝烏が人の前を飛んでは鳴くとお産する、(國富)
12、天窓に鳥影がうつると來客がある。(遠敷)
13、鶴が降りると降りた所によい事のあるしらせ。(遠敷)田圃へ鶴が降りるとお金が澤山入るしらせ。(遠敷)
14、夜十時になつてから蜘が來ると、翌日何か不利益なことがある。(國富)夜ぐもが出ると殺さねば盜っ人が來るといふ。(熊川)夜ぐもは盜人蜘といつて見つかると外へ

若狹の俗信（中平）

ほる。（三方郡十村）朝ぐもを懷へ入れておくと福が來るといつて見つかるとすぐ懷へ入れる。（三方郡十村）夜のクモは惡く朝のクモは福。（大飯郡本鄕）

15、ウドンゲの花が家の中に出來ると不祥事がある。（大飯郡本鄕）不思議な事がある。（小濱）

16、櫛が折れたのは苦勞がなくなるとて喜ぶ。（雲濱）櫛が割れると不吉な變事がある。（大飯郡高濱）

17、箒星が出ると戰爭が起る。（雲濱・小濱）

18、流れ星が右の袖の中へ入つて來ると幸福が來、左の袖の中へ入ると苦勞が來る。（小濱）

19、朝坊主に會うと其日一日げんが惡い。夕方坊主に出會うとげんがよい。（熊川）

20、くしやみの出るは、人が惡口を云うてゐるしらせ。（今富）

21、一緒に不意に物をいふと、二人は三日間仲よしにするといふ。（雲濱）

22、鼻の中に出物が出來ると隣（又は親類）に子供が出來る。（小濱）

23、履物の夢を見ると、誰かゞ死ぬ。（西津）

24、靑い柿の夢は若い人が、赤い柿の夢は年寄が死ぬ。（西津）

25、白百合の花と白馬を夢に見ると死ぬ。（大飯郡高濱）

26、財布を拾ふ夢、損害がある。（小濱）

27、建築の夢、損害がある。（小濱）

28、齒のぬけた夢は不吉。（小濱）

29、お風呂へ入つてゐる夢、風邪をひく。（西津）

30、生れた夢はよくない。（雲濱）

31、死んだ夢を見るとよい。見られた其人が長生する。（雲濱）

32、蛇の夢を見るとよい事がある。（雲濱・小濱・三方郡十村）翌日何か貰へる。（小濱）三日程してよい事がある。（熊川）其處へ行つて見るとお金が落ちてゐる。（西津）蛇が天上する夢を見ると大變よい事がある。（小濱）

33、火事の夢はよい。（雲濱）三日たつとよい事がある。（小濱）火がよく燃えてゐる夢は吉、くすぼつてゐる夢は不吉。（小濱）火が燃えてゐる夢は他處から物を貰ふ。（西津）

34、なすびの夢を見るとよい。（雲濱）

35、金の船に乘つた夢を見ると幸福がある。（雲濱）

36、月と日を呑む夢をみるとよい事がある。（小濱）

37、鏡を拾ふ夢、子供が出世する。（小濱）

38、盜人の夢、よい事がある。（小濱）

39、正月の初夢に富士山を見るとその年は繁昌する。（小濱）

40、足の親趾より次の趾指が長いと親より出世する。（雲濱）

41、目の縁にある黑子《ほころ》は泣きぼころといふ。その人は泣味噌だといふ。大抵の人は除つてしまふ。（小濱）

42、口の縁にほころのある人は親切だ。（小濱）

43、頭の眞中にぎりぎりがある人は賢い。（小濱）

44、爪にほっさんの樣なものがようけ出來る程衣裳持ちだといふ。（小濱）

45、口の端に疣が出來てゐると食べ助だとかいふ。（小濱）

46、首に疣が出來ると着物を着るのが上手やといふ。（小濱）

47、南枕をして寢る處では病氣が入ると長びく。（三方郡十村）

六、禁忌の俗信

1、夜ほうづきをならすと、へびが出て來る。（中名田・三方郡八村・大飯郡本鄕・同高濱）蝮が入つて來る。（遠敷）家の中でほうづきを鳴らすと蛇が入つて來る。（府中）蛙かと思つてくちなわが出る。（遠敷・國富・西津・雲濱・小濱）

2、夜は鷄の鳴く眞似をするといけない。（西津）火事がいく。（遠敷・雲濱・國富・大飯郡高濱）變つた惡い事が起る。（府中）朝起きて鷄の鳴眞似すると火事がいく。（小濱）

3、夜女が口笛を吹くものではない。（西津）親が死ぬ。（遠敷）夜口笛を吹くと火早い。（小濱）盜人が入る。（國富・中名田）蛇が來る。（雲濱・小濱・遠敷）

4、夜疊の上など掃くといけない。（雲濱）

5、夜着物を裁つといけない。（雲濱）

6、夜曆を見るといけない。（雲濱）、この三ヶ條は葬式の時するから忌むものらしい。

7、夜足袋をはいて寢ると、親の死目にあへぬ。（小濱・國富・府中・遠敷・大飯郡本鄕・同高濱）

8、夜昆布を燒くとよろこぶを燒くとて忌む。（大飯郡本鄕）

9、夜爪を切るといけない。（西津・雲濱・小濱・大飯郡本鄕・同高濱）氣狂になる。（雲濱）憂ひ事が來る。（小濱）親に早く別れる。（小濱・雲濱・遠敷・中名田・熊川）親の死目にあはれない。（雲濱・西津・今富・小濱・國富）爪は親に貰つたものだから夜切つて何處へ行つたかわからなくなすといけない。（今富村字伏原）

10、爪を切つて火の中へくべると、はい病になる。（小濱）火事がいく。（雲濱）氣狂になる。（西津・雲濱・小濱・今富・國

若狹の俗信（中平）

富・知三・遠敷・松永・三宅・大飯郡高濱）ゆるりの所で爪を切ると氣違になる（國富）

11、髮の毛を火にくべると、死んだ人を燒いたかざと同じだから、神樣がきらはれる。（小濱）こう神さんが泣きなさる。家が貧しくなる。（雲濱）氣狂になる。（西津・小濱・今富・國富・中名田・遠敷・三方郡八村・大飯郡高濱）毛は血で出來てゐるからばちが當る。（小濱・今富村字伏原）ゆるりの所で髮を結うと氣狂になる。（國富）

12、耳くそを火中にくべるとつんぼになる。（西津）鼻くそをくべると、氣狂になる。（小濱）

13、種類《たね》を火にくべると、眼を病ふ。（雲濱）柿の種を火にくべると眼が惡くなる。藥師如來樣の眼が柿の種でこしらいてあるから。（今富村字伏原）

くどへゆうの種を捨てると、芋が腐る。（府中）

梅干の種をくどへ捨てると、天神樣がおこられる。（府中）

14、梅干の種を川や海にほると海が荒れる。（府中）天神樣が怒らつしやる。（遠敷）梅干の種を齒で嚙むと天神樣が怒らつしやる。（遠敷）

15、こよみ（日めくり）を火にくべるといけない。（雲濱・小濱）火事がいく。（雲濱・國富）火元をするから。（遠敷）

16、昆布を燒くといけない。じほ神さんがばちをお當てになる。（小濱）火の神樣がお嫌ひ物だから。（小濱）貧乏神がよつて來る。（小濱・雲濱・松永・大飯郡高濱）

17、さらの下駄を家の中で穿かない。（西津・雲濱）下駄を座敷から履いて出るといけない。（雲濱）

18、卵の殼を叉げるとお產が重い。（雲濱）

19、桝を跨げると、何時かまむしに咬まれる。（雲濱・小濱）節分の時桝を跨げるとまぶしに咬まれる。（府中・遠敷）

20、箒を跨げると、頭痛がする。（小濱）產が重い。（小濱・雲濱）

21、切れ物を跨ぐと、どこかゞ切れる。（小濱・雲濱）大工の物を跨げると知らぬ間に手が切れてゐる。（大飯郡高濱）

22、馬の手綱を跨げるといけない。（小濱）牛の綱を跨げるといけない。（今富）

23、女が坦石を跨げると割れる。（遠敷・大飯郡高濱）

24、鍋つかみを跨げるな、罰が當るから。（遠敷）

25、商賣道具を跨げるな、商賣が下手になる。（遠敷）

26、火鉢を跨げると罰が當る。（遠敷）

（未完）

肥後國阿蘇郡さまやんの唄

八木三二

それは、舊《フル》の正月二十三日の夜のことです。雪は南の國九州には比較的稀らしいのですが此の阿蘇には年に數回降つて積もるほどです。外には皚々と一尺餘りも積つて、まだお月樣は出られないが可成りの雪明りです。何分他の諸郡とはことなつて外輪山で取りよろはれて、平均海拔標高が五百米のところなんですから、この雪夜には此の圍爐裡(Jururi)が、この上もない團欒まとゐの中核なのです。正五九月の二十三夜さんをお待ち申すと、一年中の運がよいとて今夜も榾をくべながら、話し合つてゐます。「人事《ヒトゴタ》、云ふてちゃ横寢《ヨコネ》はすんな」とて横にごろりとなつてお待をするのは身の毛をぬがすとて、話をば談りつゞけます。話の種はつきて、唄のうたひかたがはじまります。そして次第に色々と出てお月樣の東の外輪山の山のはに出られるのをまつて一同拜むのてすが、「さまやんの唄」が殆んどその中心をしめるのです。以下此處に採取したのはこの時や、又其の後折々に宮地町字鹽井川、字石田、字古神《コカミ》の古老達から得たものです。

サマヤン(Siemajen)とは、相思の仲の兩人がその相方より相互に稱しあふ愛稱なのです。古くはチカヅキ、又はナジミ、ナジュミ(nedzjumi)とも稱し、現在ではヌシとかサマ(樣)とかと多く云ひ合ふのです。そして其の中には各國各地の俚謠の傳承されたものもありませうが、重に此の相思慕し合ふ兩人の胸中の切々をうたふのが主で、その歌曲には一定したものがなく、その時々に流行する歌曲のかへ歌としてうたひ、又田植時には田植の調子で此の歌をばうたふのです。この二十三夜には、榾のけぶるのを辛抱して採取したのですが、その時「サマのウタァ四十八《シジユウヤ》樣《サマ》よりや多《オー》か、八十八《ハチジウヤ》樣どまぁ云はん、まだ多《オー》か」と申しました。(以下傍點は方言です)

肥後國阿蘇郡さまやんの唄　（八木）

一　さまはよー來たー　此の暗闇《グラヤミ》に
　　だいもともさでとぼとぼと。

（註）　ダイ、とは「あかり」の方言。

二　わしがさまやんと　定めたからは
　　人の女房《ニョンボ》（ɲɔn bɔ or njɔn bɔ）といはしやせぬ

三　さまじょあれみよ　淺間が山の
　　戀の煙が搖れてたつ。

四　戀の花桶《ハナタゴ》なきわが切れた
　　今年いわりょと思うてをる。

（註）　ナキワ、底輪の方言。

五　女　義理につまされ　返答《ヘンド》ばしたが
　　早く別れをせにゃならぬ。

六　女　別れしたてちゃ　時々御座れ
　　御座りゃ見もする逢ひもする。

（註）　したてちゃ＝したといつても。御座りゃ＝御座れば。

七　そばに寢てさへ　こちよれよれと
　　後日《ゴジツ》逢はねばこがれ死《ジ》に。

八　わしとさまやんにゃ　硯の水よ
　　すればする程濃ゆくなる。

九　わしとさまやんにゃ　茶碗の水よ
　　すまずにごらず、出ずいらず。

四一六

（註）　さまやんの代りにおまへさんも時には用ふるも極く少し。にゃ　ヌナもも云ふ。しかし前者多し阿蘇方言にては（コ）をば（コ）又は佛語の（コ）音など用ふること多し。

一〇　しゃんとだきしめ　顔うちながめ
　　こうも仲よくなるものか。

一一　そをて見なされ色こそくろし
　　味は大和のつるし柿。

一二　こまい時から見そめてをいた
　　人の女房《ニョンボ》といはしやせぬ。

（註）　こまい時＝幼時。

一三　人の女《ニョンボ》と　爪切る石は
　　いたいながらも後を見る。

（註）　上の句「むかしなじゆみと」とすることあり。

一四　人の女房と　かれ木の枝は
　　のぼりゃ　のぼるほどおもしろや。

一五　登ぼりゃのぼるほど面白いけれど
　　登ぼりつめたら生命がけ。

一六　後日逢はねば　井川にのぞく
　　痩はせぬかと水鏡。

一七　歌をしらねば　小唄をきかへ
　　小唄理窟の理をつむる。
一八　わかれじゃと云ふて　さす盃《サカツキ》は
　　中は御酒《ゴシユ》《サケ》やら涙やら。
一九　別かれじゃと云ふて　門《カド》まで出たが
　　かどじゃ諸《モロ》なけ　諸涙《モロナミダ》。
（註）もろなき＝一座のもの全部なくこと。
二〇　別かれ　別かれと　逢ふ度ごとに
　　何時が別かれの捨て言葉。
二一　別かれしたばな　十日《トヲカ》の晩《バン》に
　　わすれなさるなあのかどで。
二二　御座りゃよしよし　御座らぬならば
　　無理に御座れと手はさげぬ。
二三　私とあなたは戸板のめくぎ
　　うてどたゝけどはなりゃせぬ。
二四　御座りゃ　御座《ゴザ》しく　寢りゃ　枕出す
　　何がふぞくで御座らぬか。
（註）ふぞく＝不足。
二五　ほとゝぎす　たしかないたと　裏の戸あけて
　　見れば今宵の月ばかり。

肥後國阿蘇郡さまやんの唄　（八木）

二六　枕　ならべて寢た夜も御座る
　　泣いて明かした夜も御座る。
二七　枕　ならべて寢るさまよりも
　　心ばかりの樣《サマ》がよい。
二八　よんべ來た　さまやんにゃなしこんか
　　ぽんぽがくさいか　毛がないか。
（註）なしこんか＝何故《ナゼ》來ぬか。土地ではこの次に戯談に「明晩《アスノバン》な來なはれ、鹽みがく」とつける。又下の句は「又はもちゃげがたらないか」とも云ひ。その次に「明晩《アスノバン》な、來なはれ、うんともちやぎよ」とつける。
二九　わしとさまやんと　野原《ノバラ》を行けば
　　どこが谷やら尾ばねやら。
三〇　闕の一本橋《バ》しゃ　樣とならわたる
　　中がをるれば諸共《モロトモ》に。
三一　おもて　通へば千里が一里
　　逢はで通へば又千里。
三二　おどんがさまやんに　さわるばさわれ
　　腰の朱鞘は伊達じゃない
（註）おどんが＝私しの、又うちのとも云ふ。
三三　三夜さまでも　來るなら御座れ

肥後國阿蘇郡さまやんの唄　（八木）

鶏がうたへば明日《アス》のうち。

（註）當阿蘇では已述の如く二十三夜は正五九月に待つと一年十二ケ月分待つたことになりその年の運がよいのである。この夜をば二十三夜後家番《ゴケバン》(御見番)とて、一同會して月の上るをまち、(願まち) 色々とはなしをするが、横寝をすることをば禁ずる、蓋し「三夜庚中身の毛ぬがすな」との俗信ある爲である。又此の夜は交媾を禁止する、そうでないと馬鹿兒(ボーブラ、)又スドゴが出來る、と傳へるが月の上られた後は明日になり又雞がうたへば明日になるのである。

三四　年がゆかねど　まさかの時は
君のお顔《ヲカヲ》バよごしゃせぬ。

三五　かわゆで　かわゆで　眠もはなされの
もとは他人でありながら。

（註）なされぬをなされの又かわゆでかわゆでの使用法注意。

三六　好いたさまやんにそはせぬ親は
親じやござらぬ、魔でござる。

（註）魔《マ》＝悪人と云ふほどの意。

三七　親に勘當して　すいた様に　そわじゃ
親に末代そふじゃなし。

三八　様よ　様よとこい　こがれても
末はそふやら　そわぬやら。

四一八

（註）「さまよさまよ」の代りに「さまじょさまじょ」ともうたふ。

三九　戀いたゆわれの　手じゃ　招ねかれぬ
しのびめざさの葉でまねく。

四〇　さまじょ　おるかや　裏せど　とをる
昔し　さまじゃが　わすれたか。

（註）人稱代名詞及び或種の名詞の語尾に附すじょは阿蘇にその使用例比較的多く、愛稱、敬稱、時には蔑稱として多く使用さる。(方言と土俗第二卷二號、日向鄕土志資料第二輯及第四輯參照)

四一　むかしさまやんと　爪切る石は
いたいながらも　あとを見る。

四二　むかしさまやんに　途中であへば
ごみのいらんに　目をこする。

（註）いらんに＝入らぬのに。

四三　あをい　松葉の新亭みやれ
かれて　落ちるも二人づれ。

四四　女さまはきてまつ　でるこたならん
わしがこゝろは　わくの糸。

（註）こた＝事《コト》は、わく＝枛の糸巻のこと。

四五 女 わくの糸なら くり出しゃ 出るが
わしが身はまたそりゃ ならん。
(註) そりゃ＝それはの音訛。
四六 わしのさまやんにゃ どこでもしれる
藥でかみゆて はなたれて。
四七 さまは 醫者《インジ》かな 見りゃ 氣がはれる
今朝《ケサ》は まだみのかみがをつ。
(註) まだみのかみがをつ＝まだみぬ故かみがをつ、未だ逢ぬ故、
頭痛がうつ。頭痛かするとの方言。
四八 つれて行きなされ 熊本在《ザイ》に
親の便《タヨリ》のないとこに。
四九 わしのさまやにゃ 色くろなれど
牛蒡にじめであじがよい。
(註) にゃ＝は(主格) にじめ＝煮〆→にしめ(攝津)。
五〇 わしのさまやんにゃ あの山見越《ミコ》し
今日は何してくらすやら。
(註) 見越《ミコ》し＝山のあなた、山の向ふで何をしてゐるかと考へて
みればの意、「めやすたてゝみれば」と土地の古老は註して
くれた。
五一 さまとねるから 枕はいらぬ
ちがいたがいの お手枕《テマクラ》
(註) ちかいたがいの＝相互の＝たがいたがいの(攝津)
五二 さまと 算用《サンニュ》すりゃ 算盤《ソロバン》枕
いるりゃ はじき出す 算用《サンニュ》する。
五三 さまは 御所《ゴショ》柿位か たかい
みやげ みおろしゃ みたばかり。
五四 わしとさまやんにゃ お寺の御門
あさは別れて晩《バン》出あふ。
五五 西のよやけをあれ見よ さまよ
わしも あの樣《ヨ》にこがれます。
(註) よやけ、夕燒の方言。
五六 そばを通れど 戸はたゝかれぬ
うたの文句で さとらんせ。
五七 そばを通《ト》りたし 通《トヲ》れば見たし
見れば 今宵はとまりたし。
五八 おもて きたのに いねとはなにか
秋の田を見て 稻とゆた。
(註) おもて＝思つての訛り、いれ＝かへれとの方言。
五九 女 わしさのさまやんにゃ 夜明《ヨワケ》にばかり
何處の 小女郎《コメロ》 がとめたやら。

肥後國阿蘇郡さまやんの唄 (八木)

肥後國阿蘇郡さまやんの唄（八木）

六〇　女 とめた　小女郎《コヂロ》を　まないたにのせて
　青菜　切るよに、ざく〳〵と。
六一　なじゅみ二人もちゃ　油屋のしゅめぎ
　うしろ　まへから　しめかゝる。
（註）しゅめぎ＝締木の方言。
六二　女 心さよさよ　かわさぬならば
　たとへ　千日　逢はずとも。
（註）さよさよ＝あちらこちら（あっちこっち）
六三　男 たとへ・千日あはずと　見ずと
　云ふた　ことばは　かわしゃせぬ。
六四　さまを　見る眼は　しんとろとろと
　親を見る眼は　さるまなこ。
（註）しんとろとろ＝やさしい眼でみて、うつとりとしてみて。
　猿眼＝おそろしい眼。
六五　わしのさまやんにゃ　夜明にばかり
　何處のしのびのもどりやら。
六六　しのびもどりぢゃ　なけれども
　宵のまる寢で寢わすれた。
六七　親が　邪見《ジャケン》で　そわせぬならば
　わしも　邪見で　そやかねん。

六八　今年しゃ　どうした惡緣年か
　いやな　男にそうつらさ。
六九　そへば　わが妻　はなるりゃ他人
　心ゆるすな　わがつまに。
七〇　はじめ氣の毒　中をもしろい
　末はかたき　となりまする。
七一　さまはいかなる敵《カタキ》の末か
　末はないたり　なかせたり。
七二　心やるてちゃ　眼もとはやるな
　人は眼でしる　眼でさとる。
（註）てちゃ＝といつても。
七三　めでは　よそ見て　心でしめて
　すかぬ振りすりゃなをかわい。
七四　一人ねる身と　野に立つ竹は
　肌のさみしさ、夜の長さ。
七五　しゃんとだきしめ　さまの腰《コシャ》・折れた
　様は　今年の若竹か。
七六　様は今年の若竹なれば
　四月五月《ゴガツニャ》　よにゃたゝぬ。
七七　三千世界の烏《カラス》を殺し

さまと朝寝がしとござる。

七八　女　さまが來たげ(な)　裏瀬戸《セド》口《グチ》に
一分せきだの　音がする。

七九　女　一分せきだは　みなさまはがず
わしがさまやんな　二分せきだ。

八〇　月の出しをを　夜明けとをもて
さまをもどしてあとぐやみ。

(註) 出しを＝出る時。

八一　あまりよか子は　もつまいものよ
裏の菜畑《ナバタケ》　道となる。

八二　道となつても　云ふこた(な)できの
云へば　子の恥　親の恥。

(註) できの＝できぬ＝云ひ得ぬ。

八三　枕屏風《ビョウブ》に風そよ　そよと
きたかともへば　南風

(註) きたかともへば＝きたかと思へば、及び北風《キタ》とかけてある。

八四　様がこんと云《ユ》ふて　枕ばなげた
なげた枕に　とがはない。

(註) ば＝をばの音訛。

65

八五　一人寝るのに枕が二つ

肥後國阿蘇郡さまやんの唄　(八木)

一つ(も)様やんの　待ち枕。

八六　をもで　見なされ　わしが身のつらさ
腹にゃ三月の　やゝがをる。

八七　三月《ミツキ》四月《ヨツキ》や袖でもかくす
もはや　七月かくされね。

(註) 近松「加増曾成」三月四月や袖でもかくすもはや七月ほにあらわれて、つまは稲妻、桂の男。

八八　しても　ぜんと云ふは　ごげじょ　のことよ
今朝もさしたげな　薄化粧。

八九　ごげじょ　ごげじょと名ばかし　後家じょ
しりにゃ　牡丹の　花ざかり。

九〇　わしのさまやんにゃ　羽織のえりよ
着てばをれども　そとにをる。

九一　親がやらんて(ち)や出雲の神の
結ばしゃんした縁じゃもの。

九二　なさないば(な)　出雲の神は
縁のないのに　そへそへと。

九三　さすぞ　盃《サカヅキ》　みそめてさすが
脇にもらすな　つゆほども。

九四　わづか蒲團のよすまの下で

肥後國阿蘇郡さまやんの唄（八木）

死ぬる　生くるの呼吸づかい。

（註）よすま＝四隅。

九五 ぼゞじょ　こめかめ　わしゃ　歯はもたん
山の芋なら　まるでのむ。

九六 さまとさだむりゃ　ちんばてちゃ　かわい
人が袖引きゃ　腹が立つ。

九七 思《オモ》て　痞するこっあ　親でもしらの
藥飲めとは　親心。

（註）こっあ＝ことは　の＝ぬの音訛。

九八 さまと約束《ヤクソク》は　茶園の下で
茶の木　枯れても　暇《ヒマ》やらぬ。

九九 櫻ばなには　あらしが毒よ
若い女にやゝが　どく。

（註）やゝ＝赤兒。

一〇〇 なじみ　もたんは　めんどなものよ
五月だすきは　縄だすき。

（註）農家の多忙な五月に、そでをからげるたすきは男でも六尺ほどのビラ／＼した美しい赤だすきであつた。

一〇一 うたい　十八　若いは一度
二度と枯れ木に　花さかぬ。

一〇二 かねてじやんじやん　たつこえなれど
様にをくして　聲が出ぬ。

（註）じやんじやん＝聲高くの方言。よくはしることを、じやん／＼とぶとも云ふ。をくして＝きのどくしこ。

一〇三 歌もだん／＼　ところでかわる。
竹のふしさへ　よでかわる。

（註）よ＝の中空なところを云ふ。

一〇四 そして　苦勞は　しじよーのならひ
そわぬ先から　苦勞する。

（註）しじよー＝四時世か、普通のこと。

一〇五 夏は木の下　霜夜にゃ　炬燵
はなれ難いが　君のそば。

一〇六 様と約束《ヤクソク》ヵ　石山寺の
石に證文　岩に判。

（註）約束ヵ＝約束は。

一〇七 さまのさんど笠　こきゃげてかぶれ
少し　お顔が見とござる。

（註）こきゃげて＝少し上げて。

一〇八 さまのはちまきゃ　なげしまむすび
どこで　なげしをとめたやら。

一〇九 さまの 手拭《テヌグイ》ャ 山形ほの字
どこの 染屋が 染めたやら。

一一〇 しらめ しぼりを もろたか こたか
たとへ もろても こたと云へ。

(註) こた＝買つた。

一一一 ほれたほの字は どうかきゃよいか
迷《マ》よた まの字に 點がかたる。

(註) かたる＝加はる。遊びにかてちはいよ＝遊びに加はへて被下いな。

一一二 じようかけ じようかけしやんせ
合鍵《アイカギ》ャ 互の胸のうち。

(註) ジヨウカケ＝情かけ、錠とが掛けてある。

一一三 わしと あなたは 羽織のひもよ
胸にあること 人しらぬ。

一一四 文《フミ》の上がき 薄墨なれど
中に こいじが かいてある。

(註) こいじ＝戀字と濃い字がかけてある。

一一五 情かけたら たすきを もろた
これが 戀路の かけだすき。

一一六 情かけたら 屁をひりかけた
ほんに 情はくさいもの。

肥後國阿蘇郡さまやんの唄 (八木)

一一七 情かきょ よりゃ 焗鍋かけて
酒の焗して 飲むがよい。

(註) 焗鍋＝炊事用の小さい鐵製の鍋を云ふ。關東方面にて村八分と云ふ絶交制度をば、當阿蘇では焗鍋からわすと云ふ。

一一八 月はうらめし 闇ならよかろ
しのび男の かげかくす。

一一九 戀しゅ 御座らば 尋ねておいで
私《ワタ》しゃ 信太の森に住む。

(註) 泉州信太の森。

一二〇 森に住むなら信太の狐
わしも 二三度だまされた。

一二一 義理につまされ、うぐいすさへも
梅をはなれて 桃になく

一二二 義理じゃ 情《ナサケ》じゃ 門番さまよ
今夜逢はなきゃ こがれ死《ジニ》。

一二三 竹に雀は しなよくとまる
とめてとまらぬ 戀の路。

一二四 どおで そわれぬ 惡縁ならば
わしもあなたも 若い時。

肥後國阿蘇郡さまやんの唄　（八木）

一二五　若い時には立つのが花よ
立てゝ　くだんせ　ないことも。
（註）どおで＝どなぜの轉。

一二六　こうなりや　二人の胸では　いかぬ
實《シツ》をあかして　人だのみ。
（註）くだんせ＝くだしゃんせ。

一二七　さまのおくりだ　でのごい　ならば
裏や表はありゃ　せまい。
（註）おくりた＝送り物として（盆、正月）くれた、でのごい＝手拭の訛。

一二八　心かわりか　思ばせ振りか
そばを通れど　見もやらぬ。

一二九　昔しざまやんの　うた聲きけば
師走《シハス》　木綿ばた　やめできく。

一三〇　昔しざまやんが　今木戸通る
糸でつなごか　かばせごか。
（註）かばせぐ＝通らない樣に道でせきとめること。

一三一　昔しざまやんが　初江戸上り
はたご　安かれ　宿よかれ。

一三二　まさかちがへば　草鞋《ワラヂ》が二足
はしるかくごで　いらしやんせ。

一三三　闘の小刀　身ばほそげれど
切れて思ひが　なほまさる。

一三四　ことしこうして　又來年は
何處のあらしで　もまりょやら。

一三五　わしが　さまやんにゃ　いな栗のつぼよ
晩《バン》な　登りて　朝下る。
（註）つぼ＝蕾の方言。晩《バン》な＝晩には。

一三六　おれのさまやんな　よんべ來た　見たか
色の小白い　よか男。
（註）よんべ＝昨夜、よか男＝よい男、好男子。

一三七　色の小白い　ちと脊の高い
女二十臺が　捨てらりょか。

一三八　いろが黑かろが　脊がほそかろが
いらん　他人のよごろぜは。
（註）ぼそい＝低い、小さいの方言。よごろぜは＝容喙、日出し、いらぬおせはよごろぜはとも云ふ。

一三九　ずいで　すきよで　行くのが緣か
親のやるのが無理な緣。

一四〇　行こや　はって　こや　三味線太鼓もつて

こゝも照る日は　よそもてる。

（註）こや＝行こうや。

一四一 松がしごりで　樣やんが　みえぬ
落とせ　小松の一の枝。

（註）しこりて＝繁茂して。

一四二 さまよ　今夜どま　團子汁《ダゴジル》しよか
わしも　そのきで　まゝたかぬ。

（註）又かゝよともうたふ。

一四三 くより〳〵と　泣くより　うたへ
うたはよいもん　氣がはれる。

一四四 うたをうたうなら　三十迄じゃ　うたへ
三十すぐれば　子がうたう。

一四五 なじゆみ　持つなら　二十四五持ちゃれ
十九　二十は　うはの空。

一四六 なにを云ふても　年若かなれば
くぜつ話も　後や先。

（註）くぜつ話＝口舌話。

一四七 お醫者樣でも　播馬の湯でちゃ
すいた　身持はせにゃ　やまん。

一四八 わしがさまやんな　ろーがい　いたみ
おそばで　介抱して見たい。

一四九 おそばで介抱して　死んだなら
思ひ殘しはせまいもの

一五〇 男 しめて　よいなら　しめ殺しゃんせ
親にゃ頓死と云ふでをくれ

一五一 女 親に　頓死と云ふては　をこが
親が頓死ですましやせぬ。

一五二 月はかさなる　お腹《ナカ》はふとる
しのび男の手は切れた。

一五三 しのび　しのばしょ　窓からしのべ
窓はひろかれ　身はほそれ

（註）身はほそれ＝身が小さい方がよろしい。

一五四 しのび　そこのて　うたりょがまゝよ
さまと　重ね打ちゃ　いとやせぬ。

以上約百五十首餘り此處に集錄しましたが、此の他にまだ所謂るさまやんの唄が幾多も存することゝ存じますが、殘餘は又後日、公表することゝします、此の中には、當阿蘇地方のみならず又世上廣く流布してゐる小唄の類をも多く認めますが、それとても、採錄の節、錄者がさまやんの唄だねと駄目をゝして、肯定を得たものばかりであります。其點識者の御鑑別を乞ふ次第です。猶ほ以上の中には、男女相互に唱和するものもあり、又一首うたへば、その下の句を引いて唱ひ續ける種類のものも存しますが、此處ではたゞ男、女、なぞの印を首頭に附したにとゞめたのです。

お月夜遊の唄其他

中村　浩

お月夜遊びの唄

お月様いくつ十三、七ッいばらのかげで、ねんねえうんで、おまんにばしよか、お女郎にばしよか、おまんにばして、油買にやつたれば、油やの前で、すべってころんで油一升こぼした〳〵。（越後與板地方に行はれるもの）

お月さんいくつ、お十三ン七つ、そりやまだお若ふござる、ねんねを產んで、油かひにやつて油屋の前ですべってころんで、油一升かやいた、その油どをした、犬ななめてしもた、其犬どをした、太鼓に張つてしもた、その太鼓どをした、とにもやいてしもた。（金澤にて行はれるもの）

小兒をあやす詞

二階のおやじ眞紅《マーツカ》な顏して三重《じゆ》かさねて四角な重に、おもすび、こもすび、つめこんで、たゝきごぼーに、ごまふりかけて、煮染はなんじや、椎茸か松茸か。（金澤）

手毬唄

いもいも〳〵いもやさん、おいもが一升いくらだえ、あいもが一升三十五文、もちよっとまからかちやからかぶい、向ふのあねさん、ちよつとおいで、おねまにっこらがへってお茶あがれ、お茶がいやなら御めんなさい、一ヒ二ウ三イ四ォ五イ六ウ七ア八ア九コ十チ。（七尾）

螢狩の詞、風の寒い日小兒等の言ふ詞

「ホーホー、ホータルコイ、アッチノ水アニガイゾ、コッチノ水アアマイゾ、ホーホーホータルコイ」とよびて「アンニャマイネアンニャマー」などと云ふ。アンニャマはアネマにて年頃の娘又は年若い妻君などを云ふ方言である。（七尾）

「オーサムコサム、アイノ風ニヤイトシヨ」

又雪などの盛に降る日などは兒等は雪鬼と云ふものが來てつれて行くと信じて居てめつたに外に出て遊ばぬ。（七尾）

江州甲賀郡鮎河村見聞記

村田正志
藤井貞文

江州甲賀郡鮎河村大河原と言へば、舊東海道の宿場土山街から三里、蒲生郡の日野町から二里半、里びとの足なら優に各一里は減ぜられるであらう東北寄りの御在所嶽を貫く鈴鹿山脈の支脈と支脈が挾んだ、戸數で言うて百にも足らない小字である。里びとの生業は凡て林業に依て立てられ、農は僅かにその副業たるに過ぎない。けれども甲賀の山々から云ふと割に淺いので、日野町や土山街は里びとの足で半日もあれば往還はたつぷりである。隨て里びとの日常生活には不用意に塵都の偏臭が染侵されて行きつゝあるのも、亦止むを得ない事かも知れない。迎春の社を整ふる若衆たちのゆひ《い》の合ひ間には、銀座の柳のかげ淡く映ゆる中年女のあだすがたが囀さまれ、その昔武藏野の片隅宿場の名殘、新宿街の華かな移り變りに驚く程の體驗は持たないにしても、ほのかな憧憬に似てしめやかな調子を山深きこだまに和してゐたのも餘りにも當然過ぎた事であつた。日夜神仕へをする社中の人々が、訪ひ來し我々に對する會話の中に、近代語の數々を交へてゐたのも、我々が都邊人だとの意識的な使用語かの樣に感ぜられて、旅の心は危く暗くなされさうにもなつた。けれども彼等の純眞の姿は全然失はれてしまうたと云ふ譯ではない。老幼婦女は勿論、若衆たちまでが氏神に對する敬虔な心根には、旅びと我等も彼等の氣持に誘れるに充分であつた。夜深くまで里びとがしつきりなしにお詣りをし、拍手の音が凍りついた寒空に響いて、旅籠屋のむさぐるしい二階に迄透つて來るのは、やはり嚴肅な氣魄に打たれずには居られない。

鈴鹿の峠を越えて、江州に入つてから間もなく國道を避け、道を右手にとつて笹路《そゝろ》から黒川へとつた。村はづれの民屋に道を求めた時、老媼は先づ大河原明神が靈驗あらたかな神なるよしを說いて呉れた。鮎河の小店屋に入つた時も、店の女房はこの社の功德を述べ、年二回寺僧の手に依て開張供養する大般若經のある事を聞かせて呉れた。私達の旅の興味は先づこの社にかゝつたのである。

社前の旅籠屋に旅の一夜を明かせば、大晦日の朝である。里の神人たち、若衆たち正月を迎へる爲に餘念がない。神々を祭り、その冥加に日常生活が展開されてゐる里びとたちに、大晦日の多忙を割かしめるのは、神に對する冒瀆にもなるであらう。漂泊の旅路。漂然と去るのも亦旅の風情でなければならなかつた。私たちは平地に出て正月を迎へたのである。

菰野湯の山に籠つた一日も、結局は小ぶるしゆあ的な氣持に充分浸たるだけの心の定りは持ち得ずにしまうた。宿の主人が狩人でこの山間の事どもを物語つて呉れた中に、大河原の明神の靈驗と、里びとの變つた生活樣式に就ての見聞は、再び私達の旅ごゝろをこの里へと誘うたのである。やはり神の導きであつたのかも知れない。

湯の山越は、御在所獄登山の道をも誘導してゐるが、武平峠を境にして見下す江州路のたゝなづく山々は、木こそ低けれ。谷間の道に殘る獸の足跡に思はず山の深きを知つた。雪をもたげて伸び出た日かげの蔓は、初春のことぶれであつた。谷々の兎道は、深き雪こそ無けれ、なぞへの崩壞《ホキ》は到る所に於て道を消してしまうてゐる。川傳ひに路を求める間に思はぬ時をつぶしてしまうて、大河原の里はづれに出たのは夕時に可成進んで來てゐた。直に訪れた社の神館では、神主や社中の人、里の若衆四五人が圍爐を圍んで、正月三日夕のまとゐに樂んでゐたが、早速この不意の客人を招して爐邊へ誘うて呉れた。里びとたちの手になつた木炭は爐に投ぜられて、自在鉤の鐵瓶は音をまして來た。間もなくその口から注がれた番茶を啜りながら、丹念に語つて呉れる彼等の話をとりとめもなき筆に任せたのである。この社は村社で若宮神社と言ひ、祭神は月讀尊、天照大神・足利又太郎を合祀すると傳へるが、實際はさう明かなものではないと彼等は言うてゐる。けれども大正十三年に千百年祭を執行した事が、その根據を疑ひながらもこの社の古き由緒なる事と、神の靈驗のあらたかなる事とは、若衆たちでさへも疑つてはゐない。私たちは彼等の口傳へから得たそのまゝを、假に文詞の型に借りて里びとの生活の一端を紹介して見よう。

（一）

この里では子供が生れると、男ならば三十日、女ならば三十一日目にこの氏神に參詣して、その兒の前途が祝福されるが、その後の子供達の生活には大した成長の歴史を彩る樣なものはない。從て里びととしての生活は青年期に於て始められる。子供達が十七歳に達した時始て青年團に入るが、この青年團は昔は若衆又は若い衆と呼ばれてゐた。その若衆は三つの階級によつて組織される。十七歳及十八歳を小若い衆と呼び、十九歳から大抵廿一歳頃迄を中老と言ひ、その後の廿五歳迄を幹部と呼なされでゐる。而も小若い衆の內、特に十七歳の者を小若衆と呼び、十八歳の者をば使丁と言うてゐるが、俗にはあるきと稱せられて、村に起つた凡ての出來事、區長からの達示を毎戶に觸れて歩く特別の役割が課せられてゐる。これ等の青年の期間は、凡て大晦日の夜を限りとしてゐて、その夜引繼ぎが行はれた。子供達が青年團に入り得べき年齡に達した、即ち十六歳の大晦日の夜になると、中老の者が入團ずべき子供を呼びに行き、これを自分の弟として青年の集會所に連れて來り、團長に入團を賴む。團長は口頭で團の制度規則を言うて聞かせ、かくて入團の手續は終る。小若い衆が使丁になると、自分の名の入つたぶらり提燈を作り、大晦日の夜使丁になつた事を村の毎戶に觸れて歩く。その日から彼等は毎夜集會所に詰め、十日交替で代表者一人が毎夜區長の宅に赴き、上り口に手をついて區長の命を待つ。村に觸れるべき命を受ければ直に集會所に歸つて同僚と共にあるきの任務につくが、なければそのまゝ集會所に歸へる。その場合こちらから決して口を出して問はない。區長の口を開く迄は默つて待つてゐる。凡てこの年齡迄は紡織が着られない事になつてゐる。使丁から中老になると、縞綿布の袴を作つてこれを着、やはり大晦日の夜區長及村當局者の所に挨拶に行く。幹部の內廿五歳の者から團長が一人選ばれるか、青年團は凡て年順であつて、同年者はその生月日の順に依り、廿五歳の者の早生れの者が團長に推される。かくて廿五歳の大晦日愈退團する時には、團員一同に汁を振舞つて別を告げる。この里に於ける入團資格は、凡て次の戸主となり得べき子供でなければならないが、養子に行つたり、又は一家を創立したりした者にはその入團資格が與へられる。隨て三十歳で養子に行き、四十歳で一家を立てた者はその時から入團が出來る。而して若い衆・中老・幹部の段取を一年づゝ三年で修了して退團す。つまりこの青年團を通らなければ次に言ふ社中に加へられない制なのである。而して凡て團員は年長者に對して絶對服從で、それが今に守られて團の秩序が保たれてゐる。爲に大河原は鮎河村の小字でありながら、鮎河村青年團よりは獨立した存在となつてゐるのである。

この村の青年團の階段を通つて來たものは、皆氏神若宮神社へ奉仕するの資格が與へられるのである。若宮神社は明治以後政府の方針に依て社掌なるものが置かれてゐるが、毎年十月十五日の大祭以外は、皆社中と呼ばれる宮守によつて、日夜の奉仕祈禱が捧げられてゐる。社中の者は定員六名で、上席を神主と稱し、次席を脇神主と呼び、三席以下の四人は單に社中と稱へられてゐる。神主は一年交替で年順に依て順繰に交替して行く。更に神主の役を終へた者は、尙一年間俗にきうかん（舊神主）と稱せられて、神主の後見役を勤め、時に應じてこの社に詰める習になつてゐる。青年團を退いた者は、或年數が經つと手順に依て氏神に奉仕する社中に入る事が出來る。つまり神主となる六年前に當るが、現在では大抵神主は五十歳を少し越した位の人々が多い樣である。神主の奉仕期間は正月一日から十二月晦日の夜に終るが、その年の十一月十九日になると、神主の着る裝束、おほよぼしと呼ばれてゐる裝束は、神主の長男——若し長男のない者は、これに亞ぐ者——がこれを捧げて脇神主の家に赴いて授ける。脇神主はこれを受けて表の間に祭り、七五三繩を張つて家內の者を入れしめず、一切不淨を遠ざけて物忌みをする。而してその日より大晦日迄毎日朝夕湯を浴びて神社に詣で、神主としての修行を積み、翌年元旦始めてこの裝束を着して神を祭るのである。脇神主以下社中の人々はこよぼしと稱せられてゐる裝束を家々に祭つてゐるが、脇神主がおほよぼしを受けると、自分の持つてゐたこよぼしを、次に社中に加はる年順に當る人に讓る。これを受けた人は神主と同樣の仕法で自分の家に祭り、十一月十九日から毎日社に詰めて修業する。これ等のおよぼし及こよぼしはおしよぞくさまと一般に謂はれて崇められてゐる。神主はこの氏神に奉仕するばかりでなく、村の山の神祭、田の神祭その他大小數十の年中祭にも奉仕するのであつて、その仕事は一年間とは言ひながら相當に多忙である。而も神主はその奉仕中は一切の費用を負擔せねばならないから、今から三十年前迄は社の前にある家屋で狂言などをやらせ、これを氏子たちに觀せたのであるが、さういふ費用は相當にかゝつたものと言ふ。それで神主にその順番が當つても、その資力のないものは神主を辭退する者もあるのだと言うてゐる。社は月に六回お榊替へと稱して掃除が行はれるが、その際は社の内外陣等の場所は一番二番の所と呼ばれて神主自身がこれを行ひ、その他の三四番と謂はれてゐる場所は神主の長男がこれをなす事になつてゐる。里びとは神主を一年、きうかんを一年勤めあげると暫く村の公役はないが、六拾一歳を定限の年として拾人衆と言ふものになつて旦那寺のお守りをせねばならない。定員は拾人であつて、六拾壹の者が拾人居ない時は六拾、五十九、五十八歳の者を加へて拾人とする。かくて六拾壹歳の役を終へると、彼等は全く村の公役から放れるのである。かくの如くして彼等は、村の公人としての生涯を終るのであるが、この習慣は幾らかづゝ崩れてはゐるが、尙一般には嚴守され、彼等自身でも感歎してゐる有樣である。而も彼等は兎は別として四足は絕對に口にしないが、四足を射た旅の獵師でもその村を通らせないと言ふ。現には多少壞はれつゝあるが、私達が訪れた時側に居た若い青年は、或る青年團の會合で牛肉の附合ひをして歸つた時、自分は食べなかつたのではあるが家に入れて貰へなかつたと述懷してゐたが、それも最近の話だと言ふ。

この村は、東西南北の四垣内から成つてゐるが、女子は凡て村の公人としては待遇されてゐない。一月十五日と八月十七日とは、かんじようじる（勘定汁）と稱せられて、村に於ける一切の貸借關係が清算される日であつて、昔はこの清算が濟むと後で汁を作つて會食したものらしいと謂はれてゐる。その外每月十六日の太神宮の日と、二十四日の愛宕樣の日には講が行はれるが、これ等は親たちの與るものであつて、しるこ（汁講）と言うてゐて、昔はやはり當家から汁を出して飮ませたらしいと言ふ。當家の定め方はどうもはつきりしてゐない。

◇

彼等里びとの信仰の對象であり、その生活の慰安の中心である村社若宮神社の祭神は、天照大神・月讀尊・足利又太郎

江州甲賀郡鮎河村見聞記　（村田・藤井）

の三座だと傳ふと、彼等は言うてゐる。その祭神の由來は甚だ明かでないが、彼等の言ふ所と、千百年祭執行に就ての勸進の爲の趣意書と、鮎河小學校で集められた口碑とを綜合して見ると、大體次の如き傳へになる樣である。祭神の一人である足利又太郎忠綱は、足利義政の庶子であつて、文明年間父義政に會うてこの地に來て村を開いたもので若宮神社の創立者であつて、月讀尊を信仰してゐた。忠綱は中古の俚諺に本村は百九十九谷あると言ふ事を誤つて傳聞し、田園千町の地と思ひ込んで來て見ると、山谷重疊して人跡稀なる所であつたが、封を受けたので鮎河の西部半村を增食して住し、大河原氏と稱した。大河原河內守の時に水口城主中村式部少輔に屬する樣になつたと言ふ。この足利又太郎の家老上野氏の後裔だと謂はれてゐる人が、現在大河原から半里も距つた鮎河に住してゐるが、當主を上野次郎三郎と言ひ、今日でもこの社の大祭にはこの人が出席しなければ執行が出來ない。上野氏は俗にじよもんと謂はれてゐるが、祭日には紋付姿で神主の次に列席し、玉串を捧げて歸るのみである。大祭に上野氏が何故に列席せねばならないのか、里びと達は昔からさうして來たからだと言ふ以外に、何の知識も持つてゐないし、上野氏の方でもその理由に就ては恐らく知るまいと言うてゐた。

（二）

序に鮎河村で耳に挾んだ口碑の二三をのしとのまゝ左に記して筆を擱くことにしよう。

◇

笹路から來ると、鮎河村の入口の川を渡つて右側に氏神がある。これを村で三上六所神社と稱してゐるが、祭神はもともと元正天皇、天御影命、三上三郎の三柱であつたのが、今日では尙他の社をも合祀してゐるのだと言ふ事である。この社の緣起に就いてはかう言ふ傳說が殘されてゐる。その昔甲賀一帶四邊山野は原生林が自然繁茂してゐる時であつた。狩人三上三郎が雌雄二疋の犬を連れて野州《ヤス》川を遡つて、道を河邊にとつて今日の土山白河橋邊迄來た時、上流が二つに分れてゐるので暫しその行方に迷うてゐると、恰度川上から菜葉等が一二枚流れて來たので、三郎は始て上流に人の住む事を知り、道を左にとつて行くと、山は次第に深くなつて行つたが漸く辿りついた所が現在の鮎河であつた。ふと見ると川の彼方に家があつたので、一夜の宿を乞はんとして近づいて見ると、家内に人の泣聲がする、で戸を細く開き見ると一人の嫗が泣いてゐる。三郎は入つて仔細を尋ねると、嫗の答ふるには、此里にもと拾數戸あつたのであるが、年を經た古狸が夜毎に現はれて人を傷付け、夫源三郎もその災に遭ひ、拾戸に餘る家もその爲に絕えてしまうた。妾も今宵はその害に遭はなければならないのである。何卒この窮難を救ひ給へと言ふのであつた。で三郎は犬二匹を盥に伏せて時の至るを待つてゐると、夜深く怪しき物音のして古狸が現はれたので、直に犬を向はせて噛みつかせると、狸もこれに恐れて隙を見て逃れんとしたが、山麓の所で又噛つかれて殺されてしまつた。でこの土地を犬の口と稱したと言ふが、今日では小字となつて井ノ口と言はれてゐる。かくて三郎はこの地に止まりて村を開いて村の祖先となつたと言ふ。この二匹の犬は後に死んだのでこれを葬つたが、今日でも犬塚と言ふのが存してゐる。昔はこの犬塚で九月七日に犬の祭が行はれたが、中古から三上神社で祭典が行はれる樣になつた。儀式とてはなく唯毎戸に白餅を作つて各自に持參し、これを供へて禮拜するのみだと言ふ。(白餅と言ふのは糯を粉にしてその儘水で塊めたもの)これから村が次第に發展して今日の鮎河村となつたのだと傳へてゐるのである。

◇

武平峠を下つて河原傳ひから杉の林の中をぬけて、やがて大河原に入らうと言ふ所に、やはり薄暗い杉林がつゞいてゐるが、その中に小祠が拜がまれた。その昔蔦の大臣と稱する人が、或る冬の日にこの村に落ちて來て、左衛門の家に泊つて翌日伊勢越をせんとして雪倒をした。雪解けの後狩人がこれを發見してその身につけてゐた金や刀をとつて村に歸つたが、それから屢その家に崇をなすので其刀は愛宕樣に納めたが、後盜賊の掠める所となつた。併しその祟りは更に賊にも祟つたのである。その刀は今多賀にあるとか言ふと村では言うてゐる。村の人たちの言ひしぶる話をよく聞いて見ると、蔦の大臣が泊つた時、翌日大臣はそのお禮に黃金を懷から取出してお椀に一杯盛つた、それを見た主人があとをつけて行つたのだと云ふ様である。その爲その家に祟るので、その家を賣ると貰うた人にも祟つたので、その家でも祭り、村でも祭る様になつてから漸く祟りがなくなつた。かの小祠は實は蔦の大臣の靈を祀つたものだつたのである。

又同じ様な話で結局は同一の話と思はれ、而も僅に四十年許り前のことだといふ傳説をも村人は語つて呉れた。昔弘法大師が來て泊つた翌日、そのお禮に黄金佛を置いて行つた。それがやがて賊難にかゝつたが、その佛像は淺草のもその一つであり、天王寺のもさうだと言ふ。而してその家の祟りは大したもので今日でさへ、尚祟りの後を絶たないで、哀れな姿相を浮世の風にさらさねばならない人があるのだと聲をひそめて語つてゐた。

◇

平子の人で樵夫に太田音吉とお通《ツウ》といふ夫婦がゐた。兩人が山奥の畑で仕事をしてゐたが、お通が谷川に米炊ぎに行くと、毎日小さな蛇が側に來てゐた。でお通がこれに米を與へると蛇がお通に憑いてしまつた。而して蛇の言ふには自分は小さい時に尾が切られたので出世が出來ない、それで自分をどうか祀つてくれと言ふので、これを神棚に祭ると、蛇は機嫌のよい時にはお姫様となつてゐるが、機嫌の悪い時には谷川に墓になつてゐるといふ。而もこの話は極く最近の話であつて、現にお通は大阪に住んでゐるのだといふ話である。

◇

大河原でも鮎河でも聞いた話であるが、この一體の山間には惟喬親王に關する傳説が多い。山女《アケビ》原《ノラ》では今日でも正月に門松をたてないが、それにはかう言ふ傳説が存してゐる。惟喬親王が繼母に虐められるのを逃れてこの里に來られた時は、恰度正月であつたが、里人は親王をお助け申すに多忙であつた爲に、門松をたてる暇がなかつた。その爲に今日に至る迄門松はたてないのだと言うてゐる。(鮎河から土山町一帶にかけて、門松は松でなくて赤い實のなるふくらそうと言ふ欟木を用ゐてゐる)。

平子から山の平に半里も入つた所に熊野と言ふ小字があるが、此處の人たちが崇敬してゐる社は熊野神社と呼ばれ、親王を奉祀してゐるのだといひ、而して俗にかんべいつちやんと謂はれてゐる家には、親王の遺物を藏してゐると云ふ事を後で聞いた。

鮎河の小學校で集められた親王の傳說はかうなつてゐる。文德天皇の方一皇子惟喬親王は、藤原良房の專政を憤られて比叡山麓の小野邑に逃れられた。でこれを小野宮とも稱したが、親王は後に小野から愛知郡の君畑へ逃れられたが、その時の從者に小椋大藏卿惟仲と言ふ人があつた。この惟仲の子孫が後に鮎河の人家を一里餘距つた山間の古谷《コヤガタニ》（奥山とも言ふ）に來て木地挽を職業として生活を始め、幕末までには二十四戸あつたが、八十年前に鮎河の里に移住する事になり、現今では古谷には舊趾があるといふ。鮎河に今日小倉氏は九戸あるが、それがその子孫だと言ふ。又この鮎河の人々から聞いた口碑では、親王は藤原氏の壓政を逃れられて君畑からこの村に來られて古谷に住まれたが、その從者に小椋大藏と言ふ人がゐた。大藏は木地挽を業として親王に仕へた。後この小椋氏（今は小倉）は親王を鎭守として祭つてゐたが、後にこの鎭守は三上神社に合祀される事になつたといふ。

◇

鮎河で晝飯を食ひに立寄つた商家は前田利家の子孫だというてゐる前田又太郎といふ人の店であつた。私達は遇然の口懸りで同氏の所藏する系圖二三卷及家系に關する由緒書等數冊を見せて貰つた。そのもの固より後世作られたもので、史家の捨てゝかへり見ないものであるが、その內後世の作としても、もう一度異つた眼で見なほして見なければならないと考へた記事を見出したので、左に引用して見よう。それは前田氏系圖と稱する一卷本である。

利大 前田慶次郎 入道剽割ヒヨツト齋ト云

右加賀大納言利家卿之從弟也則利家卿ヱ奉公ス武邊度々也學文哥道亂舞且源氏物語講釋伊勢物語祕傳武道文道等達ス訣有テ出家シテ穀藏院ヒヨツト齋ト名改上杉景勝公ヱ五千石シテ出ル慶長五年九月廿九日最上陣之時洲川ト云所ニテ高名ノ擧天下ニ聞軍功勇猛ノ働有ル上杉彈正少弼忠勝公代迄長命罷在米澤ニテ病死ストカヤ

この傳へは尙同家に藏してゐる最上軍記抄の中にも同樣なことが記されてあつた。（未七月九日記）

江州甲賀郡鮎河村見聞記（村田・藤井）

木地屋文書（一）

東宮豐洪

昨年九月信州木曾福島町中畑の木地職小椋武松さんを訪ね、木地職に關した色々な話を聞き、二、三日する中に、すつかり懇意になり、廿數通の文書や、慶應年間の伊那に於ける、住吉、津島、蟬丸、三社の降り札等を見せてもらひ、其の大部分を借りて來ることが出來ました。

木曾の木地屋は皆伊那から大平を越えて來たもので、今でも御坂村や廣瀬、蘭には木地屋の部落がありますが、この武松さんは一族と共に伊那から一度御坂村に移り、更に明治十二、三年頃御殿村（今の三留野）へ來、大正二年頃一族が岐阜、飛驒高山、松本、諏訪等に散々になつた時、木曾福島へ來たのださうで、只今では福島にも此家一軒しかなくなつてしまひました。過去帳が見當らなかつたので確にはわかりませんが、武松さんの家は何でも木地職の世話役をしてゐたらしく、普通の綸旨や免狀の外に由緒書、宗旨手形、往來手形、文化二年の「白川出入一件」、同四年の「御評定祕錄寫」其他を所藏してゐました。

（一）器地轆轤之祖神惟喬親王命尊像

之は板元が筒井神社ですが、この外に、大日本木地椀祖神惟喬親王尊靈と書し、やはりかうした姿の者が三人で、古風な轆轤を廻し、椀を製してゐる所の繪で、板元が近江國君ケ畑藏皇山金龍禪寺となつてゐるのもありましたが、殘念ながら寫眞に撮れませんでした。

(二) 綸旨

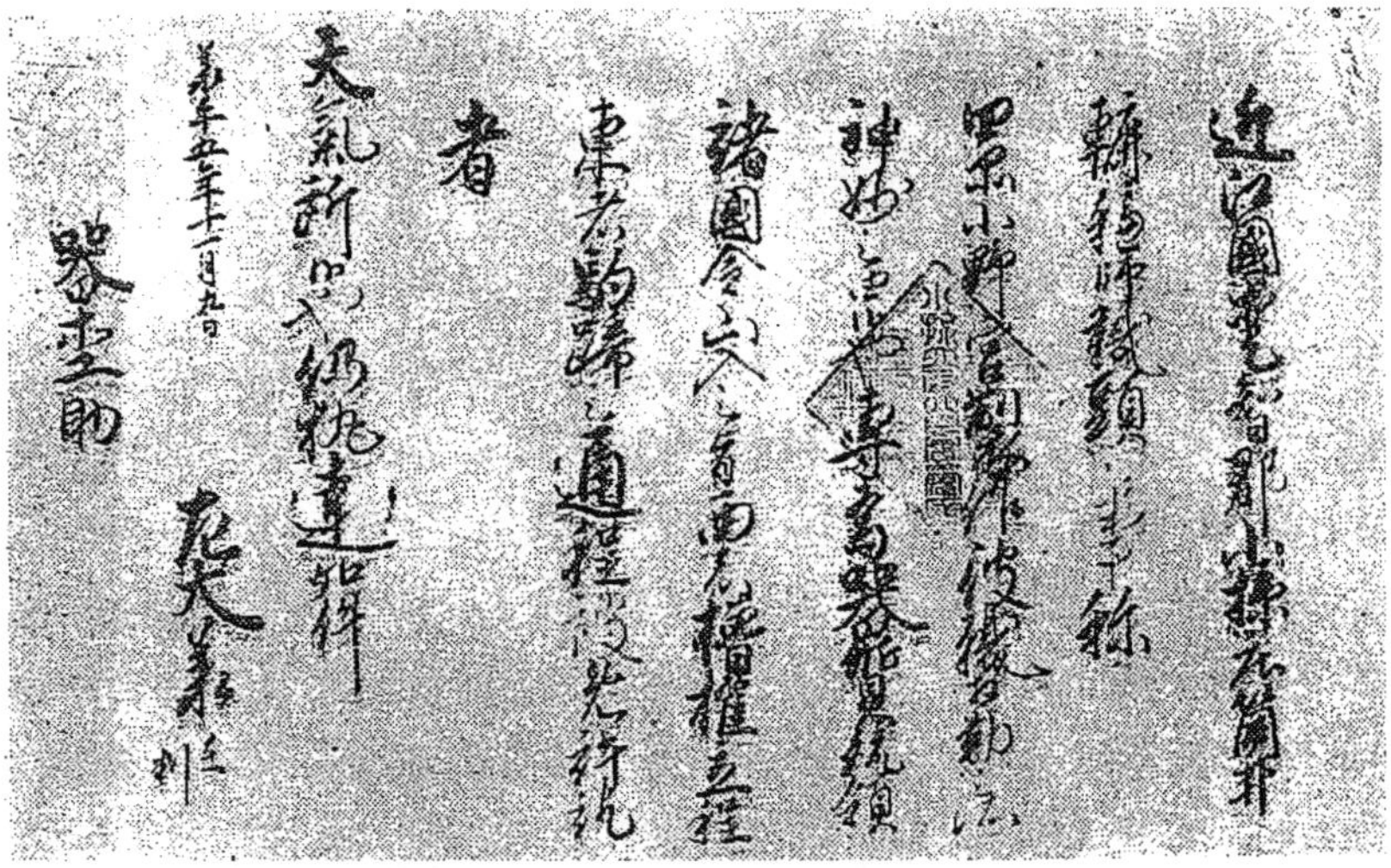

近江國愛智郡小椋庄
筒井轆轤師職頭之事
稱
四品小野宮製作彼職
相勤之所神妙之由候
也専爲器質統領諸國
令山入之旨西者櫓櫂
立程東者駒蹄之通程
被免許訖者
天氣所候也仍執達如
件

承平五年十一月九日
左大　承判在
器杢助

(三) 免状

日本國中轆轤師事從
先観如有成諸役令免
除之條商賣不可有候
儀者也仍如件

天正十一年
六月日

丹羽五郎右衞門在判

江州筒井
公文所

(二)(三)は大抵の木地屋が持つてゐるもので、武松さんも表装して大切にしてゐました。

(四) 由緒書

元は漢文だつたのを假名書にしたもので、毎年暮か正月に江州筒井から、大岩ふさ（右近の妻）と云ふ者が木地屋の氏子狩に來ては漢文のを讀んで聞かせ、そして講釋し、御初穗を集めて歸つたさうですが。明治三十年頃、木地屋の戸籍がその居住地の村役場に移されると共に、御初穗を出す者が少くなり、遂に何時の間にか氏子狩にも來なくなつてしまつたとのことです。（この原本は飛驒高山にあるさうです）。變體假名に改めた外は原本通りに寫しました。愛智郡志所載の漢字の由緒書と對照して見ると共にぼんやり解つて來るやうな氣がします。

木地屋文書（東宮）

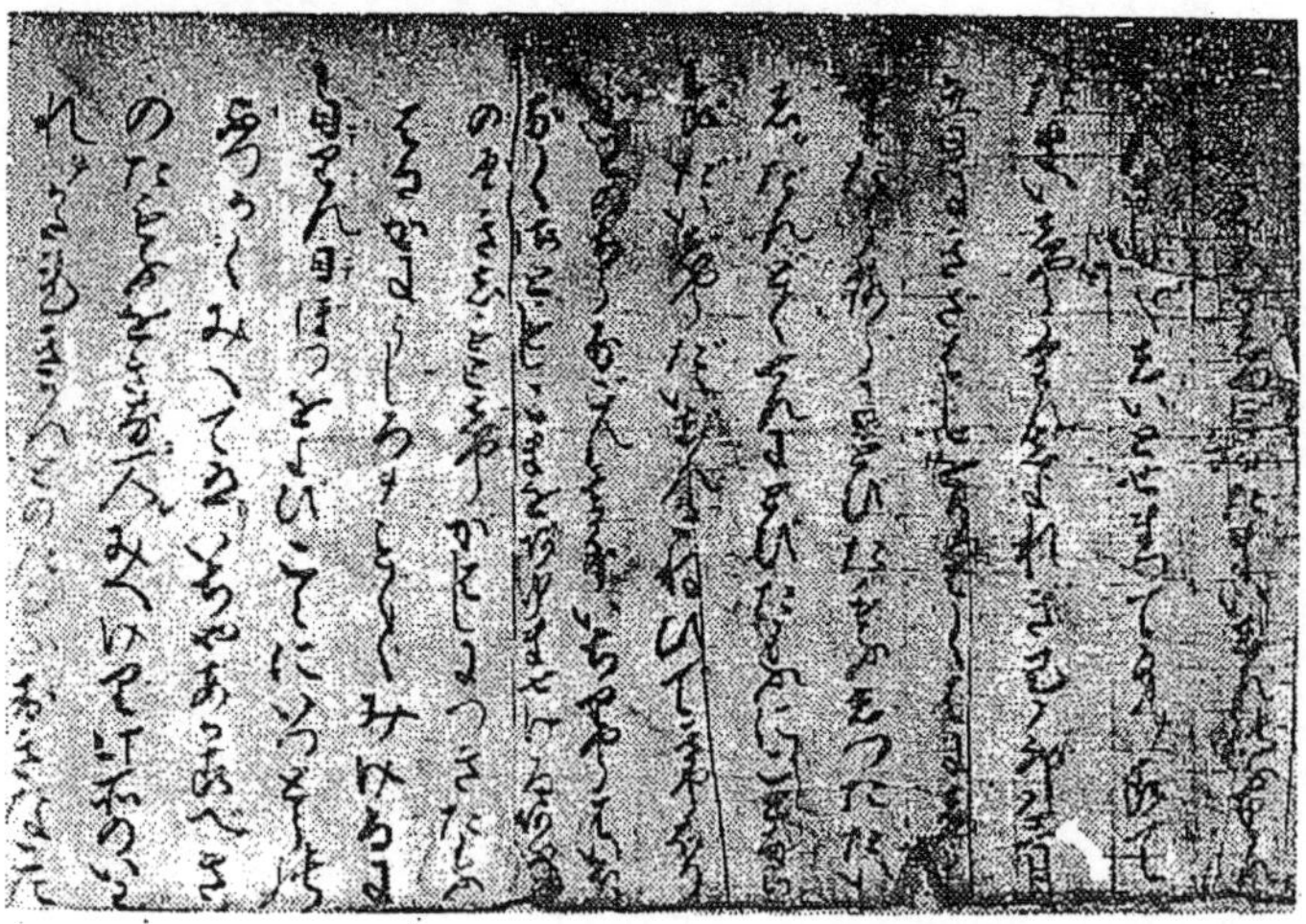

そもく\これ喬しんのふ御位清和天のふこうばわれ。しゆき。たまいしんのふりんらんましく\しいとせまつて身ヲすてたまいじやうぐわんしよれき己ノ卯ノ三月五日にきざはしをりはくばにじやうしてたう路うにとびたまふしつたたいし。だんどくせんにとびたもふにことならすだいじやうだいじんさねひできやうほりかわのちうなごん其外いちりやうはいほいなく御ともしこまをあゆませけるあふみの國ニきしもとじやうがはしにつきたもふはるかにうしろヲことく\くみけるに日チりん日チぼつをよびこゝにいつとうのぶつかくみへて有リいちやあかすべきとのたもふをきな一チ人ンみへけり此所のいわれヲかたれきかんとのたもふおきなこたゑて申スそのかみしやうとくたいしもりやのだいじんといくさヲじ給ふときじやうかくヲかまいとけいヲかけじやうケはしとなづくベし八つむねつくりちわやふるならノ都に立テヲかしける。かすがだい明神七どうがらんほんだうかすがだい明神ノ御さくやくし如來ィならびにしやうとくたいし御やしろこれ。これさむろふとことゑてもすたそがれどきしたがつてたいしでんにしんうつしたてまつり三日三夜へ給ふましましまんする八日ノあさもよふしゑちのかわかみへこまヲあゆませけるゆんでノやまよりながれいづる河原にめずらしきいしのもとあります

らあふにといたまへば此所小椋のごうと申スむかしせんじゆノひめさんきやうあつて御きやうよみたまいしよ天ふづくやうしけるきやうせきヲわけのぼりたまへば九尺よ方ばかりのいわやぎやうどうのあとありよもすがらほけきやうをどくじゆしたもふしの丶めがたにだいじやうのだいじんヲめしたまい小椋のとたいざいしじごんいご小椋ノだいじやうだいじんさねひできやうとごうすべし。ゑちの河かみへこまをはやめけるところに山坂けわしきみこまノあした丶ずなのめがしく行給ニ山里いゑまばらに。うばちノみちヲゆきニけりそまびとノこへ山人たに間にひゞきみやまべ

　世ヲいとふゑちのみ山のよぶこ鳥
　ふかき心ヲたれかしるらん

とよみたまいたごり行キける所にはにふのこや二三間寺（マヽ）有寺へしんのふうつしたてまつるあからざまのたびづかれこさヲゆるしそま人にまじわりまずかりやお立ラけるニ都。（マヽ）よりくげの人々御後ヲしのびそうもん有リける

　あずまじのみ山ノおくのきみがはた
　はこぶあゆみはきやうのみや人

太ィなごんのうた

木地屋文書（東宮）

ぎよせいわきみのうた也

　今はとてつまこるべきやとのまつ
　ちよをばきみとなヲいのるかな

太ィなごん

むねのくも谷ノくわげんおなぐさみ給ふくげの人々そま人にちか付キうつわ物ノ木地ヲ作よのいとなみヲ君にはこび。あゆみねんげつおくりけるつねにぶつだうおこたらせたまわずたいしやうめうでんきやうぐんどくししやか大日とゑこうを。（マヽ）わしましける同七年きのとの酉霜月八日に筒井峠に正八幡宮（を）とくわんしやうし。れんしやうにゆふだすきヲかけ。きせんはこびあゆみほんいにかなイ給ふニ天下にきどくのれいむをわしましぎやくふう。きやくう。らいでんいなづまあるいわがんはつしれいきのやまい。こくどたみやすからズ。くげてんしやうにんよりあつまりてひようしやうまし／＼けりこ（マヽ）ありまさにうらないせ給へばこれたかしんのふあズま山かにとび給ふゆわれなりとおこないつめたりさあらばちよくしヲ立ヲ御りやうヲつけかうだいみやうじんしゆごスべしとのたまいけりちよくし君ケ畑に下かう有ッ此そうもんしんのふゑイらんおわしまさずといへども小椋のだいじやう

本地屋文書（東宮）

だいじんつゝじん(マヽ)はいりやうをわんぬかうの御りやうたうほうじのことあふみの國愛知の郡の內きし本。愛知河さかいはつぶ峠迄伊勢ざかいみみねノあまわけいぬかみ郡ざかいみねノあまわけ筒井がたきざか。(マヽ)迄はくさい寺みねノあまわけだいがくじのもんぜん迄これより愛知ノりやう小椋ノごう仍而如件。

ある時キ河上得わけ入ッ給ふいつちのほとりに松櫻榊さゞなみ迄ゑだはたれあらたに

見山へのいけのほとりニ松立てゝ
ぎよぜい都にもにぬすまいとぞすもふ

さゞなみやみいけのきゞのゑだされて
太なごん
　いまわのきみにあいおいのまつ

げつきやうでんヲまなびしばのいをりヲひきむすびこゝろしづかにましまス所ニ鹿のなくこ江かう屋うのちりゆくヲ見(マヽ)たいほつしんしゆぎやうねはんヲさとりたもうけんけい三年己ノ亥ノ年御年三十三此さんきよ十九年霜月九日にほうぎやうなさせられたまふきみがはたに屋しろを迄宮寫したてまつりたうどうたるすゞのこへ。てん

四四〇

しやうニまよいたうどうたるたいこノをとくうぜんニひゞきなむかう太ィめうじんとしゆごしたもふみこ神主たつとみうけヲなじくいゑちのこうりきしもとたいしでんみなみをもてにかうだいめうじん正八幡宮といらかをならべ立たもふまい月八日九日ニ小椋太政大しんしゆつしおわんぬ

ときに　大くらの京政中
じやうきやう　みんぶの京よりさだ
かのへ辰　ふぢわらのさだかつ

午ノ卯月二十一日

一まき物寫しことごとくかな書キニ仕候得者自然あやまり事ニをちたる故も有之候いちゑん外へ見せ申ス故これ御無用ニ被成可被下候かた〱爲念ノ以上

寶曆五年乙亥三月吉日

（五）往來手形

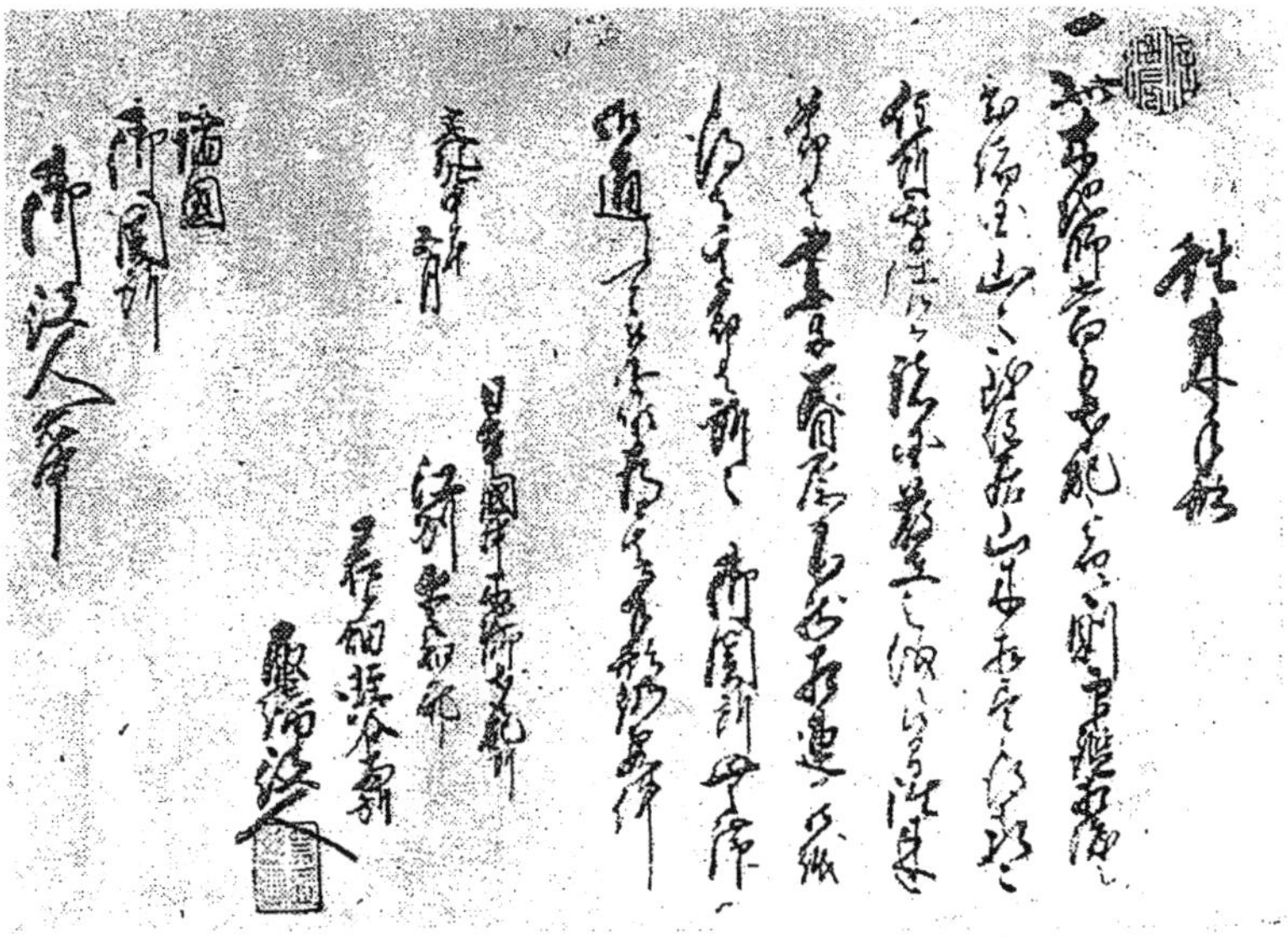

往來手形

一此木地師當方支配之者ニ而
則印鑑相渡シ置諸國山々致
住居山木相盡候得者折々住
所替仕候而諸國散在之儀ニ
候間往來之節者妻子眷屬不
殘相連罷越候得者其節者所
々 御關所無滯御通シ可被
下候爲其手形仍而如件

文化九申年
五月

日本國中木地師支配所
江州愛知郡
君ケ畑蛭谷兩所
取締役人（器地總司の印）

諸國
御關所
御役人衆中

（六）往來手形（五と同樣）

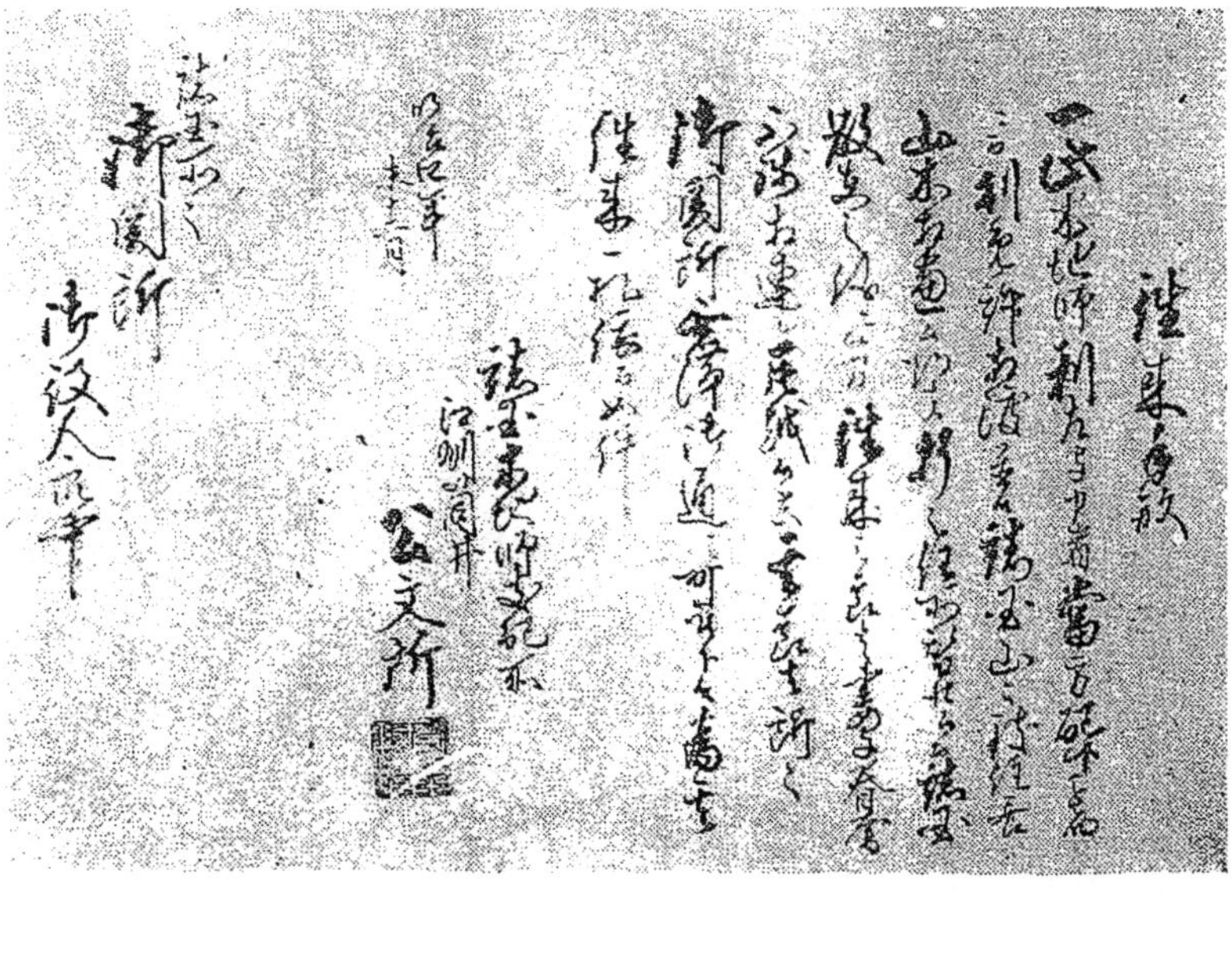

（七）宗門手形（八、九、十、も同樣）

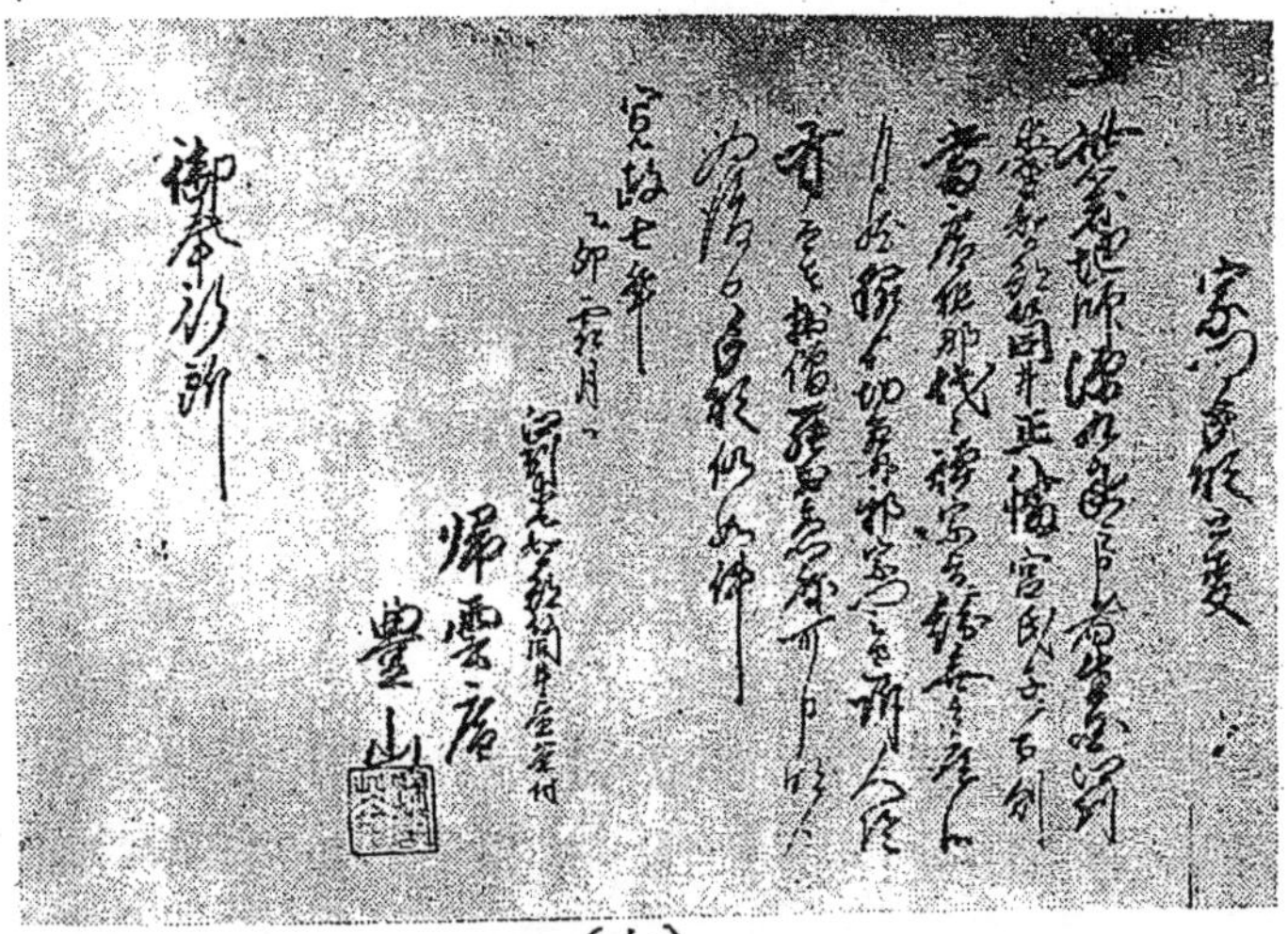
（七）

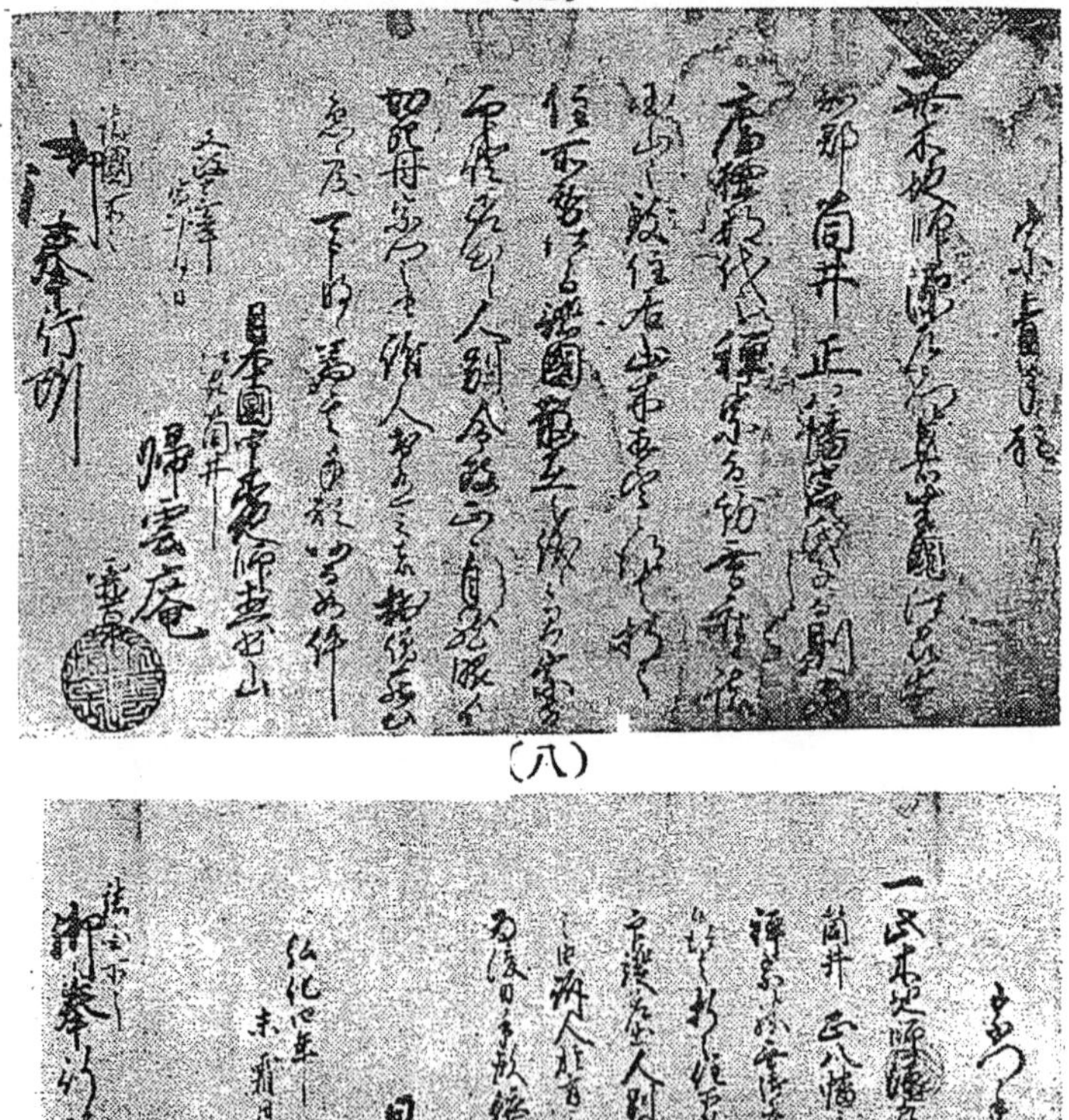
（八）

（九）

（七）

宗門手形之事

一此器地師源九郎與申者生國江州愛知郡
筒井正八幡宮氏子ニ而則當庵檀那代々
禪宗旨ニ紛無御座候自然脇ゟ切死丹邪
宗門之由訴人於有之者拙僧罷出急度可

（十二）

今般
朝廷御一新一洗被爲在御座候ニ付太政官
ゟ木地職方一統御改ニ相成候間其心得ニ
而阿島轆轤之方々御印鑑頂戴之者は勿論
名前書出し可申候御印鑑無之者於有之ニ
は其分ニハ難相成候間其續ゟ仲間一統之

（十三）　申渡

一今度木地師職業改正ニ付國々順廻
致シ相改候右職方之儀者往古より
由緒有之義を以諸國江散在之もの
其所之人別ニ不加相濟候義近年
公儀御役所おゐて（マヽ）御糺奉請之候御

申明候爲後日手形仍如件

寛政七年
乙卯霜月日　　江州愛知郡筒井萱谷村
　　　　　　　　歸雲庵
　　　　　　　　　豐山印

御奉行所

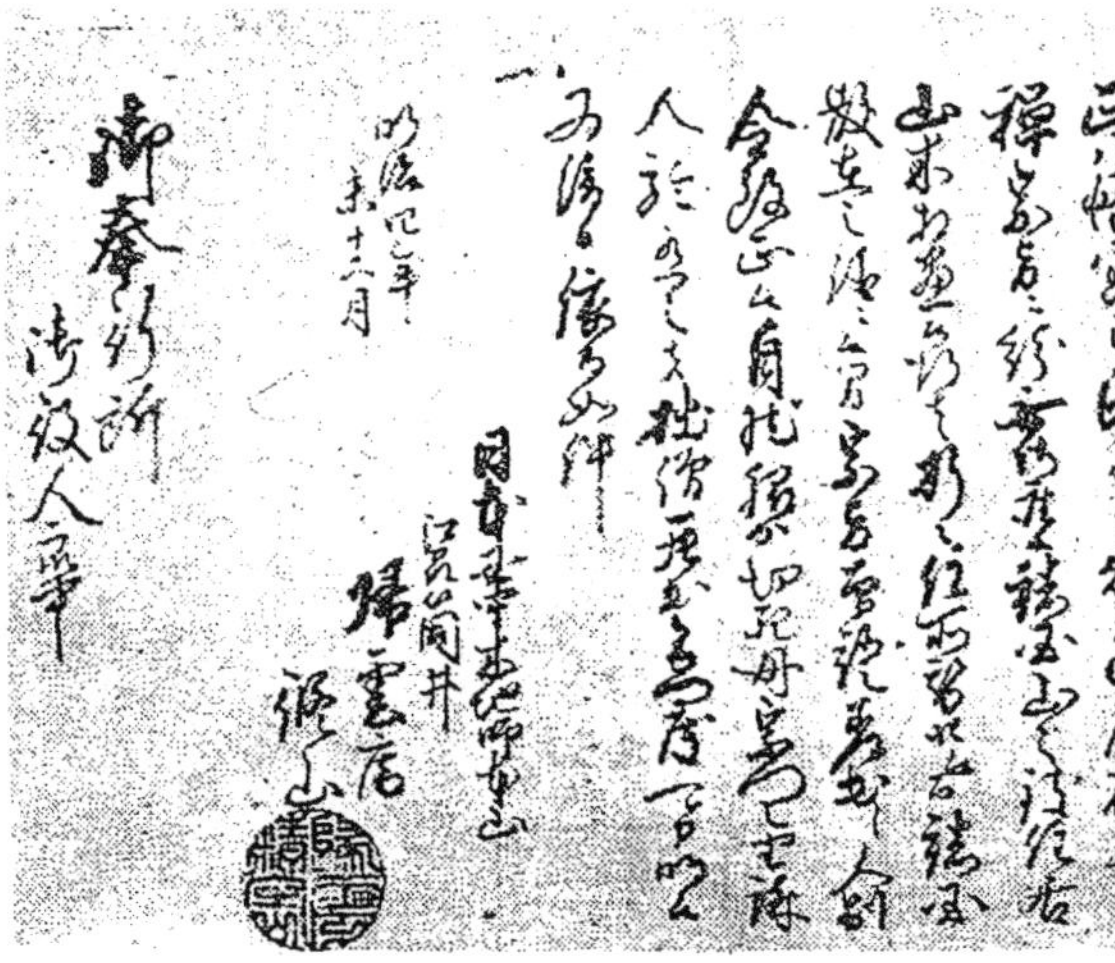

方江可申出候委細之儀者追而御政御取計可被爲在候右之條々仲間〻可申論候樣(マヽ)仰出候以上

慶應四辰年
閏四月
轆轤師
仲間衆中　　　　木地師
　　　　　　　　　仲間
　　　　　　　　　　惣代　印

（十）

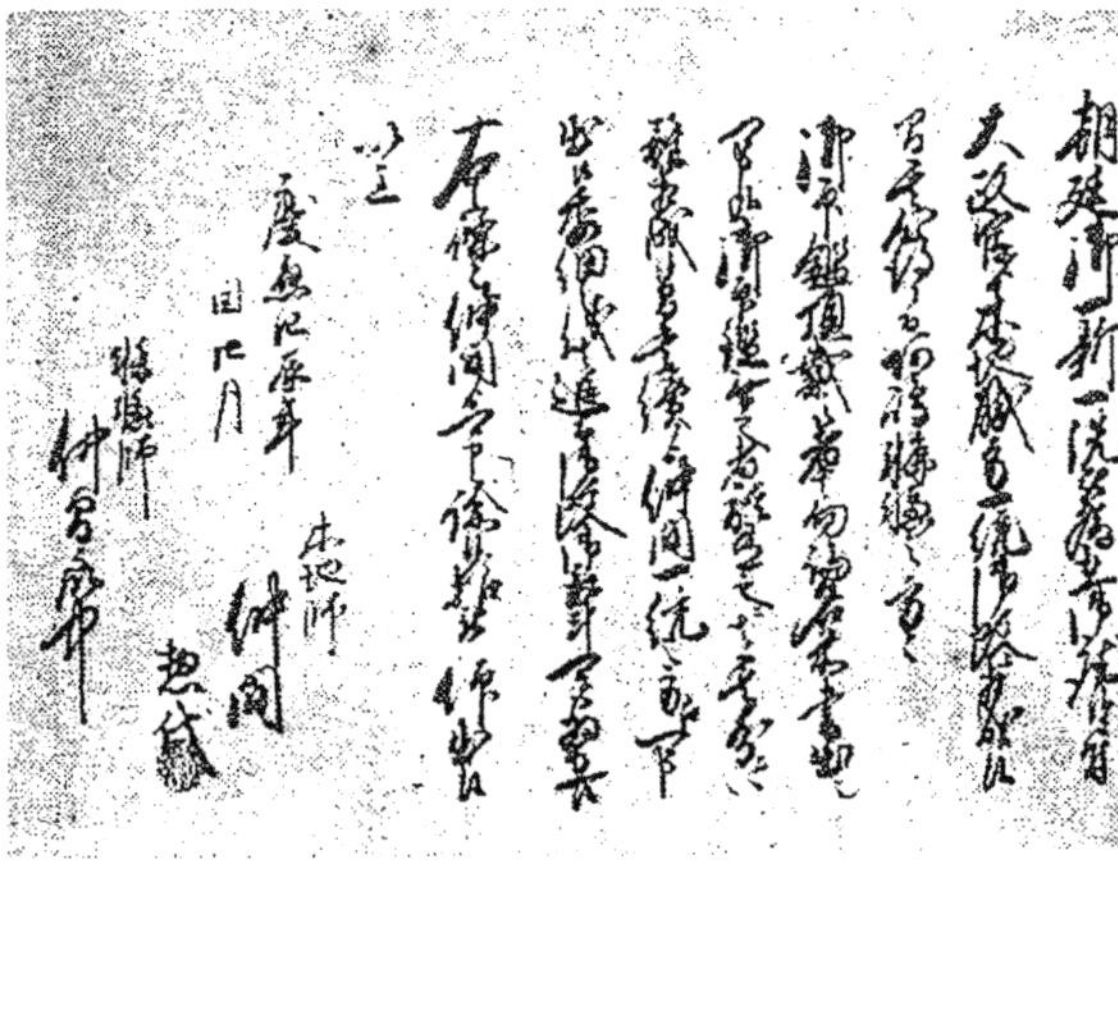

事面々難有可奉存候右ニ付今度御本源所より職方一同爲取締印鑑裏(?)本軸之者江相渡シ割判致之尤稽古軸院居軸之儀者前々より本軸ニ相付候事ニ候得者右者不及相改勿論印鑑も不相渡裏(?)本軸之印鑑を以相濟候得共別本家致之候ものハ早々願出印鑑請之可申候但シ遠路之ものハ暫之義者弟子取計候儀ニも候ハヽ承屈可申候得共右別本家棟分ケ致置稽古軸院居軸抔と紛錦申立候義急度不相成候右之趣者往古より仕來候得ハ無違亂同職相紀若違常之有之者早々可申出其節職業急度取放し可申候條兼日其旨爲可相心得申渡置者也

文化九申歲五月　　江州
　　　　　　　　　兩本源所
　　　　　　　　　　木地師懸り
　　　　　　　　　　　取締方印

木地師中

木地屋文書（東宮）

（十三）

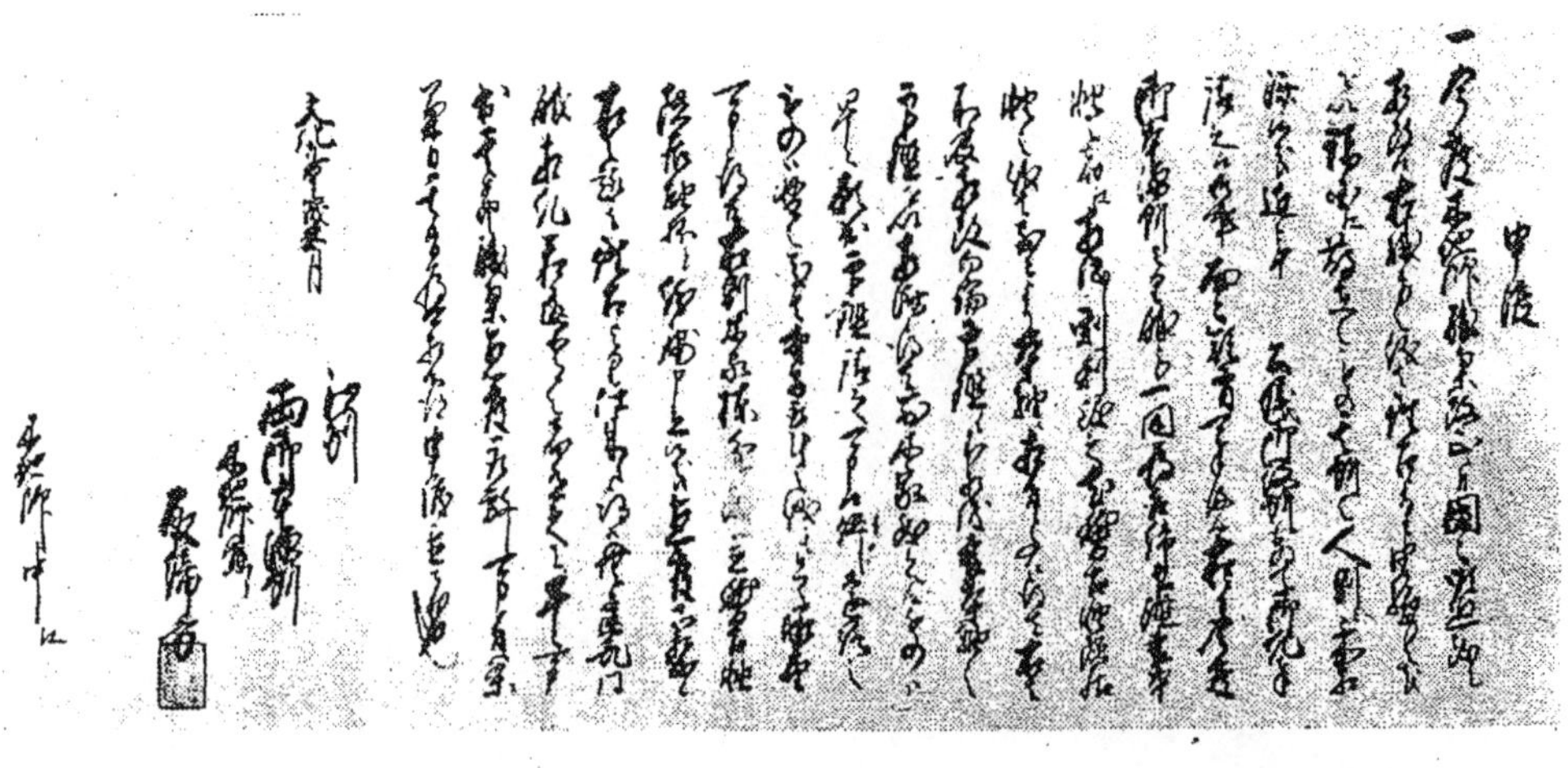

（十四）　被恐奉差上一札之事

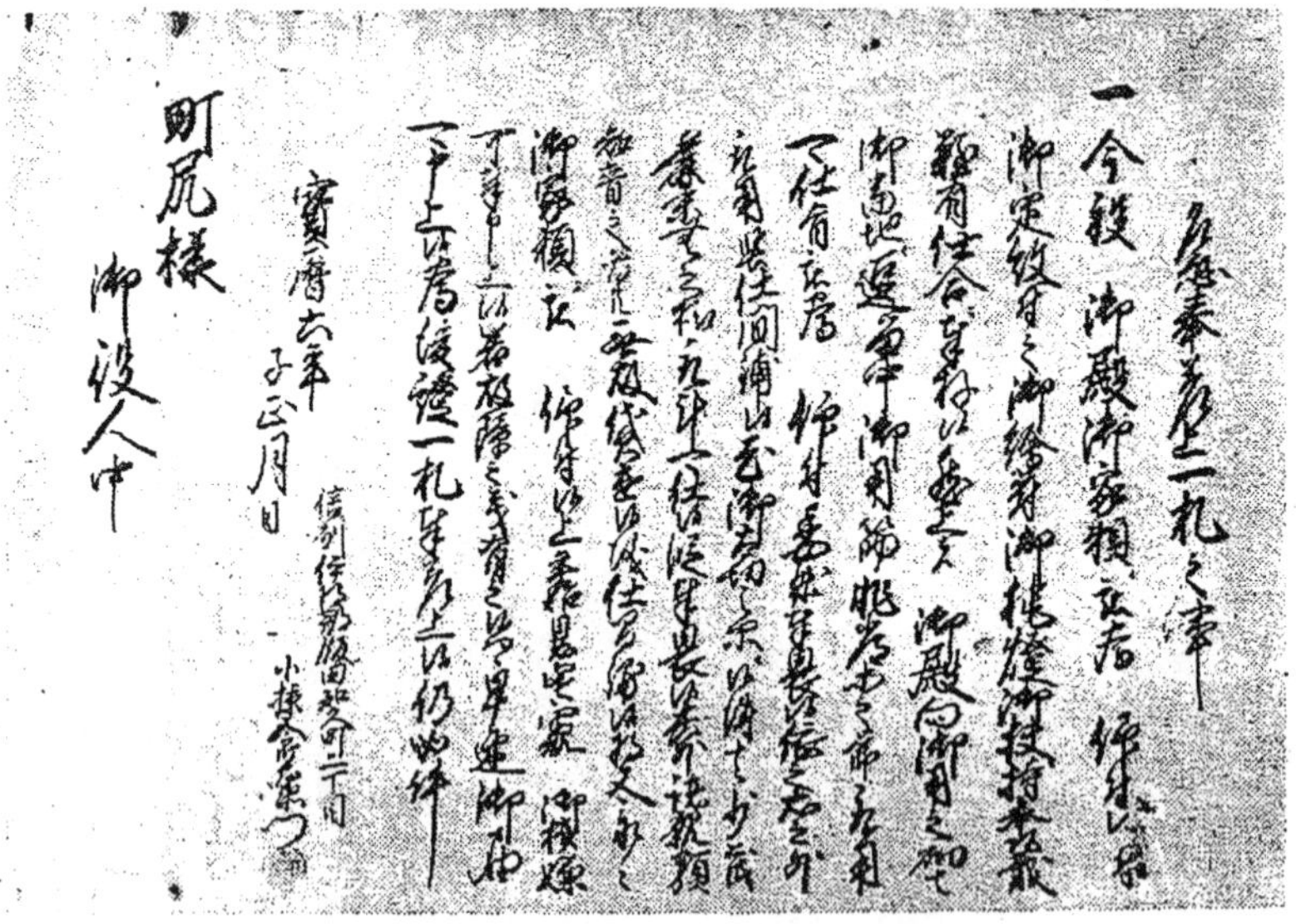

（十五）　口　達

今般各御兩社江參詣且亦彥根御奉行所迄
被遂御禮神妙之事ニ候依之以來心得方之
儀御達之趣茂行之事ニ候得者夫々冣寄仲

四四四

被恐奉差上一札之事

一今般　御殿御家頼ニ被爲　仰付候ニ付
御定紋付之御繪符御挑燈御扶持奉頂戴
難有仕合ニ奉存候然上者御殿向御用之
砌者御當地ニ逗留中御用筋非常等之節
被用可仕旨被爲　仰付委曲奉畏候依之
右之外取用堅仕間鋪候尤御太切之品ニ
候得者少茂疏末無之樣取計可仕候段奉
畏候共外諸親類知音之者共無故貸遣候
儀仕間鋪候將又永々御家頼ニ被　仰付
候上年始暑寒窺　御機嫌可奉申上候若
故障之義有之候ハヽ早速御屆可申上候
爲後證一札奉差上候仍如件

寶暦六年
子正月日　　信州伊那郡飯田知久町二丁目
　　　　　　小椋五郎右衛門㊞

町尻樣
　御役人中

（十六）

信州三州遠州三ヶ國ニ濃州木曾川限東相
添御用所申附候右之國内住居之木地師之

（十七）大岩氏傳來惟喬親王御令翰寫

御製

琴の音も聞もれならぬ
宿ながらつれなき人を
ひきやとめつる

筒井公文所大岩氏傳來

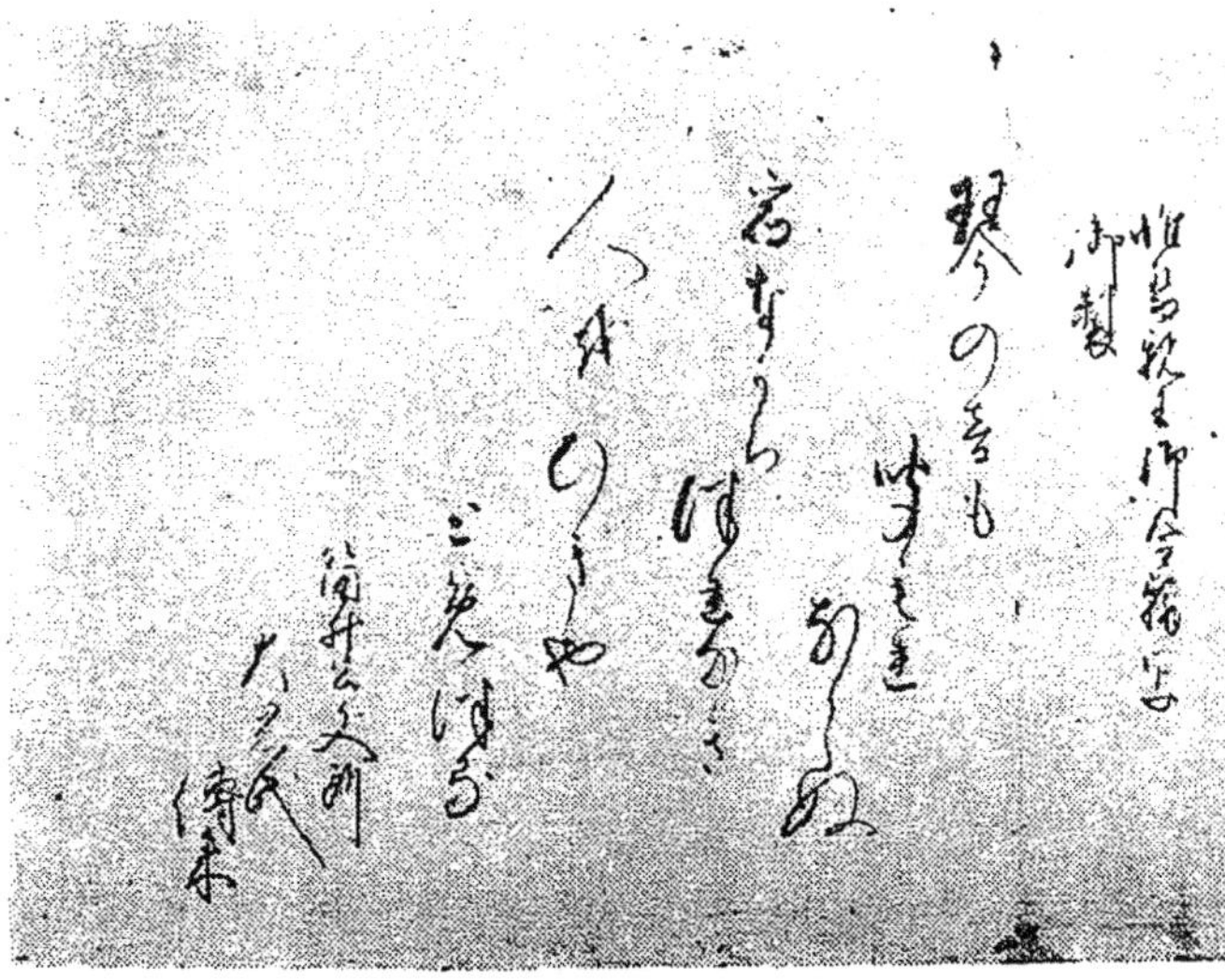

間ヘ茂被相達候而可然事ニ候得ハ其趣可
被相心得候爲其如是ニ候以上

文化十年 兩社
癸酉三月 役人㊞㊞

源左衛門殿
藤右衛門殿
利兵衛殿
、左源太殿

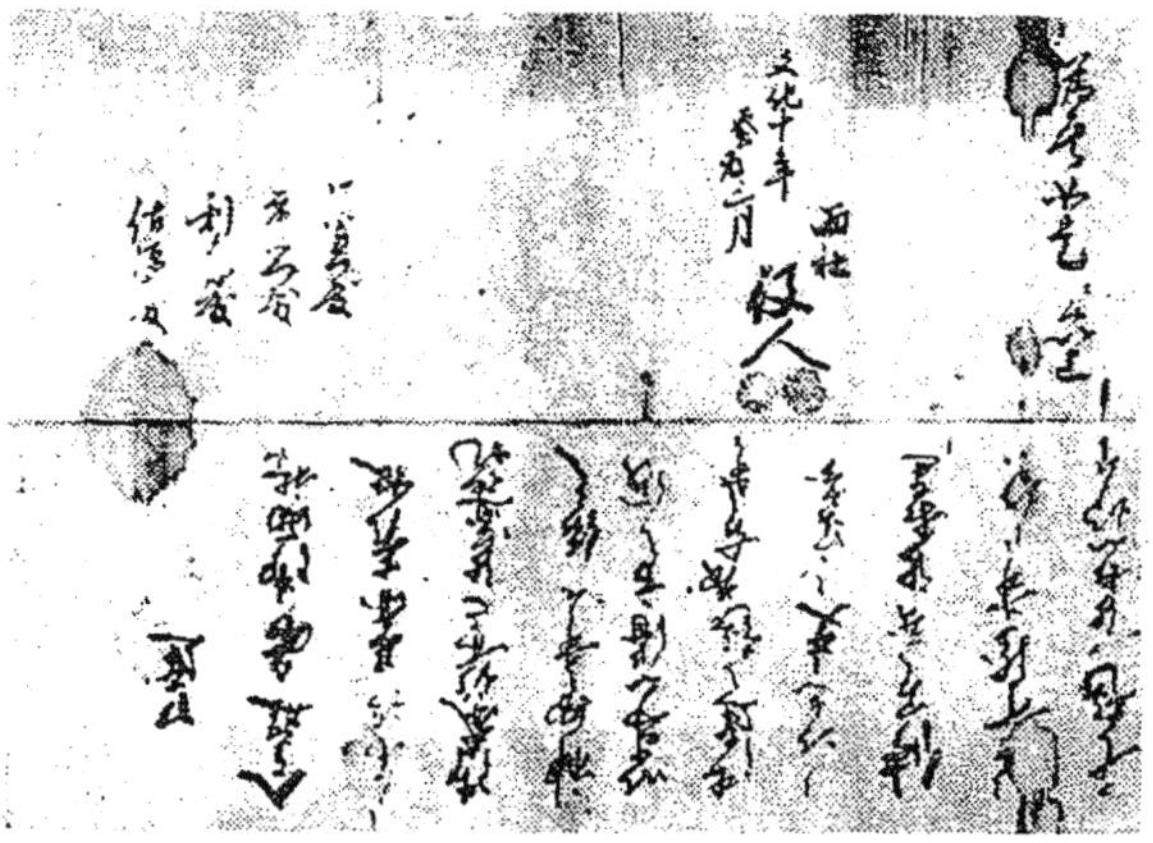

儀ニ付御用筋廻文等順廻御用等辨候之様
ニ可相勤候依而執達如件

明和元申 申年 吉田家門弟 大林右近花押
十二月三日 九條殿御用所
大岩助右衛門重輝花押

信州伊那郡飯田
小椋五郎右衛門殿

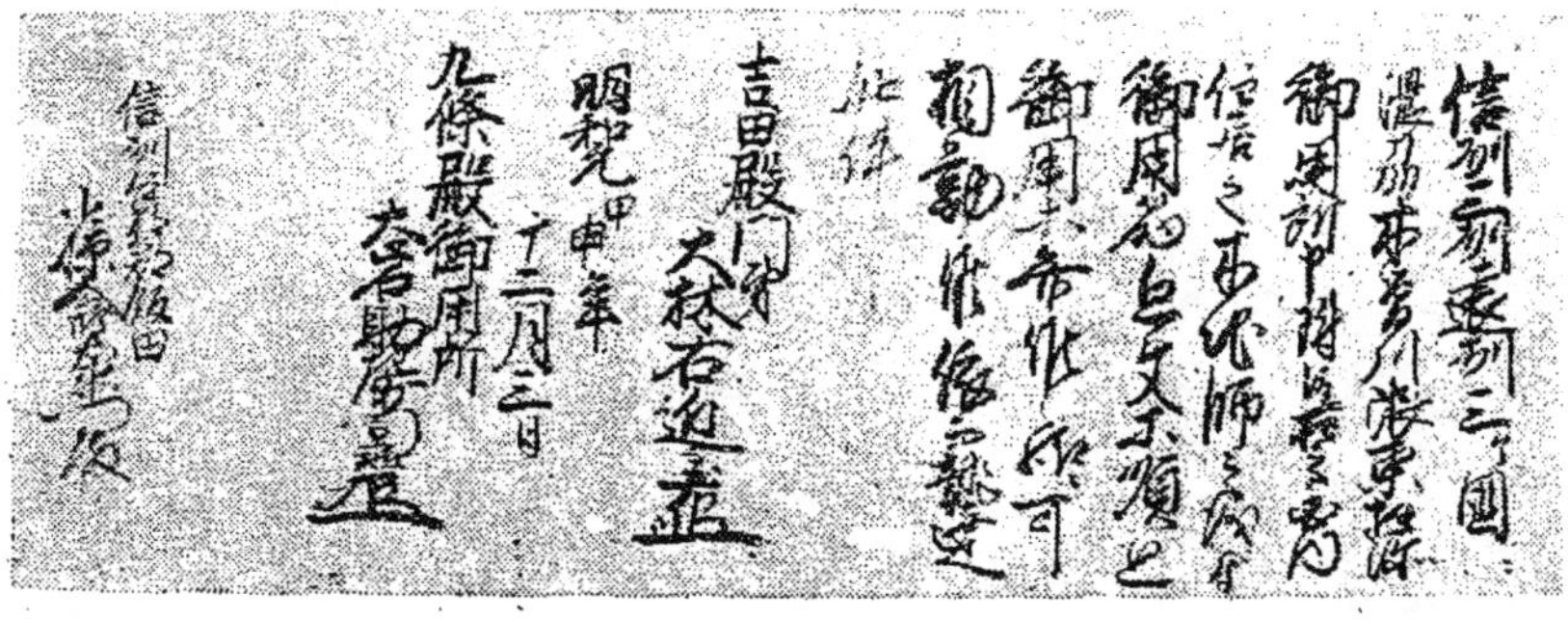

（未完）

木地屋文書（東宮）

紙上問答

問（八八） 異常の折、潜在せし力の出る例

火事などの際、平常及びもつかぬ重いものを、夢中で輕々と持ち運んだりする。かういふ異常の折の、平素潜在してゐた力が雷の如くはためき渡る實例。

問（八九） 好き嫌ひのものを豫知する實例

持病は天候の變り目をよく豫知するが、さて雷をおそろしく嫌ふ人が、雷の鳴る日は朝から氣分が惡いなど聞いた事がある。實際そんな事が在るか。又雷のみならず、好き嫌ひのものを鋭く前知する實例。

問（九〇） 動物を好き嫌ふを説明する俗信

蜘蛛嫌ひ蛇好き、猫嫌ひ犬好き、かういふ例は澤山在るらしい。そこでその嫌ひなのを説明する俗信として、埋められた自分の胞衣の上を一番始めに通つたものを、その人は恐れ嫌ふ。此俗信は筑前長門、又名古屋の方でも行はれたらしい。此例及び之以外の之に關した例。その反對に好きだといふ方の例や説明、例へば前生が犬であつたから、犬好きだといふ樣な類。

問（九一） 無生物を好き嫌ふを説明する俗信

動物ばかりでなく、植物にもあらう。又蟲の好いた人、すかぬ人だなど云ふ事もよく聞く。無生物に對しても之があるか。

問（九二） 雲丹等をどうして食ひ得としりしか

雲丹でも海鼠でも山女《あけび》でも、それをどうして食ひ得るものと知つたか。勿論以上の三つに限らず。

問（九三） 食ひ得、得ぬを目鼻舌で識別する

之は食ひ得るもの、之は食ひ得ぬものと目や鼻や舌で識別し得た能力。

問（九四） 異常のものを食ふ人のこと

塵溜あさる乞食の如き胃袋の所有者、並ならぬ消化力を有する人の實例。何を如何にして食つたか、その時平靜であつたか、昂奮してゐたか、また氣でもふれてゐたか。以上も亦御教示を得れば幸です。（櫻田盛德）

問（八〇） 石塔に圓形の穴を彫る事

武庫郡東新田村街道筋にあるもの

表

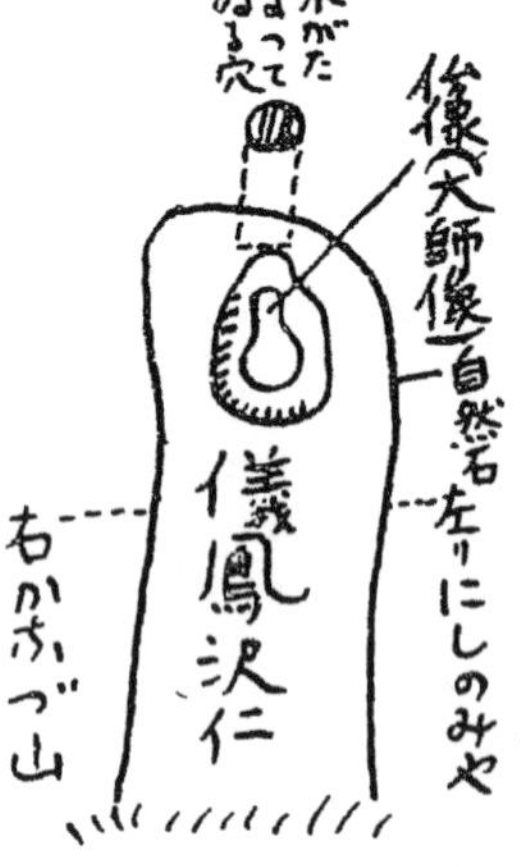

四四六

裏　歌がはつてある（文字不明）

○○○○○

爲六　○○○○○

○○○○○

右圖の如き圓形の穴について、他地方の所在、俗信、發原因等をお敎へ下さい。道路標、一字一石塔、供養塔・庚申塔等に彫りあるもの。（辰井隆）

（右は一月號の本欄に既出のものなれども、辰井氏より圖をそへて訂正ありたるにより、前問訂正の上、同じ番號を附して再出す。編者）

答（七八） ガンドーの事

陸地測量部の地圖を見るとガンドウ峠（强盗峠又は雁道峠）といふ峠が甲斐の南部留《ヘナ》に在る。紀州名草郡にガンドの鼻といふ岬のある事が紀伊續風土記に見えてゐる。まだ此外二三此地名に氣付いた事があると思ふが今は思ひ出せぬ。確と摑んではなさぬ事をガンドウツカミといふ由對馬島誌に見えてゐる。ガンド、ガンドグチは山口さんの壹岐方言集にも在つた。近松の淨瑠璃にもガンダウ、ヒルガンダウといふ言葉が出てゐた。（櫻田）

答（七八）　佐渡小木港附近の村々でも盗人の事をガンドーと云つてゐます。（靑柳秀夫）

『ゆうべ』と『きのうのばん』に就て

先年靑木直記氏が昨夜＝ゆうべ。一昨夜＝さのうのばんと云ふ豐前地方の呼び方を報告せられしに對し、中西定雄氏が夫れは誤報なり「ゆうべ」と「きのうのばん」は同一なり、北九州土着の人々につき調査したる結果は全部然り。との報告あり。

私は私の周圍の人々につき問合せたる結果、

筑前＝私の知れる範圍にては「ゆうべ」と「きのうのばん」は何れも昨夜の事を云ふ。

豐前＝私の聞合せたるは主として企救郡＝若き人々は其土地に生れて其土地に成長したる人々と云へども、呼び方區々にして信賴し難し。

○六十歳以上位の老人にて他地方轉住者の感化を受けざる人々は明かに

昨　夜＝ゆうべ

一昨夜＝きのうのばん

と區別して、嚴として昨夜の事を「きのうのばん」とは稱せず。

豐後及筑後の一部にも、

昨　夜＝ゆうべ

一昨夜＝きのうばん

と稱する處あり。

私の手にてどの邊までかく稱するや調べ得ざるも、私のきゝ合せたる人々が何れも田邊地方より移住された人でないと云ふ事を斷つて置きます。（小倉にて紫潮生）

學界消息

○民俗藝術の會　が四月七日午後七時から銀座對岳館ビルに於て開かれた。久し振りの會合である。

この日は小寺融吉、西角井正慶、北野博美の三氏から平泉の毛越寺の摩多羅神祭りと、この本祭り際に演ぜられる延年の舞についての見聞談があつた。こゝの延年の舞は、菅江眞澄翁が其見聞を筆錄に紹介してくれたのみで、其後誰も再びこゝを訪れて、其詳しい話を聽かしてくれる人がなかつたこととて、當日の話題は我々の興味を一層そゝつた。

先づ、當夜は昨年の夏同寺をとふて延年の歌詞を寫し、其謠をきいた小寺氏が其台詞について、今年の摩多羅祭りの本祭に臨んで延年の能を實見した西角井、北野の兩氏が延年の舞と其前後の行事について語つた。

西角井氏は主として摩多羅神を祀る常行堂の内部に夕刻から行はれる初夜の行事、つゞいて行はれる花折の舞、稚兒の舞、勅使舞等の延年の舞について述べ、北野氏は、舞が終つて、曉から堂外で行はれる庭の行事を述べた。九時半散會。

當日の參會者は前記三氏の外折口信夫、中山太郎、大藤時彦、熊谷辰治郎、小田内道久、大亦詮十郎、牛尾三千夫、村上淸文の諸氏。尙同會の五月例會には中山太郎氏の『山路の橫笛』といふ講演がある筈。

○第五回靑年創作副業品展覽會　は四月八日より十日まで靑山の日本靑年館に於て開かれた。例年にもまして各地より多數の出品があつたが、昨年に較べて土俗品がすくなく、所謂新農民藝術といふものが多くみうけられた。

○鄕土舞踊民謠大會　は例年の如く四日に開催される筈であつたが、今回の事變によつて出演者及其關係者にも戰死された方があつた爲、哀悼の意を表して、今秋まで延期されることになつた。

○東京人類學會例會　は四月廿三日東大人類學教室に於て開かれ、宮内悅藏氏の『臺灣南部土人を尋ねて』八幡一郞氏の『石槍につきて』といふ講演があつた。なほこの日は金田一京助氏の紹介でアイヌ人貫澤九之助氏が見えて、アイヌのユーカラを誦したさうである。

○日佛會館講演　四月廿八日同館に於て博士の『日本と瓜哇の史前に於ける諸關係』と題する講演があつた。

○民俗美術工藝展覽會　が五月一日から十五日まで國民美術協會主催讀賣新聞社の後援によつて上野の東京府美術館に於て開催され、世界各地の民俗美術工藝品が出陳される由。

○民俗藝術　五ノ一

民俗藝術と民族誌　松岡靜雄
村祭りと經濟　熊谷辰治郞
濱名湖畔入出村宮座の消長　飯尾哲爾
切拔帳から
にひむろあそび　倉光清六
東北行　北野・小寺・西角井
多聞院日記抄　森末義彰

○恐佐布玖呂　創刊號

今宮夜須禮祭と疫神信仰攷　今井啓一
紀州の俗信　久世正富
攝津高槻寒天製造唄　籔重孝
京都の俗傳(一)　籔田嘉一郞
年中行事のこぼれ種四月　草賀孝次

謄寫版月刊、一册二拾錢、京都市左京區田中門前町四七藪田一郞氏編輯、同氏方土俗同好會發行

○俚俗と民譚　一ノ三

山民語彙　柳田國男
武藏地方の嫁市　高橋文太郞
巫女文ある津輕繪馬と後生塚　松野武雄
採集雜記　北澤怡佐雄
備中淺口郡文書『まじなひ字符』　櫻田盛德

○設樂　二ノ四　ウソつき話特輯號

ウソと文學との關係　柳田國男
ねごい男　岡田松三郞
母の急病　片桐勇太郞
與次郞の話　原田清
鴨山雜話　高須安男
俺の度胸に　西林喜久男
原の龜彌さ　牛田丑之助
和尙さんと小僧　じゆんぎ生
赤谷の喜作さ　菅馬太郞
うそつき新左　世智辨生
ほんとうにあつた噓話　永江土岐生
村の口達者　原田清

○民間傳承　一ノ一

鄕土と言語と傳說　金田一京助
昔話と言葉　小井川潤次郞
東平王塚の研究　藤原相之助
平泉の延年の能　小寺融吉・本田安次
東三河の昔話　早川孝太郞
角館昔話　武藤鐵城
岩泉の昔話　野崎君子
御箆大明神　中村協平
マイワイと呼ぶ衣服　宮本勢助
花咲爺の話　佐々木喜善

○民間傳承　一ノ二

湧き出る水の祥瑞　出口米吉
妙な昔話　小井川潤次郞
猿の顏の赤い譯　中西利德
花咲爺の白い犬　加藤嘉一
鄕土の言語と傳說　金田一京助
東平王塚の研究　藤原相之助
平泉延年の能　小寺融吉・本田安次
はたをり(大償神樂臺本)
民譚問答

謄寫版月刊會費半年一・八圓一年三・六圓。基金五圓以上寄附の方には贊助員として雜誌永久に贈呈。仙臺市成田町一一六民間傳承會

○寄稿のお願ひ

○種目略記　民俗學に關係のある題目を取扱つたものなら何んでもよいのです。長さも御自由です。

(1)論文。民俗學に關する比較研究的なもの、理論的なもの、方法論的なもの。

(2)民間傳承に關聯した、又は未開民族の傳說、呪文、歌曲、方言、謎諺、年中行事、生活樣式、慣習法、民間藝術、造形物等の記錄。

(3)民俗採集旅行記、挿話。

(4)民俗に關する質問。

(5)各地方の民俗硏究に關係ある集會及び出版物の記事又は豫告。

○規略

(1)原稿には必ず住所氏名を明記して下さい。

(2)原稿掲載に關することは一切編輯者にお任かせ下さい。

(3)締切は毎月二十日です。

編輯後記

○

來月號には久し振りで折口先生の論文がいたゞける筈です。大會は五月中に開くつもりで、前月號の本欄に一寸そのことを申上げて置きましたが、準備の都合上六月中旬に開催致す事になりました。

○

折口先生は、十八日に、約一週間の旅程で、慶應大學の學生の方々と、奈良縣下に、萬葉旅行を試みられるさうです。金田一先生も亦、近々行はれることになつてゐる島根縣下の方言調査の爲に、催される講習會の依囑によつて、この廿日に西下されることになつて居ります。外の諸先生方も學期始めや、夫々御關係の他の學會の催し等がありますので、大變御多忙を極めて居られます。

○

呼寄せ塚欄の原稿がどういふものか、一向に集りがおもはしくありません。別に同欄はやめてしまつた理でもないのですから、どうかどしどし御遠慮なく御投稿下さる樣お願ひします。民俗學のトピックに觸れるものなら、議論でも、希望事項でも、書籍の批評でも、海外のニユースでも、或は又採訪旅行の際のエピソード、失敗談、ゴシップ等、何んでも結構ですから、互に打くつろいだ座談を取交すつもりで、今後大いに同欄を讀者欄として御利用下されんことを希望いたします。

○

折口先生の御好意と東宮氏の御骨折とによつて木地屋の文書を一通りのせることが出來ました。寫眞の組合せや何にかの都合がありましたので、二度に分けてのせることにしました。次號には「白河出入一件」「御許定秘錄寫」等木地屋關係の大變面白い訴訟記錄がのります。

△原稿、寄贈及交換雜誌類の御送附、入會退會の御申込會費の御拂込、等は總て左記學會宛に御願ひしたし。

△會費の御拂込には振替口座を御利用ありたし。

△會員御轉居の節は新舊御住所を御通知相成たし。

△御照會は通信料御添付ありたし。

△領收證の御請求に對しても同樣の事。

定價金六拾錢

昭和七年五月一日印刷
昭和七年五月十日發行

編輯兼發行者　小山榮三　東京市神田區表猿樂町二番地
印刷者　中村修二　東京市神田區表猿樂町二番地
印刷所　株式會社　開明堂支店　東京市神田區北甲賀町四番地
發行所　民俗學會　東京市神田區北甲賀町四番地　振替東京七二九九〇番　電話神田二七七五番
取扱所　岡書院　振替東京六七六一九番

昭和五年十二月五日第三種郵便物認可（毎月一回十日發行）

MINZOKUGAKU

OR

THE JAPANESE JOURNAL OF FOLKLORE & ETHNOLOGY

Vol. VI April 1932 No. 5

CONTENTS

PUBLISHED MONTHLY BY

MINZOKU-GAKKAI

4, Kita-Kôga-chô, Kanda, Tokyo, Japan.

民俗學

第四卷 第六號

昭和七年六月

民俗學會

民俗學公開講演大會

一、開會の挨拶　折口信夫

一、民俗の採集と分類　柳田國男先生

一、閉會の挨拶　宇野円空

時日　七月二日(土曜日)午後一時

會場　東京帝國大學文學部教室二號館二九番(帝大正門並木道右側)

聽講無料來聽歡迎　主催　民俗學會

日本の民俗學は柳田先生とともに成長し、柳田先生を中核として發展してきたと云つても過言でないと思ふ。休暇を前にする學生諸君に對し先生は全幅の熱情と經驗的知識とをかたむけて民俗の採集と分類と云ふ論題の下に民俗研究の目標の定立及び研究方法に關する基本的規準を敎示される筈である。多數の御來聽を希望する。

昭和七年六月十日發行

民俗學

第四卷

第六號

目次

民俗學會會則

第一條　本會を民俗學會と名づく

第二條　本會は民俗學に關する知識の普及並に研究者の交詢を目的とす

第三條　本會の目的を達成する爲めに左の事業を行ふ

イ　毎月一回雜誌「民俗學」を發行す

ロ　毎月一回例會として民俗學談話會を開催す

但春秋二回を大會とす

ハ　隨時講演會を開催することあるべし

第四條　本會の會員は本會の趣旨目的を贊成し會費（半年分參圓壹年分六圓）を前納するものとす

第五條　本會會員は例會並に大會に出席することを得るものとす講演會に就いても亦同じ

第六條　本會の會務を遂行する爲めに會員中より委員若干名を互選す

第七條　委員中より幹事一名、常務委員三名を互選し、幹事は事務を執行し、常務委員は編輯庶務會計の事務を分擔す

第八條　本會の事務所を東京市神田區北甲賀町四番地に置く

附　則

第一條　大會の決議によりて本會則を變更することを得

委　員

石田幹之助　宇野圓空　折口信夫

金田一京助　小泉　鐵　小山榮三

松村武雄　松本信廣（以上在京委員）

秋葉　隆　移川子之藏　西田直二郎

（以上地方委員）

前號目次

年中行事（三）

――民間行事傳承の研究――

折口信夫

三、ほかひゞと

ほかひゞとゝ言ふのは、正月に主として出て來て祝言をのべて廻る人々のことである。其には來年の言觸れをするものと、今年一年のことを譽めて廻る言壽ぎとの二つがあるが、二つが結びついてゐるやうである。言觸れといふのは、暦の思想によるものである。昔は來年の農作の吉凶その他の事を大きな社から知らして歩いたのである。鹿島の言觸《コトブ》れ等がそれである。此がまう少し具體的になると暦を出すやうになる。諸所の大社から出された暦の中で、今日まで殘つたのが、大神宮の當麻《タイマ》暦である。大昔の暦の遺風であるところの言觸れは、明年の事を大ざつぱに告げて廻るものであることは既に述べた。後世の乞食の中に此類のものが出て來てゐる。頭を白布で覆ひ、篠を背負ひ、手に文のついた梅の小枝を持つて歩く懸想文賣は、後には面白い戀文の文句となつたが、昔は一種の言觸れをして歩いたものである。或は梛の葉のついた編笠に、四つ竹を手にして、節季に候〳〵と唱へて來る節季候《セキゾロ》などゝ言ふ乞食もある。此も江戸時代を通じて見るともとのものと形が變つてゐるが、言觸れの一つである。暦があるから不用のものゝやうに思はれるが、大昔からの習慣で來ないと物足らなく思はれたのであらう。年の暮を告げて來る聲に、年末らしい氣持が湧いて來たのである。

節季候も懸想文賣りも暮に來るものであつたが、何時か忘れられて春になつても來たものである。本道に春來るものに

2

年中行事（折口）

は萬歲をはじめ、江戸の初期に既になくなつてゐた物吉《モノヨシ》がある。物吉は萬歲のくだけたもので、萬歲の中で一番下級の乞食でいやらしい風をしてゐる爲に、なりんぼをかつたいと言ふやうに物吉、と言はれた。今年の作物がよく出來るように、と祝福しに來る職人である。萬歲には上下の段階があつたものと見える。萬歲が地方的になつて都の萬歲がなくなつて來た。江戸時代には德川の保護をうけて、三河・尾張のものが盛んになつて、東部日本に行き亙つたのである。上級の神官は身分のよいものであるが、萬歲を行ふものは下級の神主であつた。一種の特殊な待遇をうけたものに、神事舞太夫と稱するものがある。山深いところで神主と言ふてゐるものは、此神事舞太夫であつて、萬歲は多く此人々がやつたのである。春駒は蠶の祝福に來るのである。此は熊野神明樣と關聯した信仰から出たものと私は考へてゐる。此外に正月に出て來るほかひゞとは限りないほど澤山にある。譬へば、

大黑樣と言ふ人は、一に俵を踏まへて、二ににつこり笑つて、三に酒を造つて、四つ世の中よい樣に……

など﹅言うて來る大黑舞や惠比壽舞又、惠比壽の人形を振つて來る惠比壽かきなどである。殊に惠比壽かきは、古くからあつて、江戸の人形芝居の起りとなつたもの﹅一つと言はれてゐる。

祝福する職業はもと遠方から諸所を尋ぎながら來る人々が行つたのではなくして、村の若衆が神に化けて出て來て行つたものである。年の暮の晩から春の初めにかけて、春冬の岐れめに來て、家の戸を叩いて祝福をし、訓誨的なことを言うて歸つたのが後に一の職業となつたのである。其職人達の身分の低いのは、主に社寺の奴隷か、已の仕へる社寺の爲に行つたからである。宮寺でも民間の生活と同樣の生活をし、行事をしてゐたので、社寺から年の暮に祝福しに來たのである。其が村の若衆の爲事を壓倒して、遂に專門的になり、下級の神事の職人が出來たのである。此祝福の爲事は正月に纏まつてゐるやうであるが、暮にもあつた。又其中には教訓や人の惡口をして行くものなどもある。十四日年越し、或は節分の夜などに、人の家の戸を叩き又は、部落の火を消して村の惡口をするのがそれである。俳句で有名なのは、千葉ばらひで、千葉家の盛時、領內の百姓が祝福の爲に領主の惡口を言ふ變な行事があつた。此は年末から、春にかけて來る神の爲事を人間がやることになつたものである。

四、農事祝ひ

神迎へのところで觸れて來たが、農事祝ひの根本の考へは、春田打ちの時に、農家一年中の行事をやつて見せ、土地の魂を感染《カマケ》させて、行事に示された通り成果を生じさせる、と言ふことである。春田打ちの時に一度行つたゞけでは、滿足しないで、田植ゑにも、稻の開花期にも、くり返して農事祝ひを行つてゐる。此行事は田畑を見廻つて、よく稔つたなあと言ふ風に豫めほめるのだ。此と關聯して火祭りがある。正月十五日に蹈歌がある。此は漢詩賦を曲として、詞に短哥を使つた。十五日の夜、望月の下で農村の男女が踊り狂ひ、火を焚いて土地を暖めると、その年の農作物がよく出來ると思うてゐるのである。此日宮廷では、奈良朝以前から御薪《ミカマギ》といふ行事が行はれてゐる。此行事は、其當時宮廷に仕へて居た宮人や役人又は畿內の國司たちから宮廷に奉るもので、二十本を一擔として、其人々の位によつて奉る擔數が定つてゐたのである。位から言へない地方官達は、幾擔位献上したか不明である。とにかく、御薪として献上したもので、宮中一年間の薪とせられたものと思はれる。古今集卷廿大直日の歌に

新しき年のはじめにかくしこそ、千歳をかねて、たのしきをつめ

といふ歌がある。

此歌、新しい年のはじめに、今から千歳をかけて樂しみを完全に圓滿にしよう、と言ふ意味である。第五句たのしきをつめはへめでなければならない。樂しきに木をかけて、其を積めと解き、御薪の歌だと言はれてゐる。かうした附會が成り立つ程、御薪の行事は名高かつた。此は土地を暖めて一年の農作がよく出來るように祝福するのだ。多く此種の行事は前年の中に行はれてゐる。前年の中に行はなければ意味がないのである。京都邊では今でも十一月になると嚴格に御火燒の行事が行はれてゐるが、社々によつて、火が違ふのである。歳末のゆきづまつた時に土地を暖めて、來年の作物の出來をよくするといふ御火燒の祝ひは、十日夜の一部分になつてゐる。火を焚いて山の神に詣り、祠の周圍を火で圍んで燒

きかける十日夜は、地方によると玄猪と一緒になつてゐる所もある。山神祭りは大體火祭りで、土地を暖めて翌年の作物の出來をよくするのである。昔の日本人には、土地の一部を暖めれば其全體に効果が及ぶと言ふ類推法があつたので、火焼きの行事は冬がゆきづまると種々形を變へて爲てゐる。農事祝ひの爲にはさうした二樣の、即本道に一年中の祝禱をすると、咒ひで土地を暖める方法との二つが行はれてゐた。かうした農事祝ひは、霜月に行はれるのが古義に叶つてゐる。古代日本の信仰では、師走と言ふ期間は年もぎり〳〵に行きつまつた極點の非常に短い期間であつて、われ〳〵が年末と考へてゐるのは、昔の霜月に相當する訣である。

五、禁　忌

禁忌と言ふのは、物忌みのことであつて、農村の生活にとつて大切なもので、日本で陰陽道が盛んになるにつれて、頻々と行はれたものである。天一神或は太白神が何處にゐるからその方角は塞つてゐるとか、何々の穢れがあつたとか、日齋み・月齋みなどゝ言ふことが、禁忌の考へと合致して盛んに行はれる樣になつたが、それは後世に加はつて來たものである。これらの信仰が習合せられる以前の昔の農村で行はれた日本在來の、物忌みは、神事のある前に行はれたもので、男が神になる爲又は、女性が神に仕へる神聖な資格を得る爲に行つたものである。譬へば、霖忌《ナガメイ》みと言ふことが昔、五月と九月とに行はれた。奈良朝には既に九月に行はれた物忌みは忘れられてしまつたが、五月の霖忌みの印象は深く殘つて行はれてゐる。此時には、男女一切の夫婦關係が斷たれて、男は男、女は女同志で集つて愼んでゐるのである。ちやうど、霖雨が降り續く頃なので、ながあめのいみ・ながめいみと言うたのであるが、後にはながめで物忌みを意味することゝなり、更にながむ（下二段活用）と言ふ動詞になると、何だか性慾的に滿たされない不滿足な氣持で、唯ぼんやりとして憂鬱な表情で庭などを見出だしてゐる樣子を表してゐる。「春のものとてながめくらしつ」などがその用語例にぴつたり這入つて來てゐる。又大碓命は、景行天皇が召された兄媛・弟媛と婚け、其代りに他の女を貢上つたが、其事が露れたので天皇が其女に、恒に長目を經しめ給うたと古事記に見えてゐる。古く男女相逢ふ事をめと言ふから、ながめを長い間男女を逢はせた事であると說明してゐるが、實は、霖忌をさせたと言ふことである。此時期には一切男女床を共にする事を愼んだのである。ちやうど此時が種播き・田植ゑの時であつて、男は田の神に、女は早處女にならなければならない。だから村の男女としての氣持は取り去られてしまふのである。愈々田植ゑになると性慾は開放せられて自由になるが、其までは非常に愼んだのである。此話は後に述べる「成年戒」・「女性の秘事」にも關聯してゐる。神來臨の數が增すのにつれて、村の人々の謹愼の度數も重なつて來たのである。其には神になると言ふ話を爲なければならない。

神になるのには、謹愼を完全にしなければならない。愼みを破つた場合には、男は神になる訣にはゆかないし、女は神を接待する資格を失ふのである。神事の前に身が穢れるのを忌むのではなく、神の資格を得る境目に性慾的の行爲があると神になれないのである。若いもので性慾のないものは、勿論問題にはならない訣であるが、其他の夫婦關係のあるもの、男女の事を知つてゐるものなどは、每年の神事に與る時にはすつかり帳消しになつて、關係が無かつた事になる。嚴重な愼みをした上で、さあ神になると言ふ瞬間に女に逢ふと、其で本道の神になるのである。此段階を經なくては、神になれないと言ふ變な信仰を持つてゐたのである。

六、成年戒

成年戒は赤子から子供になる時と、子供から若者になる時と二度行はれる。もとは若者になる時に一回だけ行はれたものと考へられるが、後には候補者を作る爲に二度行ふ事となつたのである。赤子から子供になる時には、道祖神を對照としてゐる。此神は養ひ親の形をとり、子供は氏子となつてゐる。子供から若者になる時には氏神が對照で、其神の助けで人間になり、同時に其神に仕へるのである。女性の成女戒と言ふべきものも、其の限界が古くから明瞭でないが、同樣に二度ある。其限界は、後世の宮廷を見習つた家々又は、武家の間では却つてよく訣る。即、裳著《モギ》と言はれる儀式がそれで、

年中行事（折口）

四五歳から七八歳までの間と、娘になる時分とに行はれた。裳と言ふのは、女官の用ゐる様なものではなく、風呂敷の様なものである、此に對して男の袴著の袴は、行燈袴の短いもので、寧ろ褌と言ふべきものであつたと思はれる。裳はその儘では心細いので、六尺のものをまわす様になり、其上を解けない様に紐で縛つて置いた。解くと禁めを破る事になる。今の人ならば、解けるから解くと言ふ事も起るが、昔の人は紐を解く事はえう爲なかつた。今昔の信仰の違ひである。男の袴著がもと一回であつたのが、準備の爲に更に赤子から子供になる時に一度、つまり二度行はれる事は既に述べた。其風はずつと行はれて來てゐて、近世では一層明らかに見えてゐる。卽、第一回目のは宮詣りと言ふ形で行はれ、二度目のは十五歳頃になつて、褌を締めて若衆宿へ行く。成年戒或は、成女戒として、褌なり裳なりを著けるのが一人前の男女になつた標である。今の男の褌は變化して紐の様になつたが、もと袴・裳には、條件的に紐が着いてゐた。紐を村の神人の知つてゐる特殊な結び方で結んだものを紐の緒と言ふ。この紐の緒は、男は後世の褌の様に又、女は裳の上に結んだのであるが、解いてはならない信仰があつたのである。その信仰の最嚴重に保たれたのは、神事の前であつたことは言ふまでもない事である。

日本人の信仰では、身體の上の事は帳消しにする事が出來たので、成年戒を受ける男・女には今度初めて子供から大人になる男・處女と、既に一度戒を受けたものでくり返して受ける者とがある。つまり此時には、巫女も生娘の資格に歸る事が出來たのである。既に度々結婚生活を經た者にとつては、此成年戒を受けるまでの間の物忌みが非常な苦痛となるので、景行天皇が「長目をへしめ給うた」のも意味があるのである。此禁慾生活を爲なければならない期間に、紐の緒を解いたものは、村人の忌憚に觸れて排斥せられたので、紐の信仰は、支へられて來たのである。近頃まで褌は、若者の誇りとされてゐたが、其は若者の標ではなく、若者になる前の禁慾生活をしてゐる形であつた。神になる時は、褌を脫いで開放せられて處女の資格の者に逢うて、神となるのである。後に褌をつけてゐるのは其準備時代であると言ふ事は忘れられて、既に若者の資格のある者と誤解せられ、誇りとさへもなつたのである。

昔は若い衆は村の中心であつた。若い衆の上に在るものは、少數の村の長老で、若い衆の指導の任に當つたゞけで、村の事一切は若い衆が行つてゐたのである。成年式の例として見られるものはまだ澤山ある。赤子から子供になるのには、道祖神祭りを經なければならなかつた。此は様子の變つた信仰である。子供が生れるのは、道祖神の魂の發展であつて、生れ子の魂を村境に立つた道祖神が預り守つてゐた。子供は道祖神の氏子の様なものであつた。道祖神の祭りは、正月八日頃になると鳥逐ひの小屋の様な小屋を造り、子どもだけで其處に籠つてゐて、十四日になつて道祖神も小屋も燒くのである。道祖神まつりの前後には、子どもは村方・里方の勸進と云うて金錢を集め又、道行く人を止めて金を取り、其金で物を貰うて食ふのである。繩張りをして　人の通行を許さないのは、道祖神が村人以外のものをとがめる式の名殘である。金を與へ一村人の資格を得てはじめて村に入ることを許してもらつたのである。花嫁は村の人でなかつたから、道祖神を祭る子どもに金をやつて村人とならなければならなかつた。道祖神を祭る爲に、子どもが正月八日から十四日まで籠る鳥小屋は、野蕃人の間で村の中心人物となる爲に、若者が共同生活をする秘密結社と同じ形式で、以前からふおくろあの研究題目として注意されてゐたものである。私は、恐らく若い衆の生活を延長して子どもの上にまで及ぼしたものと思ふ。

七、女性の祕事

女の方には盆がまが行はれてゐる。此は盂蘭盆に河原や山の辻などで、小さな女の子どもだけが集つて飯を焚いて一日過ごす行事で、後には遊戯化して飯事をやる様になつたが、原因は盆釜にあるのである。松本地方にも此種の行事が行はれてゐたといふ報告が、亡くなつた小林謹一さんからあつた。赤坊から女になる行事は地方によつて年齢に、差があるので、盆釜にかなり大きな女の子が加はつてゐることがある。女には更に今一度本道に女になる式があるが、盆釜は少女になる迄に行はれるものである。盆釜が何故に初秋に行はれたかはまだ訣らないが、盆釜の形に固定する以前は、もつと自由な形式で行はれてゐたと思ふ。釜を中心にして女が籠つてゐるだけではなく、歩き廻つたものでそれが次第に藝術化してきて、室町時代から著しく目につく小町踊りとなる。小町踊りは、また七夕踊りともいはれてゐるが、これは、室町時代から江戸時代へかけて、小唄の組踊りを發達させてくる。子どものするのをぼんならさんと言うてゐるが、ぼんならさんも七夕の小町踊りも同じもので、少女の成年式なのである。此等は盆踊りそのものではないが、ひいては、盆踊りの一つの原因となるものである。とにかく、男女の信仰生活は隔絶してゐて、結婚しても神事の秘密は打明けられなかつた。祭りの時には、男は神になり、女は巫女になつた。祭りの間だけは、男女間の貞操は開放されたのも、神を饗應する巫女と言ふ意味があつたからなのだ。後に信仰は次第に稀薄になり、忘却せられるにいたつても、祭りの時に男女が自由に振舞ふ風習だけは遺つたのである。

女性の成年式には、この外に早《サ》處女《ヲトメ》定めといふことがある。早處女定めには、花摘み・山籠りの二行事が關聯してゐる。卯月八日の灌佛會の日には、躑躅の花を重んじてゐる。佛に甘茶を灌ぐのも花見堂と呼ばれる堂で行ひ、竿の先へ籠や鎌を結びつけて出すのにも此花をつけて出す。これは、田植ゑ行事の事始めである。卯月八日と定めたのには、釋迦と關係があるが、これも元は自由であつて、田植ゑに先立つ一月程前ならばよかつたのであつた。日に執着して考へなくともよいのである。躑躅の花が咲く頃に、女が山籠りをして有名なのは、叡山の東坂本にある花摘みの社に絡んだ話である。こゝは卯月八日　傳敎大師の母が、大師に逢ふたところであつた。そして其日だけは女人禁制の天臺の山へ女が立入ることが許されるにいたつた。以來此日を限つて都近くの女が山に入る樣になつた。傳敎の母が尋ねた紀念に花摘みの社が殘つたといふ。何故に花摘みの社と言うたのであらうか。女が卯月に山に入るのは、叡山に限つたことではなく、畿內では諸處に行はれてゐることである。その年に早處女になるものが、一日山で暮して來る慣はしを山籠りといふ。一日山に籠つた歸りには躑躅の花を頭髮に挿して下りてきて、自分の家の田や、神棚にその花を立てゝ置く。最近まで躑躅の花を四月八日の飾りにすることになつてゐた。とにかく女が山籠りをして其年に早處女になる行事をする。昔は女が山へ登ることなど殆んどせなかつたが、年に一度だけ登山してはじめて田の神に仕へる資格を得て、躑躅を頭にさして下りてきて女になるのである。女になるものには、初めて娘から女になるものと、幾度も女になるものとがある。女になる爲めに山の中で何か秘密の行事が行はれたと思はれるが、どんなことが行はれたのか。今からは訣らなくなつてしまつて表面の花摘み

だけが信仰を忘れた年中行事の一つとして殘つてゐる。(未完)

長野縣東筑摩郡東部教育會での講演です。本誌第二卷第八號第十號に一部分載せた後、思ひがけなく一年早く入營しました爲に、其儘になつてしまつたものゝ續きです。折口先生はじめ皆樣に御迷惑をお掛けした、私の怠り心を恥ぢて、深くお詫び申します。

(小池)

寄合咄

文政年代のスリツパ型履物

スリッパと呼ぶ履物は、一體何時代から我國に出現したものであつたか。大石眞虎（寛政六―天保四）筆の繪本「神事行錄」（文政十二年序）を見ると次の圖の樣なスリッパ型の履物がある。

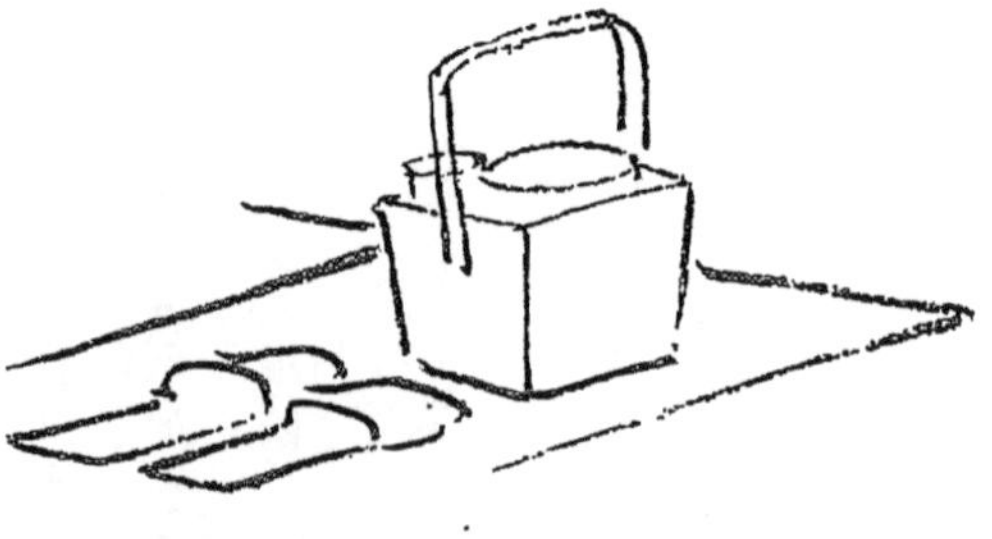
スリッパに似た履物の圖
神事行燈所載

其履物が描がいてあるのに、同書十一丁オ「下手の鞠、足を食へと云つたよう」の句を題して蹴鞠稽古の繪である。其圖は二人は例の黑い鴨沓で鞠を蹴つて居り、他の一人は椽に腰を掛けてそれを眺めて居るところである。其休んでゐる右脇の椽の上に煙草盆が置いてあるが、更に其傍に問題のスリッパの如き履物が置かれてあるのである。其履物は圖の如きもので、爪先を覆ふ爪掛け及び足を載せる臺の部分から成つた物で、全體が薄墨で彩どつてあり、其表現から考へるとどうも黑い革で作られてゐるらしい。とにかく其形態に現今のスリッパに髣髴たるもので、椽側の上に脱いであるのによると上草履として使用したものらしく、其用途もスリッパに等しいものであつたと考へられる。

同書序文の年の文政十二年は眞虎が三十六歳の時であつた。當時既にスリッパに似た履物の存在した事が明らかにされる。實に今から百七年前の昔である。

一體右の履物の名稱を、當時何々と呼んで居たのであつたらう。確か馬琴の朝夷巡島記であつたと記憶するが、それに廊下沓（ラウカグツ）と呼ぶ履物が現はれてゐた。所謂廊下沓は尋常の上草履を馬琴の例の癖から殊更異樣に左樣に書いたのかも知れぬが、或は又神事行錄所見のスリッパ型の履物の名なのであつたかも知れぬとも考へられる。廊下沓の屬性も改めて考へて見る必要がある。

奥羽・北越等には、藁製のスリッパ型の履物が穿かれてゐる。（昭和七、五、十二、宮本勢助）

同追記スリーパの語

スリッパ型履物は、既に文政年代（西紀一八一八—一八二九年）我國に存在したが、まだ其名稱を知らぬ由を前に述べた。併し右のスリッパ型履物を我國人がスリッパと呼ぶようになつたのは餘り古い事ではないらしい。と云ふのは、田南島巡航記（田口卯吉閲、井上彦三郎、鈴木經勳合著、明治二十六年經濟雜誌社發行）三四頁、マリアナ島志チャモロ人種の服飾を記した條に次の如き記事があるからである。

其上流に在る者は「スリーパ」と稱する靴を穿ち、下流に在る者は概ね洗足にして間々「サンダリヤ」と云ふ鞋を用ゆ。

此記事に據ると當時スリーパの語がまだ切耳であつたことが知られる。或は是などが、スリーパの語の我國文献に於ける抑なのであるのかも知れない。

右は明治二十二年代の事實である。當時をよく御存じの方々にスリッパの語の流行始めなどについて御教示を戴きたいと思ふ。（昭和七、六、四、宮本勢助記）

『やまのかみ』と『モイラ』

我が國の民間傳承に於て、一家の主婦が『やまのかみ』と呼ばれるのは、いろは文字でやまの上がおくであり、おくは即ち奥に通ずるからの隱語であると云ふ說があり、また『やまのかみ』はさうした民間語原說めいたもので解釋すべきものでなく、古い家族制に於て、一家の主婦が生活經濟を掌る中心人物であり、家族のすべてが生命をつないでゆく飯食の切り盛りが彼の女の手中に握られてゐた事實に、山の神と杓子との間に密接な關係が存する事實がからみ合つて、一家の主婦が『やまのかみ』となつたといふ見方や、山の神が農作物の豊饒を掌る靈格であり、而して主婦が古い文化期にあつては、農耕經濟生活の主要な役割を背負つてゐたが故に、自ら『やまのかみ』の稱呼が彼の女の上に與へられるやうになつたといふ見方があることは、みな人の知るところであらう。

かうした見方が當つてゐるか否かは、自分のやうなものの啄を容れ得るところではない。しかし或る文化期に於ける多くの民族の間で、家族經濟が主婦の掌中にあり、從つて、食物の給與分配がかの女の掌るところであつたことは、拒むべからざる事實であり、而してこの現象からの自然の産果として、さうした主婦の機能が一の靈格にまで具象化したといふことも、疑もない事實である。

それについて思ひ出されるのは、希臘の宗教及び神話に於けるモイラ（Moira）といふ女神である。これは、誰でも知つてゐるやうに、人間の運命を掌る女神であるが、その出自は、食物の分配者としての一家の主婦であると見られる。

哲人プラトーンの弟子の一人であつたポンツスのヘラクリデスの記するところに從うと、古くクレタ島にシシチアといふ會食が行はれてゐた。會食の場所には、多くの天幕が張られ、人々は約十五人を一組として、おのおのの天幕內にある食卓に就く。主要な食物は、血で料理して、酢と

寄合咄

鹽とで味をつけた肉であつた。すべての食卓を支配監督するものは、家長の格位ある女性で、食物はかの女の手を通じて、各人に分配せられるのであつた。スパルタに於ける會食も略々之と趣を同じうしてゐた。

クレタの會食に列なるものは、ヘラクリデスの云ふところによれば、男性だけであつた。然しクレタ史の權威ヘック氏 (Hœck) の推定に從へば、ドリア人が建設した多くの都市に於ては、男性の會食と相並んで、まだ女性や子供たちの會食も行はれたと信ずべき多くの理由がある。かくてシシチアは、疑もなくより低い文化階層に於ける原始的な共產的會食の變形であり名殘りであつて、それが男女に分れてゐるのは、野蠻人や未開人の間にあつてさへ、既に萠し始めてゐる性的分離の現象に基く『後代の變容』に過ぎないと見なくてはならぬ。(男女の性によつて、さまざまの生活文化形相が分離する現象については、クロレー氏やウェスターマーク氏等の著書を見られたし。)

アリストテレスは、かうした會食が太だ古い起原を有することを主張した。この大哲人は、それがクレタ島にあつては、ミノス王の制定するところであり、オエノトリア人の間にあつては、イナルスの創始するところであるとなし、且つ彼の時代に同樣な會食が伊太利に廣く行はれてゐる事實から推して、この制度はこの長靴形の邦土を本原地となすと斷じてゐる。(Politics, II IV.)

アリトテレスが、會食の習俗を由來の古いものとなした點、おのれの國土だけに行はれるものではないことに氣がついてゐた點は、感服の至りであるが、それ以上の推斷は、今日から見ると、殘念ながら見當違ひである。この習俗は、ミノスやイタルスをも新たしとする程古い時代から行はれてゐた共產的共食に糸を引いてゐるものであり、且つ希臘や伊太利だけに見られた現象ではなくて、自然民族の間には、殆んど滿遍なく行はれてゐる現象である。

希臘の宗敎及び神話に於ける『運命』の神モイラの發生の機緣が、かうした會食と不可分離の關係を有してゐる。

モイラは、語原的には『會食の際に於ける一人の客の分前』を意味する希臘語である。氏族の全成員が相集つて會食をする場合には、その民族に於ける大刀自——家長の格位ある一女性 (The Matriarch) が、食物の支配者となつて、各々その成員にその分前を分配する。クレタ島の會食に於てもさうであり、スパルタ人の會食に於ても亦さうであつた。そして這般の掟は、希臘人のやうな文化民族に始まつたことではなくて、自然民族の間に行はれた掟の繼承であるに過ぎない。かくてモイラといふ女神は、食物を分配する權能の所有者としての大刀自を原體として生れ出た一個の靈格であつた。

それなら、這般の意義を有した一女神が、どうして運命を掌る女神にまで昂揚したのであらうか。答は簡單である。

つまるところは『分配』によつて含意せられるところのもの丶延長若くは擴大といふことが、この女神を運命の支配者に流動させたのである。會食の際に於ける食物の分配を掌る靈格が、人間生活に於ける生命の分配を掌る靈格にまで、その職能を擴大したのである。フランシス・マクドナルド・コーンフォード氏が、その著『宗教より哲學へ』(Francis Macdonald Cornford, From Religion to Philosophy) に云つたやうに、モイラが『分類の原則』(The Principle of Classification) として、運命の良否、生命の長さに關して、神及び人間へのそれの分配事業を引き受けるに至つたのである。

モイラの神々の上への分類的支配の樣態は、ジェーン・エレン・ハリソン女史 (Jane Ellen Harrison) が、その快著『テミス』(Themis, A Study of the Social Origins of Greek Religion) の中で、

Above the intellectualized Olympians was set, by Homer and by Æschylus alike, the dominant figuer of Moira, division, partition, allotment, and rigytly, for it is by dividing, by distinguishing, by classifying, that we know. This impulse to divide is reflected in Moira, and the departmental Olympians are, so far as they are thought, but specialized Moirai. (P. 476.)

と道破した言葉に盡きてゐる。人類の上への支配力も、分類、分配の力の姿を採つて現れた。人の子が生れると、モイラは彼等のために生命の糸を紡ぎ始める。生命の糸の長さは、人々によつて異なる。そして何人にどれだけの長さを與へるかといふ區分、分配の權能も亦モイラの掌中にあると觀ぜられた。かうしてかの女は運命の神となつた。(Homeros, Ilias, XXIV. 209)

運命の神となると、モイラは、人類だけでなく、神々の上にまでその勢力を擴充して行つた。希臘にあつては、人間と同じやうに、神々もモイラが揮ふ力に默從しなくてはならぬと觀ぜられるやうになつた。モイラの意志は制限を超越して來た。(Ilias, XIX, 87 ; Odusseia, XXII, 413.) そしてオリムポスのすべての神よりも更に古い存在と考へられるやうになつた。(Hesiodos, Theognis, 211—217)

モイラに生起した這般の宗教的及び神話的現象は、氏族文化期に於ける會食が、民衆の生活と心理との上に、いかに重大な意義と强健な把握力とを持つてゐたかを證示する。氏族の各々の成員は、食物に關して當然おのれの分前を持つべきであつた。それは一の imperative necessity であつた。そしてまたそれ等の分前は、大刀自の手を通して分與せらるべきであつた。何人も這般の分前にあづかり得る資格を持つと同時に、何人も大刀自による分配に口を出すことは出來なかつた。この女性の手を通しての食物の

割當は、絶對的であつた。かうした觀念と情感とが、宗教や神話を産む心に働きかけたとき、運命の神としてのモイラが生れた。人の子は、かの女による食物の割當に默從しなくてはならなかつたやうに、かの女による生命の割當にも默從しなくてはならなかつた。いなさうした默從を、希臘人はあらゆる神々にも强ひてゐる。自分たちは、そこに會食に於ける掟が民衆の心の上に持つた大きな力を認めないわけに行かぬ。（松村武雄）

妙觀院のおびんづりさん

七尾郊外小島に妙觀院と云ふ眞言宗の古い寺院がある。近邊での名刹で、舊藩時代には藩主がみえられたこともあり、又梅鉢の紋所を用ひることも許されて居る寺である。此の寺の觀音堂「本尊十一面觀音弘法大師作と稱す、緣結びに効ある由にて信心の者多し」に、おびんづりさんがある。常に病氣に効がある佛で、人其の病所をなでて、又此のおびんづりさんの其の部分をなでていのれば、病治ると云はれて居る。所が此のおびんづりさんが町のある家の娘の身がはりになつて、嫁入りしたといふ話がある。名前を確にはおぼへて居ないが、多分別所と云ふ家であつた。此の家の娘が或散髪屋から無理に望まれた。何か義でもあつたらしく、いやでも行かねばならなくなつた。そこで娘はおびんづりさんに願をかけて居たが、結婚當夜になつて、娘はすがたを隠した。「是は後に娘が話したので知れたのだが、」しかし嫁入もした。明日娘が恐る〳〵實家へ歸つて來た。家では驚いて色々歸つて來た事について小言を言ひ、又慰さめなどして居て、暫くして先方へ詫に行く爲、兩親が緣家へ出かけた。處が緣家では、今前まで新嫁は家に居て買物に出たとの話であつた。どうも話が變なので、色々娘にも問ひたゞし、又昨夜娘が逃げて行つとつた家などもしらべずるに、本當の娘は嫁入をして居ない。其後誰云ふとなく、是は妙觀院のおびんづりさんが身がはりになつたのだと、町の人は云つて居る。其の娘、今は、他の家に嫁し、三十才餘り健在とのことなり。（中村浩）

大葛金山ゆき

明石貞吉

一、大葛へのその道

ひと昔、榮えに榮えた大葛金山へ、いまはわづかに採掘してゐるにすぎないが、鑛山の昔の偲ばれるには却つて好都合と考へて、出かけることにしました。扇田町の停車場近くから、トロツコ線が設けられてゐます。これは營林署が大葛森林伐採のためです。朝早く、ぼくと、今井君と供のものをつれてトロツコの客車に乘りました、これは無料乘車で勿論無蓋車ですが、小さな機關車に索かせるのです。

大葛村では、この金山の隣山になつてゐる大澤鑛山（銅山）の山長、菊池松太郎氏が、ぼくらをむかへてくれることになつてゐました。

約一時間ばかり山へ向つて走つて、トロツコを下車してから、二十分以上歩いて、大澤鑛山の事務所につきました。こゝで、舊鑛山主、加賀谷嘉光氏と菊池松太郎氏にお會ひして、直ちに大澤鑛山の坑道《シキ》へ向ひました。

二、大葛鑛山の坑夫

こゝの鑛夫は、もと金山の鑛夫をしたもの、又はその家のものであつて、金山の鑛夫と同じですし、その作業の方法も同じです。鑛山が近代的な設備をとり入れる程大がかりでないために、昔のこそくな方法で、掘つてゐるため、ぼくらに

大葛金山ゆき（明石）

は却つて興味がありました。

三、變つた用具の種々

このうち、タガネに關しては、實物でなければ説明しにくいので、やめますが、

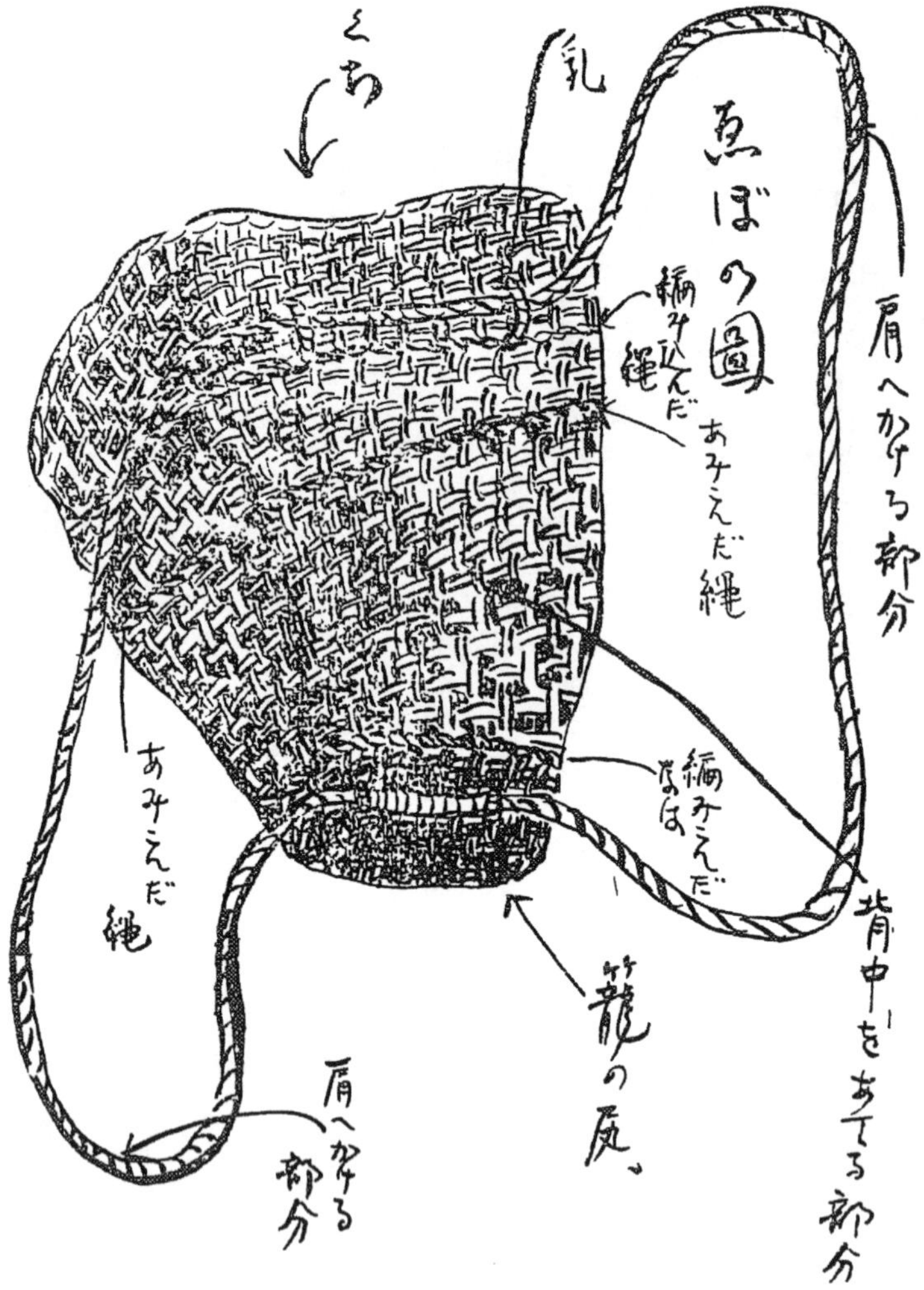

（これは澁澤氏のアチックミユーゼアムに送りました。）タガネ製造の時用ふる槌を、大きい方を、コヅツといつて、小さい方を、豆ヅヽと云つてゐるのがおかしかつた、又土砂を選ぶ籠をエボと云つてゐました。繩が籠の底部からと上部のつけひもとから出て輪をなしてゐるので、これを肩にかけると籠が丁度人間のお尻のところにすわるのです。イタヤの木をうすく裂いて組み編みにするのです。そのふちは繩を編み合せて强固にし又ふちでないところも强固にし、エボのそこには、内面に、圖のやうに木があり、これで肩の繩をしつかり止めてゐるのです。

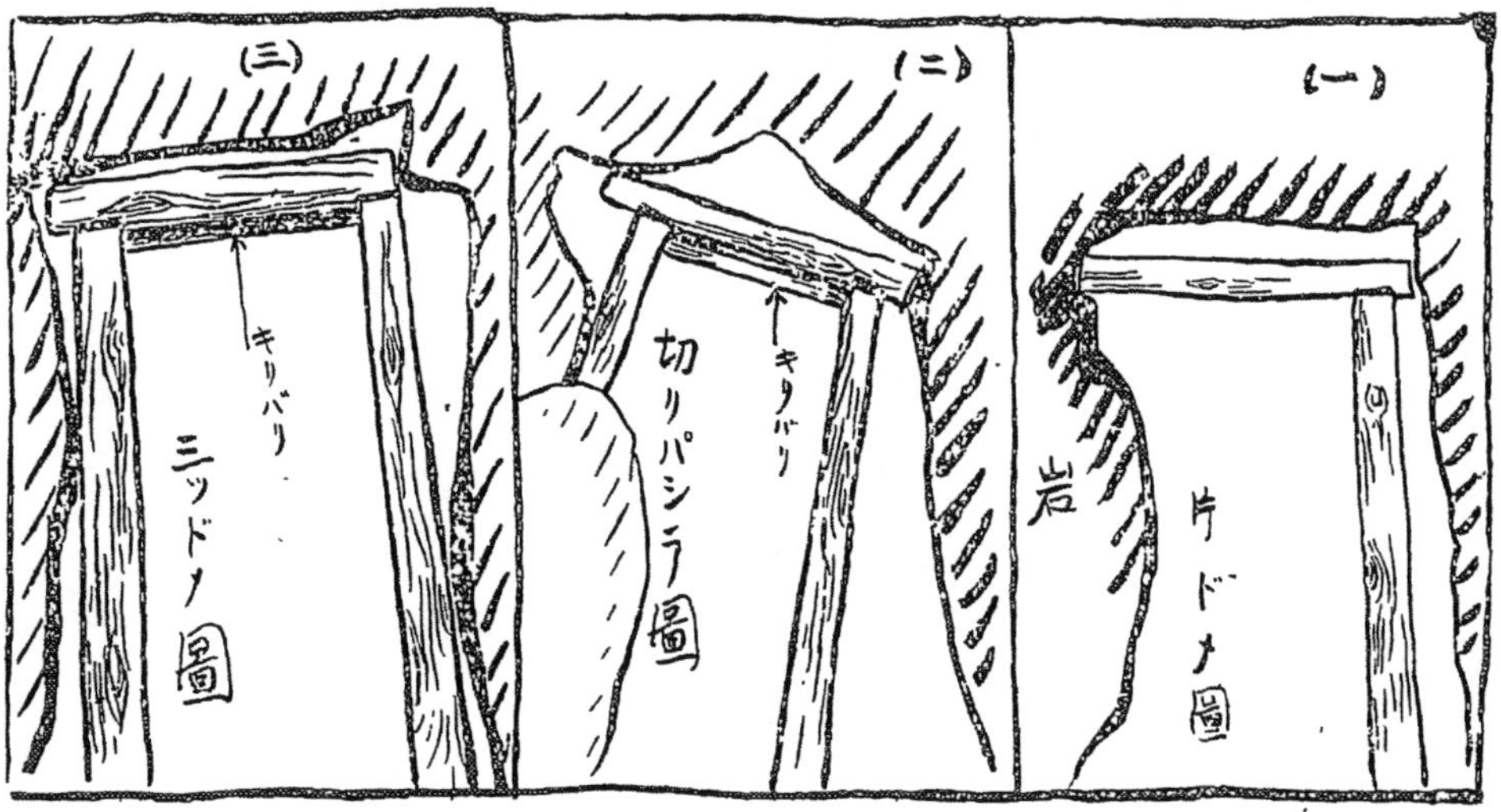

四、坑内の名前の種々

坑道は、鑛脈に沿ふのを鍾押《シュオシ》といひ、鑛脈を横に突きあてるのを、從入《タテイ》りと申します。このシキを作るには、掘つてからトメをかけなければ崩れます。

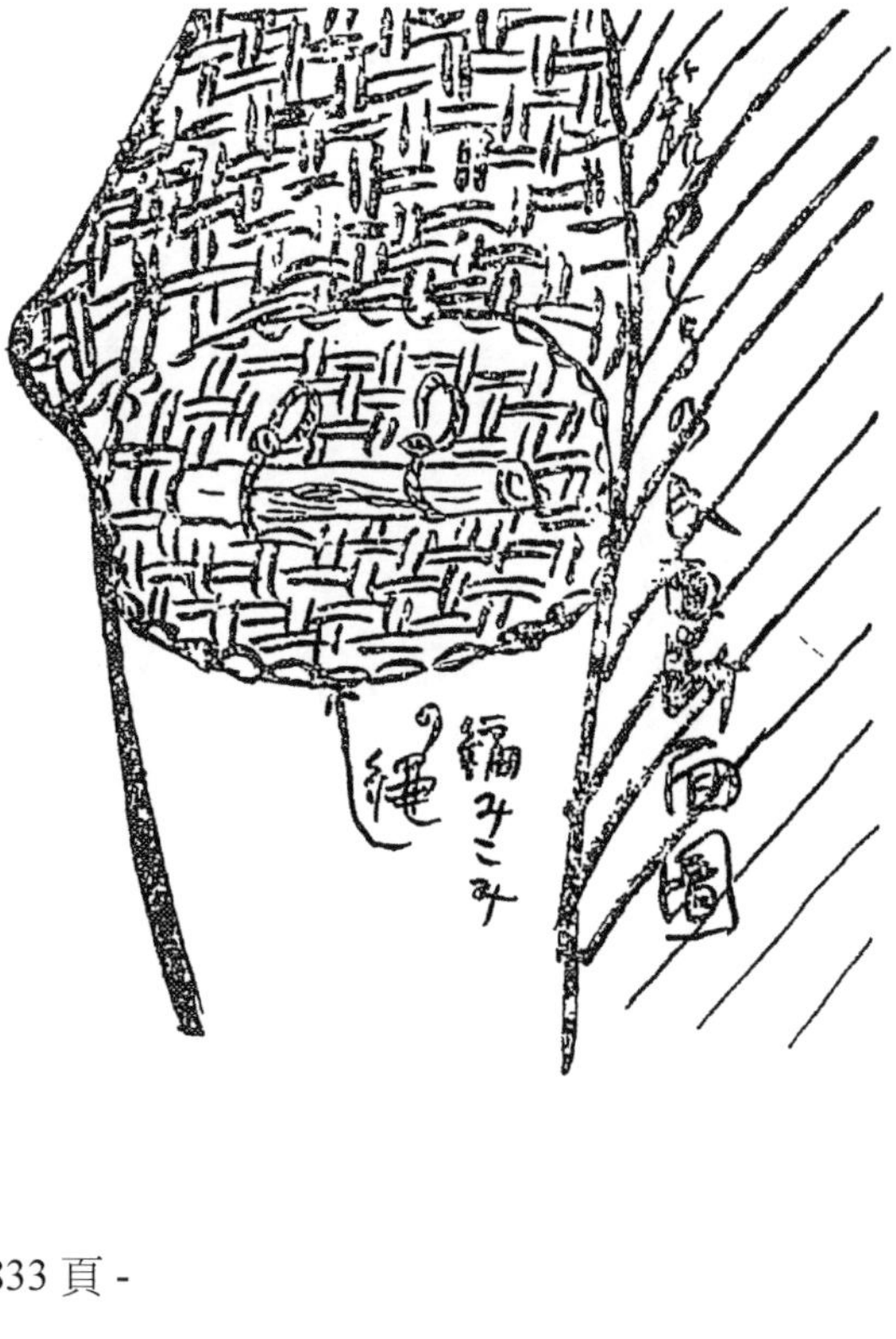

(1) **片ドメ**（昔はカタハドメと云つた）は固い岩のところに用ひます。鑛石をとるところを切りハと云つてゐますから、カタハドメのカタハと云ふは固い採鑛の場所といふ意味ではないかとも考へました。これは、柱一本で支えるとめ方です。

(2) **切りぱしら** は、今はチユウパシラともよばれ、二本の支え柱の一方が、途中で切られ、岩にたくされてゐます。以上は變則で、正則なのに

(3) **三つどめ** 一般にこの三つどめを多く用ひられてゐます。

大葛金山ゆき（明石）

西洋ドメ　は、ハシラ、ノノギ共に、角曲を一つ作り、それを組ませてトメにするのですから、土砂、岩石が、じりじり壓迫する處では、掘つてゐる中に押しづけられてしまつて、トメの役をしないさうで、かういふ時には、やはり古い方のトメ卽ちサバドメを用ひるさうです。サバドメでは、ノノギを削らず、たゞハシラの上端だけノノギと接する部分を、丸い

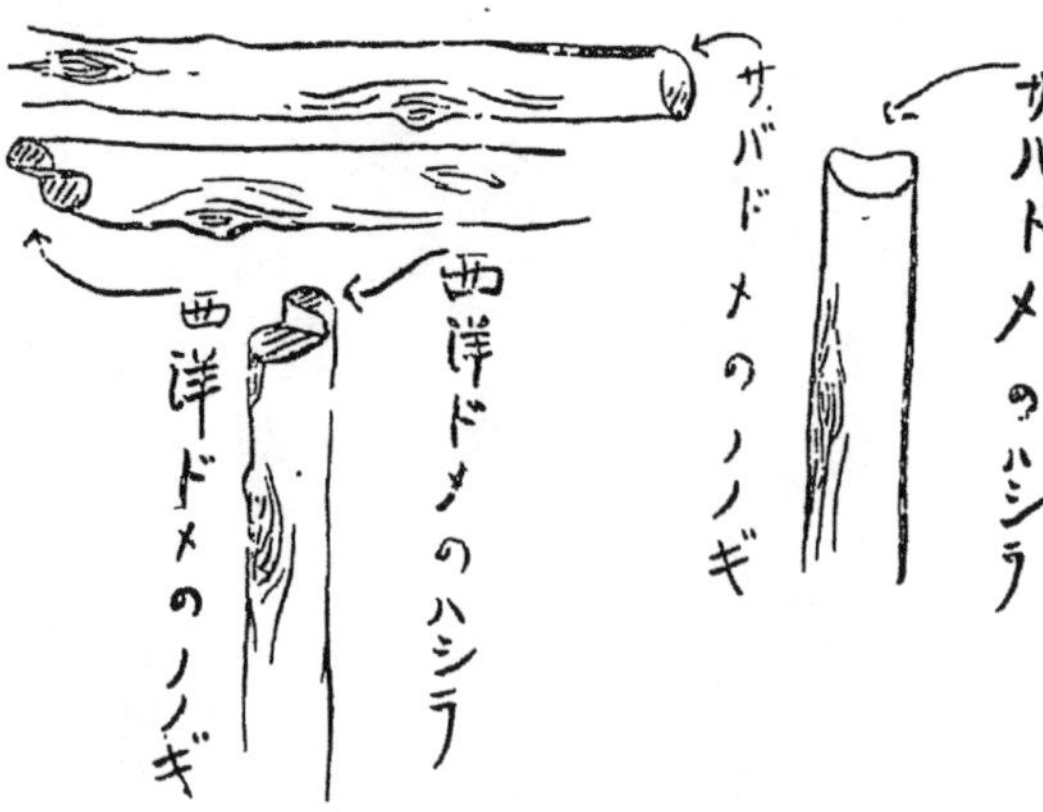

ノノ木の肌にピッタリと合ふやうに、うちへ丸く削つて、それからノノ木をカンムリの岩にあて、ハシラの根をフマへの兩端に一本づゝ立て、ハシラの末（ノノギに接する部分）をタテッパラへ接するやうに打ち、ノノギをして、押しつけて來る岩石を押しかへし、もち上げさせるやうにするのです。それでも岩石の力でハシラが內側へすべつてくるので、キリバリをハシラの間に、ノノギに接してつけて、ハシラを保たせます。それから、矢木（薪程の木です。）をあてゝ小さな土砂岩石の崩れを防ぎます。この矢木は、人の頭の上にならべてあるのをカンムリといひ、兩側にあるのをタテッパラ　と云ひます。

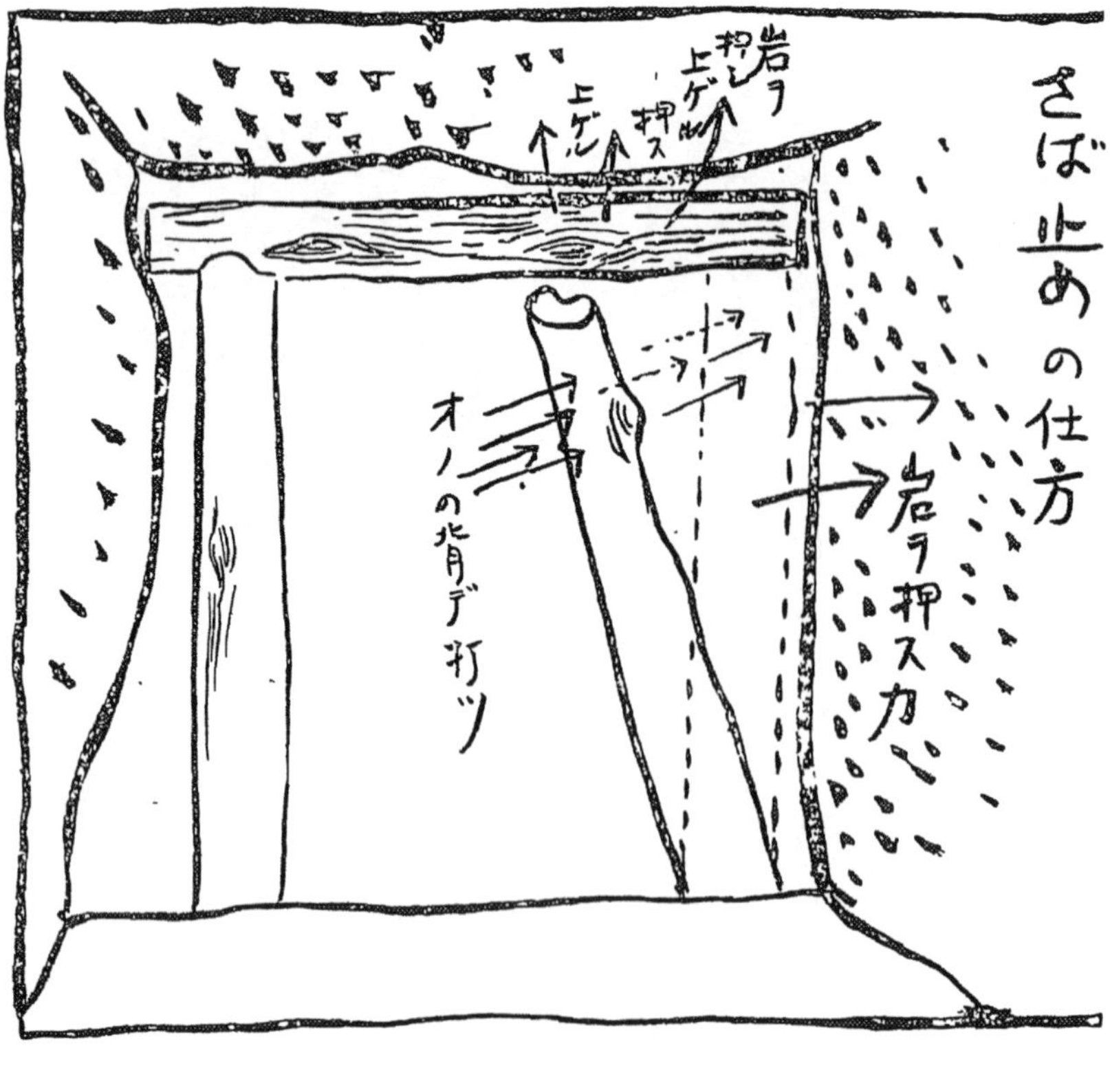

とめの構造

大葛金山ゆき（明石）

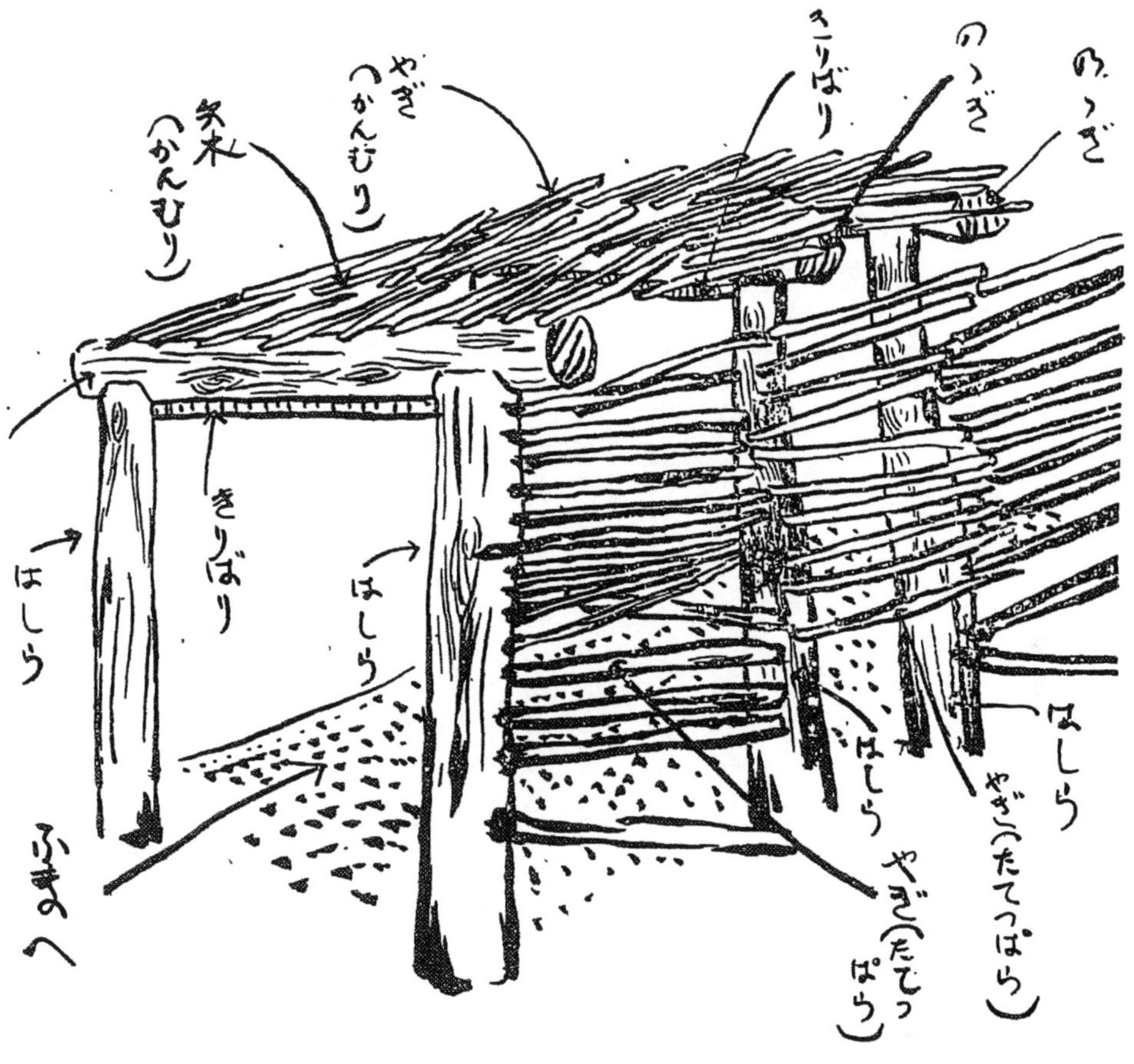

(4) **よつどめ** は三ツどめのにして、ふまへ（坑道の歩く地面）にもう一本柱をつけたものです。即ち四つに組んだとめです。

(5) この外に、一つの坑道（これは普通、廊下といはれる坑道からつくるのです）から、横へ、タテッパラを破つて、鏑押する時には、三本のノヽギ（頭の上、即ち、かんむりと稱するものを支えてゐる木のことをいふ。このノノギは更に柱で支えられてゐる。）を一本の新しいノヽギ（これは古いノノギに對して直角に）で受け、それから新しいハシラをこの新たなノノギの兩端に立てゝ止め、古い三本のハシラは取りはらひ、——これをウシと云つてゐます。——ウシを造り、廊下から鏑押にかゝります。又新しく廊下を造る時にも、この方法を用ひます。

次にトメ方ですが、今用ひてゐるものには、新式の西洋ドメと古くからのトメとがあります。この古くからのトメに新しく名を與へてサバドメを稱してゐます。このサバドメのハシラを切るには

大葛金山ゆき（明石）

サバキリといふオノを用ひますが、西洋ドメの方は刃《へ》ビロと云ふ刃《へ》のひろいのを用ひます。

坑内では梯子を用ひますが、眞澄の紀行にも見えて居るガンギバシゴは、今は使用禁止となつて居ります。ガンギバシゴといふのは丸太にギサギサ（ギサギサの曲折をガンギと云ひます）を切りこんだものです。下の村で聞いたところによりますと、古くは人家でも用ひられたといふことです。

坑道の內から出て來ますと、坑夫の女房たちが鑛石を、カラム（打つことなぐることを、方言でカラム、ブッカラムと云つてゐる。）ところとなつてゐます。

この作業には、カラメブシといふのが歌はれるのです。カナバといふのはかうした仕事小屋のことです。

（五）櫻の話。 この日は早く調査をやめて事務所からほど遠い加賀谷嘉光氏の、大變見はらしのよい二階に疲れを休めることになりました。山が近くですから、夏の夕冷えがひじようによいのです。

夕暮の山に對して四方山のはなしがあつた。

加賀谷氏のお話しではこの山に自然に生じた櫻が多く、春の景色が格別よかつた。今は、それが自然に老い、或は雜木にまけて枯れ、二、三本しか殘つて居ない。しかも其櫻は大變大きな櫻ださうです。雜木が村民の薪として切りとられてゐたが（近年は鄕山といふことになり、切られなくなつた。）當時でも『櫻の枝一本が指一本』といつて誰一人櫻を害し傷けるものはなかつた。といふことであつた。元の金山を統治してゐた荒谷氏からのお話しでは、春の花見のために、さういつて嚴重に櫻の枝をとることを禁止したのだといふことであつたが、櫻への信仰があつた爲か、（この地方では櫻の信仰らしいものが二三見られる樣です。）それとも山主の政策（坑場法律―佐藤信綱作）の一つとして、鑛山を一つの歡樂境とする爲に美風景をつくらうとした爲か、或はたゞ山主が山紫水明を好んだためか、それにしても、この言ひ傳へはあまりに生々しい匂ひをもつてゐるやうです。（眞澄の秀酒企乃溫濤《ススキノイデユ》に、市之丈と、くぐつのもとの、うかれめ小紫との碑のことあり。）

古老の話に見る金山。

食後、この村の人で明治六年から金山に入つたといふ、この村での最高年齡者である白髯の老人から、色々昔の金山のお話しをきくことが出來ました。以下其話を、その翌朝、佐藤春治さん（五十五歳）からおききした話を以て補ひ乍ら、要略して述べます。

（六）昔の石の運搬

（イ）土砂《ジク》の運搬にはまづ籐《とう》づら製のメッケェ（又はこれをエンゲとも稱するが、）を用ひて、土をモッコやエボに入れた。これを扇田方面の農家ではエブザルと云つてゐるが、（貨物は上述アチック・ミュゼアムに）これで土《ジリ》をモッコやエボに入れてくれる人がゐた。

（ロ）坑道から石（ジリ。ジリは普通の土砂ではなく、鑛山の赤い石のことです。）を運ぶにはモッコを用ひ、十二貫だけ入れた。鑛石は十五六貫も入つた。これは一尺六寸に一尺八寸程の大きさであつた。

（ニ）少年は九歳頃から鑛山に入る習はしであつたが、仕事はジリ運びで、エボを背負ふと、丁度お尻の下につけて負ふやうになつてゐた。このエボは、大きいのは八貫入り、小さいのは四貫入り、中は六貫入りであつた。一日七錢の少年といへば、十七・八歳なら八貫入り、十一・二歳なら四貫入りのものを負つた。九歳頃の少年もあつて、この賃金は四錢五厘であつた。その頃米は一升四錢酒は六錢であつた。坑道は高さ二尺に巾一尺三寸（肩巾より少し狹い）ぐらいのものであつた。それで肩を傾けて通つた。（現場がなほ殘つてゐる）

（七）昔の少年の刑罰　このジリを運ぶとき、ジリマシと云つて、横着な少年は途中の孔（掘つたところ）に、あけてしまつて、一回早くまわらうとした。これがみつかるとホソビキをやられる。ホソビキといふ刑は、ホソビキで逆さに吊られるのですから、口からあぶくをはいて苦しんださうです。この少年勞働者を堀子（ホリゴ）といふが、さういふ時にはその組長があつて、其人がたのんで許してもらつてやつたさうです。

又、茶椀に水を入れて持たせ、親指と人さし指の間に灸をすえ、水をこぼさせないように持たして置く刑罰もあつた。又これらの少年がどんどん歩かないと、後の少年が「アルケネバ、コブラヤギ」（歩けなければ、ふくらはぎをやくといふ意味）と云つて、持つてる竹火で、コブラ（ふくらはぎ）に火をつけた。

大葛金山ゆき（明石）

大葛金山ゆき（明石）

(八) **昔の大人の刑**　大人の刑には、山法のはらひと稱して墓所《カド》にてはらつた。卽ち耳と、鼻と、踵の引つぱり筋とを、切りとつたのであつた。（この刑については、後述女子の組織を參照せられたい。）

(九) **昔の燈火**　竹火は、笹竹を二尺に切り、爐の火にかけて焦がして、黑こげにやき、これに火をともして、坑內用のあかりとした。ふた時に、二十本を燃しつくした。この竹火は、人家でも用ひ、ホリゴといふものにはさんで、爐にさしておいた。（竹火とホリゴの實物はアチック・ミューゼアムに）その後、燈火がどう變化したかといふに、今年五十五歲の佐藤春治さんの話によりますと、竹火は十七歲の時にカンテラに改められた。それから二ケ年間は石油カンテラでしたが、次にシラシメ油を用ふるやうになつたといふことでありました。

(十) **昔の時計**　晴天には棒の日影で時をはかつたが、雨天には線香を以て時をはかり、坑內の仕事はふたときで交代した。

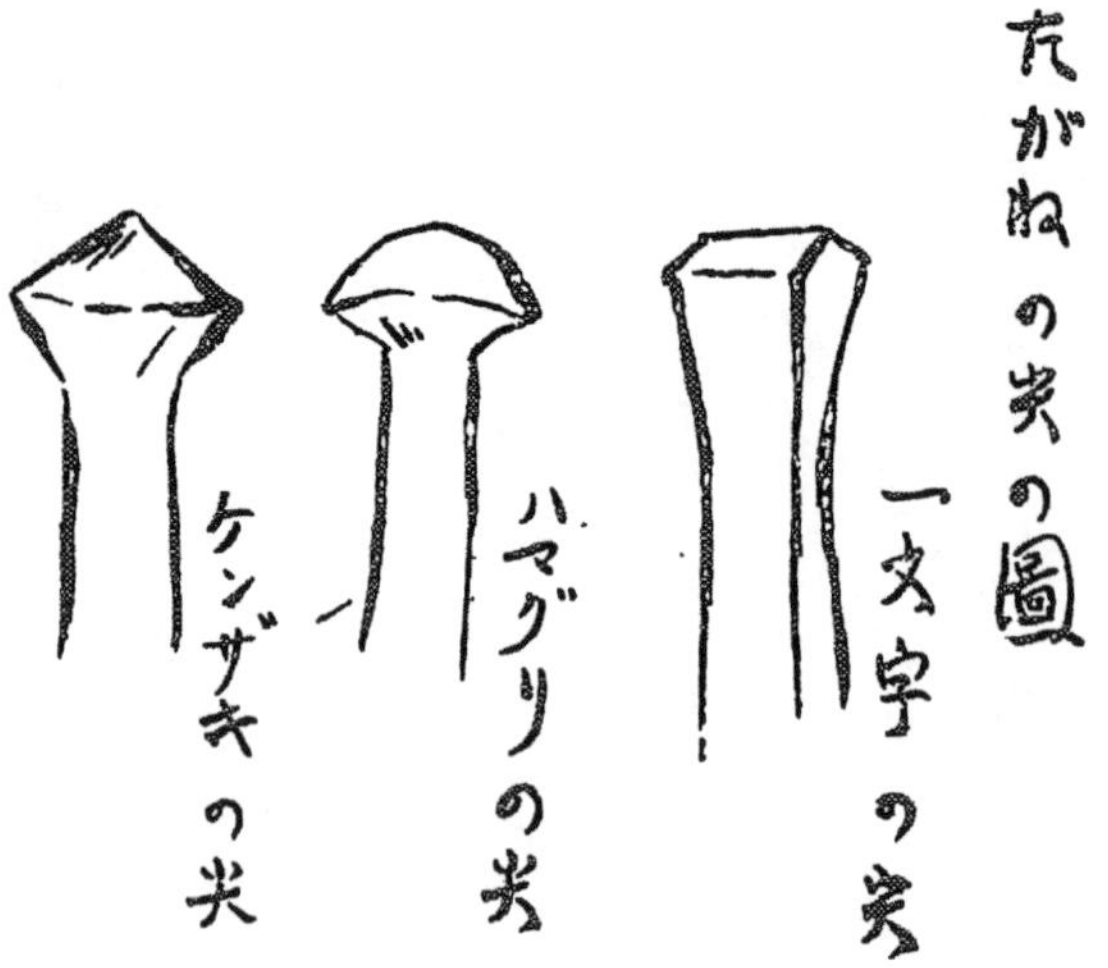

(十一) **昔のタガネの種々**　タガネはその尖だけにハガネをつけた。其附け方は火の上にタガネとハガネを重ねて粘土を以て接しておき、粘土のためにハガネが溶けて來た時、地面にぽたりとそれを落す。それをすばやくタガネに接すると、尖にハガネが溶け付いて固まる。これをコブツ（大きな槌のこと）で打つて縮める。硬いところを採掘するためには、葡萄燒きと云つて、ぶどうの實の如く太く縮め、その上を豆槌（小さな槌）で打つて燒き縮め燒き方があつた。卽ち、岩の柔い所には、一文字といふタガネを用ひ、岩の硬い部分には、葡萄燒にしたタガネ（型によつてハマグリ、或はケンザキ等の名がある）を用ひた。これは鑛夫が自らタガネを燒くことが出來たから、岩の性質に適するやう、自由に其型や、其燒きを定めることが出來た。（實物はアチックミューゼアムにある）以上をホリタガネと稱したが、其外にツルと云ふものも使つて掘つた。タガネの種類も現今よりは多く用ひ、其製法技術も其出來ばえも現今よりは優れ、この點現今の方が昔よりも退歩して居ると、菊池山長が慨嘆されて居た。

且つ支柱夫（綺卷などには「留山ども」と書いてある。）はオノ一丁を持つだけであつた。その斧は、刃と頭部（槌代用）にハガネミをつけてあつた。そして初めてこの鑛山に「ハッパ」が用ひられるやうになつたのは明治八年のことである。

（十二）昔の鑛夫のいでたち　着物は、舊七月に洗濯をすると、正月まで家へもつてこないで坑道の入口の小舍に置いた。帶は繩で、膝まできりの股引をはいた。肌に袖無しを一枚着たきりであつた。口には岩の碎かれる粉末のために「フクメン」をあてた。フクメンは二等邊三角形を逆さにした樣な形の布であつて、袋をなし、底邊が縫ひ合はされてゐない。表はめくらじ、裏もやはりめくらじで、中にはカイキのきれを入れて置き、三角形の底邊の兩端に繩をつけて、水で洗ひ、手拭で鼻頰かぶりをし、其上にこれを鼻と口にあてゝかぶり、後頭部で繩を結んだ。

（十三）昔の鑛石の運搬　鑛石の運搬は坑夫が二十八丁の長い坑道（廊下）をシッコ（坑夫が必ず腰につけてゐて、掘る時には腰の下に敷かれる藁製の袋。）に入れて、四ツ繩をかけて運んで來た。このときのシッコは四角でムシロで作つてある。今見られるシッコは、特別丹念に編んである。

（十四）昔の金の精錬　金の精錬は、まづ碎いた鑛石を水を用ひて、石臼にて搗き、板のヒキバチにて金と銅とを分ち、金砂に鉛を入れ、粘土の茶椀に入れて熔かす。鉛の力で金が丸く集る。

（十五）昔の熔鑛爐　その外、カナバは選鑛場のことで石からみ、ざるあげ等をするところである。トコヤは熔鑛爐のこと。鑛石をとかして型につむ（入れる）話をしてゐたがこれは銅のことであるらしい。卽ち、トコヤは地中に圓形の穴を作り、石で圍み、木炭と粘土で固め、其中に鑛石と木炭を入れて、底からフイゴで風を通じて赤熱して熔かす。上には粘土の蓋がしてある。これから赤熱して熔けた銅をとるには、帶に水を浸してかきまはすと、カルミと云つて銅でない部分が固まつて浮き上る。それを、五六十枚も取つたあと、コジクリと稱する粘土と木炭とを混じて作つた柄杓を以て銅をくみ、赤熱して置いた型に入れる。（五十年前にはジクで作つた型であつた）。冷たい型に入れると爆發する。

（十六）昔の測量。

（イ）山の兩側から掘つてゆくとき、坑道（これを廊下といふ。この作業をふしん掘りと云ひ山主がするものである。そし

大葛金山ゆき（明石）

てあてた鑛脈がオヤジに與へられる。）と通ずるには、先づ山の傾斜、大きさを知らなければならない。その測量の仕方は、二間の長さのスキに一本の樋《トヨ》を彫つたもの、五升樽に入れた水、磁石等を以てした。即ちABの棒のAから山へ二間のヌ

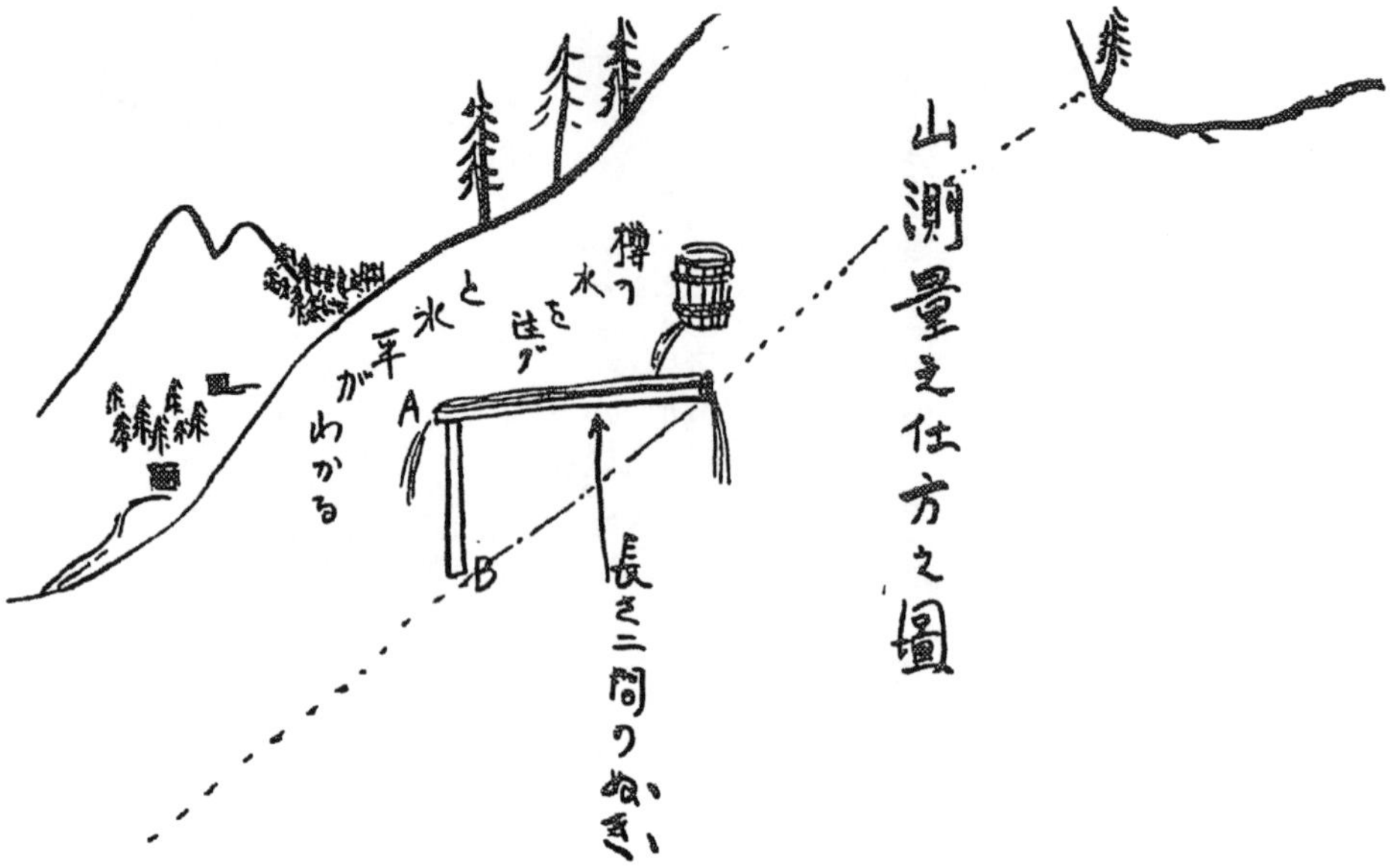

キを水平にし、その樋に樽の水を入れて水平をたしかめ、棒ABの長さをはかつて角度を知り、Aからそのヌキの方向を磁石を以てはかつて、順次に大きな山全體を測量した。

(ロ) 次に上の坑道と、下の坑道と通ずることをヌケ合と云ふ。この方法は、測量を誤まるとたいへん惡い結果になる。まづ、山方《ヤマガタ》といふ者がゐて、これは袖のある着物を着ることを許されてゐるが、そのヌケ合の下の坑道の切リハにゆき地に向つて蹲み、袖で耳を覆ふてゐると、上の坑道では、やはりキリハにタガネを突きさし、セットを以てピン〱ピン〱と打つて三度くりかへしてやめる。その岩石への響きで直覩するのである。又次に下のキリハで打つ音を上で同樣にしてきくのである。

(モ) **昔のジリの處置方法**　その頃は大へん危險な「ジリツカセ」といふことをやつた。これは上の坑道で出たジリが孔に一つぱいつまつてしまつたとき、これを出すことが困難になる。このジリでいつぱいの孔は勿論、新しく掘り進むとき、古い鍾押のあとに出來たものである。そこでこのジリを下の坑道に落しこむために、このジリツカセが行はれる。この男は、竹火を以て坑內に入り、上へジリがつまつてゐる坑道へ向けてその下部から大きく廣く掘り、大きな岩を頭にいたゞ

くやうにして、そこに木の柵を作つて來る。次にこの柵へ出かけて行き、長い棒を以て、つまつてゐる坑道のジリを突く。固いときには掘つてゆき、ジリの落ちるやうにする。かうして、いよ／＼突いたとき、ジリは山を響かせて落ちてくる。竹火はその風で消えてしまふ。最も危險な仕事であつたらしい。この仕事は現代でも縱に孔をあけて露斗の原理で、遂行してゐる。その原理は、昔のそれと變りはないのであります。

(十八) 昔の依託經營 以上(十六)、(十七)は、山主のするふしんぼりのことをのべた。かくて廊下が出來、鑛脈にあてると、それが依託經營され、オヤジにその鑛脈が與へられる。これを切りハと云つてゐた。上の坑道に切りハをもらつたオヤジと、下の坑道にキリハをもらつたオヤジとが、その中間の鍾を爭ふことがある。當然上の坑道につゞくものでも下のおやじに盜み切りされてしまふことがある。しかし、それを拒むことは出來ない。競爭的に直《ナホ》りを掘つてゆかねばならないのです。が、掘つて行つて會つたところへ、事務所で、ヌケトウ境《ザカヒ》をつけて、それ以上を侵さぬように決める。それで、オヤジは、よい契約で以て、良い鑛夫（それはふだんは怠け者が多い）を募集して、盜みにかかつたさうです。

又、この金山は南部領と秋田領との境の山でありますが、巻山峠が國境となつてをります、それが金山の坑道の中にても、境（ヌケトウ境）がつけられてをるさうです。それは秋田領から曾て、盜み掘りしたことがある爲ださうです。それには鑛脈に對して山主とオヤジとの、かうした觀念があることを考へねば理解されないと思はれるのです。

さて、どういふ制度で、採掘せられたかを知るために、從業者の種類をあげて、この山主と依託經營者との關係をしらべてみませう。しかし、ぼくのきいた老人は一坑夫であるために、その間の事情はわからないらしいのであります。

山ガタ ～～採鑛係。
オヤジ ～～ハンバ頭。切りハをもらふ人。
カナグ ～～鑛夫。又自ら精錬して事務所へ賣る。
ホリゴ ～～土砂運搬雜役の少年。
トメ大工～～支柱夫。

大葛金山ゆき（明石）

大葛金山ゆき（明石）

山ガタは事務所に屬して、フシンボリといふて廻坑（廊下）を掘つてゆくのを看る人であり。それが直リにあたると、オトシボリと云つて、そこの切リハを、オヤジがもらつて、鑛石をとりにかゝる。この時、募集されるのがカナグ、卽ち、鑛夫であるが、賃銀の關係は、どうして授受されたか、ぼくらのきいた人が、よく明かにしてくれなかつた。しかし、わかることはオヤジといふ者がゐて、事務所から「切リハ」を三ケ所もらつて、鑛夫を募集して掘つた。掘つた鑛石を事務所へ賣りに行つたものだつた。當時、金一匁三圓の頃、一圓五十錢で賣つてゐたので、商人に化けて金を密かに買ひに來たものがあつた。かうして鑛山から出る金を「ぬけ金」といひ、扇田町にはこのぬけ金を買ふ家があつた、といふこと。及び、佐藤春治さんの頃は、坑夫の賃銀は二十二錢、雜夫は十九錢から、ホリゴの少年は四錢であつて、そして、やはり會社へうる金は一圓五十錢、ヌケ金は三圓であつたと。

こゝには、卽ち、山主のために、ふしん掘りをするカナグと、オヤジのために掘るカナグとあつたことを考へねばならぬ。がカナグが自ら精錬してうつたといふのは、おやじのために精錬（笠がけと云つてゐる）したのであらうか、どうか、この點は報告者の自分も疑はしい。

(九)　**昔の鑛山の信仰**　次に鑛山での信仰を述べる。やはり、直リが出ることに關係した信仰が强いようで、直リが出なくなれば空葬《カラダミ》式を出すのです。これはこの地方で、雨乞ひの時にもやつてゐる。

鑛山に猿まわしの來ることを嫌ふ。さるを嫌ふからだといふ。

口笛、手を拍つことは禁ぜられてゐる。山の神が氣を張つて直らせようとしてゐるのだから、かうしたことで氣をゆるませてはいけない。それで遠方の人を呼ぶには、胸を拳で打つときこえる。坑内でもきこえる。が病氣とか火の消えたときなど重要なとき以外には川ひないことになつてゐる。これは現在でも守られてゐる。菊池山長は、大きな聲で遠くの人を呼んでゐた。口笛、手うち、胸うちの方が、よりよく遠くへきこえるさうです。牛の夢があれば直リにあたると云はれてゐる。この鑛山に今に傳へられる「高田五三郎の直ほり」の話が、牛の夢に關係してゐる。（未完）

若狹の俗信（二）

中平悅磨

六、禁忌に關する俗信（承前）

27、女が男を跨いではいかん。男が出世できなくなるから。（大飯郡高濱）

28、閾の上に乘つてはいけない。（國富村）親の頭を踏んだ事になるから。（內外海）葬式の時棺桶を載せるから。（知三）他所の閾を踏んではいけない。主人の頭の上へ乘つた事になる。（小濱・國富）

29、石を蹴るといけない。米が高くなるから。（小濱）

30、竹の筒を吹くといけない。米が高くなる。（小濱）

31、枕を足で踏んだり、蹴つたりすると、頭が痛くなる。（小濱）

32、人を足で蹴ると、足がはれるから蹴つてはいけない。（小濱）

33、鼠を足で追ひ廻すと晩にうなだれるからしてはならない。（小濱）

34、人の足の裏をこそばかすとこそばかされた人の病氣がうつる。（雲濱）

35、人のぐるりを廻ると蛇《へび》になる。（雲濱）中にゐる人がへびになる。（小濱）

36、橋の上でこけると三年目に死ぬといふ。（雲濱）

37、便所、風呂場でこけると傷がなほらない。（小濱）

38、新しい下駄を葬式に行くのに履くと、何時も惡い時に履くといふ。（大飯郡本鄕）

39、針供養の日に針を持つと足に針が立つ。（大飯郡靑鄕）

40、蛇や毛虫に指をさすと腐る。（雲濱・小濱・中名田・國富遠敷）毛虫を指さしたら、拂つておく。（雲濱）指が切れる。（小濱）とかげを指さすと指がくさる。（雲濱・小濱）蝮《まむし》に指さすと（國富）筍に指さすと（國富）筍や蛇に指さすと（三方郡十村）やもりに指さすとくさる。（高濱）その時は拇指と

人差指とで輪を作つて切る眞似をすると、もう腐らない。(小濱) 晩にやもりに指さすと腐る。(小濱)

若狭の俗信（中平）

41、蛇の尺をとると、手が腐る。(小濱)
42、蛇又は蝮の太さを手の指で示すと指が腐る。指の間から唾を吐けばよい。(遠敷)
43、三つ節の靑竹で杖をするものではない。(西津)
44、お金の印しを寫すといけない。(西津)
45、片袖附けて片袖附けないでほつておくと、いけない。(雲濱・内外海) 死んだ人が手を通す(府中) 黑坊主が手を通す(雲濱)幽靈が手を出す(雲濱・小濱・大飯郡高濱) 黑坊主が出る。(雲濱・西津・國富・遠敷)片袖幽靈といつて幽靈が袖通すから。(遠敷)
46、洗濯物を干すのに三日ほすといけない。(雲濱)
47、糸をかへすといけない。(雲濱)
48、一つ物を兩方から爲てはいけない。(雲濱)
49、着物を着たまゝ計るといかん。「わかりませんから脫いだ。」といふとよい。(小濱)
50、糸で髮を結ぶと氣狂になる。(遠敷) きれで結ぶと大きくなつてから氣狂になる。(小濱)
51、爪を齒で切ると、氣狂になる。(小濱・遠敷・大飯郡高濱)

52、出爪(出かけに爪切ること)を切ると恥をかく。(雲濱) 晝から爪を切ると勝負事に負ける。(國富)
53、よその筍を盜むと手や足を怪我する。(小濱)
54、懷の方へ手がはいると盜人廻りといつていかん。(小濱)
55、お錢を持つて遊ぶと、お錢の神樣がお歸りになる。(小濱)
56、芒の穗を耳に入れると、つんぼになる。(小濱)
57、臍ぐそをとると、腫れるからとつてはいけない。(小濱)
58、襷をかけて裁縫すると、下手になる。(小濱)
59、字を書いた紙で鼻をかむと、下手になる。(小濱・大飯郡佐分利)
60、何物に限らず夜卸すと狐にだまされる。(小濱)
61、鏡を畜生に見せると、見せた人が氣狂になる。(小濱)
62、割れ櫛(又は缺け櫛)を挿すと早く親に別れる。(國富・知三・三方郡十村・同八村)
63、人を紐でしなぐとへびになる。(國富)
64、箒で人をたゝくな。三年目に死ぬから。(遠敷・大飯郡本鄕・同高濱)
65、物さしで人をたゝくな、三年目に死ぬから。(國富) 裁方が下手になるから。(雲濱)——一ノ2參照のこと。
66、湯で顏を洗ふと、お白粉を澤山つけると、早く皺が寄

る。（大飯郡本郷）

67、眠る時に胸に手を當てゝ寝ると、心配な夢を見る。（大飯郡高濱）

68、一人が塵取一人が箒を持つて埃取ると仲惡になる。（今富）

69、障子に針をさすと、痔病になるからいけない。（遠敷）

70、硯に字を書くと字が下手になる。（雲濱・小濱・大飯郡高濱・三方郡八村）

71、硯を逆さまに墨磨ると、字が下手になる。（小濱）

72、人に肩を抑へられると、裁縫が下手になる。（雲濱）

73、物さしを手から手へ渡すものでない。（雲濱・大飯郡本鄉）仲が惡くなる。（雲濱・小濱・國富・今富・松永）

74、着物を左前に着るものでない。死んだ人にするから。（雲濱・小濱）

75、（箆ざる又ハしよーけ）を被ると背丈が伸びない。（雲濱・國富・三宅）

76、貧乏ゆるぎすると、貧乏になるからしてはならん。（雲濱・小濱）

77、正月の元日から掃除すると貧乏になる。（雲濱）

78、火をあまり吹くと乞食になる。（雲濱）火を吹くに二人して吹いてはいけない。（雲濱）烏になる。「からすととんび」と唱へるとならない。（小濱）

79、朝さるといふと、來かけた幸までが去る。（小濱・三宅・熊川・三方郡八村）朝猿の話をすると緣喜が惡い。（三宅・熊川・三方郡八村）

80、味噌をおかずにすると、貧乏になる。（小濱）

81、茶釜の蓋を鳴らすと、貧乏する。（小濱）

82、漬物を三切つけると身切れとなるから忌む。（雲濱・今富）一切れの物を附けると人切れで惡い。（遠敷）物を三切れとると身が切れる。（大飯郡高濱町）

83、御飯粒をこぼすと盲になる。（雲濱・小濱・遠敷）

84、御飯を食べて直ぐ寝ると牛になる。（雲濱・小濱・國富・大飯郡高濱）多く食べて寝ると犬が白目をむいた夢を見る。（小濱）

85、茶碗をたゝくと、貧乏になる。（雲濱・小濱・國富・遠敷）屋根で鬼が躍る。（雲濱）貧乏神の先達ち（松永）大飯食ひがやつてくる。（中名田）隣にその音が聞えると火事がいく。（大飯郡青鄉）ごろ（聾啞の方言）になるからいけない。（三

方郡八村・大飯郡高濱）

若狹の俗信（中平）

86、溫い御飯にお茶をかけると罰が當る。（今富）貧乏になる。（今富・大飯郡高濱）

87、四十二才の者は芹を食べると死ぬ。（遠敷）

88、お櫃をがん〳〵叩くと、餓鬼が寄つて來る。（遠敷）

89、御飯を食べる時唄ふと、貧乏神が寄つて來る。（遠敷・三方郡八村・大飯郡高濱・同青郷）

90、佛さんより先に御飯を食べると罰が當る。（遠敷）

91、白豆の皮をむいて食べると、死んでから石の皮を剝がされる。（遠敷）

92、果物の實を食べると、腹の中へその木が生える。（松永）柿の種を食べると柿の木が。（大飯郡青郷）

93、牛ずいと（すいばの品種に名けた方言）を食べると牛になる。（中名田）

94、髮の毛を嘗めてはいけない。腹の中へ髮の毛が溜るから。（中名田）

35、どん栗を食べてはいけない。叱りになるから。（中名田）

96、杓子で物を吸ふて見ると大喰になる。（大飯郡本郷）

97、土瓶の口から茶をのむと、大きな口になる。（大飯郡高濱）

98、藤の實を食べると、氣狂になる。（大飯郡佐分利）

99、何でもしぶい物を食べると、親に早く別れる。（大飯郡青郷）

100、御飯の時お膳に向つて頰杖すると、家が小さくなる。（大飯郡高濱）

101、枇杷の木を植ゑると植ゑた人が死ななければ實が生らないから、此の木は老人が植ゑるものだと。（三方郡十村）庭先に枇杷の木があると病人が絶えない。（小濱三方郡八村）その家の人が死に易い。（小濱）

102、葡萄を家に植ゑると、貧乏になる。（遠敷）

103、桐の木があると病人が絶えない。（遠敷）

104、ほうずきを屋敷に植ゑておくと親に早く別れる。（小濱）病人が絶えない。（中名田）

105、家の周りに山椒の木を植ゑると病人が絶えない。（小濱・遠敷）

106、柿の木を植ゑると病人が絶えない。（小濱）

107、前栽の木が屋根より高く伸びると、その家が衰へるから餘り伸さないものだ。（小濱）

108、銀李の木を植ゑるといけない。うるゑを喜ぶ木だから。（小濱）（うるゑは變事の方言か）

109、火車を植ゑてはいけない。うるゑを喜ぶ木故。（小濱）

110、月見草を植ゑるといけない。火事が起るから。（小濱）

111、きつね花（きつれのかみそりの方言）をねぶると口がまがる。（小濱）

112、茶碗花・茶碗草・田がらし草（皆きつれのぼたんの方言）を取つて歸ると自分の茶碗が割れる。（小濱・中名田）

113、月見草を取つて歸ると便所が燒ける。（遠敷・大飯郡青鄉）

114、さんまいから花をとつて歸るといけない。お宮の花や石も同樣。（雲濱）

115、茶の花・椿の花等を頭へ挿すと、氣狂になる。（雲濱・小濱）

116、小さい時簪をさしては、早く親に別れる。（大飯郡高濱）

117、朝早く歌を唄ふといけない。乞食歌ひといふ。（大飯郡佐分利）

118、便所で歌をうたふと蛇になる。（大飯郡高濱）

119、烏の眞似をすると、烏がやいとをすゑるから、口に腫物が出來る。（大飯郡本鄉）

120、人の惡口をいふと惡口《あくち》（ハタ方言でクチジケといふ）が出來る。（小濱）あくちの出來るのは、親に口ごたへするせい。（遠敷・國富）

121、人に唾をかけると蛇になる。（大飯郡本鄉）

122、便所で唾を吐くといけない。便所の神樣がお嫌ひだから。（小濱）

123、圍爐裏へ唾を吐くと、死んでから鬼がたゝく。（遠敷）

124、お風呂の中で唱歌を歌ふと聲が惡くなる。（國富）

125、人の寢言に答へてはいけない。答へられた人が死ぬから。（大飯郡青鄉）

126、人に唾をかけると出世しない。（雲濱）

127、しやくで水を呑むと出世しない。（雲濱）

128、雨降りに吃の眞似をすると吃になる。（雲濱・遠敷・中名田・國富）

129、雞と鳴く競爭をして負けるといけない。（雲濱）

130、おこわへお茶をかけると婚禮の日に雨が降る。（雲濱・小濱・國富）よい所へお嫁に行かれない。（雲濱・小濱）

131、灰を呑むと肺病になる。（小濱）

132、欅をかけて御飯を食べるといけない、（小濱）欅が食べるいふから。（遠敷・大飯郡本鄉・同高濱）

133、鼠に棗を食はすと人間の味ひがするから、人間を食ひ

に來る。(小濱)鼠が蚕の種をかぢると、すぐ着物をかぢるから、庭へほつてはいけない。(今富)

若狹の俗信 (中平)

134、御飯を一杓子よそふとまゝ子になる。(國富)
135、藥を上に置いておくと、病人がなくならない。(遠敷)
136、山椒の木の側で歌つてはならない。山椒が枯れるから。(中名田)

137、着物を着ないで便所へ行くと腋が臭くなる。(大飯郡高濱)
138、庖丁(鎌)を五徳の上に載せるな。けんくわの種になるから。(大飯郡高濱・同青鄉)

139、箒を掛けて置かないと、病人の絶間がない。(中名田)
140、箒を高い所へ吊つておくと病人が絶えない。(小濱)
141、櫃の蓋の上で物を切ると病人が絶えない。(遠敷)
142、蚊帳に着物をかけて寢ると、盜人が入つても目が明かない。(小濱)
143、便所を戸口へ作ると病人の絶間がない。(小濱)
144、かまどやいろりの上では、物を使つてはいけない。(内外海)
145、押入に這入つて寢るといけない。(雲濱)
146、敷居の上で物を切るといけない。(雲濱)
147、枡の底で物を切つてはいけない。(雲濱)

148、節分の時豆を四ツ角に捨てゝ來て後をふり向いてはいけない。鬼がついて來るから。(雲濱)
149、節分に撒いた豆を拾つてはいけない。(遠敷)
150、三りんぼうに高い所へ上つてはいけない。怪我するから。(遠敷)この日柿の木から落ちると吃度死ぬ。(遠敷)三りんぼ、亥、寅、馬の時に建物するとこける。(熊川)この日にした仕事はくづれたりこけたりする。(大飯郡高濱)

151、他人へ物を贈る時は偶數は忌む、割れる數だから、人を切るといつて惡い。(遠敷)

152、お祝物を包んで水引が長過ぎる時も切らない。切ると緣が切れるとか、命短いとかいつて忌む。(大飯郡本鄉)

153、舊の霜月九日には山へ行つてはならない。(大飯郡高濱)。
154、川へ小便してはいけない、川へはまるから。(中名田)
155、牛に火を見せるな、主人を恨むから。(遠敷)
156、蛇の縄になつてゐるのを見てはいけない。(今富)

157、みみずにちょーづ(小便の方言)をかけるといけない。(今富)

158、手の平に字を書くと字が下手になる。(雲濱・小濱・大飯郡青郷)

159、赤へびを殺すと、火事になる。(雲濱)

160、家のまはりにゐる蛇を殺すといけない。(雲濱)

161、鳩を殺すものではない。(雲濱)

162、猫を殺してはならぬ。殊に刄物で。殺した人の子に猫の子が生れる。(小濱)

163、蛭の血が目に入ると盲目になるから殺してはならない。(小濱)

164、蛙を殺すと雨が降る。(小濱)勉強が出來なくなる。殿樣蛙も中にゐるから。(國富)

165、やもりを殺すといけない。(三方郡八村)

166、女が蛇を殺すと豚になる。(大飯郡高濱)

167、お盆に生物を殺すとおなかが痛くなる。(中名田)

七、俗呪、民間療法などの俗信

1、夜便所へ行つて、おしりを三遍たゝくと、夜いき度くなくなる。(西津)

若狹の俗信 (中平)

2、てる〳〵坊主をつくると、あした雨がやむ。(雲濱)

3、落ちてゐる櫛は踏んでから拾ふ。(雲濱)

4、針が失さつたならば〽京の清水の音羽の瀧に願かけて失せたる針の出んことはなし。といふと必ず出て來る。(雲濱・大興寺)

5、上の齒が拔けた時は下に捨て、下の齒が拔けた時は上へほる。(雲濱)

6、盜人の糞を盥で覆せると、その盜人がつかまる。(小濱)

7、雷にくわばらといふとおちない。(小濱・雲濱・西津)

8、地震によなおしと唱へると止まる。(小濱)ヨナオリと三遍唱へると止まる。(國富)

9、髮の毛を切つて外にほり、人に踏んで貰ふとよくのびる。(小濱)

10、お地藏樣の前にある水溜の水は體の方々へつけるとなほる。(小濱)

11、しやっくりはおどかすとなほる。(小濱)後からびっくりさせるとよい。(今富)

12、雷が鳴るとカヤの中へ入るとよいといふ。(小濱)

13、なみくじを生で食べると聲がよくなるといふ。(小濱)

14、客の長座するを防ぎ、切上げさすには箒を倒まに立て

る。(小濱)(註一)

若狭の俗信　(中平)

15、櫛を拾ふ時は跨いで拾ふ。そでないと何時もくしくし思ふ。(小濱)

16、便所へ人の後へ入つた時には、紙をおとしてしなければ前の人の持病がうつる。(小濱)

17、いたちが鳴くと、柱に水をかけて、「斗桶に三杯水三杯」と唱へると火事が行かない。(國富)

18、甘茶を家のぐるりにまくと蛇が家の中へ入らぬといふ。(今富)

19、四月八日の甘茶の墨で〝千早降る卯月八日は吉日よ神下げ虫をせいばいぞする。〟と書いて、便所の柱の元へ逆まに貼つて虫除けの呪とする。(小濱)(註二)

20、しびりの切れた時は莚の藁を取つてめんてんへつけておくとなほる。(今富)

21、目に埃の入つた時は、あたりに在る物何でも裏返しておくとなほる。

22、針でついた時は、鋏の握る方で叩いておくと直る。(今富)

23、やけどした時は、其處を濡らしてハエをつけておくと痛くない。(今富)

24、でき物には、なんばん(玉蜀黍)やなすや栗などの生は毒である。(今富)

25、蝮に咬まれた時、そこへなめくぢりをつける。(今富)

26、ソラ手の時は、隣のおと子に糸で手をくゝつて貰ふ。

(今富)

27、蜂にさゝれた時は、歯くそをつける。(今富)

28、犬に咬まれた時は、黒ざとうをつける。(今富)

29、犬に吠えられたら、手の平へ犬といふ字を書いてこぎると吠えない。(遠敷)

30、葬式の自動車が通つたら親指を隠さないと親が死ぬる。(中名田)

31、メボを治すには、豆を目に當てゝ井戸の上から「メボを落した!」と唱へる。又は「メボ賣ろ」と紙に書いて路傍へ貼り出す、それを讀んだ人にうつつて治る。(小濱)

32、お正月の數の子は「かず〳〵よい事が重なる様に」と縁喜を祝ふのだ。(大飯郡本郷)

33、お正月のマスの魚は、「ます〳〵家が盛になる様に」と祝ふのである。(大飯郡本郷)

34、夜昆布を食べるのは、「よろこぶ」の縁喜。(大飯郡本郷)

35、お祝に大きなひつを祝ふのは、大きな世帯が出來るや

うにと祝ふのである。（大飯郡本郷）

36、正月にまめを食べるは、「まめな様に」との縁喜（大飯郡本郷）

37、おめでたの贈物は、又こんな事が「重なる」様にと包紙を二枚用ゐる。（大飯郡本郷）

38、新しい着物を長く着破る様にと、家の中の柱に着せ始めをする。（大飯郡本郷・同佐分利）

39、着物の丈や巾を計る時に着たまゝであつたら「ぬいだ」といつて計る。（大飯郡本郷）

40、お祝が幾つも重なる時は、負勝ちがあるといつて控へる。（大飯郡本郷）

41、お目出度い時は、おかずの中へよつこぶ意味でお昆布を結んで入れる。（大飯郡本郷）

42、紫陽花の花を軒下に吊下げると肺病がうつらない。（大飯郡本郷）　土用にかくするは、お金の出來るのを祈るのだといふ。（雲濱・小濱）

43、夜ののりは「姫のり」といつて買ひに行かねばならん。姫の様に美しくなるやう。（大飯郡高濱）

44、夜の酢《す》は「あまり」といつて買ひに行かねばならん。餘つても腐らないやう。（大飯郡高濱）

45、鼻の低い人は便所で鼻をつまむと高くなる。（大飯郡高濱）

八、妖怪などの俗信

1、節分の夜便所へ行くと鬼がおしり（又おいど）を撫ぜる。（今富・雲濱・西津・小濱・國富・中名田・遠敷・大飯郡高濱）おほ年の晩――（三宅）年越の晩ゆくと鬼がひげむしやの手でなぜる。（小濱）

2、猫を殺すと化けて出る。（小濱）猫が死人の上を跨げると生きり返るからまたげないやうにしないといけない。（小濱）

3、柳の木を切ると、おばけが出る。（小濱）

4、晝拍子木を叩くと鬼は喜んで出てくる。（國富）

5、なめくぢの通つた後へ蛇が行くと蛇は腐ると。（今富）

6、蛇と蛙となめくぢと三つを一つ入物に入れておくと水になると云ふ。（今富）

7、なまこを藁でくゝつておくととけて水になる。（今富）

8、蛇を生殺しにすると、夜化けて枕頭《もと》へ來る。（遠敷）

9、夕方少し暗くなつてから隱れん坊してゐると、隱し神に隱される。（中名田）

10、夜暗くなつて隱ん坊してゐると天狗かつれてゆく。（大飯郡高濱）

若狹の俗信 (中平)

11、頭に挿す櫛を池の中へ入れると、家の中が祟られる。(中名田)

12、お日樣の方を後にして大便すると罰が當る。(大飯郡青郷)

13、海坊主は風があつて海の荒れる晩町の角へやつて來て子守唄をうたふといふ。(西津)

九、雜

1、さかむけが出來るのは、親の言ふことをきかない親不孝のしるしだといふ。(西津・雲濱)

2、初物を食べると七十五日長生をする。(西津)

3、いたちか人の前を通ると、(又は最後屁をかゞされると、)その人はあほーになる。(小濱)

4、火事の時、牛馬を燒殺すと、七代祟るといふ。(小濱・熊川)

5、裸でゐると雷が臍を取る。(小濱) 雷の鳴る時は金の心の洋傘と大樹の下は危い。(熊川)

6、章魚と鯛・蟹と氷・餡と南瓜・西瓜とてんぷら等は食合せ。(小濱)

7、男は四十二、女は三十三が厄年。(小濱)

8、大根の尻を食ふと出世するといふ。(小濱)

9、みやうがを食べるとあほになる。あほが死んだ所に茗

荷が始めて出來たからだと。(小濱)

10、蛙は家の中へ入ると盜人の先生。(國富)

11、本腹祝の時にためを入れるといけない。又病にかゝるから。(遠敷)

12、便所の中へ足をはめるとよく肥える。(中名田)

13、不意物事の時牛や猫は隣から何處かへ二三日限り一錢で賣り、後で二錢持つて行つて買戻して來る。(熊川)

14、鼻から御飯を食べると長者になる。(大飯郡高濱)

15、太陽を三日續けて拜むと、家は繁昌して豐かに暮せる。(大飯郡高濱)

16、節句には人形を祭らねば、箱の中でこと〳〵いはせて氣味が惡い。倉の階段を行つたり來たりしてゐる。(大飯郡高濱)

(註一) この採集は生徒の報告を忠實に記述したが、唯この項のみは、もと次の樣な表現で語られてあつた。「お客樣が箒の逆まに立てられたのを見るとおこる。長く居たので歸つて欲しいと思つてしたのかと云つて、おこる。」積極的にこの呪を實行してゐるのでなく、云傳へられてゐる位の程度で殘つてゐると考へられるが、この項のみを表現しかへたので註記しておく。

(註二) この呪歌は隨筆の中に散見してゐながら、近世の風とばかり思つてゐたが、小濱遊廓蓬嶋樓にては現に行はれてゐる事を知つて、昭和六年六月藝妓某に托して採集して置いた。これのみは生徒の報告以外故特に註記を附した。

「ヒ」の俗信

（肥後南ノ關民俗誌）

能田太郎

一、「ヒ」の觀念

我々の「ヒ」の觀念の甚だしく多様であつて、國語の中でも興味深い語彙であつたことは、殊更に兹でいふ必要もないことであつた。卽ち我々の「ヒ」が、太陽であり、日であり、怪火であり或は靈魂であり、更に火でもあつたことは、誰も承知してゐる通りであつて、それが前代の古信仰に由來してゐることも、もう凡そは誰も承知してゐるのである。只それが未だ尙實は斷片的な知識に過ぎなかつたことは、私かに自分の憾みとするところであつて、謂はゞ我々の「ヒ」の民俗學は、未だ決して完成してはゐなかつたのである。一方で此の「ヒ」の民俗資料の採集も、甚だ斷片的であつて、一般的なるが故に却て人々の熱心なる注意から漏れてゐたやうに思はれる。それ故に、我々は今一度新なる關心を以て、稍系統的に纒めて此の「ヒ」の俗信を採集して置きたいと思ふ。何故なら、十分なる豐かな資料なしには、我々は確信を以て何事をも論斷することは出來ぬからである。

斯うした心算で、私は兹に北肥後玉名郡南ノ關町近在の「ヒ」に關する俗信一般を稍詳細に記して見たのである。特に類似によつて系統を立てて見たのは一に比較を容易にして、才能ある人々の勞力を少くして其の收獲を有効ならしめ、正しい判斷を期待したいからである。

二、太陽を拜すること

先づ太陽に就いての話から始めたいと思ふ。此の地方の太陽の方言を記して置くならば、別段變つても居ないが、一般にオテントサン又はテントサン、或は又オヒサンともヒサンともいひ、單にヒといふものは直接法でない場合であり、且つ青年の間に多く用ひられた。それから老人の間にはニチリンサンといふ人も少くなかつた。又朝日夕日に就ても、別に特別の方言はなく、一般にヒノアガッとかヒノイッとのみ稱して、其の朝焼と夕焼とには天氣占があつたが、今は直接の關係がないから除いて置きたい。是非記して置きたいことは、是も別に珍しい話ではないが、朝の太陽を拜する風習であつた。

「ヒ」の信俗（能田）

一般に町方在方共に老人や又若い人々の間にも古風な人は、早朝起き出ると、先づ顔を洗ひ、口を濯いで、東天の臨み易い家の前の門先か、後方の開けた場所に立つて、柏手を叩いて日出づる東天を熱心に拜するのである。人によつては、然る後に、南、西、北と順次四方を拜した。其の後で家内の神棚を拜した。私の家の田一枚下の農家の主人は、今年まだ五十四歳の初老の者であつたが、どんなに大酒した日の翌朝でも、必ず日出づる頃には門先に立つて、高い柏手を鳴して東天を拜することを缺さなかつた。さうせぬと一日どうも心が落着きまッせん、と彼はいふのである。斯うした風習は、此の北肥後及び筑後に亘つて廣く一般であつたが、他の地方にはどうであつたらうか。物の書には、一般的な風習であつた爲め、殆ど記してはなかつたのである。是も各地の作法なり信仰なりを一通りは詳かにして置きたいと思ふ。

三、ヒトダマの話

つい此の頃の話であるが、町で呉服屋をしてゐる弟の家の表二階のガラス窓から、深夜火の玉が三つも出て、私共の墓地のある方角へ飛んで行つたのを實際見たといふ人があつたとかで、町中の專らの噂であつた、と家人が町から聞いて來ての話であつた。弟はもう四五年呼吸器を惡くしてぶらぶらしてゐるし、七歳になる一人の甥は病弱な質で、老母はいまだ元氣ではあつたがもう六十七歳の老齢である。三つの火の玉は、卽ち此の三人の魂だらうといふのである。是がヒトダマ卽ち人魂の話の一類型であつた。今一つの類型の他の噂話を、今一度私の身邊から揭げて置かう。

昭和三年の晩春、私の弟嫁が一人の男の子前記の甥を殘して、俄に死し、繼いで丁度一月おくれて同じ日に私の實父が是又俄に死去した。すると二人を埋葬した私の家の近くの墓地から二つの火の玉が出て町の今の弟の居る店の方の家の方角に飛び、再び墓地に戻るさうだとか、新しい墓所の上を巴になつて二つの火が飛び廻るさうだとか專らの噂であつた。卽ち第二の類型で、私は自分の身邊に丁度二つの話の類型を經驗したのである。

此の二つの話が示すやうに、此の地方のヒトダマの俗信には二つの形式があつた。其の一は卽ち第一話が示す通り、ヒトダマは生前に出でて其の人の墓地の方へ飛び行くといふのであつて、詳しくいへば死の直前又は數日乃至數十日前に出ると信じられてゐる。其の二は卽ち第二話の示すやうに、死後數日間其の人の墓所のあたりに出で、時に其の人の家の方へ飛ぶことがあると信じられた。特に注意すべきことは、其の何れの場合にも、死者に何か心殘りのありさうな折に必ず立つ噂だつたことである、最近には、海軍あがりの某氏の死去した際には、もう其の夜にヒトダマを見たといふ人が何人も現はれ、其の後其の新築した許りの家には深夜必ず火が出るとの噂さが高く、幾人かの人が、それを見て病みついたとさへ傳へられた。

ヒトダマの俗信は今に尙甚だ盛んで、此の間青年達が十人許り集つた折にも、幽靈は先づ無からうといふことになつたが、ヒトダマだけは確かに出るだらうといふことに話が落着いたのである。只ヒトダマの形態は、見たといふ人によつてさへ區々であつた。或人は青白く邊りを輝して一つ飛ぶといひ、或人は小さい光の玉の尾を曳くともいひ、或他の人は提灯の火の如く赤く邊りを照さず一つであるともいつた。形態は區々であつたが、高所を飛ばず、常に人の丈程の所をすみやかに飛び行くといふ點では一致してゐた。

四、樹上の燈火

ヒが出るとか、ヒを見たとかいへば、一般に大方はヒトダマのことであつたが、今一つ、單にヒと許りいひながら全くヒトダマと別で、又次に述べるテンピやキツネビとも違つた怪火があつた。何れかといへば、此の怪火はヒトダマの方に密接な關係を有してゐると私は考へてゐる。

此のヒは、樹上に又大樹の切株に出た。明治二十六年の八日、丁度日清戰爭の始る前年、當南ノ關町大字關町字城《しろ》ン原《はる》、筆者の屋敷の直ぐ東北の臺地の上の十年役戰死者の官軍墓地境內にあつた老松周圍二丈許りのものが、空洞になつてゐた爲に颱風に倒れた時の話である。其の前夜か、前々夜のこと、老松の樹上に、赤い火の玉が幾つか暫時の間點つてゐたのを、丁度此の老樹の下手に赤痢患者を隔離した假病舍に居た人々が誰も見て、此の不思議を怪しんでゐると、翌日か、翌々日の颱風に、果して老松は倒れたのであつた、と今に其の怪火を見たといふ老人達は語り傳へてゐる。此の老松は、昔加藤清正肥後に封ぜられた折に、一族加藤淸兵衞が城代として凡そ二年間許り此の地に來り、城ヶ原に舘を構へてゐた時の書院の庭の松であつたといひ、俗に書院松と稱し、別に祟るとはいはなかつたらしいが、勝手に伐つたりすることを畏れて來た名木であつた。今其の傍にあつたといふ松が、もう圍り一丈餘りの大樹になつてゐて、書院松の名を繼承してゐる。初代書院松の怪火を傳へてゐる老人達の意見では、それは老松のタマシ(靈)乃至セー(精靈)であつたらうといふ。老樹の倒れる前には、稀にはある例である。と彼等はいつてゐたが、此の話は、所謂龍燈の松傳說の今迄の解說を少し許り改變させる資料になりはせぬかと思ふ(拙文「靈木誌」)。

此の話に、又木の切株によく出るといふ火を私は早速思ひ合せたのである。それが當つてゐるかどうかは、勿論此の後の宿題である。切株に出る火は、燐火だと說明する人もあつたが、民間に信じられた火は、矢張りさう簡單にかたづけて了ふわけには行かなかつたと思ふ。第一に切株といつても、多く老樹の切株に出ることが多く、一般に雨のしよぼ降る夜であつた。是は又キツネビの出る夜でもあつた。第二に火の形態がヒトダマと同樣區々であつて、又少しの差別もつけ難かつた。卽ち青白くして邊りを照し、甚だ大なり，といひ又然らずといひ、或は小さき火の玉の尾を曳くともいひ、種々で、只樹上の場合に反して赤いとは決していはないらしい點は違つてゐた。而も其の兩者の場合は、ヒトダマ出現の二つの類型によく似てゐると私は思ふのである。卽ち後者が人の靈魂であつたに對して、前者は樹木の精靈であつた、と考へられぬであらうか。

五、キツネビとテンピ

木の切株から出る火に似てゐたのは、前にもいつたやうにキツネビであつた。キツネビは必ず雨のしよぼしよぼと降る闇夜で、青白い大きな火ではあつたが、切株の火と違ふのは、同大の火が幾十となく明滅して緩かに浮動することであつた。且つキツネビは又必ず山の裾や岡や丘陵の下の一定の場所に出て、行く處を知らず忽ちにして消滅した。當町大字闢町の出はづれで、大字闢下字迎町の、今は殆ど家續きになつたが、三十年許り前では淋しい桑畑であつた其の邊からキツネビが出て、當時工事を終つた許りの新佐世保街道に沿ふて明滅し乍ら中山の山裾まで行列をしたさうで、見たといふ人が甚だ多かつた。まだ他にも出る場所があつたといふが、場所が一定してゐて、何處にも出るといふわけではなかつた。人々は是を狐の嫁入と稱し、狐の流すゆだれ(涎)があんなに光るのだともいつた。ついでにいふが、晝の日の照り雨の折にも、狐の嫁入があるのだといひ、兩手の指を或る形に組みて、其の穴から覗くと見えるともいつた。

以上に述べた是等の「ヒ」と大邊遝ふやうにも傳へられ乍ら、矢張り一つの怯しい「ヒ」であつたのは、テンピであつた。テンピは「天火」の義らしく、流星なのだと說明する人々もある。さうかと思へば、何んのあれが星《ほッ》さんぢやろに、といふ人もあつたのである。其の火の形態も矢張り區々で、人の頭よりも遙かに大きく、赤いとも青白いともいつたが、尾を曳かず只一個矢の如くに空中を高く飛び、邊りを晝の如くに照し、若し人家に落つれば必ず火事を起すと信じられた。人によつては又、火の大きな柱のやうで、其の倒れた方に火事が出るともいはれて、土地によつては狸の惡戲のやうにいはれてゐる火柱に似てゐた。此の地方でも、狸は火柱を建てて人を怖《おど》かすやうに話だけは傳へられたが、其の火柱の話は殆どなく、多く人々はテンピの話にしてゐた。今は流星の經驗が加つてはゐたかも知れぬが、天空から飛來する神怯の火の信仰は、決して流星の經驗的迷信ではなかつたらうかと思ふ。

六、火 の 俗 信

山間ながら早く開けた爲であつたか、怯しい火の話は、此の地方には餘り多くはなかつた。そこで次に普通の燃ゆる火乃至は炭火に就いて記して置かう。

此の地方の俚諺に「火《ひー》八人」といふのがある。殊に冬の夜長などに家に一人居るのは淋しいものであつたが、火を焚いたり、炭火をあかあかと起したりしてゐると、何とはなく賑やかで、火といふものは、人八人分もの賑かさがあるといふ程の意味だといはれてゐる。此の諺を聞いたとき、私は前代の人々の火に對する感情をいとも鮮かに目に見えるやうに感じた。俚諺大辭典にも、柳田先生の「日本兒童文庫」の諺の篇にも、此の俚諺は見えてゐなかつた。此の謂はゞ原始的な諺が、此の北肥後と筑後だけのものではなかつたらうことは凡そ察するに難くなかつた。どうか誌友諸賢の其の存否の御教示に與りたいのである。兎も角も此の俚諺の人の單なる個々の經驗的教訓でなかつたことは、例へば「笑ふ門に福來る」などと等しかつたらう。即ち前代の信仰生活に遠く由來してゐたらうことは、略是を認めて宜からうと思ふ。玆で順序だらうと思ふ故に、火の俗信を記して見やう。

(一)火は粗末にするもんちゃなか。
(二)子供が火遊びすッと寢小便する。
(三)火起すとき二人で一度に吹くと惡い。その時は氣附いた者から「すらごッ（噓）」といはねばならん。
(四)火を消すとき、小便まりかけち（ひつかけて）消すとちんぽん先が曲る（又單に、罰かぶる――罰が當る）。
(五)火を消す折、又故意につば（唾を吐《は》ッかけて消したりすると、罰かぶッて口がよがむ（曲る）。
(六)燒物（瀬戸物）の茶碗其の他の容器や桶の類まで、新しく用ひる折には、先づおき（炭火）の小片を入れて、からからと振つてから用ひねばならん。（死者ありたる折だけ此のことをせぬ。）

七、火を焚く行事

火の話をした私は、最後に火の行事に就て一通り記して置かうと思ふ。但し詳細は年中行事篇に述べる筈である。

(一)オニビ　舊曆正月六日朝、村々の子供等家々から藁を集めて村はづれの道の辻か、一寸した廣場で火を焚いた。是をオニビといつて、邪氣、惡神を除ける爲と稱した。明治初年にはもう廢れて、六十四五歲以上の老人だけが記憶してゐる。

(二)ドンドヤ　一月十四日（今は新曆）夕刻、村々の子供等家々から藁を集めて盛んに火を焚いた。即ち左義長の行事で是をドンドヤといつた（筑後ではホンゲンギョといつた）。此の火に書初の書きものをあぶり飛して、高く揚れば揚る程手があがるといつて是を競うた。又大人達は此の火にあたれば中風にかからぬともいつて、煙を除け乍らあたつた。又此の火に焙つた餅を以て翌十五日ドンドラギャーとて粥をたき、以前は是に藁しべを漬け、粥のつき方によつて其の年の五穀の吉凶を占つた。

(三)山ン神の火　一月十六日（今は同じく新暦）、村方では山の神祭りをするが、此の日は山に入るを堅く忌み、村から一番近い山の入口の路傍に、一寸した自然石を立てて山の神を祀つた場所に藁を持ち行き火を焚いた。近い頃までは何處の村々でも一般に行つたといふが、今は行はぬ村も多い。

(四)山ン神のお燈明　オガ即ち木挽達が山で木を伐る折には、先づ「お燈明をあぐる」といつて必ず火を燃し、それにあたり乍ら煙草でも一服した後で爲事にかかつた。此の火を焚ぬと怪我をするともいつた。

(四)埋葬の折焚く火　此の地方一般に埋葬の折には、先に墓穴を掘つた連中が、其の儘葬列の來るを待ち、行列が見え出すを合圖に必ず火を焚くのである。何故此の火を燃さねばならぬかは、誰も知らなかつた。

（昭和七年春三月下旬稿）

馬方節

楢木範行

馬方節は薩・隅・日・地方に於て最近まで（こゝ十年來は殆んど廢れてしまつた）嫁入の時嫁が嫁女馬《ヨメジョウマ》に乘つて婿の家に行くに馬方が出發・到着・道中等と歌を歌つたものである。是を歌ふものは村に一人とか二人居て殆んど職業としてゐたのである。次の歌は宮崎縣西諸縣郡加久藤村大字湯田（小生の隣村）の人を、わざ〳〵小生宅まで呼んで芋燒酎を御馳走して聞き取つたものである。普通ならば金を五圓出しても駄目だ位に大切にしてゐるのである。又人に教へる時も嘘を教へるとのことであつたが、こゝに載するものは事情が分つてゐたから、嘘はなからうと思ふ。しかし、さうは云ふもの丶疑へば疑

馬　方　節（檜木）

ふ餘地はある。

一、婿方より嫁方に着いた所

（こゝまでは仲人の嫁が馬に乘つて行く）

エヘ……ヘヘ……ヘ……（此の數は決まつてゐない）
沖の潮がヨホ……ホイ今こそ見えたヨホ……ホイ
エヘ……ヘ……ヘ………………
さらばおたのみまするヨホ――ホイ
七丈《シュ》三尺たくめある　駒の手綱を　この御家《ゴイエ》の
ごてすさま《御亭主樣》におたのみまするヨホ……ホイ

（其の時馬の食物は餅搗臼に米一升と鹽）

二、婿方に行く支度をしての歌

エヘ――ヘ――ヘ――
もらひ受くるフフ……ヨホ……ホイ……
エヘ……ヘ……ヘ……
この御家の花「ごゆ《娘》」樣をヨホ……ホイ……
エヘ……ヘ……ヘ……
二度と返さぬ「フ」この村里にヨホ……ホイ……
エヘ……ヘ……ヘ……
こゝは茶所ヨホ……ホイ先《サキャ》や緣所《エニ》ヨホ……ホイ
エヘ……ヘ……ヘ……

わしも三日してからヨホ……ホホイ又お目にかゝりて
さてしほがさす「フ」……ヨホ……ホイ……
エヘ……ヘ……ヘ……
こゝを立つ時《トキャ》やヨホ……ホイ
涙で立つ……がヨホ……ホイ
エヘ……ヘ……ヘ……
まごえ《戸口》越ゆれば　先や歌で立つ……フ……ヨホ…ホイ…
エヘ……ヘ……ヘ……
わしは他人の里にヨホ……ホイ……
緣づきいたしまするヨホ……ホイ……
エヘ……ヘ……ヘ……
わしが女人《ニョニン》親達は近所隣のちかじよさま《親しいお方樣》におたのみます
るヨホ……ホイ……

三、道中歌

うれしめでたの……エヘ……ヘ……ヘ……
うれしめでたヨホ……ホ……
エヘ……ヘ……若松樣ヨホ……ホイ
枝もさゆれヨホ……ホイ葉もしげれヨホ……ホイ。

四、婿方に着いてからの歌

エヘ……ヘ……ヘ　ついた〳〵ヨホホ……ホイ
今こそついた〳〵ヨホ……ホイ
うちのかゝさま《母を云ふ》　くわんす《湯を沸かすもの》　に湯をといて《取って》早おどろきな
され（意味不明）エヘ……ヘ……ヘ……

五、お重開きの歌（ほめ言葉）
エヘ……この重についたる品ヨホ……ホイ
エヘ……山・川・里・エヘ……ヘ……ざてお手元《お宮》は
いちの木の一の枝を折りたるお手元なり。

六、重開きの松阪節（祝中に父か娘に）
ヨイ〳〵京都の町の彦九郎が
一人娘を持ち合ひて婿を取りたし婿はなし
これから三里川下に　婿といて《決めて》　婿と定めてやるからは、
長持　たんすが十二竿二つ合せて二十四竿
これど仕込んでやるからは二度とかへるな花娘。

七、娘が親に
もしや　とゝさん《父》　かゝさん《母》　ようきゝなされ
沖の暗いのは風ぢやもね、
巽の暗いのは雨ぢやもね、
北の暗いのは雪ぢやもね、
千石萬石積んだる船さへも
向の嵐が强かれば元の港に吹きかへす。
わしも　このご（殿御？）に縁こそなけりや
元の我が家に吹き戻る。

木地屋の事ども

雑賀貞次郎

紀州の龍神温泉場は日高川の上流、大和の十津川の境に接し高野山へも近い山中の峡谷にあるがこゝの温泉場から一丁ばかり上流にたゞ一軒離れて建つた家あり、大正末年、紀州の有田川奥から山越しにきて家を建つたのだといふ。主人の名は聞き漏したが、何でも有田川奥にも家を持ち女を置き、龍神にもこの家を建て女を置くといふ。いづれが妻、いづれが姿か、そうしたことをハツキリしてゐるか否かは知らぬ。昭和二三年の交、私が龍神へ遊んだ折はこの家は木地のまゝの椀や高坏などを店頭に多く並べ賣つてゐたが昭和六年九月初旬同溫泉に遊んだ時は屋號を松竹《せうちく》といひ宿屋と飲食店と饅頭店を兼ね營んでゐた。宿屋、飲食店といふも山村のことゝて先づは昔の峠茶屋のやうなものだ。同行の原呆一君が附近の溪流をスケツチするため二人で同家へ腰をおろしたが、私は以前この家で木地を賣つてゐるを見たと話したところ、既に六十歲内外と見えるその家の主人は簡單だつたが木地屋のことを話した。その談片にいふ。『私は若い時から長い間、木地屋の職人を使ふて木地を作らせ、それを賣るのを營業にしてゐたが、何分にも時勢に合はず、木地の需用がなくなつたので五六年前にそれを止めて今の商賣に替へた、この家でも製品を賣つたことあり今も幾らか殘品がある。木地屋は淡路から出たもので、淡路が彼れらの鄕里であり出所である。多くは淡路に家をもつてゐて出稼ぎにきたのである。木地屋は皆な苗字をオグラ（小椋又は小倉）といふ。巻物など持つたものは私は見なかつた、しかし何か言ひ傳へがあるなどいふ者はあつた。木地屋は昔はどこの山でも頂上から四分のところまでにある立木を自由にする權利があり、材料にする立木のあるところに往つて止まり勝手に伐採して木地を製造したが、山の持主はこれに故障を言へなかつた。木地屋は團體で山から山へ移つて往つたが頂上から四分のところまでといふが實はそれ以上やつたと屢ば聞いた。製品はその土地々々で賣つたのである――木地屋の巻物などいふは知らず、全く見たことが無いし、ナゼ山の頂上から麓へ四分まで自由にし得たかその譯は知らぬ、けれども陶磁器などが無い時分、あつても一般の實用具とならぬ時代に木地を作ることを發明した功でこんな權利を得たのではないかと思ふ、尤もこれは私の推測である。木地屋のその後ですか、悉くはどうなつたか知らぬが、淡路へ歸らず各地に土着し農になり山稼ぎになつた者などなか〳〵澤山です』とて店の隅から木地の高坏や椀など出して示した。龍神溫泉の松屋旅館の主人は元龍神村長だつた人だが、その話に龍神溫泉は昔から淡路から來る遊浴客、湯治客が多く同國を第一の得意として居り現在も主として淡路へ同溫泉を宣傳してゐるとの事だつた。これは淡路が人形つかひ等にて各地に出るもの多く龍神は山間の溫泉ながらその良質なるを知つて湯治に來るものが多いかも知れぬが又淡路の木地屋の來るものが多かつた關係にもよるのでないかと思はれる。

木地屋の事ども　（雑賀）

それから熊野地方へも木地屋の入り込む者の多かつたことは西牟婁郡栗栖川村大字栗栖川字芝の小倉山』は土人云ふ昔大塔宮熊野へ落給ふ時此山に登り給ふに小家あり其業を尋ね給へば木地を作る者と云ふ其家に一宿し木地職を許し給ふ故に此山上を木地ヶ平と云ふとぞ。此事或は惟喬親王のことを訛り傳へしにや』と紀伊續風土記に出づ。山を小倉といひ小家あり木地を作る者住めりといひ木地が平といふ、大塔宮のことゝ傳ふるは訛傳としても木地屋に關係したところだつたと推測し得る。日高郡川上村の小字名に『木地屋』といふあり、實地を知らぬから何ともいへぬが木地屋の住んだところでないかと思ふ。西牟婁郡二川村兵生方面の地名の通稱にも『木地屋の段』といふところがあると聞く、木地屋の段といふ所はいづれも狹小な場所であるといふが段或は壇で彼等が何等かの祭祀を行うた場所ではあるまいか。（田邊の鬪鷄神社後ろの山をキンジヤマといふのも殺生禁斷以後の稱で禁止山かと思ふが或は木地山の轉かも知れない）木地屋の土着は有田、日高、西牟婁、東牟婁各郡の山間村に小椋、小倉を苗字とする家が數戸あるが多分それでないかと思ふ。知人田邊の小林喜三郎君は既に五十餘歳で二十餘年間に亘り西牟婁、東牟婁兩郡の山間村へ小間物、化粧品等を行商し事情に精通するが、その話に三川村に村人が『木地屋』と通稱する家がある、その家の苗字は小倉でも小椋でもないが、家人も木地屋といふを屋號の如く心得てゐると、恐らく木地屋の土着したものであらう。又私の知る栗栖川村生れの女なども木地屋筋のものと言はれてゐるが實家の苗字は小椋でも小倉でもない。これらの例によると木地屋のうちには必らずしも苗字に小椋、小倉を固執せずして各地に土着したものもあつたらしい。

とに角、木地屋は團體をなして山から山へ次ぎ〳〵に移りゆき主としてカナメモチ（紀州の方言ソバノキ）のあるところに止まりカナメモチの木を伐つて木地を製造した。それで山の持主は木地屋が來て山を荒らすのを嫌ひこれを防ぐためにカナメモチの木を伐採して繁茂せしめなかつたといふ。尙ほ熊野地方では以前は木地屋は尊い方の血筋であるから若し土地の男が木地屋の女と關係すればその男の家は七代祟りあり（土地の女が木地屋の男と關係するといふ話は全く無い）とし避くるにつとめたやうで、その男女間の戀愛秘話的の傳說もあるやうだ。木地屋の女は何れも色白く寧ろ何となく靑味を帶び、美人が多かつたと言はれる。

木地屋文書（二）

東宮豐洪

四九六

（十八）

覺

一軸　　壹提

右者村々役人爲祝儀
差免可申候以上

萬延元申年七月

林村
名主　愼一郎㊞
供野村
庄屋　幸次郎㊞
外立會人一同
壬生澤分
庄屋　唯四郎㊞
組頭　勘右衛門
福島分
庄屋　初太郎㊞
組頭　粂太郎㊞

木地職人中

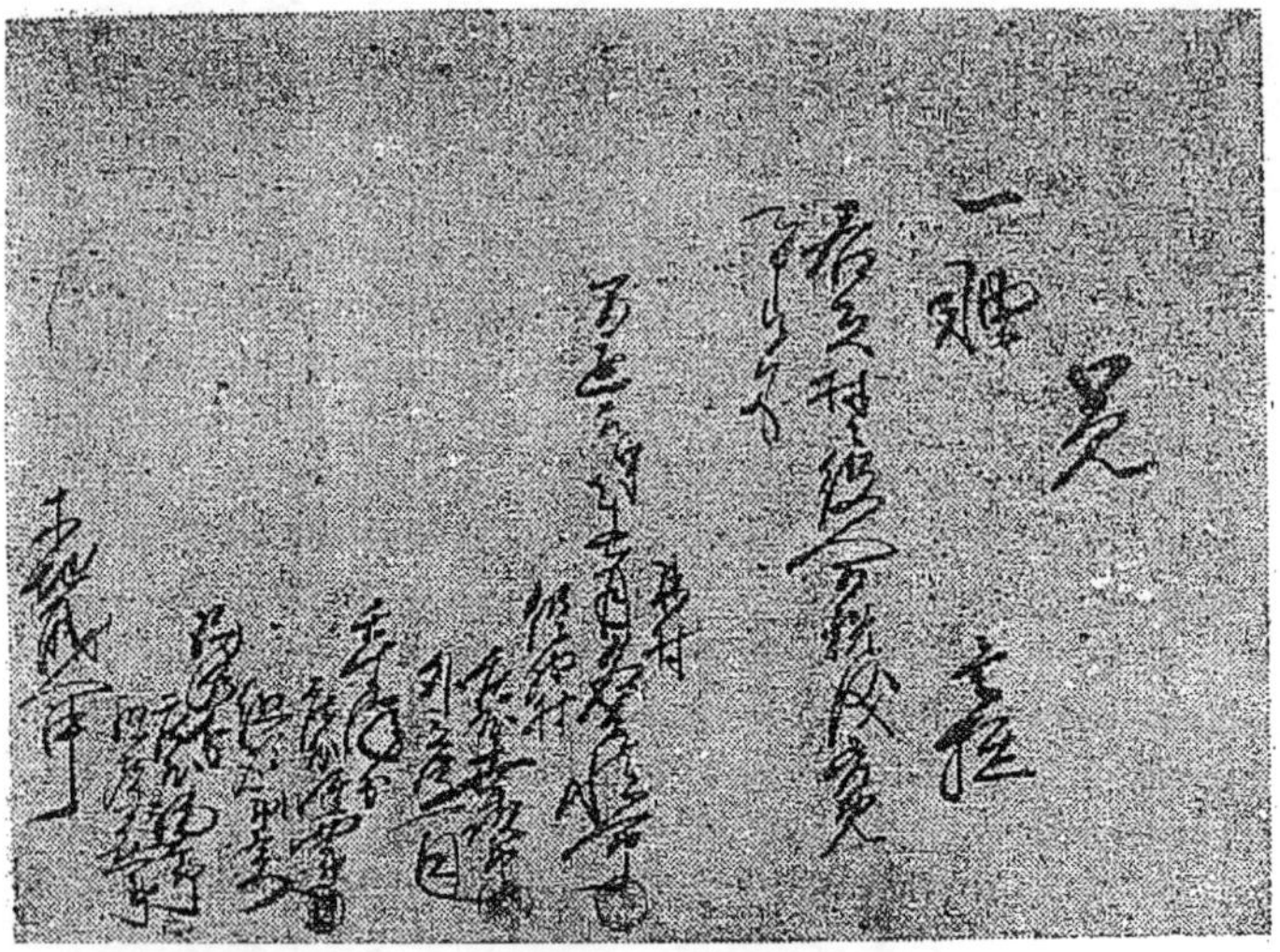

（十九）

縦五寸四分五厘横三寸九分の紙のこれきりのもので裏には綸旨、免状等に捺されてゐた小椋太政大臣實秀の朱印か捺されてゐます。

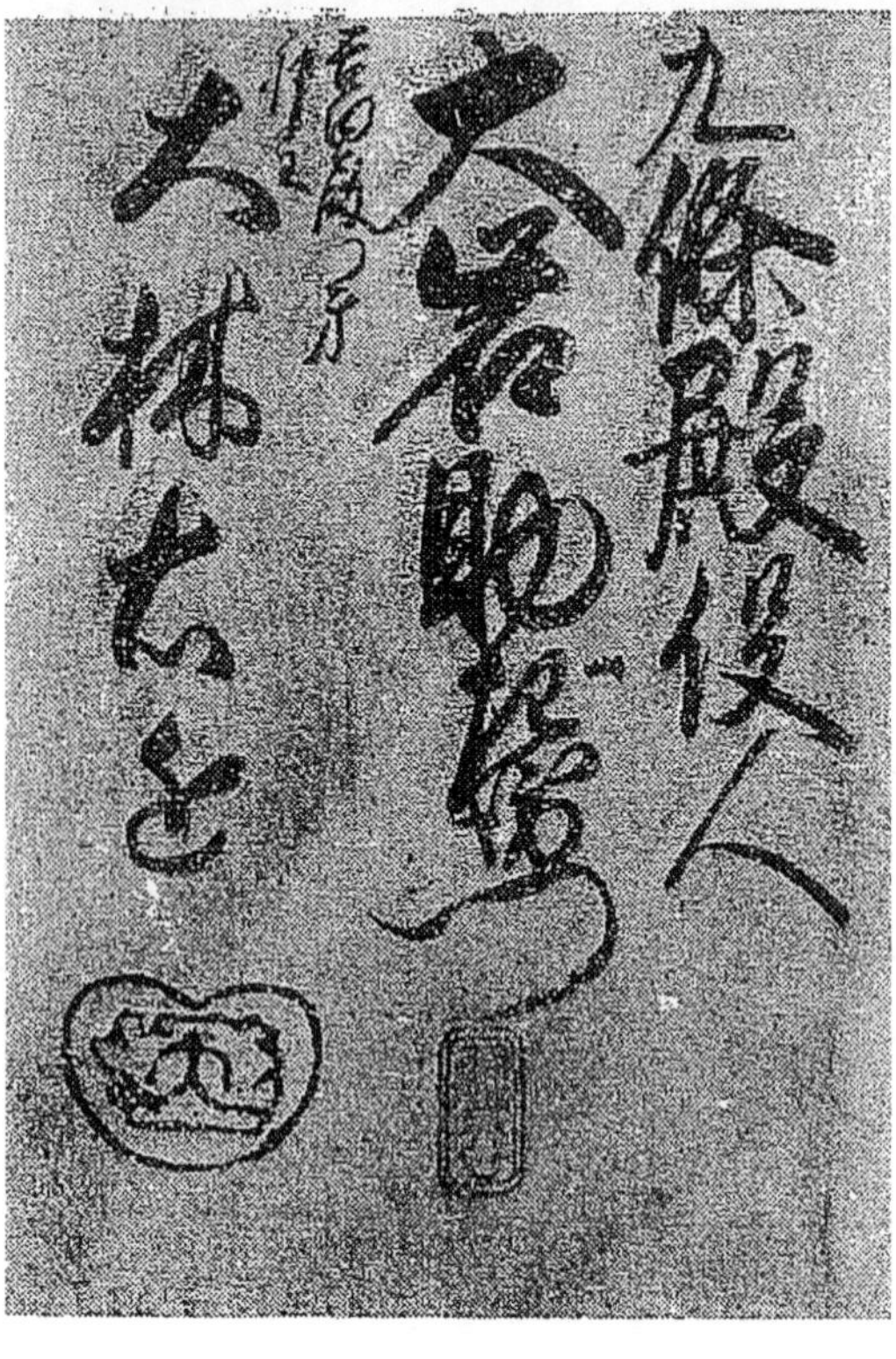

（二〇）白川出入一件

寫眞は表紙で、本文は半紙十五枚に書かれてゐます。

被恐書付を以奉申上候

江州愛智郡蛭谷村神主右近奉申上候

一抑器地師之始者　文徳天皇様御皇子惟喬親王様貞觀年中太政大臣實秀卿を初メ其外供奉之公卿被召連江州愛智郡深山江被爲分入地名を爲請候處小椋庄與奉申候得者然者自今實秀事小椋太政大臣與可號旨且筒井ニ杣小屋等有之候を御覩皇居致思召附則杣人江被仰付御仮殿被爲建御移り被遊候由然ル所　親王様常々八幡宮彌陀佛御信仰ニ而法花經御讀誦被遊候處ニ經軸之廻ルニ隨而紐之巻付候ニ御意を被爲添挽物之製作を御勘考被遊太政大臣實秀卿江被命杣人之棟梁大木主膳與申候者器地木代(伐)出シ被仰付候ニ付代(伐)木仕　親王様御教示之通を以細工始メ仕候處御明智不違器物出來仕候故實秀并主膳義挽物之師範仕主膳手下之杣人ヲ招指南可仕旨猶又被　命候ニ付奉畏追々呼寄挽習候處右職遂ニ列(マヽ)繁昌仕候ニ付其御喜悦ニ而同八年筒井峠正八幡宮を御勸進被遊彌陀如來を本地佛ニ被定器地轆轤師之氏神ニ被仰付候由然ル所西近江麻生山へ出稼仕無怠慢職方相勵候處大勢ニ而同職仕候義故又々木地木不自由ニ罷成依而他國へ出稼仕度奉存候處左候而ハ折角　親王様御覩請被遊候神社往々者破壊ニ可及與御沙汰故縦何國ニ罷有候共御修理料者差上度段木地師共一同申上候ニ付國ニ而木地木代(伐)出シ御許有之往古ゟ凡書面之間ハ他國ニ而勝手ニ代(伐)木仕挽物職相稼候義ニ而且元亀年中ニ至リ初而御公役可相勤旨被仰出候節抒子塗物等之細工可致旨被仰渡候間其頃ゟ右之所ニ茂細工仕候故今以木地相續仕罷有候義ニ御座候

一器地師共他國へ罷出右職稼仕候様ニ成行候茂前書奉申

木地屋文書（東宮）

木地屋文書（東宮）

上候通リ右代々之義ニ而尤御綸旨之寫其時器地師共落付罷有候所之寺ニ而仮旦那致呉候由ニ御座候他國稼ニ罷出數代を經候事候得共元祖筒井ニ而右職分ニ被成下候故都而右職分之者以今私方配下ニ相違無御座候依而他國ニ右ゟ之式法亡却不仕木地師共堅ク相守リ他國罷有候而も以今私方を水上與相心得罷有候義ニ御座候

一元慶年中　親王樣薨御之後則筒井八幡宮相殿皇大明神與崇敬被遊勿論御在世之砌依御隨身之公卿之內實秀卿其外其地ニ永ク御止リ御居住被成御務御座候由小椋大臣實秀卿與申候者則我家之元祖ニ御座候而昔年右實秀卿逝去之後小椋苗子ニ而助之字を通リ名ニ相用ひ候處後年ニ至リ小倉三河守殿領智（地）ニ罷成候時文字者違候得共苗字之讀聲同樣ニ付致遠慮大岩與相改メ候儀ニ御座候旦又元祖實秀卿御逝去之後も器地師共義ハ引續キ私方ニ而支配仕神社之義ハ村方ニ而代々守護仕居候由ニ候得共此段恐多ク奉存候氏子共疎義之上我家之義ハ實秀卿之後胤無相違候得共神職相勤可然ト評定一決仕候ニ付中與吉田家江申立夫ゟ代々神主相勤來リ候依之吉田家之許狀數通有之候得共此度者逸々持參不仕候

一實秀卿之御形見其外種々之御書私方ニ有之候由所往昔

火災ニ燒失仕相殘而當時、惟喬親王樣御守刀并御眞筆之御歌同御母君樣ゟ御讓リ請之月輪之鏡壹面後醍醐天皇樣ゟ八幡宮江被爲納候御書其外私家之重寶ニ所持仕候書物等之有候得共此度御當地江者持參不仕候朱雀天皇樣御宇被下置候御綸旨（マヽ）一通正親町院樣御宇被下置候右同斷信長樣御代丹羽五郎左衞門樣ゟ被下置御免狀一通大閤樣御代增田右衞門樣ゟ被下候右同斷右ハ此度持參仕候右躰種々御書等被下置候謂を以公文所與被　仰付候由ニ申傳候

一私方器地師一統蛭谷村禪家歸雲庵旦那ニ紛無御座候將亦家家之義元祖ゟ引續キ實子ニ而繼來リ候處養父右近實子無之勿論病身ニ付私を養子ニ仕宛初私義新藏與申候所養父ゟ私へ申聞セ候者我等義病身ニ而社役難相勤候依而其方江右近之名前相讓リ候而順役仕候樣申付候許狀私へ相渡シ候間任其意ニ社役相續罷有候後者私義も病身故永ク難相勤殊ニ私養子ニ罷成候後養父實子出生彌レ（マヽ）文與申當年二十一才ニ罷成候故往古ゟ血脈無斷絕相續誠ニ古今珍敷義ニ付何卒血脈を以家相續爲仕度右文彌へ茂其旨申聞セ同人江許狀爲請私儀ハ別居仕度既ニ去年中吉田家江其段申入候深妙之至ニ候迚早速許

容有之候ニ付當春私義文彌一同上京仕彌（マヽ）文彌を右近與
改名仕許狀受神主爲相勤私義ハ別宅仕助左衞門與改候
續（マヽ）リニ心懸罷有處ヘ今般當御奉行所樣ヘ被召出候ニ付
先以右之義差延レ置出苻仕候義ニ御座候先年君ヶ畑ゟ
木地師共ヘ取置候誤證文一通幷器地師共ゟ私方ヘ差出
シ候一札先月十八日御呼出シ之節當御奉行所樣江差上
申候勿論器地師之義ハ往古ゟ私方之支配ニ相違無之義
ニ付正保年ゟ近年迄人別改帳都合拾九冊所持仕候得共
大冊故國元ニ着置此度右之內貳冊持參仕候且又先月十
八日御呼出シ之節奉差上候前書奉申上候通ニ御座候處
前々ゟ種々申掛仕猶又鈍才之私ニ付見掠今般茂被是申
立候者全ク氏子可奪取致仕候者有之候義難ヶ敷次第ニ
奉存候御吟味之上向後決而妨不仕樣被仰付被下置候樣
遍ニ御慈悲奉願上候勿論私義一躰病身ニ付別而氣臆薄
ク申上方不行屆候段奉恐入候然ル所此度一月ニ罷出候
長太夫事前々ゟ之義幷罷有候由ニ承之差添ニ召連候間
不分之義ハ同人ニ御尋被成下置候ハヽ被恐相分リ可申
哉與奉存候以上

江州愛智郡蛭谷村
文化二年丑四月日　神主　大岩右近
寺社　御奉行所樣

白川一件ニ付江戸出府人數附
信州伊奈郡根羽村名主
庄左衞門
宿金澤町甲州屋與市殿
差添
鎌吉
三州設樂郡上津具村名主代
新左衞門
宿淺草原右衞門町伊勢屋甚兵衞殿
同國同郡下津具村差添
七兵衞
宿傳馬町山口屋彦兵衞殿
彌助
右當村百姓子十二月御差紙ニ而御呼出し

木地屋文書（東宮）

差添　半左衛門
三州津具山木地師
宿橋本町駿州屋甚右衛門殿
五郎右衛門
右四人津具山一件ニ付江戸出府罷有候處子十二月の八日寺社へ御呼出し
要藏
六右衛門
上津具村　差添
源藏
信州伊奈郡波合山木地師
宿湯島伊勢屋新治郎殿
伊兵衛
同村　差添
庄右衛門
同國根羽山木地師
忠右衛門
同國同郡向方村山木地師
新右衛門
宿馬喰町口屋伊左衛門殿

五〇〇
同村　差添
平吉
宿小傳馬町佐渡屋久兵衛殿
大岩右近
小椋長太夫
右之者共江戸寺社
御奉行所
大久保安藝守樣御差料ニ而御呼出し御吟味奉請罷有候
御留役花桐傳治郎樣御尋ニ御座候六日ゟ御留役御替り
西田金治郎樣

（二一）御評定祕錄寫

差上申一札之事

白川家家來青山帶刀外貳人木地師共及不法ニ候旨申立候一件再應被爲遂御吟味候處大貫左衛門外三人儀木地師共白川家配下之由申立候得共木地師支配之義今更綸旨を以可極筋ニ無之天正年中丹羽五郎右（マヽ）衛門殿增田右衛門ゟ職業之免狀共外氏子組與唱木地師より初穗取集往古よりの帳面大岩右近所持致右免狀宛所ニ筒井公文所與有之右近義無謂公文所與認候儀ニも無之君ケ畑村ニ而大皇明神之神主小椋信濃と唱百性（マヽ）共年番ニ右名目を以木地師支配致候往古ゟ兩社中ニ而支配仕來候段者木地師申口（候カ）も符合致白川家ゟ木地師共江會符渡置候由日記有是共所持致候ものも無之貢納料差出候段日記ニ有之由元錄（マヽ）寳永寛延年中三度ニ限り連綿不致神祇官之記ニ近江國小野神社木地器物進與有之由茂木地師支配之證據ニ者難御取用君ケ畑村ゟ品々申出候儀ハ寳暦年中以來ニ而往古申出候證據無之寳暦六年君ケ畑村之者初而白川家江館入候段者其比之奉加帳ニも記有之領主江無沙汰會符預ケ置候旣ニ明和年中君ケ畑村與蛭谷村與及出入候節他會符用ひ申間敷旨領主ゟ申渡も有之和融之一札爲取替其後申出候儀も無是上者不和中之書面者信用難成寳暦以來會符渡置亦ハ金龍寺を配下與心得取持候段も不相當之至君ケ畑蛭谷兩村者勿論木地（マヽ）共拒候上者今般職業之免許狀鑑札等相渡冥加金幷貢納料取立木地師共支配可致由者新規之義與申分立難候諸國ニ散在之木地師共所之人別ニ不加君ケ畑蛭谷兩村ニ由緒有之井伊掃部頭方ニ而取締申付置候を他ゟ支配致往古ゟ之仕來可改筋無之依是神祇官江木地器物相納候儀ニ付白川家伯職之譯を以君ケ畑蛭谷兩村江下知可被致者格別木地師者是迄之通り君ケ畑村大皇明神蛭谷村筒井八幡宮兩社中ニ而支配致君ケ畑村ニ預置候會符者白川家江返納致寳暦六年以前之通相心得諸事仕來之通り取計候樣被仰渡候銘々不埒之段者左之通り被仰渡候

一大貫左衛門儀木地師共ハ君ケ畑村大皇明神蛭谷村筒井八幡宮兩社中ニ而支配仕來候段相辨罷在候上者木地師共取締改正之趣兩村江懸合故障之筋有之候ハヽ主人江申聞非分無之樣取計べき處木地師共住所取調候積君ケ畑村江罷越白川家配下取締之義奉行所ゟ申渡候趣申出木地師名前認候帳面等差出候樣申聞改正之趣申渡候處領主ゟ差圖無是ニ而者帳面差出候儀者勿論請書も難差出旨相答候を內々一覽致度旨申聞帳面差出爲寫取候上

木地屋文書（東宮）

奥印形押切等致候段理不盡成致方既ニ村役人共事六ケ敷申聞候故寫取候帳面をも相添差戻し蛭谷村大岩右近江掛合候而者故障出來可申與存國國相廻リ木地師共江改正之趣申渡屈服不致ものにも職業免許狀鑑札相渡冥加金爲差出以來貢納料可差出旨之請書申付拒候者職業之道具取上候積新規之取計致候故木地師共及騷動ニ候始末ニ相成リ候段不屆ニ付輕追放被仰付但御構之場所徘徊致間敷旨被　　仰渡候

一青山帯刀伊藤主膳富永左衞門儀大貫左衞門ニ隨徒（從）致取計候儀ハ候得共白川家配下爲取締左衞門一同ニ國々相廻リ木地師共江改正之趣申渡屈服不致ものへも職業之免許狀鑑札等相渡し冥加金取立其上以來貢納料差出旨之請書申付左衞門與立別候後上津具村ニ罷在候木地師共申渡シ相拒候迚木地師共之木屋江罷越職業之道具取上候故根羽村旅宿江大勢罷越及騷動候始末ニ相成リ候段不屆（マヽ）行取計不埒ニ付三人共押込被　　仰付候

一大岩右近儀木地師支配仕來候處白川家家來廻村致木地師共木地師者白川家配下之由申聞職業之免許狀等相渡金子取立木地師一統難儀之趣浪合村伊兵衞儀物代引請注進致之節木地師職之儀白川家ニ拘リ合無之間如何仰申參候共心得違ひ不致樣申聞候を書面ニ請取度旨伊兵衞任申旨心得方之廻狀差出候ハヽ不騷立樣之義可書載所認方不行（マヽ）不念ニ付御叱被置候

一要藏佐太郎義白川家家來申渡シ候趣難澁致候段者無謂儀ニも無之候へ共職業差留道具被取上難儀之以譯村役人江相歎候節青山帯刀江相詫道具被戻可遣旨申候ハヽ共定ニ可任之所同職六左衞門任申旨根羽村江罷越津具村新左衞門外貳人ゟ青山帯刀江相歎候へ共承引無之間直々相願候樣申候迚右旅宿罷越帯刀江面談之義申込面會不致故大岩右近江相屆ケ候積リ幕懸札取逃し村役人共取扱ニ任候義與ハ被申誤之一札并ニ會符挑灯等請取其上江元木地師吉左衞門繁治郎ニ可有之與存青山帯刀召仕之ものを縛相糺候始末ニ不埒ニ付兩人共ニ手鎖被仰付候

一新左衞門七兵衞彌助儀木地師要藏外三人白川家家來ゟ之申渡しを相拒職業之道具被取上難儀之趣村役人共江申出候ニ付白川家家來江相詫道具被戻遣候積り村役人共ゟ賴請候ハヽ青山帯刀不承知之旨申候共木地師不騷立樣宥置可申處要藏其外之者共相尋下節帯刀江懸合候へ共承引無之間直ニ相願候樣申聞候故木地師共及不法

ニ候始末ニ相成候段不埒ニ付三人共過錢三貫文宛被仰
付候
一甚右衞門儀上津貝村木地師共白川家家來ゟ申渡候儀を
相拒職業之道具被取上及難義ニ之由所及見根羽ニ罷越
六左衞門外三人村役人共ゟ養育請候積リ相談加リ名主
半左衞門宅江俱々罷越候節道具取屆(マヽ)可遣段村人申候ニ
付右否可承與出而新左衞門外貳人任申旨共節參合候者
共一同青山帶刀旅宿江罷越誤之一札會符挑灯等受取候
始末不埒ニ村兩人共急度御乞(マヽ)被　置候
一源右衞門十藏喜左衞門善三郎惣右衞門要助新右衞門義
上津具村木地師六左衞門外三人白川家家來申渡を相拒
候迚職業之道具被取上及難義ニ候旨爲知來六左衞門方
江被越候節村役人共ゟ養育受候積相談ニ加リ半右衞門
宅江俱々罷越候處道具取戻可遣段村役人申候ニ付右否
可承與根羽村江罷越新左衞門外三人任申旨ニ參リ合候
者共一同ニ青山帶刀旅宿江罷越誤一札會符挑灯等受取
候始末不埒ニ付一同急度御叱被　御置候
一伊兵衞白川家家來國々相廻リ木地師共江免許狀等相渡
金銀取集候趣不承近村之木地師惣代引受兼而支配を請
候大岩右近方江罷出木地師一統騷動難儀之段申立心得
方之廻狀請取道達致致(マヽ)候ハヽ不騷立樣可申通候處不行
屆儀不念ニ付急度御叱被　置候
一右之外先達而吟味ニ付被召出候者共江も不埒之筋無之
御搆無御座候間今般不罷出もの共江ハ其旨可申通且上
津具村ニ罷在候木地師六左衞門五郎右衞門者病死致候
間共旨可存段被仰渡候
右被　仰渡候趣一同承知奉畏候若相背候ハヽ重科可仰付
候且過料錢之義者三日內ニ當　御奉行所樣江可相納旨被
仰渡是又奉畏候依而御受證文奉差上候處如件

白川家家來

文化四年卯九月　大貫左衞門

同　伊藤　主膳

富永左衞門

青山　帶刀

井伊掃部頭領分

江州愛知郡蛭谷村

筒井八幡宮

神主

太岩右近

木地屋文書（東宮）

同村名主
組頭惣代
組頭長太夫
君ヶ畑村名主組頭惣代
組頭惣左衛門
定　平
松下内匠御代官所
三州設楽郡上津具村
木地師
要　藏
佐太郎
同村百姓吉藏親
新左衛門
百姓七兵衛
名主組頭惣代
名主山三郎
內藤山城守領分
同郡下津具村
百姓　彌　助
小野田三州右衛門御代官所

五〇四
信州伊那郡根羽村罷出候
木地師
甚右衛門
忠左衛門
坂部村罷在候
木地師
源右衛門
十　藏
喜左衛門
善三郎
惣右衛門
右五人惣代兼
源右衛門
平谷村罷在候
同　勇　助
向方村ニ罷在候
同新右衛門煩ニ付
親類
直右衛門
浪合村罷在候

同　伊兵衛
平谷村
向方村
波合村
右三ケ村差添人
名主代
組頭
藤三郎
寺社
御奉行所様

前書之通り御裁許並大貫左衛門外三人御仕置被仰付候
趣京都江可申遣被仰渡承知奉畏候、
依之奥印形差上申候以上、
白川家家來、
關東執役
山本曲膳(典)

（裏表紙）

文化四卯十月日

以上が借りて來た文書の全部で、彼地で聞いた婚姻の話、身分の話、維新以後の經濟關係及び文書の書質等に就ては後の機會に報告しようと思ひます。

ネグリート、ブッシマン及びボトクード族の經濟階程

――自然民族及び半開民族の經濟（クノー）――

喜多野清一

ミンコピー、セマング、及びセノイ人の生計

本章で述べられてゐる諸民族のうちで、ミンコピー族、セマング族、サカイ族或はセノイ族（『サカイ』『セノイ』及び『セマング』といふ表現は多くの著作に於て同意義のものとして用ゐられてゐるが、事實上セノイ族は一部分にすぎず、しかもサカイ族の中心的且つ最未開の部分である）は、經濟的には一の特殊地位を占めてゐる。彼等は、その發達の點では、既に部分的には、既述の他の諸民族にはまだ缺けてゐるところの定着形態狩獵組織及び技術的熟練に達してゐる。吾々は北米狩獵諸民族の間に、これらの諸組成の一つ一つを、その鋭く特色を顯した形態に於て再發見するから、そして從つてそれより高度の經濟段階への過渡階相に相當すると考へるから、それらをこゝに仔細に觀察する必要があると思ふ。

ミンコピー族及びマラッカの奥地部族は、狩獵遊群及び漁獵遊群が、如何にして且つ如何なる原因によつて、不斷の漂泊者たることを止めて小村落に定住するやうに漸次なつて行くのであるかについて、全く興味ある例證を提供する。

大アンダマン群島の沿海地方では、ミンコピー族がその狩獵境域内を漂泊することは極めて稀れである。彼等の住む海岸の魚類介殼動物海龜及び水禽類の豐饒さと並に他方彼等の漁獲術の進歩とは、彼等が大食家であり多量の魚肉獸肉を食ひ盡すとしても、なほ彼等をして、八軒乃至十軒の小舍の小村落を作り、すべてゞ約六〇乃至九〇の住民を持つて永續的に定住することを可能ならしめ、しかも彼等はその定住地の近所で充分に食料を見出してゐる。勿論それにしてもあちらこちらへの移動はあるのだが、しかし決して恒常的流浪ではなく、たゞ近所で水禽類が卵を孵したり海龜がその卵を生んだりする海岸地とか、あるひは漁獵の際に狂暴な嵐に對して安全である海岸地とかに、たゞ暫くの間だけ、多くは二三週間、屯營地を求めるためその住所を去るにすぎぬ。さういふ食料探求の時期がすぎると、

彼等は大抵以前の住居地に歸つて來る。

勿論歸着後その以前の住居地を變更して、何處かその近所へ定着することは屢々ある。しかしそれは食料の缺乏が原因で起るのでなく、むしろあらゆる食物の殘屑や、腐敗した魚の殘屑や肉や貝殼等を山と積んで投げすてる習慣があり、そのため恰も丁抹や瑞典の海岸の貝塚(Kjokkenmöddinger)に似た大きな塵所屑の堆積が生じ、その恐るべき惡臭は、特に炎暑期には、あまりそれに慣れないミンコピー族の鼻にはとても不快であるためである。屢々腐敗した食料の殘屑に土壤をかけることによつて、この惡臭を緩和しやうとするが、それでも臭氣が餘りに堪えられなくなると、他の住居地を探し廻るに至る。

主要生業である漁獵の外に、特に小さい猪や大蝙蝠屬蝙蝠黄鼬くひな屬の狩獵が可成り豐富な收獲を提供する。野生の球根果實(大薯)や漿果、葛の類及びマングローヴの果實並びに蜂蜜も乏しくないので、E. H. Man が彼の論文"On the Aborigines of the Andaman Islands" (Journal of the Anthropological Intsitute of Great Britain and Irland. 第一二卷所載)で報告してゐるやうに、海岸ミンコピー族の食料品は、とりわけ彼等は魚肉及び獸肉食をするのではあるか、それでもその三分の一は植物性食物から成つてゐる。從つて飢餓を知らない。更に島民は獸肉を強く燻して保存することを知らない許りか、前にも述べたやうに獸肉及び種子の貯藏を用意することも知らない。

一般に食物調理の技術は可成り高い段階に立つてゐる。前に述べたところから解るやうに、既にミンコピー族は、獸肉及び根を水で煮ることを理解してゐる。何等かの果樹を育てることはまだミンコピー族には全く知られてゐない。けれども吾々は、彼等の間に既に原始的牧畜の起源のあるのを見出す。卽ち猪狩りの際に仔猪を生きたまゝ捕へることに成功すると、彼等はそれを卽座に殺すことをしないで、樹幹で作つた小さい圍ひの中に入れて、一定の大さに達するまでそれを飼育するのである。

海岸遊群のそれよりも稍低級なのは大アンダマン群島の奥地に居住する部族で、海岸住民からは『森の神』といふ語と殆んど同意味の Eremtága といふ名で包括されてゐる部族の生計である。彼等には、海岸地遊群が享有してゐる魚肉及び海龜食料の主要部分が欠けてゐる。なる程海岸地遊群及び奥地遊群はある特定の時期に彼等の遊群領域の境界へ寄り合つて來て、お互に彼等の生産物を交換する。しかし一般に奥地住民の經濟狀態は、海岸住民よりば節約して生活することを彼等に強ひる。

だが奥地遊群と雖も、オーストラリア人やセイロンの森林ヴェダ族のやうに、絕えずその遊群領域を漂泊してはゐない。彼等もまた固定的な住居地を持つてゐる。炎暑季には、旱魃がはじまると、勿論彼等は漂泊に出かける。奥地の沼澤や水流はさうなると大部分乾上つて、野獸は充分な水や食料の見出されるやうな地域へ引つこんで了ふ。すると奥地遊群も野獸のかうした旅立ちのあとを追ふ。しかし嵐と雨の時期が近づくと彼等はまたもとの住居地へ尋ね歸る。

ミンコピー族の比較的高度の生計は、本質的には、彼等の群島をとりまいてゐる海が提供する魚類貝殼類海龜水禽類の非常な豐富さに基くとすれば、マラッカのネグリート族が持つ少くとも同じ高度の位置は、彼等の住む地域が有用及び食用の植物を異常な豐富さにおいて持つことに基いてゐる。彼等の居住地域の溫い濕氣の充分な空氣はこの地域を巨大な溫室たらしめてゐる。山脈部分は大部分高い素晴しい原始林で覆はれてゐるが、海岸に向つて流れて行く河川は、往々竹の密生せる沼地や沼澤や卑濕の低地のために中斷される。且つこの濕暖な氣候の中で豐富な球莖果實や球根果實が、特に大薯及び諸種のカサワ類、更に菌羊齒と小さい有花及び簇葉植物が繁茂してゐて、これらは食用に利用される。更に豐富な果樹の量がある。人は殆んど到る處で立派な果の實つた高いドリアン樹 (Durio zibethinus) 野生のバナヽ樹、鳩の卵位の大きさの巴且杏のやうな形の果の生るペラー樹 (Mezzettia leptopoda) やカヤポングヌス樹 (Pangium edule) を見出す。

すべてこれらの果實を諸種の方法で食料に調理することをセマング族やセノイ族は知つてゐる。多くの有毒な球根植物及び有花植物をさへ、食用に供し得るやうにすることを彼等は知つてゐる。即ちその球根及び果實を磨り潰し、水で灰汁を拔き、暫時石灰水に浸し、ついで充分に捏ねるか原始的な搾を使用して注意深く搾るかするのである。屢ゝまた有毒球根、殊にタピオカ球根は、二三日間、中和されまたは腐蝕するまで、濕潤な土地に差しておくか埋められるかする。

次いでそれは取り出され磨り潰され灰汁ぬきされ莚に卷かれ猛烈に搾られ、そのため汁液がすつかり流れ出て、粉狀の塊が殘る。これを火で乾燥すると、マラッカの暑い氣候でさへ約四週間は保たれる。

從つてセマング旅及びセノイ族は未だ曾つて植物性食料品に缺乏したことはない。加ふるに彼等に得られる植物の成熟は時期を異にして生じるので、從つてある種の果實が食ひ盡されると、また他の種の果實が食へるやうになる。且又この兩民族は、いろんな種類の種子を炙つたり乾かしたりして、あまり都合のよくない季節のための一寸した貯へを作ることを知つてゐる。河川の構成した湖や沼や濕地はまた諸種の小鰐や蜥蜴や蛇やどぶ鼠や龜やを持つてゐてそれらは矢張り大部分食料品として利用せられる。

マラッカ奥地部族の僅かな狩獵活動

その結果、マラッカのネグリート族は狩獵を可成り疏畧に行ひ、また狩獵は日々の食料に對し比較的僅少な寄與しかしない。しかし彼等の貧しい獵物の故に、マラッカ内地は狩るに足る大きな動物に乏しいとか、セマング族特にセノイ族（サカイ）は狩獵を知らないなどと結論してはならない。マラッカの地方動物は大體に於てボルネオ及びスマトラのそれに等しい。野猪、鹿、小鹿、野牛、（Seladongs）水牛、猿及び熊（所謂マライ熊）はマラッカ内地で屢々見出されるし、更に野生の象及び虎（所謂スマトラ虎）までが散在してゐる。狩獵武器の製作技術も多くの低級狩獵者に於けるよりも高い段階にある。マラッカのネグリート族は狩獵のために弓の外に諸種の吹き筒を用ひ、それは多く二米突以上の長さがあり、非常に綿密に精選した申し分のない竹で作られてゐる。

　更に我々はこのネグリート諸部族に於て諸種の捕獲裝置を發見する。卽ち簡單な係蹄、吊罠や跳罠及び陷穽その他がある。またグッタペルチヤ樹の汁液から製した鳥黐の使用を、Rudolf Martin（„Die Inlandstämme der Malaiischen Halbinsel" 七九六頁）がセノイ族の間に發見した。それどころか彼等の進歩は既に、巧妙な槍罠仕掛または自働發射仕掛の組立にまで達してゐた。卽ち簡單ではあるが極めて實用的な裝置の製作であつて、歪んだ樹幹からなるその弓張具は、その張り切つた曳綱に何か動物が觸れるや否や、非常な力で跳ね上つて、その結果曳綱に突き當つた動物の方に向つて毒矢を發射するのである。

　狩獵武器のかうした全改善にも拘らず狩獵が食料費消に對し比較的僅少な寄與しかしないとすれば、それは、これらのネグリート族にとつては植物及び爬虫類の聚集が彼等の食料需要を充すに充分であるといふ點に、基因するのだ。豐富な植物界は、このセマング人と彼の家族に對して、口を糊するに必要なるものを供給する。從つてこのセマング人は狩獵の獲物を、たゞ植物性食料品に對する副食物としか考へない。

彼等の發展階位に對する誤れる評價

　その故、私見によれば、Rudolf Martin がマラッカ半島の奥地部族に關する彼の有益な著作に於て（六五八頁以下及び七二〇頁）、セマング族及びセノイ族をタスマニア人オーストラリア人及びヴエダ族の經濟段階の下位に立つ民族と――多數の食料品の大部分を齎らすものが狩獵ではなくて上述の如く蒐集であるといふ理由だけで――見なしてゐるのは、完全に間違つてゐる。かゝる分類は、マラッカのネグリート族の比較的僅少な狩獵收得が、狩獵道具の缺乏とか不充分な狩獵技倆に基いてゐるやうな場合であるなら、恐らく妥當するだらう。しかしそんな事は全く言ひ得ない。上述のネグリート諸部族の狩獵技術は、タスマニア人オーストリア人クブ族ヴェダ族の遙か上位に立つてゐる。マライ半島のネグリート族住民の生計にとつて狩獵が僅かな意義しかないのは、容易に手に入れ得る食用植物の異常な豐富さの結果以外の何物でもない。

Martin はセマング族及びセノイ族の僅少な獵獲物に基いて、彼等がオーストラリア人の下位に立つものなるかに結論したが、それと同樣に、彼はまた全く同一の事を、彼等の漁撈の更にずつと貧しい收得に基いても結論しやうと思へば出來たゞらう。蓋し彼等の漁獵の技術は可成り高度に發展してゐるにも拘らず、――彼等は槍、網、釣針、魚籃（漁罠）で漁撈し、また屢ゝ小川に魚梁をかける――マラッカ内地には魚族の多い大きな河流がないといふ單純な理由から、その漁獲物は一體に極めて乏しいのである。

今日では、何等かの見地に立つて、外部的な標識に基いて、主として特定の個々の技倆に基いて、綺麗な發展圖型もしくは文化帶區分を作る事が殆んど流行になつてゐる。かうした圖型はよりよく概觀するための應急手段として屢ゝほんとうに便利でもあらう。しかし、もし一民族の文化をその特殊な自然的及び社會的生活諸條件を顧慮することなく、無造作にその圖型にあてはめ、且つ若干恣意的に設けた差別標識によつてかゝる圖型の中へ無理に押し込めるならば、かゝる圖型は必然的に誤れる結果に導き且つ發展行程への洞察を遮るものとなる。かくてこの論理を徹底せしむれば、吾々は、高度に發展した漁業民族が何れかの低級狩獵民族の下位に立つ――何となればそれは固有の狩獵經營をやらないから――と云ふ奇妙な結論に達することとなる。即ち例へばアンダマン群島のミンコピー族は土器を作るといふ理由から、ポリネシア人よりも上位に立ち、ホッテントットは鐵鑛石を熔解し且つ鐵を鍛へることを知つてゐるといふ理由から、インカペルア人よりもより高い文化にずつと以前から立つてゐたといふ如き。

更に『蒐集』もそして蒐集された果實の調理も、あらゆる民族に於て決して等しくなく、却つて同樣に一の段階序列を示してゐる。球根を單に手で拾ひ集め、次でそれを生のまゝ食ふか、或ひは樹果を捕網のある叉木を用ひて樹から採り、複雜な方法で、恐らく毒物をそれから除去して、人間の飲食に適するやう調理するか、この二つは同じ事ではないのだ。セマング族及びセノイ族の間では、樹果の蒐集はそれどころか既に一種の植物栽培の端緒に結びついてゐる。また例へば内地の高い山脈地方の住民は、樹木が上方へ生長するのを妨げるために野生のドリアン樹の樹梢を屢ゝ切り取ることがある。その理由は半ばは高い樹頂から果實を採取することの可成り面倒であるためであり、半ばは樹梢の艾除は下部の樹幹に新しい嫩枝を發生せしめる結果を生ずるためである。殊にペラー樹の高い樹梢を切り拂ふことが喜ばれてゐる。その胡桃狀の種子の失はれることが出來るだけ少ないやうに、セノイ族は屢〻ペラー樹の周圍の森林特に下生えを伐採し、毎年土地を淸淨にする。マライ人と混合したベシシ族海岸部族については——この部族は今では原始的な方法で大薯、タピオーカ、甘藷、玉蜀黍を栽培してゐるが——更に Walter William Skeat 及び Charles Otto Blagden ("Pagan Races of the Malay-Peninsula" 三三八頁)から報告してゐる。既に古代に於てこれらの部族の間では、彼等の食つてゐる果實の種子及び核を、新たな樹や草木が生じ得るやうに撒布することが習慣であつたと。Skeat は語る。

『セランゴルの一マライ人酋長が私にかく告げた。ベシシ人は曾つては、彼等の竹草密生の沼地で出來る果實を、よく知つてゐるその產地に彼等が建てたところの小舍で食ふのを習慣にしてゐた。しかしかうした習慣の結果、その場所へ莫大な數の果が發生したのを知つてからは、果實をそこから遠く離れた場所で食ふやうになつた。そして更に後には、種子を更に廣い地面に撒布するために、毎年そこで食ふために新しい場所を探し求めた』

植物栽培と動物飼育の端緒

かうした類の植物栽培から直接の栽培に至るには道は遠くないやうに思はれる。そして事實南方の高度に發達した半定住もしくは四分三定住の若干部族は、既に竹草密生の沼地でのドリアン栽培への移渡を完了してゐた。例へばジョホールのビナ族ジャクン (Dschakun) 及びウル・ランガト (Ulu-Langat) 地方に住んでゐる若干の小部族のやうに。

奥地部族の一部分は、特に、海岸に居住してゐるマライ人と既にずつと以前から商業を行ひ、且つそのためにある程度までその影響を受けた部族は、それ許りか既に原始的な菜園樣の耕作に移つてゐた。しかしその耕作は、Rudolf Martin が自身の觀察に基いて報告してゐるやうに、("Die Inlandsstämme der Malaiischen Halbinsel" 七二一頁) 植物性食料に對する彼等の需要の僅〻約三分の一を充すにすぎず、ために食料獲得の元來の樣式が、即ち野生の植物の蒐集が、それと共に可成り廣い程度に繼續されてゐる。

かうした移行を始めて耳にする多くの經濟學者は、屹度次のやうに想像するだらう。セマング族はまづ最初にかうした計畫的栽植の若干をマライ人の間に見出し、さて特定の種子類からは、それを濕地に埋めれば、有用な植物が生じるといふことを知る。そこでネグリート族は、試にマライ人を模倣することに決心し、かくて自ら栽植に着手するに至つたのだらうと。

事實に於てはその道はそれとは異つたものであり、またずつと緩漫であつた。蓋し經濟發展はかういふ風な飛躍をなすものでない。明瞭に識別し得る如く、移行は次の如き仕方で完成された。卽ちまづ最初に、半定住の遊群もしくはマライ人往域の境界に近く住んでゐるネグリート族の地方集團が、マライ人と簡單な交易を行ふやうになる。マライ人は彼等に支那產黍、タピオーカ塊莖、甘藷、玉蜀黍及び蔗糖を與へ、それと森林產物、特に籐グッタ、樟腦を交換する。漸次セマング族もセノイ族も交換して得た食料品に慣れて來て、それらを缺くことが出來なくなる。しかしその後はマライ人の食料品提供は屢〻收縮する。蓋し一部は、多くの地域內で籐及びグッタを探しても、最早やセマング人に對して思つた程の收得を齎さない故である。ネグリート族は漸次彼等の持ちたがつてゐる食用植物の耕作に移つて行つた。しかし河岸の沼地がそれに極めて適してゐるにも拘はらず、直ちに水稻の耕作に行かないで、まづ最初に支那黍の耕件が、次で甘藷及びタピオーカまたはカツサワの耕作に移つて行つた。その栽培が最少の勞働と注意とを要するのみであるから。その後に至つて漸く別々に玉蜀黍及び稻の耕作に進展したのである。

この移行は極めて緩漫なテムポでなされたのではあるがそれでもともかく自發的に生じたものである。しかるに今日農耕を營んでゐるアエタ族及びウェッグ族は完全に宣敎師及び植民地政府の强制によつて、しかも多くは政府が種子や農具を彼等に給與し、且つ長い間小舍や道具や食料品を與へて彼等を扶助してやつた後やつと、耕作に移行したのである。

セマング族及びセノイ族の定住的になつた地方集團は更に今一つの意義深い進步を示してゐる。卽ち牧畜の最初の端緒である。旣に移動遊群は——オーストラリア人が山犬を連れてゐるのに似て——半野生の犬を、どう見てもマライ產のパリア犬の野生化した變種と思はれるものを伴つてゐる。しかし固定的な定住に移つて行つたネグリート族の間には、就中吾々は捕えられて半ば馴らされた野猪や、マライ產家鷄(恐らく元來はマライ人から交換して得たもの)や、そして時々は馴らされた猿さへ見出す。

原始社會に於ける財貨交通（ゾムロ）

清水幾太郎

序

以下の諸研究はブリュッセルのソルヹー社會學研究所(*Institut de Sociologie Solvay*)にかなり永く滯在してゐた間に出來上つたものである。模範的な組織と設備とを有するこの社會學研究室は私に優れた研究所付屬圖書館と特別な勉強室とを使用させてくれたのみならず、私の研究の途中で必要となつた多くの新購入品に關しても非常に快く世話をしてくれた。この極めて親切な厚誼に對して私はこの機會に際しても研究所の指導者方に心から感謝する必要がある。

コロズスヴァール大學教授
フェリクス・ゾムロ
一九〇八年　五月

一　問題提出

一社會の經濟を知らずしては、その社會は判らない、といふ主張は恐らく何等の矛盾にも衝突しないであらう。これと同樣に、一社會の經濟のうちに行はれる財貨流通(Güterzirkulation)を通覽し得ない限り吾々はその社會の經濟に就いて知るところがない、といふことも明瞭である。ところが一社會の經濟樣式の究明を云々するに當つては餘りにも甚だしく生産のみが表面に押し出されて、財貨の生産と消費との間に何が起るかといふ問題は寧ろその序に取扱はれてゐる。經濟諸形態が他の社會的諸現象と關聯せしめられる場合にも亦かゝる諸觀察が常に結びつくのは主として生産である、ところがこれに反して全く右の關聯の理解にとつては諸財貨の流通こそが卓越した意義を持つてゐるのである。

以下吾々は最も原始的な諸社會に關する財貨流通の問題を研究しようと企てゝゐる。而も吾々は最も原始的な財貨交通(Güterverkehr)の詳細な形像の輪廓を描かうと思ふ。吾々は次の問題を自ら提出する、人間の最も原始的な社會團體は如何なる經濟的諸關聯を提示してゐるか、社會發展の最低段階にあつて諸生産物は如何なる方法で個人から個人へ、集團から集團へ到達するか。こゝに問題となつてゐる諸關聯は――人々の言ふ様に――「原始共産主義」なる語を以つて正當にその特徴を表されてゐるであらうか。それとも、絶對に個人的な經濟様式に溯り得る、といふ見解が眞理に一致せるものであらうか。或は又恐らく右の二つの世上に流布してゐる觀察の何れも肯綮に當つてゐないのであらうか。

それ故吾々は原始社會の全財貨流通を吾々の研究の對象とするのであつて、單に原始社會の交換交通（Tauschverkehr）をのみ吾々の研究の對象とするのでない。原始的經濟諸形態に關する諸研究が財貨流通の全問題の統一的把握を等閑に附して、通常その注意を唯交換交通にのみ向けてゐる、といふことは一つの一般的な誤謬である。けれども、一つの研究に際して何等かの法律的諸形態が特に問題となつてをらぬ場合には、交換形態なるものはかゝる特別な注意を施すに値するものではない。正に交換は財貨流通が行はれる、かの諸形態の一に過ぎないのである。この財貨通流（Güterumlauf）こそは經濟上重要なものなのであつて、通流の形態は副次的なもの、乃至尠くともやはり第二義的なものである。財貨流通は如何なる形態を採つて行はれるか、といふ問題に拘泥して、財貨通流は如何なる擴がりを以て行はれるか、そして原始社會に於いては財貨通流に如何なる意義が付與せらるべきであるか、といふより重要な問題を等閑に附することは決して許されないであらう。

從つて吾々は啻に原始的財貨交通の何等かの諸形態のみならず、この財貨交通の諸方途の一個の完全なる形像を取扱はうと思ふ。それ故吾々の手の屆く最も低い人間社會生活段階に於いて諸財貨が人間から人間へ到達するところには隈なく吾々の注意を向けねばならない。吾々が右の事實を見出した場合には、これを確定し、そしてこれに一つの研究を加へようと思ふ。今述べた事實が如何なるものに蔽はれて吾々の前に出て來ようともそれはどうでも宜いことである。卽ちこの事實が傳統的慣習として現れるか、宗教的儀式として現れるか、それとも意識的な經濟的行爲として現れるかといふことは差當り吾々にとつてはどつちでも宜いことである。吾々は財貨移轉（Güterwandlungen）が社會的意識に到達する諸形態をこの財貨移轉の諸事實自身よりも重要視しようとは思はない。一つの意識的な經濟的意圖が存してゐるか、それとも單に宗教的規定の遵奉が問題なのであるか、或は種族的慣習への顧慮が問題なのであるか、といふことは吾々の研究すべき事實、卽ち個人から個人へ諸財貨が到達するか否か、そして如何なる方法に依つて到達するか、といふ事實に對して毫末も變更を加へるものではない。それ故吾々はこれに關係してゐる諸のイデオロギーを取扱ふことなく、却つて原始社會に於ける諸個人の事實的な經濟的諸關聯を取扱はうと思ふのである。「財貨交通」といふ名稱はこの意味に解されねばならない。今度は、本書の表題の他の部分が如何に解さるべきかといふこと、卽ち吾々は「原始社會」といふ名稱に如何なる意味を結びつけてゐるか、といふことを確定しよう。

この言葉の絶對的な意味に關しては、卽ち人間の社會的發展の事實上の出發點に關しては、勿論云々することは出來ない。この發展段階は突き入り難い暗がりに包まれてゐる。「原始社會」といふ言葉は、尙吾々が接近し得る社會發展の最低段階を意味するといふ唯相對的意味に於いてのみ採用し得るのである。

吾々はかうした意味で採用された原始社會に對して二つの道、卽ち先史的な道と土俗學的な道とを通じて近づくことが出來る。最も卓越せる諸著作の長い一系列と確實な科學的諸成果の一大集積とはこれ等二つの道の結合をして、これに關して多言を費すの要なきまでに確固たる社會學上の一方法たらしめたのである。

これに反して、尙吾々が接近し得る社會發展の最低段階を再構成するに當つては吾々に知られてゐる原始的諸社會の如何なるものが使用せらるべきであるか、といふ問題の方がより立ち入つた解明を要求してゐるのである。換言すれば、原始人のうちで最も原始的なのは如何なる人々であるか、といふことである。

この問題は意義なきものではない。原始的諸民族に關する資料が如何に勝手氣儘に紛然と入り交つてゐるか、大多數の硏究者達が如何に獨立的に巨大な資料の大海の中から自分達の目的に適つた數片を取り上げてその他一切のものをその儘混沌のうちに放置してゐるか、を思ひ浮べる時は、かゝる方法を以つてしては全く何ものをも證明することが出來ない、と自ら言はざるを得ないであらう。

かくて吾々は社會諸類型の分類といふ頗る重要な問題に到達したのである。

既に二三年以前のことであるが、エス・エル・シュタインメッツ (S. R. Steinmetz) は、社會學にはその文明程度に基く全民族の分類とカタログとが缺如してゐる、といふ根據も薄弱だし又注目もひかなかつたところの非難を社會學に對して加へた。「諸民族と諸文化との全範疇が未だ造られてゐないので、社會學者の眼はこれ等全範疇を包括してゐない、混沌を見渡すことは人間の眼には不可能であるため、社會學者は全民族に對する展望を有してゐない」(1)

シュタインメッツが分類に關して約束する主要利益なるものは次の如くである。一、この分類は哲學的社會學の決定的な最後を意味するであらう。二、この分類は、社會的類型の樣々な群の存すること、及び、甲なる人々に對して通用することは乙なる人々に對しても通用するとは限らぬこと、を示すであらう故に、孤立せる諸例證に基く論證を不可能ならしめ、非常に反抗的な人々すらをも眞の歸納法を行はしむべく强制するであらう。三、分類は蒐集を前提とする。分類しようとするものは蒐集せねばならないし、蒐集せんとするものは補足せねばならない。蒐集を補足するといふことは熱情となるでもあらう。そしてこれこそが吾々の必要とするものである。自然史にあつては蒐集は熱情を以つて行はれ、社會學にあつては蒐集は無關心を以つて行はれてゐる。(2)

(1). Steinmetz, *Classification des types sociaux et catalogue des peuples, L'Année sociologique*, III, 1900, S. 43—44.「人々は少しのことを演繹し若干時間にして諸法則の全系列を構成する。これは甚だ愉快なことであるし講義程に疲れもしない。人々は若干時間夢現の間に行つた思索の代價として、全人類にとつて價値ある廣汎且つ永劫の眞理を希求する。大物理學者達は彼等の法則に到達せんとするに當つてこれとは別個の研究を行つたのである！」とシュタインメッツは正しくも言つてゐる。

(2). Steinmetz, 1. c., 55-60.

グンプロヰッチ(Gumplowicz)が正當に古典的だと稱してゐる(3)シュタインメッツの右の雄辯な主張は問題に立ち歸ることを無用ならしめるものではない。弊害は依然儼として存在してゐる、そして弊害が儼として存在してゐる限りはこれに對して戰はねばならない。社會類型の分類と

諸民族のリストとの缺如は殆んど凡べての個別的な特殊研究に於いて痛ましく感ぜられてゐる。右の缺如が——シュタインメッツの非常に正確に證明してゐる樣に——可能ならしめてゐるところの手のつけられぬ社會學的思索家達を全然別にして見ても、この缺如は凡べて嚴密に實證的な社會學的研究にとつて絕えず邪魔をするところの障碍物なのである。何故ならば使用し得べき社會類型の分類を所有せぬ限り、各個の研究者にとつては次ぎの二つのうち何れか一途のみが開かれてゐるに過ぎないからである。即ち或は研究者は凡ゆる分類を斷念して極めて樣々な類型に屬する諸資料を甚だ雜然と入り交らせることになるであらう——これは使用し得べき結果の可能性を豫め排除する遣り方である。或は——これは普通の逃げ道であるが——研究者は大急ぎで自分自身の卽席の分類を謂はゞ自家用に造ることゝなる。私の知るところでは社會學に於けるかうした分類方法は未だ十分に論及されてゐない。例へば或る任意の制度の進化を闡明しようと志す各研究者は、自分の資料を得て來る樣々な社會が立つ發展段階に關して一つの假定を必要とすることは勿論である。誰かゞ例へば刑罰の發展に就いて研究の手を染めようとする場合に、刑罰の最も原始的な形態を發見し得るためには、言ふまでもなく何は措いても、最も原始的な諸社會は如何なる社會であるか、といふことに關して一つの前提を持つ必要がある。次ぎに彼はそ

れに續く社會諸段階に到達し、かうした方法で刑罰の發展行程を追跡することを得んには、何等か一つの假定を援用せざるを得ない。さて然るにかゝる詳細な分類が存しないのであるから、吾が研究者は好んで自分のテーマを停滯させようと思はぬ時は自身で分類するの外はないことになる。ところで何よりも先づ一般に誤謬の餘地のない明々白々たる確實な諸差異がこゝに存するのである。ボトクーデン人（Botokuden）をローマ人カエサル（Caesar）の上に置き、或はイロケーゼン人（die Irokesen）をイギリスの上に置かうなどゝは何人も夢にも思はないであらう。事柄がこの樣に單純な場合は吾が研究者にとつて容易なことであるが、事柄がかほど單純でない場合には吾が研究者にとつてそれは困難である。苦しまぎれに彼は屢々自分の特殊な研究對象に避難し、自分の刑法上の資料を土臺として段階的秩序を整理する。刑法乃至正に今問題となつてゐる刑罰が研究者にとつては割合に高く發展してゐる樣に見える場合には、そこに正しく一つの比較的高い段階が存することになる。原始諸民族に關する樣々の資料は諸民族の表面上或は比較的高く或は比較的低い段階上の位置に準じて整頓せられ、そこでこの際結果として生ずるものはといへば、當該刑罰の一つの發展史である。民俗學的又歷史學的諸資料はこの場合積木遊びの木片の樣に簡單に取扱はれる。吾が研究者は意地惡い手で全世界に撒き散らされた樣なこれ等の資料といふ木片を美はしく相互に適合するやうにしようと試み、或はこれを、或はかれをと吟味し、こゝではアフリカから一片を採り、かしこではオーストラリヤから一片を採つて、それがかなりに巧く行けば、今度は移行きが論證せられねばならない、そしてこゝかしこに缺けてゐるものは精々のところ單にこれに附け加へて「構成」せられるのである。眼の諸研究を基礎としては動物界の發展系列を組立てることが不可能であるのと同じく、任意の社會制度を土臺としては諸社會の眞の發展行程に到達し得ない、といふことを吾々が悟る時は、勿論右の仕事は不十分なものと見られざるを得ないのである。視覺器官の比較的低い形態は全有機體の比較的高い形態と相携へて行くことがある。素より一個人の諸能力、否最も偉大な個人の諸能力にも遙かに餘ることであり、且つ大規模な共同事業を絕對に待ち設けてゐるこの分類といふ事業が極めて無責任な遣り方で副次的に企てられる、といふことと程大それた事實は一般に見られないであらう。

(1). Ludwig Gumplowicz, *Grundriss der Soziologie*, 2, *Aufl.*, 1905.

唯一つの場合に限り、まだ割合に容易に社會類型の分類の諸要求に副ふことが出來る。即ちそれは最も原始的な段階が問題となつてゐる場合である。人間社會の最も原始的な諸類型は如何なるものであるか、といふことに關しては尚幾分かは社會學者達と民俗學者達との一致した意見(communis opinio) が造られてゐるのであるが、これに反して比較的進歩した人々の段階系列に關しては全く一致を確言することが出來ないのである。吾々が原始狀態に近づけば近づく程、社會發展の分岐した諸線が益々融合する筈だ、といふことも素より自然の理である。それ故吾々は社會進化を溯及して行くに當つては知らず知らずのうちに同一方面に規定されて行き、かくて最早これ以上何等の道も通じてゐないかの諸點に到達するのである。言ふまでもなくこれ等諸點は言葉の嚴密な意味に於ける原始社會乃至原始諸社會を形造るものではない。唯吾々にとつて眞の原始社會への接近はその諸點までは可能なのである。

この諸點に關しても一致は何等完全なものではない。これ等諸點中二三のものは論爭せられてゐる。だが併し兎に角に同意が支配してゐる諸點はあるのである。

そこでスペンサー(Spencer)に依れば、最も低い段階にある諸民族は次ぎの如きものである、フォイエルラント人(die Feuerländer)オーストラリヤ人(die Australier)中の或るもの、森林ヱッダ人(Wald-Weddahs)ブッシュマン人(die Buschmänner) ネパールのチェパンク人とクスンダ人 (Chepangs und Kusundas am Nepal)。尙普通これに數へ入れられる諸民族のうちスペンサーにあつては唯タスマニヤ人 (Tasmanier) とアンダマン島人 (Andamanen-Insulaner)とが大して高くはないが幾らか高いものとされてゐる。

右の分類の基礎はスペンサーにとつてはこれ等諸社會の非複合性と政治的首領の缺如とである。(1)

ダーキン(Darwin)は主としてその文化が缺けてゐるといふ理由に基いてフォイエルラント人を最も低い狀態にある人々と見てゐるのであるが、彼の見解では、かゝる文化の低級な狀態といふことに關してはオーストラリヤ人が最もよくフォイエルラント人に接近してゐるとのことである(2)。エー・アール・ヲーレス(A. R. Wallace)は大體人類學的基礎に立つて、オーストラリヤ人は今日までに發見された最も原始的な人類の類型を吾々に提示すると考へてゐる(3)。ハー・クラーチ (H. Klaatsch) 同樣に人類學的立場から出發して似た樣な諸歸結に達してゐる。オーストラリヤ人はピテカントロプス (Pithekanthropus) 類人猿 (Menschenaffe) 及び人類 (Menischenrasse) の共通な祖先に接近してゐる種族形態を提示する。(4)モルガン (Morgan) も同樣にオーストラリヤ人を吾々に知られてゐる最も低い文化段階だと見えてゐる(5)。ペッシェル (Peschel) に從へば――「吾々は最早發芽狀態にある諸民族に出逢ふことを期待する譯には行かない、だが兎に角、如何なる人間種類のうちに最古の諸狀態或は寧ろ古代的な狀態が今日尙觀察されるかを云々することは出來る。」ペッシェルはブッシュマン人、ヱッダ人、ミンコピー人(Mincopie)、オーストラリヤニグロ人(Australneger)、タスマニヤ人、フォイエルラント人及びボトクーデン人を右の樣なものとして見る(6)。イー・ビー・タイラー(E. B. Tylor)はタスマニヤ人を以つて最低文化段階から距たること最も少き人類の好個の例とする。彼は、タスマニヤ人がヨーロッパの古石器時代の人間よりも低い石材製作段階に立つてゐたことを發見した(7)。エヌ・ダブリュ・トーマス(N. W. Thomas)はこれと同一の見解を非常に明白に持してゐる。「文化といふ點では、彼等(タスマニヤ人)は現在地球の表面に於ける如何なる民族、或は數千年の過去に生存してをつたものとして知られてゐる如何なる民族よりも明かに低い狀態にあつた」(8)。

(1). Spencer, *The Principles of Sociology*, I, 539.
(2). Darwin, *Voyage d'un naturaliste*, 2e éd. Paris, 1883, S. 247.
(3). A. R. Wallace, *Studies Scientific and Social*. London, 1900, I, 458.
(4). H. Klaatsch' *Ueber den Austral Kontinent und seine Urbewohner*, nach einem Referat des "Hamburgischen Korrespondenten", 8. Januar 1908.
(5). L. H. Morgan, *Ancient Society*, Chicago, 1907, S. 17 u. 49.
(6). Peschel, *Völkerkunde*, 5. Aufl. 1881, S. 144.
(7). Edward B. Taylor, Preface to H. Ling Roth's, *The Aborigines of Tasmania*, S. V.
(8). N. W. Thomas, *Native of Australia*, London, 1906, 18.

アイ・デー・フレイザー(I. G. Frazer)は、オーストラリヤが最小且つ最も孤立した大陸であること、從つてオーストラリヤの動物界並びに植物界がその他の諸大陸の動物界並びに植物界に比してより少く發展しより多く古代的なる一類型に屬してゐることを暗示してゐる。これと同樣な根據からしてオーストラリヤの人間も亦今日に到るまで他の何處に於けるよりも原始的な社會的又知的狀態に於いてこれに出逢ふことが出來る。フレイザーはこのことを、生存のための鬪爭に於ける進步は主として競爭に依存してゐる、卽ち競爭者が多數になり、競爭が激烈になるに從つて進化が迅速になる、といふことゝ關聯せしめる。ところでオーストラリヤに於いては大陸の面積の比較的狹いことが不利な地理的關係に結びついて人口增加と進步とを昔から抑制して來たのである。啻にその他の世界から封鎖されてゐるのみならず、更に又自然的障碍のためにオーストラリヤの他の地方からも封鎖されてゐる中央の諸領域に對して右のことは特に當てはまる。フレイザーは、現在地球上吾々の手が屆く最低文化段階に於ける人間の研究上理想的なフィールドをこゝに見るのである(1)。

最低文化狀態の諸標徵の確定に就いて徹底的に研究した

ポール・ヘルマン(Paul Hermant)は食料捜索を基礎として自分の結論を下し、そして最低狀態にあるものとして、アイノ人(Ainos)、ニコバリヤ人(Nicobarier)、アンダマン島人、ヱッダ人、フィリピンのネグリート人(Negritos der Philippinen)、バカイリ人(Bakaïri)、ボトクーデン人、キアマコス人(Ciamacocos)、フォイエルラント人、アッカ人、カッバ人(Kabbas)、ブッシュマン人、セリ・インド人(Séri-Indianer)、タスマニヤ人及びオーストラリヤ人を認めてゐる(2)。併しアイノ人とバカイリ人とにあつては耕作の端初が存する以上、吾々は、耕作を營むその隣人に依つて非常に影響されてゐるアッカ人と共に、これを直ちに省くことが出來る。

(1). I.-G. Frazer, *Observations on Central-Australian Totemism*; Journ. of the Anthrop. Institute, 1899, S. 281.

(2). Paul Hermant, *Les coutumes et les Conditions économiques des peuples primitifs*, Bulletin de la Société Royale Belge de Géographie, 1904, Bruxelles, S. 19.

從つて吾々は、原始段階決定に關する極めて樣々な方法は極めて樣々の研究者達を略相似た諸結果に導いた、ことを認めるのである。政治組織の最大の單純さに基いても、その複合性の最大の單純さに基いても、その孤立性に基いても、その人類學的諸屬性に基いても、その普遍的な無文化に基いても、その食料捜索の方法に基いても常に相不變同一の諸種族が人類の最低段階の例としてあげられ、そしてこれ等諸種族は——特に注意すべきことであるが——又直ちに相互間の比較を誘ふのである。極めて雜多な諸痕跡を辿つて文明を溯ることは何時も同一の出發點に到るのである。以上述べたことの補ひに尚吾々は、前記の諸民族は研究せられる限りに於いては、今日の居住領域の原始人種(Urrasse)をなしてゐること、並びに彼等は他の諸民族との接觸から切り離されてゐることを指摘し得る。彼等には外來の刺戟が缺けてゐる。最も完全に切り離されてゐることを示すのは、全體的な地理的孤立に依つてこれが助長されてゐるオーストラリヤ人である。このオーストラリヤ人の昔からの封鎖といふ幸運な偶然は大體彼等に對して完全な社會學的實驗の上から見て稀なる意義を附與するものである。タスマニヤ人もこれとよく似てゐる。けれども社會學がオーストラリヤに關しては丁度時を外さずこれ等諸種族の研究に到達した限りに於いて尚幸福を持つたのであるが、タスマニヤ人へは社會學は餘りにも遲く入り込んだのである。

併し又ボトクーデン人、フォイエルラント人、アンダマン島人、フィリピンのネグリート人、ブッシュマン人、セリ人及びヱッダ人も當該諸領域の原始住民に算入することが出來る、そしてこれ等諸民族は凡べて一切の種族の敵に對して嚴格且つ臆病な封鎖性を示してゐる。ブッシュマン人に於いてはこの封鎖は全く被煽動性と結びついてゐて、これのために殆んど往時の狀態を推定し得ぬ程である。かかる封鎖性が絕えざる敵意に基いて成立したところ、或はブッシュマン人以外にも特にボトクーデン人とセリ人とに於ける樣に今日尠くとも封鎖性がこの形態を採つて現れてゐるところでは、この封鎖性の社會學的利益は近づき難いといふ不利益と結びついてゐるので吾々は更に內密な社會的諸關係に就いては十分な知識を持つてゐないのである。これに反してヹッダ人は、彼等の慣習並びに習俗を、原始社會を再構成するために使用するには、この點に就いて不安心な程、極めて古くからの文化的諸影響を示してゐる。

　これ等諸種族中若干のものはその算數組織の未發達に關して一つの明白な一致を提示してゐる。オーストラリヤ人のといふよりも多くのオーストラリヤ種族の算數組織は三を越えないし、他の諸種族のは四を越えない。四乃至五は「多い」といふことに依つて呼ばれる。ボトクーデン人は唯全く一といふ數だけしか持つてゐず、旣に二を「多い」といふことに依つて呼んでゐるさうであるが、これに反してフォイエルラント人は三までは特別な數詞を持つてゐて、多くのオーストラリヤ人の樣に、「多い」といふ普遍化は四に於いて漸く始められる。アンダマン島人は一と二とに關してのみ特殊な言葉を持ち、三からして多いが始まる。ヹッダの蠻人は五まで數えることが出來る。これに反してセリ人はその他の點では後れてゐるのにも拘らず、高度に發展した算數組織を持つてゐる(1)。

(1) こゝに論ぜられてゐる諸民族の精神的又物質的文化の一致に關しては尙このほかに多くのことが次ぎの書にある。Paul Hermant : *Les coutumes et les conditions économiques des peuples primitifs.* Bulletin de la Société Royale Belge de Géographie, XXVIII. Bruxelles, 1904.

けれども前記諸種族を原始人類の殘滓と見ようとする假定に對しては多くの非難も存する。シュルツ (Schurtz) は經濟の原始形態の調査に就いて、これが人間の發生地 (Urheimat) の問題と不可離に關聯してゐる旨を力說する。居住地の後れたる諸種族を原始狀態の生ける證左として利用するのは誘惑的ではあるが、この際忘却してならぬことは、これ等原始的小民族は豐沃にして人間の生存に最も適當な領域に住んでゐるのではなしに、人々が彼等を追ひ込み乃至は何れもこれを嫉まぬ樣な極めて詰らぬ諸地方に住んでゐる、といふことである。彼等は先史諸住民に對して、精神的文化一般に於いては同等であつたにしても、先史諸住民に惠まれたる土地に對して貧しい乞食として對立してゐたことであらう(1)。

　併しながらこれに對しては、發生地の問題が恰も解決されてゐぬ以上は發生地を直ちに最も豐沃な諸地方に移す譯には行かぬ、といふ非難が加へられる。吾々は事實上の原始社會を一寸再構成することは出來ないのであるから、人類の發展行程を溯るに當つては吾々に知られてゐる最も低いところに立つ文化段階を以つて原始狀態に最も近く立つものとするより外に仕方がないのである。尙居住地域の瘠せてゐることもオーストラリヤ諸種族の凡べてに當てはまるとは限らないのである。

今一つ他の非難は、今日の多くの野蠻人は一般に人類の中で退化した諸部分を表示してゐるに過ぎぬ、といふ屢々設定された假設である。これに從へば最も低いところに立つ諸種族は最もひどく進行した退化の單なる標本を提示することゝなるであらう。モルガンが正當に認めてゐる樣にモーゼの宇宙觀の一結果たる(2)に外ならぬ如きこの見解からは人類學は完全に手をきつてゐる。諸事實はこれに反對な事實を語つてゐる。大多數の文明諸民族の歷史は、野蠻人の今日の狀態によく似た諸狀態、否多くの點で完全に一致してゐる諸狀態にまで溯つて追跡し得る、といふことを指示するだけで十分である。これ等の事を見ると、今日の野蠻人は退化の所產だといふ假設のためには論證が施されねばならぬ筈である。ところがそれが缺けてゐる。例へばスペンサーとギレンと(Spencer und Gillen)は中央オーストラリヤの諸種族に對して、そこには昔の高度な文明段階の何等の痕跡も存せぬ旨を極めて明白に報告してゐる(3)。

(1). H. Schurtz, *Urgeschichte der Kultur*, 1900, 230—231.

(2). L.-H. Morgan, *Ancient Society*, Chicago, 1907, S. 7.
(3). Spencer and Gillen. *The Native Tribes of Central-Australia*, London, 1899, S. 54.

それ故吾々は所謂自然諸民族の凡べてを原始社會の構成のために利用せんとするものではない。極めて樣々な自然諸民族に於いて全く特に原始的であると思はれる一切を最も原始的なる狀態の殘存物なりと見て、この稱して殘存物なりとするものが吾々の最低段階に於いて事實上現れるか否かを凡べて顧慮することなき方法はこれを排棄する。比較的高いところに立つ諸社會から得られた資料に基いて、吾々に知られてゐる最低諸段階には何等存在せぬ樣な諸標徵を原始社會の中に挿入するといふことは駄目である。これと反對に吾々は諸社會分類の要求を念頭に置き、そして先づ第一にオーストラリヤ諸種族、次ぎにタスマニヤ人、ボトクーデン人、フォイエルラント人、アンダマン島人、フィリピンのネグリート人、ブッシュマン人、セリ・インド人及び幾分かヹッダ人から得られた資料にひたすら基いて自ら原始社會の形像の輪廓を描かうと思ふ。吾々はこれ等諸種族の諸狀態とヨーロッパ古代史上の右に關係ある諸報告とを比較し、若干高いところに立つ諸種族をざつと一瞥した處にこの資料から吾々の結論をひき出さうと思ふ。

學界消息

○南島談話會第五回例會　は四月卅日の午後七時より、明治神宮の表參道尙志會館に於て開かれた。始め幹事比嘉春潮氏より、柳田先生の御指導によつて南島談話會も今日で、復活後、第五回の例會を開く樣な段に至つたが、將來この會を一層發展利用させたいと思ふから、會の今後の方針について、適當な御意見があればきかしていたゞきたい。次に本日は前回の續き『海に關する雜話』を中心にして話を進めようと思ふが如何と述べられたに對し、柳田先生より現在の談話會は以前と異り、出席の方々にも言語學國語學の方面の人が多く、かうした點からいつても、言語を中心として進むといふ事が、この會に要求されてゐる一つの使命と見られる。次に私は前回の敬語法に關する座談會が非常に面白かつたから、海に關する座談も、方言の側からやつて見たらといふ事を思ひついて、提案してみたのであつたが、本日は海邊出身會員の諸君が少ないしするから、今日は伊波氏の採集された山植唄からでも始めて行つたらどうかと提言された。それより、伊波先生が那覇の在で採集された田植唄の話に移り、其中に出てくるお初穗を神に献ずるしきよむといふ儀式の話から種々の稻作關係儀式の話に入つた。それより柳田先生が『稻作の儀式は保守的のものであるから、これに關する南島と內地との比較考察は面白い。まづ南島のあらざうりといふ稻穗を神に献ずる儀式のさうりから考へられることは、上總の苗を植ゑる時の儀式の方言サチリといふ言葉であるが、このサチリは、サグチ、サビラキと同類の語で、これをサノボリ、サダチと對照し、更に之に田植に關係する語サンバイ、サナブリ、サツキ等を關聯せしめれば、サが田の神をさすことは明瞭となるのである。津田左右吉氏が且て『史苑』の中に、日本の古代史研究法として南島と內地との民俗を比較する方法が危險であることを述べられてゐるが、さうした危惧は、津田氏が實際を見れはきつと抱かぬに相異なかつた事で、事實日本の內地の民俗比較研究から得た結論が、南島の民間傳承と一致してくるのだからしようがない』といふ主意の話があり、それより色々南島方言と九州、本國方面の方言との種々の比較話がはづみ、漸く十時過散會。

○民俗藝術の會五月例會　は第一水曜日の午後七時頃から銀座の對鶴館ビルの四階會議室に於て開かれた。當日は、中山太郎先生の『山路の笛』と題する舞の本烏帽子折の中に出てくる、山路牛飼の物語―用明天皇が、眞野の長者の娘を懸想されて、潛幸されて、牛飼の童子となつて山路の笛を吹かれる譚―を中心とする笛の話があつた。此夕刻には折口先生の端午の節句に關するＪＯＡＫよりの講演放送があることとて、中山先生の話も、この放送がをへ、折口先生が來場せられてから、始まることとなり、其間幹事の方々より第一回のプラーグに於ける萬國民俗藝術會議に各國から提出された民俗藝術の資料と解說を集成し、美麗な圖版の大變多い浩翰な同會議のリポート二卷を見せて下さつた。

中山先生の話は、山路の笛の山路なる名稱を、大隅相樂郡山路村の槖明寺にある竹が靑葉の笛の料として宮庭に貢ぎせられたといふ地誌側の資料からこの山路村の山路と山路の笛の山路とに關係のあらんことを論じ、次に平安朝來公卿衆が笛を珍重したといふ話は色々の逸話集の中に見えてゐるが、一方之が武家衆の間に持囃されたことを裏書するアネコードが澤山あるとて、其例證を擧げ、戰場に於ては笛の音を神の聲として聽く風習があり、

學界消息

卽ち武家が笛を奏して神まつりを行つた風習がなかつたらうかと推知され。夫から笛には咒力があつて、其によつて敵を征服せしめるといふ話が朝鮮の史書に見えて居るが、これと似た事實が、笛の音によつて蝦夷を服せしめたといふ『御曹子島渡り』の中にも見えてゐる。而して山路牛飼の笛もそれと性質の似た咒力を持つてゐる事を注意し、この思想は朝鮮から大陸方面にまで廣く擴つて居るらしいことを論ぜられた。このあとで折口先生より山路の笛は、今日の講演の如く、笛の威力に對する世界的な傳説の型からも說明出來るが、更にこの話は笛によつて美しい妻を求めるといふ求婚譚の側からも說明する事の出來る問題である。これが爲には御湯殿の下から出たといはれてゐるきさき笛や、笛をつくるとき一旦竹をさいて、男竹女竹に分け、それから再びそれを合せて作ること、もののふのふとふえとの間に言語上よりの關係がある事等を述べなければならないが、これは翌々日の神道研究會で『神まつりとものゝふ』といふ題で話しをすることになつてゐるから、今話せば、同じ話を二度繰返へすやうになつて當日の興味を失つてしまふといけないから、詳しい話は差控へるといふ主意のお話があり十時散會。

○三田地人會第五回例會　は五月卅日午後三時より、慶應大學大ホール控室に於て開かれた。當日は折口先生の『島の話』といふ講演があつた。この講演は、實際の島の話は、この夏休みが終つて、採訪旅行でもすんでからにしてもらうことにし、今日は同じ島の話でも書物に現はれた嶋の話、淡路嶋の話をさしていたゞきたいと思ふといはれ、鹿兒島に旅行したとき、イヤイシといふハート形の赤い血のついた石が祀られて居た。イヤは胎盤《エナ》のことである。このエナには父親の家の紋があらはれるといはれて居るが、これと住吉の誕生石の話には今は觸れぬ。日本書紀の二神交會の章に見える『先以淡路嶋爲胞(中略)彼名之淡路嶋といふ。卽大日本豐秋津洲をうむ。』の條の胞を兄として解釋する說より、エとオトは對稱的に用ひられて、エとオトとが年長と年少とをあらはす對稱の言葉であつて、エには選る、オトには劣るといふ用法のある如く、エは一番優れたものといふ意味を持つことを述べ、それより日の御子、卽ちエ。天子になる資格を持つ人々からもうけの君選定の御儀に、物忌のしるしとして着るエナギヌの話に入り、この物忌衣には家の記しがついてゐることをのべ、エナといふのは、名詞が修飾語の部分を殘して、他を脫落せしめるといふ日本の古い語法上の規則に従つて出來たもので、エナギヌと關係のあることをのべ、異人の出生には產衣の外に、この胞衣をきせた。これより異人は胎內に於てもやはり胞衣をきて居ると逆に推理されてきて、胎盤をエナといふにいたつたのであらうと、エとエナについてのお話があつた。

○國學院大學鄕土會大會　は六月四日同大講堂にて開かれ、八王子在恩方村の車人形一座を中心とする人形芝居連中の實演があつた。當日は相憎くと雨降りの天氣であつたが、滿堂の盛況であつた。まづ最初に「竹生島辨天由來、御祝儀三番叟」があつた。これは、三番を踏ませるといふ點から見て、足を踏ます點が三人遣の人形よりも一層ナテユラルだといはれて居る。此車人形のメカニズム的特性をはつきりと見せてくれるものだといはれて居るものである。これが終つてから、折口先生より、車人形の解說として、この車人形といふのは說經節にかけて踊らせるものなのであるから、一つには一度この說經節といふものを、もつとも此說經節は昔のものからは全く變化してしまつたものではあるが、聽いて戴きたい爲に之をよんでみた。それで本日の出し物も特に五説經の中から選んで見たが、此五説經物で實演し得られる段は、本日實演の小栗判官の夫婦對面の段とか、三荘太夫の栗畑の段國分寺の段等の如き、ごく僅かのものしかない。それより上記の段についての、簡單な説明があり、續いて小田内通久氏より車人形の使ひ方、特に遣手が腰につける車のこと、この人形芝居の分布、これの發生と江戸の三人遣の人形芝居座との關係等について解説するところがあつて、それより、プログラムに入つて、小栗判官照手姫對面の段、三荘太夫の、國分寺探しの段、栗畑に於ける對王丸親子對面の段、番外に石童丸札書の段等があつて夕刻散會した。

全然これが母胎となつて生れたといふ義太夫の方からはまつたく忘れられて、とりのこされてしまつた樣な、かうした傳來の舊い筋の物が、三人遣ひの手を採り入れたとはいへ、精巧よりは寧ろ簡撲なこの車人形芝居によつて演ぜられて居る事は、懷古的とはいへ、なつかしいものだつた。

○民俗藝術の會六月例會　は六月九日午後六時より、銀座の對鶴館ビルデングの樓上で催された。當夜は『奄美大島の民謠を聽く會』であつて、同島笠利村出身の大野武熊氏、芝勘十郎氏、宇撿村出身の坂元豐藏氏が、蛇皮線の伴奏で同島の民謠を唄つて下さつた。はじめ岩切登氏より同島の民謠について簡單な概説があり、それから、朝花節、俊良節、カンツメ節、俊金節、諸純節、クルダント節、浦富節等主として戀歌を中心　した歌謠が一々岩切氏の解説があつて實演された。終つて、同島の盆踊唄があつた。

○民俗藝術　五ノ二

日本祭禮圖譜
民間舞踊考　松村武雄
トーキーに現はれた民俗藝術　仲木貞一
切抜張から
こひしくはの歌謠を辿る　志田延義
飴賣りとその唄歌　佐藤敏
出雲松江のホーランエンヤ　朝山皓
越中八尾の大面縄引き　野上兵作
武藏上高井戸大六天神の神樂　青池竹次
諸國祭禮誌
資料文獻「多聞院日記抄」　森末義彰

○方　言　二ノ五

方言といふ槪念　石黑魯平
蜻蛉の時代語と方言分布　奥里將健
稚内町を中心に見た北海道方言　松岡靜雄
鹿兒島ことば
ラナルド　マクドナルドの日英語彙　吉町義雄
長崎版日葡辭書にあらはれたる方言資料　近藤國臣
石見方言集　千代延尚壽
佐久間博士著「一般音聲學」と發音を讀みて　服部四郎

○旅と傳説　五ノ五

百合若傳説考　中山太郎
北肥後還木誌　能田太郎
伊豫に匿れた平家の落人　横田傳松
毬唄（播州加古川）　玉岡松一郎
南部の駒牽唄　高瀬仙行
山の斷片　卜部哲次郎
特殊の場合に神佛へ參詣してならぬといふ事　鈴木重光
お龜が池の傳説　新藤正雄
盲人の旅　前野孝治
墓標の類例　太田榮太郎
瘡とき地藏と疱瘡の神さん　河本正義
岡町から吹田へ　栗山一夫

學界消息

既刊郡誌書目解題　大藤時彦
傳說や迷信の科學的解剖　納富重雄
五月のお祭り案内　北野博美

○南方土俗　一ノ四

土俗に關する蕃語の數例　小川尚義
臺灣蕃族の人口制限に就て　井手季和太
恒春蕃俗雜考　宮本延人
我古代人と南方民族との力の觀念に關する一考察　鈴木讓
言語學と人類學(臺灣への適用)(英文)　アルンデル・デル・レ
種族差研究の心理試み　藤澤茽
阿眉語錄　佐藤豐明
タコプラン資料斷片　馬淵東一
蕃地名の意味二三　宮本延人

尙今回制定されし同會の會則を拔抄すれば、第一條本會ハ臺灣東南亞細亞及南洋ノ土俗竝ニ之ニ關スル研究ヲ以テ目的トス、第二條本會ハ前條ノ目的ヲ達スルタメ毎月一回例會ヲ開キ毎年四回雜誌南方土俗ヲ發行スルノ他時宜ニ應ジ展覽會、講演會等ヲ開催スルコトアルベシ、第五條雜誌南方土俗ヲ購入スルモノヲ以テ會員トナス、第六條會員ニシテ本會ノ維持ニ當ルモノヲ以テ同人トナス同人ハ維持費トシテ毎年六圓ヲ納付スルモノトス。因に現在の編輯委員は移川子之藏、桑田六郎、山中樵、宮本延人、馬淵東一の諸氏である。

○旅と鄉土　一ノ五

東海道細見　吉田茂
道祖問答　座間太郎
村に於ける爲朝傳說に就いて　向井潮路
弱法師傳說に就いて　角藤市
播磨名木誌　河本正義
越木塚に就いて　粟山一夫
眞間の手古奈　君塚好一
鹿野山の花嫁祭を見る　河田陽
壬生とゑんま堂のおもちや　吉田茂
北九州の知らざる傳說　雨宮恭
備作の傳說　未澤都良司
神崎郡昔話　岩城順二郎
讚岐高松方言　陸田稔
靜岡地方に於ける方言　竹下源之助
矢島西甫　本朝國語

○民俗研究三九、四〇輯

千葉縣郡別方言集　2篇　本山桂川編
同　民俗資料　千葉　香取篇　同
謄寫版五十頁余

○民俗資料類纂

第十一、十二、十三册　カの部、キの部、クの部、ケの部、コの部
謄寫版、毎月一册發行　毎月五十錢前金の事。千葉縣市川町眞間六八四
日本民俗研究會刊

○土のいろ　九ノ三　(遠州方言研究號第二輯)

遠州方言に於ける助動詞　坂本幸次郎
濱名湖とアクセントの分布　宇波耕策
古義品物解鈔—方言的關係　平松東城
東西アクセントの一境界

○播州小河の方言　第一、第二、第三號

奈良市西紀寺町　高田義十郎氏發行

○方言誌　第二輯

相州内鄉村近傍方言　鈴木重光
菊判四十六頁謄寫版刷
國學院大學方言研究會發行

○怒佐布玖呂　第二袋

六波羅緣起
裓麻袋に就て
鯉幟の由來
忌花の事
五條道祖神の記
京都の子供の遊
「につちやく」の話

○安藝國　四

民俗雜筆
嚴島史料解題　第一回　川崎甫
廣島縣のメダカ方言　野口益雄
菊判十八頁活版刷。年四回發行。編輯發行所　磯貝勇
は廣島市新川場町四十八番地
安藝郷土研究會
〇信濃　一ノ五
松本地方の飴市　胡桃澤勘内
〇越後佐渡　一ノ一
植物の名を持つ傳説　小寺融吉
郷土資料研究に就て　中村ツネ
越後と佐渡の方言　記者
菊判　三六頁、活版刷　三十五錢、發行所
長岡市西千手町一九〇〇中川方
新潟縣郷土教育會
〇むつ　第三輯
民間傳承蒐集事項目安
マタギと共の記號文字　喜田貞吉
十三、小泊へのたび　佐藤雨山
稽古館本の話　小野愼吉
舊津輕藩紙幣研究　肴倉彌八
「地層子」のことから　小井川潤次郎
青森市廣田神社のアイヌの額
喜田貞吉
山の集ひ　貝森格正

外南部方言の敬相助動詞「さま文」
に就いて　福田建之助
葛温泉の傳説　南部興鎭
採譜録　木村弦三
津輕民謠史　松野武雄
〇俚俗と民譚　一ノ四
修驗道御釜立作法　福田健之助
千葉縣野田の勝軍地藏　福原清八
兵庫縣下里村氣象に關する俗信
死期を豫知する　栗山一夫
巫女文のある津輕繪馬と後世塚
松野武雄
お遍路さん　林潤
内裏山　篠原弘美
長太郎石　高原義男
津輕の古い山唄　佐藤雨山
備中國乙島村「まじなひ」の字符
櫻田勝德
〇奥南新報　村の話、四五月分　二八―四一
おにこぼくり　頁詰謹一郎
狐に灯をとられた話　和泉
花折り　一郎
クサイの話　私泉
白米城傳説の一つ　戀川生

飢渇の話　和泉
山椒と藥師様　和泉
しやうじんごと　湊町波子
ぬか子とこめ米　和泉
弘法大師の話　和泉
鍋助征伐　山佐毅
三人兄弟の昔噺(一)　夏堀謹二郎
ベコ神様　山佐毅
三人兄弟の昔噺　夏堀謹二郎
毎月十回發行の新聞、村の話の欄あり、毎
號同地方の口碑傳説なのす。一部參錢、一月、
貳拾錢、郵税一部五厘宛、青森縣八戸市番町
奥南新報社發行
〇土俗研究　創刊號
サ・マ・及その一類の敬語法　太田榮太郎
佐渡河原田町大晦日　中山徳太郎
幡州福田村正月習俗　信田葛葉
民俗資料　小谷方明
佐渡海府女の伊達姿　不苦樂庵
小石チ水面ニ投ゲテ遊ブ方言　青柳秀夫
佐渡郷土文献展覽會出品目錄
昭和六年度刊行佐渡郷土研究文献目錄
新潟縣佐渡小木町　青柳秀雄

民俗藝術

特輯（六月號）

本號に限り　定價五十錢

會員募集

（會費五圓・二回分納可）

雜誌普通號の定價一冊四十錢（税四錢）

四月號要目

五月號要目

發行所　東京京橋銀座西五丁目（對鶴館内）　民俗藝術の會　電話銀座一三九〇・二　振替東京七九七九四番

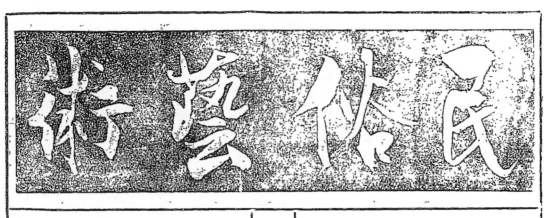

○寄稿のお願ひ

○種目略記　民俗學に關係のある題目を取扱つたものなら何んでもよいのです。長さも御自由です。

(1)論文。民俗學に關する比較研究的なもの、理論的なもの、方法論的なもの。

(2)民間傳承に關聯した、又は未開民族の傳說、呪文、歌曲、方言、謎諺、年中行事、生活樣式、慣習法、民間藝術、造形物等の記錄。

(3)民俗採集旅行記、挿話。

(4)民俗に關する質問。

(5)各地方の民俗研究に關係ある集會及び出版物の記事又は豫告。

○規略

(1)原稿には必ず住所氏名を明記して下さい。

(2)原稿掲載に關することは一切編輯者にお任かせ下さい。

(3)締切は毎月二十日です。

編輯後記

民俗學會大會で柳田先生が御講演をなすつて下さることになりました。これはひとり本學會の光榮であるに止まらず日本民俗學界の發展に重要な意義をもつことになるだらうと思ひます。先生は御多忙であり且つ現在治療のため醫師に通つてゐられるにも拘はらず御講演を喜んで承諾下さつたのは學生諸君に正しい民俗研究の方法と方面とを示そうとなさる學問的熱情の結果だらうと思ひます。夏休直前に時日を撰んだのは諸君が故鄕に歸つて民俗研究をなさるための豫備若くは參考知識として役立てたいためだからです。

夏休を利用しての民俗資料の多大な收獲を期待してをります。本誌は喜んで諸君の收獲を發表する機關になりたいと思つてをります。先生は若き諸君に呼び掛けそして諸君の眞摯な研究業績を期待してをられます。尚ほ折口先生の御原稿を寫された小池さん。寄合咄をお送り下さつた宮本勢助先生に厚く御禮を申上げます。

△原稿、寄贈及交換雜誌類の御送附、入會退會の御申込會費の御拂込、等は總て左記學會宛に御願ひしたし。

△會費の御拂込には振替口座を御利用ありたし。

△會員御轉居の節は新舊御住所を御通知相成たし。

△御照會は通信料御添付ありたし。

△領收證の御請求に對しても同樣の事。

昭和七年六月一日印刷
昭和七年六月十日發行

定價金六拾錢

編輯兼發行者　小山榮三
東京市神田區表猿樂町二番地

印刷者　中村修二
東京市神田區表猿樂町二番地

印刷所　株式會社　開明堂支店

發行所　民俗學會
東京市神田區北甲賀町四番地
振替東京七二九九〇番
電話神田二七七五番

取扱所　岡書院
東京市神田區北甲賀町四番地
振替東京六七六一九番

昭和五年十一月五日第三種郵便物認可（毎月一回十日發行）

MINZOKUGAKU

OR

THE JAPANESE JOURNAL OF FOLKLORE & ETHNOLOGY

Vol. VI June 1932 No. 6

CONTENTS

PUBLISHED MONTHLY BY

MINZOKU-GAKKAI

4, Kita-Kôga-chô, Kanda, Tokyo, Japan.